Auswirkungen
einer Stadtgründung

Herausgegeben vom
Magistrat der Stadt Hanau,
der Wallonisch-Niederländischen
Gemeinde
und dem Hanauer
Geschichtsverein 1844 e.V.

Die Ausstellung wurde unterstützt
durch die Sparkassen-Kulturstiftung
Hessen-Thüringen

Der Katalog wurde durch die
Hessische Kulturstiftung gefördert

Die Deutsche Bibliothek - CIP-Einheitsaufnahme

Auswirkungen einer Stadtgründung / hrsg. vom Magistrat der Stadt
Hanau ... [Buch und Katalog: Schriftl.: Lars-Oliver Renftel. Red. und
Bearb.: Lars-Oliver Renftel ; Dieter Dörner ; Richard-Schaffer-
Hartmann. Beitr.: Gerhard Bott ...]. - Hanau : CoCon-Verl., 1997
    Ausstellungskatalog
    ISBN 3-928100-51-3

Herausgeber und Veranstalter: Magistrat der Stadt Hanau
    Wallonisch-Niederländische Gemeinde Hanau
    Hanauer Geschichtsverein 1844 e.V.

Erschienen im CoCon-Verlag Hanau
In den Türkischen Gärten 13
63450 Hanau
Tel.: 06181/17700 Fax: 06181/181333

ISBN 3-928100-51-3

Mitarbeiter an Katalog und Ausstellung

Gesamtkoordination: Dr. Lars-Oliver Renftel
Buch und Katalog:

Schriftleitung: Dr. Lars-Oliver Renftel
Redaktion und
Bearbeitung: Dr. Lars-Oliver Renftel
Dieter Dörner
Richard Schaffer-Hartmann

Fotoarbeiten: Philippa Pfahler, Frankfurt am Main
Karl-Joachim Leipold, Hanau
Bildstelle Hanau
Museum Hanau, Schloß Philippsruhe

Titelgestaltung: Büro für Grafik,
Eva Hofmann und Gabriele Geiß,
Frankfurt am Main

Beratungsgremien zum Jubiläum

„400 Jahre Wallonisch-Niederländische Gemeinde und
Neustadt Hanau 1597 – 1997"

Kuratorium: Hans Martin (Vorsitzender)
Oberbürgermeisterin Margret Härtel
Walter Behning
Helmut Blome
Prof. Dr. Gerhard Bott
Dr. Jürgen Heraeus
Willi Herms
Bundesminister Manfred Kanther
Staatsminister Lothar Klemm
Alfred Merz
Klaus Remer
Horst Rühl
Dr. Walter Schlosser
Angela Schuster
Dr. Norbert Zwergel

Gemeinsames
Komitee: Klaus Remer
Martin Hoppe
Dr. Anton Merk
Dr. Eckhard Meise
Helmut Noll
Dr. Günter Rauch
Richard Schaffer-Hartmann
Dr. Walter Schlosser
Ursula Wegner

Beiträge: Prof. Dr. Gerhard Bott,
Bad Kleinkirchheim
Dr. Émile M. Braekman,
Société d'Histoire du Protestantisme Belge,
Brüssel
Dekan i.R. Jochen Desel,
Deutscher Hugenottenverein e. V.,
Bad Karlshafen
Prof. Dr. Barbara Dölemeyer,
Max-Planck-Institut für Europäische
Rechtsgeschichte, Frankfurt am Main
Dr. Roman Fischer,
Institut für Stadtgeschichte Frankfurt/Main
Dr. Jürgen Heraeus,
Heraeus Holding GmbH, Hanau
Domkantor Herbert Hildebrandt,
Berliner Domkantorei
Werner Kurz,
Hanauer Geschichtsverein 1844 e.V., Hanau
Jutta Martini, Büdingen
Dr. Eckhard Meise,
Hanauer Geschichtsverein 1844 e.V., Hanau
Dr. Anton Merk,
Museenverwaltung der Stadt Hanau,
Schloß Philippsruhe
Dr. Günter Rauch,
Hanauer Geschichtsverein 1844 e.V., Hanau
Dr. Hermann Schadt,
Staatliche Zeichenakademie, Hanau
Richard Schaffer-Hartmann,
Museenverwaltung der Stadt Hanau,
Schloß Philippsruhe
Dr. Walter Schlosser,
Wallonisch-Niederländische Gemeinde,
Hanau
Ina Schneider,
Hanauer Geschichtsverein 1844 e.V., Hanau
Prof. Dr. Hans See,
Fachhochschule Frankfurt
Fachbereich Sozialarbeit
Ursula Wegner,
Wallonisch-Niederländische Gemeinde,
Hanau
Wilhelm Zuschlag,
Wallonisch-Niederländische Gemeinde,
Hanau

Inhalt

Unterdrückung und Flucht aus der angestammten Heimat gehören zur Menschheitsgeschichte von der Antike bis in die Gegenwart. Nicht so häufig hingegen ist die freundliche Aufnahme Fremder und die Möglichkeit, eine neue eigene Stadt und religiöse Gemeinde zu gründen. Der 1. Juni 1597 ist ein solcher Tag, an dem in Hanau Vernunft und Kultur über Engstirnigkeit und Intoleranz in den damaligen spanischen Niederlanden siegten. An diesem Tage wurde der Vertrag zwischen Graf Philipp Ludwig II. von Hanau-Münzenberg und den evangelisch-reformierten Glaubensflüchtlingen aus den Niederlanden unterzeichnet. Dieser Vertrag ist die Geburtsurkunde der Neustadt Hanau sowie der wallonischen und der niederländischen Gemeinde. Daß Philipp Ludwig II. sechs Jahre später auch eine jüdische Gemeinde in Hanau zuließ, zeigt deutlich die Weltoffenheit und Toleranz dieses kleinen deutschen Reichsgrafen, die sich wohltuend von dem abhebt, was der große Herzog Alba wenige Jahrzehnte vorher in den Niederlanden angerichtet hatte.

Innerhalb kurzer Zeit entstand südlich der kleinen Residenz Alt-Hanau die neue moderne Planstadt, ein Handels- und Gewerbezentrum mit einem Kanal zum Main, das die ältere Schwester an Einwohnerzahl, vor allem aber an Wirtschaftskraft bald weit überflügelte. Die Wallonisch-Niederländische Doppelkirche galt als eines der bedeutendsten Bauwerke ihrer Epoche.

Lange Zeit bestanden Alt- und Neu-Hanau selbständig nebeneinander, bis sie um 1833 zur Gesamtstadt vereinigt wurden. Neben Handwerk und Handel entwickelte sich im 19. und 20. Jahrhundert eine starke Industrie mit zum Teil weltweit operierenden Unternehmen.

Die schwerste Katastrophe in der Geschichte der Stadt brach am 19. März 1945 herein, als innerhalb weniger Minuten die gesamte Innenstadt durch einen Luftangriff fast völlig vernichtet wurde. Was mit Klugheit und Toleranz begründet und mit Fleiß und Pflichtbewußtsein in den folgenden Jahrhunderten weiterentwickelt wurde, war nur noch ein riesiger Trümmerhaufen. Ohne das Unrecht des Bombenkrieges gegen die Zivilbevölkerung entschuldigen zu wollen, war letztlich auch dieser Trümmerhaufen das Ergebnis von Unrecht, Intoleranz und Unkultur der nationalsozialistischen Gewaltherrschaft.

Zwar litten die Menschen in den ersten Jahren nach dem Kriege meist bittere materielle Not, aber in dieser materiellen Armut entwickelte sich eine neue Ära der Freiheit, des Rechts und der Demokratie. Wenn auch in den ersten Nachkriegsjahren durch die Aufnahme der Heimatvertriebenen und Flüchtlinge aus dem Osten die Probleme nicht geringer wurden, zeigte sich sehr bald, daß der Wiederaufbau gemeinsam mit den neuen Mitbürgern erfolgreich vorangetrieben werden konnte. Später fanden viele ausländische Mitbürgerinnen und Mitbürger aber auch zahlreiche Flüchtlinge und Vertriebene Aufnahme in einer weltoffenen Stadt, in der solidarisches Verhalten selbstverständlich ist.

Durch die Gebietsreform Anfang der siebziger Jahre wurde Hanau wesentlich vergrößert. Seitdem gehören Großauheim, Klein-Auheim, Steinheim, Wolfgang und Mittelbuchen zu dem vergrößerten Gemeinwesen, das hierdurch weder seinen Charakter verloren, noch jemals die Individualität und Eigenständigkeit der neuen Stadtteile in Frage gestellt hat. So haben wiederum Geduld und Toleranz des größeren Partners das Zusammenwachsen erleichtert.

Die Aufgaben, denen sich auch die Menschen in unserer Stadt stellen müssen, werden in Zukunft immer stärker geprägt werden durch einen globalen Wettbewerb. Dies wird uns alle vor neue Herausforderungen stellen. Wenn wir uns allerdings vor Augen halten, welch schwierige Probleme die Menschen in Hanau in der Vergangenheit gelöst haben, brauchen wir den Mut nicht zu verlieren.

Der Magistrat hat 1995 ein Kuratorium berufen, das die Vorbereitungen für das Jubiläum begleitet und unterstützt hat. Die Mitglieder des Kuratoriums haben es als ihre besondere Aufgabe angesehen, ihre Verbindungen dafür einzusetzen, daß der Stadt, der Wallonisch-Niederländischen Gemeinde und dem Geschichtsverein möglichst viele Spenden zufließen. Dies war notwendig, weil die beengten kommunalen Finanzen großzügige Ausgaben nicht zulassen.

Das Jubiläum wird nicht nur in der Festwoche vom 1. bis zum 8. Juni gefeiert, sondern das ganze Jahr über mit größeren und kleineren Ausstellungen, Veranstaltungen, Vorträgen und Konzerten. Die dauerhafteste Frucht des Jubiläums wird jedoch die Festschrift „Auswirkungen einer Stadtgründung" sein. Sie stellt die Neustadtgründung, ihre Voraussetzungen und Folgen in einen historischen Kontext und ist zugleich Katalog der Ausstellung im Schloß Philippsruhe. Wenn in hundert Jahren das 500. Jubiläum gefeiert wird, kann diese Festschrift den dann Verantwortlichen eine wesentliche Hilfe sein.

Die Mitglieder des Kuratoriums wünschen ihrer Stadt für die nächsten hundert Jahre Glück und Frieden. Möge es Weltoffenheit und Toleranz gelingen, Engstirnigkeit und Egoismus immer in ihre Schranken zu weisen.

Hans Martin
Oberbürgermeister a. D.
Vorsitzender des Kuratoriums

*Joerg Eyfferth
Himmel über
Hanau. 1997
Öl auf Leinwand*

Vor nunmehr 400 Jahren wurde die Hanauer Neustadt und die Wallonisch-Niederländische Gemeinde gegründet. Der damals weltoffene und liberal gesinnte Graf Philipp Ludwig II. von Hanau-Münzenberg unterzeichnete am 1. Juni 1597 den Grundvertrag („Kapitulation") und besiegelte damit die Gründung der Neustadt Hanau. Zusammen mit dem 1601 unterzeichneten „Transfix" bildeten beide Vertragswerke die Grundlagen für ein bis heute prosperierendes Gemeinwesen. Französisch und flämisch sprechende Glaubensflüchtlinge, die aus den Spanischen Niederlanden und Nordfrankreich stammten, waren die ersten Neubürger. Durch ihren Geschäftssinn, ihre neuen Produktionsmethoden und durch ihren Mut neue Wege zu gehen förderten sie nachhaltig die Entwicklung der eigenständigen Stadt – auch gegen die Widerstände der unmittelbaren Nachbarn. Ohne sie wäre Hanau sicherlich nicht zu dem geworden, was es heute ist.

„Auswirkungen einer Stadtgründung" ist der Titel dieses Buches, das anläßlich des Jubiläums „400 Jahre Wallonisch-Niederländische Gemeinde und Neustadt Hanau 1597 – 1997" erscheint. Es ist vor allem eine Beschäftigung mit den Ursachen und Folgen einer politischen Entwicklung vor vier Jahrhunderten, die nicht nur die Hanauer Stadtgeschichte nachhaltig prägten.

Am Beispiel Hanau wird deutlich, welch positive politische, gesellschaftliche und wirtschaftliche Auswirkungen die Aufnahme von Vertriebenen haben kann. Den reformierten Flüchtlingen des 16. Jahrhunderts, die dem Glaubenskampf in den Spanischen Niederlanden entflohen und über mehrere Zwischenstationen nach Hanau kamen, verdankt die Stadt einen unvergleichbaren Aufschwung. Dieser läßt sich unmittelbar am Bau einer modernen, planmäßig angelegten Stadt ablesen, wie sie auch bei späteren Neugründungen in Deutschland verwendet wurden. Erkennbar wird dieser beispielsweise auch in der Gründung der ersten deutschen Fayencemanufaktur, im Aufschwung des Druckgewerbes, der Edelmetallverarbeitung oder im künstlerischen Bereich in der Bedeutung der Hanauer Neustadt für die Entwicklung der Stillebenmalerei und der Silberschmiedekunst. Die von der Neustadtgründung ausgehenden Impulse lassen sich weiter fortsetzen; wer mit offenen Augen spätere, durch reformierte Glaubensflüchtlinge beeinflußte Stadtgründungen betrachtet entdeckt immer neue Parallelen.

Beschäftigt man sich näher mit den Ereignissen vor 400 Jahren, so wird einem die große aktuelle Bedeutung des Neustadtjubiläums für Hanau bewußt. Der gezeigte Mut persönliche Risiken auf sich zunehmen um ein gestecktes Ziel zu erreichen, führte für Hanau zu einem Aufbruch in eine neue Epoche; damals wie heute gilt: Investitionen in die Zukunft helfen dem Gemeinwesen und nicht zuletzt auch jedem Einzelnen. Die Zielsetzungen der (Glaubens)flüchtlinge sollten auch in unserer Zeit noch motivierend und aufbauend wirken.

Anläßlich eines Jubiläums darf man nicht nur einseitig Erfolge wahrnehmen. Es gab infolge der Neustadtgründung sicherlich auch wirtschaftliche und soziale Probleme, die den Betroffenen vor schwierige Aufgaben stellte. Das Bestehen der beiden selbständigen Städte Alt-Hanau und Neu-Hanau brachte Vorteile, aber auch den Zwang Lösungen für das Zusammenleben innerhalb und zwischen den beiden Teilen Hanaus zu finden. Die Vereinigung von Alt- und Neustadt zu einer gemeinsam verwalteten Stadt erfolgte erst im 19. Jahrhundert – hier waren sicherlich nicht nur sprachliche Hürden zu überwinden.

Bei allem politischen Handeln muß der Mensch, als Mittelpunkt der Stadt, immer im Vordergrund stehen. Die Stadt gehört nicht den politisch Verantwortlichen oder Mandatsträgern sondern den Bürgerinnen und Bürgern. Diese stehen somit in der Verantwortung und auch in der Pflicht sich um das Gemeinwesen zu kümmern. Die politische Verantwortung liegt in unserer Stadt bei der Oberbürgermeisterin – gewiß, jedoch braucht diese immer die Unterstützung durch die Bürgerschaft.

Unsere gemeinsame Stadtgeschichte beweist, daß trotz zeitweise bestehender wirtschaftlicher und sozialer Probleme stets ein großes Bestreben in der Bürgerschaft vorhanden war, mit Engagement und Bürgersinn intensiv an der zukunftsorientierten Weiterentwicklung ihrer Stadt mitzuarbeiten. Hanau heute – eine blühende Stadt im wirtschaftlichen Aufschwung. Eine Stadt, die sich in ihrer wechselvollen Geschichte verändert hat, nicht stillsteht, sich weiterentwickelt und sich auch künftig verändern wird.

Wenn auch durch die knappe Vorlaufzeit manche Aspekte nur andeutungsweise angesprochen wurden, so wünsche ich dem Jubiläum und der Ausstellung zahlreiche Besucherinnen und Besucher sowie viel Erfolg.

Margret Härtel
Oberbürgermeisterin der Stadt Hanau

Andreas Wald
400 Jahre Neustadt
Mischtechnik
(Bleistift, Pastell und
Aquarell)

11

Die gleichzeitige Gründung der Wallonisch-Niederländischen Gemeinde und der Neustadt Hanau am 1. Juni 1597 stellt einen Neuanfang in der Geschichte der Stadt Hanau dar und auch ein beachtenswertes Datum der europäischen Freiheitsgeschichte.

Die 400. Wiederkehr dieses Jahrestages ruft die Erinnerung an jene Geschichte in das Gedächtnis zurück, aus der diese Gründung hervorging. Es waren die Ereignisse einer Epoche europäischer Geschichte, die markiert wird durch den Augsburger Religionsfrieden von 1555 (cuius regio eius religio) einerseits und durch den Frieden von Münster und Osnabrück im Jahre 1648 andererseits, der den Konfessionsbesitzstand in Deutschland bis in das 19. Jahrhundert hinein territorialpolitisch festschrieb.

Die kirchlichen, gesellschaftlichen und politischen Kämpfe, die der Reformation der Kirche in Deutschland europaweit folgten, machen deutlich, daß wir in diesem Jahr eines Ereignisses gedenken, das sich nicht in einer nostalgischen Erinnerung an die bewunderungswürdige Überzeugungstreue und Leidensbereitschaft jener Glaubensflüchtlinge erschöpft, deren Tugenden und Tüchtigkeit wir heute so schmerzlich vermissen. Sie erinnern uns auch daran, daß es sich um eine historische Wende in Europa handelte, wie wir sie in solchem Ausmaß erst wieder am Ende dieses Jahrhunderts, seit 1989, erleben.

Während jener Zeit standen sich in ganz Europa kirchlich und konfessionell bestimmte Exklusivansprüche gegenüber, wie wir vergleichbares erst wieder in der Mitte des 20. Jahrhunderts erlebt haben, Gegensätze der Weltanschauungen mit der Bereitschaft zur totalen politischen Vernichtung des Gegners.

Die Freiheit des Glaubens und des Denkens im weltanschaulichen Obrigkeitsstaat war das „Thema" der flämischen und wallonischen Protestanten, die vor 400 Jahren nach Hanau kamen und mit allem, was sie geistig, moralisch, politisch und wirtschaftlich mitbrachten, grundlegend zu dem beitrugen, was Hanau heute ist und unserer Stadt über deren Grenzen hinaus Ansehen verleiht.

Die Wallonisch-Niederländische Gemeinde in Hanau ist ein lebendiger Zeuge dafür, daß die Freiheit niemals selbstverständlich wird und nötigenfalls stets neu erstritten werden muß. So haben wir es im Europa des 20. Jahrhunderts abermals leidvoll erfahren.

Die beispielhafte Bedeutung dieser Freiheitsgeschichte hat Friedrich Schiller in der Einleitung zu seiner Geschichte des Abfalls der Vereinigten Niederlande von der spanischen Regierung klassisch gewürdigt: „Eine der merkwürdigsten Staatsbegebenheiten, die das sechzehnte Jahrhundert zum Glänzendsten der Welt gemacht haben, dünkt mir die Gründung der niederländischen Freiheit. Wenn die

schimmernden Taten der Ruhmsucht und einer verderblichen Herrschbegierde auf unsere Bewunderung Anspruch machen, wieviel mehr eine Begebenheit, wo die bedrängte Menschheit um ihre edelsten Rechte ringt, wo mit der guten Sache ungewöhnliche Kräfte sich paaren und die Hilfsmittel entschlossener Verzweiflung über die furchtbaren Künste der Tyrannei in ungleichem Wettkampf siegen. Groß und beruhigend ist der Gedanke, daß gegen die trotzigen Anmaßungen der Fürstengewalt endlich noch eine Hilfe vorhanden ist, daß ihre berechneten Pläne an der menschlichen Freiheit zuschanden werden, daß ein herzhafter Widerstand auch den gestreckten Arm eines Despoten beugen, heldenmütige Beharrung seine schrecklichen Hilfsquellen endlich erschöpfen kann. Nirgends durchdrang mich diese Wahrheit so lebhaft als bei der Geschichte jenes denkwürdigen Aufruhrs, der die Vereinigten Niederlande auf immer von der spanischen Krone trennte - und darum achtete ich es des Versuches nicht unwert, dieses schöne Denkmal bürgerlicher Stärke vor der Welt aufzustellen, in der Brust meines Lesers ein fröhliches Gefühl seiner selbst zu erwecken und ein neues unverwerfliches Beispiel zu geben, was Menschen wagen dürfen für die gute Sache und ausrichten mögen durch Vereinigung."

Die ersten 300 Jahre der Wallonisch-Niederländischen Gemeinde sind von einer seltenen inneren und äußeren Geschlossenheit geprägt. Das 4. Jahrhundert ihrer Geschichte ist gezeichnet von schweren und tiefgreifenden Veränderungen und zeichnet sich gleichzeitig durch erstaunliche religiös-kirchliche Kontinuität aus. Die letzten hundert Jahre beschreiben den Weg von den calvinistischen Flüchtlingsgemeinden der Reformationszeit zu einer selbständigen evangelisch-reformierten Kirche von heute.

Die Wallonisch-Niederländische Gemeinde gedenkt der 400 Jahr der gemeinsamen Geschichte von Stadt und Gemeinde in Dankbarkeit gegen Gott und sieht der Zukunft mit Hoffnung entgegen. Damit grüßen wir alle Einwohner und Freunde der Stadt Hanau zum Jubiläum.

Helmut Noll   Dr. Walter Schlosser
Präses-Ältester   Pfarrer

Als sich im Juni 1897 der große Festzug zum 300. Jubiläum der Neustadt durch Hanau bewegte, war die Welt in Ordnung. Herrlichen Tagen führe Ich euch noch entgegen, hatte Kaiser Wilhelm II. einige Jahre zuvor versprochen, und die Deutschen glaubten ihm.

Der Hanauer Festzug war die optimistische Darstellung wirtschaftlichen und gesellschaftlichen Fortschritts und die Manifestation eines borussisch-deutschen Geschichtsbewußtsein: die deutsche Geschichte (und in ihr auch die Geschichte Hanaus) hatte geradewegs auf die Gründung des kleindeutschen Reiches unter preußischer Vorherrschaft hingeführt, sie hatte sich 1870/71 mit der Reichsgründung gewissermaßen erfüllt. So die Botschaft des Festzuges. Einzig die Gruppe der Turner mit der Erinnerung an die Revolutionszeit 1848/49 hatte nicht in diese Linie gepaßt.

Hundert Jahre später ist alles anders. Die historischen Brüche unseres Jahrhunderts mit all ihren negativen und positiven Folgen, die politischen, militärischen und menschlichen Tragödien Deutschlands verbieten ein ungebrochen naives Verhältnis zu unserer Geschichte.

So mag das Neustadtjubiläum dieses Jahres Anlaß sein, im Erkennen der Vergangenheit und der Traditionen Hanaus mit all ihren Höhen und Tiefen eine kritische und dabei bejahende Verbundenheit mit unserer Stadt zu finden. Und wenn die Beschäftigung mit der Vergangenheit zu der Erkenntnis geführt hat, daß alle historischen Ereignisse keine unabwendbaren Schicksalsfügungen, sondern die Ergebnisse menschlichen Wollens und Handelns waren, dann mag uns dies zu einem verantwortungsbewußten Optimismus verhelfen: so wie die Vergangenheit von Menschen gestaltet wurde, wird auch die Zukunft von Menschen, also auch von uns, gestaltet werden

Dr. Eckhard Meise
1. Vorsitzender des Hanauer Geschichtsvereins 1844 e. V.

Schon das Wort „Jubiläum" drückt Freude und Dankbarkeit aus – und dazu haben wir bei diesem, unserem Jubiläum wahrhaftig allen Anlaß. Denn es ist ja nicht nur eine bloße Erinnerung, wie sie sich – gleichsam kalendarisch – mit sogenannten „runden" Jahreszahlen einstellt, sondern eben eine gute Erinnerung.

Gemeinschaften von Menschen – also auch die inzwischen vereinigten wallonischen und niederländischen Gemeinden in Hanau ebenso wie die Neustadt – sind auf ihre Weise immer auch Lebewesen, und von ihrem ersten Tag an haben sie ein wechselhaftes Schicksal.

Den „Geburtstag" der Gemeinden und der Neustadt kennen wir: Er ist das Datum der „Kapitulation" zwischen dem Grafen Philipp Ludwig und den Glaubensflüchtlingen, der 1. Juni 1597. Daß ihr Schicksal, wie das der gesamten Stadt Hanau, durch Höhen und Tiefen ging, das wissen wir, wie könnte es auch in vier Jahrhunderten anders sein.

Dennoch: Das Jubiläum ist, nehmt alles nur in allem, ein Grund zur Freude und zur Dankbarkeit. Die „Auswirkungen einer Stadtgründung", um den Titel dieser Festschrift aufzugreifen, hat die Erwartungen der Gründerväter, bei all ihrem hoffnungsvollen Wagemut, sicher bei weitem übertroffen.

In unserem Jubiläumsjahr blicken wir zurück in die Vergangenheit; das ist ein wesentlicher Ertrag dieser Schrift. Wir blicken aber auch voraus in die Zukunft; und indem wir uns unserer Anfänge und der guten Vermächtnisse unserer Geschichte erinnern, tun wir dies mit Zuversicht.

Das Jubiläum ist eine Feier der Stadt und ihrer Bürgerinnen und Bürger. Groß ist also, in Vorbereitung und Durchführung, die Zahl der Mitwirkenden: Der Kulturtreibenden im weitesten Sinn, der vielen Vereine und Institutionen, der nicht minder zahlreichen einzelnen Bürgerinnen und Bürger. Ihnen allen gilt mein herzlicher Dank. Besonders nenne ich die Mitglieder des Kuratoriums und des Gemeinsamen Komitees von Wallonisch-Niederländischer Gemeinde, Hanauer Geschichtsverein und Stadt für ihr Engagement, die Arbeit und die guten Ideen, die sie in das Fest eingebracht haben.

Allen Mitbürgerinnen und Mitbürgern und unseren Gästen aus nah und fern wünsche ich Anregung und viel Vergnügen bei den vielfältigen Veranstaltungen und gute und bleibende Erinnerungen. Diese Festschrift und ebenso unsere Illustrierte „Stadtzeit" wird das 400-Jahr-Jubiläum für die Zukunft lebendig erhalten.

Klaus Remer
Kulturdezernent der Stadt Hanau

Selten nur geschieht es, daß sich eine alte Stadt auf die jüngere ihrer Wurzeln besinnt und deren Ersterwähnung oder Gründung zum Anlaß für ein Jubiläum nimmt. Die Doppelstadt Hanau hat sich hierzu entschlossen und gedenkt 1997 der 400. Wiederkehr der planmäßigen Gründung der Wallonisch-Niederländischen Gemeinde und Neustadt-Hanau. Unterschiedliche Sprachen sprechend, vereinte die Neustädter Bürger damals ihr Glaube und ihr wirtschaftliches Potential. Symbol hierfür in mehrfacher Hinsicht war die gemeinsame Wallonisch-Niederländische Kirche, „dat bejde spraacken onder een kappe" vereinte.

Die aufblühende Industriestadt war in mancherlei Hinsicht zukunftsweisend. Die Neuansiedler brachten nicht nur ihr wirtschaftliches Wissen und Können mit, das der Stadt und der Grafschaft Hanau zu großer Blüte verhalf, sie entwickelten in ihrem bürgerschaftlich organisierten Gemeinwesen auch frühe Formen sozialer Daseinsvorsorge. Während es selbst im Zeitalter aufgeklärter Landesfürsten noch immer obrigkeitlicher Anstöße bedurfte, um Neuerungen in Gang zu setzen, konnte die in ihrer inneren Struktur moderne Wallonische und Niederländische Gemeinde weitreichende Aufgaben selbsttätig angehen. Es überrascht daher nicht, daß auch eine der frühesten Sparkassengründungen in Hessen hierzu gehörte. 1824 unter Verwaltung der niederländischen Diakonie errichtet, verkörperte sie bereits damals jene Ziele, die in den folgenden Jahrzehnten Grundlage für das sich entwickelnde Sparkassenwesen werden sollte. Die Bereitstellung kreditwirtschaftlicher Dienstleistungen und das Angebot für den Einzelnen durch sichere Aufbewahrung des Ersparten für die Wechselfälle des Lebens selbst Sorge tragen zu können, war eine bahnbrechende und dem Bedürfnis weiter Bevölkerungskreise entsprechende Zielsetzung, deren Innovationskraft vor Gründung der klassischen Sozialversicherungen gegen Ende des 19. Jahrhunderts

heute kaum mehr nachvollziehbar ist. Die Vereinigung von Neu- und Altstadt um das Jahr 1833 führte konsequenterweise zu einer Stärkung der wirtschaftlichen Bedeutung Hanaus im Kurfürstentum und auch nach 1866 in Preußen.

Die mit der Gründung der Hanauer Neustadt einhergehenden Impulse reichen bis in die Gegenwart hinein. Die Sparkassen-Kulturstiftung Hessen-Thüringen sieht sich veranlaßt, die auch unter landesgeschichtlichen Aspekten außerordentliche Bedeutung der Gründung der Hanauer Neustadt, die auf bürgerschaftlichem Engagement und kommunaler Selbstverwaltung beruhte, sich gemeinsam mit der Sparkasse Hanau in besonderer Weise in die vorliegende Aufarbeitung und Dokumentation der Geschichte dieses Gemeinwesens einzubringen. Durch ihre Mirwirkung will die Sparkassen-Kulturstiftung Hessen-Thüringen das Wissen um dieses Engagement verbreiten und Denkanstöße geben. Es ist zu wünschen, daß die vorliegende Publikation ebenso wie die Jubiläumsausstellung dazu beitragen, dem bürgerschaftlichen Engagement wieder einen verstärkten eigenständigen Stellenwert zu verleihen.

Professor Dr. Udo Güde

Vorsitzender des Vorstandes
der Sparkassen-Kulturstiftung Hessen-Thüringen
Geschäftsführender Präsident
des Sparkassen- und Giroverband Hessen-Thüringen

Günter Rauch

Graf Philipp Ludwig II. von Hanau-Münzenberg, Katharina Belgia von Oranien und die Gründung der Neustadt Hanau

Die Grafschaft Hanau-Münzenberg[1] war ein nicht großes, aber auch nicht unbedeutendes reichsunmittelbares Herrschaftsgebiet. Der mäßige ursprüngliche Hausbesitz war durch zwei bedeutende Erbfälle Mitte des 13. und im ersten Drittel des 14. Jahrhunderts beträchtlich gewachsen und weiter vermehrt (in üblicher Weise: Kauf, Tausch, Erbfälle, Pfandschaften), in geringerem Maß auch wieder vermindert worden.

Den größten Teil machten zwei Komplexe aus: Die „Untergrafschaft" und die „Obergrafschaft". Die Untergrafschaft war das größere und eigentliche Kerngebiet mit der Haupt- und Residenzstadt Hanau, nach Norden bis Erbstadt in der Wetterau reichend, nach Westen, das kleine Territorium der Reichsstadt Frankfurt nördlich umfassend, bis Praunheim und Bockenheim; östlich schloß sich das „Freigericht" an (gemeinschaftlicher Besitz mit Kurmainz) im unteren Kahlgrund, und weiter Eigenbesitz in einem schmalen Streifen in den Spessart. Die alte Reichsstadt Gelnhausen war hanauischer Pfandbesitz, gemeinsam mit Kurpfalz. Im ganzen war die Untergrafschaft ein zusammenhängender Besitz von etwa 60 km Ost-West-Ausdehnung (nordsüdlich hingegen durchweg recht schmal). Die Stadt Hanau mit etwa 1.000 Einwohnern lag einigermaßen in der Mitte. Wesentlich kleiner und auch viel ärmer war die Obergrafschaft im oberen Kinzigtal, beiderseits des Landrückens, mit den Vororten Schlüchtern und Schwarzenfels.

Zwischen Unter- und Obergrafschaft lagen vor allem isenburgische, fuldische und mainzische Herrschaftsgebiete.

Es gab noch einigen Streubesitz, vor allem im Vogelsberg (Ortenberg) und in der Wetterau (vor allem Nauheim, wichtig wegen der Salinen).[2]

Wie alle mittelalterlichen Territorien bestand auch die Grafschaft Hanau teils aus Eigenbesitz (Allod), teils aus Lehensbesitz (Lehensherren waren neben Kaiser und Reich die Kurfürsten von Mainz, Pfalz, Sachsen, die Bischöfe von Würzburg und Bamberg u. a.).

Als Mitte des 15. Jahrhunderts dem Hanauer Grafenhaus das Aussterben drohte, weil nur ein Erbe vorhanden war, hatte die Familie dessen Onkel (Graf Philipp d. Ä.) die Heirat erlaubt und eine, sehr ungleiche, Erbteilung vorgenommen: Philipp d. Ä. erhielt den linksmainischen, ohnehin separaten Besitz um Babenhausen (westlich Aschaffenburg); vor allem aber gewann er durch eine sehr vorteilhafte Heirat das halbe Erbe der reichbegüterten Herren von Lichtenberg im nördlichen Elsaß; diese Linie des Hanauer Hauses nannte sich danach Hanau-Lichtenberg.[3]

Der Teil des Reiches, in dem Hanau lag, war – aus Gründen, die bis ins 12. und 13. Jahrhundert zurückreichen – territorial außerordentlich zersplittert. Es gab keine wirkliche Vormacht. In der ersten Hälfte des 16. Jahrhunderts schien zeitweise Hessen in diese Rolle hineinzuwachsen; durch die Teilungen von 1567 wurde dies zunichte gemacht.[4] Der Hanau am nächsten sitzende Reichsfürst war der Erzbischof und Kurfürst von Mainz, dessen Territorium allerdings sehr zerteilt war; nach einem deutlichen Niedergang im 15. Jahrhundert konsolidierte sich die mainzische Macht unter recht lange regierenden Kurfürsten im 16. Jahrhundert und war im Anstieg begriffen.[5] Mainz war mehrfach – nicht nur durch das gemeinsam verwaltete Freigericht – Nachbar von Hanau, vor allem durch das auf der linken Mainseite direkt gegenüberliegende Steinheim, Stadt und Schloß, Vorort des gleichnamigen Amtes. Mit Kurmainz ergaben sich also die meisten territorialen Berührungen und auch Spannungen. Andere Reichsfürstentümer – Kurpfalz, die Landgrafschaften Hessen-Kassel und Hessen-Darmstadt, das Bistum Würzburg – lagen mit ihren Zentren schon in weiterer Entfernung.

In diesem Rahmen war die Grafschaft Hanau Teil eines übergreifenden politischen Systems, des „Wetterauer Grafenvereins"[6], eines Zusammenschlusses von Reichsgrafschaften nicht nur in der Wetterau, sondern auch im Westerwald.[7]

Die „Grafenlandschaft" erstreckte sich, leidlich geschlossen, vom Untermaingebiet bis zur oberen Sieg, Lahn und Eder; Hanau lag also am südlichsten Rand. Die kaum entwirrbar miteinander versippten Grafen, oder ihre Vertreter, kamen recht häufig zu Grafentagen zusammen. Auf den Reichstagen waren sie durch eine gemeinschaftlich wahrgenommene „Kuriatstimme" im Reichsfürstenrat vertreten, die zugleich ihre Reichsstandschaft garantierte. Die Grafen lebten in ständiger Sorge, von den benachbarten Fürsten, besonders Hessen und Kurpfalz, „mediatisiert" zu werden, also ihre Reichsstandschaft zu verlieren.

Der Wetterauer Grafenverein sollte hier ein Gegengewicht bilden, und bei bestimmten Gelegenheiten, wenn sie sich einig waren, konnten die Grafen in der Tat durchaus eine politisch ins Gewicht fallende Rolle spielen. Im Kreis ihrer Standesgenossen war die Hanau-Münzenberger Grafenfamilie mit einem tragischen Schicksal geschlagen: Der extremen Kurzlebigkeit der regierenden Herren.[8]

Die natürliche Folge dieser schweren Hypothek war, daß seit 1512 kein Hanauer Graf ohne, zum Teil langdauernde, Vormundschaften sein Erbe antreten konnte.[9]

Dies gilt auch für Philipp Ludwigs Vater, Graf Philipp Ludwig I., der mit acht Jahren seinen Vater verlor, von 1561 bis 1575 unter Vormundschaft stand und schon 1580 starb. Er ist in der Hanauer Geschichte bisher sehr stiefmütterlich behandelt worden, zum einen, weil er nur kurz regierte, zum anderen, weil er einen so bedeutenden Sohn und Nachfolger hatte.[10]

Philipp Ludwigs I. Vormünder waren die Grafen Philipp IV. von Hanau-Lichtenberg als nächster Agnat und Johann VI. von Nassau-Dillenburg, der Stiefbruder seines Vaters. Philipp Ludwig I., ein geistig überaus reger und interessierter junger Mann, genoß eine sehr sorgfältige Erziehung.[11] Als er (Sommer 1575) selbständig die Regierung antrat, war die Konsolidierung seiner Herrschaft nach innen und außen sein erstes Ziel.[12]

Im Februar 1576 heiratete er die etwa achtzehn Jahre alte Gräfin Magdalena von Waldeck.[13] Neun Monate nach der mit dem ganzen Aufwand eines stattlichen gräflichen Hofes gefeierten Hochzeit[14], am 18. November 1576, wurde der Sohn und Erbe geboren und auf die Namen des Vaters getauft[15]: Philipp Ludwig (II.).

Der erste tiefe Einschnitt im Leben des kleinen Grafen[16] war der ganz unerwartete Tod seines Vaters im Februar 1580. Es galt also erneut eine Vormundschaft zu errichten – außer für den dreijährigen Philipp Ludwig noch für dessen gerade zwei Monate altes Brüderchen Albrecht – , die wieder lange dauern würde. Dabei begegnen uns zwei bereits bekannte Persönlichkeiten, die schon für Philipp Ludwig I. die Vormundschaft geführt hatten: Philipp IV. von Hanau-Lichtenberg und Johann VI. von Nassau-Dillenburg; als dritter Vormund kam diesmal Graf Ludwig I. von Wittgenstein hinzu.[17]

Über die Spannungen im Vormundschaftsrat wird noch ausführlicher zu reden sein. Sie lagen zum einen am konfessionellen Gegensatz, zum anderen trat Johann von Nassau immer dominierender hervor, weil er in engste familiäre Verbindung zu den kleinen Hanauer Grafen trat: Bereits 1581 verheiratete er seinen Sohn Johann VII. mit der jungen Hanauer Witwe Magdalena von Waldeck. Die Folge dieser Ehe war naturgemäß, daß Magdalena an den Hof ihres Schwiegervaters nach Dillenburg zog und ihre Hanauer Kinder mitnahm, trotz des aufgeregten, aber erfolglosen Protestes der Hanauer Untertanen, die die *herrlein* gern bei sich behalten hätten.

Die Übersiedlung nach Dillenburg war für das ganze Leben Philipp Ludwigs von schlechthin entscheidender Bedeutung. Er kam damit für viele Jahre unter den bestimmenden Einfluß Johanns VI. von Nassau

– jetzt sein Stief-Großvater: Er hat ihn auch immer den „Groß-Herrn-Vatter" genannt, und Johann war eine die Mehrheit seiner Standesgenossen weit überragende Persönlichkeit.[18]

Er war der jüngere Bruder Wilhelms von Oranien (1533 - 1584), der führenden und prägenden Gestalt im Kampf der Niederlande um ihre Freiheiten und gegen die Unterdrückungsversuche durch die spanische Zentralmacht. Wilhelm hatte die Regierung der deutschen Besitzungen seinem Bruder überlassen, der noch einmal alle nassau-ottonischen Lande in seiner Hand zusammenfaßte. Es waren keine reichen Gebiete, aber Johann war ein tüchtiger Regent und ein vortrefflicher Verwaltungsorganisator.

Dabei setzte er nun auch die Religionspolitik als wirksames Mittel ein.

Im Protestantismus hatte man nach dem Tod des Reformators Luther (1546) zunehmend Mühe, einheitliche Lehrmeinungen zu formulieren, und dies wurde um so problematischer, als die katholische Kirche nach dem Konzil von Trient (beendet 1563) deutlich konsolidiert und gestärkt auftrat. Erst nach mühevoller theologischer Arbeit und schweren Auseinandersetzungen kam 1577 die sog. „Konkordienformel" zustande, die zur Glaubensnorm der lutherischen Orthodoxie wurde. Ihre Vormacht war Kursachsen.

Aber das war jetzt nur noch der eine – immerhin weitaus größere – Teil des deutschen Protestantismus. Daneben gab es als starke andere Richtung die von Jean Calvin († 1564) vertretene Lehre. Sie fand schnell Verbreitung in Frankreich, Schottland, den Niederlanden, Ungarn, Polen, Siebenbürgen, während Deutschland eine geringere Rolle spielte. Doch gab es auch hier einige Territorien, die sich ihr anschlossen, vor allem die Kurpfalz. Schon 1563 hatte der im Auftrag des Kurfürsten verfaßte „Heidelberger Katechismus" (der übrigens eine theologische Polemik gegen das Luthertum vermied) eine Lehrgrundlage geschaffen.

Die reformierte Lehre war – neben der Form des Kultus und des Gemeindeaufbaus – vom Luthertum durch eine wesentlich striktere „Kirchenzucht" unterschieden: Der Ausrichtung des täglichen Lebens auf die göttlichen Gebote, der Vermeidung von Müßiggang und Schwelgereien, hingegen der Betonung von Pflichtbewußtsein und Arbeitsdisziplin. Kein Lebensbereich sollte von dieser „reformatio vitae" ausgenommen sein, die auf eine umfassende Sozialkontrolle und Sozialdisziplinierung hinauslief.

Hier setzt nun ersichtlich die Einführung des reformierten Bekenntnisses in mehreren Wetterauer Grafschaften an, die man als „Zweite Reformation" bezeichnet hat.[19] Sie sollte die, wie man es ansah: halbherzige und steckengebliebene lutherische Reformation endlich in allen Bereichen durchsetzen. An dem ernsten Bemühen der Landesherren, als gute christliche Obrigkeit ihre Untertanen zum rechten Glauben zu führen, kann nicht gezweifelt werden; doch gleichzeitig erhielten sie damit ein wirksames und bisher unbekanntes Instrument zur Herrschaftsdurchdringung und Regierung ihrer meist kleinen, vielfach zersplitterten Grafschaften.

Dies ist der Hintergrund, vor dem die Grafen Ludwig von Wittgenstein und Johann VI. von Nassau fast gleichzeitig (1578) die Zweite Reformation in ihren Territorien einführten.

Der Entschluß der beiden blieb naturgemäß auch für Hanau nicht ohne Folgen, als sie wenig später Vormünder der Grafschaft wurden: Er ist mittelbar der Ausgangspunkt auch für die Einführung des reformierten Bekenntnisses in Hanau – und insofern ist vor allem Johann von Nassau eine der folgenreichsten und bedeutsamsten Persönlichkeiten auch in der Hanauer Geschichte geworden. Da die lutherischen Lichtenberger (im Mai 1585 trat Graf Philipp V. seinem alten Vater zur Seite) dem nicht tatenlos zusahen, gab es im Vormundschaftsrat zunehmend Querelen.

Die Lichtenberger und die Anhänger des Luthertums in Hanau sahen mit zunehmenden Argwohn, wie die Erben der Grafschaft ganz unter nassauischem Einfluß erzogen wurden.[20] In ihren ersten Jahren lebten Philipp Ludwig und Albrecht in der rasch wachsenden nassau-hanauischen Großfamilie[21] in Dillenburg. 1585 mit knapp neun Jahren, kam Philipp Ludwig an das Pädagogium in Herborn, dann

Graf Philipp Ludwig II.
Nach dem Stich von Dominicus Custos, Augsburg 1600

1589 an die dortige Hohe Schule.[22] Er wurde mit den Grundlagen der Philologie (Latein, Französisch, auch Italienisch), Philosophie und Jura vertraut gemacht, zugleich offenbar sehr früh auch mit Fragen der Theologie – natürlich im Sinn der reformierten Lehre.

Im März 1591, vierzehn Jahre alt, trug sich Philipp Ludwig in die Matrikel der Universität Heidelberg ein, der pfälzischen Landesuniversität, auch sie eine Hochburg der Reformierten.[23] Er hat etwa zwei Jahre hier studiert und kehrte dann nach Dillenburg zurück, aber nur kurz, denn im August 1593 begann er die erste seiner drei Bildungsreisen, wie sie damals zur Abrundung der Erziehung eines jungen Herrn von Stand gehörten.

Diese erste Reise führte ihn von August 1593 bis April 1594 in die Niederlande, wo er in der neuen Universitätsstadt Leiden seinen Hauptwohnsitz hatte; doch lernte er auch die anderen Provinzen des trotz der schweren Unabhängigkeitskämpfe gegen Spanien unbezähmbar aufblühenden Landes kennen.[24]

Ohne Unterbrechung schloß sich von Ende April bis Anfang Oktober 1594 die zweite Reise an[25], die ihn zunächst nach Regensburg führte, wo gerade der Reichstag eröffnet wurde, bei dem es vor allem um die Unterstützung des Kaisers im neu ausgebrochenen Türkenkrieg ging. Philipp Ludwig wurde dem Kaiser Rudolf II. vorgestellt, der in seinem Leben noch eine nicht unwichtige Rolle spielen sollte. Der Graf reiste weiter nach Österreich, an die ungarische Grenze, in die westlichen Gebiete Polens und durch Böhmen und Sachsen wieder nach Hause.

Ohne Aufenthalt trat er dann seine dritte Reise an: nach Italien.[26] Er kam bis nach Rom und Neapel, hielt sich aber vor allem mehrere Monate in Padua auf, wo er studierte. Daneben sah er viele andere Städte (mehrmals Venedig). Auf Drängen seiner Verwandten und Vormünder, die wegen der langen Reise (und deren Kosten!) immer ungeduldiger wurden, machte er sich im Herbst 1595 auf die Rückreise, über die Schweiz, nicht ohne einen ausgedehnten Besuch in Genf. Am 20. November 1595, zwei Tage nach seinem neunzehnten Geburtstag, traf er wieder in Hanau ein.

Die drei Reisen hatten insgesamt mehr als zwei Jahre gedauert: Eine bedeutsame Spanne im Leben eines Neunzehnjährigen. Betrachten wir zusammenfassend die erste Lebensphase des Grafen (es war schon mehr als die Hälfte seines Lebens!), so sehen wir, daß er offenbar ein Junge und junger Mann von außergewöhnlicher Intelligenz war, die allerdings auch durch eine sorgfältige Erziehung entwickelt und gepflegt wurde; darin ist er ganz der Sohn seines Vaters. Er hatte sich Vertrautheit in mehreren Sprachen erworben (besonders im Französischen); er war in die klassische Literatur eingeführt und verstand etwas von rechtlichen Problemen; sehr interessierten ihn offenbar Festungsbau sowie Wege- und Brückenunterhaltung (das brachte er aus den Niederlanden mit), aber auch theologische Fragen. Dazu hatte er sich ein gewandtes und gewinnendes Auftreten angeeignet: Er tanzte, focht und spielte (oder dilettierte) auf verschiedenen Instrumenten. Kurz: er war ein ernsthafter und doch weltläufiger junger Mann, vielseitig gebildet, mit sicherem Auftreten, als er sich nun anschickte, im Herbst 1595 die Regierung seiner Grafschaft selbst in die Hand zu nehmen.

Vom konfessionell bestimmten Gegensatz in der Trias der Vormünder war schon die Rede. Die Lichtenberger gerieten dabei zunehmend ins Hintertreffen, zumal die beiden reformierten Vormünder in der Kurpfalz einen festen Rückhalt hatten. Schon seit Beginn der neunziger Jahre wurden Amtmanns- und Predigerstellen zunehmend mit Reformierten besetzt.[27]

Das entscheidende Wort der angestammten Herrschaft stand allerdings noch aus, und es war nicht von vornherein ausgemacht, wann Philipp Ludwig, und auch nicht: daß er allein die Regierung in Hanau übernehmen würde. Sein Vater hatte dies, allerdings in ruhigeren Zeiten, erst mit zweiundzwanzig Jahren getan. So lange wollte man beim Sohn nicht warten: Auch wenn die Rechtslage nicht eindeutig war (der Beginn der Volljährigkeit mit achtzehn Jahren war nicht unbestritten), trat Philipp Ludwig, offenbar mehr oder weniger formlos, im Herbst 1595 die Regierung der Grafschaft Hanau an.[28] Für Albrecht blieben die Vormünder natürlich weiterhin im Amt.[29]

Die dringlichste Frage, mit der sich Philipp Ludwig sogleich auseinanderzusetzen hatte, war das „Religionswerk". Wir müssen uns dabei von der Vorstellung fester konfessioneller Besitzstände freimachen. Die Verhältnisse waren während des ganzen 16. Jahrhunderts noch sehr in Fluß.

In Hanau war dies nicht anders. Hier hatte die Reformation schon früh, in den 1520er Jahren Eingang gefunden, und zwar zunächst eher in der oberdeutschen als in der lutherischen Form. Der katholische Gottesdienst verschwand unmerklich bis etwa 1550. Die Obrigkeit ließ die Dinge mehr geschehen, als daß sie sie steuerte. Eine Visitation von 1562 stellte erhebliche Verschiedenheiten in Lehre und Kultus fest, das gleiche gilt für eine Visitation von 1577.[30] Ein Jahr später verweigerte Graf Philipp Ludwig I. die Unterschrift unter die orthodox-lutherische Konkordienformel und führte die hanau-lichtenbergische Kirchenordnung ein.[31] Daraus schon feste Absichten für eine künftige Religionspolitik abzuleiten, muß wegen des frühen Todes des Grafen aber Spekulation bleiben.

Unter der Vormundschaft änderte sich dies nun rasch und grundlegend: Das Religionswerk trat zunehmend in den Mittelpunkt.

Wie der junge Landesherr diesen Zwiespalt entscheiden würde, war von vornherein unzweifelhaft. Kaum zur Regierung gekommen, setzte Philipp Ludwig II. die „Zweite Reformation" mit mehr Nachdruck als Behutsamkeit (was er später selbst zugab und bedauerte) durch.[32] Als wichtigen Helfer holte er sich den ihm seit seiner Jugendzeit bekannten Herborner Theologen und Professor Jodokus Nahum als Superintendenten nach Hanau; auch wenn dieser schon 1597 starb, hat er doch – zusammen mit dem persönlich sehr engagierten Grafen – den wesentlichen Anteil an der raschen Durchsetzung der neuen Religionsform.

Übliche Mittel dazu waren Visitationen. Teils berief man Konvente der Pfarrer (oder „Kirchendiener", wie man damals sagte) ein, teils fanden auch Einzelgespräche (nicht selten des Grafen selbst) statt, um Widerstrebende zu überzeugen.

Besonders ging es um die Abendmahlslehre und damit den Abendmahlsbrauch. Die lutherische Lehre leitete aus den Einsetzungsworten („das ist mein Leib", Matthäus 26,26) die leibliche Gegenwart Christi in Brot (Oblate) und Wein ab; die reformierte Lehre sah in ihnen symbolische Zeichen für die geistige (nicht leibliche) Gegenwart Christi im Abendmahl, aber nur für die, die daran glaubten; die von den Lutheranern weiterhin verwendete Oblate wurde, als katholisch, abgelehnt, an ihrer Stelle wurde einfaches Speisebrot gebrochen. Ein weiteres Problem war die Gestaltung der Kirchenräume. Auch in den protestantischen Kirchen gab es teilweise noch mehrere Altäre, Kruzifixe, Heiligenstatuen und Bilder; die Reformierten sahen darin „Abgötter" oder „Götzen", entsprechend dem alttestamentlichen Verbot von Bildnissen und Gleichnissen (Luther hatte dieses Gebot in seinem Katechismus weggelassen).

Auf Anweisung Philipp Ludwigs wurden also die Kirchen ausgeräumt, an die Stelle des Altars trat ein einfacher Tisch mit einem schwarzen oder grünen Tuch; das Abendmal wurde nach reformiertem Brauch vorgeschrieben, den Gemeinden sollte von den Pfarrern aber deutlich gemacht werden, warum man so verfuhr und daß erst dadurch die reine Lehre verwirklicht wurde. Es waren ja auch keineswegs nur Äußerlichkeiten, die hier verändert wurden, sondern es ging um theologische und religiöse Kernfragen. Andererseits sind der Ablauf des Gottesdienstes, das Aussehen des Kirchenraumes für die Gemeinden immer von großer emotionaler Bedeutung, und so kam es bei den Umgestaltungen dann doch zu teilweise erheblichen Unruhen (z.B. wurden alle Zentgrafen im Amt Bornheimerberg abgesetzt und in Nidda mußten sogar Soldaten für Ruhe sorgen).

Im Sinn der Durchdringung des täglichen Lebens wurden verschiedene Disziplinar-Ordnungen erlassen, die den regelmäßigen Gottesdienstbesuch einschärften (mit vernünftigen Ausnahmen in Erntezeiten), Völlerei bei Taufen, Hochzeiten, Begräbnissen abzuschaffen versuchten, die Unterweisung der Kinder und jungen Leute betrafen, die Pfarrer zu beispielhafter Lebensführung anhielten und manches andere. Im reformierten Gottesdienst stand die Predigt im Mittelpunkt, aber sie sollte verständlich und nicht zu lang sein. Im Sinn der tätigen Nächstenliebe wurde auch die Armenfürsorge geregelt.

Einige Pfarrer waren vom „Reformationswerk" des Grafen nicht zu überzeugen; sie zogen die ihnen angedrohte Konsequenz und verließen das Land. Doch scheinen sich die Zwangsmaßnahmen in Grenzen gehalten zu haben, und ein größerer Exodus fand nicht statt. Bereits gegen 1600 konnte die Grafschaft Hanau insgesamt als „reformiert" im Sinn der Herrschaft gelten. Es versteht sich von selbst, daß auch die weltlichen Beamten – Räte, Sekretäre, Amtmänner, Zentgrafen u. a. – auf die neue Kirchenordnung verpflichtet wurden und ihr Leben danach auszurichten hatten.

Wie weit diese Reform wirklich in die Tiefe drang, das muß, wie immer, offen bleiben. Auch in der Folgezeit waren die Visitationsberichte voller Klagen und Skepsis.

Als geistliche Behörde bestand das Konsistorium schon seit 1563.[33] Seine Aufgaben und Zuständigkeiten wurden jetzt präzisiert (Kirchenbau, Besetzung der Pfarrer- und Lehrerstellen u. a.).[34] Ganz im Sinn der reformierten Kirchenordnung war es, daß auch in allen Pfarreien Presbyterien eingerichtet wurden (neben dem Pfarrer), die für die Kirchenzucht verantwortlich waren.

Wir betrachten bei dieser Gelegenheit kurz die anderen administrativen Maßnahmen Philipp Ludwigs im Zusammenhang, die neben seinen anderen großen Leistungen etwas im Hintergrund stehen.

Ein durchgängiger Trend im 16. Jahrhundert ist der Ausbau von festeren, effektiveren, auch abstrakteren Verwaltungsstrukturen; Vorreiter sind erwartungsgemäß die größeren Territorien, aber auch die kleineren, wie etwa die Wetterauer Grafschaften, konnten sich dem nicht entziehen, um nicht völlig ins Hintertreffen zu geraten.[35]

Philipp Ludwig wurde schnell bewußt, daß in seiner Verwaltung *große unrichtigkeit* herrschte und daß hier wichtige Aufgaben auf ihn warteten. So bat er seine Vormünder Nassau und Wittgenstein 1600 um Rat und Hilfe, und die beiden kamen auch wirklich nach Hanau und arbeiteten ein umfängliches Dokument aus: *Allgemeine Ordnung der gräflichen hanauischen Landesverwaltung.*[36] Sie wurde die Grundlage zur Organisation der Regierungsbehörden.

Neben dem Konsistorium wurden die beiden anderen Organe der Verwaltung eingerichtet: Kanzlei und Kammer. Im Juli 1612, wenige Tage vor seinem Tod, erließ Philipp Ludwig, nach mehreren Vorläufern, eine großangelegte Ordnung für diese drei Kollegien.[37]

Die Kanzlei hatte die Zuständigkeit für das gesamte Justizwesen, Lehensangelegenheiten, Kreis- und Grafensachen, Verhältnisse zu den Nachbarn u. a.; sie war gewissermaßen die „politische" Behörde.

Die Kammer war zuständig für Rechnungen, Hofhaltung, Verwaltung der herrschaftlichen Güter, Einforderung der Fronden und Reichssteuern, für das Gleichgewicht zwischen Einnahmen und Ausgaben.

Für alle Kollegien wurden genaue Ratstage festgelegt, ebenso das Personal (Direktor, Räte, Sekretäre, Diener); auch waren den Räten jetzt bestimmte Ämter und Städte zugeordnet, für die sie persönlich die regionale Verantwortung trugen.

Zu der inneren Regierungstätigkeit des Grafen zählen auch zwei weitere in die Zukunft weisende Maßnahmen: Die Gründung der Hohen Landesschule und die Wiederansiedlung der Juden in Hanau.

Daß ein geordnetes Schulwesen eine vordringliche landesherrliche Aufgabe war, hatte Philipp Ludwig in seiner Jugend, sehr positiv, in Herborn selbst erfahren, und seine Vormünder hatten ihm dies auch verschiedentlich ans Herz gelegt. Besonders für das „Religionswerk", die Heranbildung eines geeigneten Pfarrer- und Beamtennachwuchses, waren gute Schulen unerläßlich.

In Hanau gab es bereits (auf mäßigem Niveau) eine Bürgerschule, die aber 1605 wegen der Pest geschlossen wurde. Der Graf entschied sich nun für die Gründung einer neuen Schule, wobei ihm die Förderung intelligenter aber unbemittelter Schüler besonders am Herzen lag. Dafür wurde in der ganzen Grafschaft ein „Subsidium" angeordnet (Abgaben auf Wein, Frucht, bei Erbschaften, Verkäufen, Hochzeiten). *Die Gründungsurkunde für unsere Schule zu Hanaw* datiert vom 18. Juli 1607.[38]

Was die Wiederansiedlung der Juden in Hanau angeht, so konnte Philipp Ludwig auf eine lange Tradition zurückgreifen, denn Juden gab es in Hanau spätestens seit dem 14. Jahrhundert. Allerdings hatten die Vormünder Johann von Nassau und Ludwig von Wittgenstein sie 1591 aus der Grafschaft ausgewiesen.[39] Philipp Ludwig folgte nun dieser Linie nicht. Er gestattete – die Ausweisung war offenbar ohnehin nicht strikt durchgeführt worden – die Wiederansiedlung und erließ am 28. Dezember 1603 eine „Judenstättigkeit"[40]: Das Dokument ist sehr ausführlich und machte den Juden scharfe Auflagen, gab ihnen aber doch ein gesichertes Bleiberecht. In der Folge wurde die „Judengasse" (heute Nordstraße), genau an der Stadtmauer angelegt. Die Judengemeinde unterstand nicht der Regierung der Altstadt, sondern dem Amtmann des Büchertals.

Mit einigen Sätzen ist hier auf das besondere Verhältnis Philipp Ludwigs zum Kaiser einzugehen, zu Rudolf II., dessen Regierungszeit (1576 - 1612) fast genau mit der Lebenszeit des Grafen zusammenfällt.[41]

Er war ihm schon 1594 auf seiner Reise beim Reichstag in Regensburg vorgestellt worden und hatte sich 1603 – wie zu Beginn jeder Regierung erforderlich – seine Reichslehen bestätigen lassen. Dies war sozusagen der Normalstandard der Beziehungen zwischen dem Reichsoberhaupt und einem Reichsgrafen. Deutlich darüber hinaus gingen zwei kaiserliche Gerichtsprivilegien für Philipp Ludwig: Ebenfalls 1603 erhielt der Graf ein zusätzliches Privileg, daß Hanauer nur unter bestimmten Voraussetzungen vor fremde Gerichte gezogen werden durften. 1606 erlangte er dann, gewissermaßen komplementär, das Privileg, daß Hanauer Untertanen erst bei einem Streitwert von mehr als 500 Gulden an außerhanauische Gerichte appellieren durften.[42] Die Grafschaft war damit ein weitgehend abgeschlossener Rechtsbezirk mit dem Grafen als oberstem Gerichtsherrn geworden, ein weiterer Schritt zu der zielstrebig betriebenen Konsolidierung seiner Landesherrschaft. 1607 trat Philipp Ludwig dann in noch näheren Kontakt mit dem Kaiser.

Die Initiative ging wieder vom Grafen aus, der im Streit mit seinem Bruder Albrecht Rückendeckung suchte. Für den Kaiser seinerseits war der Hanauer Graf deswegen interessant, weil Philipp Ludwig seit dem Tod Johanns VI. von Nassau (1606) „Ausschreibender" (also praktisch Vorsitzender) des Wetterauer Grafenvereins war. Er ritt nach Prag, der damaligen kaiserlichen Residenz, und wurde hier vom Kaiser zu *unserm kaiserlichen rath* ernannt.[43] Wichtiger noch war, daß er Rudolf bei dieser Gelegenheit davon überzeugen konnte, sein Testament zu bestätigen.[44]

Die praktische Bedeutung des Ratstitels hielt sich in engen Grenzen. An der Reichsverwaltung hat Philipp Ludwig gewiß keinen Anteil genommen, da er kaum am Kaiserhof war. Doch blieb er in regelmäßigem Briefwechsel mit Prag. Für den Grafen war die Verbindung mit dem Kaiser im ganzen durchaus ein Gewinn: Konkret durch die verschiedenen Urkunden, die seine Rechtsposition stärkten; weniger greifbar, aber deswegen nicht weniger willkommen durch die Reputation, die er mit seiner spürbaren Vertrauensstellung und dem Ratstitel gewann: sie hoben ihn doch aus der Gruppe seiner Standesgenossen hinaus.[45]

Einen düsteren Schatten auf die Regierung Philipp Ludwigs wirft ein schwerer und zunehmend erbitterter Familienkonflikt: Die Auseinandersetzung mit seinem Bruder Albrecht.

Das Haus Hanau nahm unter den Grafenfamilien, besonders der Wetterau, dadurch eine Sonderstellung ein, daß hier das „Primogeniturrecht" galt, und zwar schon seit dem 14. Jahrhundert: Der älteste überlebende Sohn sollte den Gesamtbesitz ungeteilt erben, die anderen Brüder mit Geldleistungen abgefunden werden.[46] Nun war dieses Primogeniturrecht in der Praxis dadurch verschleiert und verunklärt, weil das Hanauer Grafenhaus auf einer sehr schmalen biologischen Basis bestand: Es lebte meist nur ein männliches Mitglied, das für die Regierungsübernahme in Frage kam.[47]

Davon konnte jetzt aber keine Rede sein: Es gab zwei regierungsfähige Herren gleichzeitig nebeneinander, und Graf Albrecht (1579 - 1635) dachte nicht daran, das Primogeniturrecht seines Bruders Philipp Ludwig anzuerkennen: Er wollte keine Abfindung, er bestand auf einer Teilung der Grafschaft.[48]

Als Philipp Ludwig II. 1595 die selbständige Regierung antrat[49], wurde festgelegt, daß dies ohne Präjudiz für die Rechte Albrechts geschehen sollte. Als dessen Vormünder hatten Johann von Nassau und Ludwig von Wittgenstein auch weiterhin ein gewichtiges Wort in Hanau mitzureden, Philipp Ludwig war also, zumindest juristisch, viele Jahre keineswegs uneingeschränkter Herr der Grafschaft. Und die Vormünder stellten sich entschieden auf die Seite Albrechts. Sie standen, um das mindeste zu sagen, einer Teilung der Grafschaft durchaus nicht ablehnend gegenüber: Zum einen sicher aus Pflichtgefühl gegenüber ihrem jüngeren Mündel; zum anderen doch wohl auch, weil in ihren eigenen Familien kein Primogeniturrecht galt und sie dieser Institution wenig abgewinnen konnten. Die natürliche Folge dieser Konstellation war, daß Philipp Ludwigs Verhältnis zu den Vormündern deutlich erkaltete, fremd und abweisend wurde.[50]

Der entbrennende Streit zwischen den Brüdern, der hier nicht in seinen Einzelheiten geschildert werden kann, war erbittert und wurde auch durch den Tod Philipp Ludwigs nicht beendet. Nach verschiedenen Anläufen kam im Januar 1604 ein Endlicher (d.h. endgültiger) Vergleich zustande[51]: Albrecht erhielt einige kleine Besitzungen in Randgebieten der Grafschaft, als wichtigstes das Amt Schwarzenfels, weit weg von der Residenz Hanau in armer Gegend, in der Vergangenheit als Witwensitz schon verschiedentlich etwas ausgesondert; die Landeshoheit blieb Philipp Ludwig vorbehalten. Aber Albrecht gab sich mit diesem Vergleich nicht zufrieden, und Philipp Ludwig antwortete mit einem Schachzug, der dem alten Primogeniturstatut von 1375 gewissermaßen die höchsten reichsrechtlichen Weihen verleihen sollte: Er ließ sich, im Zusammenhang mit seiner Pragreise und seiner Ernennung zum kaiserlichen Rat, im Dezember 1607 auch das Primogeniturstatut von Rudolf II. bestätigen.[52] Albrecht geriet in große Aufregung und rückte jetzt überhaupt vom Endlichen Vergleich ab. Der Streit zog immer weitere Kreise. Auswärtige Mächte, so Kurpfalz und sogar Kurmainz, wurden damit beschäftigt. Zu einer Einigung ist es nicht mehr gekommen. Im Gegenteil: Philipp Ludwig ging so weit, mit den lutherischen Hanau-Lichtenbergern eine Erbeinigung zu schließen, solange sich Albrecht nicht auf den Boden des Vergleichs stellte.[53]

Man darf, um dieses trübe Kapitel abzuschließen, Philipp Ludwig, der die Macht und mit dem Primogeniturstatut auch die kräftigeren Argumente hatte, dennoch nicht einfach unbrüderliches Verhalten vorwerfen: Die Grafschaft Hanau war nun einmal kein reiches und großes Territorium, und eine Teilung hätte den Gesamtbesitz der Zersplitterung und der Bedeutungslosigkeit überliefert.[54]

Das größte Werk Philipp Ludwigs ist die Gründung der Neustadt Hanau und, unmittelbar damit verbunden, der wallonischen und der niederländischen Gemeinden.[55] Schon angesichts der sich auftürmenden Schwierigkeiten, der Kürze der Zeit, auch der anfänglichen Unerfahrenheit und Jugend des Grafen, ist dies bereits an sich eine herausragende Tat, viel mehr noch in ihrer zukunftsweisenden Bedeutung für die Geschichte und Entwicklung Hanaus.

Ausgangspunkt der Neustadtgründung in Hanau war die Ansiedlung reformierter Glaubensflüchtlinge in Frankfurt[56], denen aber der streng lutherische Rat die öffentliche Religionsausübung verbot. Im Gebiet der Grafschaft Hanau hatten sich schon vor dem Regierungsantritt Philipp Ludwigs reformierte Familien niedergelassen; die reformierten Vormünder standen ihnen aus religiösen Gründen wohlwollend gegenüber. Bereits im Jahr 1594 scheint sich ein erster Kontakt mit Philipp Ludwig selbst ergeben zu haben.[57]

Die Initiative zu einer Ansiedlung der niederländischen Glaubensflüchtlinge in größerem Umfang in der Grafschaft Hanau ging von diesen selbst aus. Im August 1596 erklärten sie, sie wollten aus Frankfurt fort, um sich ahn einem ort sambtlich niderzuthun.[58] Für Hanau sprach dabei die den Reformierten günstige Haltung der Vormünder und des jungen Grafen selbst; dazu kam wirtschaftlich die hervorragende Verkehrslage, die kurzen Wege zu Wasser und zu Lande, die den Kaufleuten und Handwerkern die Vorteile des Messe- und Handelsplatzes Frankfurt erhielt. Sehr bald wurde die Sache konkreter, da die Reformierten dem Grafen einen Forderungskatalog zur Ansiedlung unterbreiteten, den Philipp Ludwig erwiderte. Ursprünglich dachte man an eine Ansiedlung zwischen Altstadt und Kinzig; auch die Kesselstädter Gemarkung war im Gespräch.

Anfang 1597 kam das Projekt rasch in Fahrt. Da die Fremden großen Wert darauf legten, nur in einem befestigten Ort zu bauen, trat die Frage des künftigen Festungsbaus in den Vordergrund.[59] Die Gründung der Ansiedlung wurde damit freilich zu einem Großprojekt mit einstweilen unabsehbaren Kosten, weshalb der bedächtige Johann VI. von Nassau vor Übereilung warnte: Vorteile und Nachteile seien doch schwer abzuschätzen! Andererseits hatten sich bis Februar 1597 schon zweihundert Familien zum Umzug von Frankfurt nach Hanau verpflichtet, etwa die Hälfte der dortigen Reformierten. Und entscheidend war: beide Seiten, Philipp Ludwig und die Fremden, wollten inzwischen entschieden die Stadtgründung.

So wurde am 1. Juni 1597 die *Kapitulation* unterzeichnet (zunächst nur vom Grafen: die Reformierten folgten erst 1604), die Gründungsurkunde der Neustadt und der wallonischen und niederländischen Gemeinden.[60]

Die wesentlichen der 22 Punkte waren:
- Aufnahme der wegen ihrer Religion bedrängten Niederländer und Wallonen als Untertanen
- Zusicherung der freien Religionsausübung in den Muttersprachen
- Freie Wahl (und auch Bezahlung) der Pfarrer und Lehrer durch die Gemeinden, vorbehaltlich der Präsentation an den Grafen
- Gewerbefreiheit für Bürger und Beisassen
- Beitrag zu den Reichssteuern
- Zwei Markttage in der Woche
- Marktschiff nach Frankfurt
- Bau eines Hafens und Kanals auf Kosten des Grafen
- Desgl. von Wall und Graben für die Neustadt.

Der Zuzug und die Ansiedlung der Fremden in sich abzeichnender beachtlicher Zahl wurden rundum keineswegs gern gesehen, führten vielmehr zu heftigen Gegenreaktionen. Vorab von seiten der – wie man von jetzt ab sagen muß –: Altstadt Hanau, die wirtschaftliche Einbußen befürchtete. Sodann seitens Kurmainz, das Bannrechte im Neubauareal geltend machte und sich vor allem darauf berief, daß in der Umgebung der auf der anderen Mainseite gegenüberliegenden mainzischen Stadt Steinheim keine Festung errichtet werden durfte.[61] Die Reichsstadt Frankfurt berief sich gleichfalls auf ein Verbot von Festungsbauten in der Umgebung, ferner ging es ihr um die Nachsteuer der Abzugswilligen. Es entspannen sich zählebige Prozesse vor dem Reichskammergericht, die freilich am fait accompli der neuen Stadtgründung nichts mehr änderten.

Das Verhältnis der einziehenden neuen Untertanen zur Altstadt war durch die Kapitulation noch nicht entschieden: Denkbar war eine einfache Erweiterung der Altstadt ebenso wie die Gründung einer neuen Stadt mit eigenen Rechten. Wie wir wissen, ist dann das zweite Modell verwirklicht worden.

Am 4. April 1601 erließ Philipp Ludwig eine Ratsordnung für die Neustadt: Zwölf Ratsherren, je sechs aus jeder Gemeinde, bildeten den Rat der Neustadt; aus jeder Gruppe kam einer der beiden, zwei Jahre amtierenden Bürgermeister, die sich jährlich abwechselten.[62]

Ein wichtiges weiteres Dokument ist das *Transfix* vom 1. August 1601[63], das die Stadtverfassung und die Einkünfte der Neustadt festlegte. Herrschaftlicher Vertreter war – und zwar für Alt- und Neuhanau gemeinsam in einer Person – der Schultheiß.

Am 8. Oktober dieses ereignisreichen Jahres ließ sich Philipp Ludwig von den Bürgern der Neustadt huldigen.[64]

Schon im Jahr zuvor, am 9. April 1600, war der Grundstein für das wichtigste Bauwerk der Neustadt gelegt worden, den „Tempel", die wallonische und niederländische Doppelkirche; zur glanzvollen Festgesellschaft gehörte als Prominentester der Kurfürst von der Pfalz mit Gemahlin. In staunenswert kurzer Zeit war das gewaltige Bauwerk, das damals als eine Art Weltwunder galt, fertiggestellt: Am 29. Oktober 1609 wurde im Beisein Philipp Ludwigs, seiner Frau und seines Hofes die erste Predigt gehalten.[65]

Es ist kein Zweifel, daß die Neustadtgründung das zentrale Anliegen in der Regierungszeit des Grafen Philipp Ludwig bildete. Es war ein partnerschaftliches Unternehmen: die Neubürger brauchten den Grafen als Landesherrn, und Philipp Ludwig brauchte sie als einsatzfreudige, tüchtige Untertanen, die den Wohlstand der Grafschaft heben würden.

Weil es ein so großes Werk war, ging es auch von Anfang an um große Kosten. Und weil es um viel Geld ging, wurde dauernd zäh verhandelt und gestritten. Der höchst selbstbewußte Graf reagierte auf die nicht minder selbstbewußt vorgetragenen Forderungen seiner Partner gelegentlich verdrießlich und gereizt. So meinte er einmal, sie müßten *leyser getractiret seyn als eine rohe Ey, und der regent noch kommen sol, der ihnen genug thun oder under dessen gehorsamb sie sich schicken können.*[66] Aber er sprach dann doch ein anderes Mal von dem *durch Gottes reichen segen in unseren handen ufgewachsene(n) werk.*[67]

Und auch die Neustädter wußten sehr wohl, bei allen Meinungsverschiedenheiten, was sie an ihrem jungen Herrn hatten, und vergalten ihm seinen Einsatz mit Achtung und persönlicher Zuneigung.

Die anfänglichen euphorischen Blütenträume reiften sicher nicht alle: Neu-Hanau wurde nie zu einem Refugium der reformierten Glaubensgenossen im ganzen Reich. Es wurde auch nicht die ganz große Handelsstadt neben Frankfurt. Aber es wurde doch ein Handels- und Gewerbezentrum mit Zulieferfunktionen auch für den übernationalen Markt.

Erstaunlich rasch entwickelte sich Neuhanau auch zu einem kulturellen Zentrum, so für den Buchdruck[68] und für die Stillebenmalerei.

Der Zuzug von außen – natürlich längst nicht mehr nur aus Frankfurt allein – ließ sich nicht schlecht an, auch wenn Pestjahre schwere Rückschläge brachten: Bis 1612 verzeichnen die Bürger- und Beisassenaufnahmen jährlich weit mehr als hundert Personen (und zwar

Familienhäupter), und nach 1612 weiterhin zwischen einhundert und zweihundert.[69]

Auch der Festungsbau wurde zügig fortgesetzt, allen mainzischen Gegenwirkungen zum Trotz. Beide Städte waren von einer gemeinsamen Mauer umschlossen; die Altstadtmauer samt Graben blieb bestehen, während die Neustadt gegenüber der Altstadt offen blieb.

Nur dadurch wurden die beiden Städte Hanau in die Lage versetzt, so rasch, im Dreißigjährigen Krieg, die bittere Probe aufs Exempel zu bestehen und 1635/36 die zehnmonatige Lamboysche Belagerung auszuhalten.

Die Gründung der Neustadt sowie der wallonischen und niederländischen Gemeinden war weit mehr als ein rein lokales Ereignis, das zeigen schon die Anteilnahme oder auch die aufgeregten Gegenreaktionen der benachbarten Mächte. Teil einer gesamteuropäischen Bewegung: der Exulantenmigration, war die Stadtgründung ihrerseits ein europäisches Ereignis. Die Werbeschriften um Zuzug gingen – übrigens bis ins 17. und 18. Jahrhundert – weit durch die Lande; Phi-

lipp Ludwig selbst ist durch das Unternehmen bis nach Böhmen bekannt geworden.

In der Hanauer Geschichte hat die Neustadtgründung schlechterdings Epoche gemacht. Innerhalb weniger Jahre, fast möchte man sagen: mit einem Schritt war das Gemeinwesen in eine neue Phase seiner Entwicklung getreten, die bis heute nachwirkt.[70]

Daß das Lebenswerk Philipp Ludwigs dessen frühen Tod überdauerte, ist ganz wesentlich das Verdienst seiner Frau.

Philipp Ludwig ging sehr früh die Ehe ein, was angesichts der minimalen biologischen Basis des Hanauer Grafenhauses nicht mehr als vernünftig war.

Seine Gattin war Katharina Belgia von Oranien[71], die dritte Tochter des niederländischen Freiheitshelden Wilhelm von Oranien aus dessen dritter und glücklichster Ehe mit Charlotte von Bourbon.[72]

Als Tochter Wilhelms war Katharina Belgia natürlich auch die Nichte des Hauptvormunds Johann VI. von Nassau. Es ist aber sehr fraglich ob sie zu ihm näheren Kontakt hatte, denn sie wurde nach dem

Graf Philipp Ludwig II. von Hanau-Münzenberg (1576 - 1612)
Joan. Gennet fecit et excudit (1612)

Katharina Belgia Nassau-Bourbon, geborene Prinzessin von Oranien
Joan. Gennet fecit et excudit (1612)

frühen Tod ihres Vaters (1584), sie war damals sechs Jahre alt, am Hof ihrer Tante und Taufpatin, der Gräfin Katharina von Schwarzburg, im thüringischen Arnstadt erzogen, übrigens lutherisch.

Die Ehe wurde im Sommer 1596 geschlossen (die Braut war 18, der Bräutigam fast 20 Jahre alt), und sie war offenbar recht glücklich, jedenfalls sehr kinderreich.[73]

Katharina Belgia brachte eine glänzende familiäre Verbindung mit in die Ehe: Ihre ältere Schwester Luise Juliane war mit dem Kurfürsten Friedrich IV. von der Pfalz (1574 - 1610) verheiratet: Einer der mächtigsten Reichsfürsten und zugleich der Hauptprotektor der reformierten Religionspartei war also der Schwager Philipp Ludwigs. In der Tat wurden die Verbindungen Hanaus zur Kurpfalz nach 1600 immer enger, analog zur Lockerung der Beziehung zu den Nassauern.

An den Regierungsgeschäften hat die Gräfin, soweit wir sehen, zumindest nach außen zu Lebzeiten Philipp Ludwigs wenig Anteil

Hanauer Marienkirche
Fotografie von Bickell um 1885.

Links: Grabmahl der Herzogin Helene
von Pfalz-Simmern (1532 - 1579), Gemahlin
des Grafen Philipps III. von Hanau und
Großmutter Graf Philipp Ludwigs II.
Rechts: Grabmahl des Grafen Philipp Ludwig I.
von Hanau-Münzenberg, (1553 - 1580),
Vater Graf Philipp Ludwigs II.

genommen. Wie sehr dieser aber seine Frau in seine politischen Überlegungen einbezog, zeigt sein Testament vom Dezember 1607[74] : Wohl in Erinnerung an das Mißvergnügen mit seinen eigenen Vormündern und unter Umgehung seines leiblichen Bruders, mit dem er zerfallen war, bestimmte Philipp Ludwig – ein beispielloser Vorgang in der hanauischen Geschichte – *hirmit in bestendigster form rechtens die hochgeborne fürstin, Frau Catharinam Belgiam von Naßau, geborne Princeßin von Uranien, Grävin von Hanau etc., unsere freundtliche, liebe, geliebte gemahlin, solang Ire Liebden dero wittbenstandt unverändert lassen,* zur alleinigen Vormünderin, und erst *auf solchen unvermuetlichen Fall* einige andere. Er wußte, daß er sich auf seine Frau verlassen konnte: Der „unvermutliche Fall" trat nicht ein, Katharina Belgia blieb Witwe und führte die Regentschaft viele Jahre mit Tatkraft und Umsicht. Sie war die rechte Frau am rechten Platz, und es ist ihr großes Verdienst, daß sie das Erbe ihres Gatten zusammenhielt und vor allem das große Werk der Neustadtgründung zum guten Abschluß führte.[75]

Philipp Ludwig war keineswegs mit eiserner Gesundheit gesegnet.[76] Auch war er sein Leben lang sehr viel auf Reisen, was immer mit Strapazen verbunden war.[77] Anfang August 1612, eben aus England zurückgekommen, befiel ihn ein heftiges Fieber, von dem er sich nicht wieder erholte.

Er starb, wie er geboren war, an einem Sonntag, dem 9. August 1612 *sanft und still* zwischen acht und neun Uhr zu der Zeit, als man in der Altstadtkirche die Predigt beendet hatte und das Gebet sprach. Seine Frau, die zwölf Tage zuvor einen Sohn geboren hatte, war nicht an seinem Sterbelager.[78]

In seinem Testament hatte er bestimmt: *Bevelchen demnach hirmit unsere seele Gott dem allmechtigen, als irem schöpfer und erlöser in seine grundtlose barmherzigkait und verordnen, das unser leichnam in unsere haubtkirchen zu Hanau in dem chor zunegst bey unsere geliebte voreltern christseligen, in das zu sochem ende zugerichtet rhuebettelein ehrlich und unserm stand gemes zur erden bestattet werden solle.*[79]

So geschah es. Am 23. September wurde der Zinnsarg mit dem Leichnam Philipp Ludwigs in der von ihm angelegten Gruft in der Krypta der Marienkirche in Anwesenheit einer großen Trauergemeinde feierlich als erster beigestellt[80], und hier ruht der sterbliche Teil des größten Althanauer Landesherren bis zum heutigen Tag. Der Text zu seiner Leichenpredigt war der 13. Vers des 14. Kapitels der Offenbarung des Johannes: *Selig sind die Toten, die in dem Herrn sterben von nun an. Ja, der Geist spricht, daß sie ruhen von ihrer Arbeit; denn ihre Werke folgen ihnen nach.*[81]

Anmerkungen

[1] Die edelfreien Herren von Hanau (-Dorfelden) sind uns seit dem Ende des 12. Jahrhunderts urkundlich bekannt; im Dezember 1429 erhob König Sigismund Reinhard II. von Hanau und seine Nachkommen, Söhne und Töchter, zu Reichsgrafen und -gräfinnen.

[2] Vgl. Karte und Besitzverzeichnis (für 1736) bei E. Zimmermann, Hanau-Stadt und Land, 1919, XXXVIII/XXXIX.

[3] Entsprechend nannte sich, seit Ende des 15. Jahrhunderts, die ältere Hanauer Linie „Hanau-Münzenberg" nach der bekannten staufischen Burg in der Wetterau, an der die Hanauer (neben Solms-Braunfels und Stolberg) einen Anteil hielten.

[4] Vgl. K. E. Demandt, Geschichte des Landes Hessen, 1972, 223ff., 238ff.

[5] Ebd. 327f.

[6] Vgl. dazu die grundlegende Arbeit von G. Schmidt, Der Wetterauer Grafenverein, 1989.

[7] Mitglieder waren (oft in verschiedenen Linien) neben den beiden Hanau: Nassau im ottonischen und walramischen Zweig, Sayn, Sayn-Wittgenstein,

Solms, Stolberg, Waldeck, Westerburg, Wied, Ysenburg und andere.

[8] Das Sterbealter seit 1512 (Philipp Ludwigs II. Ur-Urgroßvater) war 39 – 27 – 35 – 26 (Philipp Ludwigs Vater) – 36 (Philipp Ludwig selbst) – 33 (sein Sohn) – 9 (sein Enkel) – 28 (sein Neffe, der letzte Hanau-Münzenberger).

[9] Vgl. dazu ausführlich R. Dietrich, Die Landesverfaßung in dem Hanauischen, Han. GBll. 35, 1996 (jur. Diss. Frankfurt).

[10] Vgl. neuerdings G. Menk, Philipp Ludwig I. von Hanau-Münzenberg (1553 - 1580), Hess. Jb. f. Landesgesch. 32, 1982, 127 - 163.

[11] Er lernte und studierte u. a. an der Akademie in Straßburg und den Universitäten in Tübingen, Basel und, auf einer fast einjährigen Italienreise, in Padua; während der berüchtigten „Bartholomäusnacht" im August 1572 war er gerade in Paris und wäre fast umgebracht worden; Menk 153 spricht von „einer der umfangreichsten Bildungsreisen" eines Wetterauer Grafen und von Philipp Ludwigs „außergewöhnlichem Bildungsstand".

[12] Ebd. 157.

[13] Was ihm ein Donnerwetter des eben abgetretenen Vormundes Johann von Nassau eintrug, der die Heirat für zu gering und die Braut zwar für schön aber doch für „trutzig und eigensinnig" hielt, Schmidt (n. 6) 548f.; Menk 155. Philipp Ludwig ließ sich davon nicht beeindrucken, und auch Johann von Nassau scheint sein Mißvergnügen bald überwunden zu haben, denn schon 1581, ein Jahr nach Philipp Ludwigs Tod, verheiratete er seinen eigenen Sohn Johann VII. eben mit Magdalena von Waldeck.

[14] Vgl. Uta Löwenstein, „Ein wissen Swan mit eym gulden Snabel zu eym Schaweessen". Festessen am Hanauischen Hof im 15. und 16. Jahrhundert, Han. GBll. 31, 1993, 55 - 73.

[15] Das Tauffest konnte sich gleichfalls sehen lassen, auch wenn es den Pomp der elterlichen Hochzeit nicht erreichte, Löwenstein 73 - 83.

[16] Die maßgebende Biographie ist jetzt U. Müller-Ludolph, Philipp Ludwig II. von Hanau-Münzenberg (1576 - 1612). Eine politische Biographie, 1991.

[17] Dietrich (n. 9) 93; die Einsetzung geschah durch das Reichskammergericht in Speyer im Namen des Kaisers, der als Obervormund für die Hochadeligen galt.

[18] Vgl. K. Wolf, Johann VI. d. Ä., Graf von Nassau-Dillenburg, in: Nass. Lebensbilder 1, 1940, 50 - 66; zu seiner Hanauer Vormundschaft: Ders., Die vormundschaftliche Regierung des Grafen Johann d. Ä. von Nassau-Dillenburg, Han. Mag. 15, 1936, 81 - 94; 16, 1937, 1 - 14; Demandt (n. 4) 410ff.

[19] Schmidt (n. 6) 321ff.; in den zeitgenössischen Quellen taucht dieser Begriff nicht auf, trifft aber den Kern der Sache.

[20] Müller-Ludolph (n.16) 117ff., 127ff.

[21] Magdalena von Waldeck bekam in ihrer Ehe mit Johann VII. von Nassau noch weitere zwölf Kinder.

[22] Müller-Ludolph (n. 16) 45ff., 49 ff. mit weiterer Literatur.

[23] Ebd. 60ff. Ende dieses Jahres wurde der eben Fünfzehnjährige zum Rektor gewählt – ein Ehrenamt natürlich, das mit seinem Rang und Stand zusammenhing, aber sicher doch auch ein Beweis, daß er bereits unter seinen Standesgenossen aufzufallen begann.

[24] Ebd. 65ff. - Philipp Ludwig hat über zwei seiner Reisen ein „Diarium" geführt, Staatsarch. Marburg 81 A, Nr. 6 1/2 (Filmkopie im Stadtarchiv Hanau). Der Siebzehnjährige reiste mit offenen Augen zu Lande und zu Wasser und vernachlässigte neben den Studien (klassische Autoren, Sprachen) auch den Sport nicht, besonders Ballspiel und Fechten, dazu die Musik; gesellschaftliche Kontakte hatte er mit Standesgenossen, vor allem aber mit dem Statthalter Moritz von Oranien, dem Sohn des großen Wilhelm, Neffen Johanns VI. von Nassau.

[25] Ebd. 87ff.

[26] Ebd. 103ff. Über sie gibt es kein Diarium.

[27] Ebd. 130ff., 138ff.

[28] Ebd. 142, 145, 205; vgl. Dietrich (n. 9) 80ff.: Das Volljährigkeitsalter schwankte zwischen achtzehn und fünfundzwanzig Jahren.

[29] Der Lichtenberger trat jetzt ganz zurück.

[30] Eine ausführliche Untersuchung fehlt. Vgl. Zimmermann (n. 2) 615; H. Kurz, Die Reformation in Hanau, N. Mag. f. Han. Gesch. 8, 1984, 20 - 32 (Vortrag).

[31] Menk (n. 10) 158ff.

[32] Müller-Ludolph (n. 16) 197ff., 206; zur Durchführung der Zweiten Reformation an einem speziellen Beispiel vgl. F. Dahmen, „Nach Gottes Wort reformiert". Die „Zweite Reformation" in den Hanauischen Ämtern Rodheim und Dorheim 1596, Rodheim 1996.

[33] Zimmermann (n. 2) 597.

[34] Müller-Ludolph (n. 16) 172ff., 207ff.

[35] Vgl. oben, S. 17f.

[36] Urkunde vom 3. Juli 1600, gedruckt Müller-Ludolph (n. 16) 413 - 431; vgl. ferner ebd. 171ff.

[37] Ebd. 179ff., 212ff.

[38] Ebd. 215ff. mit weiterer Literatur; der Grundstein zum neuen Schulgebäude wurde erst am 5. April 1612 gelegt. Die Gründungsurkunde ist gedruckt bei K. W. Piderit, Festschrift [...] des zweihundertjährigen Jubiläums des Gymnasiums zu Hanau, 1865, 39 - 42; ebd. Subsidien-Ordnung 23 - 29.

[39] Aus religiösen Gründen, wie sie es bereits in ihren eigenen Grafschaften getan hatten: Die Reformierten waren den Juden gegenüber am rigorosesten; auch die Kurpfalz wies damals die Juden aus.

[40] Stadtarchiv Hanau (Archiv d. Han. Geschichtsvereins), Kopie in der Chronik Varlut; Müller-Ludolph (n. 16) 229ff.; sie betont sicher mit Recht die wirtschaftlichen Motive des Grafen.

[41] Zu diesem seltsamsten unter den deutschen Herrschern vgl. K. Vocelka, Rudolf II. und seine Zeit, Wien 1985; R. Evans, Rudolf II and his World, Oxford 1973. Rudolf war ein hochbegabter, überaus gebildeter Mann, ein Kunstkenner und -sammler von Graden, Förderer auch der Naturwissenschaften, zugleich aber psychisch schwer belastet (mit einiger Sicherheit zunehmend schizophren), von einer krankhaften Unentschlossenheit, mehr und mehr zerfallen mit seiner Familie, besonders seinem abgründig gehaßten Bruder Matthias, der ihn schließlich Stück für Stück entmachtete und beerbte. Angesichts der gewaltigen Probleme im Reich, besonders der Türkengefahr, war dieser Mann an der Spitze des Reichs – die es eben jahrzehntelang in Wirklichkeit gar nicht gab – eine Katastrophe.

[42] 18. März 1603, gedruckt Müller-Ludolph (n. 16) 432 - 435; solche Privilegien wurden im allgemeinen wortwörtlich aus den Vorurkunden abgeschrieben und vom neuen Aussteller dem neuen Empfänger bestätigt. In unserem Fall wurde allerdings zusätzlich das Münzrecht in Hanau verliehen; bisher gab es eine Münze nur im (lichtenbergischen) Babenhausen.- Zu den neuen Privilegien (gleichfalls vom 18. März 1603 und 8. Juli 1606) vgl. ebd. 187ff.; Dietrich (n. 9) 35.

[43] 14. November 1607, gedruckt Müller-Ludolph (n. 16) 446 - 448.

[44] Testament vom 19. Dezember 1607, inseriert in der Bestätigungsurkunde vom 17. März 1608, gedruckt Müller-Ludolph 449 - 461; zur Sache vgl. unten n. 52.

[45] Zu Philipp Ludwigs Beziehung zum Kaiser vgl. Müller-Ludolph (n. 16) 341ff., 361ff.

[46] Ausführlich R. Dietrich (n. 9), besonders 50ff.; die grundlegende Urkunde stammt von Ulrich III. (November 1375), ebd. 54ff.; 78ff.

[47] Ausnahmen ebd. 119ff. (Graf Philipp d. Ä.), 172ff. (Graf Balthasar), 91 (Graf Reinhard).

[48] Ebd. 174ff.; Müller-Ludolph (n. 16) 145ff., 149ff.

[49] Oben n. 28; sein sechzehnjähriger Bruder war noch auf Bildungsreisen.

[50] Er hat seine Vormünder heftig attackiert, vgl. K. Wolf, Des Grafen Philipp Ludwigs II. Urteil über seine ersten Regierungsjahre, Han. Mag. 12, 1933, 65 - 73; erst 1608, lange nach dem Tod der Vormünder, ließ er sich auf Drängen des Kurfürsten von der Pfalz zur Erklärung herbei, die Vormünder hätten die Regierung zu seiner Zufriedenheit geführt, Müller-Ludolph (n. 16) 144 n. 117; eine Rolle spielte sicher auch, daß die Mutter, Magdalena von Waldeck, 1599 gestorben war und Johann VII. von Nassau

etwas später eine neue Ehe einging: Das familiäre Band zwischen Hanau und Nassau war dadurch zerrissen; immerhin kam es, so unerfreulich sich die Dinge auch entwickelten, nicht zu einem förmlichen Bruch.

[51] Gedruckt Müller-Ludolph (n. 16) 436 - 445; vgl. 158f.; Dietrich (n. 9) 174ff.

[52] Ebd. 162f.; siehe oben n. 44.

[53] Müller-Ludoph (n. 16) 266ff.; Albrecht stritt sich noch viele Jahre lang, verbittert und erfolglos, mit seiner Schwägerin, der Regentin, die keinen Schritt hinter die Position ihres Gemahls zurücktrat. Erst nach Albrechts Tod (1635) kam es dann mit seinem Sohn Johann Ernst von Hanau-Schwarzenfels rasch zu einem Ausgleich: Johann Ernst sollte dann der letzte regierende Hanau-Münzenberger sein, aber er regierte nur zwei Monate und starb im Januar 1642.

[54] So auch Müller-Ludolph (n. 16) 169.

[55] Das grundlegende Werk ist H. Bott, Gründung und Anfänge der Neustadt Hanau 1596 - 1620, 2 Bände, Hanau und Marburg 1970/71; vgl. ferner Müller-Ludolph (n. 16) 234ff.

[56] Die religiös motivierte Migration ist (neben der Hugenottenvertreibung Ende des 17. Jahrhunderts) eine der folgenreichsten Bevölkerungsverschiebungen im frühneuzeitlichen Europa; vgl. Bott (n. 55) I, 3ff., 26ff.

[57] Ebd. I, 66; Müller-Ludolph (n. 16) 140f.

[58] Müller-Ludolph (n. 16) 237.

[59] Ebd. 243f.

[60] Stadtarchiv Hanau, Urk. Nr. 2; Druck u.a. A. Winkler/J. Mittelsdorf, Die Bau- und Kunstdenkmäler der Stadt Hanau, 1897, I - VII.

[61] Philipp Ludwig leugnete einfach, daß eine Festung gebaut werde; als der Tatbestand nicht mehr zu bestreiten war, mußte Mainz schließlich gute Miene zum bösen Spiel machen.

[62] Stadtarchiv Hanau, Urk. Nr. 3, gedruckt Bott (n. 55) I, 510 - 517; es fällt auf, daß diese Urkunde, anders als die Kapitulation, von Philipp Ludwig allein ausgestellt wurde; Müller-Ludolph (n. 16) 249f.

[63] Stadtarchiv Hanau, Urk. Nr. 4, gedruckt Bott (n. 55) I, 552 - 556; es hat keinen Aussteller, sondern die Urkunde ist vom Grafen und den Ratsherren der Neustadt unterschrieben.

[64] Und zwar, wohlgemerkt, er allein; die Kapitulation war noch im Namen auch seines Bruders Albrecht ergangen; auch dies ist ein Zeichen für die sich versteifenden Fronten; Müller-Ludolph (n. 16) 250.

[65] Bott (n. 55) II, 262f.; das vielfach angenommene Jahr 1608 ist falsch, wie Bott ausführlich nachweist.

[66] Müller-Ludolph (n. 16) 256; ebd: *ihre libertet, inconstanz und scrupulirens, auch practicirens neuer sachen* [ist] *gar zu groß und aus ihren gemütern nicht außzuwurtzeln.*

[67] Bott (n. 55) II, 177.

[68] Vgl. G. Könnecke, Hessisches Buchdruckerbuch, 1894, 121ff., 354ff.

[69] Vgl. Zimmermann (n. 2) 637f.; zum Vergleich: Für Alt-Hanau kommt Zimmermann für 1587 auf eine Einwohnerzahl von etwa 1.000, ebd. 462.

[70] Vgl. die Zusammenfassungen bei Bott (n. 55) II, 403 - 436; Müller-Ludolph (n. 16), 262ff.

[71] Nicht Katharina „Belgica", wie die in Hanau nach ihr genannte Straße glauben macht: Sie nannte sich selbst immer „Belgia" und wurde von ihrem Mann und in offiziellen Dokumenten, etwa des Kaisers, auch so genannt. - Zu Katharina Belgia gibt es keine moderne Biografie.

[72] Durch ihre Mutter stammte Katharina Belgia aus dem französischen Königshaus und war eine Nachfahrin König Ludwigs des Heiligen († 1270); nicht einmal sehr weitläufig war sie auch mit dem damaligen König von Frankreich, Heinrich IV. von Bourbon, verwandt; sie war also entschieden höheren Standes als Graf Philipp Ludwig, der sie in seinem Testament dann auch die *hochgeborne fürstin* nennt.

[73] Vier Töchter und sechs Söhne, von denen, auffallend für die damalige Zeit, nur zwei im Kindesalter starben. Dennoch hat Katharina fast alle ihre Kinder und alle Söhne überlebt: Die Tragik des Hauses Hanau setzt sich also auch bei der zahlreichen Nachkommenschaft Katharina Belgias und Philipp Ludwigs fort.

[74] Oben n. 44.

[75] Später geriet sie in ein zunehmend gespanntes Verhältnis zu ihrem ältesten und allein erbenden Sohn Philipp Moritz, Dietrich (n. 9) 95. Die Gräfin zog sich schließlich in ihre Heimat, die Niederlande, zurück und starb hier, fast siebzig Jahre alt, im April 1648; wie ihr Vater Wilhelm von Oranien ist sie in der Nieuwe Kerk in Delft beigesetzt.

[76] Schon in seinem Diarium (oben n. 24) ist immer wieder von Krankheitsanfällen die Rede; im Sommer 1604 mußte er die Sauerbrunnenkur in Schwalbach gebrauchen, ebenso 1611, wahrscheinlich war er noch öfter dort.

[77] Vgl. Müller-Ludolph (n. 16) 399ff. Seine letzte große Reise, von Ende März bis Anfang Juli 1612, führte ihn nach England, an der Spitze einer glanzvollen Gesandtschaft des pfälzischen Hofes, die die Heirat des jungen Kurfürsten Friedrich V. von der Pfalz, seines Neffen (des späteren böhmischen „Winterkönigs"), mit Elisabeth von England, der Tochter König Jakobs I., verabreden sollte; die Heirat kam tatsächlich zustande, doch hat Philipp Ludwig das nicht mehr erlebt. Die glanzvolle Mission zeigt, welches persönliche Ansehen sich der vielerfahrene und weltgewandte Graf erworben hatte. Auf der Rückreise machte er der Regentin von Frankreich, Maria Medici, seine Aufwartung und wurde von ihr beauftragt, dem neugewählten Kaiser Matthias die Glückwünsche des französischen Hofes zu überbringen.

[78] Zu den letzten Lebenstagen vgl. Bott (n. 55) II, 338ff.

[79] Oben n. 44.

[80] Bott (n. 55) II, 341ff. Ein Grabmal ist für ihn vielleicht - und dann, angesichts seiner überragenden Bedeutung, erstaunlicherweise - nicht errichtet worden, hat sich jedenfalls nicht erhalten.

[81] Die Leichenpredigten des Pfarrers Georg Fabricius, mit Zusätzen (47 - falsch: 37 S.), des Kesselstädter und Dörnigheimer Pfarrers Heinrich Oraeus über den 16. Psalm (29 S.) sowie der Bericht des Altenhaßlauer Pfarrers Johannes Appelius über die letzten Lebenstage Graf Philipp Ludwigs (27 S.) sind sämtlich gedruckt bei Wilhelm Antonius Erben, Hanau 1612. Landes- und Hochschulbibliothek Darmstadt, Gü 455(1), Fotokopien in der Stadtbibliothek Hanau, Landeskundliche Abteilung.

Roman Fischer

Die Gründung der Hanauer Neustadt aus Frankfurter Sicht

Die Wallonen und Flamen, die die Hanauer Neustadt 1597 gründeten und in den folgenden Jahren bevölkerten, kamen in ihrer überwältigenden Mehrheit aus Frankfurt. *Die Geschichte der Fremdenkolonien in Frankfurt ist deshalb ein Teil der Gründungsgeschichte der Neustadt Hanau; sie wurde in Hanau auch schon immer so betrachtet.*[1] Sowohl die Hanauer als auch die Frankfurter Forschung haben sich deshalb intensiv mit dieser Thematik beschäftigt und das zur Verfügung stehende Quellenmaterial erschöpfend ausgewertet. Ein Teil der Frankfurter Archivalien, wie die Akten des Rates über das Französische und Niederländische Kirchenwesen[2], ist überdies im Zweiten Weltkrieg untergegangen. Deshalb kann diese Studie über die Gründung der Neustadt Hanau aus Frankfurter Sicht nicht für sich beanspruchen, aus neuen Quellen geschöpfte Erkenntnisse zu präsentieren, sondern muß sich darauf beschränken, Ereignisse und Strukturen in knappen Strichen zu skizzieren und aus Frankfurter Sicht zu beleuchten.

Sie kann damit vielleicht einen Beitrag leisten, die geschichtlichen Möglichkeiten und Grenzen des Zusammenlebens von Einheimischen und Fremden, von Toleranz und Intoleranz auszuloten.

1. Die Übersiedlung von reformierten Glaubensflüchtlingen nach Frankfurt

Die Situation in den Herkunftsländern

In der Auseinandersetzung zwischen Lutheranern und Reformierten hatte sich der Frankfurter Rat bereits frühzeitig für das lutherische Bekenntnis (die Augsburger Confession) entschieden und dieses damit in den Rang einer Staatsreligion erhoben, woraus in der Folgezeit mannigfaltige Schwierigkeiten für die Reformierten erwachsen sollten.

Weshalb wandten sich in der zweiten Hälfte des 16. Jahrhunderts dennoch reformierte Glaubensflüchtlinge aus den spanischen Niederlanden und aus England in großer Zahl in das lutherische Frankfurt?

In England bestieg 1553 die katholische Maria I. aus dem Hause Tudor den Thron und schickte sich an, ihr Land zu rekatholisieren, wobei sie vor einer grausamen Verfolgung der Protestanten nicht zurückschreckte: Nicht umsonst erhielt sie dafür in ihrem Königreich den Beinamen „Bloody Mary". Ihre Regierung veranlaßte zahlreiche englische Protestanten, zusammen mit ihren aus den spanischen Niederlanden nach England geflüchteten Glaubensgenossen auszuwandern. Etliche davon fanden in Frankfurt gastfreundliche Aufnahme: der Rat überließ ihnen die Weißfrauenkirche für den Gottesdienst in ihren Landessprachen (englisch, flämisch bzw. niederländisch und französisch).[3]

Während aber die englischen Protestanten nach dem frühen Tod Maria Tudors und der Thronbesteigung der protestantischen Elisabeth I. im Jahr 1558 nur wenig später Frankfurt verließen und in ihre Heimat zurückkehrten, wobei sie dem Frankfurter Rat für die erwiesene Gastfreundschaft mit einem vergoldeten Deckelpokal dankten, dem sogenannten „englischen Monument", der noch heute im historischen Museum der Stadt verwahrt wird[4], sah die Lage für die Protestanten aus den spanischen Niederlanden weitaus düsterer aus.

Seit der Regierung Karls des Kühnen im ausgehenden Mittelalter waren die Niederlande Bestandteil des burgundischen Machtbereichs; nach Karls Tod 1477 und der Heirat seiner Tochter mit dem Habsburger Maximilian fielen Teile von Burgund und die Niederlande an das Haus Habsburg. Damit herrschte die „Casa d'Austria" unter Kaiser Karl V. zur Zeit der Reformation über ein Reich, in dem in der Tat die Sonne nicht unterging: das „Heilige Römische Reich", bestehend aus Deutschland, Österreich, und Teilen Italiens, sodann über Burgund, die Niederlande und Spanien mit seinen ausgedehnten Kolonien in der „neuen Welt".

In den spanischen Niederlanden fanden nun die Schriften Martin Luthers rasch weite Verbreitung, obwohl sie gerade hier besonders scharf bekämpft wurden: Schon 1520 wurden in Löwen die Schriften Luthers verbrannt, und 1523 wurden zwei Anhänger des Reformators auf dem Großen Platz in Brüssel vor einer großen Menschenmenge auf dem Scheiterhaufen gerichtet. Sie starben als die ersten Märtyrer der evangelischen Lehre.

Abb. 1: Das englische Monument von 1559, Antwerpener Beschau,
Antwerpen 1558/59, vergoldetes Silber,
Frankfurt am Main, Historisches Museum (HMF X 41)

Während Karl V. bei der Bekämpfung der Reformation, welche er als Ketzerei ansah, im deutschen Teil des römischen Reiches eher zögerlich agierte, war er von Anfang an entschlossen, sie in seinem unmittelbaren Herrschaftsbereich, seinen Hauslanden, auszurotten. Dennoch konnten sich unter seiner Regierungszeit die reformatorischen Ideen unaufhaltsam ausbreiten und festigen.

Dies veranlaßte Karls Sohn Philipp II. (1556 - 1598) und dessen niederländischen Statthalter, Herzog Alba, die Verfolgungen zu verschärfen. Doch gerade die Härte und die Grausamkeit, mit der man versuchte, die evangelische Bewegung in den Niederlanden zu unterdrücken, forderte den Widerstand in der Bevölkerung heraus und und führte zum Freiheitskampf der Niederlande. Währenddem bereits seit 1552 zahlreiche Menschen aus den Niederlanden um des Glaubens willen ihre Heimat verlassen mußten und sich in England, in Wesel, in Emden, in der Pfalz und in Frankfurt niederließen, verstärkte jedoch gleichzeitig der Zuzug von Hugenotten aus Frankreich die Anhänger der Lehre Calvins in den Niederlanden. Da aber der Augsburger Religionsfrieden von 1555, der im Reich das friedliche Zusammenleben von Lutheranern und Katholiken ermöglichte, in den Niederlanden keine Geltung besaß, spitzte sich hier die Situation immer weiter zu. Als im Zuge der Gegenreformation eine Neugliederung der niederländischen Bistümer durchgeführt wurde, erhob sich besonders beim Adel heftiger Widerstand. 1556 entlud sich die allgemeine Gärung in einem Bildersturm, der in Ypern seinen Anfang nahm und sich sofort nach den wichtigsten Städten der Niederlande ausbreitete, nach Antwerpen, Gent, Amsterdam, und das Bild der dortigen Kirchen bis auf den heutigen Tag geprägt hat. 1567 trat Herzog Alba seine blutige Herrschaft an, die nicht nur auf die Ausrottung der Ketzerei zielte, sondern auf die bedingungslose Unterwerfung der Niederlande unter die spanische Herrschaft, und alle noch vorhandenen burgundischen Traditionen auszulöschen trachtete. Zudem brach ein neues Besteuerungssystem wie eine Katastrophe über den Handel und das Gewerbe der Niederlande herein. So begann 1568 der „Achtzigjährige Krieg" zwischen den Vereinigten Niederlanden unter Wilhelm von Oranien und Spanien, der erst durch den Westfälischen Frieden von 1648 beigelegt werden konnte.

Im November 1576 eroberten und plünderten spanische Truppen unter Don Juan d'Austria Antwerpen; unter der *„spanischen Furie"* verloren 7000 Menschen das Leben. Während die nördlichen Provinzen der Niederlande ihre Selbständigkeit behaupten konnten, verblieben die südlichen unter der spanischen Herrschaft; am 17. August 1585 mußte Antwerpen endgültig vor Albas Nachfolger Alexander Farnese kapitulieren. Der evangelische Gottesdienst wurde verboten, die Protestanten erhielten eine Frist von vier Jahren, um sich entweder für die Auswanderung oder für die Annahme des katholischen Glaubens zu entscheiden. Von den 80.000 Einwohnern Antwerpens waren damals etwa 40.000 lutherisch oder reformiert; viele von ihnen, unter ihnen sehr vermögende Kapitalbesitzer und die Träger des Devisenhandels, entschieden sich für die Emigration.

Abb. 2: Frankfurt im Jahr 1552 (Faber'scher Belagerungsplan)

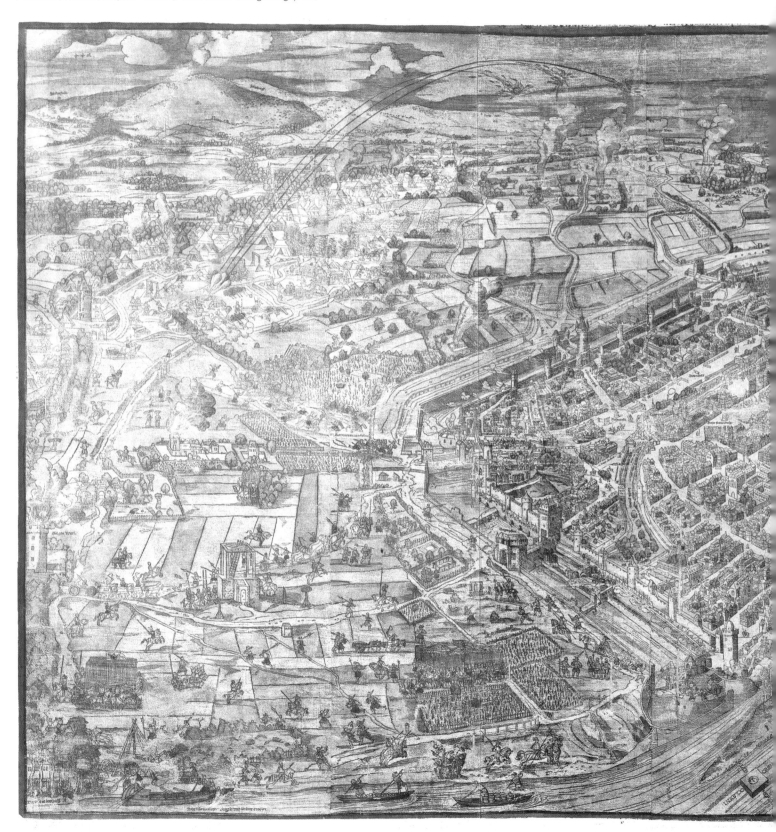

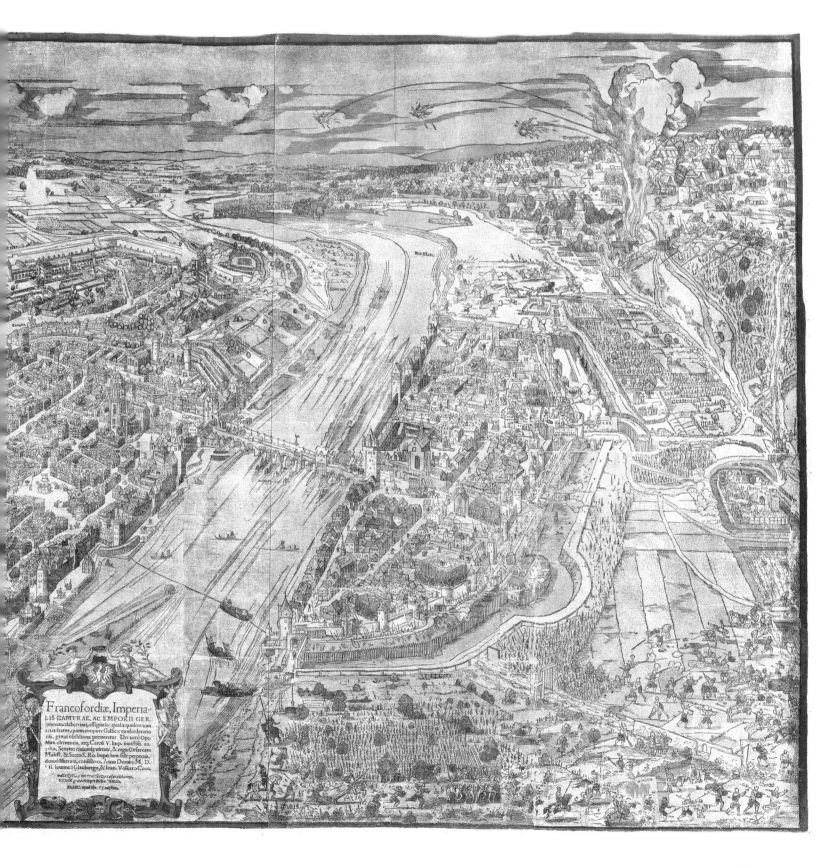

Abb. 3: Die Einnahme Antwerpens 1576, aus: J.L. Gottfrieds Chronik der „Vier Monarchien", Frankfurt am Main 1629 - 1634, Radierung, Frankfurt am Main, Historisches Museum Frankfurt

Die Herkunftsgebiete der Flüchtlinge

Da die Herkunftsorte der in Frankfurt eingebürgerten Glaubensflüchtlinge in den Bürgerbüchern aufgezeichnet sind, ist man in der Lage, die Zentren der Auswanderung ziemlich genau zu umreißen. Unter ihnen steht Valenciennes im heutigen französischen Departement Nord mit 103 Personen an erster Stelle, gefolgt von Tournai mit 95, Antwerpen mit 59, Limburg mit 40, Lille (Departement Nord) mit 39 und Lüttich mit 19 Personen. Als Kerngebiet der Emigration sind somit die historischen Grafschaften Flandern und Hennegau, die Herzogtümer Brabant und Limburg anzusprechen, daneben mit geringerer Beteiligung die Grafschaft Artois und die Bistümer Arras, Cambrai und Utrecht; insgesamt ergibt sich daraus ein ziemlich geschlossenes geographisches Gebiet.[5]

Die einzelnen Flüchtlingsgruppen

Zunächst bildeten die nach Frankfurt eingewanderten Glaubensflüchtlinge eine einheitliche Gemeinschaft, die sich lediglich in verschiedene Sprachgemeinschaften teilte (Engländer, Wallonen, Flamen). Ihr erster Prediger war Valérand Poullain (†1557)[6], ein Adeliger aus Lille, der an den Universitäten in Bordeaux und Löwen studiert hatte und 1540 zum Priester geweiht worden war. Seit 1551 stand er an der Spitze einer Gemeinde von Wallonen, die nach England geflüchtet waren, mit denen er 1554 über Wesel und Köln nach Frankfurt weiterzog. Auf ihn führt die Frankfurter Französisch-Reformierte Gemeinde ihre Gründung zurück. Diese Gemeinde, bestehend aus reformierten Wallonen und Franzosen (in Frankfurt auch Welsche genannt), die zumeist aus dem französischsprachigen

Teil des heutigen Belgien, der Wallonie, stammten, umfaßte fast zwei Drittel der Frankfurter Glaubensflüchtlinge. Sie bestand zum größten Teil aus besitzlosen Seidenarbeitern, denen sich allerdings 1554 einige Antwerpener Großkaufleute hinzugesellten.

Daneben bildete sich eine eigenständige Gemeinde von Niederländern flämischer Herkunft, die wegen ihrer Unkenntnis der französischen Sprache den Gottesdienst der französischsprachigen Gemeinde als unbefriedigend empfanden; deshalb richteten sie schon 1555 in der Weißfrauenkirche einen Gottesdienst in ihrer eigenen Sprache ein und gründeten im Jahr 1570 unter der Leitung von Johannes a Lasco[7], eines aus Polen stammenden Adeligen, der zuvor der reformierten Kirche Ostfrieslands und danach der Flüchtlingsgemeinde in London vorgestanden hatte, die Niederländisch-Reformierte Gemeinde Frankfurt.

Johannes a Lasco war seit 1555 als Prediger für die flämischen Glaubensflüchtlinge in Frankfurt tätig; inwieweit die wallonische und flämische Gemeinde unter Poullain und a Lasco zwischen 1555 und 1570 eine gemeinsame Verwaltung besaßen, ist nicht ganz geklärt. Die Mitglieder der Niederländisch-Reformierten Gemeinde, reformierte Flamen aus den südlichen Niederlanden, stellten aber nur rund ein Sechstel der Zuwanderer; es waren überwiegend arme Textilarbeiter.

Zusätzlich entstand in der Folgezeit eine Gemeinde von Niederländern, die nicht reformiert waren, sondern der Lehre Luthers anhingen und sich deshalb auch Martinisten nannten. Einzelne Lutheraner wanderten schon vor 1567 in Frankfurt ein, die meisten allerdings erst nach der Eroberung Antwerpens 1585, woher sie überwiegend stammten. Es handelte sich fast ausschließlich um reiche Großkauf-

Abb. 5 (links):
Portrait von Johannes a Lasco (1449 - 1560) (ISF, S 7 P)

Abb. 4 (unten):
Die Weißfrauenkirche, die erste Kirche der Reformierten.
Aus dem Kupferstich von Matthäus Merian 1628 (ISF, S 7 A)

33

leute, Goldschmiede und Diamantschleifer. 1585 gründeten sie in Frankfurt ihre eigene Gemeinde, die Niederländische Gemeinde Augsburger Konfession. Ihre Kopfzahl war gering, etwa ein Sechstel der Zuwanderer; etwa 80 % von ihnen sprachen französisch. Die Niederländische Gemeinde Augsburger Confession ist eng mit der Person von Cassiodorus Reina[8] verbunden: der um 1520 in Sevilla geborene spanische Prediger mußte sein Heimatland 1557 aus Glaubensgründen verlassen und wandte sich von dort nach Frankfurt, wo er sich der wallonischen Flüchtlingsgemeinde anschloß. 1559 zog er nach England und 1563 von dort nach Antwerpen. Dort übersetzte er erstmals die Bibel ins Spanische; das Werk erschien 1569 in Basel. 1571 war Reina erneut in Frankfurt, wo er das Bürgerrecht erwarb, den lutherischen Glauben annahm und sich seinen Lebensunterhalt als Seidenhändler verdiente. 1578 wurde er Prediger der lutherischen Gemeinde in Antwerpen, kehrte erneut kurz vor Eroberung der Stadt durch die Spanier 1585 wieder nach Frankfurt zurück und gründete hier die Niederländische Gemeinde Augsburger Confession. 1593 wurde er offiziell in das Frankfurter Predigerministerium aufgenommen, starb jedoch schon ein Jahr später. Über die Person Reinas knüpften sich enge Beziehungen zwischen Frankfurt und Antwerpen. Reina stand in regem Schriftverkehr mit dem Frankfurter Pfarrer Matthias Ritter (1526 - 1588)[9]; durch seine Vermittlung übernahm Antwerpen 1565 die Frankfurter Agende

(Gottesdienstordnung); in Frankfurt wurde 1567 auch das Antwerpener Gesangbuch gedruckt.

Alle drei dieser ehemaligen Flüchtlingsgemeinden existieren bis heute, die Niederländisch-Reformierte Gemeinde allerdings nunmehr unter der Bezeichnung „Deutsch-Reformierte Gemeinde".

2. Die Aufnahme der Flüchtlinge in Frankfurt und ihre Geschichte bis 1596

Im März 1554 wandte sich Valérand Poullain im Namen seiner Gemeinde mit einer Bittschrift an den Rat von Frankfurt: er und seine Begleiter wollten viel lieber ihr Land verlassen, als von ihrer Religion abstehen. Sie betrieben das Gewerbe der Bursatherstellung (ein Mischgewebe aus Leinen und Wolle oder Seide), nach Frankfurt seien sie *des Gewerbs und zwei Messen halben* gekommen. Nun bitten sie um die Erlaubnis zur Niederlassung und um die Zuweisung einer Kirche, wo sie in ihrer Sprache Gottesdienst halten dürften. Ihren Lebensunterhalt wollten sie sich gerne selbst erwerben, wobei sie sich erbietig machten, die Frankfurter Bürgersöhne zu lehren, wie man Bursat herstelle.[10]

Damit ist das Motiv, weshalb sich die Flüchtlinge Frankfurt als Zufluchtsort erwählt hatten, deutlich ausgesprochen: waren auch religiöse Gründe für die Auswanderung verantwortlich, so waren für die Wahl des Zieles wirtschaftliche Aspekte ausschlaggebend.

Kirchliche, soziale und wirtschaftliche Gegebenheiten der Zuwanderung stehen [...] in einem unlösbaren Zusammenhang. Man wird sich also darüber klar sein müssen, daß die Gründe der Auswanderung dieser Emigranten nicht allein in ihrer Verfolgung wegen des Glaubens liegen, sondern daß daneben schwerwiegende weltliche Ursachen gewirkt haben. Diese sind in der Notlage zu suchen, welche in den Niederlanden namentlich durch die Konkurrenz der englischen Textilindustrie entstanden war. Sie hatte zum Rückgang der eigenen Gewerbstätigkeit mit ihren Folgen der Arbeitslosigkeit und allgemein verschlechterter Lebensführung besonders der ärmeren Schichten der Bevölkerung geführt. So entstand also ein zweifacher Anreiz, nach friedlichen und zugleich besseren Möglichkeiten der Zuflucht zu suchen und solche in der Hinwendung zu neuen und glücklicheren Orten anzustreben.[11]

Das Gesuch Poullains wurde am 18. März 1554 vom Frankfurter Rat angenommen und den Zuwanderern die Kirche des in den vierziger Jahren säkularisierten Weißfrauenklosters[12] zugewiesen. Nur wenig später erließ Valérand Poullain auch die erste reformierte Gottesdienstordnung für Frankfurt, die noch im Druck überliefert ist.[13]

Der französischsprachigen Gemeinde schlossen sich bald neue Flüchtlinge aus England an, die vom Rat die Genehmigung erhielten, abwechselnd mit den Welschen die Weißfrauenkirche für ihren Gottesdienst zu benutzen; ebenfalls noch im Jahr 1555 begann in dieser Kirche auch der Gottesdienst in flämischer Sprache.

Abb. 6: Portrait von Cassiodorus de Reina (um 1520 - 1594), Prediger der Niederländischen Gemeinde Augsburger Confession (ISF, S 7 P)

Nur ein Teil der Religionsflüchtlinge erwarb das Frankfurter Bürger- oder Beisassenrecht: für das Jahr 1554 sind in den Bürgerbüchern 64 überwiegend wallonische Neubürger, für das Jahr 1555 45 neu aufgenommene Personen verzeichnet. Von den englischen Religionsflüchtlingen erwarben lediglich 17 das Bürgerrecht, unter ihnen jedoch nicht John Knox, ihre führende Persönlichkeit.

In dem Augsburger Reichsabschied vom 29. Oktober 1555 wurde allein die lutherische Lehre und Liturgie reichsrechtlich zugelassen, während der reformierte Gottesdienst weiterhin untersagt blieb. Auch in Frankfurt hatte sich seit der „Frankfurter Konkordie" von 1542 das Luthertum durchgesetzt. Dementsprechend erhob sich in der Stadt sehr bald Widerstand gegen den reformierten Gottesdienst der Aus-

länder und die Toleranz des Rates, besonders unter der lutherischen Geistlichkeit und den einfachen Handwerkern. Lutheraner und Reformierte trafen mit ihren Standpunkten vor allem im Abendmahlstreit unversöhnlich aufeinander. Der angesehenste Geistliche Frankfurts, Hartmann Beyer (1516 - 1577)[14], attackierte in seinen Predigten den vom Rat in der Weißfrauenkirche konzedierten reformierten Gottesdienst und überhäufte die Reformierten von der Kanzel herab derart mit Schmähungen, daß der Rat ihn am 23. Juni 1557 ermahnen mußte, die *frembden zufriden zu lassen.*[15] Dennoch führte die feindliche Einstellung der lutherischen Geistlichkeit Frankfurts zu einer zunehmend kritischeren Haltung des Rates gegenüber den Fremden. Auch bei den einheimischen Handwerkern erregten die fremden

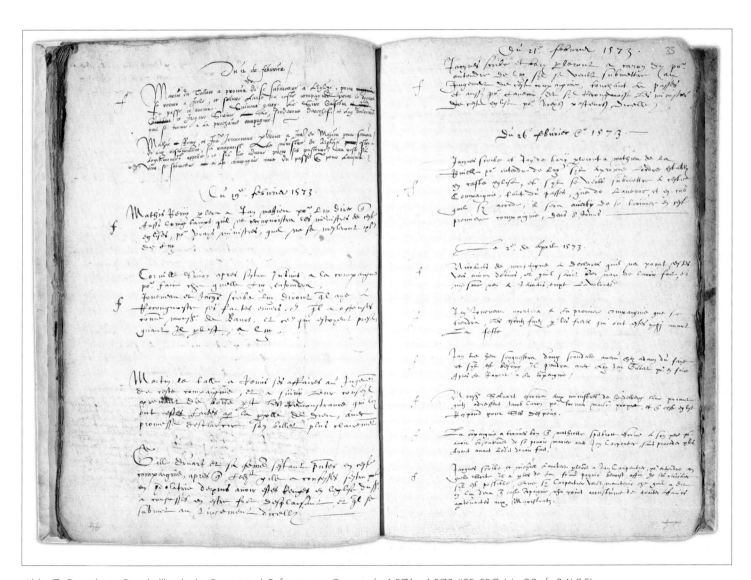

Abb. 7: Das älteste Protokollbuch der Französisch-Reformierten Gemeinde 1571 - 1578 (ISF, FRG Nr. 28, f. 34'-35)

Zuwanderer, die keiner Zunft angehörten, aber dennoch ein Handwerk ausübten und fremde Erzeugnisse verkauften, von Anfang an Argwohn und Besorgnis. Die ersten, die ihre Klage laut äußerten, waren die Schuhmacher, gefolgt von den Schreinern, den Säcklern (Portefeuillern oder Täschnern), die sich über die welschen Lederschnürer beklagten, sowie den Krämern und Bierbrauern. Allgemein wurde lamentiert, daß die Zahl der Fremden ständig zunähme, daß dadurch alle Waren auf dem Markt verteuert und bei den Zünften zahlreiche Unkorrektheiten eingeführt würden, aber auch auf religiösem Gebiet Ärger erregt werde. Besonders der von den *Welschen* eingeführte Akkordlohn, der in Frankfurt bisher unbekannt war, sorgte bei den Einheimischen für Unruhe. Schließlich weckte der Umstand, daß die *fremden Welschen* wegen ihrer Unkenntnis der deutschen Sprache bei den Wachdiensten auf der Stadtbefestigung nicht wohl zu gebrauchen waren, den Unwillen der Einheimischen; der Rat entband schließlich die Zuwanderer gegen Geldzahlungen von der Beteiligung an den Tag- und Nachtwachen. Damit wurde jedoch auch die Möglichkeit zur Integration erschwert.[16]

Nachdem die englische Gemeinde 1558 wieder in ihre Heimat zurückkehren konnte, wandte sich die Frankfurter lutherische Geistlichkeit mit verstärktem Eifer gegen die verbliebenen Wallonen und Flamen und drängte den Rat, diese zur Annahme der Lehre der heimischen Kirche anzuhalten. Als Ergebnis dieser Bemühungen beschloß der Rat im April 1561, den Reformierten die Nutzung der Weißfrauenkirche zu entziehen.[17] Dies war die erste große Repression, der sich die Religionsflüchtlinge in Frankfurt ausgesetzt sahen; aus der Sicht des Rates war dies jedoch nur konsequent, da er die Kirchenhoheit ausübte und das lutherische Christentum als „Staatsreligion" eingeführt hatte. Dabei waren neben den religiösen Vorbehalten gegen die Reformierten auch politische Motive von Belang: handelte es sich doch bei den Glaubensflüchtlingen um Leute, die sich gegen den König von Spanien und damit gegen das Haus Habsburg aufgelehnt hatten.[18]

Nur eine Minderheit der Frankfurter Reformierten, nämlich 60 meist flämische Familien, geführt von dem Prediger Petrus Dathenus, zog daraus die Konsequenz und wanderten nach Frankenthal aus.[19] Die große Mehrheit blieb in Frankfurt, weil der Rat ihren Privatgottesdienst, der an wechselnden Orten stattfand, stillschweigend duldete und die Reichsstadt ihren Manufakturen und ihrem Handel einen günstigen Standort bot. Sie konnte überdies ihr Gewissen mit einem Brief des Reformators Calvin beruhigen, der im Oktober 1562 geschrieben hatte, man solle solche Leute nicht verdammen, sondern vielmehr bedauern.[20]

Zu weitergehenden Schritten mochte sich der Rat nicht durchringen, weil die Religionsflüchtlinge mittlerweile eine bedeutende Stellung im wirtschaftlichen Gefüge der Reichsstadt erlangt hatten. Da die Stadt finanziell nahezu vor dem völligen Bankrott stand, konnte man es sich nicht leisten, so zahlungskräftige Steuerpflichtige zur Auswanderung zu treiben. So war man auch weiterhin bereit, wohlhaben-

dere Kaufleute und „Verlagsherren" als Bürger aufzunehmen, nicht aber die *Masse* der von ihnen abhängigen, meist besitzlosen Schnurmacher (Posamentierer) und sonstige Textilarbeiter, welche man von der Stadt fernzuhalten suchte.

Einige Jahrzehnte wurde der reformierte Privatgottesdienst also nur geduldet, bis auf Betreiben der lutherischen Geistlichkeit[21] ein neuer Schlag gegen die Reformierten erfolgte, der wiederum schwerwiegende Folgen nach sich zog: 1594 wurde den niederländischen[22], am 12. August 1596 auch den wallonischen Reformierten der Privatgottesdienst untersagt.[23]

Am 26. August 1596 lehnte der Rat eine Bittschrift der Frankfurter Fremdengemeinde um die Wiederzulassung ihres Gottesdienstes im bisherigen Raum ab und drohte bei einer erneuten mündlichen Vorsprache mit Haft; sollten die *Fremden* das Bürgerrecht aufkündigen und aus der Stadt Frankfurt ausziehen, seien sie und ihre Kinder für alle Zeiten des Bürgerrechts verlustig.[24]

3. Die Gründung von Neu-Hanau und der Frankfurter Rat (1596 - 1601)

Als Folge des Verbots ihres Gottesdienstes baten am 28. August 1596 Vertreter der Frankfurter Fremdengemeinden unter Leitung ihres Predigers Jacques Carron[25] den Grafen Philipp Ludwig II. von Hanau-Münzenberg[26] um Schutz und Aufnahme; sie erklärten, daß sie bereit seien, Frankfurt zu verlassen und sich in Hanau niederzulassen, wenn man ihnen bestimmte Bedingungen erfüllte.[27]

Bereits Ende Juli 1596 hatte eine Gemeindeversammlung der Frankfurter Wallonen *einhellig* erklärt, daß ihre Mitglieder die Stadt verlassen würden, wenn man ihnen den Gottesdienst nicht wieder gestatte, und eine Eingabe an den Rat vom 4. August 1596, die diese Androhung enthielt, wurde von 263 Gemeindemitgliedern unterschrieben.[28]

Gegenstand der nun folgenden Verhandlungen zwischen Hanau und den Frankfurter Reformierten war das Verlangen von Hanau nach festen Zusagen und Verpflichtungen für die Übersiedlung, während letztere ihre Niederlassung von der Errichtung von Festungswerken für die neu zu errichtende Siedlung abhängig machten; dabei erwartete jede Seite, daß die andere den ersten Schritt unternehmen sollte. Der Verhandlungsführer der Frankfurter, Peter t'Kindt, entwarf am 24. Januar 1597 dem Grafen das Bild einer großen Handelsstadt, die man – *zusammen mit anderen ansehnlichen Familien* aus Norddeutschland und aus Frankenthal – aus Neu-Hanau machen wolle, von dem man in der ganzen Christenheit sprechen werde.[29] Man glaubte, Frankfurt überflügeln zu können, weil man hoffte, eine große Handelsstadt als Sammelplatz für alle Glaubensflüchtlinge auf deutschem Boden zu schaffen, unter eigner Gerichtsbarkeit und Verwaltung, in einer freien Wirtschaft ohne jegliche Beschränkung und mit einer wesentlich geringeren Steuerbelastung.[30]

Die 'Anstifter' der Übersiedelung nach Hanau waren sich bei ihren Überlegungen durchaus bewußt, daß gerade sie, die belgischen Kolonisten, in wenig mehr als einem Jahrzehnt zu einem großen Teil dazu beigetragen hatten, daß Frankfurt zu einem bedeutenden Handels- und Börsenplatz, der 'Stadt des Reichtums, des Luxus und der Eleganz' geworden war und nun eine neue Blütezeit erlebte. Ihre Hoffnungen, auch aus Neu-Hanau durch ihre Betriebsamkeit und ihre Handelsbeziehungen – zugleich unter Ausnutzung der benachbarten Frankfurter Messen – eine große Handelsstadt machen zu können, schienen deshalb nicht abwegig zu sein.[31]

Noch pointierter formulierte Bothe: *Im Bewußtsein ihrer Kraft drohten sie* [die Reformierten], *bald werde es heißen: 'Frankfurt bei Hanau'.*[32]

In Hanau wiederum ging man davon aus, daß die beiden reformierten Gemeinden in Frankfurt (Franzosen bzw. Wallonen und Niederländer bzw. Flamen) geschlossen nach Hanau übersiedeln würden. Insgesamt wohnten in Frankfurt circa 500-600 Glaubensflüchtlinge, die als Steuerzahler registriert waren, also etwa 3000 Personen; davon gehörten etwa ein Viertel der niederländisch-lutherischen Gemeinde an, für die kein Grund bestand, Frankfurt zu verlassen. Von dem Rest hatten sich am Anfang jedoch nur knapp die Hälfte darzu bereit erklärt, nach Hanau zu übersiedeln, nämlich etwa 200 Familien.[33] In einer Erklärung vom 27. Januar 1597 verpflichteten sich 146 Reformierte aus Frankfurt, in Hanau zu wohnen, und 56 davon versprachen, in Hanau zu bauen; es handelte sich hauptsächlich um wallonische Handwerker, die von den abzugswilligen Unternehmern abhängig waren.[34]

Bereits im April 1597 begannen die Bauarbeiten für die Hanauer Neustadt[35]; aber noch bevor die Fremden mit Hanau zu einer Einigung gelangt waren, schritt der Frankfurter Rat bereits zu Sanktionen[36]; man befürchtete nämlich, die Abziehenden könnten ihre Vermögen aus der Stadt abziehen, ohne das eigentlich fällige Abzugsgeld zu entrichten, die „Nachsteuer", eine Vermögenssteuer in Höhe von 10 % des Vermögens von Abwanderern. Außerdem wollte man auf keinen Fall wirtschaftliche Konkurrenz in Hanau aufkommen lassen, wußte man doch, welche hervorragenden Geschäftsbeziehungen die Reformierten hatten.

In ihrer Antwort an den Rat vom 26. Mai 1597 wehrten sich die Reformierten gegen den Vorwurf der verbotenen Aufwiegelung: zwar hätten sie in der Grafschaft Hanau angefangen zu bauen und wollten dies auch weiterhin fortsetzen; sie hätten jedoch nie einen Zweifel daran gelassen, daß sie, wenn ihnen das *publicum exercitium religionis* nicht mehr gestattet würde, wieder abziehen würden. Die Errichtung von Häusern an anderen Orten wäre ihnen nicht verboten, solange sie ihre bürgerlichen Eide und Pflichten erfüllten; im übrigen stünde es ihnen frei, jederzeit das Bürgerrecht aufzusagen und den Abschied zu nehmen. Überdies würden sie von den lutherischen Predigern als Ketzer verdammt, weshalb sie besorgten, daß dadurch die Einwohner zu Tätlichkeiten gegen sie aufgereizt würden; deshalb erachteten sie es als ratsam, sich anderswo in Sicherheit zu bringen.[37]

Nachdem am 16. Februar 1597 eine vorläufige Einigung zwischen den Frankfurter Reformierten und Graf Philipp Ludwig II. von Hanau stattgefunden hatte[38], kam es am 1. Juni 1597 zu einer vertraglichen Übereinkunft in Form einer „Kapitulation", welche von Philipp Ludwig unterzeichnet worden war. Darin konzedierte der Graf neben der freien Religionsausübung in eigenen Kirchen die Steuerfreiheit für gewerbliche Produkte und den Handel sowie das Recht auf freien Abzug ohne jede Nachsteuer, auch für die auswärtigen Erben der Güter. Sofort erhoben sich massive Proteste und Gegenreaktionen nicht nur von Frankfurt, sondern auch von Kurmainz (in dessen Wildbann die Hanauer Neustadt lag) und von Alt-Hanau. Frankfurt berief sich dabei auf sein Privileg, daß innerhalb von fünf Meilen kein neuer bürgerlicher Bau und keine Stadt errichtet werden dürfe.[39]

Am 29./30. Juni 1597 beschloß der Frankfurter Rat, daß man gegen alle diejenigen, die trotz Verbot fortführen, in Hanau zu bauen, mit harten Strafen vorgehen und sie notfalls ins Gefängnis werfen müsse; am 7. Juli 1597 wurde darüber hinaus den Frankfurter Handwerkern unter Strafandrohung verboten, in Hanau zu arbeiten.[40]

Das entscheidende Problem für Hanau war, daß nur ein Teil der Frankfurter Reformierten nach Hanau übersiedeln wollte, und zwar nicht unbedingt die Begütertsten. Für viele war es bequemer und auch geschäftlich vorteilhafter, in Frankfurt zu bleiben und den Gottesdienst in Bockenheim zu besuchen. Um den Entscheidungsprozeß zu beschleunigen, verlangte Graf Philipp Ludwig Ende 1598, daß der Prediger der Frankfurter Wallonischen Gemeinde, Jacques Carron, der das Frankfurter Bürgerrecht besaß und in Bockenheim predigte, nach Hanau umsiedelte, weil es in Frankfurt keine wallonische Kirche mehr geben könne. Carron beugte sich nur widerwillig einem entsprechenden Beschluß der Bockenheimer Gemeindeversammlung, der auf einen eindringlichen Appell der schon nach Hanau Übersiedelten hin gefaßt wurde.[41]

Im Mai 1600 setzte dann der Zuzug von Frankfurtern in Neu-Hanau ein[42]; bereits im Juni verkehrte täglich ein Marktschiff zwischen Frankfurt und Hanau.[43]

In Frankfurt machten sich nachdenkliche Köpfe, die die Bedeutung der Fremden für die Frankfurter Wirtschaft erkannt hatten, große Sorgen über die Konsequenzen, die ihr Wegzug für die Stadt bedeuten würde: Der Schultheiß Christoph Stalburg stellte am 12.8.1600 fest, daß durch den Wegzug der *Welschen* nach Hanau der Frankfurter Handel merkliche Einbußen erlitten habe; hingegen seien *Wesen und Handlung* in Hanau stattlich aufgegangen. *Und die Ratsadvokaten gaben ihr Gutachten dahingehend ab, daß die Ausgewanderten nicht eher ruhen würden, bis sie die Messen, 'das beste und vornehmste Kleinod' Frankfurts, hinter sich hergezogen hätten.* [...] *Bei weiterem Anwachsen würde Hanau alle Viktualien aus Franken an sich ziehen, und eine Teuerung würde die Folge sein. Wenigstens solle man politische Klugheit walten lassen, und eine günstigere Gelegenheit abwarten. Vor allem aber wiesen sie darauf hin, daß es widersinnig sei, die Juden in der Stadt zu dulden und gegen die Calvinisten so scharf vorzugehen. Übrigens seien diese draußen gefährlicher als drinnen, wo sie doch wenigstens durch ihren Eid dem Rat verpflichtet wären, während sonst fremde Fürsten sich ihrer annehmen könnten und viele von den Bürgern, wenn sie den Rückgang ihrer Wirtschaft gewahr würden, den Calvinisten zufallen würden.*[44]

Bereits im November 1600 beklagten sich in Frankfurt die Posamentierer, im Dezember 1600 die Hosenstricker beim Rat über die Auswirkungen des Abzuges der *Welschen*.[45]

Dies trug dazu bei, daß der Rat am 23. April 1601 den Reformierten den Bau eines Holzkirchleins vor dem Bockenheimer Tor gestattete.[46] Die neuen reformierten Prediger Isaak Genius und Clemens du Poys (Dubois) erhielten 1601 ohne Schwierigkeit das Frankfurter Bürgerrecht: dies geschah nicht nur in der Absicht, weiteren Abzug von Reformierten nach Neu-Hanau zu verhindern, sondern auch reiche Handelsherren aus Köln nach Frankfurt zu ziehen.[47]

1600/1601 erfolgte schließlich eine Trennung der Frankfurter und der Hanauer Kirche; erst jetzt zogen die meisten „Gründer" der Hanauer Neustadt dorthin und gaben ihr Frankfurter Bürgerrecht auf.[48]

Insgesamt zogen von 2000 Frankfurter Reformierten etwa die Hälfte nach Neu-Hanau, darunter fast alle älteren Einwanderer aus den Städten Valenciennes, Tournay, Mons und Lille. *Von welcher handelsgeschichtlichen Bedeutung der Wegzug war, geht daraus hervor, daß von den 47 wallonischen Familienvätern, welche sich im Jahr 1600 in Hanau niedergelassen hatten, nicht weniger wie 32, und von den 47 flämischen Hausvätern 10, insgesamt also fast die Hälfte bekannte Frankfurter Kaufleute waren. Wenigstens ein Dutzend von ihnen hatten hier zu den höchsten Steuerzahlern gehört.*[49]

4. Die Auseinandersetzungen zwischen 1601 und 1608

Wie der Frankfurter Aktenbestand *Nachbarliche Beziehungen zu den Reichsständen der Umgebung* mit zahlreichen Beispielen belegt, spitzten sich nach 1600 die Auseinandersetzungen mit Hanau stark zu. Beide Seiten versuchten, jede Möglichkeit zu nutzen, um mit Repressalien gegen den Nachbarn vorgehen zu können. So beklagte sich Frankfurt bei der Hanauer Regierung unter anderem über die Erhebung des Besthaupts in Bornheim, der Bede zu Hausen und der Nachsteuer sowie die Besteuerung von Frankfurter Bürgergütern in der Grafschaft.[50] Langjährige Auseinandersetzungen gab es insbesondere über Zoll und Geleit, Akzise, Erhebung von Weggeldern, Steinfuhr und Krangeld und anderes mehr.

Es ist hier nicht der Ort, den Verlauf aller dieser Konflikte im einzelnen nachzuzeichnen; festgehalten werden muß aber, daß durch die Anlage von Neu-Hanau die Nachbarbeziehungen zwischen der Reichsstadt und der Grafschaft nachhaltig beeinträchtigt wurden.

Seit November 1601 ging der Frankfurter Rat gegen die – wirklichen oder vermeintlichen – Rädelsführern der Übersiedlung und gegen Reformierte, die trotz des Verbotes in Hanau gebaut hatten, mit Strafen vor: der wohlhabende flämische Goldschmied Hans von Aichen (van Eyck) wurde in Haft genommen, weil er als einer der Haupttäter galt, die die Niederländer zum Umzug nach Hanau aufwiegelten; er wurde jedoch bereits nach kurzer Zeit gegen eine Geldstrafe entlassen.[51] Christoph l'Escalier, der Käsehändler Johann de Hollande und Franz de le Boe erhielten wegen verbotenen Bauens in Hanau eine Geldstrafe von jeweils 500 Gulden, der Eisenkrämer Daniel Macka von 100 Gulden.[52] Gegen diese Geldstrafen legten die Betroffenen beim Reichshofrat Einspruch ein (s.u.).[53]

Hanau antwortete mit einem Lebensmittel-Embargo (*Viktualiensperre*)[54] und beschloß am 19. August 1602 weitere Maßnahmen gegen Frankfurt: die Frankfurter Bürger sollten von allen Besitzungen in der Grafschaft die vollen Abgaben, wie Bede, Kriegskosten usw. zahlen und alle Dienste leisten; alle Frankfurter, die im Hanauer Wildbann, wenn auch auf Frankfurter Territorium (z.B. bei Bonames), jagten, sollten bestraft, das Viktualien-Edikt publiziert und exekutiert werden.[55]

Am 7. Sept. 1602 beriet der Frankfurter Rat darüber, nachdem sich die Metzger beklagt hatten, daß sie wegen der *hanauische* [n] *phed* kein lebendes Vieh mehr durch die Grafschaft Hanau treiben dürften. Auf Anfrage eines Bürgers, ob er einem hanauischen Schultheißen ein Faß Wein liefern dürfe, wurde entschieden, daß man die Sache während der Messe noch treiben lassen sollte; wenn danach die hanauische Viktualiensperre danach noch fortdauere, solle man gegen Hanau entsprechend verfahren.[56]

Nachdem Frankfurt auch noch im Jahr 1603 fortfuhr, mit Strafen gegen abziehende Bürger, die in Hanau gebaut hatten, vorzugehen, suchte die Hanauer Regierung im Gegenzug nach Wegen, *wie man Frankfurt weh tun könne*.[57]

Am 8. Mai 1604 bat Christoph L'Escalier vergeblich den Frankfurter Rat um Erlaß oder Ermäßigung der Geldstrafe von 500 Gulden wegen verbotenen Bauens in Hanau; er erhielt im Juli 1604 seinen Abschied erst, nachdem der Käufer seines Hauses aus der Kaufsumme diese Summe bezahlt hatte.[58]

In Hanau überlegte man nun, ob man mit denjenigen, die von Hanau nach Frankfurt (zurück)zögen, genauso verfahren solle, wie die Reichsstadt mit ihren Bürgern, und von ihnen eine Nachsteuer erheben solle (was im Widerspruch zu den Bestimmungen der Kapitulation über freien Abzug stand)[59]; am 27. März 1605 ließ Graf Philipp Ludwig von Hanau den von Frankfurt errichteten Schlagbaum am Riederhof bei Frankfurt vor dem „Schneppenschlag" mit Gewalt entfernen und nach Hanau bringen.[60]

Am 1. März 1605 erging ein kaiserliches Poenalmandat des Reichshofrates an die Stadt Frankfurt wegen ungerechtfertigter Bestrafung zweier Bürger, die in Hanau gebaut hatte[61]; nachdem Frankfurt 1606 erneut eine Schlappe beim kaiserlichen Reichshofrat in Prag erlitten hatte[62], wurde dem Frankfurter Rat am 19. März 1608 das Paritions-Urteil des Reichshofrates vom 23. November 1607 zugestellt, in welchem der Einspruch Frankfurts gegen das Poenalmandat vom 1. März 1605 zurückgewiesen und der Stadt befohlen wurde, die Geldstrafen gegen hanauische Bürger zurückzuzahlen[63]; die Strafen von Christoph L'Escalier und Daniel Macka wurden am 12. Juli 1608 zurückbezahlt.[64]

Am 29. Juli 1608 brannte das Holzkirchlein der Frankfurter Reformierten vor dem Bockenheimer Tor ab; daraufhin wurde das Verbot des reformierten Gottesdienstes erneuert.[65] Weil in Frankfurt *großes Frohlocken vieler übelgesinnter Lutherischer* über den Brand herrschte, wurde unter den Reformierten von Anfang an vermutet, daß es sich um eine Brandstiftung ihrer Feinde handelte.[66] Jedoch nur wenige Frankfurter Reformierte zogen daraufhin nach Hanau, einige auch nach Oppenheim, die große Mehrheit verblieb jedoch weiterhin in Frankfurt.[67]

5. Zusammenfassung und Ausblick

Die Befürchtungen, die man in Frankfurt wegen des Abzuges der Reformierten zunächst hegte, erwiesen sich als übertrieben. Da nur die Hälfte von ihnen, etwa 1000 Personen, nach Hanau abwanderte, zumeist weniger Bemittelte, während die Vermögenderen überwiegend in der Reichsstadt blieben, hielt sich der Verlust für die Frankfurter Wirtschaft in Grenzen. Zudem gelang es, den Bevölkerungsverlust durch die Zuwanderung fast aller Reformierten aus Köln wieder auszugleichen.[68]

Dennoch bedeutete die Gründung der Neustadt Hanau einen Rückschlag, von dem es sich nicht so schnell erholte: *Die Massenauswanderung so vieler steuerkräftiger Belgier war für unsere Stadt ein schwerer, in ihrer Geschichte einzig dastehender Schlag. [...] Zu besonderer Ehre gereicht ihr, daß sie bei den Maßnahmen, welche sie gegen das eigennützige Verhalten der gräflichen Regierung traf, nicht feige ihren bisherigen Standpunkt gegenüber den Reformierten verlassen hat. Ihr Verlust war ein außerordentlicher....*[69]

Die Arbeitslosigkeit wuchs stark an: *Bei dem mit dem neuen Jahrhundert beginnenden Rückschlag, welcher durch den Abzug vieler großer Betriebe nach dem billigeren Neu-Hanau verstärkt wurde, lernte Frankfurt die großen Schattenseiten seiner neuen Industrien kennen. Die beschäftigungslosen Heimarbeiter gerieten in Armut und Verschuldung ....*[70]

Umgekehrt reiften die Blütenträume in Hanau nicht so sehr, wie ursprünglich erhofft; die Gründung ist zwar insgesamt als Erfolg zu betrachten, aber die Hoffnung, Frankfurt das Wasser abgraben zu können, war nicht zu realisieren – weil eben nicht alle Frankfurter Reformierten übersiedelten; dies war aber nicht Schuld der Hanauer

Regierung. *Gerade von den führenden Geschäftsleuten blieben sehr viele in Frankfurt – auch solche, die sich verpflichtet hatten, in Hanau zu bauen. Neu-Hanau wurde zwar zur Gewerbestadt, in der man die wichtigsten Waren, mit denen die Fremden handelten, billig produzieren lassen konnte, offenbar aber reichte bei gleich hohen Transport- und Vertriebskosten für die in Hanau billiger produzierten Waren die Ersparnis bei der Produktion und bei den Abgaben aus dem Handel nicht aus, um die Vorteile auszugleichen, die Frankfurter Bürger vor allem beim Handel mit anderen Reichsstädten genossen, abgesehen davon, daß Frankfurt durch seine fremden Kaufleute und Unternehmer nun auch außerhalb der Messezeiten zu einem Handelsplatz für auswärtige Einkäufer geworden war. Ein Vergleich des Anteils der Höchstbesteuerten an der Gesamtzahl der Steuerpflichtigen [...] zeigt, daß gerade die reichen Kaufleute und Unternehmer weiterhin Frankfurt bevorzugten und ihren Anteil verstärken konnten.*[71]

Statt zu einer Konkurrenz zu Frankfurt entwickelte sich Neu-Hanau also zu einer Art verlängerten Werkbank der Reichsstadt: *Außer der gewährten kirchlichen und kommunalen Selbständigkeit hat Neu-Hanau seiner neuen Bevölkerung vor Frankfurt noch den großen Vorzug geboten, daß alle industriellen Betriebe, wie die Seidenfabrikation, die Färbereien, Brauereien und Diamantschleifereien, hier bequemer und billiger arbeiten konnten. Für den Absatz verblieb das nahegelegene Frankfurt. Ja, aus einer Reihe von gelegentlichen Nachrichten läßt sich ersehen, daß die neue Industriestadt Neu-Hanau mehr oder weniger abhängig gewesen ist von den kapitalkräftigen Frankfurter Verlegern.*[72]

Was waren das nun für Leute, die Frankfurt verließen? Die Initiatoren des Unternehmens lassen sich *nicht in ein enges Zunft- und Berufsschema pressen [...]: Sie waren 'Unternehmer', die jedes gewinnversprechende Geschäft übernahmen. So betrachtet, kann ganz Neu-Hanau als ein gewaltiges Unternehmen (entreprise) einer Gruppe von kühnen Frankfurter Geschäftsleuten – nicht von 'armen Flüchtlingen und Vertriebenen' – aufgefaßt werden, die eine große Handelsstadt als Konkurrenz zu Frankfurt hatten gründen wollen. Daß das Unternehmen nur ein Versuch blieb, liegt vor allem daran, daß die Mehrzahl der ihnen Gleichgestellten es vorzog, ihren Wohnsitz und ihre Geschäfte in Frankfurt zu belassen.*[73] Unter denen, die diesen Unternehmern folgten, überwogen die Wallonen, während die Flamen eher geneigt waren, in Frankfurt zu bleiben.[74] In sozialer Hinsicht überwogen die Besitzlosen und Arbeiter; insofern hat das Wort vom *Wegbeißen* der sozial Schwächeren durch Frankfurt seine Berechtigung.

Dementsprechend ist auch das Phänomen der Rückwanderung zu erklären, die nach Frankfurt einsetzte: *Obwohl der hiesige Rat im Laufe des siebzehnten Jahrhunderts sein Verhalten gegen die Reformierten nicht änderte, läßt sich doch beobachten, wie die benachbarten Hanauer Kaufleute dann nach der emporstrebenden Handelsmetropole Frankfurt übersiedelten, sobald ihre geschäftliche*

Tätigkeit einen größeren Umfang erreicht hatte. Gerade die reichsten unter ihnen, wie Franz von den Velden, Johannes Bassompierre, Rudolf Emanuel Passavant, Heinrich und Johannes Bernus und viele andere sind nicht durch kriegerische Ereignisse bestimmt worden, sich in Frankfurt niederzulassen.[75]

Letztlich haben sowohl Frankfurt als auch Hanau aus der Gründung von Neu-Hanau Nutzen gezogen: Frankfurt erhielt die Möglichkeit, in unmittelbarer Nachbarschaft eine kostengünstigere Produktionsstätte zu errichten, während Hanau in Frankfurt einen riesigen Absatzmarkt fand. Zwar wurden die nachbarschaftlichen Beziehungen zwischen der Reichsstadt und der Grafschaft zunächst durch die Neugründung stark belastet, ein dauerhafter schwerer Konflikt konnte jedoch vermieden werden.

Der reformierte Gottesdienst aber blieb in Frankfurt fast zwei Jahrhunderte lang verboten; erst 1787 erlaubte der Rat den beiden reformierten Gemeinden die Errichtung von Kirchen, jedoch ohne Türme und Glocken; und die rechtliche Gleichstellung der Reformierten schließlich erfolgte gar erst 1806 unter Karl Theodor von Dalberg.

Die Geschichte der niederländischen Glaubensflüchtlinge in Frankfurt bietet somit einen Modellfall für das Aufeinandertreffen verschiedener Kulturen: diese ethnischen Minderheiten mit ihrer abweichenden Religion und ihren überlegenen frühkapitalistischen Wirtschaftsmethoden (für die hier nur die Stichworte Verlagswesen und Akkordsystem genannt seien) zogen die Angriffe des lutherischen Predigerministeriums und der um ihren „Nahrungsschutz" bangenden Zünfte auf sich. Hinzu kam die Angst der weniger Wohlhabenden vor gestiegenen Lebenshaltungskosten; sogar Überfremdungsängste wurden laut (*die frembden Welschen, Niderlender und Frantzosen, sich alle tag alhie sehr heuffig einschleichen und schier zu besorgen, daß irer mehr dann der Teutschen Burger alhie seien.*[76]). In der Ablehnung der frembden Welschen verknäuelten sich drei Motivbündel, die alle in Ängsten wurzelten, die keinesfalls durchwegs als irrational einzustufen sind: Teile der Patrizier fürchteten, in Reichtum und Prestige von den führenden Reformierten überflügelt zu werden und ihre gesellschaftliche und politische Führungsrolle einzubüßen; die lutherischen Prediger fürchteten die religiöse, die Zünfte die wirtschaftlichen Konkurrenz. Auch die Angst vor der Überfremdung und die Sorge um die Erhaltung der *teutschen* Identität waren bereits lebendig. Soziale, wirtschaftliche und religiöse Motive, auch Fremdenfeindlichkeit, sind also kaum auseinanderzuhalten.

Abkürzungen:

ISF = Institut für Stadtgeschichte Frankfurt
AFGK = Archiv für Frankfurts Geschichte und Kunst

Literatur

Karl Bauer, Die Beziehungen Calvins zu Frankfurt am Main, Leipzig 1920.

Karl Bauer, Valérand Poullain, Elberfeld 1927.

Karl Bauer, Die Einstellung des reformierten Gottesdienstes in der Reichsstadt Frankfurt a.M im Jahr 1561, Münster 1925.

Thomas Bauer, Bürger, Fremde, Minderheiten, in: Lothar Gall (Hrsg.), FFM 1200. Traditionen und Perspektiven einer Stadt, Sigmaringen 1994, S. 109-152.

Kurt Beck, Rat und Kirche. Der Rat der Freien Reichsstadt Frankfurt am Main und das Evangelisch-lutherische Predigerministerium, Frankfurt 1981.

Gustav Adolf Besser, Geschichte der Frankfurter Flüchtlingsgemeinden 1554-1558, Halle 1906.

Friedrich Bothe, Geschichte der Stadt Frankfurt am Main, Frankfurt 1913.

Friedrich Bothe, Beiträge zur Wirtschafts- und Sozialgeschichte der Reichsstadt Frankfurt, Altenburg 1906, bes. S. 78 ff.

Friedrich Bothe, Frankfurts Wirtschaftlich-Soziale Entwicklung vor dem Dreißigjährigen Kriege, Bd. II, Frankfurt 1920, bes. Abschnitt II: Die gesamte Bürgerschaft vom Jahr 1587 nach Beruf und Vermögen (S. 50-157) und Abschnitt III: die Wirtschaftlich-soziale Entwicklung, bes. c. Die Industrie (S. 213-232).

Heinrich Bott, Gründung und Anfänge der Neustadt Hanau 1596 - 1620, 2 Bde., Marburg und Hanau 1970/71.

Hermann Dechent, Kirchengeschichte von Frankfurt am Main seit der Reformation, 2 Bde, Leipzig/Frankfurt 1913-1921.

Hermann Dechent, Cassiodoro de Reina, Tübingen 1910.

Alexander Dietz, Frankfurter Handelsgeschichte, 4 Bde., Frankfurt 1910-1925, bes. Bd. 2, 1910.

„Dieu avec nous". Predigt auf französisch zum 9. August 1914.

Barbara Dölemeyer, Die „reformierte Landeskirche" in der Landgrafschaft Hessen-Homburg - Zur Rechtsgeschichte der französisch-reformierten Gemeinden, in: Mitt. GeschV. Homburg 40, 1991, S. 5-51.

Friedrich Clemens Ebrard, Die französisch-reformierte Gemeinde in Frankfurt am Main 1554-1904, Frankfurt 1906.

Franckfurtische Religions-Handlungen, Bd. I-III, 1735, 1744.

Ernst Herrenbrück (Hg.), 400 Jahre französisch-reformierte Gemeinde Frankfurt am Main, Frankfurt/Darmstadt 1954.

Rudolf Jung, Die englische Flüchtlingsgemeinde in Frankfurt am Main 1554-1559, Frankfurt 1910.

Ernst Karpf, „Und mache es den hiernächst Ankommenden nicht so schwer...". Kleine Geschichte der Zuwanderung nach Frankfurt am Main, Frankfurt/New York 1993.

Kirchen-Geschichte von denen Reformirten in Frankfurt am Mayn, Frankfurt und Leipzig 1751.

Hans Mauersberg, Handelswege des Mittelalters (2) Frankfurt-Amsterdam. Die Neuorientierung nach 1585. Johann v. Bodeck, Flüchtling aus Antwerpen, Bankier und Kaufherr in Amsterdam und Frankfurt, in: Frankfurt Lebendige Stadt 7, 1962, H. 4.

Hermann Meinert, Die Eingliederung der Niederländischen Glaubensflüchtlinge in die Frankfurter Bürgerschaft 1554-1596, Frankfurt 1981.

Hermann Meinert/Wolfram Dahmer (Hrsg.), Das Protokollbuch der Niederländischen Reformierten Gemeinde zu Frankfurt am Main, Frankfurt 1977.

Matthias Meyn, Die Reichsstadt Frankfurt vor dem Bürgeraufstand von 1612-1614. Struktur und Krise, Frankfurt 1980.

Johann Balthasar Ritter, Evangelisches Denckmal der Stadt Franckfurt am Main, Frankfurt 1726, bes. S. 305-320.

Robert van Roosbroeck, Emigranten. Nederlandse Vluchtelingen in Duitsland 1550-1600, Leuven 1968.

Friedrich Scharff, Die Niederländische und die Französische Gemeinde in Frankfurt am Main, AFGK 2. Folge Nr. 2, 1862, S. 245-317.

A. van Schelven, De Nederduitsche Vluchtelingen-Kerken der 16e eeuw in England en Duitschland, s'Gravenhage 1908, bes. S. 209-233.

Heinz Schilling, Niederländische Exulanten im 16. Jahrhundert. Ihre Stellung im Sozialgefüge und im religiösen Leben deutscher und englischer Städte (Schr.d. Vereins für Reformationsgeschichte 187), Gütersloh 1972.

Annette Schmidt, Findbuch zum Bestand Französisch-Reformierte Gemeinde (Typoskipt im Institut für Stadtgeschichte Frankfurt, Rep. Nr. 653), Frankfurt 1988.

Theodor Schott, Frankfurt als Herberge fremder protestantischer Flüchtlinge (Jahresbericht d. Vereins für Reformationsgeschichte 3, 1886).

Ursula Wegner (Hg.), Wallonisch-Niederländische Gemeinde Hanau, Hanau 1987.

Anmerkungen

[1] Heinrich Bott, Gründung und Anfänge der Neustadt Hanau 1596-1620 Bd. I (s. Literaturverzeichnis), S. 26.

[2] Rudolf Jung, Das Frankfurter Stadtarchiv. Seine Bestände und seine Geschichte, Bd. 1, Frankfurt 1909, S. 137.

[3] Meinert, S. XV.

[4] Rudolf Jung, Die englische Flüchtlingsgemeinde in Frankfurt am Main 1554-1559, Frankfurt 1910.

[5] Meinert/Dahmer, S. 14-16.

[6] Vgl. K. Bauer, Valérand Poullain. Ein kirchengeschichtliches Zeitbild aus der Mitte des 16. Jahrhunderts, Elberfeld 1927.

[7] Meinert, S. XIV. Vgl. B. Spiegel, J. v. Lasco in Frankfurt, in: Bremen Jahrbuch 4, 1869, S. 371; G. E. Steitz, Laski, Bullinger und Westerburg 1545, in: AFGK N.F. 5, 1872, S. 179; B. Gassmann, Ecclesia Reformata. Die Kirche in den reformierten Bekenntnisschriften, Freiburg i.Br. 1968, bes. S. 186ff.: Teil II: Die Flüchtlingskirchen in Deutschland und Johannes a Lasco; H. Dalton, Johannes a Lasco, Nieuwkoop 1970; A. Kuyper, Johannis a Lasco Opera, Amsterdam 1866.

[8] Meinert, S. XXXXI. Vgl. H. Dechent, ADB 27, Leipzig 1888, S. 720-723 und ders., C. de Reina, Tübingen 1910; Beck, Rat und Kirche, S. 340f.; Dietz, II, S. 35, 37 (er hinterließ ein Vermögen von 3500 fl.).

[9] Zu Ritter vgl. Wolfgang Klötzer (Hrsg.). Frankfurter Biographie, Bd. 2, Frankfurt 1996, S. 201; Anton Schindling, Wachstum und Wandel. Frankfurt am Main 1555-1685, in: Frankfurter Historische Kommission (Hrsg.), Frankfurt. Die Geschichte einer Stadt in neun Beiträgen, Sigmaringen 1991, S. 253; Beck, S. 315, 324 und öfter; Dietz, II, S. 35: sein Vermögen betrug 1556 7500 fl.

[10] Der Text der Supplik ist abgedruckt bei Beck, S. 313 f.11

[11] Meinert, Eingliederung, S. XII.

[12] Vgl. Friedrich Bothe, Geschichte des St. Katharinen- und Weißfrauenstiftes zu Frankfurt am Main, Frankfurt 1950.

[13] Liturgia sacra, seu ritus Ministerii in Ecclesia Peregrinorum Francofordiae ad Moenum, Editio Secunda, Francofordiae 1555.

[14] Vgl. G.E. Steitz, Der lutherische Prädicant H. Beyer. Ein Zeitbild aus Frankfurts Kirchengeschichte im Jahrhundert der Reform0ation, Frankfurt 1847, 2. Aufl. 1852; Beck, passim.

[15] ISF, Bürgermeisterbuch 1557, S. 40; Meinert, S. 48.

[16] Schon 1583 hatte der Rat verboten, die eingewanderten Niederländer zur Wacht an den Toren heranzuziehen, um ihnen die Stadtschlüssel nicht anvertrauen zu müssen: Ratschlagungsprotokoll vom 3. Juni 1583, Meinert, S. 285; vgl. Bothe, S. 383.

[17] Meinert, S. XXVI f. Vgl. Karl Bauer, Die Einstellung des reformierten Gottesdienstes in der Reichsstadt Frankfurt, Münster 1925; Beck, S. 329 ff.

[18] Bott II, S. 404.

[19] Meinert, S. XXVIII; Bott I, S. 13 ff. Nach Dietz II, S. 269 f. liegt der Grund für die Auswanderung darin, daß die „Zeugweberei" sich in Frankfurt nicht als lebensfähig erwies, weshalb es vor allem Weber waren, die 1562 nach Frankenthal zogen.

[20] Bott II, S. 404.

[21] Bereits am 18. Juli 1592 beschwerten sich die lutherischen Prädikanten beim Rat über die aufrührerischen Händel der Fremden: sie würden aus eigener Gewalt Prediger berufen, Schulen halten, in denen sie den Calvinischen Katechismus lehrten, sie hätten ihren eigenen Rat und Konsistorium, Kasten und Almosenpfleger, und das alles öffentlich, ohne Erlaubnis des Rates: Meinert, S. 475; Scharff, S. 266 f., Dechent I, S. 283.

[22] Im Januar 1594, mitten im Winter, wurde der flämische Prediger Franciscus Gomarus mit seiner schwangeren und oft kranken Frau aus der Stadt ausgewiesen: Bothe, S. 384, Beck, S. 346, Scharff, S. 277. Die Flamen behalfen sich zunächst damit, daß sie am wallonischen Gottesdienst teilnahmen; seit 1595 durften sie ihren Gottesdienst in Bornheim abhalten: Bott II, S. 406.

[23] Am 27. Juli 1596 beschloß der Rat, der französischen reformierten Gemeinde das Haus zur großen Einung, ein ehemaliges Beginenhaus, das dem Spital gehörte und in welchem diese bisher ihren Gottesdienst abgehalten hatten, zu kündigen und ihr zugleich zu eröffnen, man werde ihr auch künftig kein anderes Haus zu ihrem exercitium religionis einräumen: Meinert, S. XXXXIII f. und 576; Dietz II, S. 67 f.; Beck, S. 349 f., Dechent I, S. 284. Scharff, S. 278.

[24] Beck, S. 350 f.; Scharff, S. 279.

[25] gestorben am 22. Juli 1606 an der Pest: Bott II, S. 151; vgl. Jürgen Telschow/Elisabeth Reiter, Die evangelischen Pfarrer von Frankfurt am Main, Frankfurt 21985, S. 50.

[26] Vgl. Friedrich Wilhelm Cuno, Philipp Ludwig II., Graf zu Hanau und Rieneck. Ein Regentenbild, Prag 1896.

[27] Bott II, S. 407; Bothe, S. 128.

[28] Meinert, S. XXXXIII und 577; Bott I, S. 355-363 und II, S. 406.

[29] Bott I, S. 129 und 394: „fare valere quel logo in modo tale, che se ne saperà a parlare per tutta la christianità".

[30] Bott II, S. 423.

[31] Bott II, S. 427; vgl. dazu Dietz II, S. 41 ff., bes. S. 45.

[32] Bothe, S. 384; vgl. Dechent I, S. 286.

[33] Bott I, S. 120.

[34] Bott I, S. 398-401 und II, S. 408.

[35] Bott I, S. 134 und II, S. 409.

[36] Verwarnungsdekret vom 17. Mai 1597; abgedruckt bei Bott I, S. 443.

[37] Bott I, S. 445-448; vgl. Scharff, S. 280.

[38] Bott I, S. 126.

[39] ISF, Ratschlagungsprotokoll 1597 Juni 11 (fol. 235'-236'); vgl. Bott I, S. 153; Mainz ließ durchblicken, daß es gefährlich sei, solche fremden, verdächtigen Leute mitten in das Reich und gerade in die Mitte des Erzstifts Mainz aufzunehmen und ihnen dort auch noch eine Stadt und eine starke Festung zu bauen und erwirkte mit dem Hinweis auf den Wildbann beim Reichskammergericht ein Verbot des Bauens: Bott II, S. 409 f.

[40] ISF, Ratschlagungsprotokoll 1597 Juni 29 (fol. 239'-240'), Bürgermeisterbuch 1597 Juni 30, Juli 5, Juli 7; vgl. Bott I, S. 160 f.

[41] Bott II, S. 408-410.

[42] Bott I, S. 268.

[43] Bott I, S. 274.

[44] Bothe, Geschichte Frankfurts, S. 388; vgl. Beck, S. 353. Das Ratschlagungsprotokoll vom 19. November 1600 verweist bezüglich des Rates der Advokaten auf die Akten zum Niederländischen Kirchenwesen, welche 1944 untergegangen sind.

[45] ISF, Bürgermeisterbuch 1600, fol. 170 (Nov. 13) und 185 (Dez. 9).

[46] ISF, Bürgermeisterbuch 1600, fol. 297; Ratschlagungsprotokoll vom 19. April 1601, f. 75 (hier nur Verweis auf die 1944 untergegangenen Akten zum Niederländischen Kirchenwesen); Bott I, S. 291 f.; vgl. ebd. S. 255, wo dies als „unmittelbare Folge der Massenauswanderung" bezeichnet wird.

[47] Bott I, S. 338.

[48] Bott II, S. 410-412.

[49] Dietz II, S. 69 f.

[50] ISF, Nachbarliche Beziehungen Nr. 489. Weitere einschlägige Quellen aus dem ISF, Bestand „Nachbarliche Beziehungen zu den Reichsständen der Umgebung, 1: Hanau" sind (ohne Anspruch auf Vollständigkeit): Nr. 418, 1401, 1403, 1405, 1406, 433, 435-437 (= Mgb. A 55 Nr. 6.1-6.3): Akten betr. das verbotene Bauen in Hanau, in specie L'Esquillier und Macka: Bd. I (Nr. 435): 1597-1607; Bd. II (Nr. 436): 1602-1611; Bd. III (Nr. 437): 1605-1609; Nr. 441, 444, 449, 471 (Ugb. E 71 E): Vertrag zwischen Graf Philipp von Hanau und einigen in Frankfurt wohnenden Niederländern über den Bau der Neustadt Hanau, deren Befestigung und die Schiffbarmachung der Kinzig vom 27. Jan. 1597 (Namen fehlen); 485 (= Ugb. E 71 W): Schließung des Eschersheimer Schlages, Sperrung der Viktualien, Judengeleit nach Bockenheim, Erhebung eines Zolls zu Kesselstadt von Frankfurter Fischern, Sperrung des Ochsenhandels durch Hanau; 488 (= Ugb. E 71 Z): Erhebung von Akzise, Steinfuhr und Krangeld durch Frankfurt; 489 (Ugb. E 71 Aa): der Frankfurter Rat beschwert sich bei Hanau über die Erhöhung des Zolls zu Kesselstadt, die Erhebung des Besthaupts von den Bornheimern und der Bede zu Hausen, der Nachsteuer und die Besteuerung von Frankfurter Bürgergütern u.a.; 493 (Besthaupt zu Bornheim); 495 (= Ugb. E 71 Hh): Errichtung eines Schlages und Erhebung von Weggeld bei Nied durch Hanau 1604; 498 (Zoll zu Kesselstadt); 500 und 502-504 (Judengeleit durch Hanau).

[51] Bott I, S. 340; vgl. Scharff, S. 280; Beck, S. 352.

[52] ISF, Nachbarliche Beziehungen Nr. 1406 (Franz del Bo und Johann de Holland) und 435-437 (Escalier und Macka); Bott I, S. 339 und II, S. 7f., 10f., 14f.

[53] Scharff S. 281, Beck, S. 352; zu den Konflikten von Übersiedlern mit der Stadt Frankfurt um das Abzugsgeld vgl. Bott I, S. 269 f.

[54] Bott II, S. 3.

[55] Bott II, S. 21.

56 ISF, Ratschlagungsprotokoll vom 12. September 1602 (fol. 112'-114); Bott II, S. 22.

[57] Bott II, S. 32 und 41.

[58] Bott II, S. 63 und 76.

[59] Bott II, S. 81.

[60] Bott II, S. 96.

[61] Bott II, S. 95 (es handelte sich vermutlich um Hans de Hollande und Franz del Boe); vgl. ebd. S. 125 und 134).

[62] Bott II, S. 129.

[63] Bott II, S. 203 f.

[64] Bott II, S. 216.

[65] Dechent I, S. 287.

[66] Bott II, S. 218.

[67] Bott II, S. 235.

[68] Vgl. Dietz II, S. 45.

[69] Dietz II, S. 69 f.

[70] Dietz II, S. 93; zum Rückgang des Gewerbes in Frankfurt vgl. auch Bothe, S. 394 f.

[71] Bott II, S. 431.

[72] Dietz II, S. 70 f.

[73] Bott II, S. 428.

[74] Bott II, S. 411.

[75] Dietz II, S. 71.

[76] Ratschlagungsprotokoll vom 12. 8. 1578; zitiert nach T. Bauer, S. 110

Barbara Dölemeyer

Kapitulation und Transfix –
Die Gründung der Neustadt Hanau unter rechtshistorischen Aspekten

Die Gründung der Neustadt Hanau geht in erster Linie auf die Initiative niederländischer reformierter Kaufleute und Unternehmer zurück, die Ende des 16. Jahrhunderts von Frankfurt aus mit den Herren der benachbarten Grafschaft Hanau-Münzenberg Unterhandlungen wegen einer Ansiedlung aufnahmen.[1] In Frankfurt am Main hatten sich bereits in der Mitte des 16. Jahrhunderts etliche protestantische, vor allem dem reformierten Bekenntnis anhängende Familien niedergelassen, die aus den Niederlanden geflohen waren. 1554 wurde unter der Leitung von Valérand Poullain (Valerandus Pollanus) eine wallonische Gemeinde gegründet, 1555 folgte eine flämische unter Johannes a Lasco (Lasko, Lasky). Beiden gestattete der Frankfurter Rat – dem Zuzug Gewerbetreibender und wohlhabender Handelsleute aufgeschlossen – zunächst die öffentliche Religionsausübung in der Weißfrauenkirche. Bald aber kam es zu Streitigkeiten, zum einen mit der streng lutherischen Geistlichkeit, die die Ausbreitung der calvinistischen Lehre hindern wollte, zum anderen mit den eingesessenen Handwerkern und Kaufleuten, die die starke wirtschaftliche Konkurrenz fürchteten und die Fremden in ihr Zunftsystem eingegliedert sehen wollten. Nach etlichen Auseinandersetzungen und Beschwerden setzten sich schließlich die orthodoxen Prediger durch, und 1561 verbot der Frankfurter Rat den Fremden den öffentlichen Gottesdienst nach ihrem Modus. Als sich die Bemühungen um Rücknahme des Verbots als vergeblich erwiesen, nahmen die Niederländer unter der Führung ihres Predigers Petrus Dathenus Verhandlungen bezüglich einer Umsiedlung in die Kurpfalz auf.[2] Eine größere Gruppe von Familien ließ sich daraufhin dort nieder und gründete Frankenthal und andere Siedlungen in der Umgebung. Durch die Kapitulation vom 13.6.1562 gewährte Kurfürst Friedrich III. den Exulanten für Frankenthal vor allem religiöse Freiheiten und definierte ihre Rechtsstellung als neue kurpfälzische Untertanen; durch die späteren Bestätigungen wurden diese Bestimmungen vor allem um wirtschaftliche Zugeständnisse erweitert.[3]

Trotz des Abzugs in die Pfalz wuchs die niederländische Gemeinde in Frankfurt in den folgenden Jahren durch Zuzug – vor allem nach dem Fall Antwerpens im August 1585 – wieder an; zwischen 1585 und 1595 hielten sich nach neueren Berechnungen ca. 4.000 Exulanten in Frankfurt auf. Als aber unter dem Einfluß des lutherischen

Predigerkollegiums und der Handwerkerschaft der Frankfurter Rat weitere Verschärfungen bezüglich des religiösen Lebens beschloß (Verbot auch der privaten Gottesdienste) und den Fremden wirtschaftliche und rechtliche Beschränkungen auferlegte, präsentierten schließlich die Reformierten am 4.8.1596 der Obrigkeit eine Bittschrift, in der sie entweder öffentliche Glaubensausübung oder den freien Abzug forderten.[4]

1. Die Verhandlungen

Abzug – aber wohin? Aufnahme und Schutz bot ihnen Graf Philipp Ludwig II. von Hanau-Münzenberg an (geb. 1576, reg. 1595 - 1612), der – lutherisch getauft, doch in Nassau reformiert erzogen – 1595 zum reformierten Bekenntnis übergetreten war. Er setzte das reformierte Bekenntnis, dessen Einführung in Hanau seine (und seines jüngeren Bruders Albrecht) Vormünder und Verwandten, die Grafen Johann VI. von Nassau-Dillenburg und Ludwig von Sayn-Wittgenstein betrieben hatten, zielstrebig durch und führte auch deren Exulantenpolitik weiter. In der Ansiedlung der Calvinisten verbanden sich für sie die Stärkung ihrer Konfessionspolitik mit wirtschaftlichen Rücksichten. Bereits 1593 hatten sich in Hanau mit Genehmigung der Vormünder des jungen Grafen mehrere niederländische Familien niedergelassen, denen Frankfurt den Zuzug verweigert hatte; dazu waren wallonische Protestanten gekommen, die seit 1594 Gottesdienst in französischer Sprache abhalten durften. Außerdem hatten die Frankfurter Reformierten die Genehmigung zur öffentlichen Religionsausübung im hanauischen Bockenheim vor den Toren Frankfurts erhalten.[5] Bereits Ende 1595 hatten die in der Altstadt Hanau aufgenommenen Fremdengemeinden von Philipp Ludwig II. auf ihre *begheren puncten*[6] hin einige kirchliche sowie wirtschaftliche und politische Freiheiten erhalten.

Nähe und Aufnahmebereitschaft eines reformierten Landesherrn bewogen die Frankfurter Reformierten dazu, konkrete Verhandlungen über die Ansiedlung in Hanau aufzunehmen. So wandte sich eine Delegation unter der Führung des Pfarrers Jacques Carron am 28.8.1596 an den Grafen, dem sie ihre Vorschläge für die Bedingungen vorlegte, durch welche Aufnahme und Ansiedlung rechtlich geregelt werden sollten. Diese 11 Punkte werden später im Transfix als *BefreyhungsPuncte (points d'exemption)* bezeichnet. Sie bildeten die Grundlage für die weiteren Verhandlungen.[7]

Ende 1596/Anfang 1597 bot Philipp Ludwig den Fremden konkret die Aufnahme an, ließ einen von Nicolas Gillet entworfenen Stadtbauplan vorlegen und versprach Unterstützung beim Bau, falls sich genügend Ansiedlungswillige verpflichten würden. Aus den bei Heinrich Bott sehr eingehend geschilderten und dokumentierten Verhandlungen[8] geht hervor, daß die Fremden eine relativ starke Position hatten und daß beide Seiten eine „Zug-um-Zug"-Abwicklung gesichert sehen wollten. Vom 27.1.1597 datiert ein Schriftstück, in dem eine Gruppe von Frankfurter Reformierten bindende Zusagen für die Niederlassung in Hanau und den Bau von Häusern machte, wobei sie sich für den Fall einer Absage zu einer Art „Konventionalstrafe" gegenüber Philipp Ludwig verpflichtete, der finanzielle Unterstützung bei Anlage und Befestigung der neuen Siedlung versprochen hatte.[9] Um Örtlichkeit, Stadtanlage und Befestigung kam es in der Folge auch mehrfach zu Diskussionen.

Auf Seiten der Frankfurter Reformierten traten als Verhandlungsführer vor allem Peter t'Kindt, Nicolas Malapert, Louis de Blécourt, Cornelis van Daele und Daniel Soreau auf, auf Seiten der Hanauer Regierung wurden die maßgeblichen Vorschläge und Entwürfe von Dr. Andreas Christiani, dem Berater Johanns VI. von Nassau und Hanauer Vormundschaftsrat, und von Henrich Crafft, dem Sekretär Philipp Ludwigs II., ausgearbeitet. Eine Hauptschwierigkeit bei der Vertragsgestaltung bestand darin, daß die Hanauer lange Zeit davon ausgingen, daß die Frankfurter reformierten Gemeinden als ganze übersiedeln wollten und daß Philipp Ludwig mit den bevollmächtigten Vertretern der Gemeinden verhandeln wollte. Peter t'Kindt konnte aber nur als Sprecher der Gruppe von Übersiedlungswilligen auftreten und darüber hinaus keine bindenden Zusagen machen. Auch die Selbstverpflichtungen der Bauwilligen konnten nicht wirklich realisiert werden. Infolge der starken Position der Neusiedler mußte sich der Graf etliche Zugeständnisse abhandeln lassen, ohne schließlich sicher zu sein, daß eine genügende Anzahl von Familien tatsächlich nach Hanau kommen wollte, um die gewünschte wirtschaftliche Belebung durch eine neue starke Handelsstadt zu garantieren.

Trotz dieser Hindernisse wurde – nach längeren Verhandlungen – am 1.6.1597 die *Hanauer Capitulation*[10] abgeschlossen: eine Vereinbarung, die zunächst nur von dem Grafen unterzeichnet und gesiegelt wurde (vgl. Abschrift der *Capitulation* in diesem Buch). Erst einige Jahre später (1604) folgten die Unterschriften von 11 Reformierten – es sind die ersten Ratsherren der Neustadt –, die auch in den Druckausgaben der Kapitulation und des Transfix aufgeführt sind. In der Kapitulation sind die Grundlagen für die Rechtsbeziehungen zwischen dem neuen Landesherrn und den Ankömmlingen und auch für diese untereinander festgelegt. Der Form und dem Zustandekommen nach handelt es sich hier um eine Art Vertrag. Inhaltlich und der Intention nach ist die Hanauer Kapitulation sicher unter die „Hugenottenprivilegien" i.w.S.[11] einzuordnen (siehe unten). Der Tag der Ausfertigung der Kapitulation durch Philipp Ludwig II., der 1.6.1597, wird als der Gründungstag der Neustadt Hanau betrachtet.

Bereits im Februar, nach der vorläufigen Einigung der Reformierten und der Hanauer Regierung, hatte man begonnen, die Vorbereitungen zur Anlage der neuen Stadt (Vermessung der Bauplätze, Kauf oder Tausch der Grundstücke, Anlage des Kanals etc.) zu treffen. Gegen die Baumaßnahmen erhoben nun sehr bald Kurmainz und die Reichsstadt Frankfurt Widersprüche, da sie sich in ihren Rechten beeinträchtigt sahen. Kurmainz machte eine Verletzung seiner Wildbann- und Forstrechte sowie eine mögliche Beeinträchtigung der kurfürstlichen Stadt Steinheim am Main geltend und verlangte die Einstellung des Baus; Frankfurt berief sich auf ein Privileg, das innerhalb von fünf Meilen um Frankfurt den Bau neuer Städte untersagte. Die in Frankfurt bleibenden Reformierten versuchten außerdem ihrerseits, in ihren Kirchendingen von Hanau unabhängig zu werden, woraus ein längerer Streit zwischen den Neuhanauer und den Frankfurter Gemeinden entstand.[12] Auch die Einwohner der Hanauer Altstadt erhoben Einspruch. Der Rechtsstreit mit Kurmainz gelangte vor das Reichskammergericht in Speyer, wurde Gegenstand zahlreicher Rechtsgutachten, Streitschriften etc.; schließlich duldete der Kurfürst den Weiterbau, ohne allerdings auf die Führung des Prozesses zu verzichten. Diese Bedrohungen waren sicher auch ein Grund dafür, daß die Neustadt sich nicht so stark entwickelte wie erhofft.

Trotz der Schwierigkeiten gingen die Bauarbeiten voran und am 9.4.1600 konnte der Grundstein zu der Doppelkirche für die beiden Gemeinden, die wallonische und die niederländische, gelegt werden, wo schließlich am 29.10.1609 der erste Gottesdienst gehalten wurde.

Zunächst sollten – wie in der Kapitulation vorgesehen (siehe unten) – die Alt- und die Neustädter ein gemeinsames Stadtregiment haben, doch zeigte sich relativ schnell, daß die unterschiedlichen wirtschaftlichen und sozialen Strukturen zu Reibungen führten. In einer Ratsverordnung vom 8.4.1601 erließ Graf Philipp Ludwig II. genauere Bestimmungen, die das Verhältnis der beiden Bevölkerungsgruppen zueinander ordnen sollten. Diese Verordnung[13] bildete den Übergang zu einer Trennung der beiden Stadtgemeinden, vollzogen schließlich im sog. Transfix vom 1.8.1601, wodurch der neuen Stadt eigene Einkünfte gegeben sowie eine Stadtverfassung konstituiert wurden.[14] (vgl. Abschrift des *Transfix* in diesem Buch). In der Ratsordnung setzte Philipp Ludwig II. einen Schultheiß als Regierungsvertreter über beide Gemeinden, die der Alt- und der Neustadt, ein und regelte die Zusammensetzung des Rats. Außerdem enthält die Ordnung Bestimmungen über Gerichtsorganisation und Rechtsprechung.

Weil etliche Bestimmungen dieser neuen Verordnung vom 8.4.1601 in Widerspruch zum Inhalt der Kapitulation standen, wurde kurz darauf durch die Formulierung und Vereinbarung des sog. Transfix (also eines Anhangs zur Kapitulation von 1597) Rechtsklarheit geschaffen. Das Transfix kam in der gleichen Weise zustande wie die Kapitulation: Der Graf unterschrieb die Vereinbarung zunächst allein; die Ratsherren der Neustadt setzten ihre Unterschriften erst 1604 unter die Urkunde.

Der Neustadt wurde dadurch eine eigene Ratsverfassung gegeben. Durch einen Anteil am Steueraufkommen erhielt die Stadt eigene Einkünfte, sie mußte aber selbst für einen Teil der Kosten des Festungsbaus aufkommen (der Graf versprach jährlichen Zuschuß auf drei Jahre).

Ein weiteres wesentliches Dokument aus der Gründungszeit ist die Kirchenordnung vom 12.3.1612.[15]

2. Form und Rechtsqualität der Hanauer Kapitulation und des Transfix

Die Art und Weise des Zustandekommens der Kapitulation – Vorbringen von Forderungspunkten, Verhandlungen, Nachträge zu bereits vereinbarten Punkten, schließlich Formulierung eines verbindlichen Textes und Unterzeichnung durch den Landesherrn – all dies entspricht in etwa der Vorgehensweise, wie sie für viele Exulantenprivilegien zu beobachten ist. Der ausgesprochene Vertragscharakter ist allerdings zu hinterfragen. Die Verhandlungspartner waren zwar zunächst die Vertreter der Frankfurter Flüchtlingsgemeinden, im Laufe der Zeit aber beschränkten sich diese Verhandlungen auf eine Gruppe abzugswilliger Unternehmer, eigentlich Privatleute. Daß die Kapitulation zunächst nur vom Grafen unterzeichnet wurde und erst später von Neuhanauer Ratsherrn, gibt dem Rechtsakt eher den Charakter eines Privilegs, d.h. des Versprechens und der Zusage des Landesherrn, welche die Ansiedlungswilligen durch einen anderen Rechtsakt (im allgemeinen die Leistung eines Untertaneneides) annehmen, wodurch schließlich die Rechtsbeziehung zwischen Landesherrn und – neuen – Untertanen zustandekommt.

Dieser Akt der Huldigung, der auch im vierten Artikel der Kapitulation ausdrücklich angesprochen ist, wurde denn auch am 8.10.1601 in der Neustadt geleistet und bildete quasi den Abschluß der rechtlichen Gründungsakte.[16]

Nach der Trennung der beiden Stadtgemeinden und Konstituierung von Neu-Hanau als eigener Stadt enthält das Transfix vom 1.8.1601 die „Stadtverfassung". Sowohl für frühere Exulantensiedlungen, wie auch für die spätere Hugenotteneinwanderung in deutschen Territorien kennen wir einen analogen Verlauf der Privilegienentwicklung: Versprechen der Aufnahme, Verhandlungen über einzelne Bestimmungen der Ansiedlung; dann nach einer gewissen Zeit der Kolonie-Entwicklung die Festsetzung eines Stadt-*Reglements* o.ä., das einerseits die innere Verfassung der neuen Siedlung und andererseits die Beziehungen zu den älteren Gemeinwesen des jeweiligen Territoriums definiert. So ist z.B. eine typische Entwicklung für andere Exu-

lanten- bzw. Hugenottensiedlungen zu betrachten: Stadtrechtsprivileg von 1577 für die Siedlung Frankenthal, deren Kapitulation von 1562 datiert;[17] Verordnung von 1697 für das 1686 gegründete Neu-Erlangen;[18] Privilegia und Reglement von 1702 für die 1685 gegründete Neustadt Homburg.[19]

3. Die Bestimmungen der Kapitulation

a) Kirchliche Freiheiten[20]

An erster Stelle der Bedingungen, unter denen sich die Fremden in Hanau niederlassen, sind die genannt, die einen Hauptgrund für den Wegzug von Frankfurt bilden: die ungestörte (freie und öffentliche) Glaubensausübung nach der *Reformirten Religion* und in ihrer Muttersprache. Ausdrücklich wird ihnen ihre Liturgie, Kirchenzucht und Kirchenordnung garantiert. Dieses *liberum exercitium religionis publicum* beinhaltet die Errichtung von Kirchengebäuden mit Turm und Glockengeläute (im Unterschied etwa zu einer bloßen Duldung oder der Gestattung häuslicher Andachten – wie dies in Frankfurt der Fall war). Für die Kirchenordnung bezieht man sich auf die in Frankreich und den Niederlanden, der Kurpfalz und in Genf gebräuchliche (d.h. für die Französischsprechenden im wesentlichen die *Discipline ecclésiastique*, wie sie auf der Synode von 1559 fixiert worden war, und für die Flamen die dieser entsprechenden *Middelburger Artikel* von 1581[21]). Der Bezug auf Kurpfalz und Genf (vom Hanauer Grafen eingefügt) bedeutete die Anerkennung eines gewissen fürstlichen Aufsichtsrechts über die Kirche und begegnet insoweit dem Einfluß Johannes a Lascos zuzuschreibenden demokratischen Tendenzen. Die Gleichstellung der neuen Flämischen Gemeinde mit der in Hanau bereits (seit 1594) bestehenden Französischen wird im folgenden statuiert.

Außerdem sollten die ausländischen Pfarrer auf Einladung der einheimischen deren Zusammenkünfte besuchen können. Dem Grafen lag nämlich daran, auf lange Sicht eine einheitliche reformierte Landeskirche zu schaffen. Allerdings wird den Fremden im gleichen Artikel gestattet, eigene *Conventus* (Synoden) zu halten. Sie konnten also Vertreter zur Gesamtsynode in Deutschland schicken, die eine Abteilung der calvinistischen Synode der Niederlande bildete. Insoweit liegt hierin ein Widerspruch, in dem das zähe Ringen der Fremden um möglichst große Selbständigkeit und der Anspruch des Landesherrn auf Kirchenaufsicht aufeinandertreffen. In der Folgezeit verlor allerdings der gesamtdeutsche Synodalverband an Bedeutung. Das Aufsichtsrecht des Landesherrn kommt im folgenden 2. Artikel in bezug auf die Anstellung der Geistlichen und Lehrer (*ius confirmandi*) zum Ausdruck. Die Fremden haben das Recht, ihre Pfarrer und Lehrer selbst zu wählen, diese müssen aber der weltlichen Obrigkeit präsentiert und von ihr bestätigt werden. Der 3. Artikel dient dazu, die religiöse Einheit der Bewohner der Neustadt zu gewährleisten:

Neuzuziehende müssen bestimmte Bedingungen kirchlicher Art erfüllen, nämlich Zeugnisse über gemäßen Lebenswandel beibringen und sich verpflichten, sich der Disziplin der reformierten Kirchen zu unterwerfen. Damit wurde der Personalcharakter der Neuhanauer Kirchen begründet. Außerdem bedeutete er insgesamt ein Mittel zur Stärkung der reformierten Religion in der Grafschaft, wie ganz generell die kirchenrechtlichen Bestimmungen der Hanauer Kapitulation auch unter dem religionspolitischen Blickwinkel zu sehen sind. Charakteristisch für das Stadtregiment Neu-Hanaus ist die enge Verknüpfung von kirchlicher und weltlicher Gemeinde: Die Ratsherren und Bürgermeister der Neustadt werden unter ganz wesentlichem Einfluß und lange Zeit nahezu ausschließlich aus den Repräsentanten der Kirchengemeinden gewählt. Es ist ein fast geschlossener Kreis von wohlhabenden Familien, aus denen die Mitglieder des Rates kommen.

b) Wirtschaftliche Freiheiten

Ausführlich und umfangreich sind die Bestimmungen, die das Wirtschaften der Fremden betreffen und die ihnen relativ große Gewerbe- und Handelsfreiheiten bringen. Einer der wesentlichsten Punkte ist in Artikel 8 fixiert, die Zunftfreiheit: [...] *daß so wol den Beysässen, als auch andern Bürgern, Kauffleuten, Krämern und Handwerckern, solle frey und bevor stehen, allerhand ehrliche und dem gemeinen Nutzen unschädliche Handthierungen und Nahrung zu treiben...*[22] Die Schwierigkeiten, die die fremden Gewerbetreibenden in Frankfurt mit den zünftigen Handwerkern hatten, welche den Zunftzwang durchsetzen wollten, waren ein wesentlicher Grund für die Auswanderung gewesen. In Hanau erhielten sie die Möglichkeit, ihre neuen Gewerbe- und Betriebsformen frei von den Zwängen zunftgebundenen Wirtschaftens durchzusetzen.[23] Hier ist ein wesentliches Moment zu sehen, das auch in späteren Exulanten-, speziell Hugenottenprivilegien von Landesherrn im Sinne merkantilistischer Gewerbepolitik angewendet wurde: Die Privilegienbestimmungen wurden als ein Mittel der Durchbrechung der Zunftschranken und der Förderung neuer Wirtschaftsformen angewandt.[24] Daß in dieser Beziehung unter den Nachfolgern Philipp Ludwigs II. eine gegenläufige Entwicklung eintrat, zeigt, daß in dieser Epoche offenbar das Zunftsystem noch so stark war, daß ein Durchbrechen nur zeitweise und/oder punktuell möglich war.[25] Steuererleichterungen bzw. Vergünstigungen bei der Steuereinschätzung oder in den Steuersätzen (insbes. bei der sog. Türkensteuer) waren weitere wichtige ökonomische Vorrechte. Artikel 13 gibt den Fremden das Recht, ihre Häuser weitgehend nach den Bedürfnissen der Gewerbe zu bauen, insbesondere durften sie Backöfen in den Wohnbauten einrichten (ein Vorrecht, um das es etwa bei der Ansiedlung in Diez zu großen Streitigkeiten gekommen war – dem wollte man vorbeugen). Die Gewährung von Markttagen und Jahrmärkten waren weitere wichtige Bestimmungen, wie sie in derarti-gen Privilegien häufig gewährt werden. Die Schaffung eines Kanals zum Main und die Hilfe bei Anlegung einer Stadtbefestigung werden in Artikel 17 und 18 versprochen, Punkte, die in der Folge zu etlichen Streitigkeiten führten.

c) Rechtsposition der Fremden

Der Huldigungseid als Voraussetzung für die Aufnahme in den Untertanenverband[26] findet sich hier – wie in allen derartigen Privilegien – an prominenter Stelle genannt (Artikel 4 und 5). Die Möglichkeit des Erwerbs des Bürger- oder des Beisassenstatus wird damit verbunden, wobei die Neuankömmlinge im wesentlichen in rechtlicher Hinsicht den Alteingesessenen gleichgestellt werden sollen (Artikel 5) und auch Mitglieder im Stadtrat der Altstadt haben können (Artikel 7). Einige Rechte der Altstädter sind aber ausgenommen: *Beholtzung, Mastung und Weydgang;* ebenso wird ausdrücklich darauf hingewiesen, daß die Herrschaft sich bestimmte Regalien vorbehält (Wildbann, Fischerei).

Der Konflikt mit den Rechten der Alteingesessenen in Bezug auf Holz- und Weiderechte (im wesentlichen den Markgenossen vorbehaltene Nutzungsrechte an gemeinsamen Wäldern und Wiesen) war bei allen größeren Ansiedlungsvorhaben dieser Art – sowohl der niederländischen Exulanten als auch später der Hugenotten und Waldenser – gewissermaßen „vorprogrammiert". Der aufnahmebereite Landesherr konnte in vielen Fällen eben nicht über diese Rechte verfügen, versprach aber gelegentlich mehr, als er halten konnte. Hier werden diese Rechte aber von vornherein ausgenommen, sie waren ja auch für die Handel- und Gewerbetreibenden nicht so wichtig wie etwa für bäuerliche Siedler (Ende des 17. Jh. die Waldenser). Die Konflikte entzündeten sich im Verhältnis von Alt- und Neuhanau eher an gewerberechtlichen (Zunft-) Problemen sowie an der von den Neustädtern angestrebten Selbstverwaltung.

Die Möglichkeit Frondienste in Geld abzugelten (Artikel 10) und die Aussicht, bei wirtschaftlich positiver Entwicklung der Stadt einen „Consulatus Mercatorum" zu errichten (Artikel 21), sind Bestimmungen, die den Fremden eine Sonderstellung gegenüber den Alteinwohnern bringen. Mit Consulatus Mercatorum (chambre de consulat, Kaufmannsgericht) ist eine besondere (Schieds)Instanz gemeint, vor der die Handelsstreitigkeiten unter den Neustädtern beschleunigt verhandelt werden sollten; diese Forderung wurde erstmals Anfang 1597 ins Gespräch gebracht und sollte größere Zuständigkeiten haben als schließlich in Artikel 21 gewährt.[27] Allerdings ist diese Institution offenbar nicht ins Leben getreten; in der Ratsverordnung vom 8.4.1601 werden die Gründe für die Nichteinsetzung erklärt (siehe unten). Im gleichen Artikel 21 wird aber darauf hingewiesen, daß die Fremden in allen Zivil- und Strafsachen der Gerichtsbarkeit der Hanauer Herrschaft unterworfen sind, daß sie also in dieser Beziehung den Einheimischen gleichgestellt sind. [In einigen Hugenottenprivilegien des 17. Jahrhunderts – wie z. B. dem Edikt von

Potsdam – finden sich hingegen Bestimmungen, die zu einer eigenen Gerichtsbarkeit, z. T. auch zur Anwendung fremden Rechts unter den Réfugiés führten.[28] Ein weiteres Sonderrecht beinhaltet Artikel 22, der den Fremden bestimmte Ausnahmen von „seuchenpolizeilichen" Bestimmungen für Pestzeiten gewährt. Artikel 14 regelt den freien Abzug, ohne Entrichtung einer Nachsteuer (auch für auswärtige Erben der Güter), ein wichtiges Privileg und eine Ausnahme von den damals in den meisten Staaten üblichen Bestimmungen. Ein weiteres Vorrecht enthält Artikel 15, der die Neustädter nur verpflichtet, bei Feuer in der eigenen Gemeinde (nicht außerhalb der Stadtgemeinde) löschen zu müssen.

Was ihren Rechtsstatus betrifft, erhielten die Fremden durch die Kapitulation demnach im wesentlichen die gleiche Position wie Alteingesessene und zusätzlich einige Ausnahmerechte. Erst durch Ratsordnung vom 8.4.1601 und Transfix vom 1.8.1601 wurde die eigene Rechtsposition der Neustadt – von der Altstadt getrennt – definiert.

Was die Anwendung materiellen Rechts betrifft, blieb es auch nach diesen beiden Rechtsakten dabei, daß die Neustädter keine Sonderstellung genossen, sie waren den einheimischen Rechten unterworfen (gemeines Recht, Solmser Landrecht, Hanauisches Gewohnheitsrecht; unter Bezug auf Artikel 4 der Kapitulation). Bei Streitigkeiten zwischen beiden Gemeinden sollte die gräfliche Kanzlei oder der Graf selbst entscheiden.

4. Konfirmationen von Kapitulation und Transfix

Kapitulation und Transfix, wie generell die vom Landesherrn erteilten Privilegien, mußten jeweils bei Regierungsantritt eines neuen Herrn bestätigt werden. Häufig brachten derartige Bestätigungen eine Weiterentwicklung der in den ursprünglichen Akten geschaffenen Rechtsgrundlagen, gelegentlich auch einzelne neue Vergünstigungen. Im späteren Verlauf bewirkten sie jedoch auch oft Einschränkungen der Sonderstellung der Fremden und zunehmend die Angleichung an den Status der einheimischen Bevölkerung. In einigen Territorien des Alten Reichs sind Privilegienbestätigungen bis ins 19. Jahrhundert nachzuweisen.

Der Sohn und Nachfolger Philipp Ludwigs II., Philipp Moritz bestätigte 1629 erstmals die Privilegien der Neustadt. Zu erwähnen ist in diesem Zusammenhang noch der Erbvertrag, den Philipp Ludwig II. mit dem Vertreter der Linie Hanau-Lichtenberg, Graf Johann Reinhard, am 18.7.1610 abschloß, da hier die Wahrung der Interessen der reformierten Einwohner der Grafschaft gegenüber dem lutherischen Fürstenhaus festgeschrieben wird. Die reformierte und die lutherische Linie verpflichteten sich gegenseitig, im Erbfall die kirchlichen Rechte der Untertanen zu garantieren.

Die reformierte Linie Hanau-Münzenberg starb 1642 aus, und ihr folgte die lutherische Linie Hanau-Lichtenberg. Die Bestätigungen der Rechtsgrundlagen Neuhanaus durch Friedrich Casimir erfolgten

1642 (zusammen mit seinem Vormund Georg von Fleckenstein)[29] und 1644 (durch seinen zweiten Vormund Georg Albrecht Graf zu Erbach). Eine reichsgesetzliche Festigung der Stellung der Reformierten brachte der Westfälische Frieden von 1648, der das Jahr 1624 als „Normaljahr" für die Feststellung des Konfessionszustandes bezeichnete. Somit mußte auch in Hanau das reformierte Bekenntnis als „Landeskirche" erhalten bleiben und von den späteren lutherischen Landesherrn respektiert werden (die jedoch die Kirchenaufsichtsrechte behielten, wie sie die Grafen von Hanau-Münzenberg innegehabt hatten).[30]

Weitere Bestätigungen von Kapitulation, Transfix und Kirchenordnung sind nachgewiesen 1685 (Philipp Reinhard) und 1712 (Johann Reinhard III.). Nach dem Aussterben der Hanau-Lichtenberger und dem Anfall an Hessen-Kassel erfolgten weitere derartige Akte durch die (reformierten) Kasseler Landgrafen Wilhelm VIII. (1736) und Wilhelm IX. (1767).

5. Quellen und Vorbilder

Fragt man danach, worauf die Forderungen der Frankfurter Reformierten basierten, welche sie ab Mitte 1596 in Hanau vorbrachten, so kommen als Vorbilder für diese zum einen die von Valérand Poullain in seiner Bittschrift wegen der Aufnahme in Frankfurt 1554 formulierten Punkte[31] in Frage, sodann die Frankenthaler Kapitulationen von 1562 und 1573, ihre Bestätigungen und Erweiterungen sowie das Frankenthaler Stadtrechtsprivileg von 1577.[32] Auch die übrigen kurpfälzischen Privilegien sind infolge der engen Verbindungen zwischen Kurpfalz und Hanau-Münzenberg in Betracht zu ziehen. Abschriften der Frankenthaler Privilegien von 1562 und 1573 sowie einer Kapitulation für die Siedlung Eußerthal finden sich in den Akten der Hanauer Regierung im Staatsarchiv Marburg.[33] Philipp Ludwigs II. Vormund, Johann VI. von Nassau-Dillenburg, hatte bereits 1594 auf Vorschlag des Frankenthaler Kaufmanns Tyeri Flüchtlinge in Diez aufgenommen und ihnen bestimmte Vergünstigungen erteilt.[34] Auch über diese Diezer Privilegien wurden Erkundigungen eingeholt.[35] Direkte Vorläufer der Verhandlungen der Frankfurter Reformierten waren sicher auch die o.e. *Niderlander begheren puncten*, also das Gesuch der schon in Hanau ansässigen Fremden um einige Privilegien, von Ende 1595.[36]

Bereits in Poullains Bittschrift sind – obgleich nicht ausformuliert – wichtige Bedingungen enthalten: Bitte um Aufnahme ins Stadtrecht und Gestattung des Baus von Werkstätten und Häusern, dagegen Versprechen, der Stadt neue Gewerbe und damit wirtschaftlichen Aufschwung zu bringen; Religionsausübung in ihrer – fremden – Sprache in einer eigenen Kirche bei gleichzeitigem Versprechen, die eingesessenen Pfarrer und ihre Rechte nicht zu beeinträchtigen. Schon hier zeigt sich die Verknüpfung kirchlicher und wirtschaftlicher Gesichtspunkte, die für alle folgenden Verhandlungen wesentlich ist.

Allerdings wird bei einem Vergleich dieser Frankfurter Punkte mit den Bestimmungen der pfälzischen und schließlich der Neu-Hanauer Kapitulationen und Privilegien deutlich, wie sehr sich die Position der Fremden gegenüber der des aufnehmenden Landesherrn verstärkt hatte.

Die verwandtschaftlichen, vormundschaftlichen und politischen Verbindungen zwischen Hanau-Münzenberg, Nassau-Dillenburg und Kurpfalz waren in der zweiten Hälfte des 16. Jahrhunderts besonders intensiv. So kann es nicht verwundern, daß das Frankenthaler Vorbild besonders wirksam wurde. Schon der Eingang der Hanauer Kapitulation *Zu wissen/ als etliche verjagte und verfolgte Christen/ auß den Nieder-Landen und Franckreich/ so sich nun eine gute Zeit-hero zu Franckfurt am Mayn verhalten...* zitiert die Frankenthaler von 1562.

Aber nicht nur aus vorhergehenden Privilegien oder Kapitulationen wurden wichtige Punkte übernommen bzw. abgewandelt. Auch schlechte Erfahrungen bei früheren Ansiedlungsversuchen wurden in der neu zu verfassenden Kapitulation verarbeitet. In Diez hatte es Schwierigkeiten mit der einheimischen Bevölkerung gegeben, weil die reformierten Kolonisten ihrer Heimatsitte gemäß Backöfen und Braukessel direkt in den Häusern einrichteten. Nun drangen sie darauf, sich dieses Recht ausdrücklich vorzubehalten (Artikel 13).

In den Ansiedlungsverhandlungen der Fremden für die Neustadtgründung, die – wie Bott dokumentiert hat – sehr langwierig und umfangreich waren, kam zum einen eine sehr gute Kenntnis der Fremden von den früher oder parallel dazu laufenden Verhandlungen anderer Gruppen von Kolonisten zum Tragen; zum andern kannte man auch die von anderen Landesherrn gewährten Rechte gut und brachte sie ins Spiel. Die Kommunikation unter den Exulanten einerseits wie auch unter den Vertretern der Fürsten andererseits in dieser Angelegenheit war intensiv. Die gleiche Beobachtung gilt auch für die hugenottischen Glaubensflüchtlinge, die ein Jahrhundert später nach der Aufhebung des Edikts von Nantes in einer vergleichbaren „Konfessionsmigration" in zahlreiche europäische Länder kamen und mit den dortigen Regierungen verhandelten.[37]

6.   Musterfunktion für spätere Aufnahmeakte für Réfugiés

Die Hanauer Kapitulation war (nach den kurpfälzischen Privilegien) einer der ersten und wichtigsten Rechtsakte für die Aufnahme von reformierten Glaubensflüchtlingen in einem deutschen Territorium und wurde in mehreren späteren Ansiedlungsverhandlungen – insbesondere auch für die nach der Aufhebung des Edikts von Nantes geflüchteten Hugenotten und Waldenser – als Muster und Vorbild zu Rate gezogen. Als Beispiel sei erwähnt, daß sich eine Druckausgabe der Kapitulation in den Ysenburg-Büdingenschen Waldenserakten findet.[38] Eine Gruppe von Waldensern aus dem Pragelatal hatte sich 1688 einige Zeit in Hanau aufgehalten und von dort aus Verhandlungen mit mehreren Fürsten geführt, die schließlich in Aufnahmeprivilegien Hessen-Darmstadts, die *Déclaration en faveur de la Colonie Vaudoise* (1688), und schließlich die *Déclaration en faveur des Vaudois* (1699) mündeten. Für die Formulierung ihrer *demüthigen Anforderungspuncte* verwendeten sie offensichtlich u.a. auch die Hanauer Kapitulation. Direkt auf Hanau verweisen in den darmstädtischen Privilegien etwa die Bestimmungen über die Erlaubnis, in den Häusern Backöfen haben zu können und die Bestimmung über das Verhalten in Pestzeiten. Hier zeigt sich einerseits, daß die Réfugiés in den unterschiedlichsten Aufnahmeverhandlungen mit den Landesherren eine gute Kenntnis der früheren Privilegien dazu gebrauchten, diesen möglichst gute Bedingungen abzuhandeln und andererseits, daß auch ein Rechtsakt wie der der Hanauer Kapitulation, der nahezu ein Jahrhundert zurücklag, in vielem immer noch aktuell sein konnte.

Anmerkungen

[1] Vorgeschichte und Dokumentation im Detail bei Heinrich Bott, Gründung und Anfänge der Neustadt Hanau 1596-1620, I (1596-1601), Marburg und Hanau1970, II (1602-1620), Marburg und Hanau 1971 [zit.: Bott I, II]; zur Wertung vgl. Bott II, S. 403 f.

[2] Elisabeth Bütfering, Niederländische Exulanten in Frankfurt, Neu-Hanau und Altona: Herkunftsgebiete, Migrationswege und Ansiedlungsorte, in: Niederlande und Nordwestdeutschland. Festschrift für Franz Petri, hg. von W. Ehbrecht/ Heinz Schilling, Köln 1983, S. 347 ff., hier S. 356 ff.

[3] Original der Kapitulation: Stadtarchiv Frankenthal I 1; Abdruck: Friedrich Johann Hildenbrand, Quellen zur Geschichte der Stadt Frankenthal, Frankenthal 1894, S. 4-11; auch in Monatsschrift des Frankenthaler Altertumsvereins (MFA) 5. Jg. (1897), S. 6 f., 9. f., 13 f.; Abschrift im GLA Karlsruhe 67/847, S. 82-86; 67/856, fol. 50-54; Bestätigung 21.8.1565 - Original: Stadtarchiv Frankenthal I 2; Abdruck in: MFA 7. Jg. (1899), S. 38 f.; Zweite Kapitulation 9.5.1573 - Original verloren, Kopie einer zeitgenöss. Abschrift: Stadtarchiv Frankenthal I 3, Abdruck in: MFA 5. Jg. (1897), S. 27 ff.; Stadtrechtsprivileg 29.10.1577 - Original: Stadtarchiv Frankenthal I 5; Abdruck: MFA 8. Jg. (1900), S. 33 ff.; vgl. Bütfering (Anm. 2), S. 357; Gerhard Kaller, Kurpfälzische Einflüsse auf die Gründung von Neu-Hanau, in: Aus Geschichte und ihren Hilfswissenschaften. FS für Walter Heinemeyer zum 65. Geburtstag, hg. von Hermann Bannasch/ Hans-Peter Lachmann, Marburg 1979, S. 686-700; Vergleich der ersten und der zweiten Kapitulation: Volker Christmann, Die Kapitulationen zwischen Kurpfalz und den Einwohnern von Frankenthal, 1562 und 1573, in: Frankenthal einst und jetzt, Jg. 1962, S. 16 ff.

[4] Bott I, S. 41 und S. 77 ff.; Eingabe abgedruckt bei Bott I, S. 355 ff.

[5] Bott I, S. 38 f.

[6] Bott I, S. 347 ff.

[7] Abgedruckt Bott I, S. 369 ff.; dazu auch Bott, in: Unsere Kirche, S. 13.

[8] Bott I, S. 77-151.

[9] Abgedruckt Bott I, S. 398 ff.; siehe auch Rudolf Fues, Die Gründung der Neustadt Hanau in rechtswissenschaftlicher Betrachtung, Diss. jur. Marburg 1929, Hanauer Geschichtsblätter Nr. 9, 1929, S. 8.

[10] Original: HStA Marburg; Ausfertigung für die Fremden: Stadtarchiv Hanau, Urkunden Nr. 2; Edition: Bott I, S. 431 ff.; Druckausgaben: Capitulation Der Neuen Stadt Hanau/ Den 1. Junii Anno 1597 aufgerichtet; französische Fassung: La capitulation de la ville neufue de Hanau, Dressée le premier jour du Mois de Juin, l'An 1597. Translatée de la langue Allemande.

[11] Barbara Dölemeyer, Aspekte zur Rechtsgeschichte des deutschen Refuge. Geschichtsblätter des Deutschen Hugenotten-Vereins XX/Heft 2, Sickte 1988; Dölemeyer, Die Aufnahmeprivilegien für Hugenotten im europäischen Refuge, in: Das Privileg im europäischen Vergleich, hg. von B. Dölemeyer/ Heinz Mohnhaupt, Frankfurt am Main 1997, S. 303-328.

[12] Besonders Bott I, S. 225 ff.

[13] Ratsordnung vom 8.4.1601: Ohngheferlicher vorschlag, wiefern ein rhat zu Hanaw in der Newen statt zu verwilligen und zu authorisirn sein möchte sine temporali vel perpetuo etiam praeiudicio; HStA Marburg; Stadtarchiv Hanau, Urkunden Nr. 3; Edition: Bott I, S. 510 ff.; vgl. Fues, S. 25.

[14] Original HStA Marburg; Ausfertigung für die Neustadt: Stadtarchiv

Hanau, Urkunden Nr. 4; Edition: Bott I, S. 538 ff.; Druckexemplare: Transfix Der Neuen Stadt Hanau/ Den 1. Augusti Anno 1601 auffgerichtet; französische Fassung: La capitulation de la ville neufue de Hanau, Dressée le premier jour du Mois de Juin, l'An 1597. Translatée de la langue Allemande.

[15] Stadtarchiv Hanau, Urkunden Nr. 5a.

[16] Vgl. Bott I, S. 563 ff.

[17] Siehe oben Anm. 3.

[18] Vgl. Karl Hintermeier, Selbstverwaltungsaufgaben und Rechtsstellung der Franzosen im Rahmen der Erlanger Hugenotten-Kolonisation von 1686 bis 1708, Diss. jur. Erlangen 1948, publ. 1971, S. 315.

[19] Vgl. Barbara Dölemeyer, Die hessen-homburgischen Privilegien für französisch-reformierte Glaubensflüchtlinge. Homburg-Neustadt - Friedrichsdorf - Dornholzhausen, Sickte 1990 (Geschichtsblätter des Deutschen Hugenotten-Vereins Band XX/5-6), S. 16 ff.

[20] Vgl. Erwin Arthur Rousselle, Die rechtlichen Verhältnisse der Neuhanauer Réfugiés-Kirchen im Laufe der Jahrhunderte, Diss. jur. Heidelberg 1923.

[21] Rousselle (Anm. 20), S. 23 ff.

[22] Zitiert nach der Druckausgabe.

[23] Vgl. Ludwig Schreiber, Die Gewerbepolitik der Grafen von Hanau von der Gründung Neuhanaus im Jahre 1597 bis zum Anfall der Grafschaft an Hessen-Kassel im Jahre 1736, Diss. Staatswiss. Frankfurt am Main [1924], bes. S. 25 ff.

[24] Dazu Dölemeyer, Aspekte (Anm. 11), S. 28.

[25] Vgl. Schreiber (Anm. 23), S. 54 ff.

[26] Generell vgl. Johann Jakob Moser, Neues teutsches Staatsrecht (Neudruck der Ausgabe 1766-1782, Osnabrück 1968), Band 16, 6, 2. Kapitel, S. 31 ff. (zu Neu-Hanau: S. 32); Band 16, 8, S. 34 ff.

[27] Bott I, S. 118, S. 122.

[28] Vgl. Jürgen Wilke, Rechtsstellung und Rechtsprechung der Hugenotten in Brandenburg-Preußen (1685-1809), in: Die Hugenotten, hg. von Rudolf von Thadden/ Michelle Magdelaine, München 1985, S. 100-114.

[29] Rousselle (Anm. 20), S. 66 ff.

[30] Zu den dennoch folgenden konfessionellen Auseinandersetzungen zwischen Lutheranern und Reformierten vgl. Rousselle (Anm. 20), S. 68 ff.

[31] Bittschrift gedruckt bei Friedrich Clemens Ebrard, Die französisch-reformierte Gemeinde in Frankfurt am Main 1554-1904, Frankfurt am Main 1906, S. 156 ff.; vgl. Hermann Meinert, Die Eingliederung der Niederländischen Glaubensflüchtlinge in die Frankfurter Bürgerschaft 1554-1596, Frankfurt am Main 1981, S. XI f.

[32] Siehe Anm. 3.

[33] HStA Marburg 86/16843 1/2 fol. 133 ff. Siehe dazu ausführlich Kaller, Kurpfälzische Einflüsse (Anm. 3), S. 690 f.

[34] Johann d. Ä. von Nassau-Dillenburg, 1.11.1594, Welcher Gestalt der [...] Johann der Elter, Graw zu Nassaw [...], die Frembden in J. G. Stadt Dietz gnediglich bewilligt hat, auffzunehmen... So geschehen den 1. Novembris anno 1594, HHStAW 171/ F 782, Bl. 28r - 29r; gedruckt: Theo Kiefner, Die Privilegien der nach Deutschland gekommenen Waldenser II, Stuttgart u.a. 1992, S. 844 ff.; vgl. Bott I, S. 24 .

[35] Bott I, S. 91; Kaller, Kurpfälzische Einflüsse (Anm. 3), S. 693.

[36] Bott I, S. 347 ff.

[37] Vgl. Dölemeyer, Aufnahmeprivilegien (Anm. 11).

[38] Kulturgut Fürst zu Ysenburg und Büdingen, Archiv, Isenburg-Büdingen Allerhand Fasc. 6/30 (Neue Colonien im Ysenburgischen in specie die vorgewesene, aber zurückgegangene Aufnehmung einiger Waldenser).

[39] Dazu Brigitte Köhler, Die Waldenserprivilegien des Landgrafen Ernst Ludwig von Hessen-Darmstadt, in: Archiv für Hessische Geschichte und Altertumskunde NF 38 (1980), S. 181-234, hier S. 196 ff.; siehe auch Günter Rauch, Hanau und die Réfugiés 1685-1720, in: Zuflucht Hanau. Tagungsschrift 32. Deutscher Hugenottentag, Hanau 1981, S. 23 ff.

„Capitulation"

Originaltext der Urkunde vom 1. Juni 1597
[ursprünglich datiert auf den 1. Mai 1597]

Zu wissen. Alls ettliche veriagte und verfolgte christen auß den Niederlanden und Franckreich, so sich nhun ein gute zeithero zu Franckfurt am Mayn verhalten, aber weil ihnen ihre kirchen und christliche zusammenkunften undt schulen daselbst nicht lenger haben wöllen gegont und verstattet werden, sondern nunmehr allerdings abgeschafft und verbotten sein, derorts auß mangell ihrer religion und derselben offentlichen exercitii nicht lenger bleyben mögen, derhalben dann bey dem Wolgebornen Graven und Herrn, Herrn Philips Ludwigen, Graven zu Hanaw und Rhieneck, Herrn zu Mintzenberg etc., unßerm gnedigen herrn, dieweill Jhre G. dero kirchen und schulen in derselben graff- und herrschaften vermöge Gottes worts und der prophetischen und apostolischen schriefften Alten und Newen Testaments reformiret, und was noch dorin auß dem pabstumb und sonsten vor abergleubische mißbreuche, sowol in der lehr, als auch den caeremonien, bißdahe sindt uberrentzig verblieben, vollendts abgeschafft, und dargegen den reinen und waren Gottesdinst eingefurt und angestelt, in underthenigkeit haben gebetten und angesucht, sie gleich andern frembden, so alberait alhie zu Hanaw wohnten oder noch hiernechst sich anhero begeben möchten, in Ihrer G. schutz undt schirm uff- undt anzunhemen und nicht allein ihnen zu verstatten undt zuzulaßen, sowol in- als auch ausßerhalb der stadt Hanaw, wie auch sonsten in dießer graffschafft sich heußlich niederzuthun, sondern auch dero offentlichen bekhandtnuß unßer waren christlichen religion sampt derselben reinen caeremonien zu gebrauchen, das demnach Ihre G. auß christlichen mittleyden und das ein jeder christ, auch vermöge Gottes worts undt bevelchs, schuldig ist, sich seiner betrangten mitchristen mit allem trewen fleiß, ernst und eiffer anzunhemen undt ihnen die handt zu bieten, sowol vor sich alß auch dero freundlichen lieben bruder, Grave Albrechten zu Hanaw etc., gnediglich bewilliget, obbemelte frembden uff ihr bittliches ansuchen in dero graff- und herrschaften, und sonderlich alhie zu Hanaw, vor underthanen uff- und anzunehmen, undt sich daruff folgender Capitulation mit ihnen verglichen und vereinbart haben.

Nemblich und weil obbemelte supplicanten sich zuvorderst von wegen der reformirten religion, darzu sie sich bißdahe bekant und gehalten und dieselbige nunmhre in dießer graffschafft offendtlich gelehret undt exercirt wirdt, hieher begeben, das ihnen dieselbige hiemit undt in crafft dießes, auch mit der administration der Heyligen Sacramenten und einsegnung der eheleuthen, in ihren angebornen muttersprachen, wie auch sonsten ihre christliche liturgiam, disciplin und kirchenordnung etc. (: in allermaßen dieselbige bey den reformirten kirchen in Franckreich und Niederlanden, auch in der Churfürstlichen Pfaltz und zu Genff gebreuchlich, gehalten werden :) frey undt offentlich zu exerciren undt zu gebrauchen, soll zugelaßen und erleubt sein. Undt wie es mit der religion undt reinen caeremonien albereit in der Frantzosischen kirchen alhie ist angeordnet undt gehalten wird, also auch kunftiglich in der Flemischen kirchen mag angeordnet undt gehalten werden. Undt hiebeneben die außlendische kirchendiener nicht allein mit den teutschen und inheimischen gute und vertreuliche Correspondentz und freundschafft halten, sondern sich auch mit denselben, soviel müglich, in den eußerlichen caeremonien und sonsten in der kirchen einer conformitet vergleichen, auch deren synodis atque conventibus, tam classicis quam universalibus, wen dieselbige gehalten undt sie darzu aufgefordert werden, beywhonen und alles, was zu befurderung des allgemeinen kirchenbawes und der menschen zeitlicher und ewiger wolfart immer dienlich sein und gereichen mag, bestes fleißes bedenken und ins werk richten und anstellen helfen. Doch das ihnen darneben auch ihre conventus dabei zu halten, unbenommen sey, sondern frey stehe.

Hanauer Kapitulation. Erste Seite der Originalurkunde

Und nachdem, vors ander, sowol die Frantzosen undt Wallonen, als auch die Niederlender ihre besondere kirchen und ministeria in ihren sprachen haben werden, soll ihnen auch hiemit erlaubt und zugelaßen sein, ihre kirchen- und schuldiener vor sich zu erwelen und zu beruffen. Allein, das diejhenige persohnen, so alßo von ihnen zum ministerio der kirchen und schulen erwehlet und beruffen worden sein, jederzeit wolermelten unßerm gnedigen herrn, alß der obrigkeit, oder s. G. erben und nachkommen praesentieren undt vorstellen, dieselbige, nachdem sie in examine darzu gnugsamb qualificirt undt geschickt befunden werden, auch sonsten kheine rechtmeßige oder erhebliche und wichtige bedenken und ursachen vorhanden, darumb sie nicht uff- oder anzunehmen sein solten, in ihren embtern zu confirmiren und zu bestettigen, wie sie auch derentwegen in gebürliche pflicht und gelübdt zu nhemen. Doch das solliche ihre beyderseits kirchen- und schuldiener, wie auch andere, deren dinsten sie sich zu ihren versamblungen gebrauchen, selbsten und von dem ihrigen besolden und ihnen nottwendigen unterhalt geben.

Damit auch, zum dritten, soviel müglich, verhüetet und vorkommen werde, das nicht rotten oder secten in der Frantzösischen und Flemischen kirchen einreißen oder dieselbige sonsten mit ergerlichen und unruwigen oder auch wol auffrurischen undt des gemeinen friedens feindtseligen leuten deformirt, verunruhet undt beschwert werden, soll khein frembder, er sey auch wes nation er wölle, weder alhie in der stadt, noch auch sonsten uff dem lande sich heußlichen niederzuthun, uffgenommen oder ihnen daselbst zu wohnen zugelaßen oder verstattet werden, er habe dan seiner religion, leben, thun und wandels von andern reformirten kirchen oder sonsten ehrlichen und glaubhafftigen leuten gutt zeugnuß, kundtschafften und urkunden vorzulegen und beyzubringen, und das sie sich under anderm in specie verobligiren undt verpflichten, der kirchendisciplin alhie zu underwerfen und derselben gemeß zu verhalten.

Zum vierdten, das ein jeder frembdter, wenn er sich alhie oder sonsten in dieser graffschafft wil niderthun, gleich andern underthanen wolermeltem unßerm gnedigen herrn und s. G. erben gebürliche huldigung undt pflicht thue, Ihren G. getrew, holdt, gehorsamb und gewertig zu sein und sich derselben und ihren rhäten, amptleuten und bevelchhabern rechtmeßigen gebotten, verbotten, decretis oder bescheiden, satzungen undt ordnungen, soviel sie deren in dießer capitulation nicht

gefreyet sein, der gebür zu unterwerffen und all dasjenige zu thun undt zu leisten, was getrewe underthanen, auch vermöge göttlichs worts und befelchs, ihrer christlichen obrigkeit zu ertzeigen schuldig und pflichtig sein. Doch das einem jeden frembden, so sich anhero begeben wirdt, freystehe, alhie burger zu werden oder seiner gelegenheit nach allein ein beiseß zu sein. Aber nichts daweniger gleich andern burgern seinen eydt und pflicht leyste und alle burgerliche beschwerungen mitt tragen und betzalen helfe, wie sich auch sonsten in allen sachen den andern burgern gleich und dießem contract gemeß verhalte und dargegen auch hinwieder der burgerlichen und stadt privilegien genießen undt theilhafftig werde.

Zum funften hat wolgedachter unßer gnediger herr gnediglich bewilligt und zugesgat, die frembden sampt ihren haab undt güetern in gleichmeßigen schutz und schirm auch gleydt gleich andern ihren underthanen zu nemen, wie sich auch sonsten ihrer in allen billigen dingen, wie einer christlichen obrigkeit ohne das obliegt und wol ansteht, getreulich anzunehmen und ihren vorfallenden sachen weniger nicht alß auch andern ihren underthanen gnediglich die handt zu bieten, auch bey gleich undt recht, soviel müglich, handtzuhaben und darüber mit unbiligen undt widerrechtlichen arresten nicht beschweren zu laßen.

Zum sechsten, ist zu handthabung der herrschafft Hanaw wildtpan, fisch- und krebsbechen und wesser außtrucklich abgeredt undt ihren G. vorbehalten worden, das sich die frembden weniger nicht alß auch die inheimische underthanen alles hetzen, jagens, wildtschießens undt weydtwerkß in Ihrer G. welden, büschen und sonsten, wie auch des fischens und krebßen in dero fisch- und krebßbechen, weyern undt wessern gentzlich undt zumhal, bey ungnediger straff, enthalten sollen.

Zum siebendten, ist auch bewilliget worden, das diejhenige, so under den frembden tuglich und gnugsamb qualificirt befunden werden, nach gelegenheit in den stadtrath und gemeiner burgerschafft und der stadt nutzen mit vorstehen zu helfen, gezogen und beruffen werden.

Item undt zum achten, das sowol den beyseßen alß auch andern burgern, kauffleuten und kremern solle frey- undt bevorstehen, allerhand ehrliche undt dem gemeinen nutzen unschedtliche handtierungen undt nahrung zu treyben und mit allerley, doch uffrichtigen wahren, als allenthalben im Heyli-

Hanauer Kapitulation. Letzte Seite der Originalurkunde mit der Unterschrift von Graf Philipp Ludwig II. vom 1. Juni 1597 sowie den nachträglichen Unterschriften von elf Ratsherren der Neustadt

gen Reich gebreuchlich und zugelaßen ist, zu partiren. Wie auch sowol mit pfennigwerth und bey der ellen außzuschneiden, alß auch mit grosßen summen undt ballen in ihren heußern und offenen laden zu handeln und zu verkauffen, item wein undt bier außzuschenken und zu vertzapfen, doch das sie davon das gewönliche wein- und bier-ungeldt entrichten, auch sonsten recht- und gleichmesßige ellen, maß, gewicht, zeichen und siegell dabey gebrauchen.

Zum neundten, das sie mit den zollen, imposten und subsidiis nicht ubersetzet, sondern biß man sich hiernehist mitt ihrem guttachten undt zuthun einer billigen undt rechtmesßigen rollen vergleichet, nebest den gewönlichen zoll-, weg-, krangelt undt dergleichen, inmittelst von einem jeden ballen undt wollnsack, kisten, kasten, körben, fesßern, so einen centner und darüeber wigt, einen patzen betzalen, doch vorbeheltlich ihren haußradt und mobilien, so frey sollen passirt werden.

Zum zehendten, soll von einem jeden fuder wein, so einer hinter sich undt in seinen keller leget, zwey floren zur niederlage, von dem wein aber, so außgeschenkt undt verzapft wirdt, das gewönliche ungeldt gleich andern underthanen gegeben werden.

Zum eylften. ist bewilliget, das die frembden, damit sie der gemeinen stadtfrohnen geübrigt sein mögen, jherlichs ein jeder zwen floren gebe, dafur solche frohnen mögen besteldt werden. Doch das die in der Newen stadt ihre pforten und stadt dabeneben selbsten bewachen.

Zum zwölften, ist abgeredt und bewilliget worden, dieweill die Reichßhülfen oder Turckenschatzungen zu trost und wolfarth der gemeinen christenheit, hohes undt nieder standts und zu wiederstandt des ubermechtigen feindes, des Türken, undt abwendung seines tyrannischen gewalts, der Römischen Kayserlichen Maytt: unßerm allergnedigsten herrn, jhe bißweilen von Chur-, Fursten und Stennden des Reichs bewilliget werden, und dargegen vermöge der Reichs-abschieden, einer jeden obrigkeittt frey- und zugelaßen ist, ihre underthanen, sie seyen exempt oder nicht exempt, gefreyet oder nicht gefreyet, niemandt außgenommen, mit sollicher stewer zu belegen, dergleichen Turckenschatzung dann auch noch Ihrer Maytt. uff jüngstgehaltenem Reichßtag zu Regenspurg anno etc. [15]94, wie auch seithero noch weiters uff ettlichen kreyßtagen ist eingewilliget worden, das obbemelte frembden, so sich in dießer graveschafft albereit haben niedergethan oder noch hiernehist begeben werden, ihr gebür daran, nach antzall der zeit, gleich andern underthanen erlegen und betzalen, welliche aber ihr vermögen nicht offenbaren wöllen, das jhar uber, undt so lang dieße Türckenschatzung wehren wirdt, bey zwölf floen bleyben und gelaßen werden söllen.

Zum dreyzehendten, soll auch menniglich erlaubt sein, sein hauß zu seines gewerbs notturft zu bawen, auch ferb- und brawheußer, item backöffen dorin, sowol zu der gemeinen becker, alß auch eines jeden burgers undt inwhoners besonderen nutz undt gebrauch antzurichten. Doch das sollichs ohne fewers gefhar, bösen geruch undt unreinigkeitt oder ubelstandt der stadt, sondern mit gebürlicher vorsehung und vermöge der bawordnung geschehe.

Zum viertzehenden, ist auch obbemelten frembden bewilliget worden, zu jeder zeit, wenn es ihnen gefelt, das ihre wiederumb zu verkauffen und ihrer gelegenheit nach an andere orten ohne erlegung und entrichtung einer nachstewr zu ziehen undt sich zu begeben. Darunter doch die heußer in der Alten Stadt Hanaw, daruff die herrschafft sollicher nachstewr hatt herbracht, nicht sollen begrieffen oder verstanden werden.

Zum funftzehenden, söllen sie auch nicht schuldig sein, gleich andern und inheimischen burgern zum fewer uff dem landt außßerhalb der stadt zu lauffen undt dasselb mittleschen zu helfen. Weill sich aber Ihre G. mit dero vettern, den benachbarten Wetterawischen Graven, einer landtrettung verglichen, welliche uff den nottfall sowol den frembden, alß auch den inheimischen in dießer graffschafft zu gutem kombt, und Ihre G. under den andern ihren underthanen derentwegen alberait ein außschuß gemacht und denselben uff die wehren gesetzt haben, ist abgeredt und bewilliget worden, das sich die frembden ebensowol als die inheimischen zu sollichem außschuß gebrauchen, uff die wehr setzen undt uff den nottfall mit sollen verschicken laßen. Doch das hierin kheiner gefhart werde, sondern, wer nicht gern mit außzeucht, einen andern an seine stadt schicken möge.

So soll auch, zum sechtzehenden, die anordtnung undt versehung geschehen, das wochendtlich zwey offentliche märktäge, uff welchen, soviel müglich, alle nottürftige victualien mögen gebracht und zu feylem kauff gegeben, angesteldt undt gehalten werden. Wie sich dann auch die frembden

sowol als die inheimischen der zweien meßen oder jharmärkten, damit dieße herrschafft von undenklichen jharen von
der Kayserlichen Maytt: ist privilegirt worden, gebrauchen
mögen. Item das ein oder zwey ordinari schieffe, so täglichs
oder zum wenigsten zwey oder dreymhal in der woche auff
und ab naher Franckfurt fharen, angesteldt undt gegen die
gebür gehalten werden.

Wie ingleichen auch, undt zum siebzehenden, der canal auß
dem Mayn in die stadt sampt dem kran, damit man die wha-
ren möge außheben und einladen, mit ehister gelegenheit söllen verfertiget werden. Doch das dagegen ein gebürlich
schleuß- und krangeldt betzalt werde.

Ebenmeßiger gestallt sindt ihre G. auch nochmaln undt zum
achtzehenden des gnedigen erbietens, den abgeredten graben und wall mit seiner nottwendiger undt sicher befriedigung
umb die Newestadt, wie auch dieselbige mit notturftigen pforten undt ufftziehenden brucken versehen und verfertigen zu
laßen.

Zum neuntzehendten, bleybt es mit den erkaufften pletzen, da
die Newestadt soll gebawet werden und alberait außget-
heildt sein, bey der voriger tax, daruber dan auch denjheni-
gen, so sie genommen, gegen erlegung des daruff gesetzten
kauffgeldtß, nach gelegenheit gebürliche wehr- und kauffbrie-
ve söllen gegeben und zugestellt werden. Soviel aber die
ubrige pletze und sonderlich die garten, so darbey liegen,
anlangt, mag ein jeder, der dahin bawen will, mit den itzigen
besitzern undt eigenthumbßherren umb dieselbige uffs beste
und gnaweste, alß er kan, handeln. Dorin dan Ihre G. ihnen
alle gnedige befurderung zu ertzeigen, auch, wo nötig, den
khauff selbsten mittmachen zu helfen, geneigt und urbietig
sein.

Zum zwantzigsten ist auch bewilliget worden, das ein jeder
für seinem hauße die halbe gaßen uff seinen kosten, und
darnach die obrigkeit den marck und das pflaster umb den
kran wolle machen laßen.

Zum einundtzwantzigsten, wirdt wolermeltem unßerm gnedigen herrn auch nicht zuwieder sein, das hiernechst, undt wen,
geliebts Gott, die Newestadt in ein aufnemen kumbt, mit ihrer
G. authoritet ein Consulatus mercatorum angericht und verordnet werde, dafur die sachen, so die handtlung und kauff-

manschafften under den frembden angehen, ohne einige
weittlaufftigkeitt oder rechtliche appellation nach gelegenheit
undt, wie man sich deßen alßdan vergleichen wirdt, angenommen, gehört undt erörtert werden, doch unabbrüchlich
Ihrer G. in allen, sowol civil- und criminal-, alß auch andern
sachen, dero wolherbrachte jurisdiction hoch- obrig- und
gerechtigkeitt.

Zum zweyundtzwantzigsten und letzten ist auch uff obbe-
meldter frembden fleißiges und christliches anhalten bewilliget worden, das, wann Gott der Herr sie mit der pestilentz
würde heimsuchen, ihnen und sonderlich, so vornehme leute
und von qualiteten sein, nicht auß der stadt solle gebotten werden, sondern sie in ihren behausungen bleyben, auch in und
außerhalb der stadt, nach gelegenheit ihrer geschefften ziehen undt verreyßen mögen, wie auch sollichs in andern han-
delsstätten, alß zu Straßburg, Hamburg, Franckfortt, auch in
der Pfaltz und an andern orten mehr gebreuchlich ist und alßo
gehalten wirdt. Doch das sie gleichwol ander und unbefleck-
te heußer ohne nott meiden, wie auch der gesundten, soviel
müglich, verschonen und dieselbige, der christlichen lieben
zuwieder, damit nicht ebenmeßiger gestalt undt gefehrlicher
weiße beflecken oder anstecken, und mit der zeit, wie in den
Niederlanden gebreuchlich, pestenheußer verordnett, darin in
sollicher nott die armen gethan und dieselben möge gepfleget
und gewartet werden.

Zu urkhundt undt umb gleichen behallts undt khunftigen nachrichtung willen, seindt dießer abreden undt vergleichungen
zwene, gleiches lautts undt inhalts schrifften, so wir, Philips
Ludtwig. Grave zu Hanaw etc. obbemelt, sowol vor unß, alß
auch dem wolgebornen unßern freundlichen lieben bruder,
Grave Albrechten zu Hanaw etc. und unßer beyderseits nachkommen undt erben, undt wir, Nicolaus Malepart, Peter Kindt,
Luys Blécourt, Daniel Soreau etc. vor unß undt unßer mitcon-
sorten mit eigenen handen haben unterzeichnet undt mit
unßern zu ende uffgetruckten secretsiegell undt gewonlichen
pittschafften becrefftiget, uber alle obbesagende puncten verfertiget und auffgerichtet, deren eine bey der Hanawischen
Cantzley behalten und die andere obbemelten frembden ist
zugestellt und behendigt worden. So geschehen zu Hanaw,
den ersten May [am Rand ersetzt durch Juny] im jhar nach
Christi, unßers lieben Herrn und einigen erlösers undt seligmachers, geburt tausßent funfhundert neuntzig und sieben.

„Transfix"

Originaltext der letzten Fassung
vom 1. August 1601

Zu wißen, alls denen ausländischen burgern zu Franckfurt, welche der Walonischen und Flämischen kirchen zugethan, in Anno etc. 1596 nicht allein das freie exercitium der wahren religion ohn einige gegebene erhebliche ursach verboten und niedergelegt worden, sondern auch ire christliche zusammenkunften und schulen daselbst nicht haben lenger wöllen gegönnet und gestattet werden, und alle hofnung zu anderwertiger einreumung einer kirchen und zulasung des niedergelegten exercitij und publici ministerij dero endes gentzlich abgeschnitten und benommen, und sie darauf aus wolbedachten einhelligen raht der versamleten gemeinden sich resolvirt, bei dem wolgebornen graven und herrn, herrn Philips Ludwigen, graven zu Hanaw und Rineck, herrn zu Mintzenbergk etc., in underthenigkeit ire zuflucht zu suchen, daß sie demnach bei S. G. neben uberreichung gewißer befreiungspuncten sie in dero schutz und schirm in deren grave- und herrschafften, und sonderlich alhie zu Hanaw vor underthanen uf- und anzunemmen, underthenig gebeten, und uf den fall inen angedeutete begerte articul und befreiungspuncten gegönnet und gnediglich gestattet werden möchten, sie sich anhero naher Hanaw zu begeben, uff einem platz zur neuen statt zu bauen und dero orts heußlich niederzuschlagen, solten verpflichtet gehalten seyn, sich darneben erbotten, und S. G. darauf wegen ietzgemelter articul, vermög einer beiderseits getroffenen und ufgerichten capitulation sich mit inen abgefunden und verglichen, auch etliche aus deren mittel zufolg obangeregter zudas sich anhero begeben und heußliche wohnungen zugerichtet haben.

Nachdem aber ermelte Flamische und Walonische ausländer und nuhmer burger und inwoner der Neuen Statt Hanaw etc. furters gespüret, wasmaßen gegen eingestandene verhinderungen und vieler ubelgesinneter einstreuens dießes werk gewachsen und, dam Allmechtigen sey dank, an volk und gebeuen noch täglich also zunimmet, daß ein großer segen des Allmechtigen zu fortpflantzung seiner kirchen zu hoffen, und hierumb als gehorsame und getreue underthanen christlich zu gemüt gezogen, daß sowol zu hägung, handhabung und beforderung guter policei und erbarn, christlichen, Gott wolgefelligen wandels, als auch zu mehrerem uffkommen und bestendigkeit dießer Neuen Statt, gebürliche regimentsverfaßung und anordnung nötig seyn wölle und demnach bei wolgedachtem grave Philips Ludwigen zu Hanaw etc., als ihrer ordentlichen obrigkeit, in underthenigkeit angesucht, daß S. G. inen einen besonderen rhatt und zu gemeiner statt vorstandt etwas mittell an renten und einkommen zu bewilligen gnediglich geruhen wolte, und dann S. G. dießes suchen zu aller Gottselig-, erbar und billichkeit auch zu beforderung ehrlicher commertien, und insgemein zu dero Neuen Statt bestem gerichtet vermerket, so haben S. G. sich gnediglich ercleret, daß sie zu verhoffter alter und neuer Statt burgerlicher einigkeit, gutem verstande und gleichmeßigem, billichem, schuldigem gehorsam, beiden, alter und neuer Statt, einem qualificirten diener, welcher S. G. stat zu repraesentiren hab, zu einem gemeinen schultheißen mit gewißer instruction und bevelch verordnen, und darneben aus deren in der Neustatt geseßener burger und beisaßen mittel einen besonderen raht, uf gewiße beschriebene, gedachtem gemeinem schulteysen zugestelte form, wie es biß uf fernere verordnung solle gehalten werden, erwehlen und ansetzen wolten; inmaßen sie auch darauf etliche burgermeister und rahtspersonen erwehlet und verordnet, und dieße anstellung nehistes tags der burgerschafft wißent zu machen und fernere gebür zu verfuegen entschloßen seynt.

Vors ander, die anordnung gewißer inkommen zu gemeinen vorstandt belangendt, haben S. G. sich dabei gnedig erinnert, was dero vermög angeregter capitulation zu verrichten

Hanauer Transfix. Originalurkunde vom 1. August 1601

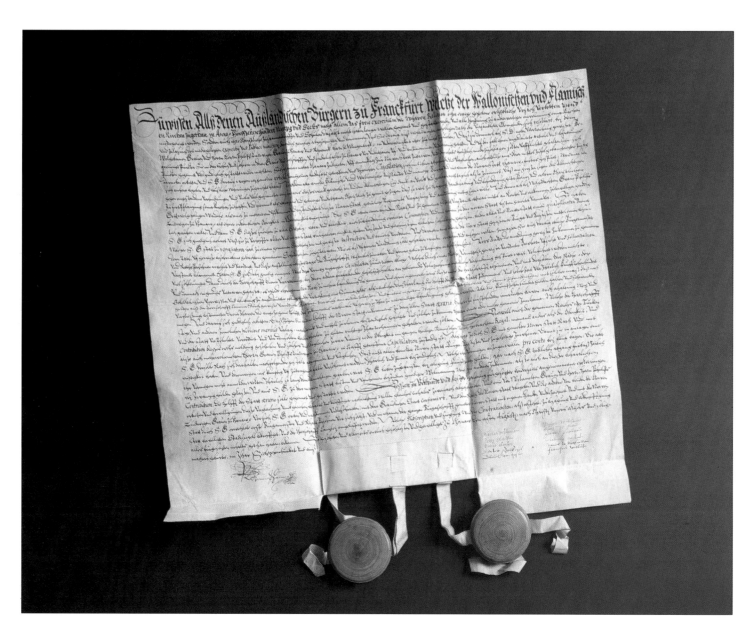

obliege, welches durch einen rathe, vermittelst gewißer verordneter bauherrn ufsicht und solicitation viel schleuniger dann durch der herrschafft diener verwaltung, bei denen anderer furfallender geschäfft halben an gebürender volnziehung merkliche hinderung verspüret wirt, volnführet werden möchte, und demnach ein gnediges vertrawen gefaßet, es werde ehrngemelter raht zu mehrer beforderung des gemeinen bestens dieße muhe der herrschafft abzunehmen, und mit deroselben, dero rähte oder schultheißen vorwißen und beliebung zu angedeuteter obliegender verrichtung eine summe gelts, als nemlichen drey jar lang die helft der Neuen Statt inkommens, und solche zeit uber jarlich funfzehenhundert gulden aus der herrschafft cammer durch gewiße verordnete bauherrn treulich anwenden zu laßen, und fürters in gutem wesen zu erhalten unbeschweret und damit zufrieden seyn; mit solcher maß, daß nach verfließung bestimmter dreier jahren die angezogene helft des inkommens nochmals uf gewiße jahr zu notwendiger befriedigung gelaßen werden, aber die funfzehenhundert gulden fallen und schwinden mögen, und darauf sich gnedigich erboten, daß dagegen die andere helft der Neuen Statt einkommens zu deroselben statt-aerario, dahero – negst dem vornembsten und notigsten werk der befridigung – zu furstehenden innerlichen beuen, auch erhaltung weg und stege und anderen ziemelichen publicis oneribus verlag, nachtruck und mittel zu nehmen, bestendiglich gefolget, und solcher inkommen halben einer oder mehr gemeine innehmer, welche der herrschafft und der statt verpflichtet, verordnet, und von demselben, beiden teilen zu gutem, richtige jahr-rechnungen gehalten werden solten.

Dieweil auch der gemeinen Reichs- oder Turken-contribution dießes orts meldung beschehen, und solchs und dergleichen zwar, vermög ieder obrigkeit im gantzen H. Romischen Reich herbrachten regal, niemand anders als der obrigkeit, und also auch mehr wolermeltem herrn graven Philips Ludwigen zu Hanaw etc. in crafft getroffener capitulation zustendig ist, als hat jedoch S. G. mit gemelter Neuen Stat rath, und mit S. G.

derselbe raht sich derohalben nachfolgender gestalt abgefunden und verglichen, daß nicht allein gemelter Newen Statt burger, beysaßen und zugehörige inwhoner, damit sie in anlagen eine richtigkeit haben und dernwegen inskunftig uf zutragend fälle verschonet werden, jährlich und immer bestendiglich, welche ir vermögen anzeigen wollen, pro cento bei funf batzen, die aber ir vermögen nich anmelden wolten, järlich, so lang dem Allmechtigen gefallen wirt, S. G. leben zu gefristen, bei erlegung funfzehen gulden; aber auch S. G. todtlichen abgang furbaß jährlich bei zwantzig gulden gelaßen, und aus S. G. zu dero Neuen Statt bestem und ufnehmen besonderer gnediger wolmeinung wie an anderen inkommen, also auch an dießer beharrlichen contribution die helft der Statt aerario solle gegönnet und gestattet werden.

Deßen zu urkundt und fester haltung fürgesetzter beiderseits angenommener erclerungen, erbieten und bewilligungen diese vergleichung umb gleichen behalts und kunftiger nachrichtung willen gleiches inhalts zwifach abgeschrieben und eine von wolermeltem graven und herrn, herrn Philips Ludwigen, Graven zu Hanaw etc., vor sich, S. G. erben und nachkommen underschrieben, mit dero gravelichen secret confirmirt und dem raht der Neuen Statt ubergeben, und die andere von beiden der Neuen Statt durch S. G. erwehlete erste burgermeister und rhatspersohnen vor sich selbst und in nahmen der gantzen burgerschafft gemelter Neuen Statt mit eigenen handen underzeichnet und mit der Neuen Statt bewilligtem stattsiegell bekrefftiget und der herrschafft cantzlei eingeliefert worden.

Welche subscription und sieglung wir, die contrahenten, alß obstehet, zu besorgung und bekrefftigung alles furgesetzten inhalts gethan haben bekennen. So geschehen und allerseits entlich geschloßen und bewilliget zu Hanaw den ersten Augusti nach Christi unsers erlößers und seligmachers geburdt im Jahr sechtzehenhundertund-eins.

Anton Merk

Die Plangestalt der Hanauer Neustadt im Kontext zu den Idealstadtkonzeptionen der Renaissance und zu den Planstädten des 16. Jahrhunderts

Die weit-berühmte neue Stadt Hanau, als eine der zierlichsten und ganz neuerbauten Städte in Teutschland, wurde anfänglich nach den Regeln der Baukunst abgestochen, damit alle Gassen schön weit werden und aufeinander correspondieren, auch die herrlichen Behausungen ordent- und zierlich seyn möchten,...
Joachim von Sandrart: Teutsche Akademie, 1675

Einleitung

Selten sind in der Kunstgeschichtsschreibung Begriffe so wenig präzis umrissen worden wie die Definitionen „Idealstadt und Planstadt". Zunächst ist zu unterscheiden zwischen Stadtkonzeptionen in Architekturtraktaten und real gebauten Städten. Im Gegensatz zu Stadtgründungen allgemein sollten bei Planstadtgründungen per definitione folgende Kriterien erfüllt werden:
- Gründung nach einem vorher festgelegten Plan, sozusagen   a u f der „grünen Wiese"
- willentlicher Gründungsakt von einem Herrscher oder einer Gruppe von Kolonisten
- Aufbau innerhalb eines überschaubaren Zeitraums nach diesem Plan.
Es handelt sich also um Städte, die einem einmaligen Willensakt und nicht einem langsamen Entwicklungsprozeß unterliegen.
Schwieriger und nicht eindeutig festgelegt ist im Rahmen der gebauten Städte die Unterscheidung zwischen Idealstadt und Planstadt. Man schwankt zwischen den Extremen, alle Neustadtgründungen als Idealstädte oder keine real gebaute Stadt als Idealstadt zu bezeichnen, sondern nur Stadtkonzeptionen in den Architekturtraktaten oder die Stadtvorstellungen innerhalb der sozialutopischen Literatur.[1]
Kruft bietet eine Lösung an, die plausibel erscheint: *Als Idealstädte sollen realisierte Städte verstanden werden, denen eine Staats- oder Sozialutopie zugrundeliegt, die von einem einzelnen oder einer Gemeinschaft entwickelt worden ist. Die Städte gewinnen ihren „idealen" Charakter dadurch, daß sie durch die ästhetische Reflexion ihrer Erbauer als formale Äquivalente der zugrundeliegende Utopien angelegt sind.[2]* Innerhalb der Entwicklung der Planstädte scheinen also bei einigen diese Kriterien zuzutreffen, die dann als Idealstädte bezeichnet werden können. Dennoch bleibt ein Spielraum, der eine je verschiedene Bewertung zuläßt.
Als zweites Element der Überraschung fällt auf, daß die Grundrissformen der Planstädte – radial, viereckig, vieleckig mit Blockbebauung oder achsenbetont – nicht eindeutig in einer bestimmten gei-

stigen oder ideellen Voraussetzung bei den Gründern festzulegen ist, sondern die Zuordnung vorerst willkürlich erscheinen muß. Eine Klärung kann in diesen Fällen, wie in dem Fall der Zuordnung zu dem Begriff Idealstadt, nur die Einzelfalluntersuchung der Städte ergeben.
Drittens ist zu konstatieren, daß die Beschäftigung in der Kunstgeschichtsschreibung mit der Neustadt Hanau eher sporadisch, marginal und verschwommen ausgefallen ist.[3] Dies ist immerhin verwunderlich, ist die Neustadt Hanau doch die erste noch existierende Planstadt in Deutschland überhaupt.
Aufgabe dieses Essays ist es, die Entwicklung der Idealstadtkonzeptionen und der Planstädte bis zur Gründung der Hanauer Neustadt zu schildern, die Vielfalt der Möglichkeiten aufzuzeigen und zu systematisieren und die Position Neu-Hanaus innerhalb dieses komplexen Systems zu bestimmen.

Aigues-Mortes

Städte, die das Kriterium einer Planstadt erfüllen, sind bereits vor der italienischen Renaissance entstanden. Das bekannteste Beispiel ist zweifelsfrei Aigues-Mortes in der Provence. König Ludwig der Heilige von Frankreich begann 1240 Verhandlungen über den Erwerb eines Geländes mit einem Kanal und einem Hafen, auf dem er eine befestigte Stadt errichten wollte, die zur Sammlung und Verschiffung seiner Heere für die Kreuzzüge dienen sollte. Beide Kreuzzüge des Königs 1248 und 1270 mißglückten.
Als der König starb, waren die Befestigungswerke auch nicht ansatzweise vollendet. Erst sein zweiter Nachfolger, Philipp der Schöne, konnte 1289 die Befestigung vollenden: Die rechteckige Mauer mit fünf Toren, vier Ecktürmen und rechtwinkliger Straßenführung im Inneren. Nach den Kreuzzügen verfiel das Gemeinwesen. Unabhängig davon sind der rechteckige Grundriß und die rechtwinkligen Straßen in dieser klaren Ausprägung selten in der mittelalterlichen Stadtbaukunst und erfüllen die Kriterien einer Planstadt in idealtypischer Weise.

Sicher stammt die architektonische Vorstellung von römischen Lagerstädten ab, die in der Provence noch sichtbar vorhanden sind. Darüber hinaus bedurfte der königliche Herrschaftswille, nach innen seinen eigenen Untertanen gegenüber und nach außen den Ungläubigen gegenüber, einer ästhetischen Absicherung. In einem solchen Fall wurde gern die Anknüpfung an das Imperium Romanum gesucht und in diesem speziellen Fall wiederum die Anknüpfung an die römische Militärarchitektur.

Città nuove und Terre murate

In allen Bereichen Europas wurden im hohen und späten Mittelalter Städte nach regelmäßigen Mustern errichtet, die entweder der Sicherung eines Stadtstaates oder Fürstentums dienten. Insbesondere die toskanischen Stadtstaaten errichteten solche „città nuove". San Giovanni Val d'Arno, dessen Plan der Überlieferung nach von Arnolfo di Cambio stammen soll und La Scarperia gehören zu den schönsten Beispielen.

Der Grundriß der im toskanischen auch „Terre murate" genannten Kolonialstädte ist rechteckig. In der Mitte der Stadt ist ein Platz ausgespart, auf dem zentral der Palast des Podestà steht. In San Giovanni Val d'Arno ist er eine Nachbildung des Palazzo Vecchio in Florenz. Dem Palast des Podestà gegenüber, den Platz begrenzend, steht die Kirche. Von dem zentralen Platz gehen die Straßen rechtwinklig ab, so daß sich eine rechteckige Blockbebauung ergibt. Ähnlich wie in Aigues-Mortes ist eine Beeinflußung im Grundriß von den römischen Lagerorten anzunehmen, verbunden mit der Anlage an einer Hauptstraße und dem rechtwicklig zur Hauptstraße angelegten Platz.

Schon bald nach der Gründung der Städte war ihr eigentlicher Zweck, nämlich die Macht der Stadtstaaten auf dem Land gegenüber den Landbaronen durchzusetzen, erfüllt. Die Entwicklung der Städte stagnierte auch, weil sie als Kolonialstädte in allen Belangen von der Mutterstadt abhängig waren. Bemerkenswert ist allerdings, daß die toskanischen Stadtstaaten zu einem solch militärischen und kriegerischen Zweck keine Burgen, sondern Städte errichteten.

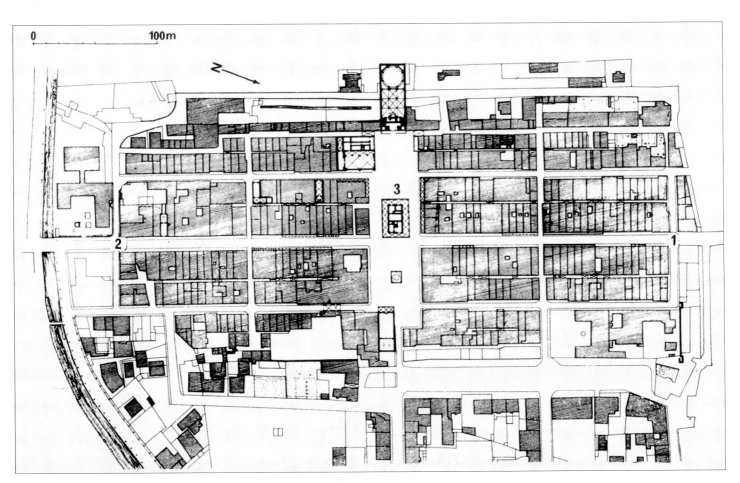

Grundriß von San Giovanni Val d'Arno

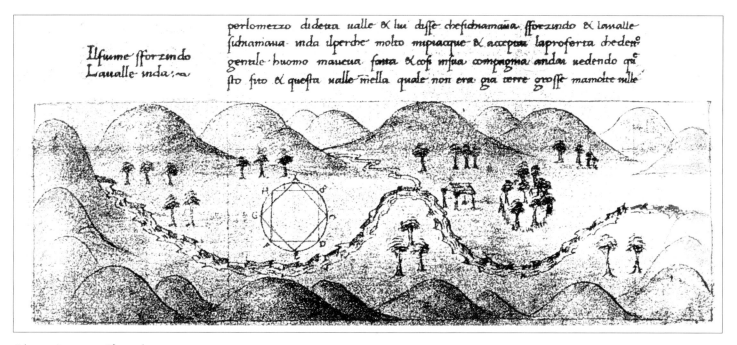

perlomezzo didetta ualle & lui disse chefichamaua fforzindo & lamalle
fichamaua unda ilperche molto mipiacque & accepan laproferta chedeti
gentile huomo maucua fatta & cosi mfua compagnia andai uedendo qu
sto fiuo & questa ualle miella quale non era gia terre grosse mamolte uille

Ilfiume fforzindo
L'aualle unda :-

Filarete, Lage von Sforzinda

Idealstadtkonzeptionen in den Architekturtraktaten des Quattrocento

Aigues-Mortes und die Befestigungsstädte des Trecento bieten bereits eine klare Vorstellung von neugeplanten Städten, die auf der Kenntnis der antiken Stadtstrukturen und sicher auch auf der Kenntnis des antiken Architekturtheoretikers Vitruv basiert. Allerdings sind diese Ansätze noch isoliert. Erst im Quattrocento wurden die Ansätze der Architekturtheorie und Stadtplanung zu einem architektonischen System ausgebaut, das aber primär literarisch fixiert ist. Wohl zu keiner Zeit haben Architekten so viel geschrieben – und die eigene literarische Produktion so wichtig genommen – wie in den anderthalb Jahrhunderten zwischen Albertis „De re aedificatoria" und Scamozzis „L'Idea dell'architettura universale".[4]

Nicht umsonst ist diese literarische Beschäftigung mit Architektur und Stadtgestalt in der Toskana entstanden, denn wie sonst nirgends in Europa bildete die Idee des Staates und der Stadt eine Einheit. Bereits im Trecento wurde die Idee der „Guten Herrschaft" als ideale Stadt- und Staatsform zusammengesehen. Ein Beispiel für diese Vorstellung sind die Fresken des Ambrogio Lorenzetti im Palazzo Pubblico in Siena „Effetti del Buongoverno in Città" und „Effetti del Cattivo Governo in Città".

Im Quattrocento wurde die „Gute Herrschaft" und die „Schöne Stadt" mit der Entwicklung der Bauformen der Frührenaissance gleichgesetzt mit einer Abkehr von den mittelalterlichen, gewachsenen, „gotischen" Städten und einer Hinwendung an die Stadtbaukunst der Antike und Vorstellungen einer gültigen idealen Stadtgestalt für die norditalienischen Stadtstaaten.

Gleichzeitig wurde auch der Beruf des Architekten als autonomer Künstler und Gelehrter aus der Taufe gehoben. Alberti umreißt in seiner Charakteristik des Architektenberufes diesen in der Verbindung von Talent (ingenium), Fleiß, Ausdauer und Bildung (doctrina) mit praktischem Können und Berufserfahrung (usus). Zugleich konnte er als Autor eines Traktates demonstrieren, daß er die Probleme nicht nur seines Metiers, sondern auch die des Staats- und Gesellschaftslebens rational zu durchdenken und damit beherrschbar zu machen verstand. Es ist die gleiche Rationalität, die die Entwürfe und Bauten der neuen Architektengeneration auszeichnet: Regelmaß, Axialität, Symmetrie, Perspektive, Integration aller Teile in ein organisches Ganzes. Die gleichen Regelschemata sollen einer neuzubauenden Stadt zugrunde liegen.

Giovanni Battista Alberti verfaßte als erster eine umfassende Architekturtheorie. Er war der Inbegriff des umfassend gebildeten, eigenständigen Künstlers und Gelehrten. Aufbauend auf die Architekturtheorie des Vitruv formulierte er eine Theorie für seine Gegenwart, die viel komplexer angelegt war als die der antiken Welt. Als akademisch Gebildeter hatte er einen anderen Zugang zu dem lateinischen Text des Vitruv, der für viele seiner zeitgenössischen Mitarchitekten unverständlich blieb. Als bahnbrechend in der Kunstgeschichte kann betrachtet werden, daß Alberti mit der Säulenordnung erstmals ein kommunikationsfähiges Zeichensystem für Architektur entwickelt hat, das bis zum Ende des 19. Jahrhunderts Gültigkeit hatte.

Er schuf die Sprache zwischen Architekt, Bauarbeiter und Auftraggeber. Ähnliches gilt auch für die Stadtplanung. Allerdings war dieses System noch nicht so umfassend entwickelt wie das Regelwerk für die Architektur.

Er entwickelte kein universelles Idealstadtkonzept, sondern postulierte funktionale und ästhetische Kategorien für die Elemente der Stadt. In seinen Ausführungen betrachtete er erstmals die Stadt und mit ihr gleichsam auch den Staat als ein Kunstwerk.Er weckte somit das Bewußtsein für eine genuine Stadtplanung als ästhetisches und kulturelles Phänomens, nicht nur eines praktischen Phänomens.

Antonio Averlino, gen. Filarete (1400 - 1470) schrieb als erster in dem 1451 bis 1465 verfaßten „Trattato d' architettura" ausschließlich über Stadtplanung und die Konzeption einer idealen Stadt in Form eines illustrierten utopischen Architekturromans. Seiner Idealstadt „Sforzinda" liegt eine geometrisch gewonnene Grundform zugrunde: ein achteckiger Stern, innerhalb dessen die Straßen radial verlaufen. Im Zentrum befinden sich allerdings nicht Schloß und Dom als Ausdruck kirchlicher und feudaler Vormachtstellung, sondern ein Konglomerat von Märkten, die von Kolonnaden und Kanälen umgeben sein sollen. Diese, den Handel betonende, republikanische Staat- und Stadtauffassung steht im Gegensatz zu den diktatorischen und autokratischen Vollmachten, die er dem Bauherrn zubilligt, damit das Werk in kürzester und effektivster Form vollendet werden kann. Dies geht bis zu der Forderung, Gefangene als Arbeitssklaven einzusetzen.

Der dritte Architekturtheoretiker des Quattrocento war der Sieneser Maler und Architekt Francesco di Giorgio Martini (1437 - 1501). Francesco di Giorgio Martini war zunächst Praktiker, der sich in Mühen mit dem komplizierten lateinischen Text des Vitruv auseinandersetzen mußte, weshalb seine Zugangsweise noch praktischer und gegenwartsbezogener war als die von Alberti. Er zeichnete als erster konkrete Stadtentwürfe mit Umriß und Straßenführung und zwar einen achteckigen Radialentwurf und einen sechseckigen, in der Grundform annähernd ovalen Entwurf mit einem rechteckigen Rasterstraßensystem. Damit waren die Ausgangspunkte für die später gebauten Realisierungen formuliert. Francesco di Giorgio Martinis Ideen und Vorstellungen zeigen die auf praktische Verwirklichung ausgelegten Planstadtvorstellungen ohne utopischen idealen Hintergrund auf.

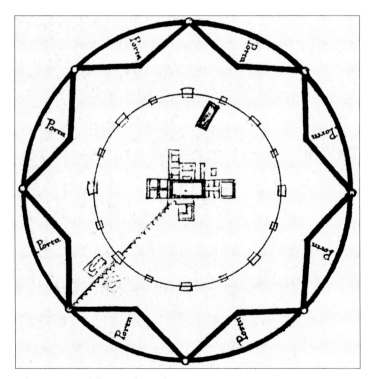

Filarete, Grundriß von Sforzinda

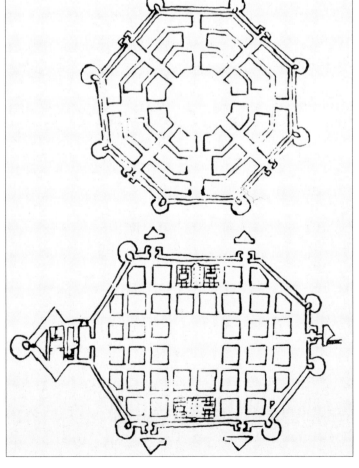

Francesco di Giorgio Martini,
Grundriß einer Radialstadt (oben), Grundriß einer Blockstadt (unten)

Pienza

Der erste und einzige Realisierungsversuch einer Idealstadtkonzeption im Quattrocento ist Pienza. Als Enea Silvio Piccolomini 1458 als Pius II. zum Papst gewählt wurde, war es sein Bestreben, eine neue Papstresidenz zu schaffen und zwar in seinem Geburtsort Corsignano, einem kleinen Ackerbürgerstädtchen der Südtoskana. Der Sieneser Papst zog für seine Ideen den Florentiner Architekten Bernardo Rosselino heran. Der unmittelbaren Bau- und Planungsphase durch Rosselino gingen intensive Beratungen mit Alberti voraus, der somit ganz wesentlich zur Entstehung von Pienza, das nach dem Papstnamen umbenannt wurde, beitrug.

Pienza ist keine Stadtgründung aus dem Nichts, sondern die Überhöhung einer vorhandenen, gänzlich unspektakulären Kleinstadt durch eine Stadtkrone. Durch diesen Gebäudekomplex allerdings bekommt die Stadt erst ihre ästhetische Ausrichtung und Vollkommenheit. Das gebaute Ensemble besteht aus dem Dom, dem Papstpalast, genannt Palazzo Piccolomini, dem Bischofspalast und dem Palazzo Pubblico und abseits davon aus den case nuove als Ersatzbauten für die für das Hauptensemble vertriebene städtische Bevölkerung dieses Viertels.

Mit seiner großen Südfront öffnet der Palazzo Piccolomini sich der Landschaft, wobei ein wesentliches Element darin besteht, daß die Achse des Palastes sich auf den Monte Amiata, den höchsten Berg der über dem Orciatal gelegenen Hügelkette, bezieht. Der Papst hatte in seiner Jugend diesen Berg bestiegen. Der Bezug von Architektur, Stadtplanung und Landschaft in einem verbindenden, ästhetischen Komplex ist ein neuer Aspekt in der Stadtplanung. Filarete nimmt diesen in seiner Beschreibung der Lage von Sforzinda auf. Die Südfront öffnet sich in einer dreigeschossigen Loggia, die von der Stadt her nicht sichtbar ist, in die weite, fruchtbare Landschaft des Val d'Orcia. An die Loggia schließt – ebenfalls den städtischen Blicken entzogen – ein giardino pensile (hängender Garten) an, der auf den Substruktionen an der Stadtmauer errichtet ist. Die auf den Stadtraum bezogenen Fassaden sind in sich symmetrisch in den Formen der strengen, toskanischen Stadtpaläste nach dem Vorbild des Palazzo

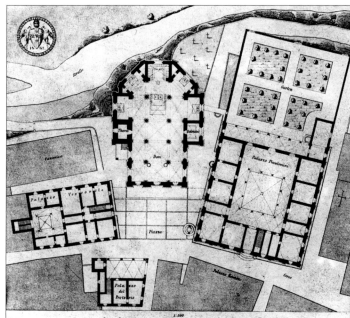

Pienza, Grundriß Dom, Palazzo Piccolomini,
Bischofspalast und Rathaus

Pienza, Palazzo Piccolomini

Rucellai ausgerichtet. Als Ganzes verbindet er die Qualitäten von Stadtpalast und Landvilla. Der Gedanke ist um die Mitte des Quattrocento revolutionär und ist eine spezifische Antwort auf die Bedürfnisse des Papstes, der gleichzeitig Repräsentation, Entspannung und Bequemlichkeit suchte.[5]

In seiner stilistischen Ausprägung stellt der Dom ein singuläres Gebäude dar, das nur durch die Kontakte des Papstes nach Deutschland und Österreich und seiner Freundschaft zu Nicolaus Cusanus erklärlich ist. Die Fassade ist aus weißem Travertin und nimmt die Formen der Antike auf. Rosselino vollendet hier bewußt den für die Renaissance grundlegenden Bau des Alberti, den Tempio Malatestiano (San Francesco) in Rimini, den dieser als zweigeschossiges, dreitoriges Triumphtor geplant hatte. Hinter dieser, für die Entwicklung der Kirchenfassaden im Quattrocento so wichtigen Front, folgt ein grundsätzlich unterschiedliches Kirchengebäude: eine in gelbem Sandstein erbaute Hallenkirche. Die in Italien sehr ungewöhnliche Form der Hallenkirche schuf Rosselino auf ausdrücklichen Wunsch des Papstes, der diese Bauform auf seinen Reisen in das Reich kennengelernt hatte. So entstand hinter einer Frührenaissance-Fassade eine spätgotische Hallenkirche mit Maßwerkfenstern und Säulen, die gotische Gliederungssysteme in die Formensprache der Frührenaissance übertragen.

Gegenüber dem Palazzo Piccolomini steht der Palazzo Vescovile (Bischofspalast), der auf den später in den Palazzo Venezia integrierten Kardinalspalst des Venezianers Pietro Barbo in Rom anzuspielen scheint. Der Palazzo Pubblico auf der anderen Seite des Corso zeigt schon seine funktionale Zugehörigkeit zur bürgerlichen Stadt. Er folgt dem Typ toskanischer Rathäuser mit offener Loggia im Erdgeschoß und einem seitlichen Turm mit Zinnenkranz.

Bei der gesamten Platzanlage handelt es sich um den ersten Versuch einer urbanistischen Erneuerung größeren Ausmaßes seit der Antike. Als eigener Bestandteil dieser Erneuerung sind die case nuove zu begreifen, die Errichtung einer geraden Häuserzeile mit zwölf standardisierten Häusern an der nordöstlichen Peripherie der Stadt. Sie dienten als neue Behausung für Familien, die durch den für die Stadterneuerung notwendigen Abriß des alten Viertels obdachlos geworden waren. Es handelt sich um zwölf einfache Häuser in einem einheitlichen, zweigeschossigen Haustyp in Zeilenbauweise, 4,7 m breit und 12 m tief, mit vorgelagerter Freitreppe. Sie sind einfach, praktisch, durch die gleiche Bauweise auch billig und das früheste Beispiel eines standardisierten Sozialbaus in der Neuzeit. Darüber hinaus ist in der Häuserzeile der case nuove, wenn auch ganz rudimentär, ein Ansatz jenes utopischen Gleichheitsgedankens enthalten, den Thomas Morus 1516 und Tommaso Campanella 1623 in ihren utopischen Stadt- und Staatsvorstellungen formuliert haben.

Pienza, Dom, innen

Pienza, Dom, außen

Fuggerei in Augsburg, 1516

Die zweite Verwirklichung einer auf einer präzisen Planung beruhenden Stadterneuerung ist die Fuggerei in Ausgburg. Die Anlage geht auf eine Gründung von Jakob Fugger zurück, der eine Stiftung ins Leben gerufen hatte, um eine Heimstätte für verarmte Weber zu schaffen. Diese Weber waren allerdings vorher nicht zuletzt durch die wirtschaftlichen Aktivitäten der Fugger verarmt.

Die Anlage der Fuggerei ist eine Stadt in der Stadt, mit eigenem Tor, eigener Mauer, eigener Kirche und karitativ geregelter Lebensweise der Bewohner. Insofern führt sie Traditionen der Beginenbewegung des Mittelalters weiter, allerdings in weltlicher Form und mit dem Zweck, das christliche Seelenheil des Stifters zu fördern. Städtebaulich ist die Abgrenzung zur anderen Stadt wesentlich präziser als in Pienza. Als soziale Stiftung liegt die Fuggerei auch nicht an der Hauptachse der Stadt oder an einem hervorgehobenen Platz, sondern in der Jakober-Vorstadt, einem eher Handwerkern vorbehaltenen Stadtquartier, das erst in einer Stadterweiterung des 15. Jahrhunderts entstanden war. Sie besteht aus einer Hauptstraße in Nord-Südrichtung und vier Seitenstraßen, annähernd rechtwinklig in Richtung Osten abgehend, sowie einer in Richtung Westen. Die Straßen sind traufseitig mit identischen, zweistöckigen Häuserzeilen bebaut, die wiederum identische Wohneinheiten bergen. In dem Kreuzungspunkt von Längs- und Querstraße steht ein Brunnen. Das Eingangstor befindet sich am Beginn der Längsstraße, unmittelbar dahinter, als einzig hervorgehobener Bau, die Kapelle.

In der Regelmäßigkeit der Straßenzüge und Häuser nimmt die Fuggerei bewußt oder unbewußt die Tradition der case nuove in Pienza wieder auf. Der Gleichheitsgedanke, der in dieser Architektur zum Ausdruck kommt, ist natürlich ohne die philosphisch-utopischen Stadtideen eines Thomas Morus nicht denkbar. Allerdings gesteht Jakob Fugger in seiner Stiftung nur Menschen diesen sozialen Status zu, die als Pfründner bereits außerhalb des Arbeitslebens stehen: ein bescheidenes, irdisches Paradies mit durchaus urkommunistischen Idealen, das in dieser Form überdauert hat und bis heute besteht.

Neben der städtebaulichen Ähnlichkeit zu Pienza besteht in der Form und Struktur der Straßenführung auch eine Parallele zu den Idealstadtentwürfen von Albrecht Dürer. Hier kann ein direkte Beeinflussung von Jakob Fugger auf Albrecht Dürer angenommen werden.

Fuggerei, Eingangstor

Fuggerei, Straße

Sabbioneta, ab 1554

Sioneta ist die erste komplett neugeplante und neugebaute Stadt in Italien. Sie ist wie keine andere existierende Idealstadt vollkommen auf die Bedürfnisse und Vorstellungen ihres Erbauers konzentriert. Vespasiano Gonzaga war unter den kleinen italienischen Herrschern des 16. Jahrhunderts eine bemerkenswerte Figur, auf der einen Seite Soldat, auf der anderen Seite humanistischer Gelehrter, der den Bau einer Stadt als dauerhafteren Ruhm betrachtete als die Zerstörung von Städten durch Waffen.[6] Auf den Bau seiner Stadt bereitete er sich systematisch durch das intensive Studium der architekturtheoretischen Schriften vor, insbesondere von Vitruv und Pietro Cataneos „Quattro primi libri di Architettura" (1554). Das planerische Konzept von Sabbioneta entwickelte Vespasiano Gonzaga zusammen mit Domenico Giunti, der bereits den Umbau der benachbarten Residenzstadt Guastalla leitete und mit Girolamo Cataneo. Planung und Bau von Sabbioneta müssen aus dem weitgesteckten Erfahrungs- und Bildungshorizont von Vespasiano Gonzaga verstanden werden, der seine Kenntnisse in einer Stadt zur Gestalt werden ließ, die einen „glücklichen Staat" spiegeln sollte,[7] wobei die Gesellschaftsform von Sabbioneta auf eine auf innere Werte und Einsamkeit ausgerichtete war, wie sie Vespasiano Gonzaga an dem Hof des Königs von Spanien kennengelernt hatte.

Sabbioneta hat einen nicht völlig regelmäßigen sechseckigen Grundriß mit Bastionen, der auf einen von Pietro Cataneo 1554 veröffentlichten Grundriß zurückgeht. Dem Straßensystem liegt ein Rückgriff auf das System der römischen Lager mit cardo und decumanus zugrunde. Zusätzlich wurde diese Hinwendung an die Antike und speziell an die Hauptstadt der römisch-antiken Welt durch den Umstand unterstützt, daß auf der Kreuzung beider Straßenzüge eine römische Säule mit einer antiken Bronzestatue der Pallas Athene aufgestellt war (heute steht diese Säule vor dem Casino). Die Säule und

die Statue sollen Beutegut seines Vaters Rodomonte Gonzaga bei der Plünderung Roms, dem „Sacco di Roma", gewesen sein. Darüber hinaus verweist die Säule auf die römische Herkunft seiner Mutter Isabella Colonna (ital. Säule).

Die Stadt ist in Quadranten mit einer jeweils eigenen Funktion eingeteilt:

der Nordwest-Quadrant ist dem kommunalen Bereich zugeteilt mit dem Palazzo Ducale (Herzogspalast), dem Palazzo della Ragione, der Pfarrkirche, der Grabeskirche des Vespasiano Gonzaga und dem Theater, der Südwest-Quadrant dem militärischen Bereich mit dem bereits im Trecento errichteten Kastell, der Südostbereich dient dem privaten Wohnbereich des Herzogs mit dem Casino und der Galleria, der Nordost-Quadrant dem privaten Wohnen der städtischen Bevölkerung.

Bei den einzelnen Bauten versuchte Vespasiano Gonzaga ein dichtes Netz von ikonologischen Bezügen aufzubauen, das seine Person als Herrscher und Privatmann umschreibt. Der Palazzo Ducale dient für die herzögliche Verwaltung und als Rathaus. Er zeigt in seinem ikonographischen Programm die Genealogie der Gonzaga, wobei in dem „Salone del Duca d'Alba" ursprünglich zehn lebensgroße Reiterstandbilder Vespasianos und seiner Vorfahren standen, die in die-

Sabbioneta, Piazza

Sabbioneta, Herzogpalast

Sabbioneta, Galleria

ser Form einmalig waren. Vier dieser Statuen aus Holz sind heute noch erhalten.

Der privateste Bau Vespasianos war das „Casino" am Südrand der Piazza d'Armi. Die Flucht der Säle ist mit Fresken geschmückt, die in vielfältiger Weise auf Vespasiano als Stadtgründer hinweisen, einmal im Hinblick auf seine antiken Vorläufer, aber auch ganz konkret mit Stadtveduten Sabbionetas und Roms, z.B einer Darstellung des Circus Flaminius. Daneben wird die in eine bukolische Landschaft eingebettete Stadt thematisiert. Das Casino mit seiner privaten Funktion kommt in seiner Ausstattung der Anschauung Vespasianos am nächsten. Es stellt Sabbioneta in einer historisch-mythischen Interpretation als das „neue Rom" und Vespasiano als den „neuen Aeneas" dar.

Ein besonderes Bauwerk ist zweifellos die „Galleria degli Antichi", die als selbständiger Bauriegel die Piazza d'Armi nach Osten abschließt und die Antikensammlung des Herzogs aufgenommen hatte – also ein sehr früher Museumsbau. Die große Sammlung wurde 1773/74 unter Maria Theresia abtransportiert und ist verschollen. Die über 100 m lange Galerie ist absichtlich der Architektur römischer Aquädukte nachgeahmt und in einem an das römische „opus reticulatum" erinnernden, offenen Ziegelmauerwerk errichtet.

1588 wurde von dem Architekten Vincenzo Scamozzi, der kurz vorher das Teatro Olimpico in Vicenza errichtet hatte, das Theater gebaut. Es ist der erste völlig freistehende Theaterbau der Neuzeit. Scamozzi selbst sagt zu dem Theater: *So ließen wir wenige Jahre*

*Sebastiano Serlio, Bühnenprospekt für die Kommödie.
Vorbild für den Bühnenprospekt des Teatro Olimpico*

später vom Fundament an das Odeon und Theaterchen für seine Exzellenz, den Herzog Vespasiano Gonzaga, in seiner Stadt Sabbioneta bauen. Dieses konnte eine gute Anzahl von Personen aufnehmmen und besaß vorn und hinten einige Räume für verschiedene Zwecke sowie einen Orchesterraum und Sitzstufen. Die Bühne und ihre Gebäudeperspektiven stellen eine große Piazza mit einer hübsch vornehmen Straße in der Mitte und weiteren Straßen rechts und links dar mit vielen und verschiedenartigen Gebäuden, ebenfalls aus Holz, bemalt in Nachahmung wirklicher Häuser.[8] Diese Einbauten, in der Beschreibung ist die „scena comica" erwähnt, sind in Serlios Architekturtraktat überliefert, wobei sie sich auf die Stadt Sabbioneta bezogen. Das Theater wurde zur Stadt, die Stadt zum Theater.

Planstadtgründungen des 16. Jahrhunderts

Ab Mitte des 16. Jahrhunderts stieg die Zahl der neugegründeten und neugeplanten Städte beträchtlich und aufbauend auf den architekturtheoretischen Abhandlungen des 15. Jahrhunderts wuchs auch die Zahl der architekturtheoretischen Schriften, die sich mit den Problemen des Städtebaus befaßten. Zu den wichtigen Schriften gehören:

Albrecht Dürer: Etliche Underricht zu befestigung der Stett, Schloß und Flecken, Nürnberg 1527.
Gualterius Rivius: Vitruvius Teutsch, Nürnberg 1548
Sebastiano Serlio: Sette libri dell' architettura, ab 1540
Pietro Cataneo: I quattro libri di Architettura, 1554
Jacomo Fusto Castriotto und Girolamo Maggi: Della Fortificatione della Città, 1564
Jacopo Barozzi gen.Vignola: Regola delli cinque ordini d'architettura, Rom 1562
Andrea Palladio: I quattro libri dell'architettura, Venedig 1570
Vincenzo Scamozzi: l'idea della Architettura Universale, Venedig 1615
Daniel Speckle: Architectura von Vestungen, Straßburg 1589
Francesco de Marchi: Della Architettura Militare Libri Tre, Brescia 1599
Jacques Perret: Des Fortifications et Artifices Architecture et Perspective, Paris 1601.

Dabei spielt, wie an den Titeln bereits zu ersehen ist, die Fortifikation der Städte ein bedeutende Rolle. Sicher war ein neues Element bei der Planung der Städte die Entwicklung der militärischen Technik, speziell der Kanonen, die ein wesentlich aufwendigeres Befestigungssystem mit Bastionen, schrägen Wällen, Schußwinkeln und dergleichen verlangte.

Dies überstieg häufig die finanziellen Möglichkeiten der Städte und zwang sie zu jahrzehnte- wenn nicht jahrhundertelangen Anstrengungen. Sicher entspricht ein vieleckiger, annähernd runder Verlauf der Befestigungen am meisten den militärtechnischen Bedürfnissen. Bestimmend für die Planung der Städte wurden diese aber erst im Verlauf des 17. Jahrhunderts, also nach unserem Untersuchungsbereich. Im 16. Jahrhundert wurden die Planungen der Städte noch nicht ausschließlich nach den fortifikatorischen Notwendigkeiten ausgerichtet.

Im Rahmen der Planungen entwickelten sich mehrere Möglichkeiten, die sich in der Auseinandersetzung zwischen idealen Ansprüchen und praktischen Bedürfnissen als die sinnvollsten Modelle erwiesen. Erwägungen, wie kurze Wege von der Stadtmitte zu den Bastionen oder Größe und Zuschnitt der Grundstücke, spielten bei der Realisierung von Planungen eine immer größere Rolle. Auffallend ist aber, daß zumindest bei dem jetzigen Stand der Forschung keine Zuordnung eines Modells zu einer Zielrichtung, Idee oder einem Bauherrn getroffen werden kann, sondern daß es augenblicklich noch so erscheint, daß die verschiedenen Möglichkeiten gleichrangig mit- und nebeneinander benutzt worden sind.

Folgende Grundschemata können genannt werden:
- Radialstadt mit annähernd rundem Grundriß
- Viereckstadt
- Achsialstadt, bezogen auf eine Magistrale
- Blockstadt mit vieleckigem Grundriß.

Radialstädte

Die Radialstadt ist an sich die favorisierte Form des Quattrocento und des Cinquecento. Sie ist die ideale geometrische Grundform. Bereits die Idealstadt „Sforzinda" des Filarete weist die Grundstrukturen dieser Form auf: eine Zusammenfassung eines Kreises und eines achteckigen Sterns mit einer zentralen Stadtmitte und einer wenigstens angedachten radialen, von der Stadtmitte ausgehenden Straßen-

führung. Francesco di Giorgio Martini skizzierte als erster einen kompletten Plan für eine Radialstadt.

Diese Form besitzt eine noch ältere Quelle: die mittelalterlichen Vorstellungen des himmlischen Jerusalems mit dem Tempel in der Mitte und sieben Mauerringen, die den Tempel umschließen. In der Schedelschen Weltchronik ist diese Stadt abgebildet. Dieser religiös geprägten Stadtvorstellung liegt auch die utopische Stadt- und Staatsvorstellung des Tommaso Campanella, die er in seiner 1623

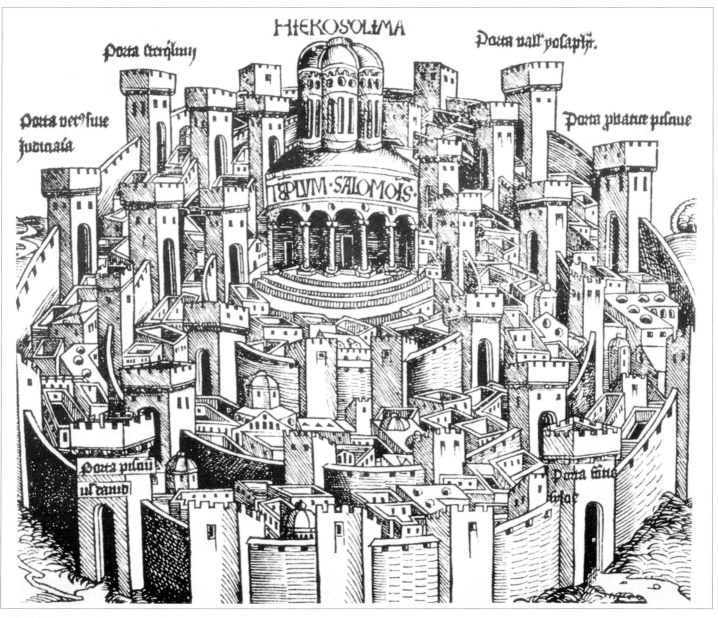

Schedelsche Weltchronik, Jerusalem

Palmanova, Grundriß

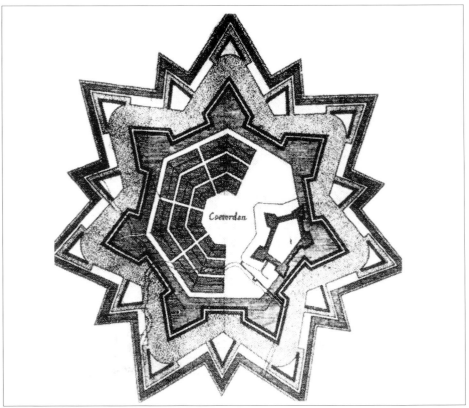

Coevorden, Grundriß

erschienenen Schrift „civitas solis" formuliert hat, zugrunde. Castriot-to-Maggi und Daniel Speckle bringen in ihren Schriften weitere Planungen von Radialstädten.

Das erst 1593, also nur fünf Jahre vor Neuhanau gegründete Palmanova ist die erste gebaute Radialstadt. Als venezianische Festungsstadt, die die Nordgrenze der „Terra ferma" absichern sollte, ist Palmanova allerdings eine ausschließlich auf militärische Zwecke ausgerichtete Stadt. Als berühmteste aller Festungsstädte der Renaissance wurde sie nach Idealplänen von Vincenzo Scamozzi (und eventuell Bonaiuto Lorini) mustergültig angelegt. Das Zentrum der Stadt bildet der sechseckige Platz mit einem runden Festungsturm in der Mitte. Von ihm gehen die Straßen strahlenförmig aus und leiten geschickt in einen neuneckigen bastionierten Umriß über.

Scammozzi gelang mit dem Grundriß von Palmanova sozusagen die planerische Quintessenz der Radialstadt, die nicht ausschließlich den militärtechnischen Erwägungen unterliegt, sondern einer vollendeten geometrischen Form folgt. Durch seine Arbeit in Sabbioneta war er sicher souverän genug, diese klare Form einer Stadt über den reinen militärischen Zweck zu legen. Nachträglich wurden die Festungswerke durch Giulio Savorgnano und Marc'Antonio Barbaro ausgebaut.

1597 entstand ebenfalls als Festungsstadt Coevorden in den Niederlanden. Der Plan von Johann Rijswick orientiert sich in seiner Grundposition an Palmanova. Im Grundriß siebeneckig, in der Straßenführung mit den geknickten Grundstücken greift er sogar auf die Vorstellungen von Francesco di Giorgio Martini zurück.

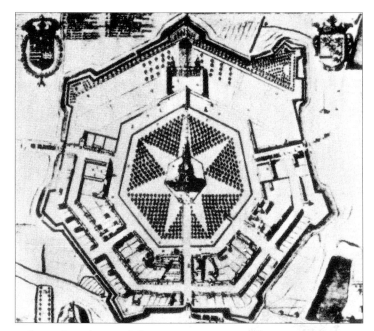

Scherpenheuvel, Grundriß

Das 1603 gegründete Scherpenheuvel nimmt die religiöse Komponente der Radialstadt auf. Erzherzog Albrecht VII., Stadthalter der Spanischen Niederlande, ließ einen vielbesuchten Marienwallfahrtsort zur befestigten Stadt als Bollwerk gegen den Protestantismus ausbauen. Der Grundriß ist ein siebenstrahliger Stern, der sich auf die Mariensymbolik bezieht. Statt einer finsteren Festung auf einem öden Platz steht ein Marienheiligtum inmitten eines Haines. Auch dies ist ein Hinweis auf Maria als hortus conclusus. Das Straßensystem und die Bebauung nehmen die Planung von Coevorden, dem protestantischen Gegenstück, auf.

Viereckstädte

Sind die Radialstädte originäre italienische Schöpfungen, kann man die Viereckstädte mit Deutschland und Nordeuropa in Verbindung bringen. Eng mit dem Namen Albrecht Dürer verknüpft, sind sie sein Beitrag zu den Idealstadtkonzeptionen. Als Vorläufer kann, allerdings nur bezogen auf den Grundriß, Aigues-Mortes angesehen werden. Eine Beeinflussung bezüglich der traufseitigen, einheitlichen Bebauung und der gleichen Hausstruktur ging zweifellos von der Fuggerei aus, die Dürer auf jeden Fall kannte und die wiederum beeinflußt ist von den stadtplanerischen Ideen des Thomas Morus, die dieser in seiner Schrift „Utopia" 1516 niedergelegt hat. Dürer entwickelte seine Idealstadt in seiner architekturtheoretischen Schrift „Etliche Underricht zu befestigung der Stett, Schloß und Flecken" 1527. Erwin Walter Palm wies darauf hin, daß Dürer sicher auch Kenntnis von der aztekischen Stadt Tenochtitlán hatte.[9] 1524 erschienen in Nürnberg die ersten Briefe von Hernan Cortés an Kaiser Karl V. über die Eroberung Mexikos. Ein Holzschnitt zeigt die nach einem quadratischen Rastersystem gebaute und zum Schutz vor Feinden auf einer Insel liegende aztekische Hauptstadt.[10]

Auch die italienischen Architekturtheoretiker haben Dürers Entwurf in ihre Abhandlungen übernommen, so Pietro Cataneo 1554, Castriotto-Maggi 1564 und Girolamo Cataneo, der 1584 quadratische Stadtgrundrisse entwickelte.[11]

Im Zentrum der beiden Entwürfe Dürers steht der „gefierte Platz" mit dem ebenfalls quadratischen Schloßgrundriß. Dann folgt die traufseitige Zeilenbebauung, wie sie schon in der Fuggerei und letztlich auch in den case nuove in Pienza vorgeprägt worden waren und wie sie auch bei Thomas Morus anklingen. Die Kirche rückt in die Ecke der Stadtanlage. Den einzelnen Handwerkern der Stadt werden einzelne Quartiere zugeteilt.

Eine Realisierung der Entwürfe Dürers fand lange Zeit nicht statt, obwohl sie – wie bereits dargestellt – in den architekturtheoretischen Abhandlungen diskutiert worden waren. Zunächst wurden Viereckstädte in einer französisch-niederländischen Unterform gebaut: quadratischer Grundriß, zentraler Platz, mit einer Straßenführung gemäß den Diagonalen und den kürzesten Verbindungen vom Mittelpunkt zu den Seiten der Geraden. Dies ist sozusagen die Verbindung der Radialstadtidee mit Dürers Viereckstadt. Die erste Stadt dieser Art ist das 1542 gegründete Mariembourg, mit dem die Habsburger die Spanischen Niederlande gegen die Franzosen abzusichern suchten. Die zweite Stadt ist das 1545 gegründete, nicht mehr existierende Villefranche sur Meuse, das von Franz I. als Festungsstadt gegen die Spanier gegründet wurde. Der Architekt war Girolamo Marini. Eine Erweiterung dieses Schemas findet sich in der 1608/1609 von Maximilien de Béthune, Herzog von Sully, für protestantische Siedler gegründeten Stadt Henrichemont. Im Zentrum der quadratisch angelegten Stadt treffen auf der ebenfalls quadratischen Platzanlage die vier Achsenstraßen zusammen. Auf den Diagonalachsen liegen vier weitere quadratische Plätze, welche durch vier im Quadrat angelegte Straßen verbunden sind. Diesem inneren Quadrat ist ein übereck gestelltes Quadrat umschrieben, das die vier Stadttore mit den äußeren Platzanlagen verbindet. Dieser Grundriß dokumentiert einen spielerischen Umgang mit geometrischen Mustern, der für städtebauliche Belange wenig brachte und die Form der vorgenannten Städte verunklarte.

Die eigentliche Verwirklichung der Entwürfe Dürers geschah in dem von Herzog Friedrich I. von Württemberg 1599 gegründeten Freudenstadt. Architekt war Heinrich Schickhardt, der mit dem Herzog einen engen, im Rahmen der Standesunterschiede freundschaftlichen Kontakt pflegte. Beide Männer arbeiteten bei der Planung Freudenstadts eng zusammen. Schickhardt berichtet über die Planungsge-

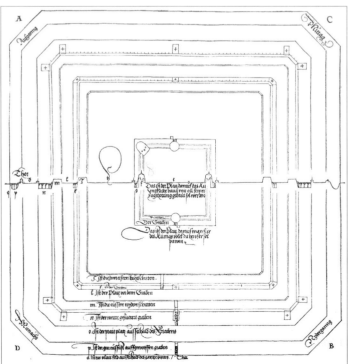

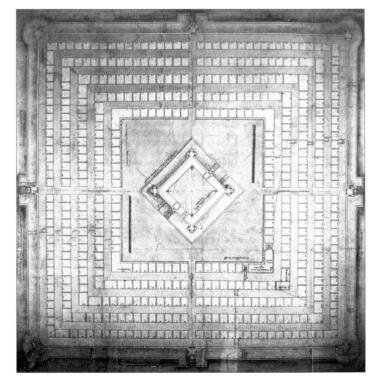

links: Albrecht Dürer, Entwurf I und II
unten: Freudenstadt, Entwurf von Heinrich Schickhardt

Freudenstadt, Kirche innen

schichte: er habe auf Befehl von Herzog Friedrich I. *einen ersten Abriß zu einer grosen Stat und Schloß gemacht, da ich geordnet, daß beii jeder Behausung ein Hof oder Gertle umnd das Schloß am Ort der Stadt sein sollte.* Er fährt fort: *Es haben aber Ire F.G. gewolt, das henden und vor jedem Haus ein Gassen und das Schloß mitten auf dem Margt stehen soll. Also hab ich ein andern Abriß Ir. F. G. Befelch gemes gemacht, das die Statt vierckhet und jede Seite an der Lenge 1418 Schuch, jede Seiten des Margts 780 Schuch halten und das Schloß mitten auf den Margt komen soll. Solcher Visierung nach ist auch diese Statt erbaut worden, das Schloß aber ist noch nit angefangen. Also hab ich in Beisein hochdedacht Ir. F. G. in Gottes Namen ich Heinrich Schickhardt auff den 22 Marrtii ano 1599 einen Theil an solcher Statt zu etlichen Heisern und Gassen abgesteckht.*[12]

Aus diesen Ausführungen wird eine entscheidende Planänderung deutlich. Schickhardts erster Plan zeigt eine mehr bürgerliche Stadt: In der Mitte auf dem quadratischen Marktplatz der Markt, im Viereck angeordnete Blockbebauung mit Hof und Garten im Innern des Carrés, das Schloß als eigener Baukörper am Rand der Stadt. Der Plan orientierte sich an der Formulierung Pietro Cataneos zur Viereckstadt. Die Verbindung von Haus und Garten klingt bei Thomas Morus bereits an und wurde in der Fuggerei in Augsburg ansatzweise verwirklicht. Diesem Plan stellte Herzog Friedrich seine Vorstellungen entgegen, die sich unmittelbar auf die Stadtentwürfe Dürers beziehen. Auf den quadratischen Platz in der Mitte kommt das quadratische Schloß (im Gegensatz zu Dürer auf das Eck gestellt, so daß es im Plan wie eine Raute wirkt) und daran anschließend fünf Straßenzeilen mit Bebauung ohne Garten, ganz im

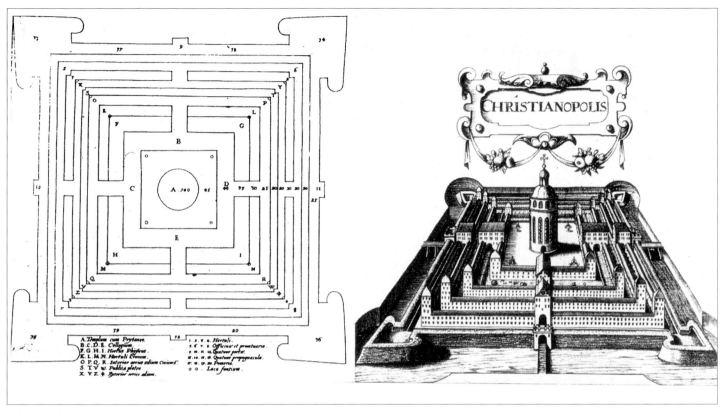

Johann Valentin Andreae, Christianopolis

Sinne Dürers. Aufgrund dieser Planänderung schuf Schickhardt dann die einzigartige Übereckslösung für den Bau der evangelischen Pfarrkirche. Realisiert wurden letzlich aber ein Marktplatz (ohne Schloß) und drei Häuserzeilen zusammen mit der Pfarrkirche. Entsprechend der Verwirklichung des Dürerschen Planes verzichtete der Herzog absichtlich auf eine aufwendige Fortifikation, sondern sah nur eine einfache Mauer vor. Dürers Viereckstadt konnte den fortifikatorischen Bedürfnissen am Ende des 16. Jahrhundert nicht mehr entsprechen. Eine besonders konsequente Realisierung der Dürerschen Viereckstadt war der Plan von Christianopolis von Johann Valentin Andreae. Wie Schickhardt stammte Andreae aus Herrenberg und war mit diesem gut bekannt. Freudenstadt war sicher Ausgangspunkt der protestantischen Staatsutopie „Christianopolis" aus dem Jahr 1619.[13] Andreae kannte das Werk von Thomas Morus und vor allem auch von Tommaso Campanella. Das erst 1623 im Druck erschienene Manuskript zu „Civitas Solis" konnte er bereits 1617 einsehen. Christianopolis ist gedacht als eine Stadt für religiös Verfolgte, ähnlich wie Freudenstadt, das neben Bergmännern auch verfolgte Protestanten aus der Steiermark und Kärnten aufnahm. Die Anlage ist quadratisch und mit Wällen und Eckbastionen befestigt (diese Fortifikationen sind auch nicht auf dem Stand des Anfang des 17. Jahrhunderts Möglichen). Die Stadt hat vier Tore und vier dreigeschossige

Häuserzeilen, die einen quadratischen Markt umschließen. Diese Häuserzeilen werden durch Torbauten zu großen Quadraten zusammengeschlossen, wobei die Ecken durch Türme akzentuiert werden. Die Häuser haben zur Straße hin Arkaden und auf der Rückseite Gärten. Hier nimmt Andreae die erste Planidee von Schickhardt auf und verbindet sie, wie bereits in der Fuggerei vorformuliert, mit der Zeilenbauweise des Dürerschen Entwurfes. Im Gegensatz zu Freudenstadt, wo württembergische Haustypen auch individuell verschieden gebaut wurden, sind die Häuserzeilen vollkommen einheitlich.

Neben der Fuggerei spielt hier natürlich der urkommunistische Ansatz mit einer vollkommen Gleichheit bis hin zur auswechselbaren Uniformität aller bei Campanella eine große Rolle. Das äußere Häusergeviert ist für landwirtschaftliche und handwerkliche Funktionen bestimmt, die beiden mittleren für Wohnen und das innere, das sogenannte Collegium, für Erziehung, Wissenschaft und Verwaltung. Statt des Schlosses ziert den zentralen, quadratischen Platz ein Rundbau, der im Untergeschoß eine Kirche und im Obergeschoß einen Ratssaal vorsieht. Dieser Rundbau entspricht mit einer protestantischen Erweiterung dem Rundtempel Campanellas, der wiederum das Zentrum der Sonnenstadt, die sich in sieben konzentrischen Kreisen um diesen Tempel aufbaut, bildet.

Achsialstädte

Eine wenig beachtete Sonderform der Planstädte sind die Achsial-
städte. In der Architekturtheorie spielen sie so gut wie keine Rolle. Sie
sind eine eigenständige Planungsform, die sich aus den Viereck-
städten entwickelt hat. Vorläuferformen stellen die toskanischen „terre
murate" des Trecento wie San Giovanni Val d'Arno und La Scarperia dar.

Die erste bekannte Realisierung dieses Baugedankens ist das 1583
gegründete Willemstad in Nordbrabant. Bauherr war der Stadthalter der Niederlande Wilhelm von Oranien, Architekt Frans de
Traytorrens. Als Hafen- und Festungsstadt am Hollandse Diep gelegen, sollte es diesen wichtigen Wasserweg absichern. Die Grund-
struktur der Stadt besteht aus einer dominierenden, die Achse beto-
nenden Hauptstraße, die das Hafenbecken als Eingangsplatz mit
dem zweiten großen Platz, dem Kirchplatz, verbindet. Auf diesem
zweiten Platz steht die reformierte Rundkirche, die das unmittelbare
Vorbild des Kirchenbaues in der Neustadt Hanau ist. Aus der Achsialität ergibt sich eine längsrechteckige Grundform, die mit einer sie-
beneckigen Umwallung mit sieben Bastionen umschrieben ist, wobei
das Hafenbecken sich innerhalb der Umwallung befindet.

Diese für Willemstad so symptomatische Form wurde in einem ganz
anderen Umfeld und von einem ganz anderen Bauherrn wiederauf-
genommen. Kardinal Jean-Armand du Plessis, Herzog von Richelieu,
seit 1624 Erster Minister im Staatsrat Ludwigs XIII., schuf an seinem
Heimatort ein Schloß mit einer neuen Stadt, das seine Staatsvorstellungen wiederspiegelte und Vorbild für Schloß und Stadt Versailles
wurde. Ohne auf die ideellen Grundlagen des Gesamtkomplexes
Schloß und Stadt Richelieu eingehen zu wollen, der bereits außerhalb unseres Untersuchungsgebietes liegt, sei gesagt, daß der Architekt Jaques Lermercier bei der ab 1631 erbauten Stadt im Grundriß
ein identisches Schema wie in Willemstad anwandte: Zwei Platzanlagen, verbunden durch eine Magistrale, die „Grande Rue", bei
einem rechteckigen Grundriß, der in Richelieu exakt eingehalten ist,
da gänzlich auf eine Befestigungsanlage verzichtet wurde.

Willemstad

Kirche von Willemstad

Blockstädte

Die Blockstädte basieren auf einem vieleckigen Grundriß mit einer meist ovalen Grundform und carréförmiger Blockbebauung. Sie sind sicher die am stärksten an den praktischen Bedürfnissen orientierte Form von Planstädten, meist ohne ikonologische Aussagestruktur. Ansätze zur Blockbebauung und zu rechtwinkligen Straßensystemen gibt es in vielen mittelalterlichen Stadtgründungen, z.B. bei den „terre murate" in der Toskana, den Städten der deutschen Ostkolonisation wie etwa Neuruppin und den Bergwerkssiedlungen des Erzgebirges und Sachsens.[14] Auch Francesco di Giorgio Martini zeichnete bereits im Quattrocento den Plan einer Ovalstadt mit rechtwinkligen Straßenzügen und Blockbebauung.

Als eindrucksvoller Anfang einer kontinuierlichen Reihe von Städten diesen Charakters bis in den Beginn des 19. Jahrhunderts (Chicago und New York) erscheint das ab 1566 errichtete La Valletta in Malta. Nach dem Fall von Rhodos baute der Johanniterorden in Malta eine neue Verteidigungslinie gegen die Türken auf. Hauptpunkt dabei war die Gründung von La Valletta als befestigter Hafen und Stadt für den Orden: eine Stadt als Bastion der Christenheit.

Im Mai 1565 führten die Türken eine Belagerung von Malta durch, die aber abgewehrt werden konnte. Damit wurde der Bau von La Valletta, mit dem bis dahin noch gar nicht begonnen worden war, zu einer Aufgabe der europäischen Christenheit gegen die Ungläubigen. Der Großmeister Jean de la Valette trieb die Planung voran.

Architekt war der in den Diensten des Kirchenstaates und Papst Pius IV. stehende Francesco Laparelli.

In den „Quattro libri di Archittetura" des Pietro Cataneo findet sich 1554 ein Grundriß, der Grundlage für Laparellis Planungen für La Valletta wurde; auf einer felsigen Halbinsel gelegen, mußten die Planungen allerdings der Topographie angepasst werden. Die Stadt war einerseits Festung, andererseits Hauptstadt und Verwaltungssitz des Johanniterordens als eines politisch souveränen Ordens. Die Stadt bestand aus zwei Teilen, dem „collachio" für die Ordensmitglieder und der restlichen Stadt für die Bevölkerung. Laparelli schuf dabei eine klare Aufteilung der Gesamtfläche La Vallettas.

Gesamtfläche einschließlich der Befestigung	140 000 canne/2
Befestigungen	25 278
Hauptstraße	2 500
4 Longitudinalstraßen	7 000
8 Querstraßen	6 000
Hauptplatz	1 350
8 Plätze vor den Auberges	3 072
3 weitere Plätze	1 800
Hauptkirche	1 000
Großmeisterpalast	1 000
Hospital	1 000

Eine derartig klare, alle städtischen Funktionen berücksichtigende Planung ist im 16. Jahrhundert einzigartig.

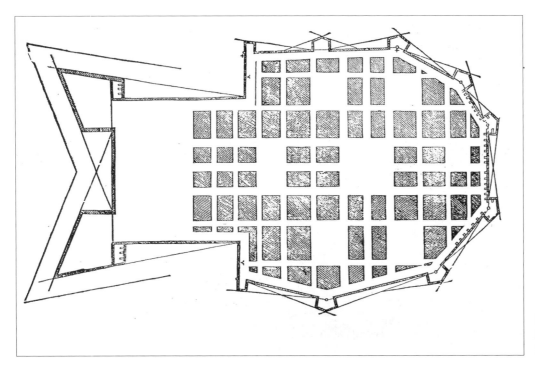

Pietro Cataneo,
Entwurf für eine Blockstadt, 1554
Vorbild für La Valletta

Die Neustadt Hanau, 1597

Mit der Gründung der Neustadt Hanau im Jahr 1597 erfolgte ein neuer, weiterweisender Entwicklungsschritt in der Geschichte Hanaus. Neben dem kleinen Ackerbürgerstädtchen Hanau und der gräflichen Burg entstand als dritte Einheit eine neue, geplante Stadt. Ursache für die Gründung der Neustadt Hanau war die Emigrationswelle reformierter Niederländer und Wallonen, die durch die Verfolgungen durch Kaiser Karl V. und seinen Nachfolgern zur Unterdrückung des reformierten Glaubens in den spanischen Niederlanden ausgelöst wurde. Die dadurch entfachte Wanderbewegung führte die Flüchtlinge besonders nach Deutschland, wobei Frankfurt eine der wichtigsten Zufluchtsstätten war. Seit 1554 siedelten Flüchtlinge aus den spanischen Niederlanden in Frankfurt. Dabei ergaben sich ständig Schwierigkeiten mit dem lutherischen Rat der Stadt. Nach der Eroberung Antwerpens 1585 durch die Spanier kamen die reichen Kaufleute, die Tuchhändler und die Textilarbeiter dieser großen Handelsstadt nach Frankfurt, wodurch Frankfurt erst zu einem internationalen Handelszentrum wurde. Gegen die Neubürger regte

sich bald Widerstand bei den lutherischen Patriziern und Zünften, der in einem 1596 ausgesprochenen Religionsverbot seinen Höhepunkt fand. In dieser Situation suchten die Frankfurter Reformierten Kontakt zu dem ebenfalls reformierten Grafen Philipp Ludwig II. von Hanau.

Ab August 1596 verhandelten der Graf und die Frankfurter Reformierten mit dem Ziel, eine neue Stadt Hanau zu gründen. Am 1. Juni 1597 wurde die Kapitulation, die Gründungsurkunde der Neustadt Hanau, unterzeichnet. Die Neubürger, als gleichberechtigte Partner, konnten wesentliche Freiheiten für ihre Stadt durchsetzen: Religionsfreiheit, freie Pfarrerwahl, Freiheit von Frondiensten, freier Abzug, und für die Wirtschaft der Zeit eine herausragende Freiheit: die Freiheit der Händler, ihre Waren unbeschränkt zu verkaufen und die Rohstoffe unbeschränkt einzukaufen.

Den Plan zur Neustadt Hanau schuf Nikolaus Gillet. Der „Ingenieur" Gillet war ein Verwandter von Daniel Soreau, der als Bürger Frankfurts maßgeblich an den Umzugsplänen beteiligt war. In Hanau betätigte er sich als Maler und führte eine Werkstatt. Daniel Soreau war offensichtlich auch mit Architektur vertraut, denn in seinem Nach-

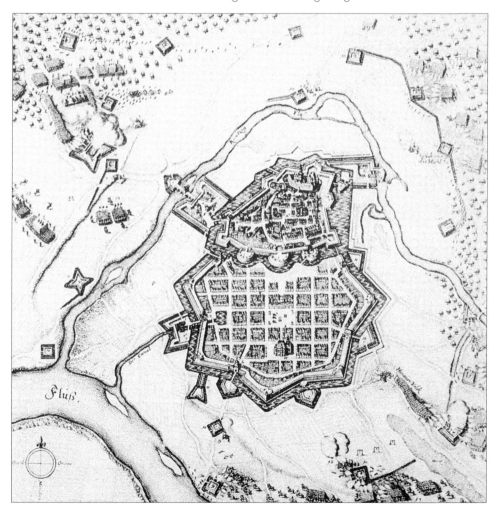

Grundriß der beiden Städte Hanau
Matthäus Merian, 1639

Eigentlicher Abriß der Stadt und Festung Hanau,
Kupferstich.
Zeichner: August Rumpf. 1590 - 1666 Hanau
Stecher: Christoph Metzger

laß fanden sich wichtige architekturtheoretische Werke. Wendel Dietterlin aus Straßburg nennt Soreau seinen Lehrmeister. Für Nikolaus Gillet ist ein ähnlicher Wissensstand wie für Daniel Soreau über die unmittelbare Praxis der Architektur hinaus anzunehmen.

Auch Graf Philipp Ludwig II. von Hanau-Münzenberg war trotz seiner Jugend hochgebildet und mit der Architekturtheorie seiner Zeit bestens vertraut. Sein Wissen kam einerseits von seinem Vormund, der ein Festigungsbauer war, andererseits durch eigene Forschungen, die er auf seiner Italienreise durch eigene Anschauung vertiefen konnte. Eine Ausgabe der „Fünf Bücher über die Architektur" von Sebastiano Serlio aus dem Besitz seines Vaters Philipp Ludwig I.ist erhalten.

Unmittelbare Vorbilder für die Planung der Neustadt Hanau existieren nicht. La Valletta und der entsprechende Grundriß bei Pietro

Cataneo kann als bekannt vorausgesetzt werden. Als Vorläuferprojekt kann die Stadt Pfalzburg gelten, die von dem Pfalzgrafen Georg Hans von Veldenz-Lützelstein 1570 als Zollstätte und Refugium für französiche reformierte Glaubensflüchtlinge gebaut wurde. Eine Mitwirkung Daniel Speckles bei der Planung wird vermutet. Die ursprüngliche Anlage der Stadt zeigt eine regelmäßige fünfeckige Zitadelle. Daneben liegt eine von einer unregelmäßig, vieleckigen, durch Bastionen verstärkten Umwallung umgebene Stadt, die im Grundriß gerade, weitgehend sich rechtwinklig kreuzende Straßen, einen großen Hauptplatz und einem kleineren Platz aufweitet. Allerdings war die Straßenführung durchaus unregelmäßig und nicht konsequent nach dem Blocksystem errichtet. Die Lage und Gestalt der vom Plalzgrafen 1585 erbauten Kirche läßt sich nicht mehr nachweisen. Sie soll als Doppelkirche angelegt worden sein und könnte

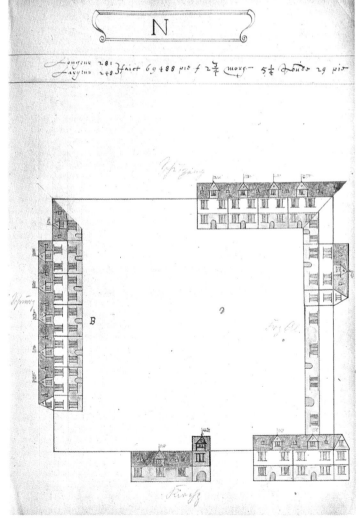

Sebastiano Serlio, De Architectura libri quinque. Venedig 1596　　　*Nicolas Servais, Hausbuch der Neustadt Hanau*

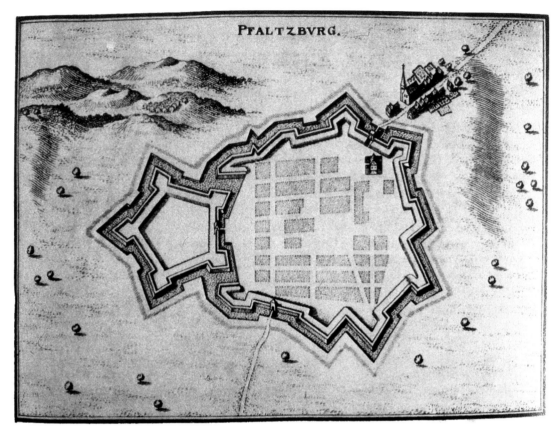

Pfalzburg, Grundriß

neben Willemstad als Vorbild für die Hanauer Kirche gedient haben.[15] Dies kann aber nicht verifiziert werden. 1583 mußte der Pfalzgraf Land und Stadt an Lothringen verpfänden, bei seinem Tod 1592 fiel das Pfand gänzlich an Lothringen. 1661 fiel die Stadt an Frankreich und wurde von Vauban 1678-80 zur starken Festung ausgebaut. Von der 1570 gegründeten Stadt ist nichts mehr erhalten.

Die Neustadt Hanau ist ein leicht unregelmäßiges Fünfeck in quadratischer Blockbebauung mit dem Marktplatz als zentraler Mitte. Am Marktplatz, anstelle des heutigen Rathauses, war ursprünglich die Kirche, dann eine Börse geplant. Als Hauptachse ist eine Straße (Nürnberger Straße) in Ost-West-Richtung angelegt. Die Querachse ist weniger durch eine Straße als durch den zweiten quadratischen Platz ausgeprägt, auf dem die Doppelrundkirche steht. Marktplatz und Kirchplatz sind durch die Paradiesgasse verbunden. Auf dieser Straße wurden die ersten Häuser gebaut. Dieses Element von zwei gleichwertigen, annähernd gleichgroßen Plätzen, die mit einer Straße verbunden sind, ist als isoliertes Element innerhalb der Gesamtplanung sicher von dem Grundriß von Willemstad übernommen, so daß Willemstad zumindest in einem Teilaspekt vorbildlich gewirkt hat.

Die repräsentativen zwei- und dreistöckigen Kaufmannshäuser findet man am Marktplatz, in seiner unmittelbaren Umgebung und in der Nürnberger Straße. Die Handwerker und die ärmeren Volksschichten siedelten in einstöckigen Häusern am Rand der Stadt zur Wallanlage hin. Aus dem achsialen System der Neustadt ergibt sich keine Blickachse zur Altstadt und zum Grafenschloß. Darin äußert sich die relative Selbständigkeit der Neustadt und ihrer Bewohner gegenüber der Altstadt und vor allem gegenüber dem Grafen. Bei dem Bau der Befestigungsanlage begnügten sich die Neustädter mit einem tenaillierten System.

Die Neustadt Hanau ist als bürgerliche Gründung – zwar mit maßgeblicher Unterstützung des Grafen – hauptsächlich an rein praktischen Erwägungen orientiert. Der Festungscharakter spielte eine vergleichsweise untergeordnete Rolle, er kommt lediglich in dem regelmäßigen Fünfeck des Grundrisses und der Wallanlage zum Ausdruck. Gebaute Vorbilder sind in diesem Zusammenhang La Valletta und die erste, nicht mehr vorhandene Anlage von Pfalzburg. Ausschlaggebend für die Planung waren zweifelsfrei die Bedürfnisse der Bewohner: Kaufleute und Handwerker, die auch nicht mehr unmittelbar auf der Flucht waren, sondern durch die Stadtgründung sich bessere Lebensumstände erhofften als im nahen Frankfurt. Dies kommt in der egalitären Baustruktur zum Ausdruck. Im Gegensatz dazu weist das 1583 gegründete Willemstad eine klare Achsialität zur Kirche auf und unterstreicht daher den religiösen Aspekt in der Stadtgründung deutlicher. Diese unspektakuläre, an der Praxis orientierte Form und an den Bedürfnissen der Bewohner orientierte Struktur der Neustadt Hanau war auch der Schlüssel zum Erfolg. Trotz aller Schwierigkeiten ist Hanau die erste Planstadt mit rechtwinkligem Straßensystem und Blockbebauung in Deutschland, die noch existiert und durchgängig besiedelt war und ist. Hanau und das ganz anders gedachte Freudenstadt (ab 1599) sind die einzigen deutschen Planstädte des 16. Jahrhunderts, die heute noch „funktionieren".

Die Kirche war – neben der Befestigung – die wichtigste Bauaufgabe der reformierten Gemeinden der Neustadt Hanau. 1599 wurde der Beschluß gefaßt, den Kirchenbau in zwei getrennten Häusern unter einem Dach, entsprechend den beiden Gemeinden, aufzubauen. Das von der Gemeinde vorgelegte Modell einer langgestreckten Kirche mit abgeschrägten Ecken, das sich sicher an dem Entwurf Jacques Perrets orientiert hat, mißfiel dem Grafen, und er setzte den Entwurf von Nikolaus Gillet durch, da er *formlicher, zierlicher und auch ansehnlicher* sei. Die wallonisch-niederländische Kirche wurde also auch von dem Architekten der Neustadt erbaut und steht in der Tradition der calvinistischen Rundkirchen. Unmittelbares, gebautes Vorbild ist die reformierte Kirche in Willemstad, die Philipp Ludwig aufgrund seiner engen verwandtschaftlichen Beziehungen zu Wilhelm und Moritz von Oranien genau kannte. Im Gegensatz zum Grundriß der Stadt ist bei dem Kirchenbau die Beeinflussung aus Willemstad sehr direkt.

Neu an der wallonisch-niederländischen Kirche ist die Verschmelzung zweier verschieden großer, runder Saalkirchen in einen Bau, wobei an der Nahtstelle beider Säle der Glockenturm eingepaßt ist. Die Aufteilung des Innenraumes entspricht hugenottischer Tradition: Kanzel und Orgel sind die einzigen herausragenden Baukörper, ansonsten ist der Innenraum absichtlich schlicht nur mit hohen Sandsteinsäulen und einer einfachen Stuckdecke versehen. Allein die beiden steilen und hohen Dächer vermitteln nach außen den Eindruck von Größe und Bedeutung.

Nikolaus Gillet ist mit der wallonisch-niederländischen Kirche eine innovatorische Leistung gelungen. In dem Kontext früher Barockkirchen in Deutschland ist die formale Lösung Gillets – bezogen auf die besonderen Verhältnisse in Hanau – eine eigenständige Leistung, die den weiteren regionalen Kirchenbau beeinflußte. Die Bauausführung zog sich allerdings noch bis 1608 hin, wobei einige statische Verbesserungen durchgeführt werden mußten.

Die Neustadt Hanau steht am Beginn einer langen Reihe von Stadtgründungen nach dem gleichen System in Europa: vom ersten Plan Mannheims 1606 über die schwedischen Neugründungen, St. Petersburg und Turin, um nur die bekanntesten zu nennen. Hanau gehört zweifelsfrei zu den wichtigen Planstädten in Europa.

PROSPECT VON HANAU GEGEN MORGEN. VUE DE HANAU DU COTE DE L'ORIENT

Johann Jacob Müller. Hanau von Osten. Kolorierter Kupferstich

Anmerkungen

[1] Hermann Bauer: Kunst und Utopie, Berlin 1965; Gerhard Eimer: Die Stadtplanung im schwedischen Ostseereich 1600 - 1715, Mit Beiträgen zu Geschichte der Idealstadt, Stockholm 1961; Per Gustaf Hamberg: Tempelbygge för Protestanter, Stockholm 1955; Suzanne Lang: The Ideal City from Plato to Howard. In: The Architectural Review CXII, Nr. 668; Georg Münter: Idealstädte, Ihre Geschichte vom 15. -17. Jahrhundert. Berlin 1957; Helen Rosenau: The Ideal City, Its architectural evolution, London 1959

[2] Hanno-Walter Kruft: Städte in Utopia, Die Idealstadt vom 15. bis zum 18. Jahrhundert zwischen Staatsutopie und Wirklichkeit, München 1989, S. 10 f.

[3] Willi Stubenvoll: Die Deutschen Hugenottenstätte, Frankfurt 1990; Andreas Jakob: Die Legende von den Hugenottenstädten, Deutsche Planstädte im 16. und 17. Jahrhundert. In: „Klar und lichtvoll wie eine Regel" Planstädte der Neuzeit, Ausstellungskatalog Badisches Landesmuseum Karlsruhe 1990.

[4] Christoph Thoenes: Anmerkungen zur Architekturtheorie. In: Artchitekturmodelle der Renaissance, Ausstellungskatalog Staatliche Museen zu Berlin Preußischer Kulturbesitz, Kunstbibliothek 1995, S. 28

[5] Kruft op. cit. S. 25

[6] Kruft op. cit. S. 37

[7] Kruft op. zit. S. 36

[8] Tommaso Temanza: Vite dei più celebri architetti e scultori veneziani che fiorono nel secolo decimosesto, Venedig 1778 (ed. Liliana Grassi, Mailand 1966), S. 434

[9] Erwin Walter Palm: Tenochtitlán y la Ciudad ideal de Dürer. In: Journal de la Société des Américanistes, n. S. Xl, 1951, S. 59-60

[10] Hernando Cortes: Praeclara de Nova maris Oceani Hyspania Narratio, Nürnberg 1524

[11] Horst De la Croix: Military Architecture and the Radial City Plan in Sixteenth Century Italy. In: The Art Bulletin XLII, 1960, S. 263-290.

[12] Wilhelm Heyd: Handschriften und Handzeichnungen des herzoglichen Baumeisters Heinrich Schickhardt, Stuttgart 1902, S. 347

[13] Johann Valentin Andreae: Reipublicae Christianopolitanae Descriptio, Straßburg 1619

[14] Klaus Kartsch: Bergstädte des Erzgebirges. Städtebau und Kunst zur Zeit der Reformation, München 1972. S. 43 ff., 55 ff.

[15] Stubenvoll op. cit. S. 39

Eckhard Meise
Der Dreißigjährige Krieg und Hanau[1]

Wollen wir die Geschichte unserer Heimatstadt während jener langen Kriegszeit, die vor unserem Jahrhundert als die größte Katastrophe der deutschen Geschichte galt, verstehen, so dürfen wir Hanau nicht isoliert sehen. Entscheidend bestimmt wurden seine Geschicke durch die Verwicklungen der deutschen und der europäischen Politik. Die Grafschaft Hanau war im Deutschen Reich ja eine politische Kraft geringeren Ranges, und als Militärmacht spielte sie überhaupt keine Rolle. Das politische Ziel konnte während des Dreißigjährigen Krieges deshalb nur sein, möglichst neutral zu bleiben und Hanau, so gut es eben ging, aus einem militärischen Konflikt herauszuhalten, auf dessen Verlauf und Ausgang man ohnehin keinen entscheidenden Einfluß nehmen konnte. Einer solchen Politik konnte die Festung einen gewissen Rückhalt geben: Hanau war eine moderne Festung, und deren Wälle boten seinen Bewohnern und den Flüchtlingen, die sich hierhin gerettet hatten, einen gewissen Schutz. Allerdings wurde Hanau allein durch diese Festung noch nicht zu einem aktiven Militärfaktor: Sie war eine Verteidigungsanlage, über die während wichtiger Kriegsphasen zudem fremde Kommandanten im Namen fremder Mächte verfügen sollten. Aktiv konnte und wollte die Grafschaft als eigenständige militärische Kraft in diesen Krieg nicht eingreifen.

Zu berichten ist also von den Verwicklungen der großen Politik, vom Stand des Militärwesens zu jener Zeit, von den Auswirkungen dieser Dinge auf unsere Stadt und auch von einem Krieg, der – je länger er dauerte – immer mehr eine eigene, aus ihm selbst heraus entstandene Dynamik entwickelte, die ihren eigenen Gesetzen folgte und einen vertraglich abgesicherten Frieden lange verhinderte. Dabei dürfen wir über diesen theoretischen Betrachtungen das Leiden der Menschen nicht übersehen.

Die Vorgeschichte des Krieges

Die Vorgeschichte des Dreißigjährigen Krieges (1618 - 1648) reicht weit zurück. Im 16. Jahrhundert war die große Politik in Europa bestimmt durch konfessionelle Auseinandersetzungen und durch die Bestrebungen des Hauses Habsburg, eine dauerhafte europäische Hegemonie zu erreichen. Diese beiden Elemente – das konfessio-

nelle wie das politische – standen in dauernder Wechselwirkung, verstärkten sich gegenseitig oder führten auch zu für uns heutige Menschen schwer verständlichen Widersprüchen.

KAISER KARL V. (1500 - 1558, ab 1519 Römischer König) stand an der Spitze eines Reiches, *in dem die Sonne nicht untergeht*: Amerika, Spanien, Sardinien, Sizilien, Süditalien, wichtige Teile Norditaliens, Österreich, Ungarn (das freilich großenteils von den Osmanen beherrscht wurde), Teile Burgunds und schließlich die Niederlande bildeten das habsburgische Imperium. Krönung war der mit der Herrschaft über das Deutsche Reich verbundene Kaisertitel. Dieser Titel, übernommen von den römischen Cäsaren, war ja stets auch mit dem ideellen Anspruch auf eine Vorherrschaft über die Christenheit verbunden gewesen, und Karls V. Kaiserwürde schien die dynastische Idee (Herrschaft des Hauses Habsburg) mit der imperialen (Kaisertum als Weltherrschaft) verbinden zu können: sie verwirklichte in der Tat eine universale, die verschiedenartigsten Völker und Gebiete umfassende Herrschaft. Im 16. Jahrhundert allerdings war das Kaisertum in seiner herkömmlichen, von der Spätantike ins Mittelalter übernommenen Bedeutung schon fast ein Anachronismus. Die Zukunft sollte in Europa den Nationalstaaten gehören, und in vielen Krisen und Kämpfen, die bis zum Anfang unseres Jahrhunderts dauern sollten, lösten sich die alten Vielvölkerstaaten mittelalterlicher Prägung auf. Auch in unserer Zeit erleben wir es, daß aus zerbrechenden übernationalen Staatsgebilden in krisenhafter Entwicklung kleinere national geprägte Staaten entstehen: als treibende Kraft ist der Nationalismus noch längst nicht aus der Geschichte verschwunden.

Karls V. großer außenpolitischer Gegenspieler war der französische König. FRANKREICH grenzte zu Land fast überall an habsburgische Territorien, war somit habsburgischen Pressionen geradezu ausgesetzt, und das vorgegebene politische Ziel war es deshalb, mit allen Mitteln gegen diese Umklammerung vorzugehen: alle politischen Gegner Habsburgs, welcher Konfession und welcher Religion auch immer, wurden somit zu den natürlichen Verbündeten Frankreichs.

Eine andere politische Opposition gegen Karl V. ging von den REICHSFÜRSTEN aus. Die deutschen Fürsten bemühten sich zwar, in den eigenen Territorien ihre Herrschaftsrechte vollständig durchzusetzen, leisteten aber ihrerseits den größten Widerstand gegen alle kaiserlichen Versuche, etwas ähnliches im Reichsmaßstab zu unternehmen.

Die Sicherung der deutschen Libertät, d.h. der möglichst ungehinderten Selbstbestimmung der Fürsten im Rahmen des Reiches, war ein entscheidendes Motiv fürstlicher Politik. In dieser Situation erhielt die Reformation, für Luther eigentlich eine reine Glaubensfrage, auch eine erhebliche politische Bedeutung. Reichsfürsten wurden die wichtigsten Träger des neuen Glaubens, sie verbündeten sich mit dem König von Frankreich gegen den Kaiser und verhinderten dessen Versuche, den neuen Glauben mit militärischen Mitteln zu unterdrücken. So wie dieses Bemühen des Kaisers, selbst mit Gewalt die Glaubenseinheit des Reiches durchzusetzen, auch als ein Versuch gedeutet werden kann, die kaiserliche Machtposition im Reich auf Kosten einiger Fürsten zu stärken (Politik und Religion lassen sich hier nicht voneinander trennen), so läßt sich andererseits der religiös begründete Widerstand der protestantischen Fürsten auch als Kampf für die deutsche Libertät verstehen.

Die drei genannten Motive, nämlich Frankreichs gegen die habsburgische Umklammerung gerichtete Politik, das Eintreten des Kaisers für die katholische Religion verbunden mit dem Bemühen um die kaiserliche Vorherrschaft im Reich und schließlich die Opposition der Reichsfürsten dagegen, sollten auch während des Dreißigjährigen Krieges erhebliche Bedeutung haben. Wahrscheinlich entscheidend sollte dabei werden, daß sich dann Frankreichs Politik nicht mehr an konfessionellen Prinzipien, sondern fast völlig an der Staatsräson orientierte.

Während der Glaubenskriege der zweiten Hälfte des 16. Jahrhunderts waren die konfessionellen Parteien Frankreichs (ähnlich wie später im Deutschland des Dreißigjährigen Krieges) ganz massiv von miteinander rivalisierenden ausländischen Mächten unterstützt worden. Spanien hatte den französischen Katholiken geholfen, England, die nördlichen Niederlande und einige evangelische Reichsfürsten dagegen den Hugenotten, d.h. der spanisch-englische Konflikt war über die Konfessionsparteien auch in Frankreich ausgefochten worden. Diese Art ausländischer Einmischung hörte erst gegen Ende des 16. Jahrhunderts auf. Seit Heinrich IV. von Frankreich, der – obwohl Führer der Hugenotten – im Jahr 1593 vom Calvinismus zum Katholizismus konvertiert war um König werden zu können (Paris ist eine Messe wert), betrieben die französischen Könige eine gewissermaßen „moderne" Politik. Sie unterschieden sehr wohl zwischen politischen und konfessionellen Interessen, ihre Politik hatte sich sozusagen von der Religion emanzipiert. Kardinal Richelieu, der während der entscheidenden Phasen des Dreißigjährigen Krieges die Politik Frankreichs bestimmte, bemühte sich im eigenen Lande zwar, die politische Macht der Hugenotten zugunsten der königlichen Autorität zu brechen, unterstützte außenpolitisch aber das protestantische Schweden und die protestantischen Reichsfürsten gegen die katholischen Habsburger.

Ein weiteres für den Beginn und den Ablauf des Dreißigjährigen Krieges wichtiges Moment war der Kampf der spanisch-habsburgischen Krone gegen die nördlichen NIEDERLANDE. Karls V. Kaiserpolitik war im Deutschen Reich gescheitert, er resignierte, dankte im Jahr 1556 ab und teilte sein Imperium auf. Sein Sohn wurde als Philipp II. (1527 - 1598) spanischer König und erhielt den Habsburger Besitz in Spanien (mit Amerika) und Italien, sowie im Reich die im burgundischen Kreis liegenden Habsburger Territorien, d.h. die Niederlande und die Freigrafschaft Burgund. Karls jüngerer Bruder wurde als Ferdinand I. (1503 - 1564) Deutscher Kaiser und erhielt den östlichen Habsburger Hausbesitz. Ferdinand hatte im Jahr 1555 für das Deutsche Reich den Augsburger Religionsfrieden ausgehandelt, der die Frage der Konfessionszugehörigkeit der landesherrlichen Entscheidung überließ (cuius regio, eius religio) und der Deutschland für das nächste halbe Jahrhundert einen erträglichen Frieden sicherte. Ein erheblicher Mangel dieses Friedensvertrages war indes, daß er nur für die Katholiken und für die Anhänger der Augsburgischen Konfession, d. h. die Lutheraner, galt. Alle anderen Bekenntnisse waren ausgeschlossen, und dies betraf vor allem die Reformierten, die Anhänger der Lehre Calvins. Um die damaligen Verhältnisse realistisch beurteilen zu können, muß man ja von der Existenz dreier Konfessionen ausgehen, und Vertreter der beiden protestantischen Konfessionen, Lutheraner und Calvinisten, feindeten sich untereinander teilweise nicht weniger heftig an, als sie gegen die Anhänger des Katholizismus Stellung bezogen.

Im Nordwesten des Reiches, in den Philipp II. zugesprochenen Gebieten, wurde in der zweiten Hälfte des 16. Jahrhunderts Krieg geführt. Neben dem amerikanischen Silber waren die Steuereinnahmen aus den wirtschaftlich blühenden Niederlanden die materielle Basis für Spaniens Großmachtstellung. Die Bewohner der noch zum Deutschen Reich gehörenden niederländischen Provinzen waren auf ihre Freiheiten und historisch bedingten Sonderrechte bedacht, im Norden hatten sie sich überdies großenteils der Lehre Calvins angeschlossen. Der König von Spanien versuchte dagegen mit allen Mitteln, mit Inquisition und militärischem Terror, die neue Konfession zusammen mit den niederländischen Freiheiten zu beseitigen, doch rief gerade dies den Widerstand der Niederländer hervor, führte zu Aufständen und schließlich zur Unabhängigkeitserklärung der „Generalstaaten", der nördlichen Niederlande. Die südlichen, überwiegend katholischen Niederlande hielten zwar wegen ihres Religionsbekenntnisses und dank der geschickten Politik ihrer Statthalter loyal zu Spanien, doch gab Spanien sich damit nicht zufrieden: das erklärte Ziel seiner Politik war und blieb es, auch den wirtschaftlich so wichtigen Norden wieder unter seine Botmäßigkeit zu zwingen. Langwährende Kämpfe blieben ohne entscheidendes Ergebnis, schließlich schlossen Spanien und die Generalstaaten im Jahr 1609 einen Waffenstillstand auf zwölf Jahre ab. Dieser Stillstand war freilich alles andere als die Vorstufe zu einem Frieden, beide Seiten nutzten die Waffenruhe vielmehr zu Vorbereitungen für die nächste, vielleicht entscheidende militärische Auseinandersetzung.

In unserer Darstellung bringen diese niederländischen Ereignisse HANAU zum erstenmal in eine Verbindung zur großen Politik. Um die

Jahrhundertwende regierte in Hanau Graf Philipp Ludwig II. (18.11.1576 - 9.8.1612). Nach dem frühen Tod des Vaters war er mit seiner Mutter, die 1581 einen Grafen von Nassau-Dillenburg geheiratet hatte, aus dem lutherischen Hanau in das reformierte Dillenburg gekommen und dort auch im Sinn der calvinistischen Lehre erzogen worden. Ende des Jahres 1595 übernahm er die Regierung in Hanau und sorgte gegen einigen Widerstand dafür, daß Stadt und Grafschaft sich dem reformierten Bekenntnis anschlossen. Er war der eigentliche Förderer der Neustadt Hanau, die im Jahr 1597 (Datum des Gründungsvertrages, der *Capitulation*, ist der 1. Juni 1597) von französisch und flämisch sprechenden reformierten Glaubensflüchtlingen aus den Niederlanden gegründet wurde.

Die so hergestellte Bindung zu den Niederlanden war auch dynastisch abgesichert. Maßgebliche politische und militärische Anführer der aufständischen Niederländer stammten aus dem Haus Nassau-Oranien: die Statthalter Wilhelm I., der Schweiger (1533 - 1584), und sein Sohn Moritz (1567 - 1625, Statthalter ab 1585). Des letzteren Halbschwester, eine Tochter Wilhelms aus dessen dritter Ehe, war seit 1596 die Ehefrau Philipp Ludwigs II. von Hanau, es war Katharina Belgia oder französisch *Belgie* (so die von ihr selbst gebrauchten Namensformen; die gräfliche Kanzlei gebrauchte den lateinischen Namen „Belgica". 31.7.1578 - 12.4.1648).

Europa stellte sich auf den nächsten Krieg zwischen Spanien und den Generalstaaten ein, der – so schien es – nach Ablauf des Waffenstillstandes im Jahr 1621 beginnen würde. Der böhmische Aufstand des Jahres 1618 jedoch ließ die Feindseligkeiten früher ausbrechen. Aus Protest gegen die Verletzung garantierter Privilegien und der Freiheit ihrer Religion warfen Vertreter der evangelischen Stände Böhmens die beiden kaiserlichen Statthalter im Hradschin zu Prag aus dem Fenster. Diese *Defenestration*, der berühmte Prager Fenstersturz vom 23. Mai 1618, ein äußeres Symbol religiösen und politischen Widerstandes gegen die verhaßte Habsburger Regierung, war nur ein erster Schritt. Die Böhmen engagierten den Söldnerführer Ernst von Mansfeld, erkannten 1619 die Wahl des Habsburgers Ferdinand II. zum Kaiser nicht an, setzten ihn im gleichen Jahr als König von Böhmen ab (er war 1617 ernannt, nicht gewählt worden!) und wählten an seiner Stelle den Kurfürsten Friedrich V. von der Pfalz (1596 - 1632, ab 1610 Kurfürst) zu ihrem König; vielleicht hofften sie, einen ähnlichen Weg wie die Niederländer begehen zu können. Damit war der böhmische Aufstand kein lokales Ereignis mehr. Es begann der Dreißigjährige Krieg, in den sich nach und nach fast alle europäischen Mächte einmischen sollten.

Auch im Zusammenhang mit den böhmischen Ereignissen rückt HANAU wieder in unser Blickfeld. Louise Juliane, die Mutter des Kurfürsten Friedrich V. von der Pfalz, war eine Schwester der Hanauer Gräfin Katharina Belgia, und der Hanauer Graf Philipp Ludwig II. hatte im Jahre 1612 in London für den jungen Kurfürsten Friedrich um die Hand der englischen Prinzessin Elisabeth angehalten. Die Ehe der englischen Prinzessin mit dem Pfälzer Kurfürsten war durchaus

ein bedeutsamer Schachzug im Rahmen der europäischen antispanischen, und das bedeutete antihabsburgischen Politik. Einer der Prager Defenestranten war nach einer Angabe in Zimmermanns Hanauer Chronik mit Amelia Elisabeth (29.1.1602 - 8.8.1651), einer Tochter Philipp Ludwigs II., verlobt. Sie heiratete im Jahr 1619 nach dem Tod ihres böhmischen Verlobten den Landgrafen Wilhelm V. von Hessen-Kassel (1602 - 1637), der dann im Jahr l636 die entscheidende Rolle beim Entsatz der Festung Hanau spielen sollte. Nach dessen Tod lenkte Amelia Elisabeth während des Krieges und noch über den Friedensschluß hinaus als Vormünderin ihres Sohnes energisch die Geschicke der Landgrafschaft im Sinne einer antikaiserlichen Politik. Der Hanauer Chronist Johann Adam Bernhard (1688 - 1771) berichtet, die böhmischen Gesandten, die in Friedrichs Auftrag gegen die Kaiserwahl Ferdinands in Frankfurt protestieren sollten, seien dort nicht zugelassen worden und hätten sich kurze Zeit in Hanau aufgehalten. Zur Situation der Katharina Belgia, die seit Philipp Ludwigs Tod (er war kurz nach der Rückkehr von der Brautwerbung aus England gestorben) als Vormünderin für ihren Sohn Philipp Moritz die Regierungsgeschäfte führte, schreibt Bernhard: *Die böhmischen Kriegsunruhen gingen mit dem Jahr 1619 an, und die Frau Vormünderin mogte sich dabey so klug anstellen, wie sie immer wolte, so konnte man doch so viel mercken, daß sie dem Churfürst Friedrich in der Pfalz als einem nahen Anverwanthen alles Gute wünschte. Seinetwegen zoge sich dieße Fürstin bey dem kayßerlichen Hof unvermuthet eine Ungnade auf den Hals, welche man Hanau lang nachgetragen und endlich empfinden laßen.*

Die Kriegsparteien

Vor einem Überblick über den Ablauf des Dreißigjährigen Krieges mag eine Zusammenstellung der wichtigsten Parteien mit ihren unterschiedlichen Absichten und Kriegszielen den zunächst ganz verworren erscheinenden Kriegsverlauf für uns etwas durchschaubarer machen. Wegen des bereits angesprochenen komplizierten Verhältnisses von Religion und Politik zu jener Zeit, außerdem wegen der besonderen Bedingungen der damaligen Kriegführung und schließlich auch wegen ganz persönlicher Eigenheiten oder familiärer Verbindungen einzelner Beteiligter wird manches trotz größtmöglicher Vereinfachung schwer verständlich bleiben. Eines muß dabei stets bedacht werden: eine am Wohl Deutschlands ausgerichtete Politik dürfen wir von den Beteiligten nicht erwarten. Von den ausländischen Mächten ohnehin nicht, und die deutschen Kriegsparteien (Sachsen ist möglicherweise eine Ausnahme) hatten bei ihrem Handeln vor allem die Interessen ihrer Konfession oder ihres Territoriums im Sinn. Die partikularen Kräfte erstarkten weiter, die Reichsautorität sank immer mehr, und so ist der Dreißigjährige Krieg auch eines jener Ereignisse, welche das Entstehen eines wirklich deutschen Nationalstaates verhinderten.

Beginnen wir mit den DEUTSCHEN FÜRSTEN. Bis gegen Ende des 16. Jahrhunderts hatten das Reichskammergericht und der Reichstag ein leidliches Zusammenwirken der Stände des Deutschen Reiches in Fragen der Reichspolitik ermöglicht. Wegen konfessioneller und politischer Streitigkeiten war zunächst die Tätigkeit des Kammergerichts, dann die des Reichstags zum Erliegen gekommen. Die einzig noch wirksam funktionierenden Institutionen waren der Kaiser und sein Reichshofrat, beide aber standen nicht über den Konfessionen, waren also selbst Partei. Diese Lähmung der Institutionen des Reiches brachte die einzelnen Stände noch mehr als zuvor dazu, ihre Interessen einzeln oder in Gruppen, neutral oder in Sonderbündnissen, mit oder ohne Verbindung zum Ausland, auf jeden Fall aber ohne Rücksicht auf das Reich und seine lahmgelegten Organe wahrzunehmen.

Als politisch-konfessionelle Bündnisse entstanden 1608 die protestantische UNION, im folgenden Jahr die katholische LIGA. Freilich wäre es zu einfach, wollte man diese Sonderbündnisse als Mittel zur klaren Parteiabgrenzung der Konfessionen voneinander ansehen. Vergessen wir nicht, daß die Protestanten ihrerseits in Calvinisten und Lutheraner gespalten waren, von denen die Calvinisten die aggressivere Kraft waren, während die lutherischen Stände sich eher abwartend und vorsichtig verhielten. Überspitzt gesagt ging es den Calvinisten um Expansion, die Lutheraner dagegen wären mit der Wahrung des konfessionellen Besitzstandes zufrieden gewesen. Streitigkeiten zwischen Lutheranern und Calvinisten schwächten dann auch die Union von Anfang an, und das lutherische KURSACHSEN, die traditionelle Führungsmacht der evangelischen Stände Deutschlands, beteiligte sich überhaupt nicht an dem Bündnis. Die Politik des Kurfürsten Johann Georg I. von Sachsen (1585 - 1656, ab 1611 Kurfürst) erweckt am ehesten den Eindruck, als sei sie an einem wirklichen Reichsinteresse orientiert gewesen. Zu Beginn des Krieges stand er an der Seite des Kaisers gegen die aufständischen Böhmen und die Union, mußte sich 1631 widerwillig, unter militärischem Druck den Schweden anschließen, verließ bei der erstmöglichen Gelegenheit das schwedische Bündnis und stand seit dem Prager Frieden 1635 wieder auf kaiserlicher Seite. Dies war eine klare nationale Linie, doch hatte der Kurfürst nicht die Energie, sich mit allem Nachdruck für seine Reichspolitik einzusetzen. Die Einzelheiten der kursächsischen Politik wirkten auf die Zeitgenossen in manchem zu zögerlich, dann wieder merkwürdig und manchmal auch überraschend. Der starke Alkoholkonsum des Kurfürsten mag dazu beigetragen haben, und es wurde in Deutschland fast Mode, Entscheidungen des Kurfürsten mit dessen Trunkenheit oder Nüchternheit (je nach dem Standpunkt des Urteilenden) zu erklären. Als Johann Georg im Jahr 1635 seinen Frieden mit dem Kaiser gemacht hatte, beschimpften die Schweden ihn als *Merseburger Bierkönig*. In den Jahren nach dem Krieg erhielt Sachsen die Quittung für die halbherzige Politik seines Kurfürsten zwischen den großen Parteien: aus der böhmischen Beute erhielt es zwar die Lausitz – Vormacht der deut-

schen Protestanten aber wurde nun das energisch geführte calvinistische Brandenburg. Es war der Beginn des deutschen Dualismus, der Auseinandersetzung zwischen Brandenburg-Preußen einerseits und Österreich andererseits um die politische Führung in Deutschland.

Die treibende Kraft in der Union war die calvinistische KURPFALZ, deren Obstruktionspolitik bereits entscheidend zum Lahmlegen des Reichstages beigetragen hatte. Im Gegensatz zu Johann Georg I. von Sachsen, der eine wahrscheinlich richtige und im Interesse Deutschlands liegende Politik schwunglos und ohne große Energie betrieb, verfolgte Kurfürst Friedrich V. von der Pfalz mit Elan aber ohne übermäßig großes Verantwortungsgefühl einen risikoreichen antihabsburgischen Kurs. Bereits in den ersten Kriegsjahren sollte die Union praktisch handlungsunfähig werden.

Die katholische Liga, straffer organisiert und wesentlich erfolgreicher, stand unter der Führung Maximilians I. von BAYERN (1573 - 1651, ab 1597 Herzog, ab 1623 Kurfürst). Er trat mit Nachdruck für die katholische Konfession ein, handelte aber ebenso nachdrücklich für seine eigenen Interessen und die seines Territoriums. Um so besser, wenn sich alles miteinander in Einklang bringen ließ. Seine Politik gegen den Pfälzer Kurfürsten war nicht nur konfessionell begründet, sondern hatte auch einen handfesten egoistischen, persönlichen Hintergrund. Beide Fürsten gehörten der Familie der Wittelsbacher an, der Pfälzer jedoch war Mitglied des Kollegiums der sieben Kurfürsten, des vornehmsten fürstlichen Gremiums im Reich. Die protestantische Pfälzer Linie war also der angesehenere Zweig der Dynastie. Wegen der Abhängigkeit des Kaisers vom Heer der Liga und durch den Sieg über die Union erreichte Maximilian im Jahr 1623, daß die Kurwürde seines in die Reichsacht gestoßenen pfälzischen Verwandten an ihn übertragen wurde. Später konnte er – ebenfalls aus dem Besitz des Pfälzers – die Oberpfalz für Bayern gewinnen. Nach dem Krieg waren die Rollen im Hause Wittelsbach vertauscht: jetzt war die bayerische Linie eindeutig führend (in einem für das alte Deutsche Reich typischen Kompromiß wurde für die Pfalz noch eine achte Kurwürde geschaffen).

Man möchte meinen, daß für die deutschen Fürsten wenigstens im Verhältnis zum KAISER durch die Konfessionszugehörigkeit eine klare Parteientscheidung vorgegeben gewesen sei. Dem war jedoch nicht so. Katholische Fürsten unterstützten das katholische Reichsoberhaupt gegen protestantische Fürsten – wenn der Kaiser jedoch übermächtig zu werden schien, wenn er versuchte, eine Art kaiserlichen Absolutismus im Reich zu schaffen, und wenn er dabei sich auch noch der spanischen Hilfe zu versichern schien, wenn es für die Fürsten also um ihre *deutsche Libertät* ging, dann waren sich Protestanten und Katholiken gegen den Kaiser einig. Als Kaiser Ferdinand II. nach dem Frieden von Lübeck 1629 auf dem Höhepunkt seiner Macht stand, führte sein früherer Helfer Maximilian von Bayern auf dem Regensburger Kurfürstentag 1630 die Fürstenopposition gegen ihn an.

Die Kaiser waren an dieser verwirrenden Situation keineswegs schuldlos. Sie waren ja nicht nur deutsche Kaiser, sondern sie gehörten auch dem Haus Habsburg an, das – nach Karl V. in zwei Linien aufgeteilt – über Österreich und Spanien herrschte. FERDINAND II. (1578 - 1637, ab 1619 Kaiser) hatte bereits als Erzherzog in den österreichischen Landen eine rücksichtslose Rekatholisierungspolitik betrieben (das war ja einer der Gründe des böhmischen Aufstands gewesen), und daß er, der entschiedene Anhänger der Gegenreformation, sich im Reich rigoros für die katholische Konfession einsetzen würde, war seit Beginn seiner Regierung für jeden klar. Unklar aber war während des Krieges stets, ob er als deutscher Kaiser im Interesse des Reichs oder als Habsburger im Interesse seiner mächtigeren spanischen Verwandten handelte. Wahrscheinlich war er ein Herrscher, für den sich die Interessen seiner Religion, seiner Familie und seines Reichs nicht voneinander trennen ließen, für den also die Wiederausbreitung der katholischen Konfession, die Festigung der Vorherrschaft des Hauses Habsburg über Europa und die Stärkung der Macht des Kaisers im Reich als politische Aufgaben eine unteilbare Einheit bildeten. Mit diesen unvereinbaren und unzeitgemäßen Ansprüchen mußte er scheitern, und so erscheint er aus heutiger Sicht als der letzte Kaiser, der den ernsthaften Versuch unternahm, durch Diplomatie und militärische Gewalt dem Kaisertum eine tatsächliche Machtstellung im Deutschen Reich zu sichern. Sein Sohn und Nachfolger FERDINAND III. (1608 - 1657, Kaiser seit 1637) war in Fragen der Konfession gemäßigter, war in Fragen der Reichspolitik kompromißbereiter, und deshalb konnte er mit den meisten Reichsständen zu einem Ausgleich und zu einer politischen Zusammenarbeit finden – zum Frieden reichte dies allein jedoch nicht. Ernsthafte Friedensverhandlungen wurden erst dann möglich, als der Kaiser ganz eindeutig seine Interessen von denen der spanischen Habsburger getrennt hatte.

Wenigstens bei den PÄPSTEN müßte doch eine klare Entscheidung zugunsten der katholischen kaiserlichen Politik zu erwarten sein, doch auch für sie war die Lage nicht so einfach. Die Päpste waren ja nicht nur Oberhaupt der katholischen Kirche, sondern sie standen als weltliche Landesherren auch an der Spitze eines italienischen Territoriums, des Kirchenstaates, der zwischen habsburgisch kontrollierten Staaten lag. Ein jeder Machtzuwachs der Habsburger aber beeinträchtigte die politische Handlungsfreiheit der päpstlichen Kurie in ihrer Eigenschaft als italienische Territorialmacht, ja drohte sie unter habsburgische Kontrolle zu bringen.

Die Päpste Paul V. (Pontifikat 1605 - 1621), Gregor XV. (1621 - 1623) und Urban VIII. (1623 - 1644) unterstützten die Kriegführung der deutschen katholischen Mächte – Kaiser und Liga – von Anfang an mit beträchtlichen Geldsummen, doch ist bezeichnend, daß es bei der Verteilung dieser Gelder zu Auseinandersetzungen zwischen dem Kaiser und der Liga kam und daß der Papst – dem habsburgischen Kaiser gegenüber mißtrauisch – die Liga bevorzugte. Als Maximilian im Jahr 1634 die Summe von 9000 Talern für die Liga

erhielt, wurde er von der Kurie verpflichtet, dies vor dem Kaiser geheimzuhalten. Zu beachten ist bei allem auch, daß das päpstliche Geld zwar ein wichtiger Beitrag zur Kriegführung in Deutschland war, daß die Summe der Subsidien aber im Verhältnis etwa zu den Ausgaben für den Bedarf der päpstlichen Nepoten lächerlich gering war. Die Wirren der italienischen Politik trieben die päpstliche Diplomatie in einen Gegensatz zum Kaiser. Als es in den Auseinandersetzungen um die für Habsburg lebenswichtigen Alpenpässe des Veltlin und dann um Mantua in Italien zum Krieg zwischen Frankreich und dem Kaiser kam, versuchte der Papst zwar, zwischen beiden katholischen Mächten zu vermitteln, geriet dabei aber zwangsläufig an die Seite Frankreichs, da – wie gesagt – jede Steigerung der habsburgischen Macht in Italien den politischen Interessen des Kirchenstaates entgegenlief. So entstand die einigermaßen absurde Situation, daß die Kurie über den König von Frankreich indirekt Schweden und damit die deutschen Protestanten unterstützte.

SPANIEN war zu Beginn des 17. Jahrhunderts immer noch der mächtigste Staat Europas, freilich war diese Macht im Sinken. Das amerikanische Silber hatte wesentlich zu dieser Großmachtstellung beigetragen. Spaniens Reichtum war also nicht das Resultat einer blühenden Volkswirtschaft, war nicht im Land selbst geschaffen worden, sondern war das Ergebnis der Ausbeutung der Bewohner eines fremden Kontinents. Dies mag den führenden Politikern herzlich wenig Kopfzerbrechen gemacht haben, problematisch war aber, daß der spanische Staatshaushalt von der erfolgreichen Überfahrt der Silberflotten über den Atlantik abhängig war. Diese Transporte aber waren ständig gefährdet, sei es durch Seeräuber und Freibeuter (die ihrem Gewerbe auf eigene Rechnung oder im Auftrag der von Spanien bedrängten europäischen Mächte England bzw. Holland nachgingen), sei es durch Unwetter und Stürme. Da die spanische Krone trotz allem aber über reichlich Geld verfügte, konnten die vom Staat gebrauchten Produkte im Ausland eingekauft werden. Ein Zwang, in Spanien selbst Produktion und Gewerbe zu fördern, bestand nicht. Zum Schiffbau dringend benötigte Materialien etwa wie Eichenholz, Hanf oder Teer kamen aus dem Ostseeraum (entweder direkt oder über die Niederlande). Dieser Handel aber verbreitete das spanische Silbergeld in ganz Europa, stärkte die Finanzkraft der Handel und Gewerbe treibenden Länder und machte sie dadurch auch zu politischen Konkurrenten. Die einzigen zur spanischen Krone gehörenden Territorien, die durch eigenen Handel und eigenes Gewerbe eine moderne, leistungsfähige Volkswirtschaft und dadurch eine für den Staat wichtige Steuerkraft entwickelt hatten, waren die Niederlande. Deren nördliche Teile aber hatten rebelliert, hatten sich von Spanien losgesagt, und für den spanischen König schien es eine Existenzfrage seines Staates zu sein, die Aufständischen wieder unter seine Gewalt zu zwingen.

Als militärisches Aufmarschgebiet konnten die loyalen südlichen Niederlande dienen, allerdings fehlte für Nachschub aller Art eine Verbindung zum Mutterland. Seit in Frankreich König Heinrich IV. die

Religionskriege beendet und eine Trennung von Konfession und Politik versucht hatte, gab es dort keine mächtige spanische Partei mehr, die vielleicht den Durchzug durch ihr Land hätte ermöglichen können, und seit der Vernichtung der Armada 1588 blieb auch der Seeweg versperrt. Die einzig mögliche Verbindung zu Land begann in Oberitalien. Aus dem nördlichen Italien, aus Genua, stammte Ambrogio Spinola (1569 - 1630), der bedeutende Generalissimus der spanischen Armee, und Oberitalien war das wichtigste Rekrutierungsgebiet der spanischen Fußtruppen, der berühmtesten Infanterie jener Zeit.

Der Nachschubweg führte vom spanischen Herzogtum Mailand aus über die Alpenpässe Graubündens und des Veltlin, durch Schwaben, dann am Rhein entlang in die Niederlande. Freilich war dieser Weg nicht ungehindert passierbar. Neuralgische Punkte waren das Veltlin (hier unterstützte Frankreich die evangelische, Spanien die katholische Konfessionspartei) und die calvinistische Kurpfalz, die wie eine breit daliegende Barriere den Weg das Rheintal hinunter versperrte. Die Kurpfalz war somit für alle antihabsburgischen Kräfte ein Territorium von zentraler Bedeutung. Von hier aus erklärt sich die Ehe der englischen Prinzessin Elisabeth mit dem Pfälzer Kurfürsten, und von hier aus erklärt sich auch, warum die aufständischen Böhmen ausgerechnet Friedrich V. von der Pfalz zu ihrem König wählten. Sie konnten doch hoffen, über ihn die Unterstützung des gesamten antihabsburgischen Europa zu finden.

Für Spanien brachte der Krieg neue strategische Möglichkeiten in der Auseinandersetzung mit den nördlichen Niederlanden. Bald nach Kriegsbeginn marschierten Spinolas Soldaten zur Sicherung des Rheintals in die Pfalz ein und machten so aus dem böhmischen Aufstand einen Krieg von europäischer Dimension. Ende der zwanziger Jahre schien sich noch eine völlig neue Perspektive zu öffnen. Die Ostsee, das „Mare Balticum", war ein europäisches Handelszentrum erster Ordnung. Auch der niederländische Handel war hier stark engagiert, und es wird die These vertreten, daß der Warentransport aus dem baltischen Raum ins westliche Europa einer der hauptsächlichen Faktoren für den Aufstieg der Niederlande als Handelsmacht gewesen sei. Im Jahr 1666 war das Amsterdamer Börsenkapital zu etwa 3/4 im Ostseehandel festgelegt. 1628 aber standen die Armeen des katholischen Deutschland an der Ostsee, und ein Beherrschen des baltischen Meeres von der Ostseeküste aus schien möglich: der kaiserliche Feldherr Wallenstein erhielt den Titel „General des Baltischen und Ozeanischen Meeres". Spanien konnte hoffen, die Niederlande durch Vernichtung ihres Ostseehandels ökonomisch in die Knie zu zwingen.

An dieser Stelle griff Gustav II. Adolf von SCHWEDEN (1594 - 1632, ab 1611 König) in den Krieg ein. Er gilt als der Retter des deutschen Protestantismus, wurde als der „Löwe aus Mitternacht" bewundert, und sein Siegeszug gegen die erfolgsgewohnten ligistischen und kaiserlichen Heere setzte die Zeitgenossen in Erstaunen. Daß Gustav Adolf sich energisch für seine protestantischen Glaubensbrüder ein-

setzte, steht außer Frage, doch hatte er den dänischen König, der schon früher für die deutschen Protestanten ins Feld gezogen war, nicht unterstützt. Der Zeitpunkt des schwedischen Eingreifens zeigt uns den politischen Aspekt auf. Ein habsburgisches Ausgreifen auf den Osteeraum wäre für Schweden eine erhebliche Gefahr gewesen, nicht nur für das Land, sondern auch für seinen König.

Sowohl der König von Schweden als auch der von Polen gehörten dem Haus Wasa an: In Schweden regierte der protestantische Gustav Adolf, in Polen sein katholischer Vetter Sigismund (1566 - 1632, ab 1587 König von Polen, ab 1592 König von Schweden), der bis 1599 König sowohl von Schweden als auch von Polen gewesen, dann aber u.a. auch aus konfessionellen Gründen in Schweden abgesetzt worden war. Bei dem Charakteristikum der damaligen Zeit, dynastische, konfessionelle und politische Konflikte miteinander zu verknüpfen, war doch wohl zu erwarten, daß die Habsburger bei ihrer Ostseepolitik den katholischen Wasa (König von Polen) gegen seinen Vetter, den protestantischen Wasa (König von Schweden), ausspielen würden, zumal beide Staaten ohnehin im Krieg gegeneinander standen. Die französische Diplomatie und die schwedische Armee durchkreuzten solche Pläne. Frankreich vermittelte 1629 einen Waffenstillstand zwischen Polen und Schweden, Gustav Adolf hatte somit freie Hand und kam den habsburgischen Ostseeprojekten durch seine Invasion in Deutschland zuvor (und schwächte damit auch die politische Position seines polnischen Cousins).

Welche persönlichen politischen Ambitionen Gustav Adolf selbst im Deutschen Reich hatte, ist unklar. Es gibt die begründete Vermutung, daß er die deutsche Kaiserkrone für sich zu erwerben trachtete, daß er vielleicht daran dachte, die traditionell nach Süden orientierte deutsche Monarchie der katholischen Habsburger durch eine nördliche der protestantischen Wasa zu ersetzen. Dies muß aber Spekulation bleiben, und wenn Gustav Adolf einen derartigen Plan wirklich hatte, wird dieser erst unter dem Eindruck der überwältigend großen militärischen Erfolge, mit denen im voraus nicht gerechnet werden konnte, entstanden sein. Friedrich Schiller, nicht nur einer der großen deutschen Dichter, sondern auch ein bedeutender Historiker, hat an Gustav Adolfs Streben nach der Kaiserkrone nicht gezweifelt und die Meinung vertreten, daß der Schwedenkönig zu dem Zeitpunkt fiel, als er für Deutschland zu einer Belastung wurde, als er sich vom Befreier zum Beherrscher, vielleicht zum Unterdrücker wandelte. Das überwiegend positive Bild von Gustav Adolf wäre dann also durch den frühen Tod des Königs zu erklären.

Auch ein ökonomischer Aspekt sollte bedacht werden, der freilich – ebenso wie das Kaiserprojekt – erst nach Gustav Adolfs Invasion deutlich werden konnte und der deshalb kein treibendes Handlungsmotiv gewesen sein muß, sondern auch eine für Schweden zwar willkommene, aber ursprünglich nicht beabsichtigte Folge gewesen sein kann. Der schon erwähnte schwedisch-polnische Krieg war ungemein verlustreich und kostspielig. In dem recht armen Polen konnten Kosten und Unterhalt der schwedischen Armee nicht mehr eingetrieben werden. Da die in Schweden ausgehobenen Soldaten nicht ausreichten, mußte die Armee durch teuer angeworbene Söldner ergänzt werden. Für Schweden waren ständig steigende Kriegskosten zu erwarten, die den Staat Gustav Adolfs irgendwann einmal überfordern mußten. Seit der Invasion Deutschlands war die Frage der Kriegsfinanzierung gelöst, und obwohl die schwedische Armee ständig vergrößert wurde, sank die Belastung des Heimatlandes ganz erheblich. Im Vertrag zu Bärwalde schloß Frankreich 1631 ein Bündnis mit Schweden und verpflichtete sich, einen Großteil der Armee des Bündnispartners zu bezahlen. Doch Frankreichs Subsidien waren nicht die einzige, ja nicht einmal die wichtigste Einnahmequelle. Es waren vor allem die in Deutschland eingetriebenen Kontributionen, die Schwedens Krieg finanzierten und seinen Staatshaushalt entlasteten.

Das Kontributionssystem war schon von anderen erprobt worden, die Schweden aber brachten es hierin zur Perfektion. Zusätzlich führte Gustav Adolf noch das Verfahren der sogenannten „Donationen" ein, d. h. er entlohnte verdiente Offiziere und Helfer mit Einkünften oder Lehen aus dem Besitz des Reiches oder katholischer Reichsstände, er verschenkte also etwas, das ihm gar nicht gehörte. Für Schweden zahlte sich der Krieg insgesamt aus. Bei Friedensschluß war Schweden die unbestrittene nordeuropäische Großmacht und hatte auch Besitzungen im Deutschen Reich erhalten. Dadurch war der schwedische König zum Reichsstand geworden, konnte also direkten Einfluß auf die deutsche Politik nehmen.

Bei fast allen Kriegsparteien überlagern sich mehrere Handlungsmotive, von denen einmal das eine, dann wieder ein anderes in den Vordergrund tritt. Nicht so bei FRANKREICH. Seine Diplomatie ging zwar verschlungene Wege, doch gab es immer und unveränderlich das eine politische Ziel: die Befreiung Frankreichs aus der habsburgischen Umklammerung. Richelieu, dem Lenker der französischen Politik seit 1624, war dafür jedes diplomatische Mittel, war jeder Verbündete recht. Er unterstützte die deutsche Fürstenopposition gegen den Kaiser, half Schweden mit Subsidiengeldern und schloß sogar zur selben Zeit, als die schwedische Armee gegen Kaiser und Liga marschierte, mit dem Anführer eben dieser Liga, mit Maximilian von Bayern, sozusagen als „Rückversicherung" einen Bündnisvertrag ab. Frankreich leistete – um einen modernen Ausdruck zu gebrauchen – „Militärhilfe", es zahlte und ließ andere an seiner Stelle die Schlachten schlagen. Es griff erst dann selbst unmittelbar in den Krieg ein, als die protestantischen antihabsburgischen Kräfte durch die große Niederlage von Nördlingen 1634 verloren schienen. Diesen Krieg aber führte Frankreich dann mit aller Konsequenz. Erst als der Kaiser seine Politik von der Spaniens getrennt hatte, konnte es im Deutschen Reich zum Frieden kommen. Frankreich jedoch, dessen Politik ab 1643 Kardinal Mazarin leitete, führte den Krieg gegen Spanien bis zum Pyrenäenfrieden 1659 weiter. Am Ende hatten sich dann die militärischen und politischen Verhältnisse in Europa völlig

verkehrt. Der Kern der Militärmacht Spaniens, seine berühmte Infanterie, war in der Schlacht von Rocroy 1643 vernichtet worden, nun wurde die französische Armee zur modernsten und effektivsten Truppe ihrer Zeit. Das konservative Haus Habsburg aber hatte seine europäische Machtstellung endgültig eingebüßt, und an seine Stelle sollte das fortschrittliche absolutistische Frankreich treten.

Die Verteidigung gegen die spanischen Angriffe ist das beherrschende Motiv in der Politik der Generalstaaten, der nördlichen NIEDERLANDE. Nach Ablauf des Waffenstillstandes wurde an den Grenzen ein langwieriger Festungskrieg geführt. Zur gleichen Zeit und auch schon lange vorher aber waren die politischen Führer der Generalstaaten bemüht, gewissermaßen das „Vorfeld" abzusichern, d.h. den Nachschub der Spanier in ihre militärische Ausgangsbasis, die südlichen Niederlande, unmöglich zu machen oder zumindest zu erschweren. Zu jener Zeit waren Heiraten innerhalb der herrschenden Dynastien zugleich ein Indiz für politische Absprachen oder Bündnisse. Die Kurpfalz sperrte das Rheintal gegen die Spanier, und deshalb leuchtet sofort ein, warum der pfälzische Kurfürst Friedrich IV. (Kurfürst 1583 - 1610) mit Louise Juliane verheiratet wurde, einer Tochter des Schweigers Wilhelm von Oranien, des Statthalters der aufständischen Niederlande. Deren Sohn war der unglückselige Friedrich V., der König der aufständischen Böhmen. Elisabeth, eine weitere Tochter des Schweigers, wurde mit einem Herzog von Bouillon verheiratet, und deren Sohn war der berühmte Turenne, der zunächst in der Armee seines Onkels Moritz von Oranien diente und später in französischen Diensten gegen Habsburg kämpfte (1646 marschierte seine Armee an Hanau vorbei gegen Bayern).

Die dritte Tochter des Schweigers war Katharina Belgia, seit 1596 die Ehefrau des Grafen Philipp Ludwig II. von HANAU. Wir Heutigen beurteilen die Gründung der Neustadt Hanau 1597 vor allem unter wirtschaftlichen und konfessionellen Gesichtspunkten, doch ein Blick auf die Landkarte zeigt uns sofort auch die strategische Bedeutung. Erscheint diese Gründung vom heutigen Hanau aus gesehen als die zukunftsweisende Planung einer Handelsstadt mit weitreichenden wirtschaftlichen Beziehungen, so konnte – von den Niederlanden aus betrachtet – Neu-Hanau mit seinen projektierten Festungsanlagen durchaus auch als ein den rheinischen „Sperriegel" Kurpfalz ergänzender östlicher Stützpunkt angesehen werden (auch die Oberpfalz gehörte damals ja noch zur Kurpfalz). Unter dieser Perspektive erhält der von Anfang an geplante Ausbau der Neustadt Hanau zu einer modernen Festung einen für uns neuen, einen militärischen Aspekt von europäischer Bedeutung, und der Kurmainzer Widerstand gegen den Festungsbau wäre dann nicht nur eine lokale Eifersüchtelei, sondern kann auch mit der Besorgnis vor einem neuen festen Platz des europäischen Calvinismus erklärt werden.

Als die Spanier unter Spinola 1620 in die Pfalz eindrangen, führte Prinz Friedrich Heinrich von Oranien, ein Stiefbruder der Hanauer Gräfin, ein beträchtliches Truppenkontingent aus den Niederlanden in unsere Gegend; von Hanau aus unterstützt, überquerte er zwischen Hanau und Frankfurt den Main. Die Argumentation des Kaisers, der 1630 in einem Brief an den Hanauer Grafen die Aufnahme einer kaiserlichen Besatzung in Hanau forderte, erscheint unter dem gezeigten strategisch-militärischen Gesichtspunkt völlig einleuchtend und – vom Kaiser aus gesehen – berechtigt. Niederländische Truppen waren nämlich auf ihren Streifzügen 1629 bis nach Wetzlar vorgedrungen, und Ferdinand II. begründete seine Forderung nach Unterstellung der Festung Hanau unter kaiserlichen Befehl damit (wir zitieren nach Bernhard), *daß die Statt Hanau von mehrenteils Holländern erbauet, welche mit den Staaten* (gemeint sind die niederländischen Generalstaaten) *nicht allein gefährliche Correspondenz pflegten, sondern denselben auch als des proscribirten Pfaltzgraf Friedrichs wißentlichen Adhaerenten auf die nechste sich erzeugende Gelegenheit Thür und Thor auch wieder des Grafen Willen eröfnen und dießen zu ihrer Intention sehr bequemen Orth leichtlich übergeben und dadurch das gantze Land beydes am Rhein- und Maynstrohm in eußerste Gefahr und Elend setzen dörften.* Als sich im März 1635 die kaiserlichen Truppen Hanau näherten und die Besoldung der in der Stadt einquartierten Soldaten immer größere Probleme bereitete, baten Räte der Stadt in Schreiben an die gräfliche Regierung (der Graf war nicht mehr in Hanau), an den Prinzen von Oranien, an die Generalstaaten und an die Stadt Amsterdam um finanzielle Unterstützung (Wille).

Während des Krieges waren die Niederlande und ihre Hauptstadt ein Refugium für alle Gegner Habsburgs. Ernst von Mansfeld und Christian von Braunschweig führten 1622/23 ihre von der Liga bedrängten Truppen in die Niederlande, und der unglückliche „Winterkönig" Friedrich schmiedete vom Haag aus utopische politische Pläne gegen den Kaiser. Auch Mitglieder des Hanauer Grafenhauses fanden während der größten Kriegswirren Zuflucht bei ihren Verwandten in den Niederlanden, so etwa 1634 - 1637 der regierende Graf Philipp Moritz. Mit dem Westfälischen Frieden erhielten die Niederlande 1648 ihre staatliche Unabhängigkeit von Spanien und schieden – wie übrigens auch die Schweizer Eidgenossen – aus dem Reichsverband aus.

Die ersten Opfer des Krieges waren die aufständischen BÖHMEN. Sie hatten gehofft, durch die Wahl des Kurfürsten von der Pfalz eine Verbindung zum antihabsburgischen Europa herstellen zu können, sie hatten erwartet, über den Kurfürsten und seine englische Gemahlin die politische und eventuell militärische Unterstützung Englands und der Niederlande zu bekommen. Diese an sich begründeten Erwartungen wurden völlig getäuscht. Daß sie mit Friedrich den falschen Mann gewählt hatten und daß die Politik der mit Habsburg verfeindeten europäischen Mächte nicht beweglich genug war, sich auf die unerwartete Situation einzustellen und die Chance eines großen Streiches gegen das Haus Habsburg zu nutzen, konnten die Böhmen nicht wissen. Der „Winterkönig" Friedrich regierte nur 1619/20, verstimmte u.a. durch seine unkluge Religionspolitik (Bevorzugung der Calvinisten) die böhmischen Stände und betrieb nur halbherzig

die notwendigen Kriegsvorbereitungen. Der eine Sieg der Armeen des Kaisers und der Liga am Weißen Berg vor Prag im November 1620 reichte aus, um Friedrichs Königreich wie ein Kartenhaus zusammenfallen zu lassen. Die königliche Familie floh und überließ die Böhmen ihrem Schicksal. Die Anführer des Aufstandes waren im Kampf gefallen oder wurden hingerichtet, die böhmischen Freiheiten wurden ein für allemal beseitigt, und das Land wurde mit allen Mitteln zum Katholizismus zurückgeführt.

Es war ein voller Erfolg. Der Nationalstolz der Böhmen, ihr Freiheitssinn, ihre seit über zwei Jahrhunderten bestehende religiöse Selbständigkeit – all das war bald nur noch Erinnerung. Die Herrschaft Österreichs über Böhmen war von nun an unangefochten und sollte bis in unser Jahrhundert dauern. Als in späteren Kriegsphasen sächsische, dann schwedische Truppen in Böhmen einmarschierten, fanden sie bei der Bevölkerung keine nennenswerte Unterstützung, und als der „Winterkönig" 1632 zu einer Zeit größter schwedischer Überlegenheit aus dem Haag kommend in Frankfurt auftauchte, dachte kein Böhme daran, ihn in sein ehemaliges Königreich zurückzurufen. Die Zeit der böhmischen Freiheiten war endgültig vorbei. Nur die aus Böhmen geflüchteten Protestanten hielten an ihren Idealen fest und beklagten im Exil das unglückliche Schicksal ihrer Heimat.

Ein wichtiger Faktor im Kriegsgeschehen waren die Söldnerführer mit ihren Armeen, deren Rolle sich ohne eine Kenntnis des Militärwesens jener Zeit nicht verstehen läßt. Davon soll im folgenden Kapitel die Rede sein.

Militärwesen, Soldaten und Söldnerführer

Seit dem 14. Jahrhundert, seit den Erfolgen der englischen Fußtruppen im Hundertjährigen Krieg und den Siegen der eidgenössischen Schweizer Bauern über französische und österreichische Ritterheere war deutlich, daß die unaufhaltsame Entwicklung der Waffentechnik das Ende des ritterlichen Kampfstils bringen mußte, daß die Zukunft nicht mehr dem Ritter in voller Rüstung, sondern dem beweglichen, mit moderneren Waffen ausgestatteten Fußsoldaten gehörte. Bogen und Armbrust, Muskete und langer Spieß waren die Waffen, mit denen die gepanzerten Reitersoldaten auf Distanz gehalten und aus der Entfernung wirksam bekämpft werden konnten. Die Verbesserung der Artillerie machte die Ritterburgen zu militärisch unnützen Bauwerken.

Daß die modernere und erfolgreichere Kampfesweise sich trotzdem nur langsam durchsetzte, hatte zwei Gründe. Der Feudaladel erkannte sehr wohl, daß mit dem Sinken seines militärischen Nutzens vielleicht auch das Ende seiner gesellschaftlichen Privilegien kommen mußte, daß sich auf jeden Fall aber seine gesellschaftliche Rolle irgendwie verändern würde. Von dem ritterlichen Adel wurde die Entwicklung moderner Waffen- und Kampftechniken deshalb nicht nur nicht vorangetrieben, sondern eher verzögert. Zudem besaß das ritterliche Leben stets eine starke Ausstrahlungskraft, und dies führte dazu, daß der tatsächliche militärische Nutzen des Rittertums zwar immer mehr sank, daß es aber gleichzeitig durch eine nostalgisch-romantische Literatur verklärt wurde. Auch dieser sentimentale Aspekt mag seinen Niedergang etwas aufgehalten haben. Da „Fortschritt" in der Waffentechnik ja immer das leichtere Töten einer größeren Zahl von Menschen zum Ziel hat, hatte dieser konservative Widerstand auch eine – allerdings ungewollte – humanitäre Seite.

Der Hauptgrund für die nur langsame Umstellung des Kriegswesens auf die durch neuere Waffentechniken gegebenen Möglichkeiten war jedoch das Problem der Finanzierung. Das Rittertum war die militärische Organisationsform einer vorwiegend auf Naturalbasis funktionierenden Volkswirtschaft. Im Idealfall erhielt der ritterliche Kämpfer ein Lehen, von dessen Ertrag er seine Ausrüstung und sein Training selbst bestreiten mußte. Eine geschäftsmäßige Regelung „staatlicher" Einkünfte war nahezu unbekannt, ja von „Staaten" in unserem Sinn können wir für das Mittelalter und die frühe Neuzeit gar nicht sprechen. Geordnete, regelmäßig eingehende Geldeinnahmen, unserem Steuersystem entsprechend, gab es nicht. Ausreichende Finanzmittel aber waren die erste Voraussetzung zum Aufstellen einer schlagkräftigen, modern ausgerüsteten und modern operierenden Truppe.

Anders als bei den ritterlichen Einzelkämpfern lag die Wirksamkeit der Fußtruppen im geschlossenen Auftreten einer großen Zahl von Soldaten. Damit die Truppe militärisch sinnvoll eingesetzt werden konnte, mußten diese Soldaten geübt und auch dazu bereit sein, Befehlen ihrer Offiziere einheitlich zu folgen. Es mußten Berufssoldaten, bezahlte Söldner sein. Stehende Heere, staatliche Armeen gab es nicht, denn diese waren bei einem kaum entwickelten Steuersystem nicht zu finanzieren. Dies bedeutet, daß bei Bedarf Truppen angeworben werden mußten, nicht auf lange Zeit, sondern nur für die Dauer eines Krieges. Je kürzer die Dienstzeit war, desto besser war es für den Geldgeber. Am zweckmäßigsten war es dabei, keine einzelnen Soldaten, sondern bereits geübte geschlossene Verbände anzumieten. So entstanden Söldnerarmeen, die auf einen Auftrag- und Arbeitgeber warteten. An ihrer Spitze standen Anführer, die – Generäle und Unternehmer zugleich – den militärischen Einsatz der Soldaten organisierten und ebenso die finanziellen und logistischen Probleme regelten.

Die Struktur dieser Verbände war meist so beschaffen, daß keine völlige militärische Hierarchie nach dem Prinzip von Befehl und Gehorsam von oben bis ganz nach unten bestand, sondern daß – außer in Kampfsituationen – diese Truppen eine Art wandernder Soldatenrepubliken waren. Sie hatten ihre eigenen Gesetze, ihre eigene Justiz, und die Soldaten wählten die unteren Offizierschargen. Die Soldaten führten oft ihren Haushalt mit, d.h. zu diesen Armeen gehörten nicht nur die Soldaten, sondern auch deren Frauen und Kinder. Sie boten ihre Dienste an und hielten ihren Herren solange die Treue,

wie der Vertrag dauerte oder der Sold bezahlt wurde. Da die Zahlungsmoral meist schlecht war, wurden viele Verträge vorzeitig beendet, und es konnte vorkommen, daß eine Söldnerarmee sich dann gegen den bisherigen Auftraggeber wendete.

Eine stark landsmannschaftliche Prägung trug zum geschlossenen Auftreten dieser Söldnerverbände in hohem Maß bei, denken wir etwa an die Schweizer Söldner oder an die deutschen Landsknechte. Ein frühes Beispiel dieser wandernden Militärrepubliken ist die berühmte vor allem aus Katalanen und Aragoniern bestehende Katalanische Kompanie, die im 14. Jahrhundert die Geschicke Griechenlands entscheidend mitbestimmte. Es war eine auf Sizilien aufgestellte, nach einem Friedensschluß arbeitslos gewordene Truppe, die in den Dienst des byzantinischen Kaisers trat, sich nach der Ermordung ihres Anführers aber gegen diesen als Auftraggeber der Bluttat wendete. Der Herzog des von französischen Kreuzrittern beherrschten Athen warb die Katalanen nun für einen Krieg von sechs Monaten gegen den Kaiser von Byzanz, ihren früheren Dienstherrn, an, zahlte den Sold für zwei Monate sofort aus und blieb nach siegreich beendetem Feldzug das restliche Geld schuldig. Sofort marschierten die Katalanen gegen ihren vertragsbrüchigen Auftraggeber, vernichteten ein ihnen entgegentretendes französisches Ritterheer vollständig und übernahmen nun ihrerseits als das *glückliche Heer der Franken in Romania* – so nannte sich die Kompanie – das Herzogtum Athen, da sie von 1311 bis 1388 kontrollierten.

Die SÖLDNERARMEE als selbständige Militärrepublik, als „Staat im Staat", hatte also eine lange Tradition, und die Armeen, die im Deutschland des Dreißigjährigen Krieges kämpften, lassen sich – vor allem zu Beginn – in vielem mit diesen frühen Kompanien vergleichen. Allerdings verlief die Entwicklung so, daß die Söldnertruppen im Verlauf des Krieges aus autonomen, nur sich selbst und ihrem Unternehmer verantwortlichen Truppenkörpern immer mehr zu Armeen wurden, die an bestimmte Landesherren gebunden waren. Das heißt aber, daß auch der Typ des unabhängigen Söldnerführers, des selbständigen militärischen Unternehmers, der in den ersten Kriegsjahren so stark hervortrat, im Lauf der Zeit verschwand. Der Übergang von bedarfsweise angeworbenen Truppen zu stehenden Heeren wurde durch den Krieg stark beschleunigt.

Eines der schwierigen Probleme der Militärgeschichte ist die zuverlässige Berechnung der TRUPPENSTÄRKE der Armeen vergangener Zeiten. Im allgemeinen werden die von den älteren Autoren genannten Zahlen für zu hoch erklärt, und es wird auf vielerlei Wegen versucht, zu vermeintlich realistischeren Zahlen zu kommen. Für Tilly, den Oberbefehlshaber der Liga, galten 40.000 Soldaten als die höchstmögliche Truppenzahl. Bedenkt man die Schwierigkeiten bei der Befehlsübermittlung, so erscheint diese Zahl für eine konzentrierte Feldarmee sehr hoch gegriffen. In der offenen Feldschlacht kam es ja darauf an, das Heer so aufzustellen, daß der Feldherr alles überblicken, daß er seine taktischen Anweisungen nach persönlichem Augenschein und persönlichem Ermessen geben konnte und daß diese Anweisungen durch schnelle Übermittlung auch im richtigen Augenblick ausgeführt werden konnten. Neuerdings wird die Meinung vertreten, daß auch in den größeren Schlachten die Heere unter 20.000 Mann stark waren. Auf Seiten der Kaiserlichen standen 1634 bei Nördlingen nach neuerer Ansicht 30.000, vielleicht sogar 38.000 Mann, doch hatten sich für diese Schlacht zwei Armeen vereinigt, die eigentlich kaiserliche nämlich und eine spanische, die auf dem Weg in die Niederlande war. In derselben Schlacht kämpften auf schwedischer Seite etwa 26.000 Mann. Wallensteins 100.000 Soldaten des Jahres 1629 waren – wenn ihre Zahl wirklich stimmt – nicht in einer einzigen Armee zusammengefaßt, sondern waren die Summe der über Deutschland verteilten Einzelkontingente.

Es ist bei derartigen Berechnungen auch stets der Unterschied zwischen der Sollzahl und der tatsächlichen Truppenstärke zu bedenken. Nach der Nördlinger Schlacht lagen in Hanau vier Kompanien, die zusammen hätten etwa 650 (oder 550) Mann stark sein müssen, doch waren es nach Bernhard *543 Mann, darunter die Krancken mit begrifen waren.* Abgesehen von den Verlusten durch Tod, Verwundung, Krankheit oder auch Desertion: für einen Truppenführer konnte die Differenz zwischen Soll und Iststärke recht gewinnbringend sein, wenn er z.B. für eine Kompanie von vereinbarten 200 Mann Sold empfing, tatsächlich aber nur 100 Soldaten bezahlen mußte. Ein ganz extremer Fall dieser Art wird aus Hanau berichtet, wo die Stadt für ein auf 200 Mann zusammengeschmolzenes Regiment den Sold der ursprünglich 1000 Soldaten zahlen mußte: *Das blaue Burgdorfische Regiment, welches 1000 Köpfe starck hereingezogen, ware biß auf 200 Mann geschmoltzen. ... Dieße Leuthe hatten durch ihre Tapferkeit sich einen guthen Nahmen erworben. Sie wusten ihre Meriten auch selber und wolten daher manchmal nach ihrem Gutdüncken und zu ihrem Vorteil mit anderer Schaden leben. So schwach die Compagnien am End waren, so muste doch die Statt die Officiers, als wäre ihre Mannschaft complet, zur Last halten.*

Bei den Kaiserlichen wie bei den Schweden war sowohl bei der Infanterie als auch bei der Kavallerie die größere militärische Einheit gewöhnlich das REGIMENT mit etwa zehn KOMPANIEN (diese Zahl schwankt), wobei eine Kompanie Reiter etwa 80 bis 100 Mann umfaßte, während eine Kompanie Fußsoldaten bei den Kaiserlichen die Sollstärke von etwa 200, bei den Schweden von etwa 150 Mann hatte. Am 25.3.1630 schlossen der kaiserliche Obrist Wolfgang Rudolph von Ossa und der Hanauer Graf Philipp Moritz in Aschaffenburg eine „Kapitulation", d.h. einen Vertrag ab, in dem sich der Graf verpflichtete, drei Kompanien von – ohne den Stab – je 200 Mann anzuwerben. Zum „Prima Plana" (das ist das erste Blatt der Musterrolle oder des Musterbuchs) genannten Stab gehörten 1 Kapitän, 1 Lieutenant, 1 Fähnrich, 1 Feldwebel, 1 Führer, 1 Fourier, 1 Musterschreiber, 1 Feldscher, 2 Waibel und 4 Spielleu-

te, die restliche Kompanie setzte sich zusammen aus 4 Korporalen, 4 Unterkorporalen oder Rottmeistern, 16 Gefreiten und 176 einfachen Soldaten. Ein am 7.2.1632 mit Gustav Adolf vereinbarter Vertrag machte den Hanauer Grafen zum Obristen eines Regiments von acht Kompanien *guter teutscher Soldaten zu Fuß,* die freilich noch anzuwerben waren. Jede dieser Kompanien hatte neben der „Prima Plana" eine Sollstärke von 150 Soldaten, die im Werbepatent dann auf 125 Mann heruntergesetzt wurde.

Was die Berechnung der wirklich zu einer Armee gehörenden Menschenzahl ganz unmöglich macht, ist die Tatsache, daß die Soldaten – alten Traditionen folgend – nicht nur vom eigentlichen Militärtroß, sondern auch von einer unüberschaubaren Menge von ZIVILPERSONEN begleitet wurden.

Dazu gehörten Geschäftsleute, Marketender und Marketenderinnen, Wirte, Köche, Kaufleute, Barbiere, Prostituierte, verheiratete und unverheiratete FRAUEN jeglichen Alters und jeden sozialen Standes, von der abgerissen einherkommenden Frau des Pikeniers bis zur in höchster Vornehmheit posierenden Geliebten des Offiziers. Damit ist nicht nur ein freizügiges, mehr oder weniger romantisches, im allgemeinen wohl eher tristes Lagerleben angedeutet; nicht weniger typisch waren auch durchaus solide, familiäre Verhältnisse. Die Frauen verwalteten den Besitz der Soldaten, verwahrten das eventuell gesparte Geld, kurz, es bestand eine Art Arbeitsteilung: während die Männer Soldatendienst leisteten und wie solide Handwerker Geld verdienten, standen die Frauen dem mobilen Haushalt vor.

Im belagerten Hanau beschwerten sich die städtischen Behörden im Februar 1631 beim Kommandanten Ramsay darüber, daß viele einheimischen Witwen sich mit Soldaten verheirateten, und sie vermuteten, die Frauen täten dies deshalb, weil sie dann als Soldatenfrauen von städtischen Steuern und Abgaben befreit wären. Ramsay antwortete, er werde dafür sorgen, daß diese Frauen nach wie vor ihren Steuerpflichten als Hanauerinnen nachkommen und daß die Soldaten ebenfalls ihre militärischen Aufgaben erfüllen würden.

Zum Heer gehörte auch eine Vielzahl von KINDERN jeden Alters. Die Jungen konnten allmählich in den Soldatenberuf hineinwachsen. Sie konnten als Soldatendiener beginnen, konnten als Pferdeknechte dienen, sie folgten ihren Herren bzw. ihren Vätern in die Schlacht, bargen sie, wenn sie verwundet wurden, plünderten Gefallene aus und trugen notfalls durch Stehlen und Betteln zum gemeinsamen Unterhalt bei. Kleine Jungen, vor allem wenn sie sich als Narren aufführten, waren als Trommelbuben beliebt. Ein heranwachsendes Mädchen konnte leicht mit einem Soldaten zusammen einen Haushalt gründen, möglicherweise gelang es manchen Mädchen auch, irgendwie den Absprung aus der Armee zu finden, ansonsten mußten sie sehen, sich im Soldatenmilieu selbständig durchzuschlagen. Der einfachste Weg (wobei nicht der psychische Aspekt gemeint ist) war die Prostitution. Der Krieg wurde für die Menschen jener Zeit allmählich zu einer Lebensform, an die man sich gewöhnte oder in die man ganz selbstverständlich hineinwuchs.

Die Zahl der den Heeren folgenden Zivilisten war oft weitaus größer als die der Soldaten. 1648 sollen bei der kaiserlichen und der bayerischen Armee zusammen etwa 40.000 Soldaten mit einem Anhang von 140.000 Personen gewesen sein, und von vier im Jahr 1650 – zwei Jahre nach dem Krieg also – vor der Entlassung stehenden schwedischen Kompanien wird berichtet, daß zu ihnen 690 Soldaten, 650 Frauen und 900 Kinder gehörten.

Den Heerhaufen folgten die SEUCHEN. In diesen unförmigen Menschenmassen herrschten unbeschreibliche hygienische Verhältnisse. In einem Brief des Jahres 1630 an den Kaiser, in dem Graf Philipp Moritz von Hanau sich über die Blockade durch kaiserliche Truppen beschwerte, schrieb er auch, daß Soldaten sich im „Siechhaus", dem vor den Mauern der Stadt liegenden Haus für Aussätzige, breitgemacht hätten. Wir zitieren nach Bernhard: *Ja, es wären die blo-quierende Soldaten so übermüthig, frech und verwegen, daß sie auch der armen Siegenleuth nicht verschonet, sondern dieselbe nackend ausgezogen, beraubt, endlich gar auß ihrem Siegh auß gejaget und sich darein logirt, da doch dergleichen Häußer in allen Feldzügen bey Leib- und Lebensstraf höchlich befreyet. Sie hätten auch etliche unbarmherzigerweiß, so an der Seuche kranck gelegen, auß ihren Betten gerißen, sich darein gelegt, dahero solche Contagion unter sich und das Regiment selbst gebracht.* Kein Wunder, daß in den Heeren ansteckende Krankheiten grassierten und von den Soldaten auf ihren Zügen überall mit hingeschleppt und verbreitet wurden.

Die Zahl der an Seuchen und Hunger gestorbenen Menschen überstieg die der unmittelbaren Kriegsopfer bei weitem. In der Wetterau war nach den ersten Durchzügen fremder Heere bereits 1623 erstmals die Pest aufgetreten. 1635 brach die Seuche erneut im Hanauer Land und in der Stadt selbst aus, sie grassierte hier vor allem in den heißen Monaten Juni, Juli und August. Die Stadt war zu dieser Zeit mit Flüchtlingen aus dem Umland überfüllt, und die Regierung schlug vor: *Dieweil die Pest in beiden Städten sehr einreiset, ist durch den Kriegsrath vor gut angesehen worden, daß die Landleut sich eine zeitlang ausser der Stadt in den newen Garten bei der Mühl ufhalten, damit die Leut nit so haufenweis in den Heusern uber einander liegen.* Die Schultheißen jedoch brachten dagegen vor, *man solle die Landleute ferner den Schutz geniesen lassen, sie hätten ja die Vestung bawen helfen, und damit* (d. h. der Ausweisung) *eher an den Fremden anfangen; auch könnten sie leicht vom Feind überfallen und todtgeschlagen werden; sie würden ja auch, da sie nit in die Stadt dörften, an allem Noth leiden.* Es kam ferner in Berathung: *auf jenen Platz Hütten zu baven und wenn nicht die Inficirten dahin gebracht werden sollten, dann möge man wenigstens die vielen, die des Nachts uff den Gassen liegen, Morgens zusammenspannen und dahinaus schaffen* (nach Wille).

Bernhard berichtet: *Dieße Seuche nahme nicht nur in Hanau, sondern auch in der gantzen Wetterau viele 1000 Menschen hinweg. In einem Hanauischen Aufsatz leße soviel davon: gemeine Bürger,*

Bauren und Soldaten sind etliche 1000 daraufgegangen. Die Judengaße ware auch inficirt.

Zu Beginn des Krieges gab es noch Überbleibsel aus den alten Zeiten der Söldnerkompanien. Die Soldaten wählten ihren „Führer", der zum Stab gehörte und ihre Interessen gegenüber den Offizieren zu vertreten hatte. Diese Institution verschwand während des Krieges. Auch die MILITÄRJUSTIZ enthielt noch Relikte vergangener Zeiten. Anfangs gab es noch die nach Landsknechtsbrauch ablaufenden Gerichtsverhandlungen, auf denen als Schöffen gewählte einfache Soldaten Recht sprachen. Diese Art traditioneller Soldatenjustiz wurde immer mehr durch das „Standrecht" abgelöst: die Schöffen standen und waren nur der Form halber anwesend, das Urteil fällten die Offiziere. Bei den zumeist harten Strafen wurde auf eine genaue Unterscheidung zwischen Zivilisten und Soldaten geachtet. Soldaten wurden nicht an gewöhnlichen Galgen, sondern an grünen Bäumen, meineidige Überläufer an dürren Bäumen aufgehängt. In den Städten war für die Garnisonssoldaten ein besonderer Quartiergalgen auf dem Marktplatz aufgebaut.

In Hanau stand der Soldatengalgen auf dem Neustädter Markt. Ramsay ließ hier während der Belagerung u. a. einen Diener des Kapitänleutnants Ernst von Burgsdorf aufhängen. Dieser hatte – gegen das vom Kommandanten aus Gründen der Pulverersparnis verhängte Schießverbot – auf Vögel geschossen, war dafür entehrend gestraft worden und hätte dabei über Ramsay geschimpft. Auf dessen Befehl wurde er *wieder ins Stockhauß zum Profos geführt und gleich darauf auf dem Neustatter Marckt aufgehencket. Dergleichen Strafe wiederfuhre auch vielen andern, welche eingebrochen, gestohlen, an andern sich vergriffen und auf dem Partheygehen* (d. h. auf Beutezügen) *die von ihm gegebene Paßzettel nicht respectirt, sondern unter dem Nahmen einer Reuterzehrung Muthwillen verübet* (Bernhard). Christoph Schulteis, Kommandant von Friedberg, der Stadt und Burg Friedberg gegen die Zusicherung eines freien Abzugs nach Hanau den Kaiserlichen übergeben hatte, wurde am 4.12.1634 auf dem Neustädter Markt erschossen.

Einheitliche UNIFORMEN gab es nicht, und unbequeme Armierungsvorschriften wurden von den Soldaten nicht beachtet. Die Kürassiere z.B., die schweren Reiter, sollten eigentlich eine ganze Rüstung tragen. Dies war für die Reiter allerdings unbequem, sie legten deshalb gern die unteren Rüstungsteile sowie den Armschutz ab und trugen nur noch den *halben Küraß*, d.h. den Helm sowie Brust- und Rückenpanzer. Es kam vor, daß die Reiter der Bequemlichkeit wegen sogar ganz auf die störende Rüstung verzichteten, und offensichtlich waren die Offiziere nicht in der Lage dies zu verhindern. 600 von 727 Reitern des Regiments *Alt Piccolomini* trugen im Jahr 1641 keinen Küraß. Zum Schutz ihres Körpers vor Musketenschüssen vertrauten die Soldaten lieber der Kraft der Magie, und viele versuchten, sich mit allerhand Zaubermitteln zu „feien", d.h. kugelfest zu machen. Während der Schlacht waren die Soldaten um ihre Fahnen geschart, erkannten sich ansonsten an ihrem Feldgeschrei (auf katholischer Seite „Sancta Maria" am Weißen Berg, „Viva Espana" bei Nördlingen) oder an besonderen, meist nur für die jeweilige Schlacht vereinbarten Abzeichen. So hatten in der Schlacht von Breitenfeld Tillys Soldaten weiße Bänder um den Arm, am Hut oder Helm, während die Schweden grüne Zweige trugen. Grimmelshausens Springinsfeld, der nach der Schlacht von Nördlingen beim Plündern einen verwundeten schwedischen Offizier ermordete, erkannte sein Opfer nicht an irgendwelchen Abzeichen, sondern fragte den Verwundeten erst, von welcher Partei er sei.

Die Feldbinde Wallensteins war rot, das war die kaiserliche Farbe, die schwedischen Offiziere trugen 1632 in der Schlacht von Lützen grüne Binden. Wurden Regimenter mit Farben benannt, so war es die Farbe der Fahne, und dies war im allgemeinen die Wappenfarbe des Obristen, nach dem das Regiment auch benannt war. Zusammen mit Ramsay zog im September 1634 das blaue Regiment des Obristen Hans Christoph von Burgsdorf in Hanau ein. Zur Entsatzarmee des 13./14. Juni 1636 gehörten nach Wille das grüne Reiterleibregiment von Seekirch, sowie an Fußtruppen das weiße Regiment Geiso, das grüne Leibregiment von Wartenberg und das gelbe Regiment Nizeth. Bernhard nennt unter den beim Sturm auf die Hauptschanze Gefallenen einen Kapitän Knoblauch vom braunen Regiment.

Wir hatten oben gezeigt, daß die kombinierte Verwendung von Feuerwaffen und langen Spießen zur Abwehr der Reiterangriffe die Fußsoldaten zur entscheidenden Truppe gemacht hatte.

Im Dreißigjährigen Krieg ist diese Entwicklung rückläufig zugunsten der KAVALLERIE, und dies liegt vorallem am Unwillen der FUßSOLDATEN als Pikeniere zu dienen. Zu Kriegsbeginn war der gepanzerte Pikenier der angesehenere Soldat, erhielt bisweilen doppelten Sold, doch dies änderte sich. In der Löhnungstabelle des von Graf Philipp Moritz in Hanau aufgestellten schwedischen Regiments werden Musketiere und Pikeniere mit gleichem Sold aufgeführt, und unsere Redensart *Von der Pike auf dienen* zeigt den Pikenier als einen Soldaten auf der untersten Stufe der militärischen Hierarchie. Grimmelshausen läßt den Titelhelden seines *Seltsamen Springinsfeld* höchst abfällig über den Dienst mit der Pike berichten: *Ich mußte eine Pike tragen, welches mir so widerwärtig war, daß ich mich ehe hätt aufhenken lassen, als mit solchen Waffen lang zu kriegen. ... Ein Musketierer ist zwar eine wohlgeplagte, arme Kreatur, aber wann ich ihn gegen einen elenden Pikenierer schätze, so besitzt er noch gegen ihm eine herrliche Glückseligkeit; es ist verdrießlich zu gedenken, geschweige zu erzählen, was die gute Tropfen for Ungemach ausstehen müssen, und es kann's auch keiner glauben, der's nicht selber erfahrt; und dannenhero glaube ich, daß derjenige, der einen Pikenierer niedermacht (den er sonst verschonen könnte) einen Unschuldigen ermordet und solchen Totschlag nimmermehr verantworten kann; dann ob diese arme Schiebochsen (mit diesem spöttischen Namen werden sie genennet) gleich kreiert sein ihre Brigaden vor dem Einhauen der Reuter im freien Feld zu beschützen, so tun sie* doch for sich selbst niemand kein Leid und geschieht dem allererst recht, der einem oder dem andern in seinen langen Spieß rennet. In Summa, ich habe mein Tage viel scharpfe Okkasionen gesehen, aber selten wahrgenommen, daß ein Pikenierer jemand umgebracht hätte.*

Der schwere Harnisch und die lange Pike waren den Soldaten auf dem Marsch und im Gefecht zu unbequem und unhandlich. Springinsfeld spricht von einer 18 Schuh langen Pike, das wäre beim niedrigsten Ansatz (1 Schuh = 25-34 cm) eine Länge von 4,50 m. Kein Wunder, daß fast alle Pikeniere in den bequemeren Dienst eines Musketiers aufzusteigen versuchten. Gelang dies nicht, so warfen sie ihre Schutzwaffen weg und verkürzten unten die Piken um sie handlicher zu machen. An sich sollten 1/3 der Fußsoldaten Pikeniere sein, doch waren etwa in der kaiserlichen Infanterie im Jahr 1641 nur etwa 1/5 der Soldaten Pikeniere.

Dies bedeutet, daß sie ihre eigentliche Aufgabe, Reiterangriffe abzuwehren und die Musketiere zu schützen, nicht mehr wahrnehmen konnten. Bedenkt man dazu, daß selbst ein geübter Musketier in der Stunde nur 24 Schüsse abgeben konnte, d. h. alle 2 ½ Minuten bei einer Schußweite von etwa 300 Schritt mit geringer Treffsicherheit feuerte, so wird klar, daß die Infanterie einem entschlossenen Kavallerieangriff verhältnismäßig wehrlos gegenüberstand. Erst die Einführung des Bajonetts um die Jahrhundertmitte löste dieses waffentechnische Dilemma. Infanterieangriffe wurden – wieder wegen der geringen Zahl und der Schwerfälligkeit der Pikeniere – kaum versucht, die Kavallerie blieb die maßgebliche Angriffswaffe.

Die ARTILLERIE hatte in diesem Krieg nicht die Bedeutung, die den technischen Möglichkeiten des Geschützbaus entsprochen hätte. Die großen Feldarmeen führten vor allem kleinkalibrige Kanonen mit, denn zu schwere Geschütze hätten den ohnehin schon schwerfälligen Marsch noch mehr behindert. Da in den letzten Kriegsjahren die Tendenz dahin ging, die Heere, in denen jetzt die Kavallerie überwog, immer beweglicher zu machen, war für einen größeren Geschützpark kein Platz. Zudem war bei der ohnehin schwierigen Truppenfinanzierung und den allgemeinen wirtschaftlichen Verhältnissen an eine Geschützproduktion großen Stils nicht zu denken. Hinzu kam ein Mangel an fähigen Geschützmeistern. Wirklich tüchtige Artilleristen waren nicht sehr häufig, und ihr Verlust war kaum zu ersetzen. Als Geschützmannschaften nahm man meist angelernte Infanteristen. Unter solchen Umständen waren die Geschütze der Festungen oder befestigter Lager denen der Angreifer allermeistens überlegen.

Vor Hanau zeigte sich dies deutlich. In der am 14.6.1636 so heftig umkämpften Hauptschanze der kaiserlichen Belagerungsarmee, die doch so lange vor Hanau gelegen hatte, wurden nur drei *Stücke* d.h. Kanonen, erbeutet: zwei kleine und ein Achtpfünder. Die angreifende Entsatzarmee dagegen beschoß die Kaiserlichen mit vier Feldgeschützen von zwölf Pfund, dazu mit einem Böller von 120 Pfund und zwei halben Kartaunen von 24 Pfund aus dem Arsenal der Festung. Die Festungsgeschütze wurden von Spezialisten, von schwedischen Konstablern, bedient.

Bei solchen Kräfteverhältnissen konnte eine systematische und wirksame Beschießung belagerter Pätze kaum stattfinden. Berücksichtigt man dazu, daß Angriffe von der Kavallerie ausgeführt, daß Infanterieangriffe kaum versucht wurden, so wird deutlich, daß in diesem Krieg die Verteidiger eines festen Platzes – sei es einer Stadt, sei es eines befestigten Lagers – stets im Vorteil waren. Wurde ein solcher Platz wirklich entschlossen verteidigt, so mußte der Angreifer – wollte er Erfolg haben – sich auf eine langwierige Blockade einstellen, mußte die Lebensmittelzufuhr abschneiden und hoffen, daß der Hunger die Verteidiger zur Aufgabe zwingen würde. Dies war auch das Konzept Lamboys, des Kommandeurs der kaiserlichen Belagerungsarmee vor Hanau. Er richtete mit seiner wenigen Artillerie kaum Schäden an, riskierte keinen Angriff, wäre aber mit seiner Blockade beinahe erfolgreich gewesen.

Welche Menschen waren als Soldaten in Deutschland, welcher NATIONALITÄT gehörten sie an? In der ersten Hälfte des Krieges zeigten die Heere eine bunte Mischung von Soldaten aus ganz Europa. Neben Deutschen dienten in der kaiserlichen Armee Söldner vom Balkan, Stradioten, in Tillys Heer Wallonen, und von der vor allem in Oberitalien rekrutierten spanischen Infanterie war schon die Rede. Berüchtigt wurden des Kaisers Kroaten, eine leichte Kavallerie aus den zu Ungarn gehörenden Ländern. Nach der Nördlinger Schlacht begleitete kaiserliche Reiterei den Marsch der spanischen Armee des Kardinalinfanten Ferdinand in die Niederlande, und Bernhard schreibt dazu: *Den Marsch dießes Printzen zu sichern, kamen bey 40 Compagnien von Ungarn, Croaten und Polacken, jede zu 30 biß 40 Mann, in der Wetterau an. Sie haußten gotloß und machten alles unsicher.* Ein englisches Truppenkontingent hielt sich 1620 in der Pfalz auf, von niederländischen Soldaten war bereits die Rede. Gustav Adolf führte bei seiner Invasion Schweden, Finnen und Lappen nach Deutschland, in seiner Armee dienten außerdem viele Engländer, Iren und Schotten. Ramsay brachte ein Regiment von 12 Kompanien schottischer Fußsoldaten in die schwedische Armee ein. Während diese Vielfalt der Nationen bei Oberbefehlshabern und hohen Offizieren erhalten blieb, änderte sich das bei den Mannschaften allmählich. Der Nachschub an Menschen aus den Ursprungsländern war nicht sehr zahlreich, so daß Deutschland für alle Heere das hauptsächlichste Rekrutierungsgebiet wurde. Den Nachwuchs bildeten landflüchtige Bauern, Entwurzelte jeder Herkunft, für die der Soldatenberuf oft der einzige Ausweg aus ihrer persönlichen Misere war. So waren gegen Kriegsende die Soldaten und niedrigen Offiziere gleich welcher Armee überwiegend Deutsche.

Überhaupt glichen sich die Heere in ihrer Zusammensetzung immer mehr aneinander an. Aus Mangel an ausgebildeten Soldaten wurde es üblich, Kriegsgefangene in die siegreiche Truppe zu übernehmen. Altgediente Soldaten erkannten bisweilen zu ihrer Überraschung,

daß ein früherer Kamerad beim Gegner diente. „Quartier", d.h. Verschonung, wurde nicht nur in solchen Fällen gerne gewährt. Grimmelshausen schildert eine typische Episode, die sich beim Einbringen kaiserlicher Kriegsgefangener in die Festung Hanau zutrug: *Einer von unserer Garnison, welcher hiebevor dem Kaiser auch gedient hatte, kannte einen von den Gefangenen, zu dem ging er, gab ihm die Hand, drückt jenem die seinige vor lauter Freud und Treuherzigkeit und sagte: Daß dich der Hagel erschlage lebst du auch noch, Bruder?*

Am 1.11.1631 konnte eine schwedische Abteilung unter Obristleutnant Hubald heimlich in Hanau eindringen und die kaiserliche Besatzung gefangennehmen. Bernhard teilt mit, daß Hubald den Gefangenen *angezeiget, welche sich in Ihro Königl. May. in Schweden Dienst stellen wolten, die solten wieder begnadigt und ledig*

General Guillaume de Lamboy. Kupferstich
Zeichner: Franziskus de Nys und Paulus Pontius, Stecher: De Dicant

gesprochen seyn. Darauf sie sich alle außer etlichen wenigen Römisch-Catholischen weiter annehmen laßen. Bei der kurz danach erfolgten Besetzung Steinheims durch die Schweden haben von der kaiserlichen Besatzung die meisten ... schwedische Dienste angenommen. Von den am 14. Juni 1636 vor Hanau gemachten Gefangenen schreibt Bernhard: Sie wurden in den Holtzhof der Neustatt geführt und unter die Schweden und Hessen gleich getheilet. Als Ramsay am 13. 2. 1638 in Hanau gefangen genommen worden war, wurden seine über 300 Soldaten in die Truppen der Sieger gesteckt, so daß er selbst letztlich der einzige wirkliche Kriegsgefangene war.

Die Soldatenwerbungen in Deutschland und die Praxis, Gefangene kurzerhand in die eigene Armee zu übernehmen, vermischten die KONFESSIONELLEN UNTERSCHIEDE der einzelnen Heere immer mehr, je länger der Krieg dauerte. Nur zu Beginn des Krieges wiesen einzelne Armeen eine gewisse konfessionelle Geschlossenheit auf. Die Soldaten der Liga und der Spanier dürften anfangs überwiegend Katholiken gewesen sein, und auch Gustav Adolfs Invasionsheer des Jahres 1630 war zunächst einheitlich lutherisch protestantisch. Die Soldaten solcher Armeen fanden auf ihren Heereszügen ihren Spaß daran, die einer anderen Konfession angehörende Bevölkerung zu verhöhnen, indem sie Priester oder Pfarrer mißhandelten, Kirchen entweihten, religiöse Kunstwerke zerstörten sowie mit liturgischen Gewändern und Geräten ihren Spott trieben. Berüchtigt wurden so die Mansfelder Truppen bei ihren Streifzügen durch das Elsaß.

Dieses Benehmen beschränkte sich nicht auf die Soldaten. Beim Plündern des von den Mönchen verlassenen Klosters Seligenstadt wurden die schwedischen Soldaten von den Bewohnern der Stadt geführt. Bernhard berichtet: Die Geistlichen des Closters hatte vorhero ihre Retirade anderswohin genommen, damit sie ihrem Gotteshauß alles Erfolgte auf den Hals gezogen. Die Furcht der Ordensleuthe vor dem König ware überall größer, als sie es nöthig hatten. Die Seligenstätter Einwohner wolten sich nun auch einmal im Closter lustig machen und führten selber die Soldaten zur Beute an; welches dieße ansonsten wol würden unterlaßen und den weiteren Unfug, den sie hernach im Closter getrieben, eingestellet haben. Der von Bernhard als Quelle zitierte Seligenstädter Pater lobt die an sich strenge Disziplin im Heer Gustav Adolfs und meint, ein Fehler des Schwedenkönigs sei halt gewesen, daß er nicht römisch-katholischen Glaubens war (defuit illi belli aequitas et fides Catholico-Romana). Dagegen soll Gustav Adolfs Gemahlin Marie Eleonore, Tochter des Kurfürsten von Brandenburg, bey ihrem Durchzug (durch Seligenstadt) einen Affen, der auf einem Pferd gesessen, vor sich reitend gehabt haben, welcher nicht nur einen Capucinerhabit angehabt, sondern ihm ware auch eine priesterliche Crone auf dem Haupt geschoren geweßen, und dabey habe er einen Rosencrantz in der andern Pfode gehalten.

Nicht nur einfache Soldaten wechselten die Fahnen. Hohe und höchste Offiziere wurden zwar, wenn sie in Kriegsgefangenschaft gerie-

ten, oft „ranzioniert", d.h. freigekauft, das Gefangennehmen hoher Offiziere war so ein lohnendes Geschäft. War aber ihr Vertrag ausgelaufen und mußten sie sich einen neuen Arbeitgeber suchen, so konnte es sein, daß sie in die Dienste eben jenes Kriegsherrn traten, den sie kurz zuvor noch bekämpft hatten. Die folgenden kurzen Angaben zu den Biographien einiger Obristen und Generäle mögen dies verdeutlichen und zugleich die internationale Herkunft der führenden Militärs zeigen.

Der von der Ostseeinsel Alsen stammende Heinrich HOLK (1599 - 1633) stand zunächst in dänischen Diensten und half 1628 mit vier Kompanien Dänen und Schotten die Stadt Stralsund gegen Wallensteins Truppen zu verteidigen; nach dem Lübecker Frieden ging er in eben Wallensteins Armee, auf einem Plünderungszug durch Sachsen starb er an der Pest. Der Lutheraner Holk hatte mit dem Dienstherrn auch seine Konfession gewechselt, in späteren Zeiten war dies nicht mehr erforderlich. Peter Alexander MELANDER (1585 - 1648), zunächst in venetianischen Diensten, seit 1633 hessen-kasselscher General, ging 1641 in den Dienst des Kaisers (er wurde bei dieser Gelegenheit Reichsgraf von Holzappel) und stieg als Calvinist bis zum Feldmarschall und schließlich Oberbefehlshaber der kaiserlichen Armee auf. Hans Georg von ARNIM (1581 - 1641) stand vor dem Krieg in schwedischem Sold, diente dann dem polnischen König, war 1626 im Heer Wallensteins (er belagerte Stralsund) und führte 1631 die Armee des jetzt mit Schweden verbündeten Kursachsen. Johann Ludwig ISOLANI (1586 - 1640), der Anführer der kaiserlichen Kroaten, stammte von der Mittelmeerinsel Zypern. Mathias GALLAS (1584 -1 647), kaiserlicher Generalleutnant, und Ottavio PICCOLOMINI (1599 - 1656), Feldmarschall des Kaisers, waren Italiener. Franz von MERCY (1597 - 1645), der sich übrigens im Herbst 1631 wegen einer Verwundung in Hanau aufhielt und von Hubalds Schweden gefangen genommen wurde, stand zunächst in lothringischen Diensten und war später bayerischer Heerführer. Er war Wallone, ebenso wie die Generäle BUCQUOI (1571 - 1621), der zuerst in spanischem, dann in kaiserlichem Dienst war, und LAMBOY, der Belagerer Hanaus. Graf Heinrich Mathias von THURN (1567 - 1640) hatte eine besonders wechselvolle Karriere: 1588 kämpfte er auf der Seite Österreichs gegen die Türken, er war 1618 einer der Anführer der aufständischen Böhmen und stand dann aufeinanderfolgend in türkischen, niederländischen, venetianischen, dänischen und schwedischen Diensten.

Nach Art der Kapitäne früherer Söldnerkompanien führten in den ersten Kriegsjahren Ernst von Mansfeld (1580 - 1626) und Christian von Braunschweig-Wolfenbüttel (1599 - 1626) Krieg auf eigene Faust und eigene Rechnung. MANSFELD war aus dem Dienst des Herzogs von Savoyen zu den aufständischen Böhmen gekommen, hatte in richtiger Einschätzung der militärischen Kräfteverhältnisse nicht an der Schlacht am Weißen Berg teilgenommen, führte seine Truppen von Böhmen aus in die Pfalz, von dort in die Niederlande. Hier warb er neue Rekruten an, zog durch Sachsen, Brandenburg und

Schlesien, verließ hier seine fast aufgeriebenen Truppen, ging nach Süden in Richtung Dalmatien und starb in der Nähe von Sarajewo. Wie es heißt, ließ er sich von Kameraden stützen, um als Soldat im Stehen zu sterben.

Der „tolle" Christian von BRAUNSCHWEIG trat auf wie ein Ritter aus der Zeit der Minnesänger. Von einer romantischen Zuneigung zu Elisabeth, der Gemahlin des „Winterkönigs" erfaßt, hatte er sich von ihr einen Handschuh erbeten, den er ihr erst zurückgeben wolle, wenn er für sie und ihren Gatten Böhmen zurückerobert hätte. Seine Fahnen trugen zum Entsetzen seines ligistischen Gegenspielers, des frommen Tilly, den Wahlspruch „Alles für Gott und sie". Mit einem Heer, zu dem ganze drei Kanonen gehörten, zog er nach Süden, um sich mit Mansfeld zu vereinigen. Beider Naturell war jedoch zu unterschiedlich, der militärische Unternehmer und der romantische General kamen zu keiner wirklichen Zusammenarbeit und scheiterten schließlich beide. Christians Züge waren von großen Gesten begleitet. Aus erbeutetem Kirchensilber ließ er Taler mit der Aufschrift „Gottes Freund, der Pfaffen Feind" schlagen, und als er am linken Arm schwer verwundet worden war, ließ er ihn unter einer musikalischen Begleitung von Pauken und Trompeten amputieren und zur Erinnerung eine Münze prägen mit dem Motto „Altera restat" („Der andere ist noch dran").

In diese Reihe von Generälen und Söldnerführern, die sich beliebig fortführen läßt, gehören auch der Belagerer und der Verteidiger Hanaus.

Guilliaume oder Wilhelm von LAMBOY (um 1600 - 1659) blieb zeit seines Lebens in kaiserlichem Dienst, seine Militärlaufbahn ist von viel Mißerfolg begleitet. Zu Kriegsbeginn war er unter dem oben genannten Bucquoi nach Böhmen gekommen, 1632 geriet er während der Schlacht von Lützen in schwedische Gefangenschaft und wurde ausgetauscht. 1634 gehörte er zu Wallensteins engeren Anhängern, verließ diesen aber und wurde dafür mit militärischer Beförderung und der Ernennung zum Reichsfreiherrn belohnt. Nach der fehlgeschlagenen Blockade Hanaus (1635/36) geriet er merkwürdigerweise immer wieder in Gefechte mit hessischen Truppen. Bernhard berichtet von seinem weiteren Schicksal: *Nachdem der Lamboy vor Hanau unglücklich abziehen müßen, wendete er sich zu der kayßerlichen Armee. Im Jahr 1638 stieße er mit fünf Regimentern zu Roß und zwey zu Fuß zu den Götzischen und Savellischen Trouppen, welche den Hertzog Bernhard bey Brisach observirten, ließe sich auch nebst dem General Götz mit den Weimarischen in ein Gefecht, so aber der Sache keinen Außschlag gabe, ein. [...] An. 1639 schriebe der Lamboy zu Anfang des Nov. Werbpatente zu 2000 zu Pferd und 4000 zu Fuß auß, nahme die Winterquartier im Jülch- und Clevischen, um von dannen das Frühjahr in die Niederlanden zu marchiren. Dießer March gienge auch vor sich. Dann im Jahr 1640 wurde er den 24. Jun. mit etlich tausend Pferden gegen die Frantzo[s]ische Wercke vor Artrecht commandiret. [...] Jahrs darauf schluge er den Marchall de Castillon, der sich unter Sedan gele-*

get hatte [...] Im Jahr 1642 enderte sich das Glück mit dem Lamboy. Die Hessischen Waffen thaten ihm Einhalt. Die Hessen nahmen sich mit den Frantzoßen und Weimarischen vor, auf ihn loßzugehen: ihn entweder zu schlagen oder über die Maaß zu jagen. Der Lamboy nahme seiner Schantze damals wenig wahr. Die Anrückung des Feindes wurde ihm angezeiget, er wollte es aber nicht glauben und ließe sich die Mahlzeit wol schmecken. Sie bekame ihm aber sehr übel. Er wurde nicht nur geschlagen und ob er sich wol tapfer wehrte, selber mit vielen andern Officiern und weit mehrern Gemeinen gefangen genommen. [...] Man nimt wahr, daß der Lamboy gegen die Hessen ordinair unglücklich gefochten. Anitzo ware er ihr und ihrer Alliirten Gefangener. Es ware dießes im Frühjahr vorgelaufen, und der Lamboy wurde nach Neuß in die Gefangenschaft geführet. Um das End des Febr. trachtete er in Schäferskleidern zu entkommen, passirte auch also verkleidet biß an die Wacht [...] Der Anschlag wurde aber unversehens gemerckt, er wieder zurückgebracht und hernach in das Frantzo[s]ische geliefert. [...] Hie muste er biß in das Jahr 1643 aushalten. Jedoch ließen ihn die Frantzoßen in dem Wald von Vicennes loß, nachdem er ihnen auß seinen eigenen Mittlen 25000 Cronen zur Ranzion bezahlet [...] In den ersten Jahren vertraute der Kayßer dem Lamboy, wie es scheinet, kein Commando an. 1647 aber ließe er sich wieder im Feld sehen. Er fiele in Ost-Friesland ein, muste es aber bald wieder räumen. Doch ware er auch nicht gewillet, in dießem Land lang zu verharren, sondern die Hessen, welche monatlich auß Ost-Friesland eine ansehnliche Contribution zu erheben hatten, von der Belagerung der Statt Paderborn dahin abzuziehen, womit er auch seinen Zweck erreichet. [...] Ja der Lamboy fiele hernach mit dem Graf Holtzapfel in Hessen ein und ruinirte das gantze Land; sie befestigten Homburg und besetzten es mit etlich 100 Mann. [...] Im Jahr 1648 gelunge es dem Lamboy, den Landgraf Ernst bey Geißeck als einen Gefangenen zu überkommen und nach Paderborn zu führen. [...]Was der Lamboy in dießem Jahr weiter verrichtet und wie er vom Hessischen General Geiß geschlawordern, ist bey dem von Pufendorf [...] nachzuschlagen. Da nun der Westfalische Friede in dießem Jahr geschloßen wurde, so ist der Lamboy einer von den Generalen, welche denselben und hiemit das End des so lang gewehrten Kriegs erlebet.

In einer Zeit wie dieser schien alles möglich. Einfache Soldaten konnten durch große Beute über Nacht zu reichen Männern werden, so wie etwa jener Soldat in Grimmelshausens „Springinsfeld", der ein Faß voller französischer Dublonen erbeutete, das Geld allerdings als „Obrist Lumpus" in großem Stil binnen weniger Wochen verpraßte. Für Söldnerführer schien der große soziale Aufstieg möglich. Der große italienische Condottiere Francesco Sforza hatte es 1450 bis zum Herzog von Mailand gebracht und dort eine eigene Dynastie begründet. Warum sollte etwas ähnliches nicht in dem vom Krieg zerrütteten Deutschland möglich sein? Durch den Erwerb eines hohen Adelstitels mit dazugehörigem Territorium schien es möglich, in die exklusive Gesellschaft der Landesherren aufsteigen zu können, es schien möglich, militärische Macht in politische umzumünzen und sich dadurch auch sein persönliches Wohlergehen für die Zeit nach einem irgendwann vielleicht einmal abgeschlossenen Frieden zu sichern.

Albrecht von WALLENSTEIN (1583 - 1634), dem großen Generalissimus des Kaisers, der ihm nicht nur finanziell verpflichtet war, wurde 1629 das Herzogtum Mecklenburg an Stelle der geächteten rechtmäßigen Landesherren übertragen. Aus einem kleinen böhmischen Adligen war er zum Reichsfürsten aufgestiegen. Vor seiner Ermordung plante er anscheinend, auf die Seite der Schweden überzuwechseln, und erwartete als Lohn dafür wohl die böhmische Königskrone, die seit dem Tod des „Winterkönigs" ja für die Protestanten vakant war.

Ernst von MANSFELD, der selbständige Militärunternehmer der ersten Kriegsjahre, hatte Ambitionen auf ein Reichsfürstentum aus Teilen des Elsaß und des Bistums Speyer. Bernhard von WEIMAR (1604 - 1639), nach Gustav Adolfs Tod schwedischer Oberbefehlshaber in Süddeutschland, erhielt als schwedisches Lehen das aus den Bistümern Bamberg und Würzburg neu gebildete Herzogtum Franken. Nach der schwedischen Niederlage von Nördlingen war dies hinfällig, jetzt kämpfte Bernhard in französischen Diensten am Oberrhein gegen den Kaiser und versuchte dabei, die Landgrafschaft Elsaß für sich zu erobern.

James oder Jakob von RAMSAY (um 1589 - 1639) stammte aus Schottland. Er hatte zunächst in englischen Kriegsdiensten gestanden, 1630 führte er Gustav Adolfs Armee ein Regiment schottischer Fußsoldaten zu. Im Oktober 1631 zeichnete er sich beim Sturm auf Würzburgs Festung Marienberg aus, wo es – wie Bernhard unter Berufung auf eine andere Quelle schreibt – Kugeln von dießer Feste herab [...] gleichsam geregnet, und hierunter ziemlich viele Knechte erschoßen und beschädigest, auch der Obrist Ramsay selbst in dem rechten Arm hart verletzet worden. 1634 - 1636 verteidigte er als schwedischer Kommandant Hanau mit großem Geschick und gutem Erfolg zunächst offensiv, dann eingeschlossen gegen die kaiserlichen Truppen. Grimmelshausen erscheint er als ein Mensch, der kein weichherzig Weibergemüt hatte, sondern ein tapferer heroischer Soldat war. Bernhard nennt ihn einen beherzten und verständigen General, einen listigen und trefflichen Kopf, der von den Hanauern wegen der Qualiteten eines braven Officiers nicht genügsam gepriesen werden [könnte], wann er – zumalen zur letzten Zeit – nicht alles wieder verdorben hätte, was er zuvor gut gemacht. Irgendwann nach dem Entsatz vom 13./14. Juni, versuchte Ramsay, der Schotte in schwedischem Dienst, die Grafschaft Hanau für sich zu erwerben.

Richard Wille, der in seinem 1886 erschienen Standardwerk über Hanau im Dreißigjährigen Krieg den Hanauer Grafen Philipp Moritz zur fast lächerlichen Figur macht und im Kontrast dazu Ramsay zum Helden stilisiert, hat jeden Verdacht einer derartigen Absicht Ramsays mit Entrüstung zurückgewiesen und dabei gegen die Aussagen der von ihm zitierten Quellen argumentiert. Wie z.B. Bemerkungen Johann Adam Bernhards zeigen, waren Ramsays Ambitionen in Hanau sehr wohl bekannt: Man merckte ihm ab, daß ihm die Grafschaft Hanau selber wol anstünde. Gegen den Stattrath und die Bürgerschaft ließe sich der Ramsay verschiedentlich vernehmen, ihr Herr wäre schwächlich und würde ohnedem der letzte Graf von Hanau seyn: er wolle sie daher mit einem andern Herrn, der sie beßer regieren solte, versorgen. Hanau wäre kein spitzer, sondern großer und breiter Diamant, dazu sich leicht Herrn finden würden. Ja weil er sogar vorgabe, der Graf wäre nicht imstande Land und Leuthen vorzustehen, so nahme er sich aller Affairen, so Statt und Land betrafen, an, ohne mit dem Grafen oder den seinigen zu communiciren. Im Februar 1638 nach einer handstreichartigen Eroberung gefangen genommen, starb er im Juni 1639 in Dillenburg an den Folgen seiner zu Hanau erlittenen schweren Verwundung.

Ramsay gehört zu den militärisch-politischen Abenteurern jener Zeit, deren persönliches Schicksal nicht ohne Tragik ist. Sie glaubten, in einer chaotischen Zeit, in einer Welt, die aus den Fugen geraten war, allein durch persönliche Tüchtigkeit über die alten, überlebten Autoritäten triumphieren und an deren Stelle treten zu können.

Doch war die Zeit der Condottieri vorbei. Den großen Wallenstein ließen seine Truppen im Stich, als er sich gegen den Kaiser stellen wollte. Als Maximilian von Bayern im März 1647 mit Franzosen und Schweden einen Waffenstillstand schloß, gingen einige seiner Generäle, wie z.B. Johann von Sporck, der Obrist Georg Creutz und vor allem der berühmte Johann von (Jan van) Werth, zum Kaiser über und beabsichtigten, zuvor aber ihres eignen Feldherrn Länder, for welche sie bishero so ritterlich gefochten, zu plündern (Grimmelshausen). Der überwiegende Teil ihrer Soldaten folgte ihnen jedoch nicht, und die abtrünnigen Generäle mußten sich vor ihren eigenen Truppen in Sicherheit bringen.

Gerade in jenen unruhigen Kriegszeiten stabilisierte sich als Sieg über den konfessionellen Hader und die militärische Willkür bindungsloser Söldnerhaufen die Idee eines über den Menschen stehenden und von einzelnen Personen unabhängigen Staates, dem zu gehorchen zu einem ethischen Prinzip wurde. Die Zukunft gehörte nicht Wallenstein, sie gehörte auch nicht Ernst von Mansfeld oder Jakob von Ramsay, sondern den kaisertreuen Gallas, Piccolomini und Wilhelm von Lamboy.

Das Lebensschicksal der beiden Hanauer Kontrahenten der Jahre 1635/36 verlief merkwürdigerweise gerade umgekehrt wie ihre militärische Laufbahn. Ramsay, der soldatische Erfolgsmensch, scheiterte persönlich mit seinen allzu ehrgeizigen Plänen – Lamboy dagegen, ein Soldat ohne sonderlich große Fortune, erlebte durch den Krieg einen bemerkenswerten sozialen Aufstieg und beschloß sein Leben friedlich auf seinen im Krieg und durch den Krieg erworbenen Gütern in Böhmen.

Die SOLDATENWERBUNG spielte im Leben Deutschlands eine große Rolle. Die ersten Kämpfe des Krieges wurden von bereits bestehenden Heeren ausgetragen, etwa von der Armee der Liga unter Tilly oder der spanischen Armee des Ambrogio Spinola. Der aus Böhmen in die Pfalz marschierende Söldnerhaufen des Ernst von Mansfeld war eine geschlossene Truppe, und auch Gustav Adolf brachte 1630 eine fertige, intakte Armee nach Deutschland. Neu in Deutschland angeworbene Soldaten aber verstärkten jedes dieser Heere, glichen die durch Krieg oder Krankheiten entstandenen Menschenverluste aus. Zudem wurden ständig neue Truppenverbände aufgestellt.

Die erste Maßnahme war das Bestimmen einer befestigten Stadt als Sammel- oder Laufplatz. Hier sammelten sich die künftigen Soldaten, hierhin brachten die Werbeoffiziere ihre Rekruten, hier wurden die Männer von Kriegskommissaren gemustert, wurden vereidigt und in bereits bestehende Truppenkörper eingegliedert oder aber zu neuen Regimentern bzw. Kompanien zusammengestellt. Bernhard beschreibt, wie die Spanier im Jahr 1620, noch bevor sie die Wetterau besetzten, mit dem Anwerben neuer Truppen begannen und ihre Armee dann durch erpreßte Kontributionen und Brandschatzungen aus dem besetzten Land finanzierten. *Ehe die Spanier unter dem Spinola den wetterauischen Boden noch betratten, hatten sie schon einige daselbst in ihre Dienste genommen, welche vor ihr Geld Soldaten würben. Der Graf Ernst von Nieder-Isenburg ware einer derselben und ein Graf von Solms-Rödelheim, so Obristencharakter hatten. Dieße observirten nicht nur die Uniirten, sondern wiedersetzten sich ihnen auch, bevor die Spanier anrückten. [...] Weilen die Spanier nicht gewillet waren, die Wetterau so bald zu verlaßen, indem die uniirte Armee sich auch in der Gegend aufhielte, so suchten sie sich eines haltbaren Platzes zu versichern. Der Graf Ernst von Isenburg machte sich vor die Burg und Statt Friedberg, welche ihn auch nach einigen gepflogenen Tractaten, so aber nicht schon im Anfang dießes Jahrs, sondern zu End deßelben vorgiengen, ein ließen [...] Friedberg ware nunmehro der Sammelplatz der Spanier, darauß sie andere Orthe einnehmen oder nach ihrem Willen brauchen konnten. Ohne vielen Wiederstand versicherten sie sich hierauf der Stätte Wetzlar und Gelnhausen, welchen das Schloß und Stättgen Mintzenberg nebst andern Orthen folgte. Allenthalben haußten sie nach Gefallen, setzten das Land unter Contribution und forderten überall Brandschatzungen ein.*

Organisiert wurde die Werbung vom Obristen des Regiments, der – mit einem Werbepatent für ein bestimmtes Gebiet, für einen bestimmten Zeitraum und meist für eine bestimmte Truppenzahl ausgestattet – für einen Landesherrn oder einen großen Generalissimus arbeitete. Der Dienstherr bezahlte im allgemeinen die Werbegelder, doch kam es auch vor, daß der Obrist diese Gelder vorlegte und somit seinen Dienstherrn zu seinem Schuldner machte. In dem bereits erwähnten Vertrag zwischen dem Grafen Philipp Moritz von Hanau und dem kaiserlichen Obristen Ossa vom 25.3.1630 wurde der Graf zum kaiserlichen Oberhauptmann unter dem Herzog von Mecklenburg, d.h. Wallenstein, ernannt und dazu verpflichtet, drei Kompanien

anzuwerben. Über das Verfahren bestimmte der Vertrag (nach Bernhard): *Erstlichen soll Ihr.Gn. der Herr Graf drey Compagnien zu Diensten Ihr.Kays.May. und zu Befestigung der Statt Hanau forderlichst werben, eine jede Compagnie von 200 Mann effective ohne das erste Bladt, und soll Ihr. Gn. den Musterplatz in ihrer Statt oder Land, wo es deroselben am besten gelegen, geben und soll solcher vom ersten Aprilis angehen und biß auf den 14. May wehren, alsdann soll ein kayßerlicher Commissarius verordnet werden, der solche Compagnien mustern und die Soldaten samt den Officiren Ihr.Kayß.May. schwören läst.* Im Jahr 1632 durfte der Graf als nun schwedischer Obrist und Kommandant von Hanau acht Kompanien Fußsoldaten anwerben und erhielt dafür am 28. Februar von Gustav Adolf ein Werbepatent, in dem auffallenderweise die Sollstärke jeder Kompanie von 150 auf 125 Mann heruntergesetzt wurde.

KRIEGSKOMMISSARE, die dann und wann auch bestehende Truppenteile überprüften, musterten im Auftrag des Dienstherrn oder des militärischen Oberbefehlshabers die neu angeworbenen Soldaten. Seitens der Werbeoffiziere oder des Obristen des neuen Regiments kam es hier zu allerhand Täuschungsmanövern. Es konnte ja vorkommen, daß man die versprochene Zahl von Rekruten nicht hatte bekommen können. Es kam aber ebenso vor, daß die Offiziere ein Geschäft zu machen versuchten, indem sie z.B. zwar nur 100 Soldaten anwarben, für 200 Mann jedoch Werbegeld und Sold kassierten bzw. das Recht erhielten, die Bevölkerung mit Kontribution und Einquartierung (die ja auch mit Geld abgelöst werden konnte) für 200 Soldaten zu belasten. In solchen Situationen wurden allerhand Mittel versucht, um den Kommissar zu täuschen. Zivilisten oder auch bereits im Dienst stehende Soldaten wurden für die Dauer der Musterung als angeblich frisch Angeworbene zwischen die Rekruten gestellt. Der Kommissar merkte das entweder nicht oder aber er hielt selbst die Hand auf und bestätigte dann in seinem Bericht den korrekten Mannschafts- und Ausrüstungsstand der Truppe. Die Betrogenen waren der Dienstherr und vor allem die Bevölkerung, welche ja immer für die Kosten aufkommen mußte.

Grimmelshausen beschreibt den Besuch eines Kornmissars in Hanau, der die Festung inspizieren und die Garnison mustern sollte: am Abend zuvor wurde er *fürstlich traktiert, blind vollgesoffen, und noch dazu in ein herrlich Bett gelegt.* Die Musterung selbst war ein Betrugsmanöver, bei dem der junge Simplicius als Trommelbube posierte: *Folgende Tage gings bei der Musterung bunt über Eck her, ich einfältiger Tropf war selbst geschickt genug, den klugen Commissarium (zu welchen Ämtern und Verrichtungen man wahrlich keine Kinder nimmt) zu betrügen, welches ich eher als in einer Stund lernete, weil die ganze Kunst nur in fünf und neun bestand, selbige auf einer Trommel zu schlagen, weil ich noch zu klein war, einen Musketierer zu präsentieren. Man staffierte mich zu solchem End mit einem entlehnten Kleid und auch mit einer entlehnten Trommel (denn meine geschürzten Pagehosen taugten nichts zum Handel), [...] damit passierte ich glücklich durch die Musterung.*

Die FINANZIERUNG der Armeen brachte für die Bevölkerung schwerste Belastungen, denn *der Krieg ernährt den Krieg!* Gemeinhin wird bei diesem bekannten Schillerzitat an Rauben und Stehlen durch die Soldateska gedacht. Das träfe den Sachverhalt aber nicht ganz. Ein willkürliches Zerstören und Plündern einer Gegend, in der man sich selbst länger aufhalten mußte, hätte jedem Heer die wirtschaftliche Basis zerstört. Deshalb wurden auch zumindest in der ersten Kriegshälfte in den Armeen, die noch diszipliniert auftraten, derartige Exzesse mit strengsten Strafen belegt, denken wir etwa an die Soldaten, die der Kommandant Ramsay auf dem Neustädter Markt in Hanau aufhängen ließ. Wilkürliche Plünderungen durch selbständig herumziehende kleinere Truppenteile, durch Versprengte oder Deserteure mochten als eine Art vorübergehender Unwetter erscheinen, denen man mit Glück entgehen konnte und die einen trafen, wenn man Pech hatte. Der Bauernhof des kleinen Simplicius etwa wurde von zufällig vorbeikommenden Reitern ausgeraubt. Auf Dauer belastend und auch ruinierend waren die KONTRIBUTIONEN. Das Kontributionswesen war ein von den Armeen in den von ihnen kontrollierten Gebieten geschaffenes eigenes Steuersystem.

Der Bevölkerung, d.h. Städten, Dörfern oder einzelnen Ständen, wurde die Bezahlung einer bestimmten Summe auferlegt, die quasi als Steuer eingetrieben wurde und die den Unterhalt der Armeen finanzierte. Bei einigermaßen geordneten Verhältnissen überwachten zivile Kommissare das Eintreiben dieser Gelder, und so wurde das Kontributionssystem des Dreißigjährigen Krieges ein ganz wichtiger Schritt für die Herausbildung des Steuerwesens der modernen Staaten. War man im Feindesland, so wurden die Kontributionen als Repressalie gehandhabt, in befreundeten Gebieten konnten sie als ein Verteidigungsbeitrag der Bevölkerung gegen den Feind interpretiert werden – für die betroffenen Menschen war das Ergebnis dasselbe.

Eine weitere große Belastung war die Einquartierung, d.h. Bürger und Bauern mußten den Soldaten Quartier zur Verfügung stellen. Besonders mißlich war die Lage der Bewohner jener Gebiete, die Heerführer zum Winterquartier ihrer Armee ausersehen hatten. Durch das Zahlen von Abstandsgeldern konnte es gelegentlich möglich sein, einer Einquartierung zu entgehen, und so wurde allein schon die Ankündigung einer Einquartierung zum probaten Druckmittel finanzieller Erpressungen.

In dem bereits wiederholt zitierten Vertrag vom 25.3.1630 wurde für die drei in Hanau neu anzuwerbenden kaiserlichen Kompanien eine Teilung der Kosten für Werbung und Sold zwischen Graf und kaiserlicher Kasse vereinbart, als zusätzliche Belastung hatte der Graf zu tragen: *Auf die 600 Mann täglichen das Commissbrod ohne Ihr.May. Entgelt an einen Knecht 2 [Pfund] liefern, wie auch auf die Compagnien auf jede vor 12 Pferd die Habern und Rauhfutter, desgleichen auf die samentliche Soldatesca sollen Ihr.Gn. die Service, als Logement, Schlafung, Saltz, Licht und Brand, zu geben schuldig sein.* Der Graf beabsichtigte selbstverständlich, diese Kosten an

seine Untertanen weiterzugeben, wie aus einem von Wille mitgeteilten *Ungefehrlichen Uberschlag der Servicien uff 1 Compagnia* hervorgeht: *Unndt wirt hiemit dem Bürger frey gestellt, entweder daß Logiment undt servicien selbsten, oder daß gelt darfür zu reichen, doch mit dem beding, daß zwei ledige Soldaten mit einem bett sich begnügen laßen sollen.* Zum Ausgleich für die so entstehenden Kosten sollte der Graf, d.h. Hanau, *die Zeit über, so sie die drey Compagnien haben werden, mit andem würcklichen Einquartirungen, Contribution und Exactionen von der kayßerlichen Soldatesca allerschonet bleiben.* Die kaiserlicherseits versprochenen Zahlungen blieben allerdings aus, und als der Graf sich darüber beschwerte, wurde ihm mit der Einquartierung von drei weiteren Kompanien gedroht. Es war ein sehr wirksames Druckmittel, damit *der Graf seine fernere Klagen und Beschwörungen umso ehender vor das Künftige einstellen und ein übriges zu thun sich bequemen mögte.* Unliebsame Frager und Kritiker ließen sich mit einer Androhung militärischer Einquartierung sehr schnell zum Schweigen bringen.

In großem Stil gab es Plünderungen durch Soldaten von Armeen auf dem Marsch, besonders wenn es ein Rückzug war. Von den Soldaten des Bernhard von Weimar, die nach der verlorenen Nördlinger Schlacht durch unsere Gegend kamen, berichtet Bernhard: *Weil des Herzogs Soldaten wohl wusten, daß sie hie nicht lang zu verweilen und die Kayserlichen auf dem Fuß nachfolgten, so nahmen sie in der Eile mit, was sie konnten, und kehrten im Kloster [sc. Seligenstadt] rein aus, bevor sie den Weg auf Frankfurt fortsetzten.*

Waren Kontributionen und Einquartierungen, war das Sengen und Brennen durchziehender Armeen schon belastend genug, so war für die Bevölkerung der Höhepunkt des Elends erreicht, wenn eine Armee systematisch – sei es, um einen renitenten Landesherrn gefügig zu machen, sei es, um die Versorgungsbasis des Feindes zu vernichten – ganze Landstriche ausplünderte, alles irgendwie Brauchbare raubte oder zerstörte, Menschen umbrachte, Vieh wegtrieb und eine verbrannte Wüste zurückließ. Im Spätsommer des Jahres 1633 fiel Wallensteins Feldmarschall Heinrich Holk zum zweitenmal in Sachsen ein, um den eher widerwillig auf schwedischer Seite stehenden Kurfürsten unter Druck zu setzen. Leiden mußte aber die Bevölkerung, und Holk erhielt in einer Art Galgenhumor den Spitznamen „Holku" (Hol Kuh!). Sowohl der Feldherr als auch sein Heer gingen in der von ihnen selbst geschaffenen Wüste zugrunde. Hunger und Krankheiten dezimierten die Soldaten, Holk selbst starb an der Pest.

Je länger der Krieg dauerte, je mehr die wirtschaftliche Kraft Deutschlands erschöpft war und je weniger an Kontributionen sich aus der Bevölkerung herauspressen ließ, desto lascher wurde die Zahlungsmoral der Soldherren. Es kam vor, daß die erste Soldzahlung auch die letzte war, sei es aus Korruption, sei es weil wirklich kein Geld mehr aufzutreiben war. In solchen Situationen brach dann sämtliche Disziplin zusammen, und es kam zu jenen katastrophalen Plünderungen von Freund und Feind, welche in der Erinnerung der Nachwelt untrennbar mit diesem Krieg verbunden sind. Die BAUERN schienen dafür geschaffen zu sein, die Soldaten mit allem, was diese brauchten, zu versorgen. Grimmelshausen zitiert in seinem „Springinsfeld" einen Reim *der ehrlichen Soldaten, welcher also lautet:*

Sobald ein Soldat wird geboren,
sein ihm drei Bauren auserkoren:
der erste, der ihn ernährt,
der ander, der ihm ein schönes Weib beschert,
und der dritt, der for ihn zur Höllen fährt!

Die Bauern der betroffenen Landstriche flüchteten in Wälder und Berge und führten eine Art Guerillakrieg gegen einzelne Soldaten oder kleine Gruppen gleich welcher Armee – am Schluß war es ein Krieg aller gegen alle, bei dem es nur noch ums Überleben ging.

Nach der Schlacht von Nördlingen durchquerten nach Norden zurückflutende schwedische bzw. nach Norden vorstoßende kaiserliche und spanische Truppen die Wetterau, und Bernhard schreibt dazu: *Dieße Gegend wurde von Freunden und Feinden, unter denen man wenig Unterschied zu machen wuste, übel zugerichtet.* Die sich

König Gustav Adolph in Hanau, Lithographie nach einem Gemälde von Adolph Menzel

nach Norden zurückziehende schwedische Kavallerie erpreßte von der Stadt Frankfurt Schutzgelder und erzwang die Aufnahme einer Besatzung: *Die Reuterey der schwedischen Armee, so bey der Nördlinger Schlacht am wenigsten gelitten, weil sie zuerst das Reißauß gegeben, stellte sich frühzeitig ein und lagerte sich, bey 8000 Mann starck, um Franckfurt; zu denen sich hernach mehrere Verlaufene gesellet. Sie hielten schlecht Hauß, zumalen sie mercken konnten, daß sie dem nachrückenden Feind bald würden Platz machen müßen. Der Sold bliebe bey ihnen auß, daher sie vermeinten zum Rauben und Plündern ein Recht zu haben. Die Franckfurter fanden sich mit ihnen durch etliche Tausend Thaler ab und nahmen ein Regiment schwedischer Völcker zur Besatzung ein.*

Es gab in diesem Krieg nur wenige wirklich entscheidende FELDSCHLACHTEN mit tatsächlich nachhaltiger Wirkung. Jeder Eroberungsversuch eines festen Platzes – sei es einer Festung, sei es eines befestigten Lagers – war für den Angreifer mit allergrößtem Risiko verbunden, und die in einer offenen Feldschlacht erlittenen Verluste konnten die Kampfkraft auch der taktisch siegreichen Armee derart schwächen, daß sie zu keiner ernsthaften militärischen Aktion mehr fähig war. Aus diesen Gründen versuchten die Feldherrn, solche Kämpfe möglichst zu vermeiden. Da eine Armee ja nur solange zusammenhielt, wie sie besoldet und verpflegt werden konnte, strebte man an, die Gegner durch das Zerstören der Versorgungs- oder Finanzierungsbasis zu schwächen, sie also ohne offene Feldschlacht zu besiegen. Besonders in der zweiten Kriegshälfte wurde die Strategie durch solche Überlegungen bestimmt. Scheinbar unverständliche Truppenbewegungen lassen sich durch diese Zwänge erklären. Armeen zogen in Gebiete, welche noch nicht verwüstet waren und deshalb als Versorgungsgrundlage dienen konnten, und sie zerstörten Landstriche, die dem Gegner von Nutzen sein konnten.

Der Krieg hatte sich seiner konfessionellen und politischen Maske entkleidet und war zur bloßen Räuberei geworden, er wurde nur noch geführt, um Armeen zu ernähren bzw. anderen Heeren diese Möglichkeit zu nehmen. Aus dem Bemühen der Kriegsparteien, durch den Einsatz militärischer Mittel hochgesteckte politische Ziele zu erreichen, war ein Kampf um kleine und kleinste kurzfristige Vorteile geworden, der weite Gebiete Deutschlands verwüstete und allein die Heerführer, die Kriegsfinanziers und die Kriegsunternehmer bereicherte.

Hanau um 1620

Alt- und Neustadt Hanau waren verwaltungsmäßig voneinander getrennt, und genaugenommen müßte man bei Hanau immer von „Städten" sprechen. Nur der Einfachheit halber nennen wir Hanau eine „Stadt". Topographisch bestand Hanau zu jener Zeit aus drei klar getrennten Bereichen mit jeweils einer eigenen Befestigung: es waren die Burg, die Altstadt und die Neustadt. Zur Altstadt gehörte

die zwischen Stadt und Kinzigbrücke liegende, zunächst noch unbefestigte Vorstadt. Die Altstadt war zur Burg hin, die Neustadt zur Altstadt hin offen, d.h. ohne Befestigungswerke. Bei den handstreichartigen Eroberungen der Jahre 1631 und 1638 sollte dies von Bedeutung sein.

Im Norden lag die BURG bzw. das Schloß. Die mittelalterliche, auf einer Kinziginsel liegende Burg der Herren, seit 1429 Grafen von Hanau hatte Philipp Ludwig II. von Hanau-Münzenberg um 1600 im Stil der Renaissance umbauen und erweitern lassen; den Plan eines völlig neuen Schloßbaus konnte er nicht verwirklichen. Ab 1829 wurden die vor der Zeit des Dreißigjährigen Krieges entstandenen Schloßbauten abgerissen und an deren Stelle der heutige Schloßgarten angelegt. Die in unserer Zeit noch vorhandenen zum Schloß gehörenden Gebäude wurden erst um 1700 unter den Grafen von Hanau-Lichtenberg errichtet.

Die südlich der Burg liegende ALTSTADT Hanau, seit 1303 mit Stadtrechten versehen, war von einer mächtigen Stadtmauer aus Basalt umgeben, von der heute noch vor allem in der Schlendergasse eindrucksvolle Reste erhalten sind. Die Entwicklung des Artilleriewesens hatte diese Art von Wehranlagen nutzlos gemacht, deshalb wurde unter der Bauleitung des Reinhard von Solms die Altstadt im 16. Jahrhundert mit einem Befestigungssystem umgeben, das einem Beschuß durch Kanonen standhalten konnte und selbst das Aufstellen von Geschützen erlaubte. Besonders imposant waren die Ende des 18. Jahrhunderts geschleiften südlichen Bastionen im Bereich des heutigen Freiheitsplatzes. Dieser Platz zeigt uns jetzt noch die einstige Grenze zwischen der Alt- und der Neustadt Hanau.

1597 durch einen Vertrag zwischen Niederländern und Wallonen – Glaubensflüchtlingen vor allem aus den südlichen, den Spanischen Niederlanden – einerseits und dem Hanauer Grafen Philipp Ludwig II. andererseits gegründet, sollte die NEUSTADT durch die wirtschaftliche Aktivität und die internationalen Beziehungen der Neubürger die eher bescheidene gräfliche Residenzstadt Hanau zu einem Handels- und Gewerbezentrum großen Formats machen. Dem gleichen Zweck sollte die ebenfalls von Philipp Ludwig II. veranlaßte Privilegierung und Ansiedlung einer jüdischen Gemeinde in der Judengasse (heute Nordstraße) vor den Altstadtmauern über dem alten Stadtgraben dienen. Bis nach Venedig verschickte die Hanauer Regierung Werbematerial, um Juden zur Übersiedlung nach Hanau zu bewegen.

Zu diesem wirtschaftlichen Gesichtspunkt kam der oben erörterte militärische Aspekt. Hanau sollte auch Festung werden. Das für die Altstadt errichtete System runder Bastionen hatte sich als wenig zweckmäßig erwiesen, da es unmittelbar vor dem Befestigungswerk tote Winkel gab, in denen die Angreifer sich vor dem Beschuß der Verteidiger in Sicherheit bringen konnten. Die neue Tendenz ging dahin, durch das Bauen geradliniger Festungswerke das gesamte Vorfeld für den Beschuß von der Festung aus erreichbar zu machen. Für die Festung Hanau wählte man das sogenannte Tenaillensystem mit eingezogenen Flanken und davorgelegten Außenwerken, die Zukunft allerdings sollte dem vor allem in Frankreich und den Niederlanden entwickelten bastionierten System gehören. Einsprüche des Mainzer Kurfürsten verzögerten den Ausbau der Wehranlagen, zu Kriegsbeginn war die Festung Hanau deshalb noch nicht ganz fertig.

Die verwitwete Gräfin Katharina Belgia hatte in richtiger Einschätzung der allgemeinen Lage schon in den Jahren zuvor alles darangesetzt, den Festungsbau zu Ende bringen zu lassen. Bauern aus dem Umland wurden in Fronarbeit dazu eingesetzt: *An. 1615 den 23. Jan. hat jeder nachbar in dem flecken Hochstatt, keiner ausgenommen, drey tag zu Hanau an dem neuen Wall hinterm schloß arbeiten müßen, hat die obrigkeit einem jeden ein klein leiblein brod des tags gegeben, und hat das gantze land an dem wall arbeiten müßen. [...] Die kluge Fürstin und Regentin eilte um so mehr Hanau vor einem geschwinden Überfall zu sichern, weilen die Vorspiele des Dreyßigjährigen Kriegs sich schon mercken ließen.* Zum Jahr 1620 berichtet Bernhard: *Das beste ware, daß es mit der Befestigung der Neustatt Hanau nunmehro so weit gekommen, daß sie vor einem unvermuthetem und geschwindem Überfall gesichert ware* und fügt hinzu, daß durch diese Vorsichtsmaßnahmen der Regentin *Hanau lange Zeit von frembden Einquartirungen verschonet geblieben, da andere wetterauische Orte sich frühzeitig dazu verstehen musten.* Manchem Bauern und seiner Familie hat die Fronarbeit an der Festung später das Leben gerettet, denn während im offenen Land die durchziehenden Truppen raubten und mordeten, bot die Festung Hanau nicht nur ihren Bürgern, sondern auch den Flüchtlingen aus dem Umland Schutz. Die Festungswälle wurden ab 1806 niedergelegt, Reste sind heute noch am Kinzigufer gegenüber dem Festplatz an der Otto-Wels-Straße zu erkennen. Die zeitgenössischen Abbildungen in diesem Buch zeigen Hanau mit seinen Festungswällen, mit den für die Stadt charakteristischen Türmen des Schlosses, der Marienkirche und der mittelalterlichen Stadttore sowie dem markanten hohen Dach der Niederländisch-Wallonischen Kirche, dem einstigen Wahrzeichen der Neustadt.

In Hanau gab es vier voneinander zu unterscheidende VERWALTUNGSGREMIEN. Auf der einen Seite waren es die Organe der städtischen Selbstverwaltung, wobei – wie bereits gesagt – Alt- und Neustadt zwei selbständige, verwaltungsmäßig völlig voneinander unabhängige Städte mit eigenen Stadträten und Bürgermeistern waren. Am Beispiel der Altstadt soll das Funktionieren einer solchen Verwaltungskörperschaft erläutert werden. Der oberste Beamte, der Stadtschultheiß, wurde von der gräflichen Regierung eingesetzt, während das Kollegium der Ratsherren („Ratsverwandten"), die gleichzeitig als Schöffen des städtischen Gerichts fungierten, ein echtes kommunales Selbstverwaltungsgremium war. Es ergänzte sich selbst durch Zuwahl. War eine Ratsstelle frei, so schlugen die Räte dem Grafen zwei Kandidaten zur Auswahl vor, von denen die Herrschaft dann einen zum Ratsherrn ernannte. Alljährlich wählten die Ratsherren aus

ihrer Mitte einen Bürgermeister, den die gräfliche Regierung lediglich bestätigte. Bei der Besetzung der Pfarr- und Schulstellen wirkten die Räte mit. Sie schlugen jährlich den von der gräflichen Herrschaft dann zu bestätigenden Wein- und den Obermarktmeister vor und besetzten die niedrigeren Stadtämter ohne Zutun des Grafen in eigener Vollmacht.

Die Bürger konnten sich bewaffnen und als Milizen an kleineren militärischen Unternehmungen des Grafen teilnehmen bzw. zum Wachtdienst auf den Wällen und zur Verteidigung der Festung eingesetzt werden.

In Hanau war weiterhin die gräfliche Regierung mit ihren Räten und Schreibern, an deren Spitze gewöhnlich ein Oberamtmann stand. Die vierte Behörde schließlich war der Amtmann des Amtes Büchertal mit seiner Verwaltung. Während die Ratsgremien der Alt- und der Neustadt natürlich nur von Bürgern der jeweiligen Stadt besetzt werden konnten, gab es zwischen gräflichen und städtischen Behörden personelle Überschneidungen. So war der Stadtschultheiß der Altstadt vielfach gleichzeitig der Amtmann des Büchertals.

Nur die Altstadt besaß ein eigenes Rathaus, die Räte der Neustadt tagten in Privathäusern. Die gräfliche Verwaltung war im Schloß und dessen Nebengebäuden untergebracht.

Wichtig zur Beurteilung früherer Verhältnisse und mit Zuverlässigkeit kaum zu ermitteln sind statistische Daten über die EINWOHNERZAHL alter Städte. Zimmermann hat für das Jahr 1632 etwa 330 Familien für die Altstadt und etwa 700 für die Neustadt errechnet, und er schlägt vor, diese Zahlen mit fünf zu multiplizieren und so auf die tatsächliche Einwohnerzahl zu kommen. Rechnet man die Juden, die nicht zur Altstadt Hanau, sondern zum Amt Büchertal gehörten und deshalb in Zimmermanns Quelle nicht erscheinen, mit dazu, dann ergäbe sich eine Gesamtzahl von höchstens 5500 Bewohnern Hanaus. Die von Bernhard für die Zeit der Blockade Hanaus in den Jahren 1635/36 mit Berufung auf eine zuverlässige Quelle geltend gemachte Zahl von 14.000 Toten (*durch die Pest, Hunger und andere Kranckheiten, an Soldaten, Bürgern und Bauren, groß und klein beyderley Geschlechts, die Juden mit dazu gerechnet*) scheint im Vergleich mit der Zahl Zimmermanns weit übertrieben, so daß wir nur feststellen können: entweder ist Zimmermanns Ansatz zu niedrig oder Bernhards Quelle hat angesichts der großen Schrecken des Krieges übertrieben. Wenn aber beide Rechnungen stimmen, muß Hanau während der Belagerungsmonate mit Flüchtlingen und Soldaten hoffnungslos überfüllt gewesen sein.

Noch einige Worte zu den DATUMSANGABEN. Die Kalenderreform des Papstes Gregor XIII. hatte die Fehler des alten Julianischen Kalenders beseitigt, sie trat im Jahr 1582 in Kraft: das Datum wurde dabei um zehn Tage vorgeschoben. Diese Reform fiel in die Zeit konfessioneller Kämpfe, und deshalb erkannten die protestantischen Staaten Europas die neue Datumsberechnung nicht an, sie behielten den alten, den Julianischen Kalender bei (natürlich auch die Ostkirche). Die katholischen Stände des Deutschen Reiches führten den Gregorianischen Kalender 1583 ein, rechneten von jetzt an nach dem „neuen Stil", für die protestantischen Stände dagegen galt bis 1700 nach wie vor der „alte Stil" des Julianischen Kalenders. Für uns bedeutet das: der 13. Juni der protestantischen Grafschaft Hanau ist für das katholische Kurmainzer Steinheim der 23. Juni gewesen. Da die Festung Hanau am 13./14. Juni alten Stils entsetzt wurde und unser heutiger Kalender sich nach der gregorianischen Reform richtet, müßte – nähme man es wirklich ganz genau – das Lamboyfest am 23./24. Juni gefeiert werden (die sich in den folgenden Jahrhunderten vergrößernde Differenz zwischen den Daten des Julianischen und denen des Gregorianischen Kalenders könnte bei dieser Rechnung unberücksichtigt bleiben). Wille hat alle Hanauer Daten in den neuen Stil umgerechnet, wir geben in dieser Arbeit die auf Hanau bezogenen Daten nach dem damals in unserer Stadt gebräuchlichen alten Stil an.

Der Krieg

Hanaus Schicksal läßt sich nur vor dem Hintergrund der großen militärischen und politischen Aktionen des Dreißigjährigen Krieges verstehen. Die Benennung „Dreißigjähriger Krieg" täuscht etwas über den Sachverhalt hinweg, daß der Krieg genaugenommen eine Folge von verschiedenen, allerdings fast unmittelbar aufeinanderfolgenden und untrennbar miteinander verbundenen Kriegen war. Im einzelnen unterscheidet man den Böhmisch-Pfälzischen, den Dänisch-Niedersächsischen, den Schwedischen und schließlich den Französisch-Schwedischen Krieg.

Der BÖHMISCH-PFÄLZISCHE KRIEG (1618 - 1623) begann mit dem Aufstand der Böhmen und war in Böhmen selbst mit der Niederlage der Truppen des „Winterkönigs" am Weißen Berg (1620) vor Prag beendet. Der von den Böhmen angeworbene Ernst von Mansfeld hatte seine Söldner allerdings aus dieser Schlacht herausgehalten und marschierte mit ihnen in Richtung Pfalz, wo sich inzwischen die von den Spanischen Niederlanden her gekommene Armee des Ambrogio Spinola festgesetzt hatte. Unterstützung erhielt die protestantische Sache durch den Markgrafen von Baden-Durchlach und den „tollen" Christian von Braunschweig. Beide zogen mit rasch aufgestellten Armeen, der eine von Süden, der andere von Norden her, gegen die Pfalz, beide wurden von den Ligatruppen unter Tilly und der spanischen Armee unter Spinola besiegt. Der badische Markgraf gab den Krieg auf, Christian von Braunschweig dagegen kam nach der verlustreichen Mainüberquerung bei Höchst zu einer losen Vereinigung mit Mansfelds Truppen, beide zogen sich durch Lothringen in die Niederlande zurück.

Zwar konnten sie, Christian mit Hilfe des niedersächsischen Kreises, Mansfeld von den Niederländern unterstützt, nochmals neue Heere aufstellen, doch wurden Christians Truppen bei Stadtlohn (1623) von Tillys Ligaheer vernichtend geschlagen (Mansfeld, dessen Kapital

seine Armee war, hielt seine Söldner wieder dem Kampf fern). Der Krieg schien so mit einem vollständigen Sieg der Liga, der Spanier und des Kaisers beendet.

Mit dem Eingreifen Christians IV. von Dänemark begann der DÄNISCH-NIEDERSÄCHSISCHE KRIEG (1625 - 1629), der den steilen Aufstieg Wallensteins als kaiserlicher Generalissimus brachte. Mit seiner vor allem durch Kontributionen finanzierten Armee schlug Wallenstein die Mansfelder Truppen an der Dessauer Brücke (1626), und Tilly besiegte den Dänenkönig bei Lutter am Barenberge (1626). Beide eroberten jetzt Norddeutschland bis zur Ostseeküste, so daß ganz Deutschland dem Kaiser und der Liga unterworfen war. Der Friedensvertrag von Lübeck und das Restitutionsedikt (1629) markieren diesen Höhepunkt kaiserlicher Macht. Freilich formierte sich jetzt – von Maximilian von Bayern angeführt – die Opposition der Fürsten, erzwang auf dem Regensburger Kurfürstentag 1630 die Absetzung Wallensteins sowie eine Reduzierung der Truppen des Kaisers und lehnte es außerdem ab, den Sohn des Kaisers zum Römischen König zu wählen, d.h. zu dessen Nachfolger zu designieren. Ferdinand war an die Grenzen seiner Macht gestoßen.

Brachte das bisherige Kriegsgeschehen einen langsamen aber unaufhaltsamen Vormarsch bzw. Rückzug der Heere von Süden nach Norden, so verläuft die allgemeine Bewegung der Armeen im SCHWEDISCHEN KRIEG (1630 - 1635) gerade umgekehrt. Gustav II. Adolf griff 1630 in Deutschland ein, besiegte Tilly, den nunmehr kaiserlichen Oberbefehlshaber, bei Breitenfeld (1631) und bei Rain am Lech (1632), hier wurde Tilly tödlich verwundet, und drang mit seinen Schweden bis nach München vor. Auch die Rückberufung Wallensteins (der dann 1634 wegen Hochverrats umgebracht wurde) und der Tod Gustav Adolfs in der Schlacht bei Lützen (1632) änderte nichts an der schwedischen Überlegenheit.

Den großen Umschwung brachte die Schlacht von Nördlingen (1634). Eine kombinierte Armee, zusammengestellt aus den kaiserlichen, von Erzherzog Ferdinand, dem späteren Kaiser, und General Gallas geführten Truppen und aus einem spanischen Heer, das unter der Führung des spanischen Kardinalinfanten Ferdinand auf dem Weg in die Niederlande war, besiegte die Schweden vollständig. Die allgemeinen Truppenbewegungen gingen nun wieder von Süden nach Norden. In dieser Situation wurde Hanau für die sich nach Norddeutschland zurückziehenden Schweden zu einem ganz wichtigen Stützpunkt im feindlichen Gebiet.

Im FRIEDEN VON PRAG (1635) machten fast alle protestantischen Reichsstände, vor allem Kursachsen, das sich aus dem schwedischen Bündnis löste, ihren Frieden mit dem Kaiser. Ein gemeinsames Ziel der Reichspolitik konnte es nun sein, die fremden Mächte (zu denen dann allerdings auch Spanien gehört hätte) aus Deutschland zu vertreiben. Freilich beteiligten sich nicht alle Reichsstände an dem Prager Vertrag. Der Kaiser vergaß den Hanauer „Verrat" des Jahres 1631, von dem unten noch die Rede sein wird, nicht und weigerte sich zeit seines Lebens, den Hanauer Grafen zu amnestieren und dessen Grafschaft in den Prager Frieden mit einzubeziehen. Die Landgrafschaft Hessen-Kassel schloß sich dem Prager Frieden ebenfalls nicht an, sondern blieb bis zum Kriegsende mit Schweden und Frankreich gegen den Kaiser verbündet. Dies war die Situation, in der das von Schweden besetzte Hanau, das nach Meinung des Verfassers gezwungenermaßen auf der falschen Seite stand, durch hessisch-schwedische Truppen am 13. und 14. Juni 1636 von der Blockade Lamboys befreit wurde.

Nach der Schlacht von Nördlingen griff Frankreich, das eine habsburgische Vorherrschaft befürchten mußte, unmittelbar in den Krieg ein, und es begann die letzte und vielleicht furchtbarste Kriegsphase, der FRANZÖSISCH-SCHWEDISCHE KRIEG (1635 - 1648).

Frankreich versicherte sich der Dienste des schwedischen Heerführers Bernhard von Weimar, der jetzt in französischem Auftrag am Oberrhein gegen die kaiserlichen Truppen operierte. Frankreichs strategisches Ziel war die Eroberung der für die Kontrolle des Rheintals so wichtigen Festung Breisach. Bernhard war 1638 erfolgreich, und Breisach sollte bis zum Ende des Jahrhunderts in französischem Besitz bleiben. 1636 konnten schwedische Truppen unter Johann Banér eine kombinierte sächsisch-kaiserliche Armee bei Wittstock besiegen und dadurch dem dauernden Rückzug nach Norden, der Folge der Niederlage von Nördlingen, ein Ende setzen.

Nun herrschte eine Art militärisches Gleichgewicht. Große strategische Konzeptionen lassen sich nicht mehr erkennen. Die einzelnen Armeen operierten nebeneinander her, keine Kriegspartei war stark genug, um auch nur an die Möglichkeit denken zu können, hochgesteckte politische Ziele militärisch durchzusetzen. Der Krieg hatte sich gewissermaßen verselbständigt, er wurde um seiner selbst willen geführt, und die Angst vor den Folgen eines Friedensvertrages verhinderte lange Zeit den Frieden.

Hanau im Krieg

In realistischer Einschätzung der militärischen und politischen Unterlegenheit der Böhmen und der protestantischen Union ergriff KATHARINA BELGIA, die Hanauer Regentin, nicht Partei, sondern bemühte sich von Anfang an, Hanau aus dem Konflikt herauszuhalten. Dazu dienten zwei Mittel: einmal die persönliche diplomatische Aktivität der Regentin, dann die Befestigungsanlagen Hanaus. Zum Schutz der Stadt wurden die Festungswerke soweit fertiggestellt, daß Hanau im Jahr 1620 *vor einem unvermutheten und geschwinden Überfall gesichert ware.*

Dies war dringend vonnöten. 1620 war eine spanische Armee unter Ambrogio Spinola in die Pfalz einmarschiert, gegen die Truppen der Union operierten. *Darauf wurde die Wetterau so wol durch die unirte Armee als die Spanier in Unruhe gesetzet. Unter den ersten kam der General Graf von Solms um Franckfurt an, dem hernach der Margraf von Anßbach mit andern Fürsten folgte. [...] Sie zogen bey*

Hanau über den Mayn, wo er nicht allzu tief ware. [...] Dießes geschahe im Augustmonat. Im Sept. darauf stellte sich der Prinz Henrich von Nassau mit 4000 Engelländern und 33 Conet Reutern bey Hanau ein, gienge ebenfalls zu der uniirten Armee über den Mayn und conjungirte sich mit derselben. Die Spanier behielten die Oberhand. Friedberg wurde Sammelplatz der spanischen Armee, verschiedene Orte, darunter Gelnhausen und Münzenberg, erobert, und die Bevölkerung mußte Kontributionen zahlen: *Weilen die Spanier nicht gewillet waren, die Wetterau so bald zu verlaßen, indem die uniirte Armee sich auch in der Gegend aufhielte, so suchten sie sich eines haltbaren Platzes zu versichern. Der Graf Ernst von Isenburg machte sich vor die Burg und Statt Friedberg, welche ihn auch nach einigen gepflogenen Tractaten, so aber nicht schon im Anfang dießes Jahrs, sondern zu End deßelben vorgiengen, einließen. [...] Friedberg ware nunmehro der Sammelplatz der Spanier, darauß sie andere Orte einnehmen oder nach ihrem Willen brauchen konnten. Ohne vielen Wiederstand versicherten sie sich hierauf der Stätte Wetzlar und Gelnhausen, welchen das Schloß und Stättgen Mintzenberg nebst andern Orthen folgte. Allenthalben haußten sie nach Gefallen, setzten das Land unter Contribution und forderten überall Brandschatzungen ein.*

Als die Spanier 1621 *das am Mayn gelegene Hanauische Dorf Rumpenheim verbrennet und in die Asche geleget,* schickte Katharina Belgia den Rat Andreas Schaufel an den kaiserlichen Hof, sie selbst reiste zu Spinola nach Kreuznach, um gegen die Übergriffe der Soldaten zu protestieren. Sie erreichte durch ihre Fürsprache in der Tat, daß das Hanauer Land in Zukunft geschont werden sollte, allerdings war diese Zusage nicht das Ergebnis eines Austauschs von freundlichen Komplimenten. *an. 1621 camerarius Philippus Kopp d. 25. Febr. 10.000 flor. Hispanis numeravit* (am 25.2.1621 hat der Kämmerer Philipp Kopp den Spaniern 10.000 Gulden ausbezahlt) zitiert Bernhard aus einer zeitgenössischen Quelle.

Da der Waffenstillstand zwischen Spanien und den Generalstaaten ablief, ging Spinola nach Brüssel, spanische Besatzungstruppen blieben aber in der Pfalz und in den wichtigsten eroberten Plätzen, so auch in Friedberg, zurück. Die Union hatte sich von Friedrich getrennt, Kaiser Ferdinand hatte Hanau durch eine schriftliche Zusicherung unter seinen Schutz gestellt, doch die Erwartung, der Krieg habe nun sein Ende gefunden, erfüllte sich nicht: *1622 gienge es recht bund in der Wetterau her. Eine Armee folgte der andern auf dem Fuß nach, davon die eine der Landen so wenig schonte als die andere.* Ernst von Mansfeld kam aus Böhmen, Christian von Braunschweig von Norden her in unsere Gegend, die Truppen ihrer Gegner formierten sich, und *alle miteinander hielten übel Hauß, wo sie hinkamen.* Während Christian gegen den Main vorrückte, konzentrierten Tilly und Gonzalo Fernandez de Cordoba, Spinolas Nachfolger, eine kombinierte bayerisch-kaiserlich-spanische Armee zwischen Frankfurt und Hanau. Sie fügten der Armee des Braunschweigers zwar schwerste Verluste zu, konnten ihn aber nicht daran hindern, mit dem Rest seiner Truppen nahe Höchst den Main zu überqueren (10./ 20.6.1622).

Die Bayrischen und Spanier, welche mit Kayserlichen unter dem General Thylli und Don Gonzalis de Cortuba verstärcket wurden, lagerten sich den 8. Jun. zwischen Hanau und Franckfurt, giengen den 9. auf den Hertzog bey Höchst loß: an welchem Tag der brandenburgische Brandmeister den Flecken Eschborn, so Cronenbergisch, das Stättlein Ober-Ursel, so Mayntzisch, Sultzbach, welches Franckfurt, und Nidda, so Hanauisch, fast zugleich in brand stecken ließe [...] Den folgenden tag, welcher ware der 10. Jun., bekamen sie ihren Lohn davor. Die meisten Officiers der Braunschweigschen Armee machten sich zu Hanau und Franckfurt lustig, da es ihren Feinden um so leichter fiele, dieselbe auß dem Feld zu schlagen. [...] Der Hertzog salvirte sich kümmerlich bey Schwanheim über den Mayn. Seine Trouppen wurden zerstreuet, viele retirirten sich nach Franckfurt, man ließe aber außer den Verwundeten keine ein. Grimmelshausen läßt den Schwager des späteren Hanauer Kommandanten Ramsay als hohen Offizier aus der verlorenen Schlacht von Höchst fliehen und dann als Einsiedler in den Spessart gehen, von ihm wurde der junge Simplicius erzogen.

Die Schlacht bei Höchst, der folgende Marsch der Truppen Ernsts von Mansfeld und Christians von Braunschweig in die Pfalz und dann nach Lothringen verlagerten das Kriegsgeschehen aus unserer Gegend weg. Die absolute Vorherrschaft der katholischen Partei in der Wetterau war hergestellt. Das Plündern und Rauben der durchziehenden Soldaten hörte damit zwar zunächst auf, jetzt folgte aber die Last der Einquartierungen. *Ware nun schon die Wetterau durch die Höchster Schlacht eines Theils dießer unerbethenen Gästen loß, so machten es hierauf die Kayßerliche und Bayren nicht beßer, die viele Mayntzische, Darmstattische und Hanauischen Flekken und Dörfer spoliirt. [...] Sie schlugen bey Steinheim eine Brücke über den Mayn und rasteten um Hanau herum auß [...] Dieße Gegend gefiele ihnen so wol, daß sie Winterquartier darin machten, welches den Landmann hart drückte. Die Frau Regentin schickte den Sittich von Berlebsch zu dem General Thylli nach Redelheim, um die Verschonung oder Linderung des Landes zu bitten; es fruchtete aber gar nichts. Man muste sich mit ihnen, so gut es seyn wolte, biß den 17. May des folgenden Jahrs 1623 behelfen, an welchem Tag sie die Quartiere verließen, in Campagne zogen und ihren Weg in Hessen nahmen. Die arme Unterthanen waren indeßen von Mittlen gantz erschöpfet. Das einzige Dorf Nieder oder Groß-Dorfelden im Hanauischen muste auf die gemeyne Weyde eine Capital von 800 Gulden aufnehmen.*

1625/26 bezogen kaiserliche Truppen nochmals ihre Quartiere in unserer Gegend, und Katharina Belgia hatte 1626 noch einmal mit ihrer Intervention bei einem kaiserlichen General Erfolg. Wallenstein sicherte ihr zu, *das Amt Bücherthal und Statt Windecken vor aller Einlogier- oder Einquartierung und andern kriegerischen Beschwerlichkeiten zu verschonen.*

Graf Philipp Moritz (25.8.1605 - 3.8.1638) trat 1626 die selbständige Regierung an: *Er ware ein Herr von schönen Qualiteten und – mit eim Wort – ein Vatter seiner Unterthanen, denen er aber bey fortwehrenden Kriegsunruhen den Schutz nicht allemal so zu leisten imstand ware, wie er nach seiner innerlichen Neigung von Hertzen gerne wünschte.* Seine ersten drei Regierungsjahre verliefen für Hanau im wesentlichen ruhig, freilich durchquerten immer wieder Truppen auf ihrem Marsch zum niedersächsischen Kriegsschauplatz das Hanauer Land. *Es fehlte nicht an beständigen Durchmarchen, welche den armen Landman so außsogen, daß mancher schon damals das Seinige verlaßen muste.*

1629 erreichte die Machtstellung Ferdinands II. im Frieden von Lübeck (12./22.5.1629) ihren Höhepunkt, und nun schien die Gelegenheit gekommen, die allgemeine politische und militärische Situation ganz im Sinne des Kaisers zu bereinigen. Für Hanau, das dank der Diplomatie seiner Regierung und durch den Schutz seiner Festungswälle eine einigermaßen ungefährdete Neutralität hatte wahren können, spitzte sich die Lage jetzt ziemlich dramatisch zu. Hanau sollte sich ganz offen und rückhaltlos der Partei des Kaisers anschließen, und der Graf wurde bedrängt, eine kaiserliche Besatzung in Hanau aufzunehmen. Seine Versuche, dies auf diplomatischem Weg zu verhindern, schlugen fehl. Wallenstein, des Kaisers Generalissimus, beauftragte zuerst den Obristen Wolf Rudolf von Ossa, dann den Obristen von Witzleben, Hanau unter Druck zu setzen. Am 1. Dezember 1629 begann die erste Blockade unserer Stadt.

Auf eine Beschwerde des Grafen hin begründete die kaiserliche Regierung die Notwendigkeit einer solchen Besatzung: Die in Hanau lebenden Holländer hielten Verbindung mit den Generalstaaten, könnten u. U. auch gegen des Grafen Willen die Festungstore einem Feind öffnen und dadurch das Land in größte Gefahr bringen, deshalb sei es doch das Beste, wenn Hanau unter kaiserlichen Schutz gestellt werde. Philipp Moritz antwortete darauf, nicht Holländer, sondern überwiegend Menschen, die schon zuvor im Deutschen Reich ansässig gewesen seien, hätten seine Stadt gebaut. Verbindung zu den Niederlanden bestehe nicht, es sei denn in Handelsangelegenheiten, doch sei dies ja nicht verboten. Er selbst und ihm persönlich verpflichtete Personen kontrollierten die Tore, da könne also nichts passieren, zudem sei die Festung Hanau nicht so wichtig, wie man es ihm, dem Kaiser, anscheinend dargestellt habe. Allerdings werde Hanau sich der Entscheidung des Kaisers unterwerfen.

Das Ergebnis der Militärblockade und des Briefwechsels war ein Kompromiß. Auf Vermittlung des Kurfürsten Anselm Casimir von Mainz und des Landgrafen Georg von Hessen-Darmstadt wurde vereinbart, *daß der Graf drey Compagnien Soldaten werben [sollte], welche Ihr.Kayß.May. und ihm zugleich schwören solten, auch hätte der Stattrath und Bürgerschaft sich zu verpflichten, dem Kayßer getreu und hold zu seyn und die Statt wieder alle kayßerliche und Reichsfeinde biß auf erlangten Succurs zu defendiren.* Damit war die erste Blockade dieses Krieges beendet. *Das Regiment Witzleben zog am 12. März 1630 ab. Das kayßerliche Volck [wurde] abgeführt, von der Bürgerschaft, so in sechs Fahnen bestanden, [wurde] Freudenschuß gethan, auch um die Statt herum das Geschütz loßgebrennet und dann Sonntags, den 14.Mart., in den Kirchen eine allgemeine Dancksagung vor dieße Erlößung angestellet.*

Die dann am 25. März 1630 zwischen dem Grafen und dem kaiserlichen Obristen von Ossa abgeschlossene, oben schon mehrfach zitierte „Kapitulation" regelte die Einzelheiten der kaiserlichen Garnison. Philipp Moritz sollte drei Kompanien zu je 200 Mann anwerben, in die Kosten sollten sich Kaiser und Graf teilen, wobei der Hauptanteil natürlich von Hanaus Bürgern zu tragen war. Der Herzog von Mecklenburg, d.h. Wallenstein, sollte dem Grafen das Patent als Oberhauptmann ausstellen, und der Graf verpflichtete sich u. a. *die Fändlein* (= Fahnen) *mit Ihr. Kayß. May. und des Reichs Adlern machen [zu] lassen.*

Die kaiserliche Besatzungszeit bereitete Hanau keine Probleme. *Man muste demnach mit dießer Guarnison so gut suchen auszukommen, als es möglich ware. Neben dem [kaiserlichen Kommandanten] Brandis lage unter andern ein Hauptmann nahmens Stephan Binder in Hanau, welchem man mit den übrigen in der Statt allen guten Willen erzeigte und vieles Plaisier machte. Sie haben auch gute Ordre gehalten, so daß es in der Statt ziemlich ruhig hergienge und das um so mehr, da die Kayßerlichen derzeit in dießer Gegend von Feinden nichts zu besorgen hatten; das Land hingegen wurde mit steten Durchmarchen hart gedrücket.* Es gab zwar Vertragsklauseln, die während einer längeren militärischen Auseinandersetzung um Hanau zu ernsthaften Konflikten zwischen Graf und Kommandant hätten führen können, doch trat dieser Fall nicht ein.

Die Schweden bemächtigten sich Hanaus ganz überraschend in der Nacht vom 31. Oktober zum 1. November 1631.

Die Geschichte dieses Handstreichs ist einigermaßen abenteuerlich. Am 7./17. September 1631 hatte Gustav Adolf die kaiserliche Armee unter Tilly, der an die Stelle des entlassenen Wallenstein gesetzt worden war, nahe Leipzig bei Breitenfeld entscheidend besiegt. Die Kaiserlichen zogen sich durch Sachsen und Thüringen, durch das Kinzigtal und das Freigericht gegen den Main zurück, überquerten den Fluß bei Seligenstadt und marschierten an den Rhein. Tilly bemühte sich, aus den geflohenen und aus frischen Truppen eine neue, schlagkräftige Armee aufzustellen. Das siegreiche schwedische Heer dagegen war nach Franken gegangen, hatte Würzburg erobert, und Gustav Adolf schickte sich an, den Main entlang gegen Frankfurt, Mainz und die Pfalz zu marschieren, wo – wie auch in der nördlichen Wetterau – noch spanische Truppen standen und wo Tilly die kaiserliche Armee sammelte.

Jetzt fiel der Festung Hanau eine Schlüsselrolle zu. Mit einer starken Besatzung versehen konnte Hanau zusammen mit Steinheim auf der anderen Mainseite die flußabwärts führenden Straßen kontrollieren und somit den schwedischen Vormarsch ernsthaft behindern. Ein Sturmangriff war immer ein Risiko, eine Belagerung konnte zeitraubend werden. Die Festung aber einfach zu umgehen, ein kaiserliches Hanau im Rücken zu lassen und gegen den Rhein zu marschieren, das wäre für die Schweden ein schwer kalkulierbares Risiko gewesen und hätte nur dann militärisch verantwortet werden können, wenn Hanau gleichzeitig mit einem Belagerungskordon umgeben worden wäre. Es sprach alles dafür, daß die Schweden Hanau unter ihre Kontrolle bringen mußten.

Der in der Nähe vorbeikommende kaiserliche Oberbefehlshaber Tilly wollte Hanaus Besatzung deshalb verstärken: *Er hat zwar auch an den Graffen von Hanau begehren lassen, daß er zu den 3 inliegenden noch 4 Compagnien Volck zu desto besserer Verwahrung selbiger Stadt einnehmen solte, aber der Graff hat sich darzu nicht verstehen wollen.* (Wille nach dem „Theatrum Europaeum".) Hanaus Kommandant Brandis glaubte, den Widerstand des Grafen mit einer Kriegslist unterlaufen zu können. Einige hundert kaiserliche Soldaten aus Aschaffenburg sollten in der Nacht des 31. Oktober nach Hanau kommen und beim morgendlichen Vieruhrläuten des 1. November heimlich in die Festung eingelassen werden. An diesem Tag aber hatten schwedische Soldaten Hanau besetzt. Wie war das möglich gewesen?

Der Hanauer Bürger Esaias de Lattre hatte den Obristen am Abend zuvor in sein Haus *in der Franckfurter Gaß, welches mit schönen rothen Steinen gezieret und auf der lincken Seite lieget, da man auß dem Franckfurter Thor daselbsten außgehet,* eingeladen. *Als nun gedachter Obrist Brandis sich bey der Mahlzeit einstellte, wurde er herrlich empfangen, und verzog sich dieße Mahlzeit biß in die Mitternacht, war auch alles fürstlich zugerichtet, da dann dießem Obristen große Ehre, welche er auch sehr liebte, angethan würde und er nachgehends gantz bezecht und truncken nach Haus gieng.* Als Brandis in seinem *Logiment* am Neustädter Markt aus seinem Rausch erwachte, waren die Schweden in Hanau.

Morgens um vier Uhr waren die Glocken nicht geläutet worden, und die kaiserliche Truppe hatte sich zurückgezogen, da sie ihren Plan verraten sah und kein gewaltsames Eindringen riskieren wollte. Die Schweden hatten sich zielstrebiger verhalten. *Als der König seinen Anschlag auf die Statt Hanau ins Werck zu setzen beschloßen, hat er zu dem End 6 Compagnien Reuter von des Obristen Baudis Regiment und 1500 Dragoner auß 14 Regimentern nehmen laßen und mit dem Obrist Lieutenant Christoph Hubald nach Hanau abgeschicket. Der ist darauf in einem Tag und Nacht in großer Eil ohne einig Rasten von Wirtzburg und Carlstatt auß dahin gereißet, und als er den 1. Nov. des Morgens früh gegen 5 Uhr dabey ankommen, mit Seilern und Brettern eine Brück über die Kintzig gemacht, mit Leitern die Wäll und das Schloß erstiegen und zugleich auch die Pforten unversehens hinder dem Schloß mit einer Petarden geöffnet und mit Gewalt in die Statt eingefallen, auch stracks die Thoren zwischen der Alt- und Neustatt zu schließen und also die Alt- und Neustatt voneinander abschneiden laßen.*

Wegen der besonderen Topographie der Festungswerke war Hanau damit erobert, denn die Neustadt, in der die kaiserliche Besatzung einquartiert war, war ja zur Altstadt hin unbefestigt. HUBALD ließ auf dem südlichen Altstadtwall Kanonen aufstellen und gegen die Neustadt richten, die kaiserlichen Garnisonssoldaten hätten sich gegen deren Beschuß kaum schützen können. *Die Schweden ließen auch den Grafen auf den Wall kommen, der dem Brandis keinen andern Trost geben konnte, als daß er ihm meldete, er wäre selber ein Gefangener und mögte er vor sich sein bestes thun.* Die Besatzung mußte sich ergeben, fast alle gefangenen Soldaten traten in schwedische Dienste über.

Ganz ohne Verluste war der schwedische Handstreich nicht abgegangen. In der Metzgergasse hatten Angehörige der Hanauer Bürgermiliz die eingedrungenen Schweden für die erwartete kaiserliche Verstärkung gehalten und auf sie geschossen, die Schweden hatten zurückgeschossen und einige Männer getötet. Sechs Hanauerinnen, die bei dieser Schießerei ihre Männer verloren hatten, wendeten sich später an Gustav Adolf, *und der König verehrte deswegen dem hießigen Hospital zur Unterhaltung dießer Witwen und andern erlittenen Schaden der Antoniter Güter zu Rosdorf, des Closters Selgenstat Weinberge zu Hörstein wie auch deßelben Weinzehnden zu Altzenau und Waßerlos.* In der ihm eigenen Art „Donationen" zu verteilen, verschenkte Gustav Adolf auch hier etwas, was ihm nicht gehörte.

Es ist in der Hanauer Literatur diskutiert worden, ob der schwedische Handstreich eine mit dem Grafen und den Bürgern Hanaus abgesprochene Sache gewesen sei. Daß wichtige Bürger mit der schwedischen Armee in Verbindung standen, scheint uns dem ganzen Ablauf der Affäre nach offensichtlich, und neuere Hanauer Autoren wie etwa Wille oder Bott sind der Meinung, daß auch der Graf eingeweiht war. Bernhard dagegen hat beteuert, daß Philipp Moritz genauso wie die kaiserlichen Truppen von dem schwedischen Überfall überrascht worden sei.

Bernhard gibt u. E. damit die von der gräflichen Regierung verbreitete offizielle Version wieder. Man konnte es ja drehen und wenden wie man wollte: Als Offizier des Kaisers war der Graf auf das Begehren des kaiserlich-ligistischen Oberbefehlshabers Tilly, der die Besatzung der in dieser militärischen Krisensituation wichtigen Festung Hanau durch zusätzliche Truppen verstärken wollte, nicht eingegangen. Wenn Philipp Moritz darüber hinaus mitgeholfen hatte, den Versuch des kaiserlichen Kommandanten Brandis zu vereiteln, diese Verstärkung heimlich nach Hanau hineinzubringen, und sich stattdessen mit den Schweden eingelassen hatte, dann hatte er sowohl politischen als auch militärischen Hochverrat begangen, und er konnte sich nur durch die Schutzbehauptung rechtfertigen, daß er selbst überrascht worden sei, denn so erschien er ja auch als ein unschuldiges Opfer des schwedischen Überfalls.

Aus kaiserlicher Perspektive war die Einnahme Hanaus Hochverrat – von Hanau aus gesehen konnte der Stadt gar nichts Besseres passieren. Die Alternative wäre ein Kampf um Hanau mit vielen Opfern gewesen. So aber war es ohne allzu großes Blutvergießen und mit dem Anschein der Schuldlosigkeit gelungen, sich auf die Seite der derzeit militärisch dominierenden Partei zu schlagen. Für den Grafen war es wohl ein Akt politischer Klugheit, die Bürger dagegen dürften aus politischer und konfessioneller Überzeugung gehandelt haben.

Die Version vom völlig unerwarteten schwedischen Überraschungscoup sollte wohl auch durch die Behauptung gestützt werden, das schwedische Kommando sei von Würzburg und Karlstadt aus in einem Tag und der folgenden Nacht bis nach Hanau marschiert und gewissermaßen aus heiterem Himmel hier eingetroffen. Bei allem Respekt vor der Leistungsfähigkeit der schwedischen Kavallerie scheint uns eine solche nächtliche Marschleistung eines großen, geschlossenen Truppenkörpers wenig glaublich. Auch heißt es dem Zufall zuviel zumuten, wollte man darüber hinaus noch annehmen, die Schweden seien nach einem so langen Nachtmarsch in geschlossener Kolonne gerade in dem Augenblick vor Hanau angekommen, als sich die durch das Ausbleiben des Läutens verwirrten Kaiserlichen eben zurückgezogen hatten, so daß die Schweden anstelle der erwarteten Verstärkung die Wachtposten passieren und in die Festung eindringen konnten. Da ist doch eher die Vermutung wahrscheinlich, daß alles ein abgekartetes Spiel war, daß das schwedische Kommando näher an Hanau lag und in Verbindung mit Hanau stand, daß das unterbliebene Läuten verabredet war und daß die schwedischen Angreifer die fehlgeschlagene kaiserliche Kriegslist mit Unterstützung durch Hanauer Bürger für sich selbst ausnutzen konnten. So war des Kaisers Mißtrauen doch berechtigt gewesen, und seine Befürchtung, Hanau könne mit seinen Feinden gemeinsame Sache machen, hatte sich schließlich bestätigt.

Bald nach dem gelungenen Handstreich kam GUSTAV ADOLF durch Hanau, besetzte mit seinen Truppen zunächst die Kaiserstadt Frankfurt, dann Mainz, die Residenzstadt des vornehmsten der deutschen Kurfürsten, und hielt gleichsam als Oberhaupt der protestantischen Reichsstände Hof.

Die Hanauer Grafenfamilie wurde mit „Donationen" bedacht: aus Mainzer Besitz erhielt der regierende Graf das Amt Orb und die mainzischen Anteile der Rienecker Erbschaft, d.h. Rieneck, Partenstein, Lohrhaupten, Bieber und das Freigericht; seine jüngeren Brüder Heinrich Ludwig (7.5.1609 - 11.7.1632) und Jakob Johann (28.7.1612 - 9.6.1636) bekamen das Amt Steinheim. Diese Besitzveränderungen blieben jedoch Episode, mit dem Ende der schwedischen Vorherrschaft wurden auch sie hinfällig.

Die „Donationen" wurden nicht umsonst erteilt. Graf PHILIPP MORITZ wurde aus einem kaiserlichen Oberhauptmann zum schwedischen Obristen eines neu aufzustellenden Regiments von acht Kompanien gemacht. Werbungsgelder und Sold bezahlte die schwedische Krone – freilich aus den in der Grafschaft einzutreibenden Kontributionen. Militärische Ruhmestaten vollbrachte Graf Philipp Moritz nie. Anders sein Bruder JAKOB JOHANN, der sich von Hanau aus an den

Streifzügen Ramsays gegen die kaiserlichen Truppen beteiligte, noch vor der Einschließung zur Armee Bernhards von Weimar ging, an dessen Feldzügen teilnahm und am 9./19.6.1636 als junger Mann von 24 Jahren beim Sturm auf Zabern im Elsaß fiel.

In den folgenden Jahren war Hanau nicht nur schwedischer Etappenplatz, sondern beherbergte auch prominente Gäste in seinen Mauern. Im Januar des Jahres 1632 z.B. wohnten Gustav Adolf und seine Gemahlin Marie Eleonore für einige Zeit im Hanauer Grafenschloß, im Februar war der „Winterkönig" Friedrich in Hanau, und der schwedische Kanzler Axel Oxenstjerna hielt sich in Hanau auf, als er vom Tod seines Königs in der Schlacht von Lützen (6./16.11.1632) erfuhr.

Die schwedische Vorherrschaft war mit der Niederlage von Nördlingen im September 1634 gebrochen. Die schwedischen Heere zogen sich nach Norden zurück, verfolgt von Spaniern und Kaiserlichen. Hanau erhielt nun für Schweden die Bedeutung, die es einige Jahre zuvor für die Kaiserlichen hätte haben können.

JAKOB VON RAMSAY, kurz nach der Nördlinger Niederlage zum Kommandanten der Festung Hanau ernannt, war von ganz anderer Qualität als seinerzeit der wenig geschickte kaiserliche Offizier Brandis. Er hatte vor, Hanau mit allen Mitteln als schwedischen Stützpunkt zu halten. *Der Ramsay selber langte den 22. Sept. zu Hanau an und faßte sogleich die Resolution, sich biß auf den letzten Blutstropfen zu wehren und bey dem evangelischen Weßen dermaßen zu beweißen, daß er und die Festung deßen bey der Posteritet nimmermehr keinen Verweiß verhofentlich haben würde [...] Welcher gegebenen Zusage er auch in etlichen Bloquaden der Statt redlich nachgekommen, daß ihm auch seine Feinde das gebührende Lob nicht absprechen können.* Ramsay achtete auf die Disziplin der Soldaten und stellte sich mit der Bürgerschaft gut. *In der Statt selber ware jedermann mit seiner guten Disziplin und Ordnung zufrieden. Nur ist an ihm der übermütige Eigensinn zu tadlen, daß er nach des Grafen genommenen Retirade seiner hinterlaßenen Regierung nicht allzeit so begegnet, wie es billig hätte seyn sollen. Um so mehr hielte er es mit den beyden Statträthen und der gemeinen Bürgerschaft, so daß er schon damals hohe Gedancken mag im Kopf gehabt haben*, und weiter: *Er ware ein eifriger reformirter Christ, und konnten dahero die Hanauer um so mehr mit ihm überein kommen. Das Kirchenweßen ließe er sich sehr angelegen seyn, gestalten er dann die Niederländische Kirch auf seine Kosten bewerfen und begypßen laßen.*

Philipp Moritz mußte für sich vom Kaiser das Schlimmste befürchten, deshalb hatte er im Oktober 1634 nach der Niederlage der Schweden Hanau verlassen und war über Paris in die Niederlande gegangen. Diese Abwesenheit des Grafen und sein eigenes hohes Ansehen bei den maßgeblichen Bürgern mögen in Ramsay die Hoffnung auf eine persönliche Herrschaft über Hanau verstärkt, vielleicht auch erst geweckt haben.

Die Schicksale der Hanauer Belagerungszeit im einzelnen zu schildern, ist hier nicht der Platz, ein Verweis auf die ganz ausführliche Darstellung in Willes Standardwerk mag genügen. Einige Stichpunkte nur sollen die Lage verdeutlichen. In der ersten Zeit seines Kommandos verteidigte Ramsay die Festung offensiv. Er ließ durchziehende oder in der Nähe lagernde feindliche Truppenverbände angreifen, wobei es ihm vor allem darauf ankam, Verpflegung zu erbeuten und nach Hanau zu schaffen. So gelang etwa zu Beginn des Jahres 1635 mit Unterstützung durch abkommandierte Soldaten Bernhards von Weimar ein erfolgreicher Überfall auf das in Alzenau liegende kaiserliche Dragonerregiment des Grafen Wartenberg.

Leiden mußte vor allem die Landbevölkerung. Ganz gleich, ob es weimarische Truppen oder kaiserliche Kroaten waren: die offenen Höfe und Dörfer waren jeder Plünderung preisgegeben. Willes Buch enthält ein im Februar 1635 angefertigtes *Verzeichnus der Flecken so inn Ampt Bucherthal durch Freundt undt feindt ahngezundet Undt mehrentheyls eingeäschert worden.* Hier heißt es u. a.:

Kastadt: Der durchl. hochgl. U. gn. furstin Undt frawen hauß, der Flecken aber ist benebens der Kirchen durch die Weimarische iammerlich Verderbet worden.

Dorniekheimb: gantz abgebrandt.

Hochstadt: hat 6 mahl gebrant, aber von den Armen leuthen so weit erhalten daß uber 8 bew nicht darauf gangen.

Wachenbuchen: fast gantz eüngeäschert.

Mittelbuchen: desgleichen.

Oberndorfelden: desgleichen.

Kiliansteden: biß uf acht heuser.

Rostorf: Uber 1/3 theyll.

Bruchkobell: gantz abgebrant.

Nieder Issigheimb: desgleichen.

Ober Issigheimb: desgleichen.

Rudigkheimb: desgleichen.

Nieder Rodenbach: Uber 2/3 theyll.

Hanau, dessen Festungswerke mittlerweile beträchtlich verstärkt und verbessert worden waren, ließ sich nicht im Sturm erobern, deshalb sollte eine Hungerblockade die Übergabe erzwingen. Im August ließ der kaiserliche General GÖTZ, der bereits im Juni das reifende Getreide auf den Feldern westlich der Stadt systematisch hatte vernichten lassen, die ersten befestigten Schanzen vor Hanau anlegen. Er wurde im September durch General LAMBOY abgelöst, der die Einschließung vollendete und mit der eigentlichen Belagerung begann.

Die Stadt war durch die ansässige Bevölkerung, durch Soldaten und durch Flüchtlinge überfüllt. Bereits im Sommer 1635 hatte die Pest gewütet, von jetzt an sollte immer mehr der Hunger die Menschen quälen. *In Hanau grassierte die Pest vornemlich in den drei Monaten Junio, Julio und August. Nach der hernach eingefallenen Kälte nahme dieße Kranckheit ihre Endschaft. Uberhaupt sind in Hanau* seit der Bloquade in dießem und folgendem Jahr durch die Pest, Hunger und andere Kranckheiten an Soldaten, Bürgern und Bauren, groß und klein beyderley Geschlechts, die Juden mit dazu gerechnet, 14.000 Menschen darauf gegangen, welches ich auß einer gantz sichern Nachricht weiß. Wer ausreichend Geld hatte, konnte freilich immer etwas zu essen kaufen. Hunger und Krankheit trafen vor allem die Armen. Grimmelshausen läßt seinen Simplicius berichten, daß die Bewohner des belagerten Hanau zwar Hunger litten, so daß auch etliche, die sich etwas einbildeten, die angefrornen Rübschalen auf der Gassen, so die Reichen etwa hinwarfen, aufzuheben nit verschmäheten, daß es an der Tafel des Kommandanten aber stets überreichlich zu essen und zu trinken gab. Er beschreibt, wie man (während eines Gelages bei Ramsay) Speis und Trank mutwillig verderbte, unangesehen der arme Lazarus, den man damit hätte laben können, in Gestalt vieler hundert vertriebener Wetterauer, denen der Hunger zu den Augen herausguckte, vor unsern Türen verschmachtete.

Ein Zeitgenosse des Archivars Johann Adam Bernhard, der Hanauer Waagemeister und Chronist Georg Friedrich Dhein, hat in seinen handschriftlichen *Memorabilia Hanovica* einen Bericht des Hanauers BEHAGEL überliefert, der als unmittelbarer Augenzeuge die elenden Zustände in Hanau während der letzten Belagerungsphase geschildert hat (bei Wille abgedruckt): *Es war aber sonderlich bey den herrein geflüchten Landtvolck die Noth und des Elend sehr groß, denn nachdem das von ihnen hereingebrachte Rindtvieh und Schweine verkaufet und verzehret worden ist, ließ sich auch sehr angelegen sein, ihre Pferdt herein zu bringen, und wagte sich ihr viel, unter währent Scharmützl hinaus, umb etwan eine Last Gras oder Krauth herein zu bringen, da denn manchmahl von demselbigen einige erschossen oder sonsten getödtet worden. Als sie aber auf diese Weissen ihrem übrigen halb verhungerten Vieh nicht genug bekommen konten, musten sie solches gleichsambt verlohren geben und ließen ihre Pferdte in der Stadt herrumb laufen, biß balt hier, balt da eins niederfiele.*

Der Hunger trieb die Armen zu verzweifeltem Handeln: *Und da unter dem Scharmützl von Freundt oder Feindt ein wohlgehalten Pferdt erleget wurde, fiel das arme Volck hinaus, reiste sich umb das Aas, brachten von den stinckent Fleisch soviel, als möglich war, zu ihrem Unterhalt herein, wie denn auch sonst Pferdt, Esel und Hundtsfleisch gekocht wurde und auf dem Marckt verkaufet. Katzen estimiret man vor Wildpret. Etliche alzu fleischbegierige Leudte handelt dem Scharffrichter gedörrtes Schindtfleisch ab zu ihrer Speiß, wie denn auch allerley Kräuter ohne Unterscheit von denen armen Inwonnern und herrein geflüchten Landtleudten gesammelt wurdten. Auch schlecht genug gesaltzen und geschmaltzen war, aus welcher ohnnatürlichen Speiße den viele hundert Menschen schwere Kranckheit, Lahmheit, Lähmung, Scharbock und die Mundtfaulung. Auch etliche Menschen sindt auf der Gaßen verschmachtet und niedergefallen, auf welches vielfältiges Elendt, so manchen sehr zu Hertzen gestie-gen, sehr viele Public- und Privatallmossen gereichet worden, wiewohl dem Elendt nicht zu steuren gewessen.*

Der Augenzeuge berichtet weiter: *Unterdessen spotten die Feindte draussen denen Belagerten mit sehr hönischen Worden und rieffen aus ihren Schantzen mit grossem Geschrey, so das man bey Nacht gar wohl verstehen können, sie wolten den Hanauer Soldaten, wenn sie herrein kömmen, Quartier geben, die Burger aber und derselben Weibt und Kindter, müsten alle des Todtes sterben, und es solt ihnen nicht besser als denen Magdeburgern gehen oder wie es denen armen Leudten zu Kayserslautern auch gegangen ist. Und obschon der Commandant Rambsey ihnen große Hoffnung zum Entsatz gemacht, so sey es nur Betrug. Er suchet sie nur auf die Fleischbank zu lieffern, und warr nur schadt, daß sie als so tapffer Soltaten sich von ihm bethörren ließen, und was dergleichen mehr. Welches ihnen doch nicht allezeit ohnbeantwordet geblieben, sondern sogar durch Schiessen verboten worden. Über solches hat man noch Nachricht, wie die vornembste Heuser in der Stadt unter die Haubtofficire der Feindt der Stadt vertheilet worden wärren, ja etliche werden verhandelt und vergeben worden. War also die Haut verkaufft, ehe der Bähr gefangen worden.*

Weil die außerhalb der Festung liegenden Friedhöfe nicht benutzt werden konnten, begrub man die Toten in der Stadt: *Die Menge der Todten in der Stadt hat man in bericht Bloquaten meinstentheils auf den Frantzöschen Kirchenplatz oder in dem Garten hinder am [?] Wallen begraben. Die aber von Distinction gewessen sindt, hat man am Mühlthor in den grossen Garten (Frau Crayen) hingeleget.* Im August 1982 stieß man beim Bau einer Parkpalette östlich des Freiheitsplatzes auf diesen zuletzt genannten Notfriedhof. Die Arbeitsgruppe Vor- und Frühgeschichte des Hanauer Geschichtsvereins konnte einen kleinen Teil dieses Begräbnisplatzes archäologisch untersuchen.

Der Juni des Jahres 1636 brachte das Ende der fast ein Jahr währenden Belagerung. Landgraf WILHELM V. von Hessen-Kassel, Ehemann der Amelia Elisabeth (29.1.1602 - 8.8.1651), einer Schwester des regierenden Hanauer Grafen, marschierte mit seiner Armee gegen Hanau und traf am 10. Juni (nach Bernhard war es der 11.6.) bei Windecken ein. Am „Wartbäumchen" wurde ein großes Feuer angezündet, und zwei Kanonenschüsse kündeten Hanaus Bewohnern, seinen Verteidigern und seinen Belagerern, den nahenden Entsatz an. Zwei Tage darauf, am 12. Juni, stieß eine schwedische Armee unter ALEXANDER LESLEY (auch „Leslie" oder „Lesle"), *einem gebohrnen Schottländer und Vetter unsers General Maiors Ramsay,* zu den Hessen, und alsbald kam es am Kinzigheimer Hof zu den ersten Gefechten zwischen den Vortruppen der Entsatzarmee und kaiserlichen Soldaten.

Behagel berichtet: *Denen in der Stadt wurde ein Zeigen mit 2 Stückschüß von dem Wartbäumchen bey Windeckhen zum Entsatz gegeben, so aber sogleich Sontags Abent aus der Stadt von Spital Eck (der sogenandte Esel) mit 2 Gegenschüßen geandtwordtet haben,* deß Nachts aber wurdte an Schloßthurn oben Facklen angestecket. Da dan zugleich die Vortruppen beyn Kintzheimerhoff und in dem Wald zu Scharmiciren angefangen hatten.

Die Belagerer wurden zu Recht nervös, und von den Wällen Hanaus aus konnten die Verteidiger am 11. Juni beobachten, *es müste eine Veränderung vorhanden seyn, gestalten die Feinde auß dem Dorf Kesselstat, wo der Lamboy sein Hauptquartier hatte, alle beschwerliche Bagage und Haußsachen über den Mayn führen ließe, die Soldaten auch gantz unruhig wurden und gegen ihre Gewonheit bald hier-, bald dorthin liefen.* (Bernhard; Lamboys eigentliches Hauptquartier war im Schloß Steinheim.) Die Verteidiger drehten nun den Spieß herum und verspotteten ihrerseits die kaiserlichen Wachtposten: *Die Beläberer sollten nur den Stiffel schmiren undt sich auf den Weg fertig machen!* (nach Wille).

Für die vereinigte hessisch-schwedische Armee wird eine Gesamtstärke zwischen 8.500 (Wille) und 13.000 (Bernhard) Mann angegeben, zu denen noch die Soldaten der Hanauer Besatzung hinzugerechnet werden können. Lamboy dagegen verfügte über nur etwa 5.000 Soldaten, nach Bernhard waren es sogar nur 3.000. Bei einem solchen Zahlenverhältnis hatten die Kaiserlichen keine Chance, zumal Entsatzheer und Festung auch an Artillerie überlegen waren.

Behagel meint, Lamboy habe Troß und Verwundete auf die Steinheimer Mainseite gebracht, *damit er sich besser defendiren könte,* doch lassen sich diese Maßnahmen auch dadurch erklären, daß der kaiserliche Feldherr möglicherweise gar nicht ernsthaft daran glaubte, mit seinen zahlenmäßig weit unterlegenen Truppen der anrückenden Entsatzarmee ohne zusätzliche Verstärkung wirksamen Widerstand leisten zu können. Die Art und Weise jedenfalls, in der er die Verteidigung seiner Belagerungswerke organisierte, läßt überhaupt kein planvolles, mit einem Erfolg rechnendes Handeln erkennen. Der Entsatz Hanaus wurde bereits am Vormittag des 13. Juni durch den energischen Vorstoß der Schweden und Hessen entschieden, und die Kämpfe vom Nachmittag des 13. Juni und dann vom folgenden Tag waren blutige Einzelgefechte ohne Einfluß auf die bereits gefallene militärische Entscheidung.

Lamboys Handeln erhält nur dann einen militärischen Sinn, wenn er Verstärkung erwartete und seine Gegner hinhalten wollte. Er rechnete anscheinend bis zum Schluß damit, daß General Gallas ihm aus der Pfalz Hilfe schicken würde, hatte deshalb seine Fußsoldaten in den Schanzen gelassen und sie letztlich sinnlos geopfert.

Die erhoffte Verstärkung kam nicht. Wenn die Aussagen gefangener kaiserlicher Musketiere der Wahrheit entsprechen, waren am 10. Juni drei neue Kompanien Reiter eingetroffen – dies war alles. So ist Bernhard wohl zuzustimmen, wenn er schreibt: *Ware der Lamboy schon schwach, so stunde doch* [für die Hessen und Schweden] *zu befürchten, es mögte ihm eine baldige Hülfe zukommen. Und damit kann man dießen General einigermaßen excusiren, daß er seine Trouppen nicht in das freye Feld zusammengezogen oder besser sich retir-*

iret, sondern sein Fußvolck in den Verschantzungen liegen laßen. Der General Gallas muß ihm zu einem Secours viele Hofnung gemacht haben, darauf er sich verlaßen und denselben biß zuletzt stündlich erwartet.

Zeitgenössische bildliche Darstellungen wie etwa der bekannte Hanauer „Belagerungsplan" aus dem 1639 erschienenen dritten Band des „Theatrum Europaeum" zeigen die Kämpfe des 13. und 14. Juni in einem Bild.

Die Vorhut der Hessen und Schweden trieb nach kurzem Gefecht die am Kinzigheimer Hof postierten Gegner zurück und drang als linker Flügel der Entsatzarmee durch den Puppen- und den Lamboywald bis zu der von den Belagerern erbauten und durch die Schanze „Storchennest" gesicherten „Lamboybrücke" vor (Kinzigbrücke der heutigen B 8), ein rechter Flügel postierte sich an der Friedberger Straße (B 45) am Waldrand. Die Hauptmacht erstürmte ziemlich rasch die Schanzen im weiteren Bereich der heutigen Lamboystraße und trieb die fliehenden Verteidiger gegen die Kinzig zurück. Als diese versuchten, sich über die Lamboybrücke in Sicherheit zu bringen, stießen sie auf den linken Flügel der Entsatzarmee. Brücke und „Storchennest" waren rasch erobert, es wurden nur wenige Gefangene gemacht: *Wo man zu Sturm gangen hat niemandt Quartier erlangt, Sondern seindt so wol Officirer als Soldaten nidergemacht worden* (aus dem Gefechtsbericht nach Wille). Lamboys 1500 Reiter starke Kavallerie stand östlich der Belagerungswerke in Nähe des Lehrhofs (Bereich Hauptfriedhof/Dunlopgelände). Die überlegene Reiterei der Entsatzarmee überquerte die Kinzig, griff die Kaiserlichen an und schlug sie in die Flucht. Die Infanterie der Hessen und Schweden rückte nun gegen die südlich der Lamboybrücke liegende „Mittelschanze" vor, die jedoch inzwischen schon von aus der Festung ausfallenden Soldaten der Hanauer Garnison besetzt worden war.

Lamboys geschlagene Truppen zogen sich mit ihrem Feldherrn über die Mainbrücke bei Großsteinheim zurück, und um ihren Rückzug zu sichern, zerstörten sie die auf der Hanauer Seite stehenden Brückenpfeiler. Auch diese Brücke war von den Belagerern erbaut worden, sie lag im Bereich der heutigen neuen Mainbrücke der B 43. Nur die zwischen der Stadt und dem Main liegenden Schanzen, besonders wichtig die „Morastschanze" am Lehrhof und die „Galgenschanze" mit ihrer Batterie, waren noch in kaiserlicher Hand.

Gegen Mittag zog Landgraf Wilhelm zusammen mit den schwedischen Generälen Lesley und King (zu ihrem Gefolge gehörte auch der später berühmte oder eher berüchtigte Hans Christoph von Königsmarck) durch das Nürnberger Tor in Hanau ein, Gottesdienste in der Altstädter Marienkirche und der Neustädter Niederländisch-Wallonischen Kirche feierten die glückliche Befreiung. *Nach dießem glücklichen Verlauf ritte der Landgraf noch dießen Tag, den 13. Jun., gegen 12 Uhr der Mitagszeit mit der Generalitet unter Läutung aller Glocken durch das Nürnberger Thor in Hanau ein. Sein erstes ware, dem großen Gott vor dießen glücklichen Erfolg in der*

Kirche den behörigen Dienst abzustatten: daneben ließe er eine ansehnliche Steuer von 1000 Thalern unter die Armen außtheilen. Alle Augen der erlößten Hanauer waren auf den Landgraf als ihren Erretter gerichtet. Viele weinten vor Freude, da andere ein frölich Jubelgeschrey anstimten. Was besonders ware es, daß der Rathsverwanthe der Neustatt Daniel de Lattre, welcher allem zugesehen, vor übermäßiger Freude sich darüber den Tod zugezogen. [...] Der Landgraf hatte auß Hessen etliche hundert Wage mit Früchten bey sich geführt, und dießer angenehme Schatz wurde noch nachmittag dießes 13ten Jun. zu allgemeiner Freude in die Statt geführt und daneben viele Ochßen und anders Vieh herumgetrieben. Und hiemit gienge dießer Tag in vieler Frölichkeit vorbey.

Am Nachmittaag wurden die südlich und südöstlich Hanaus liegenden Schanzen erobert, die meisten Opfer gab es beim Sturm auf die „Morastschanze" am Lehrhof. Diese Schanze lag östlich der Hanauer Landwehr am Nordrand des „Rohr" (auch „Großes" und „Kleines Rohr", später auch „Krawallgraben") genannten Sumpfes, von ihm hatte sie ihren Namen (daneben begegnen uns noch die Namen „Kiesel"-, „Stahl"- oder „Alte Schanze"). Obristwachtmeister Buddingen, der Kommandant dieser Schanze, warf, als seine Sache verloren war, eine brennende Lunte in das Pulvermagazin und sprengte sich und einige Angreifer und Verteidiger in die Luft. Wegen dieser gewaltigen Explosion mag das sich in Hanau hartnäckig haltende Gerücht entstanden sein, Lamboy habe sich aus Verzweiflung über seine Niederlage auf ein Pulverfaß gesetzt und selbst in die Luft gesprengt.

Nun grife man ohne Zeitverlust die andern Schantzen an. Dieße wurden theils erstiegen und die Vertheidiger niedergemacht, theils fande man sie ledig, nachdem die darin gelegene Soldaten sich keine Wehr zu thun getrauet und ihre Flucht in die Waldung genommen. Alles dießes geschahe mit wenigem Verlust, angesehen über zehn Mann nicht geblieben, ohne etliche, so vom Pulver beschadiget worden, welches ein kayßerlicher Lieutenant in seiner Schantz vergraben gehabt; oder wie ein anderer einheimischer Scribent meldet, ein Hauptmann, da alles verlohren schiene, sich auf eine Pulvertonne gesetzet, dieselbe angezündet und also in die Luft geflohen, worauf deßen zerschlagene Glieder auf die Erde gefallen und durch das Feuer einige von Freunden und Feinden getödet worden. Dießer Zufall hat zu einer anderen Tradition in Hanau Gelegenheit gegeben, indem der gemeine Mann geglaubet, dießes seye dem Lamboy selber begegnet, der sich jedoch schon auß dem Staub gemacht und [...] noch lang gelebet.

Die Soldaten in den übrigen Schanzen leisteten nach dem Fall der „Morastschanze" keinen großen Widerstand mehr. Sie flohen und versuchten ihr Leben zu retten. Der Augenzeuge Behagel schildert die Ereignisse vom Nachmittag des 13. Juni folgendermaßen: *Nach den Gottesdiensten und dem Verteilen des Geldes unter die arme Bevölkerung seindt sie zum Commandt Ramsey zur Tafel gegangen, als inzwischen die Völcker mit Anlaufen und Stürmen der vor dem*

Nürnberger Thor liegent Kysel- und Galgenschantz in völligem Werck begriffen gewesen, von denen und aus der Stadt Hanau zu ihnen gestossenen Besatzungvölckern zugleich angriffen worden.

Behagel beschreibt das Ende der kaiserlichen Soldaten: *Darauf stecket der in der Kyselschantz gelegene Obristwachtmeister Buddingen (welcher zuvor [...] in der Stadt gefangen gesessen) das Pulfer an und fuhr mit seinem umbstehent Volck in die Luft, so sehr grausambt anzusehn geweßen; daß über bliebe, wurdt da darinnen doch niedergemacht. Die von der Stadtseite Blessirte wurdten in die Stadt gebracht und mehrentheils wieder geheilet. Als aber die in der Galgenschantz gelegene Völcker solches ersehen und [...] sich nicht haben ergeben wollen, sondern immerzu mit ihren Stücklen nach dem auf Wallen stehent Stadtvolck Feuer gegeben, suchten sie sich entlich zu salviren und liefen aus ihren Wercken; dennoch aber [...] (haben sie) Reuther sobalt umbtringet und, wiewohl sie umbt Quartier bathen, doch mehrentheils niedergemacht. Etlich aber haben sich biß auf den Graben der Stadt rediret, wurdt aber ohne Barmhertzigkeit von den hessischen Reuthern niedergeschossen.*

Am Abend war das gesamte Gebiet nördlich, östlich und südlich Hanaus bis zum Main fest in den Händen der Schweden und Hessen.

Die schwersten Verluste forderten die Kämpfe des folgenden Tages (14. Juni). Alle Schanzen westlich der Stadt, darunter auch das große Hauptlager der Kaiserlichen bei Kesselstadt, waren in der Nacht geräumt worden. Kaiserliche Elitetruppen der Regimenter „Jung Tilly" und „Bönninghausen" hielten jedoch die starke Hauptschanze in der Nähe des Siechenhauses an den Straßen nach Frankfurt und Hochstadt (Bereich der heutigen Rosenau) nach wie vor besetzt.

Hier Bernhards einer zeitgenössischen Quelle folgender Bericht über die Eroberung dieser Schanze: *Der folgende 14te Jun. aber ware noch ein warmer Tag vor die Soldaten. Die wichtigste Realschantz, so an dem vormaligen Sieghauß, wo sich der Weg nach Franckfurt wendet, angerichtet, hatten die Feinde noch inn[e] und wartete noch anitzo auf einen Secours. Dieße Schantze ware mit 600 Mann, meistens von den Jung-Thyllischen und Bonningshaußischen wolversugten Regimentern besetzet. Zwey kayßerliche Obristlieutenanten, der Marschall und Pappe, commandirten darin, welche sich ritterlich zu wehren vorgesetzet. Der Landgraf wurde mit dem Feldmarschall Lesle einig, dieße Schantz bey anbrechendem Tag mit zwey halben Carthaunen und vier zwölfpfündigen Stücken zu beschießen; brauchten auch einen Böller von 120 Pfunden dabey, die Besatzung mit Steinen zu ängstigen. Der Angriff gienge sobald vor sich. Biß den Nachmittag geschahen 160 Canonschüße auf das Werck, und um zwey Uhr ware zum Sturm alles bereitet. Als die Feinde den Ernst sahen, begehrten sie zu capituliren. Sie wurden aber nicht gehöret, noch dem Landgraf oder einem General solches angedeutet, vielmehr mit dem Schießen starck fortgefahren. Es lage eine kleine Redoute dicht unter der Schantze, darauß sprungen die Soldaten, wolten Gnade* haben und sich unterstellen. Die Reuter aber wischten über sie her, hieben sie allesamt nieder und riefen dem Fußvolck zu, der Feind verließe die Schantze. Hierauf drungen die Musquetirer mit hellem Haufen ohne einige habende Ordre an, und war kein Halten mehr da. Sie vergaßen in der Furie der Faschinen, Handgranaten und Sturmleitern, vermeinend, es wäre nunmehro alles gethan und solcher Umständen nicht vonnöthen. Da konnte es anders nicht seyn, sie musten von denen in der Schantz, so mehr auß Desperation, als ihren Posten länger zu halten, sich zu Wehr gestellet, zurückgeschlagen werden. Von gemeinen Soldaten blieben bey fünfzig auf dem Platz. Von Officiers wurde der Capitain Waßerhun vom hessischen weißen Regiment, der Capitain Knoblauch vom braunen und der Fendrich von Gunterodt von des Moritz Otto von Gunterodt Regiment, ein Bruder- des hessischen Hofmarchalls von Gunterodt, getödet. Unter die Verwundete zehlte man einen Grafen von Nassau-Siegen, so Capitain unter dem hessischen Leibregiment ware, des Obrist Astons Obristlieuten. Wiegrefe, den Obristlieutn. Johann Christian Motz, von der hessischen jungen Herrschaft Regiment die Capitains von Sallern, Barckley, einen Engelländer, Sigmund Pfeiffern, Georg Michael Bobenhaußen, Bernhard Bender, Meyer und den

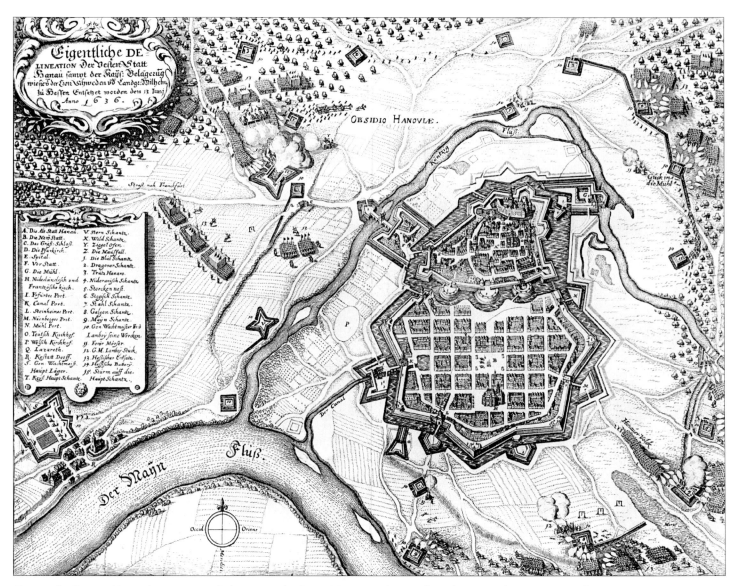

Entsatz der Festung Hanau (sogenannter „Belagerungsplan") am 13. Juni 1636. Kupferstich aus Matthaeus Merian, Theatrum Europaeum

Friedrich Appelgard aus Engelland samt mehr andern und über 100 gemeine Soldaten. Nach dießem abgeschlagenem Sturm ergaben sich die in der Schantz auf Gnad und Ungnad, und wurden darin die zwey Obristlieutenants, der Marschall, auf welchen die Kayßerliche sehr viel gehalten, und Pape nebst sieben Capitains, sechs Lieutenants, drey Fendrichen, einem Adjutanten, einem Meeßpriester und 525 Gemeine und Unterofficiers, lauter alte Soldaten, so mehrenteils in die zehn und mehr Jahre gedienet, zu Gefangenen angenommen. Sie wurden in den Holtzhof der Neustatt geführt und unter die Schweden und Hessen gleich getheilet. Von den Stücken aber, daran drey in der Schantze waren, fielen die zwey kleinsten dem Landgrafen, und dem General Lesle eines von acht Pfunden zu.

Wilhelm von Lamboy zog sich nach dem Fall der Hauptschanze mit dem Gros seiner Soldaten an den Rhein zurück und schloß sich der Armee des Mathias Gallas im Lager bei Drusenheim an. Am Abend des 14. Juni ließ Wilhelm 1000 Reiter durch die Mainfurt bei Kesselstadt gehen, die südlich des Flusses gegen Steinheim vorrücken sollten. Auf Schiffen wurden einige Geschütze zum Steinheimer Mainufer gebracht, doch blieb es bei dieser militärischen Demonstration. Die Steinheimer Besatzung ließ sich nicht einschüchtern, und angesichts der zu erwartenden schweren Verluste verzichteten die Hessen auf einen Sturmangriff.

Der Abzug der Belagerungstruppen nahm von Hanau den dauernden Druck der Angst, und die Zufuhr von frischen Lebensmitteln linderte den ärgsten Hunger. Die Bevölkerung (die Lebensmittelspekulanten ausgenommen) konnte aufatmen und sich an der nach so langer Belagerungszeit ungewohnten Freiheit erfreuen. Die Flüchtlinge verließen Hanau, und alles schien sich zum Besten gewendet zu haben.

Die Gefallenen wurden bestattet und die Belagerungswerke eingeebnet. Nur die Lamboybrücke und einige an entlegener Stelle liegende Schanzen (Wille sah sie noch Ende des 19. Jahrhunderts in der Bulau am Doppelbiergraben südlich der Kinzig) blieben noch lange sichtbar als stumme Zeugen jener langen Belagerung, die für die Menschen in der Stadt – Einwohner, Flüchtlinge, Soldaten – soviel Leid, Angst und Schrecken gebracht hatte. In der Erinnerung aber lebte jene denkwürdige Entsatzaktion des hessisch-schwedischen Heeres weiter.

Nach dem Vorbild der Gottesdienste am Mittag des 13.6.1636 wurde fortan alljährlich in Hanaus Kirchen die Erinnerung an die glückliche Errettung aus Nöten der langen Belagerungszeit gefeiert. Der 13. Juni war seitdem in Hanau und im Hanauer Land ein kirchlicher Bet- und Danktag, aus dem seit Ende des 18. Jahrhunderts das allen Hanauern bekannte Lamboyfest draußen in der freien Natur wurde.

Dieses Volksfest erhielt seinen Namen nach dem Lamboywald. Freilich ließ sich der merkwürdige Sachverhalt, daß das Fest den Namen des belagernden Generals bekam und nicht nach dem verteidigenden Kommandanten benannt wurde, - wenn man will - auch

tiefsinnig metaphysisch interpretieren. Lamboy und seine Armee war man losgeworden – Ramsay und seine Soldaten aber blieben in der Festung, und der eben noch gefeierte Verteidiger sollte in einem völlig veränderten strategisch-politischen Umfeld für die nächsten eineinhalb Jahre zu einer schweren Belastung für Hanau werden. Überspitzt gesagt war es der Schritt vom Kriegshelden zum abenteuernden militärisch-politischen Hasardeur, zum „War Lord".

Die Entsatzarmee verließ Hanau nach dreitägigem Aufenthalt und marschierte nach Norden. Der Landgraf nahm das sehr dezimierte, nur noch 200 Mann starke blaue Regiment Burgsdorf mit und ließ dafür vier „Fähnlein" (insgesamt zwischen 500 und 600 Mann) des hessischen weißen Regiments unter der Führung des Obristleutnants Christian Motz in der Festung zurück. Bis in den Juli blieben die schwedischen und hessischen Truppen zusammen, dann wurde Lesley zur schwedischen Hauptarmee des Johann Banér kommandiert. An dem für die schwedische Sache so wichtigen Sieg von Wittstock hatten seine Fußtruppen entscheidenden Anteil.

Wilhelm V. aber sollte die Rechnung für die Befreiung Hanaus zu zahlen haben. Eine große Armee unter General Götz drang in Hessen ein, des Landgrafen Heer war zu schwach für einen ernsthaften Widerstand, und Wilhelm mußte sich über Westfalen nach Ostfriesland zurückziehen. In Leer starb er am 21.9.1637 im Alter von 36 Jahren. Hessen-Kassel stand fortan unter der energischen Führung von Wilhelms Gemahlin, der Hanauer Grafentochter Amelia Elisabeth.

In Hanau aber regierte nach wie vor der in seinem Amt als *des Königlichen Reichs Schweden, wie auch der evangelischen Unirten und Bundesstände wohlbestellter General-Major und verordneter Kommandant der Festung Hanau und der umliegenden Plätze* bestätigte Jakob Ramsay, der seine Truppen durch neue Anwerbungen weiter verstärkte. Die Hanauer mußten bald spüren, daß zwar die Belagerung nicht aber der Krieg und die Besatzungszeit beendet waren. Die leidige Frage der Soldatenfinanzierung machte dem Kommandanten zu schaffen und belastete natürlich vor allem die Bürger.

Der in Hanau zurückgebliebene hessische Kriegskommissar Paul Ludwig knauserte mit dem ihm vom Landgrafen anvertrauten Geld. Wilhelm V. selbst gab in einem ausführlichen Schreiben Ratschläge, wie man mit dem Geldproblem fertig werden könne, und empfahl u.a.: *Da holet man mit fewerrohren undt kleinen Partheyen des nachts baldt hier baldt dar einen Schultheißen oder sonsten reichen gesellen auß dem bette, langet daß Viehe, Pferdte, menschen undt waß dessen mehr ist, damit bringt man Sie in contribution undt da muß man weder freundt noch feindt ansehen, welches Hr. Ramsay wol wirdt zu machen wissen* (Wille). Man führte also Krieg, um den Krieg finanzieren zu können.

Weite Streifzüge, „Parteien" genannt, waren nötig, denn die nähere Umgebung Hanaus war verwüstet, und in Hanau selbst wurden die Lebensmittel immer knapper. *Inzwischen sahe es mit dem Ramsay und seiner Guarnison in Hanau nicht zum besten auß. Nach dem Entsatz wurde es, als der übrige und auß Hessen herbeygebrachte Vorrath aufgezehrt, in Hanau theurer als es vorher geweßen. [...] Keine Ernde war vor dieß Jahr um Hanau zu hofen. Anderswo in der Wetterau sahe es nicht beßer auß. Die meiste Bauren waren gestorben oder hatten sich verlaufen. [...] Jedermann seufzte deswegen nach dem lieben Frieden und beßern Zeiten. Nur der Ramsay hatte keinen rechten Lusten dazu, und seine Verbindung an die Cron Schweden erlaubte es ihm auch nicht.*

Die folgenden 1 ½ Jahre sind durch Beute- und Raubzüge der Hanauer Besatzung in die nähere und weitere Umgebung gekennzeichnet. Da die großen Armeen in anderen Teilen Deutschlands operierten, wurde Ramsays Truppen zunächst kein nennenswerter Widerstand entgegengesetzt, sie verunsicherten und kontrollierten das Land vom Rhein bis zur Rhön, von der Lahn bis zum Odenwald (Wille).

Bernhard schreibt zum Jahr 1637: *Der Ramsay gienge in dießem Jahr seine vorige Wege fort und vermehrte dadurch das Elend, so in der Wetterau noch nicht aufhörte. Mit der Hungersnoth ware es in dießen Landen zum höchsten gekommen. Dabey ware es in dießer Gegend höchst unsicher. Vor den streifenden Partheyen auß Hanau und den Kayßerlichen in Friedberg durfte sich fast niemand blicken laßen. Die erstere fiengen alle auf, so von dem Ramsay keinen Paß vorzuzeigen hatten, beraubten sie ihrer Güter; Bürger und andere eingeseßene Leuthe nahmen sie überdem als Gefangene zu ihrer Ranzionirung mit. Doch bezeugten die Soldaten vor die Ramsaysche Päße allen Respect, dadurch dießer General vieles Geld schnitte. Seinetwegen muste die Franckfurter Ostermeeß wieder aufgeschoben werden. Das Maintzer Marck[t]schiff ließe er zu Anfang des Martii oberhalb Höchst anfallen und rein außplündern, darüber etliche Menschen, worunter auch Wormser waren, erschoßen wurden: weswegen auch die holländische Kaufleuthe, so auf die Franckfurter Meeß reißten, ihre Reiße ohne dergleichen Päße nicht anstellten.* Im Mai 1637 wurde der Steinheimer Pfarrer Johannes Machern in Ramsays Auftrag nach Hanau gebracht, wurde dort eingekerkert und gefoltert und kam elend um.

Ein militärisch-strategischer Sinn steckte in diesen Aktionen nicht mehr. 1635 hatte noch Tuchfühlung zu den Truppen Bernhards von Weimar bestanden. Auch während der Blockade hatte man davon ausgehen können, daß der im Elsaß operierende Bernhard von Weimar vielleicht etwas zur Hilfe Hanaus unternehmen würde, jetzt aber war der Aktionsradius seines für Frankreich kämpfenden Heeres auf linksrheinische Gebiete beschränkt. Die schwedischen Truppen hatten ihre Operationsbasen in einer derartigen Entfernung, daß die Hoffnung auf irgendeinen wirksamen militärischen Kontakt mit ihnen illusorisch war. Ramsay hatte zunächst noch Verbindung zur Festung Ehrenbreitstein mit ihrer französischen Besatzung, Ehrenbreitstein aber kapitulierte am 16. Juni 1637.

Ramsay war nun in Hanau ganz isoliert, und unsere Heimatstadt war die einzige Festung mitten in Deutschland, die noch eine schwedische Besatzung hatte. Wenn Wille meint, daß Ramsay aus soldatischer Treue und Ergebenheit der Krone Schweden gegenüber so lange in Hanau blieb, mag daran etwas Wahres sein. Wir beurteilen die Situation jedoch vor allem so: Ramsay war in Hanau Kommandant mit unumschränkter Gewalt. Er verfügte über schlagkräftige und ihm ergebene Truppen, beherrschte mit ihnen ein weites Umland und machte mit seinen Beutezügen reichen Gewinn. Er war einer jener Armeeführer geworden, die den Krieg nur noch um des Krieges willen führten. Im Urteil der umliegenden Städte und Territorien war Hanau ein Unruhefaktor, war zu einer Art Raubritterfestung geworden, und Ramsay war der Störenfried, der eine friedliche Entwicklung, ein nachbarschaftliches Arrangement in unserem Raum nachhaltig verhinderte.

Um die Interessen des abwesenden Philipp Moritz kümmerte Ramsay sich verständlicherweise nicht. Für ihn war der Graf eine „quantité negligeable". Die isolierten und verunsicherten Räte der gräflichen Regierung überging er und versuchte, sie bei der Hanauer Bevölkerung durch den Vorwurf finanzieller Unkorrektheiten zu diffamieren. *Man kann dieße aufrichtige und treumeinende Räthe [...] füglich unter die politische Martyrer zehlen.* Mit maßgeblichen Bürgern dagegen hatte Ramsay ein gutes Einvernehmen. Er versuchte, die

Obrist James Ramsay aus dem Theatrum Europaeum, Frankfurt 1670

städtischen Körperschaften gegen die gräfliche Behörde auszuspielen und sich dabei auf die Bürger vor allem der Neustadt zu stützen. Dies war beileibe nicht etwa ein Zeichen republikanischer oder gar demokratischer Gesinnung: wenn Ramsay sich auf Dauer in Hanau halten wollte, mußte er ja die gräfliche Regierung kaltstellen und benötigte die Bürger als Basis seiner Herrschaft.

Kurmainz, Hessen-Darmstadt und die Stadt Frankfurt, die wichtigsten und derzeit handlungsfähigsten benachbarten Reichsstände, schlossen sich 1637 gegen Hanau mit dem Ziel einer regionalen Friedenssicherung zusammen. Dies konnte jedoch nur dann Erfolg haben, wenn es gelang Ramsay auszuschalten, und dies wiederum konnte nur gelingen, wenn der noch in den Niederlanden weilende Hanauer Graf PHILIPP MORITZ wieder ins Spiel gebracht wurde und die Regierung in seiner Stadt übernahm. Nach langwierigen Verhandlungen kam es dann im August zum sogenannten „Mainzer Vertrag", dessen Kernpunkte waren, daß Ramsay mit Geld und den Gütern, die Gustav Adolf ihm 1632 einst als „Donationen" übertragen hatte, persönlich entschädigt werden und daß er die Festung Hanau verlassen sollte. Man wollte sich bemühen, beim Kaiser eine Amnestie für Philipp Moritz und die Aufnahme des Grafen in den 1635 abgeschlossenen Prager Frieden zu erreichen. Da inzwischen der kompromißbereitere Ferdinand III. die Nachfolge seines unnachgiebigen Vaters angetreten hatte, hatten sich in der Tat für den Hanauer Grafen neue politische Perspektiven eröffnet.

Der Mainzer Vertrag ist in manchem unklar und widersprüchlich, und Ramsays Mißtrauen gegen die Vertragspartner, die ihn, den militärischen Abenteurer und Emporkömmling, loswerden wollten, war aus seiner Sicht nur allzu berechtigt. Der Graf aber nahm die Gelegenheit wahr und kehrte nach Deutschland zurück. Bevor er aber nach Hanau kam, ernannte er in Frankfurt den Major JOHANN PHILIPP WINTER zum hanauischen Obristwachtmeister und beauftragte ihn in kluger Voraussicht, eine kleine Truppe anzuwerben, die nur ihm, dem Grafen, unterstehen sollte.

Als der Graf am 15. Dezember 1637 in Hanau ankam, wurde er vom Kommandanten mehr als frostig empfangen. Ramsay, der so lange uneingeschränkt hatte schalten und walten können, wollte sich dem legitimen Landesherrn nicht unterordnen, während Philipp Moritz, wollte er wirklich einmal wieder über seine Grafschaft regieren, deutlich machen mußte, daß er jetzt der Herr war. Zum äußeren Zeichen der angestrebten Souveränität Hanaus befahl er, in den Kirchen zukünftig auf die Fürbitte *für die Krone Schweden und die Königin Christine* zu verzichten.

Ramsay aber hatte die militärische Macht hinter sich (die hessischen Truppen waren Anfang Dezember 1637 abgezogen), er setzte den Grafen im Schloß unter Quarantäne und soll auch beabsichtigt haben, ihn *als einen vom Schwedisch-Evangelischen Bund Abgetretteten gefänglich anzunehmen.* In dieser Situation beschloß man, Gewalt anzuwenden: Truppen aus Kurmainz, Hessen-Darmstadt,

Frankfurt, verstärkt durch ein Kontingent des Grafen Ludwig Heinrich von Nassau-Dillenburg und dazu die von Winter für den Grafen angeworbenen Soldaten sollten heimlich in die Altstadt Hanau eindringen und Ramsays Herrschaft beenden. Es war eine jener regionalen Verabredungen in Deutschland, durch die jetzt – über die Konfessionsschranken hinweg – im kleinen Rahmen friedliche Zustände hergestellt werden sollten.

Eine merkwürdige Duplizität der Ereignisse führte dazu, daß Schweden die Festung Hanau genau auf dieselbe Weise verlor, wie es sie einst gewonnen hatte. Man könnte auch sagen, daß der Graf denselben Trick zweimal anwendete, daß er auf dieselbe Art, in der er sich einst der militärischen Kontrolle des Kaisers entledigt hatte, jetzt die Militärherrschaft Ramsays und indirekt Schwedens loswurde.

Wie im Herbst 1631 drangen die Angreifer heimlich, von innen her unterstützt, in Hanau ein, besetzten Schloß und Altstadt und richteten von den Altstadtwällen aus Kanonen auf die ungeschützte Neustadt. Auch diesmal war die Überraschung vollständig. Ebenso ungläubig wie einst der kaiserliche Kommandant Brandis erblickte Ramsay am 12. Februar 1638 die Kanonen auf den Wällen der Altstadt und die auf ihn und seine Soldaten gerichteten Musketen. *Hastu dann Flügel, daß du bist hereinkommen?* fragte er den Trompeter, der am folgenden Tag im Auftrag der Eroberer, die noch Verstärkung erhalten hatten, mit ihm verhandeln sollte. *Darauf stellte er sich in die Gaße vor dem 'Weißen Löwen', darin er logirte, und ward mit einer Kugel durch das Blat auf der Brust, oder wie ein anderer will, durch den lincken Schenckel geschoßen. Indem man nun daran ware, mit allen Trouppen auß der Alten in die Neustatt einzufallen, schickte der Ramsay einen Trommelschlager mit der Anzeige, er wäre durch einen Schuß übel verwundet und begehre vor sich und seine Soldaten, derer über 300 geweßen, Quartier, welches man ihnen auch, nachdem sie das Gewehr niedergeleget, accordirt. Der Ramsay wurde hierauf von dem Grafen von Nassau als ein Gefangener angenommen. Seinen Zufall bedaureten viele in Hanau. Daß ihm aber die Neustatter Bürgerschaft ihre Hülfe versprochen und das Eußerste mit ihm wagen wollen, beruhet auf Treu und Glauben.*

Ramsays Herrschaft in Hanau war beendet. Seine Soldaten wurden – wie 1631 die Kaiserlichen – in die Truppen der Sieger gesteckt. Im Juni 1639 starb er als Gefangener in Dillenburg an den Folgen seiner Verwundung. Er war ein tüchtiger Soldat gewesen, doch in dem Augenblick, als er die enge Verbindung zur schwedischen Armee verloren hatte, als er mit seinen Truppen als eigenständige militärische und politische Größe handeln wollte (oder der Umstände wegen mußte), war sein Ende nicht aufzuhalten.

Philipp Moritz war nun wieder Herr seiner Grafschaft, zur Erinnerung an das Jahr 1638 ließ er eine Münze prägen. Seine selbständige Regierung dauerte jedoch nicht lange, er starb bereits im August desselben Jahres. *Der Graf Philip Moritz ware nun zwar, wie gesagt, in seiner völligen Freyheit, aber der Tod rafte ihn noch in dießem Jahr, den 3.Aug., auß der Zeitlichkeit hinweg und machte seinen Trübsa-*

len auf einmal ein seeliges Ende. Noch vor seinem Ableben bestellte er den Major Johann Winther von Güldenbron, der – wie gedacht – bey der letzten hanauischen Unternehmen sich vor andern hervorgethan, zu seinem Commendanten in Hanau. Hierauf hielte man sich in dießer Statt gantz still, und dieße außgesogene Lande blieben auch in dem fortdaurendem Krieg von Überfällen meistens verschonet, immaßen die Schweden nach dem Verlust der Statt Hanau in den Gegenden am Rhein und Mayn nichts mehr besaßen.

Der Kurfürst von Mainz schenkte dem Major Winter das Hofgut Mönchhof (ehemals Besitz der Antoniter zu Roßdorf) in Bruchköbel, die Stadt Frankfurt und der Landgraf von Hessen-Darmstadt belohnten ihn ebenfalls mit Grundbesitz. Der Kaiser verlieh ihm Ende des Jahres 1638 den erblichen Adelstitel „von Güldenbronn" (oder „Güldenborn"). Winters Nachkommen sorgten dafür, daß ihrem Ahnherrn 1888 ein Denkmal in Hanau errichtet wurde. Der kleine Obelisk war ursprünglich am Wasserturm in der jetzigen Heinrich-Bott-Straße aufgestellt, nach einem Umweg steht er heute im Schloßgarten nahe der Nordstraße.

Der Tod des Grafen war gewissermaßen der Anfang vom Ende der gräflichen Familie Hanau-Münzenberg. Sein Sohn Philipp Ludwig III., geboren am 26.11.1632, starb am 12.11.1641, und Johann Ernst, ein Neffe des Neustadtgründers Philipp Ludwig II., starb unverheiratet am 12.1.1642: das Grafenhaus Hanau-Münzenberg war damit im Mannesstamm erloschen. Für Hanau bedeutete dies große Unsicherheit, denn sein Weiterbestehen als selbständiges Territorium hing ja von der Existenz eines legitimen Herrn ab. Georg Friedrich Dhein, ein Hanauer Chronist des 18. Jahrhunderts, zitiert ein Gedicht aus jener Zeit, welches die allgemeine Verunsicherung bezeugt:

Hanau, was Gott mit dir vor hat, das kanstu nicht wissen,
weil deine Herschaft also von dir stets wirdt gerissen,
vorwar es ist nicht ohn, Es muß etwas bedeuten,
Drumbh Hanau sey fromm, und besser dich bey Zeitten!

Die selbständige Grafschaft Hanau sollte jedoch noch Zeiten der Blüte und des Glanzes erleben. Im Jahr 1642 trat Friedrich Casimir (4.8.1623 - 30.3.1685) aus dem lutherischen Zweig des Hanauer Grafenhauses die Erbschaft der Münzenberger an, und die Grafen von Hanau-Lichtenberg sollten noch bis ins Jahr 1736 (100 Jahre nach dem Entsatz Hanaus) die Grafschaft regieren.

Von den Drangsalen des Krieges blieb Hanau seit 1638 verschont. Die gräfliche Regierung kehrte zu jener Politik der Nichteinmischung, die bis 1630 so erfolgreich hatte betrieben werden können, zurück, oder – wie Bernhard es formuliert – sie *mischte sich im geringsten nicht in frembde Händel ein.* Stützen dieser Politik waren die jetzt weithin berühmte und gefürchtete Festung Hanau und eine stattliche Garnison von etwa 500 Soldaten, die im Ernstfall durch eine bewaffnete Bürgermiliz verstärkt werden konnte. Als im August 1646 eine kombinierte französisch-schwedische Armee unter den

Generälen Henri de Turenne und Karl Gustav Wrangel auf ihrem Marsch nach Bayern Steinheim eroberte und Wrangel die Aufnahme einer schwedischen Besatzung in Hanau verlangte, gab er sich mit einer ablehnenden Antwort zufrieden und ließ sein Heer weiterziehen.

Für die Stadt Hanau war dies die letzte gefährliche Episode des langen Krieges, aus der Grafschaft aber waren es die Bewohner Windeckens, die als letzte vom Krieg heimgesucht wurden. Am 17.11.1646 überfiel und plünderte das schwedische Regiment Schmidberger die Stadt, und es hieß in der zeitgenössischen „Topographia Hassiae": Windecken *ligt aber jetzunder fast auff die Helffte in der Aschen, und ist in eine elende Wüsteney, und Einöde gerathen* (nach Wille). Im März 1647 beendete der Waffenstillstand zwischen Bayern, Frankreich und Schweden die Kriegshandlungen in unserer Gegend.

Der Frieden

Seit 1644 verhandelten die Gesandten der Kriegsparteien in Münster (mit Frankreich) und Osnabrück (mit Schweden) über einen Friedensvertrag. Es ging jedoch mit diesen Verhandlungen nicht so recht voran. Zu viele Staaten und Territorien waren am Krieg beteiligt, hatten ihre Botschafter geschickt, und zunächst mußten erst einmal so wichtige Fragen wie die Sitzordnung, die Rangfolge und die korrekte Anrede der Diplomaten geklärt werden. Da der Krieg inzwischen ohne Waffenstillstand weiterging, konnten kleine und kleinste militärische Wechselfälle, Erfolge oder Mißerfolge, den Fortgang der Gespräche nachhaltig beeinflussen: die militärisch gerade unterlegene Seite glaubte, ihre Verhandlungsposition erst wieder durch einen Sieg aufbessern zu müssen, während die gerade siegreiche Partei es für unvernünftig hielt, von einer Position der Stärke her Zugeständnisse zu machen.

Trotz aller Schwierigkeiten wurde am 24. Oktober der WESTFÄLISCHE FRIEDEN abgeschlossen, der die Struktur des Reiches für die letzten gut 150 Jahre seiner Existenz bestimmte. Der Partikularismus war zum beherrschenden Prinzip geworden, und die Organisation des Reiches ließ sich nicht mehr mit rational-logischen Erklärungsmustern beschreiben: das Deutsche Reich war seiner Verfassung nach ein *irregulärer und einem Monstrum ähnliche Körper,* wie es der bedeutende Staatsrechtler Samuel Pufendorf (1632 - 1694) formulierte. Beendet aber war jener Krieg, der als eine der größten Katastrophen ihrer Geschichte in das Bewußtsein der Deutschen Eingang finden sollte. Bei allen Grausamkeiten aber, von denen die Quellen berichten, und bei all dem Furchtbaren, welches aus der Literatur jener Zeit spricht, sollten wir Heutigen eines bedenken: die bisher schlimmsten Kriegsgreuel und die bislang brutalste Verachtung menschlichen Lebens sollten unserem Jahrhundert vorbehalten bleiben.

Anmerkung

[1] Dieser Aufsatz ist im Original erstmals erschienen in der Festschrift: 350 Jahre Lamboyfest Hanau. Hanau 1986. Er ist in seiner Originalfassung mit nur ganz wenigen Änderungen abgedruckt, während die Abbildungen entsprechend der Thematik dieses Buches in ihrer Anzahl erheblich gekürzt und dem Ausstellungskatalog angepaßt wurden.

Der Text ist die erweiterte Fassung eines vom Verfasser am 21. Februar 1986 beim Hanauer Geschichtsverein gehaltenen Vortrags. Entsprechend wird auf einen Anmerkungsapparat verzichtet. Die folgenden Literaturangaben verweisen auf weitere Informationsmöglichkeiten.

Einen guten Überblick über Deutschland im Dreißigjährigen Krieg bringt Bruno Gebhardt u. a.: Handbuch der deutschen Geschichte. Band 2, mehrere Auflagen. Die anregendste Gesamtdarstellung bietet nach Meinung des Verfassers das 1938 erschienene und später ins Deutsche übersetzte Buch „Der Dreißigjährige Krieg" der englischen Historikerin Clara V. Wedgwood. Eine immer noch wichtige, eng an die Quellen gelehnte Darstellung des Militärwesens und der allgemeinen Verhältnisse jener Zeit findet sich im dritten Band von Gustav Freytags 1859-1867 erschienen „Bildern aus der deutschen Vergangenheit". Als ergänzende Arbeit ist etwa zu nennen Per Sörensson: Das Kriegswesen während der letzten Periode des Dreißigjährigen Krieges. Historische Vierteljahrsschrift 27, 1932, S. 575-600. Lesenswert sind auch die von einem marxistischen Standpunkt her geschriebenen Ausführungen bei Jürgen Kuczynski: Geschichte des Alltags des deutschen Volkes. Band 2. Köln 1981. Das beeindruckendste Bild der damaligen deutschen Verhältnisse bringen nach wie vor die Bücher des Hans Jacob Christoph von Grimmelshausen, eine Art „Comédie Humaine" jener Zeit. Eine Fundgrube an Informationen jeglicher Art ist der von Peter Berghaus u. a. zum Grimmelshausenjubiläum herausgegebene Katalog „Simplicius Simplicissimus. Grimmelshausen und seine Zeit." Münster 1976. Auskunft über alle Hanauer Dinge gibt die Chronik von Ernst J. Zimmermann: Hanau Stadt und Land. Verm. Ausg. Hanau 1919, Ndr. 1978. Grundlegend für Hanaus Geschichte ist trotz der von Zimmermann geäußerten Kritik die umfangreiche, ein breites Quellenmaterial auswertende und eine Unmenge an Informationen bringende Darstellung von Richard Wille: Hanau im Dreißigjährigen Kriege. Hanau 1886. In den Fakten ist Wille zuverlässig; zeitgebunden und in manchem problematisch sind jedoch – dies ist auch ein Hauptpunkt der Kritik Zimmermanns – seine Urteile über die für Hanau wichtigen Personen. Insbesondere können wir dem sehr negativen Urteil über den Grafen Philipp Moritz und der im Gegensatz dazu überschwenglich positiven, fast panegyrischen Beurteilung des Kommandanten Ramsay nicht zustimmen.

Fast alle älteren Arbeiten über Hanau im Dreißigjährigen Krieg scheinen direkt oder indirekt angelehnt an eine Handschrift, die zur Abfassungszeit von Willes Buch noch verschollen war und die erst im Jahre 1911 vom Hanauer Geschichtsverein erworben werden konnte. Es ist die um das Jahr 1756 verfaßte „Historische Chronik der beyden Stätten Alt und Neu Hanau" des Hanauer Archivars Johann Adam Bernhard (1688 - 1771). Unser Kapitel „Hanau im Krieg" folgt in der Darstellung der Fakten im wesentlichen Bernhard und Wille, bei der Beurteilung der Ereignisse und der handelnden Personen jedoch haben wir versucht, Hanau nicht lokalpatriotisch zu sehen, sondern gewissermaßen von außen her zu betrachten. Sofern nicht anders angegeben, stammen alle wörtlichen Zitate aus Bernhards Handschrift. Auf die Frage, welche Quellen Bernhard jeweils benutzt und wie er sie ausgewertet hat (das ist in der Tat ein Problem und bedürfte im Interesse der Hanauer Geschichtsforschung einer genaueren Untersuchung), wird hier nicht eingegangen.

Ina Schneider
Die „Arche Noah" und ihre Bewohner

Als im April 1597 die ersten Bauplätze in Neu-Hanau nach dem Plan des Baumeisters Nicolaus Gillet vergeben wurden, erwarb der Seidenhändler René Mahieu das Areal F(f) an der Westseite des Kirchplatzes, eingegrenzt von der Altgasse, Steinheimergasse und Hahnengasse unter der Voraussetzung, daß unmittelbar gegenüber der „Tempel" gebaut werde. Das Gelände umfaßte knapp 3 ½ Morgen = 570 Quadratruten und kostete 251 Gulden und 14 Schilling. Mahieu verpflichtete sich, außer seinem Wohnhaus mit Hinter- und Nebengebäuden noch weitere siebzehn Häuser zu errichten, die er später verkaufen oder vermieten wollte, und zur *Pflasterung*

der halben Gassen, wie es in der Kapitulation vorgesehen war. Diese Auflage verursachte den Hausbauern zwar erhebliche Mehrkosten, verhalf der neuen Stadt aber zu befestigten Straßen. (1603 wurde diese Verfügung dahingehend modifiziert, daß zwar jeder Anwohner die Pflasterung vornehmen mußte, die Kosten aber innerhalb drei bis vier Jahren zurückerstattet wurden.)[1]
Unmittelbar nach der Unterzeichnung der Kapitulation am 1. Juni 1597 war mit dem Bau der ersten Häuser begonnen worden. Das erste bezugsfertige war das Haus *Zum Paradies* an der Ecke Marktplatz/Paradiesgasse, das zweite in der Nürnbergerstraße *Zur Hoff-*

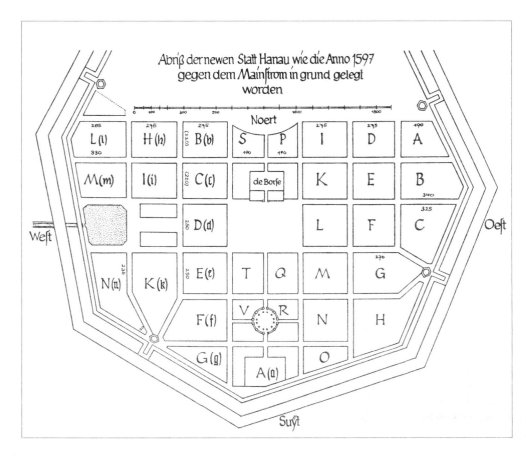

nung. Trotz vieler Hindernisse wurde die Bautätigkeit durch nichts
aufgehalten. Bereits eineinhalb Jahre nach dem ersten Spatenstich im
Dezember 1598 hatten sich zweiundfünfzig Hausväter niedergelassen; die meisten Zuzugswilligen folgten bis zum Jahre 1600: sieben-
undvierzig holländische und ebensoviele wallonische Familien, unter
ihnen auch René Mahieu.[2]

*Das Buch über die Bauplätz in der Newen Statt, verfertigt durch
Mich Unterschriebenen An. 1604 Philipp Kopff*, 1606 von Nicolas
Servay übernommen und weitergeführt bis 1610, enthält alle Risse
der fertiggestellten Häuser mit den Buchstaben der Quartiere, den
Namen der Bauherren, den Maßen und Flächeninhalten der Parzel-
len sowie den bezahlten Preis. Danach waren bis 1610 siebzehn
Quartiere fast vollständig bebaut, zehn teilweise und siebenund-
zwanzig noch unbebaut, insgesamt vierhundert Häuser bezugsfer-
tig.[3]

René Mahieu, 1544 in Valenciennes geboren, war wegen seines
reformierten Glaubens über Straßburg und Frankenthal 1583 nach
Frankfurt gekommen, zusammen mit seiner zweiten Ehefrau Barbara
Heimedo, seinen Kindern René, Johann, Marie und Susanna sowie
seiner Schwester Marie. Er gehörte als Höchstbesteuerter zu den
führenden Bürgern der Stadt und war Mitglied der wallonischen
Gemeinde. 1594 wurde er wegen eines Streites mit dem Frankfurter Rat um das *Weinungelt* (Weinsteuer) angewiesen, wenn er nicht
zahlen wolle, *solle er sich allhie erheben und sein bestes anderswo
prüfen*.[4] So zog er nach Köln, wo wie in Frankfurt der Seidenhandel
blühte und von wo aus er die Verhandlungen seiner Glaubensbrüder
mit dem Hanauer Grafen Philipp Ludwig II. verfolgte in der Erwartung, in Hanau für sich und seine Familie eine endgültige Bleibe zu
finden.

Das palastähnliche Haus, das Mahieu am Kirchplatz baute, hebt
sich auf allen Ansichten der Neustadt zwischen 1606 und 1735
hervor. Nicht nur, daß es mit 125 Schuh Länge und 35 Schuh Breite[5] besonders stattlich war, es hatte auch eine Besonderheit, die es
von allen anderen Häusern unterschied: auf dem mit Gauben aus-
gebauten Dachgeschoß des zweistöckigen Hauses befand sich ein
weiteres Stockwerk in Form eines etwas zurückgesetzten *Belvedere*,

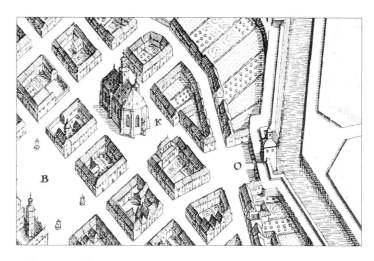

*Abb. 2: Ausschnitt aus Merians Plan der Stadt Hanau vom Jahre
1632. Zu sehen ist die Wallonisch-Niederländische Kirche, rechts
davon steht die Arche Noah. Deutlich ist die eigenartige Bauart –
das kleine Haus auf dem größeren – zu erkennen*

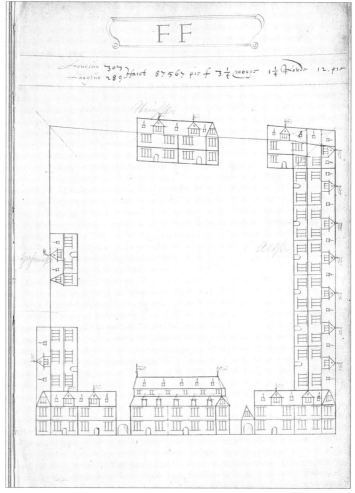

*Abb. 3a: Die von René Mahieu erbaute Arca Noae (Mitte) und einige
andere von ihm am Kirchplan errichtete Häuser. Das Innere des
Baublockes wurde von dem großen Hof und Garten Mahieus einge-
nommen. [Ausschnitt aus dem Blatt Ff des Vermessungsbuches von
Nicolas Servay (StA Hanau)].*

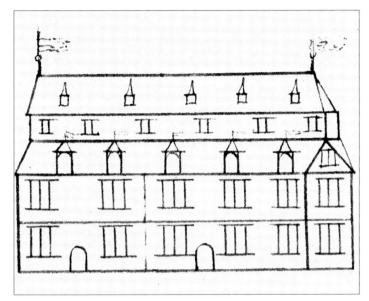

Abb. 3b: Detail aus Abb. 3a.
Die von René Mahieu erbaute Arca Noae

das ihm von Anfang an seinen Namen gab: *Die Arche Noah*. Ob Mahieu selbst oder der Volksmund den Namen aussuchte, ist nicht mehr festzustellen. Jedenfalls ist es ein Zeichen dessen, was seine Bewohner in der neuen Heimat erwarteten: Zuflucht vor allen religiösen Verfolgungen gefunden zu haben.

Links und rechts der breiten Hausfront am Kirchplatz begrenzten zwei halbovale Tore das Anwesen, die in den Hof und Garten führten. Da sie nicht überbaut waren, setzte sich die Arche Noah auch optisch von den angrenzenden Häusern ab. Über die Raumaufteilung ist nichts bekannt, auch nicht, ob das Haus nur als Wohnung oder auch zu Geschäftszwecken genutzt wurde (Wir wissen nicht einmal, ob Mahieu in Hanau noch den Seidenhandel betrieb oder sich ausschließlich seinen öffentlichen Aufgaben widmete.) Es muß aber wenigstens einen Saal enthalten haben, denn am 8. April 1601 versammelten sich hier die Familienväter der *église françoise* zur Wahl der Ratsherren und am 8. Oktober des gleichen Jahres fand in Mahieus Haus die Huldigung der Neustadt an den Grafen Philipp Ludwig II. und die Vereidigung der Ratsherren statt. Mahieu hatte sein Haus auch vor der Fertigstellung der Kirche für den Gottesdienst zur Verfügung gestellt, was aber nicht angenommen wurde.[6]

Ein hochgewölbter Keller durchzog die ganze Hauslänge. Mahieu benutzte ihn zur Lagerung von Wein, den er vermutlich auch verkaufte. Er geriet deshalb in einen Streit mit der Stadt, weil er dazu keinen vereidigten „Weinrütter" herangezogen hatte, wie es vorgeschrieben war.[7] Der Keller blieb beim späteren Abbruch und Neubau des Hauses (1827) erhalten und leistete noch während des 2. Weltkrieges als Luftschutzkeller gute Dienste bis zur Zerstörung Hanaus am 19. März 1945.

Als die in Frankfurt wohnenden Reformierten beschlossen nach Hanau umzusiedeln, verhandelten sie mit dem gerade volljährig gewordenen Grafen Philipp Ludwig II. die Kapitulation, die für beide Vertragspartner von Nutzen sein sollte. Die Unterzeichner – zu denen Mahieu nicht gehörte, weil er noch in Köln wohnte – waren wie er wendige Geschäftsleute und paßten nicht in ein festgefügtes Berufsschema. Sie übernahmen vielmehr jedes gewinnbringende Geschäft. Ihre Übersiedlung nach Hanau verhalf ihnen nicht nur zur freien Religionsausübung, sondern war ihrem Unternehmergeist angemessen. Obwohl in dem kleinen Hanau kein Bedarf an ihren Handelsprodukten wie Seide, Tuch, Edelsteinen, Gold- und Silberwaren bestand, verkauften sie diese von hier aus ohne Hindernisse in alle Welt. Philipp Ludwig war sich bewußt, daß er den Fremden größtmögliche Freiheiten gewähren mußte, um auch seiner Residenzstadt zu Ansehen und Vermögen zu verhelfen. Seine Bedenken wegen ausbleibender Einkünfte schob Mahieu als Sprecher der Wallonen in einem Brief beiseite: die Kaufleute könnten durch billiges Produzieren und günstige Wohnverhältnisse viel größere Vorteile als anderswo erlangen, die auch der Stadt zugute kämen.[8]

In der Kapitulation war vorgesehen, daß die Neuansiedlung Bestandteil und Erweiterung des kleinen Hanau werden sollte. Doch bald stellte sich heraus, daß die Alteinwohner mit den Neubürgern nicht zurecht kamen. Sie verstanden weder deren Sprache – französisch und niederländisch – noch deren weltmännische Lebensart. Mahieu als federführender Sprecher und Bürgermeister begründete deshalb auch gegenüber dem Grafen seine Vorschläge zu einer neuen Rechtsordnung damit, daß *die ausländische Nation so von der einheimischen different und also nicht auf einerlei Weise traktiert sein wolle* [und] *unter einem Rat und Stadtregiment schwerlich bei den Altbürgern gut tun werde, und daß wegen der Verschiedenheit der Charaktere und der wirtschaftlichen Interessen beider Bevölkerungsgruppen eine getrennte Verwaltung notwendig sei.*[9]

Schließlich sprach sich auch Philipp Ludwig durch Verordnung vom 6. April 1601 für eine Trennung der beiden Stadtgemeinden aus. So wurde durch die Einsetzung eines eigenen Stadtrates Neu-Hanau zu einer selbständigen Stadt mit eigener Verwaltung und eigenem Rechnungswesen, niederer Gerichtsbarkeit sowie Aufsicht über die städtischen Gebäude und den Festungsbau. Am 1. August 1601 wurde durch ein Transfix zwischen dem Grafen und dem *erwehlte erste Bürgermeister und Rathspersonen vor sich selbst und im Namen der gantzen Bürgerschaft*, unterschrieben von Mahieu als *provost des marchans oder alter Bürgermeister* an erster Stelle, Form und Ausgestaltung der neuen Gemeinde besiegelt. Mittler zwischen den beiden Städten Alt- und Neu-Hanau sollte ein vom Grafen bestimmter Stadtschultheiß sein. Die Trennung der beiden Städte war damit vollzogen und blieb es bis zu ihrer Zusammenlegung um 1830/40.[10]

Das Transfix legte auch die Verzahnung der wallonischen und niederländischen Gemeinden mit der politischen Gemeinde fest. Neu-Hanauer Bürger konnte nur werden, wer einer der beiden Kirchen angehörte. Aus deren Reihen wurden die zwölf Ratsverwandten und zwei Bürgermeister gewählt und zwar einer aus jeder Gemeinde auf zwei Jahre. Ähnlich verfuhr man mit den Räten: die eine Hälfte des Stadtrates bestand aus Flamen, die andere aus Wallonen. Nachdem der Wallone Mahieu das erste Jahr Bürgermeister war, löste ihn der Flame Peter t'Kindt ab, und Mahieu wurde als Altbürgermeister von vielen Aufgaben entbunden. Er behielt allein die Aufsicht über den Festungsbau und die Verwaltung der dafür notwendigen Gelder bis zu seinem Tode 1607.

Am 9. April 1600 war der Grundstein der Wallonisch-Niederländischen Doppelkirche gelegt worden. Die Finanzierung des Kirchbaus oblag den Gemeindemitgliedern, wobei die wohlhabenden Familien ihrem Vermögen entsprechend zu Spenden aufgefordert wurden. Mahieu zahlte für sich und seine Familie zunächst 200 fl. Später, als der Kirchbau wegen fehlender Mittel nur schleppend voranging, erbot er sich, 9000 fl. zum Weiterbau bereitzustellen. Der Rat war nicht abgeneigt, das Angebot unter der Bedingung anzunehmen, daß er dann das ganze Werk vollende. Aber letztlich kam es nicht dazu, statt dessen wurde eine Beisteuer von den Hanauer und Frankfurter Gemeindemitgliedern erhoben und ein jährlicher Beitrag der Stadt bereitgestellt.[11]

René Mahieu war eine starke, dominierende Persönlichkeit, dem die Freiheit des einzelnen und die Verantwortung für das Gemeinwesen über alles ging. Deshalb kam es während seiner Amtsführung als Bürgermeister und Ratsherr immer wieder zu Auseinandersetzungen zwischen ihm und den übrigen Ratsmitgliedern. Man warf ihm vor, die Amtsgeschäfte so selbstbewußt und eigenwillig zu führen, daß er viele Leute verärgere. Er tadele die Verordnungen des Rates, er verteidige Freiheiten der Bürger, die der Rat beschneiden wolle, er verleumde und beleidige die Ratsverwandten. Obwohl sich Mahieu mit Briefen an den Grafen und an den Rat gegen die Vorwürfe zur Wehr setzte, resignierte er schließlich und gab alle Amtsgeschäfte ab bis auf die Aufsicht über den Festungsbau. Bis zu seinem Tode 1607 waren das Frankfurter Tor und das Bollwerk bis zum Kanaltor fertiggestellt. Wegen ständigen Geldmangels dauerte der Bau der restlichen Anlagen bis zum Beginn des 30jährigen Krieges.

René Mahieu starb am 26. Juni 1607, 63 Jahre alt, und wurde im Parkett südlich der Kanzel der wallonischen Kirche begraben. An seiner Beisetzung nahmen neben dem Geistlichen nur vier Ratsmitglieder teil. Die Inschrift auf seiner Grabplatte lautet (übersetzt): *Dem durch Frömmigkeit und Erfahrungen und um diese Neustadt Hanau hochverdienten Mann, dem Herrn Renaldus Mahieu, haben seine Witwe und seine Kinder dieses Denkmal gesetzt. Vieles erduldete er zu Wasser und Land in jüngeren Jahren aus Liebe zur Heimat sowohl wie dem Glauben zur Ehren. Hanau bewohnt' er als reiferer Mann, die Freistatt des wahren Glaubens. Und nicht der letzte von seinen bedeutenden Bürgern, schmückt' er die Stadt mit trefflichen Bauten. Liebe der Freunde, Achtung der Edlen erfreuten den glücklichen Gatten und Vater. Friedlich ruht nun sein Leib hier unter dem schweren*

Steine. Geboren den 22. November 1544, starb er um 11 Uhr nachts Freitag den 26. Juni 1607.[12]

Mahieus Grabstätte wurde beim Bombenangriff vom 19. März 1945 mit der Kirche zerstört. Erhalten blieb sein Portrait, in Öl

Abb. 4: Grabplatte von René Mahieu aus der Wallonischen Kirche

gemalt, mit der Jahreszahl 1595 unter seinem Wappen in der linken oberen Ecke. Es zeigt einen hochgewachsenen, schlanken Mann mit schmalem Kopf und Spitzbart in der Tracht seiner Zeit mit Hals- und Ärmelkrause. Das Bild befindet sich heute noch im Besitz der Wallonisch-Niederländischen Gemeinde.

Die Arche Noah blieb nach dem Tode René Mahieus noch einige Jahre in Familienbesitz. Seine Witwe verstarb 1611 und wurde auf dem neuen französischen Friedhof beigesetzt. Die Söhne Johann und René d.J. waren schon vor dem Tode des Vaters nach Frankfurt gezogen und betrieben dort den Seidenhandel. Johann war seit 1598 mit Rahel du Fay verheiratet, sein Bruder René vermählte sich 1602 mit Susanne de Famars. Die Brüder beteiligten sich zwischen 1612 und 1616 am Frankfurter Fettmilchaufstand und wurden deshalb aus der Stadt ausgewiesen. Nach ihrer Rückkehr aus Genf im Jahre 1630 verstarb Johann 1631. René überlebte seinen Bruder um 17 Jahre und starb, nachdem er fast sein ganzes Vermögen verloren hatte, 1648. Auch die beiden Töchter verließen Hanau. Susanne heiratete den Frankfurter Wollhändler Jacques du Fay, Marie den Seidenhändler Michael de Heldevier, der 1619 in Konkurs ging und kurz darauf 1620 verstarb.

Durch Erbschaftsregelungen unter den Enkelinnen René Mahieus kam es schließlich zum Verkauf der Arche Noah an den Schwiegersohn von Marie, die in zweiter Ehe den Hanauer und Bücherthaler Oberschultheißen Johann Thyllius geheiratet hatte, im Jahre 1650 für insgesamt 900 Gulden.

Der Schwiegersohn war der 1620 in Marktbreit geborene Doktor der Arznei Johann Wolfgang Crantz. Er trat 1646 als Leibarzt und Rat in den Dienst des Hanauer Grafen. Als 1666 eine neue Pestilenz-Ordnung gedruckt wurde, fügte er ein Traktat an, betitelt *Treuhertzige Vorsorge gegen die Seuche der Pestilenz*. Darin beschrieb er ausführlich das Krankheitsbild der Pest und Mittel zur Verhinderung von Ansteckung: Man solle mit Kanonen auf den Wällen in die Luft schießen, damit durch die dabei entstehende Erschütterung frische Luft in die Stadt komme. Aus den Pestbeulen der Erkrankten solle man das Gift durch Schröpfen herausziehen, keineswegs durch ätzende Mittel. Dann solle man junge Hühner oder Tauben am Bürzel rupfen und sie auf die Beulen setzen und ihnen den Schnabel so lange zuhalten, bis sie erstickt seien. Dabei werde das Gift in den Vogel herübergezogen. Auch solle man die Kranken in das oberste Stockwerk des Hauses legen, weil das Gift in die Höhe steige und so die Bewohner in den unteren Räumen von Ansteckung frei blieben.[13]

Crantz starb 1668 im Alter von 48 Jahren. Seine Witwe verkaufte 1671 *die unter einem Dach stehenden Wohnhäuser in Hanau, die Große und Kleine Arche genannt, sampt allen darin enthaltenen pertinentien und Zubehör, ahn Hoff, Garten und sonsten, wie hinden auf Benjamin André stoßen, sowohl als auch zu beyden Seiten mit einer Mauer umbfassend beschlossen, als auch mit einem unterbauten außgang und außfahrt zwischen der französischen Diaconey und Thomas Petit seel. Erben, lastenfrei an den Hochgeborenen Herrn* Johann Dietherichen Freyherrn von Kunowitz, Herrn zu Ostra, Glück und Lauka, Herrn zu Hungarischbrod, Fürstlich Hessischer Geheimbden und VormundsRath, auch Regierungspräsident für 3000 Reichsthaler unter der Bedingung, daß sie noch zwei Jahre lang mietfrei in dem Haus wohnen könne.[14]

Johann Diethrich Freiherr von Kunowitz, 1624 in Stade geboren, war 1645 in Hessische Dienste als Regierungsrat getreten. 1653 ernannte ihn Landgraf Wilhelm VI. von Hessen-Kassel zum Wirklichen Geheimrat und 1656 zum Regierungspräsidenten von Kassel. 1684 erhob ihn Kaiser Leopold in den Grafenstand. Warum er die Arche Noah erworben hat, obwohl er doch in Kassel wohnte, konnte nicht festgestellt werden.

1675 bat er den in Hanau residierenden Grafen Friedrich Casimir, die Arche Noah von der Schatzung zu befreien, die ihm die Stadt auferlegt habe, obwohl ihm beim Kauf des Hauses zugesichert worden sei, keine Abgaben zahlen zu müssen. Der Graf ordnete die Schatzungsfreiheit erneut an für die Zeit, in der das Haus Eigentum seiner Familie und seiner Nachkommen sei. Graf Kunowitz starb im November 1700 in Fritzlar. Er hinterließ acht Töchter. Seine dritte Tochter, Charlotte Amalie, erbte die Arche Noah. Sie war verheiratet mit dem Grafen Philipp Karl zu Erbach-Fürstenau und hat wenigstens vorübergehend in dem Haus gewohnt. Ihr einziger Sohn Johann Wilhelm wurde hier am 17. Februar 1707 vom Pfarrer der Marienkirche und Professor am Gymnasium, H. J. von Basshuysen getauft.

Nach dem Tode der Gräfin Charlotte Amalie erbte ihre Tochter Karoline die Arche Noah. Sie war mit Herzog Ernst Friedrich II. von Sachsen-Hildburghausen verheiratet. Dieser verkaufte *die Arche noe genannte Behausung vor und eigenthümlich an gegenwärtig H. Friedrich Ludwig van den Velden vor 6000 fl gangbare Müntz, quittieret über den Kaufschilling.* Dieser, Kaufmann aus brabantischem Geschlecht, geboren 1694, lebte zeitweise in Frankfurt, zeitweise in Hanau. Van den Velden war in Hanau ein bekannter Name, ein Vorfahre war der 1621 zugezogene Wilhelm van den Velden, Goldschmied von Beruf, Höchstbesteuerter, 1626 Ratsherr und 1635 Bürgermeister, der im gleichen Jahr an der Pest gestorben war. Schon zehn Jahre nach dem Kauf, 1747, veräußerte Friedrich Ludwig van den Velden die Arche Noah *erb- und eigenthümlich für 7000 Gulden an H. Ludwig Modera, Bürger und Großgrainfabricant und dessen Hausfrau Maria, geborene Sommerhoffin.*[15]

Großgrain oder Grobgrün nannte man ein Tuch aus Wolle oder Seide, das fest gewebt, gewalkt und in verschiedenen dunklen Tönen gefärbt, zu Überröcken und Peschken verarbeitet wurde, wie sie damals in Mode waren. Schon mit der ersten Einwanderung waren so viele Tuchmacher nach Hanau gekommen, daß sie sich 1613 eine eigene Gesellschaftsordnung gaben, deren wichtigstes Privileg darin bestand, daß ausschließlich ihre Mitglieder in der Stadt und in der Grafschaft Herstellung und Handel mit dem Tuch betreiben durften. Nach zeitweiligem Niedergang im 30jährigen

Krieg und seinen Folgejahren erholte sich das Gewerbe durch die Zuwanderung französischer Tuchmacher und blühte bis in die zweite Hälfte des 18. Jahrhunderts, bevor es für immer erlosch.

Es ist anzunehmen, daß Modera in der Arche Noah nicht nur wohnte, sondern auch seine Geschäfte betrieb. Nach seinem Tod 1757 erbte seine Witwe das Haus, die in zweiter Ehe den Seidenfabrikanten Johann Georg Kling geheiratet hatte.

Auch die Seidenweberei hatte in Hanau seit der Stadtgründung Tradition, war zeitweise ein blühendes Gewerbe, zeitweise gingen die Geschäfte schlecht. 1736 ließ Landgraf Wilhelm VIII. von Hessen-Kassel in Hanau 2000 Maulbeerbäume für die Seidenraupenzucht pflanzen, und jährlich konnten einhundert Pfund Seide produziert werden. Auch Erbprinz Wilhelm IX. förderte die Seidenraupenzucht durch Anpflanzungen von Maulbeerbäumen an den Stadtwällen, am Lehrhof und in Kesselstadt. Aus der Seide wurden neben Stoffen auch Bänder und Strümpfe gewebt. Deren Qualität muß besonders gut gewesen sein, denn Goethe bestellte seine Seidenstrümpfe nur bei dem Hanauer Strumpffabrikanten Fuchs. 1819 erlosch die Seidenweberei in Hanau für immer.

Kling betrieb seine Fabrikation in der Arche Noah bis zu seinem Tod 1787 und vererbte sie an seine beiden Kinder Johann Georg und Christine. Das Haus blieb im Besitz der Geschwister, bis sie es 1827 an einen Major Backmeister verkauften.[16]

In den 65 Jahren, in welchen die Arche Noah Kling'sches Eigentum war, wohnten verschiedene Mieter darin. Für einige Zeit hatte sich der Kammerherr der Landgräfin Maria zu Hessen-Kassel, Karl August von Moltke, einquartiert. Nach ihm bewohnte die Landgräfin Philippine von Hessen-Kassel, Witwe des Landgrafen Friedrich II. und Stiefmutter Wilhelms IX. das Haus. Diese, eine geborene Prinzessin von Brandenburg-Schwedt, galt als schön, aber auch als eigensinnig und unverträglich. Weil man ihrer Launen in Kassel überdrüssig war, nahm sie ihren Witwensitz in Hanau. Sie lebte in der Arche Noah mit einem kleinen Hofstaat unter dem Oberhofmeister Georg Ernst Levin von Witzigerode, einem Jugendfreund, mit dem sie 1792 in ihre Heimatstadt Berlin zurückkehrte und den sie dort 1796 heimlich geheiratet haben soll.[17]

Nach dem Wegzug der Landgräfin zog Louise von Günderrode mit ihren sechs Kindern in der Arche Noah ein. Ihr Gatte, Hektor Wilhelm, 1755 in Hanau geboren, war markgräflich-badischer Kammerherr und Regierungsrat gewesen und 1786 im Alter von nur einunddreißig Jahren verstorben. Er hinterließ seine Familie in zwar gesicherten, aber bescheidenen Verhältnissen, die nach dem Tode des Vaters nach Hanau zog, weil sie in der Nähe ihrer Verwandten leben wollte. Die älteste Tochter Karoline, 1780 in Karlsruhe geboren, verlebte ihre Mädchenjahre in der Arche Noah, sie wurde wie ihre Geschwister erst von Hauslehrern unterrichtet, besuchte aber danach die öffentliche Mädchenschule. Karoline verstand sich mit ihrer Mutter nicht gut, die sie 1797 in das Frankfurter Cronstetten-Hympergische Stift für adlige Damen gab, auf das sie als Angehöri-

ge von Alt-Limpurg einen Anspruch hatte. Als Stiftsdame unter wesentlich älteren Hausgenossinnen war Karoline nicht glücklich und versuchte oft, aus der Enge ihrer zwei kleinen Zimmer auszubrechen. Sie freundete sich mit der Frau Rat Goethe an, die sie oft besuchte, und mit der Bankierstochter Bettine von Brentano, welche die zwar ältere, aber schüchterne und sanfte Karoline in den Freundeskreis um ihren Bruder Clemens und Carl von Savigny auf Hof Trages einbezog. Unter dem Künstlernamen Tian schrieb Karoline von Günderrode Gedichte, Phantasien und poetische Fragmente in romantischer Schwärmerei. Nach unerfüllter Liebe zu Carl von Savigny, der nicht sie, sondern Gunda von Brentano, die Schwester Bettines, geheiratet hatte, und nach einer unglücklichen Affäre mit dem verheirateten Georg Friedrich Creutzer nahm sie sich 1806 in Winkel am Rhein das Leben. Bettine, damals schon verwitwete von Arnim, veröffentlichte 1839 ihren Briefwechsel mit Karoline unter dem Titel Die Günderrode.

1809 schlossen sich angesehene Bürger Hanaus zu einem Gesellschafts-Theaterverein zusammen, dessen Initiator und Leiter Carl Caesar Leonhard war. Dieser, 1779 in Rumpenheim geboren, war seit 1801 Assessor ohne Gehalt und Stimme bei der Landkassen- und Steuerdirektion in Hanau, eine Tätigkeit, die ihm genügend Zeit für seine Liebhabereien ließ. Er wandte sich vor allem dem Studium der Mineralogie zu und war 1808 Mitbegründer der Wetterauischen Gesellschaft für die gesamte Naturkunde. Die Mineralogie führte ihn mit Goethe in reger Korrespondenz zusammen, der bereits 1808 zum Ehrenmitglied der Wetterauischen Gesellschaft ernannt wurde. Das Gesellschafts-Theater nahm seinen Sitz in der Arche Noah, in deren kleinem Saal eine Liebhaberbühne errichtet wurde, auf der man sich und die Besucher mit Laienspiel erfreute. Die Einnahmen aus den Vorstellungen stiftete man einem guten Zweck, so konnte man beispielsweise 1813 die Rumford'sche Suppenanstalt, eine privat finanzierte Armenküche im französischen Waisenhaus, mit 250 fl. unterstützen.

Zwei besondere Ereignisse hatte das kleine Theater zu verzeichnen. Leonhards Bekanntschaft mit dem berühmten Theaterdirektor, Dramaturgen und Schauspieler August Wilhelm Iffland aus Berlin führte zu einem Gastspiel in Hanau. Vorbereitend wünschte sich Iffland in einem Brief an Leonhard, man möge doch eine Vorstellung zu Schillers Gedächtnis geben und die Hälfte der dabei zu erzielenden Einnahmen seinen Erben zukommen lassen, dafür wolle er auf ein Honorar verzichten. Gespielt werden sollten das Vorspiel Raphael und der Essighändler. Die letzten Proben fanden am 10. Dezember 1812 auf der Bühne in der Arche Noah statt, doch wegen des starken Andrangs der Hanauer Bevölkerung wurde die Aufführung in das Stadttheater verlegt. Am nächsten Abend gab Iffland eine Vorstellung als Bittermann in Menschenhaß und Reue. Beide Vorstellungen wurden von den Zuschauern so begeistert aufgenommen, daß das überfüllte Theater vor enthusiastischen Beifallsstürmen bebte.[18]

Das zweite Ereignis war Goethes Besuch bei Leonhard im Herbst

1814. Bei dieser Gelegenheit besuchte er eine Vorstellung des Liebhabertheaters, das den *Vetter aus Bremen* von Theodor Körner eingeübt hatte. Leonhard hatte befürchtet, Goethe könne von der Aufführung enttäuscht werden, weil zwei Mitglieder des Theaters verreist waren und es den übrigen Mitspielern an Bühnenerfahrung fehlte. Doch Goethe bestand darauf, an der Vorführung teilzunehmen und *lachte dabei so herzlich, wie ich ihn je lachen hörte; er erklärte die Posse für allerliebst, neckisch und komisch,* schreibt Leonhard in seinen Lebenserinnerungen. *Beim anschließenden Abendessen mit allen Mitspielenden wurde Goethes Rede immer bestimmter und schärfer. Seine Laune war unerschöpflich, er, hinreißend und liebenswürdig. Mit Lust ließ er sich gehen und warf zuletzt mit Witzworten und Scherzen um sich. 'Seht, Kinder,' so sagte er unter anderem,'Ihr befindet Euch dem Ziele ganz nahe; könnte ich acht Tage bleiben, noch eine Lese- und Spielprobe, und Ihr solltet sehen, dann müßte jede Szene so gegeben werden, als dürfte es eben nicht anders sein, und die Zuschauer glauben, sie selbst würden es gerade so und nicht anders gemacht haben'.*[19]

Leonhard verließ Hanau 1816, um einem Ruf des Bayernkönigs Maximilian I. als ordentliches Mitglied der Akademie der Wissenschaften in München zu folgen. Sein Weggang bedeutete das Ende des Gesellschafts-Theatervereins.

Im Herbst 1818 wurde in Hanau die erste Turngesellschaft unter der Leitung des Realschullehrers Falk gegründet. Zum Turnen in den Wintermonaten mietete Falk den großen Saal im ersten Stock der Arche Noah. Man stellte Recks und Barren und einen Schwingel (?) auf und brachte an der Saaldecke ein Kletterseil an. Geturnt wurde allabendlich von 6 - 8 Uhr in acht Riegen, beginnend mit einem Lied und Freiübungen, bevor man an die Geräte ging. Zwar stand der Beitritt zur Turngesellschaft jedem Bürger frei, doch beteiligten sich nur Gymnasiasten und andere Schüler an den Übungsstunden. In den Räumen im Parterre der Arche Noah befand sich im gleichen Zeitraum eine Privatschule für Mädchen unter der Leitung des Lehrers Falk, über die aber nichts Näheres bekannt ist.

Mit dem Verkauf an den britischen Major Julius Backmeister im Jahr 1827 und dem Abriß des Hauses ist die Geschichte der Arche Noah eigentlich beendet. Es war nicht festzustellen, ob sie in den 230 Jahren seit ihrer Errichtung durch René Mahieu baulich verändert worden ist. Diente sie zu Anfang als geräumiger und präsentabler Familienwohnsitz, wurde sie im Laufe der langen Zeit für verschiedene Zwecke benutzt. Ob dadurch die Bausubstanz gelitten hat oder ob ihr neuer Besitzer nur ein modernes Haus bauen wollte, ist nicht auszumachen.

Nach dem Abbruch – nur der Keller blieb erhalten – ließ Major Backmeister von Baumeister Julius Eugen Ruhl auf dem alten Grundriß ein neues Gebäude errichten. Ruhl war Hofbaudirektor am Hofe des Kurfürsten Wilhelm II. von Hessen-Kassel, 1823 nach Hanau versetzt worden und verantwortlich für die Bauvorhaben in einem Gebiet, das heute den Main-Kinzig-Kreis umfaßt. Er erbaute das Haus innerhalb eines Jahres zweistöckig mit ausgebautem Mansardengeschoß. Bei der breiten, horizontalen Straßenfront und der rechteckigen Fugenverkleidung des Erdgeschosses hielt er sich streng an die Stilelemente des Empire, so ähnelte es schließlich dem für den Bankier Bethmann erbauten Riedhof in Frankfurt. Die Straßenfront hatte nun keine Eingänge mehr, wie sie auf dem Riß von Nicolas Servay zu sehen sind, und auch keine Arche auf dem Dach, die dem alten Bau den Namen gegeben hatte. Die beiden großen, hufeisenförmigen Toreinfahrten blieben erhalten, wurden mit Eisengittern geschlossen und der Eingang auf die rechte Seite verlegt.

Backmeister, der mit seiner Familie für zwei Jahre in dem Haus wohnte, hatte sich beim 32000 Gulden teuren Neubau finanziell übernommen und verkaufte ihn 1830 an den Kurfürsten Wilhelm II. Nun wurde Ruhl beauftragt, das Haus für die Schwester des Kurfürsten, Marie Friederike, Herzogin von Anhalt-Bernburg, herzurichten. Diese wohnte seit 1818 im Hanauer Schloß. Ruhl stellte die Umbaupläne dem in Wilhelmsbad weilenden Kurfürsten vor und sollte über den Fortschritt der Arbeiten alle vier Tage berichten. Die Mansarden wurden ausgebaut, im Hof wurden Stallungen, Remisen und Wohnungen für das Personal geschaffen, hinter dem Haus ein kleiner Park angelegt.

Die Herzogin, 1768 in Hanau geboren, hatte 1794 den Erbprinzen Alexius von Anhalt-Bernburg geheiratet und siedelte 1795 nach Ballenstedt über. 1796 wurde der Erbprinz regierender Fürst. Die Ehe ging nicht gut, und nach der Geburt ihrer fünf Kinder, darunter des Thronerben, verließ sie ihren Mann und begann ein unruhiges Wanderleben. Sie bestieg als eine der ersten Alpinistinnen den Montblanc, trieb viel Sport, versöhnte sich zwischenzeitlich mit ihrem Ehemann, ging wieder auf Reisen und ließ sich schließlich 1817 scheiden. Im Juni des gleichen Jahres kehrte sie nach Kassel zurück.

Abb. 5: Die Arche Noah als Bernburgisches Palais

Ihre sanfte, nachgiebige Natur wandelte sich in Schwermut, gepaart mit Verfolgungswahn und geistigen Störungen, so daß sie am Kasseler Hof nicht mehr bleiben konnte. Nach einem Aufenthalt in Wabern, wo sie unter ärztlicher Aufsicht stand, siedelte sie 1820 nach Hanau über. Im Stadtschloß hatte man zur Therapie ihres kranken Gemüts ein Billard- und ein Musikzimmer eingerichtet in der Hoffnung auf gesundheitliche Besserung. Doch sie kapselte sich immer mehr ab und flüchtete sich in eine Traumwelt, die mit Tobsuchtsanfällen abwechselte. Das alles gab Wilhelm II. Veranlassung, seiner Schwester das Haus an der Französischen Allee einzurichten, das von nun an in der Bevölkerung *Bernburgisches Palais* hieß und in dem sie bis zu ihrem Tod 1839 wohnte. Marie Friederike wurde mit einem feierlichen Leichenbegängnis in der Fürstengruft der Marienkirche beigesetzt.

1841 wurde das Haus mit Park und Marstall bei einer Versteigerung von dem Berliner Fabrikanten Alfred Richard Sebaß erworben und darin eine Werkstatt für Eisenguß und feine Bronzewaren etabliert.

Die Stallungen und Remisen wurden zu einer Kunstgießerei umgebaut und die hier entstandenen Luxusartikel, angefangen von kleinen Büsten über Kruzifixe, Leuchter, Zigarrenständer bis zu Schmuck in Eisenfiligran nach Übersee verkauft, sehr zum Verdruß des Kurfürsten. Wilhelm II. weigerte sich, Sebaß das Bürgerrecht in Hanau zu erteilen, daher wurde er 1846 polizeilich gezwungen, innerhalb vierzehn Tagen die Stadt mitsamt seiner Fabrikation zu verlassen. Er übersiedelte nach Offenbach, wo er einen florierenden Industriebetrieb mit mehreren Gießöfen und einer Dampfmaschine aufbaute, die er später durch eine Maschinenfabrik erweiterte.[20]

Trotz der Verweisung aus der Stadt blieb Sebaß Eigentümer des Hauses, das er an die beiden Fräulein Dorothea und Louise Willich vermietete, die das Gebäude als Erziehungs- und Unterrichtsanstalt für junge Frauenzimmer nutzten. 1851 ging die Schule an die aus Frankfurt stammende Erzieherin Charlotte Dilthey über, die das Haus samt Nebengebäuden 1857 von Sebaß erwarb. Sie ließ die Gießanlagen abreißen, neue Klassenräume einrichten und über den bei-

Abb. 6: Bürgerverein. Das Haus zur Arche Noah.

den Toreinfahrten links und rechts des Haupthauses Zimmer aufstocken. Der Zuspruch der Mädchenschule war so groß, daß fünf Lehrerinnen und sechs Lehrer unterrichteten. Charlotte Dilthey war eine begnadete Erzieherin, deren Tod 1868 von allen Schülerinnen tief betrauert wurde. Die Mädchenschule wurde von Fräulein Neumann weitergeführt und blieb bis zu ihrem Umzug an den Paradeplatz im Jahre 1873 in der ehemaligen Arche Noah.

1873 kaufte *die Aktiengesellschaft Bürgerverein* das Dilthey'sche Anwesen mit allen *band-, wand-, niet- und nagelfesten Gegenständen* für 55000 Gulden süddeutscher Währung. Die Aktiengesellschaft war als ein Teil des *Geselligen Bürgervereins* und vorsorglich für den Kauf eines eigenen Hauses gegründet worden. Der *Gesellige Bürgerverein* war 1832 durch den Zusammenschluß mehrerer geselliger Männervereine entstanden, die teilweise schon im 18. Jahrhundert gegründet worden waren, besonders die Deutsche und die Französische Assemblee. Zur Deutschen Assemblee gehörten Angehörige des gehobenen Bürgerstandes, höhere Staatsbeamte und Militärs, in der Französischen trafen sich die mittleren Stände. Beide pflegten die Geselligkeit mit Karten- und Billardspiel, Musik- und Tanzveranstaltungen, zu denen auch Damen eingeladen wurden. Daneben nahmen gegenseitige Belehrung über vaterländische Angelegenheiten sowie Rechte und Pflichten als Staatsbürger einen breiten Raum ein. Für Konversation und Vorträge stand eine Bibliothek zur Verfügung, in der auch politische Journale ausgelegt wurden.

Mitglied im *Geselligen Bürgerverein* konnte werden, wer den erforderlichen Grad sittlicher Bildung und einen unbescholtenen Ruf besaß und mindestens einundzwanzig Jahre alt war. Neben einem Eintrittsgeld für die Bewerber und jährlichen Mitgliedsbeiträgen wurden von 1873 an alle aufgefordert, unverzinsliche Stammaktien der *Aktiengesellschaft Bürgerverein* zu erwerben, deren Stammkapital mit 150000 Reichsmark, unterteilt in eintausend Aktien zu je 150.- angegeben wurde. Aufsichtsrat, Vorstand und Generalversammlung waren die Organe sowohl der Aktiengesellschaft als auch des *Geselligen Bürgervereins*.

Nach dem Kauf wurde die Arche Noah den Vereinsstatuten entsprechend umgebaut. Im Parterre des Haupthauses entstanden ein Billardsaal, zwei Restaurationsräume mit Küche und eine Wohnung für den Restaurateur. Im ersten Stock dienten zwei Lesezimmer, zwei Spielzimmer, ein Konversationszimmer sowie eine Bibliothek mit Schreibzimmer den Mitgliedern zum Aufenthalt, in der Mitte des ersten Stockes befand sich der Ballsaal mit Balkon zur Französischen Allee hin. Im Dachgeschoß wurde eine Hausmeisterwohnung einge-

richtet. An das Haupthaus wurden seitlich in den Garten ein Saal mit zwei Kegelbahnen angebaut.

Am 22. November 1873 fand die Einweihung des Hauses, das von nun an *Der Bürgerverein* hieß, mit einem Gemeinschaftsessen statt, an dem sich zweihundertsechzig Personen beteiligten. Die Kapelle des Stadttheaters spielte auf und die breite Hausfront war beflaggt. In den kommenden Jahren stieg die Mitgliederzahl des *Geselligen Bürgervereins* von dreihundertsiebzig auf fünfhundertfünfzig an. Alles, was in Hanau Rang und Namen hatte, war selbstverständlich im Bürgerverein. 1899 wurde nach Befriedigung aller Ansprüche der Mitglieder die *Aktiengesellschaft Bürgerverein* aufgelöst. Das gesamte verbliebene Vermögen, Mobilien und Immobilien mit den darauf ruhenden Hypotheken gingen an den *Geselligen Bürgerverein* über.[21]

Bis 1933 verlief das Vereinsleben ungestört trotz finanzieller Einbußen durch Inflation und Deflation. Zu Beginn des Dritten Reiches traten die ersten Schwierigkeiten auf. Zur Aufbesserung der Finanzen stellte man das Haus gegen Gebühren verschiedenen Institutionen für Veranstaltungen zur Verfügung, darunter auch dem städtischen Winterhilfswerk. Mit der Ernennung Adolf Hitlers zum Reichskanzler kam es innerhalb der Mitgliederschaft zu politischen Kontroversen, die Gemeinschaft fiel auseinander. Im Februar 1936 ging der Bürgerverein in Liquidation. Zunächst übernahm die *Volksgemeinschaft für Kunst- und Heimatpflege e.V.* die Lokalitäten, dann erwarb die Stadthallen G.m.b.H., an der die Stadt beteiligt war, das Anwesen mit allen darauf liegenden Lasten. Der Stadtrat hatte vorgeschlagen, das Gebäude für Schulzwecke zu nutzen und darin eine neue Frauenschule unterzubringen, die man durch die Erweiterung des Lyzeums schaffen wollte. Doch der damalige Oberbürgermeister Dr. Müller-Starke widersetzte sich diesen Plänen und ließ das Haus zu einem Versammlungs- und Speiselokal mit Gartenwirtschaft umbauen. Die Kegelbahnen blieben erhalten. Der Bürgerverein hieß von nun an *Stadtgarten*. In seiner Eröffnungsansprache am 3. Juli 1937 nannte der Oberbürgermeister das Haus *eine Schule zur rechten Lebensauffassung und guten Kameradschaft im Sinne unseres Führers*, wie im Hanauer Anzeiger zu lesen war. Der Stadtgarten wurde von allen Bürgern gern besucht, außerdem fanden des öfteren politische Versammlungen in seinen Räumen bis zu seiner Ausbombung statt.[22]

Auf dem Areal, das 1597 von René Mahieu mit seinem palastähnlichen Haus und kleineren Wohnhäusern bebaut worden war, entstanden 1950 Wohnblocks der Nassauischen Heimstätte. Ein Sandsteinrelief am Erker des Mittelbaues an der Französischen Allee erinnert heute an die ehemalige Arche Noah und den Bürgerverein.

Literatur:

Bott, Heinrich: Der Stadtplan des Christoph Metzger. Ein Vergleich der Ausgaben von 1684 und 1735. In: Hanauer Geschichtsblätter Nr. 17, Hanau 1960

Bott, Heinrich: Beiträge zur Gründungsgeschichte der Neustadt Hanau. in: Hanauer Geschichtsblätter Nr.18, Hanau 1962

Bott, Heinrich: Hanau, Stadt und Festung. in: Hanauer Geschichtsblätter Nr. 20, Hanau 1965

Bott, Heinrich: Von den ältesten Hanauer Ärzten. (Nach Bernhards Dienerbuch) in: Hanauisches Magazin 14. Jg. Hanau 1935, S. 57-62

Dietz, Alexander: Frankfurter Handelsgeschichte. Band II, Frankfurt 1910

Velden, A. van den: Genealogische Nachrichten über einige der ältesten Familien der Neustadt Hanau. Weimar 1901

Winkler - Mittelsdorf: Die Bau- und Kunstdenkmäler der Stadt Hanau. 1. Teil, Hanau 1897

Zimmermann, Ernst: Hanau Stadt und Land. Hanau 1919

Anmerkungen

[1] Bott, Heinrich, Gründung und Anfänge der Neustadt Hanau, Band I in: Hanauer Geschichtsblätter Nr. 20, Hanau 1970, darin: Quelle Nr. 16 b, S. 423, Vermessungsbuch des Wilhelm Schelt, 1597 April bis September, Text: Anno dito 7. Aprilis hatt Reiner Mahieu diesen Park gantz genhommen helt 3 1/2 morgen minus 6 Ruden

[2] Nessler, Carl, Festschrift zur 300-jährigen Jubelfeier der wallonischen Gemeinde in Hanau. Hanau 1897, S. 18 f.

[3] Servay, Nicolas: Abriß der Bauplätz in der Neustadt. Anno 1606-1610. Stadtarchiv Hanau

[4] Bott, a.a.O., Band II, Nr.21, Hanau 1971, S. 76, Fußnote 38

[5] 1 Hanauer Schuh = 0, 2869 m

[6] Bott, a.a.O, Band I, S. 299 und S. 519 f., Quelle 35 d

[7] Bott, a.a.O. Band II, S. 130

[8] Bott, a.a.O. Band II, S. 420

[9] Schreiber, Ludwig, Die Gewerbepolitik der Grafen von Hanau von der Gründung im Jahre 1597 bis zum Anfall der Grafschaft an Hessen-Kassel im Jahre 1763. in: Hanauer Geschichtsblätter Nr. 7, Hanau 1927

[10] Fraeb, Walter Martin, Die Bürgermeister und Ratsverwandten in Hanau. in: Hanauisches Magazin 12. Jg. Nr. 2/3, Hanau 1933, S. 9 ff.

[11] Nessler, a.a.O. S. 49

[12] Nessler, a.a.O. S. 121 f.

[13] Fraeb, Walter Martin, Menschen und Schicksale der Arche Noah. Die Geschichte eines Trümmerhaufens. in: Magazin für Hanauische Geschichte 1.Jg. Nr. 1 - 4, Hanau 1949/1950, S. 13-23

[14] Fraeb, a.a.O., S. 13-23

[15] Fraeb, a.a.O., S. 13-23

[16] Fraeb, a.a.O., S. 13-23

[17] Fraeb, a.a.O., S. 13-23

[18] Fraeb, a.a.O., S. 13-23

[19] Bott, Gerhard: Goethe und Hanau, Hanau 1949

[20] Fraeb, a.a.O., S 32 ff.

[21] Fraeb, Entstehung und Entwicklung des Bürgervereins e.V. zu Hanau. Hanau 1932

[22] Hanauer Anzeiger vom 3. Juli 1937, darin: Feierliche Übergabe des Stadtgartens. Und: Flämig, Gerhard, Hanau im Dritten Reich. Band 3, Hanau 1991, S. 212

Richard Schaffer-Hartmann
Zerstörung und Wiederaufbau der Stadt

Die befestigte Neustadt hatte sich seit ihrer Gründung bis ins 19. Jahrhundert zu einem beschaulichen Residenzstädtchen entwickelt. Die Aufhebung der räumlichen Trennung zwischen Alt- und Neustadt durch die Einebnung der Festungswerke zwischen beiden Städten (1767 - 77) ließ einen großen Platz, die spätere Esplanade und den Paradeplatz entstehen (der heutige Freiheitsplatz, der 1925 seine Form erhielt), der nun beide Städte miteinander verband. Ein Stadttheater (1768), ein Zeughaus (1782) und ein Collegienbau (Kanzlei, 1768) waren die dominanten Gebäude des neuen Platzes.

Eine wesentliche, das Stadtbild prägende Veränderung geschah durch die Einebnung der die beiden Städte umgebenden Festungswerke samt der Stadttore, begonnen unter der französischen Besetzung.[1] *Auf Anordnung Napoleons mußte die Stadtbefestigung niedergelegt werden. In aller Eile wurden im Winter 1806/07 ein Heer ländlicher Arbeiter aufgeboten um dem Befehl des Imperators Folge zu leisten. Jedoch im September 1807 waren die Arbeiten nicht abgeschlossen. Das Aquarell [von Conrad Westermayr] zeigt in lebendigem und lebensnahem Treiben die Demolisation der Wallanlage und das Zuschütten des Wassergrabens.*[2] Erst mit der fortschreitenden Industrialisierung, im letzten Viertel des 19. Jahrhunderts, dehnte sich die Stadt über die ursprünglichen Grenzen der Festungsanlagen aus. Die Ringstraßen auf den ehemaligen Festungswerken und neue Stadtviertel und Verkehrswege entstanden.[3] Mit dem Bau des Kasernenviertels im Lamboygebiet zwischen 1894 und 1913,[4] neben der Infanteriekaserne am Paradeplatz (1857/58, heute Behördenhaus) und der Königlich Preußischen Pulverfabrik Hanau in Wolfgang (1871 - 78, heute Industriegebiet Degussa u.a.)[5] war die Stadt Hanau nicht nur zu einer Industrie-, sondern auch zu einer großen Garnisonsstadt herangewachsen.

In den 1920er Jahren, der Zeit der Weimarer Republik, entstand am und um dem Beethovenplatz ein neues Wohnviertel (1927/28) in antiurbaner Lage im Sinne der Gartenstadtbewegung, die nach mehr Licht und besserer Luft im Grünen strebte.[6] Mit dem Hafenbau (1924) begann ein Industriegebiet, das mit dem Monumentalbau des Hafentores mit seinem Denkmal der Arbeit an der Westerburgstraße (1925 - 27)[7] einem weiteren Wohnbau, abschloß. Durch die Wohnbauten im Freigericht (ebenfalls 1927/28) bis zur Dunlop wuchs die Stadt weiter. Durch zahlreiche Bauten innerhalb und außerhalb des alten Stadtgebietes veränderte sich das Stadtbild.

1929 beschrieb Oberbürgermeister Dr. Kurt Blaum voller Stolz die Stadt Hanau *Der Rathaus [platz], sog. Marktplatz, sucht seinesgleichen unter solchen Plätzen der damaligen Jahrhunderte - und auch heute noch. Vollkommen geschlossene Platzwände, die Straßen sämtliche rechtwinklig auf die Ecken geführt, die einzige unmittelbar auf den Platz führende Straße, die Paradiesgasse, durch die hohe Nordwand der Niederländischen Kirche fest geschlossen. Und diesem Platz gaben die stolzen Bürger von damals sofort seine Front: in die Mitte der Nordseite frei und licht nach Süden schauend planten sie [die Wallonisch-Niederländischen Stadtgründer] ihr Rathaus und sicherten ihm als stolze Flankenwächter in den privaten Bürgerhäusern an den Ecken dieser Seite durch zwei, nicht [s]chematisch gleichmäßige Türme die eindrucksvolle Wirkung. An den vier Ecken im Platze das Wichtigste: die vier entzückenden Renaissancebrunnen als Ziehbrunnen mit Wappen und Wappentier ihrer neuen Stadt, sonst Raum für Markt und Versammlung, für Aufzug und Feste. An den Seiten aber entstanden stolze Patrizierhäuser, das älteste noch im Fachwerk der deutschen Renaissance [Ecke Lindenstraße, Lossow[8]], die nächsten mit entzückenden Steingiebeln und stolzen Portalen, andere im Barock gehalten und schließlich in den klassizistischen Formen des Wechsels um 1800, alles in etwa gleicher Höhe (2-3 Vollgeschoße) sich einordnend und unterordnend unter die Rathausfront [1733]. Selten ist ein Platzbild von solch geschlossener und dabei stattlicher Raumwirkung, von solch innerer Kraft, solchem Zeugnis von Wohlstand, Fleiß und Kunstsinn, von solchem Bürgerstolz in den vergangenen Jahrhunderten in Europa geschaffen worden. Möge die Zukunft, wie die letzten Jahre durch architektonische Behandlung der heute umlaufenden Baumallee, diesem Platz seine Schönheit und seine Würde erhalten.*[9] Bereits vier Jahre später, mit der am 28. März 1933 propagandistisch inszenierten Stadtverordnetenversammlung in der Stadthalle, führten die Nationalsozialisten ihr menschenverachtendes Regime in der Stadt ein.[10] Zielstrebig wurde auf einen Krieg hingearbeitet. Schon im Frühjahr 1933 wurde in der Römerstraße 19 eine Geschäftsstelle des Reichsluftschutzbundes eröffnet. Der Reichsluftschutzbund hatte die Aufgabe, die Bevöl-

Abb. 1: Die zerstörte Neustadt, nach dem 19. März 1945
Blick von der Wallonischen Kirche über die Trümmer durch die Paradiesgasse auf den Marktplatz, im Hintergrund die Ruine des Neustädter Rathauses. In der Paradiesgasse war 1597 das erste Haus der Neustadt „Zum Paradies" entstanden.

kerung auf bevorstehende Kriegshandlungen vorzubereiten. Zu Kriegsbeginn am 1. September 1939 wurde in Deutschland zum zivilen Luftschutz aufgerufen.[11] Mit Beginn des Westfeldzuges der Wehrmacht 1940 begann auch der eigentliche Luftkrieg. Trotz zahlreicher Luftalarme blieb die Stadt noch verschont. In den frühen Morgenstunden des 24. Juli 1941 gab es den ersten Bombenschaden im eigentlichen Stadtgebiet Hanaus. Die Schäden durch alliierte Luftangriffe blieben in Hanau noch gering, was sich ab 1943 änderte. Das Stadtbild war für jeden sichtbar durch Splitterschutzgräben, wie z.B. auf dem Paradeplatz, oder durch Löschwasserteiche, z.B. auf

dem Marktplatz, auf Luftkrieg eingestellt. Die in Häusern angelegten Luftschutzkeller wurden äußerlich erkennbar mit weißen Pfeilen gezeichnet[12] und die Kellerfenster zum Splitterschutz abgemauert[13] oder mit schweren eisernen Klappen versehen.[14]
Am Vormittag des 25. Septembers 1944 begann mit einem amerikanischen Luftangriff die Serie der schweren Angriffe auf die Stadt. Neben den Sachschäden gab es 88 Tote, meist Soldaten und ausländische Zwangsarbeiterinnen. Der Luftangriff alliierter britischer Bomber am 6. Januar 1945 hätte die Stadt beinahe ausgelöscht, die größte Bombenmenge wurde über der Stadtregion abgeworfen.

Wegen starker Bewölkung konnte das Hanauer Zielgebiet nur undeutlich ausgemacht werden, die 469 Flugzeuge warfen 1.652,9 Tonnen Bomben zwischen 18.52 und 19.24 Uhr ab. Überall im Stadtgebiet, von Kesselstadt bis ins Freigericht, waren die schweren Schäden dieses Angriffs zu sehen. 150 Tote, darunter 45 Soldaten und 20 ausländische Zwangsarbeiter, wurden gezählt.[15] Die zahlreichen Luftalarme, Tages- und Nachtangriffe veranlaßten die Menschen der Stadt, soweit es ihnen möglich war, sich in den Orten der ländlichen Umgebung, die weniger das Ziel der Angriffe waren, in Sicherheit zu bringen

Abb. 2: Das durch die Bombardierung Hanaus zerstörte Denkmal des Neustadtgründers Graf Philipp Ludwig II., Französische Allee. Die Bronzebüste des 1897 zur 300-Jahrfeier der Neustadtgründung von der Wallonisch-Niederländischen Gemeinde errichteten Denkmals ist an das Ziergitter gelehnt.

...in der Nacht zum 19. März [1945 waren] 277 viermotorige Bomber vom Typ 'Lancaster' und 8 'Mosquitos' gegen Hanau eingesetzt, von denen 272 'Lancaster' und 7 'Mosquitos' in der Zeit von 4.24 Uhr bis 4.40 Uhr 525,0 Tonnen Sprengbomben und 656,6 Tonnen Brandbomben auf die Stadt abwarfen. In der Nacht waren gegen 2.35 Uhr 2 parallel fliegende Kampfverbände über die Sommemündung in Frankreich eingeflogen. Die Südgruppe der Verbände flog dann über das Sauerland kommend, von Friedberg aus Hanau an. Zuvor hatten 'Mosquitos' auf Kassel Leuchtmittel und Bomben abgeworfen, um einen Angriff auf Kassel vorzutäuschen. Die Luftabwehr ging dann wohl von einem Angriff auf Kassel aus, so wurde für Hanau kein Alarm gegeben, und der Angriff kam völlig überraschend. Nur wenige deutsche Nachtjäger waren dagegen eingesetzt. Einer davon stürzte bei Neuenhaßlau, nachdem er [von alliierten Flugzeugen] getroffen worden war, ab.[16] Zwischen 2.000 und 2.500 Menschen sind bei diesem Angriff ums Leben gekommen. Unmittelbar nach dem Luftangriff wurde mit der Leichenbergung begonnen, um Seuchen zu vermeiden und die Toten zu bestatten. Die Luftbilder vom 21. und 22. März 1945 der britischen Luftaufklärung zeigen die nahezu völlig zerstörte Innenstadt.[17] Der Luftkrieg als strategisches Mittel zur Zermürbung der Bevölkerung und zur Zerstörung von Kriegsindustrie und Verkehrswegen war nun für die Stadt Hanau, kurz vor Kriegsende, grausame Realität geworden.

In Hanau, das nach amtlichen Festlegungen der Wiederaufbauabteilung des Innenministeriums zu 70,14 % zerstört ist, waren vor der Zerstörung 12.749 Wohnungen vorhanden; davon wurden total zerstört 7.934 Wohnungen, unbeschädigt blieben 1.077 Wohnungen. [...] Hanau insgesamt war zu 70,1 % zerstört, die Innenstadt sogar zu 90 % und damit die meistzerstörte Stadt Hessen.[18]

Neben den Wohn- und Geschäftshäusern der Innenstadt waren 110 Gebäude öffentlicher Einrichtungen zerstört u.a. drei Krankenhäuser, Rathaus, Justizgebäude, Postamt, Finanzamt, Landratsamt, Schulen, Kindergärten, Altenheime, Kirchen, sämtliche Bahnhöfe. [...] Die Kanalisation hatte 104, die Hochwasserdämme haben 38 Volltreffer erhalten, das gesamte Rohrnetz des Gas-, Wasser- und Elektrizitätswerkes ist in erheblichen Umfang geschädigt. Von den größeren Betrieben, die über 50% zerstört waren, sollen nur aufgeführt werden: Dunlop Reifen, Heraeus Platinschmelze, Traxel Sperrholzfabrik, Hanauer Gummischuhfabrik, Degussa, Vacuumschmelze, Quarzlampengesellschaft, die Drahtwerke, E.G. Zimmermann Marmorwerke, Dekalin Klebstoffwerke, Pelissier Maschinenbau, Obermeyer & Co. Seifenfabrik u.a.. 50 Betriebe hatten Totalschaden erlitten, 26 Betriebe mittelschwere Schäden, 22 Betriebe leichte Schäden.[19]

Eine Woche nach der Bombardierung Hanaus stellten sich deutsche Volkssturmtruppen den auf der südlichen Mainseite von Dieburg her vordringenden amerikanischen Panzerdivisionen entgegen. Der nationalsozialistische Oberbürgermeister Junker und die verbliebenen Mitglieder der Stadtverwaltung setzten sich am 25. März unter Mitnahme der Kasse und Akten in die Rhön ab.

Die Hanau/Steinheimer Brücke und die Großauheimer Brücke wurden von den Volkssturmtruppen gesprengt. Erst am 26. März konnten die Amerikaner mittels einer Pontonbrücke etwa 200 Meter neben der alten Auheimer Brücke mit größeren Verbänden über den Main setzen. Von Großauheim her drangen sie dann gegen den Widerstand insbesondere junger Unteroffiziersschüler über Wolfgang und die Bulau nach Hanau vor. Schließlich konnten die amerikanischen Truppen der 4. Panzerdivision die zerstörte Stadt am 28. März einnehmen.[20] Die Amerikaner errichteten ihr Hauptquartier unter Major Thomas Turner in Kesselstadt, im heutigen Olof-Palme-Haus. Ein Teil der amerikanischen Soldaten kampierte im Lamboywald und zog später in die unzerstörten Gebäudeteile der Lamboykasernen ein.

Bei Kriegsende lebten etwa 6.000 Menschen sowie mehrere tausend ausländische Zwangsarbeiter in Hanau. Sie drängten sich in den weniger zerstörten Stadträndern und in Kesselstadt zusammen. Die einstmals schöne Stadt war nicht mehr zu erkennen. Durch die meterhohen Trümmerberge zogen sich Trampelpfade, auf denen die Überlebende nach Verschütteten und den Resten ihres Hab und Gutes suchten.

*Abb. 3: Porträt eines unbekannten US-Army Offiziers
Reinhold Ewald, Hanau 1946*

Um der verbliebenen Bevölkerung das Leben in der zerstörten Stadt weiterhin zu ermöglichen, mußte die Versorgung mit Wasser, Strom, Gas, Lebensmitteln und Brennstoffen organisiert werden. Die amerikanische Militärregierung setzte den von den Nazis geschaßten Oberbürgermeister Blaum wieder ins Amt ein. Da Blaum bald für den Wiederaufbau ins benachbarte Frankfurt berufen wurde, setzten die Amerikaner den Kaufmann Karl Molitor und Hermann Krause als kommissarische Bürgermeister ein. Die Stadtverwaltung zog im Juli ins unbeschädigte Schloß Philippsruhe. Um einen Zugang zur zerstörten Stadt und die Reparatur des Versorgungsnetzes zu ermöglichen, mußten zunächst die Hauptstraßen vom Schutt geräumt werden. Als eine Art Sühnedienst wurden unter Aufsicht der US-Militärpolizei 600 ehemalige Parteigenossen der Nationalsozialisten zum Freiräumen der wichtigsten Straßen an Samstagen und Sonntagen verpflichtet.[21]

Die Trauer um verlorene Angehörige und Bekannte, das Bangen um Vermißte, der Verlust des Besitzes und die Organisation des unmittelbaren Überlebens beschäftigte die Menschen der zerstörten Stadt. Darüber hinaus stellte sich die Frage, ob eine derart zerstörte Stadt überhaupt wieder aufzubauen sei. Die unüberschaubare Trümmerlandschaft veranlaßte die US-amerikanische Militärregierung zur Empfehlung, die Stadt völlig neu in Richtung Dörnigheim zu bauen. Zunächst wurde vom Stadtbauamt ein Instandsetzungsprogramm aufgestellt, um leichtbeschädigte Häuser benutzbar zu machen. Die verbliebenen Werte der am meisten zerstörten Innenstadt und des Industriegebiets im Osten lagen unter Trümmern, nämlich die Versorgungsleitungen für Strom, Gas, Wasser und die Kanalisation, deren Bombenschäden zunächst auszubessern waren. Nicht allein die Schadensbeseitigung der vorhandenen Ver- und Entsorgungsnetze, sondern die emotionale Beziehung der Bewohner zu ihrer Stadt, ließen es sinnvoll erscheinen, die Stadt an gleicher Stelle im fast gleichen Straßenraster wiederaufzubauen. Der Wiederaufbau einer solch zerstörten Stadt kam einem Neubau gleich, der nur mit einer wohldurchdachten Planung durchführbar war.

Es wurden bereits im Juni 1945 Professor Ludwig Neundörffer und Architekt Wolf Drevermann vom Soziographischen Institut der Universität Frankfurt von der Stadtverwaltung beauftragt, einen Wiederaufbauplan für Hanau zu fertigen. Der Plan wurde im Frühjahr 1946 vorgestellt.[22] Wegen der zu erwartenden hohen Kosten der zahlreichen neuzuschaffenden Straßendurchbrüche, um zusätzliche Verbindungen zum Innenstadtgebiet herzustellen, wurde dieser Plan nicht weiter verfolgt. Dem neuen Aufbau mußte zunächst die Beseitigung der ungeheuren Schuttmassen vorausgehen.

Am 14. Juli 1945 wurde im Mitteilungsblatt der Aufruf zum Wiederaufbau der Stadt veröffentlicht. Fünf Monate nach dem verheerenden Luftangriff auf die Stadt fand am 18. und 19. August 1945 der erste Großeinsatz zur Trümmerbeseitigung statt. Vier weitere Einsätze folgten. Rund 10.000 Menschen waren an diesen fünf Großeinsätzen beteiligt. Bis Jahresende war das Straßennetz, überwiegend der Neustadt und des Industriegebiets, bis auf den Altstadtbereich freigeräumt. Die Organisation des eigenen Fortkommens ließ die Bereitschaft der Bevölkerung zum freiwilligen Enttrümmerungseinsatz erlahmen. Philipp Daßbach, vom Arbeitsamt Hanau, entwickelte den Einsatz des „Ehrendienstes". Alle Bürger der Stadt und des Altkreises Hanau wurden zu zwölf Tagen Aufräumdienst verpflichtet. Die Arbeitsleistung wurde auf der Ehrendienst-Karte eingetragen, ohne deren Vorlage es keine Lebensmittelbezugsscheine auf die rationierten Waren gab.[23] Dieser Ehrendienst begann am 4. März und endete am 30. November 1946. Auf den freigeräumten Straßen waren Gleise einer Kleinbahn verlegt. Die vollgeladenen Loren wurden von Hand zum Freiheits- bzw. Marktplatz geschoben. Von dort wurde der Schutt stadtauswärts mit einer Kleinlok gezogen. Das Gleis- und Bahnmaterial war von der Baufirma H. Fey und der Basaltwerk Kaiser in Wilhelmsbad angemietet. Mit den Schuttmassen wurde eine Bodenmulde am Großen Rohr, der Dettinger Straße, vor dem heutigen Hauptbahnhof, verfüllt. Der alte Straßenbahndamm zwischen Hauptbahnhofviadukt und Hafenplatz wurde weiter aufgeschüttet. Ein stillgelegter Fallbacharm und ein Teil des Neustädter Mainkanals, zwischen der Bahnlinie am Westbahnhof und heutiger Konrad-Adenauer Straße, ausgefüllt. Die Trümmerbeseitigung des ersten Ehrendienstjahres betrug ca. 80.000 m³ Schutt und verursachte 390.000 Reichsmark Kosten.[24] Der zweite sechstägige Ehrendienst begann am 31. März und endete am 20. August. Aufgrund der Materialnot mußte mit der Beseitigung der Trümmer ihre Wiederverwertung einhergehen. Zuvor bedurfte es der Klärung rechtlicher Fragen. Im Gegensatz zu anderen Städten sah man in Hanau von der Beschlagnahmung der Trümmer ab. Der unkontrollierte Schuttabtransport aus Hanau war verboten. Auf dem Freiheitsplatz wurde eine Aufbereitungsanlage zur Herstellung von Bausteinen aus dem Trümmerschutt aufgestellt und von der Baustoffhandlung Kämmerer in Verbindung mit der Saarbau-Industrie AG betrieben.[25]

Mittlerweile war im Sinne des Aufbaus einer demokratischen kommunalen Selbstverwaltung am 26. Mai 1946 zur Hanauer Stadtverordnetenversammlung gewählt worden, deren erste Sitzung am 24. Juni 1946 im Weißen Saal von Schloß Philippsruhe stattfand. In der nächsten Sitzung wurde Arbeitsamtsdirektor Heinrich Fischer (SPD) zum Stadtverordnetenvorsteher, Polizeidirektor Karl Rehbein (SPD) zum Oberbürgermeister, Dr. Hermann Krause (CDU) zum Bürgermeister und Bernhard Nagel (KPD) zum hauptamtlichen Magistratsmitglied gewählt. In Bürgerversammlungen wurde die Lage Hanaus und der Wiederaufbau diskutiert. Streitpunkte des Wiederaufbauplans waren die Geschoßhöhen von ein- bis zweigeschossiger Bauweise oder die sich an der Bauhöhe der ehemaligen Neustadt orientierende zwei- bis dreigeschossige Bauweise. Umstritten war eine Blockbebauung der Straßenviertel mit Grünanlagen in den Innenhöfen. Diese Bauart, mit der verhältnismäßig rasch der dringend benötigte Wohnraum geschaffen werden konnte, setzte die

Lösung der Eigentumsfragen an den Grundstücken voraus. Geplant war eine Verkehrsstromführung über die Philippsruher Allee, den Kanaltorplatz, die Römerstraße, den Marktplatz, die Nürnberger Straße zur Hauptbahnhof- und Leipziger Straße. Dies erforderte eine von 11 auf 14 Meter zu verbreiternde Durchgangsstraße im Neustadtbereich und damit eine Veränderung von Baufluchtlinien und Grundstücksgrößen.

1946 hatte der Dipl.-Ing. Wilhelm Schäfer den Wettbewerb zum Wiederaufbau des Neustädter Marktplatzes gewonnen. Angekauft wurde auch der Entwurf zum Rathausplatz des Frankfurter Architekten Franz C. Troll, der in Zusammenarbeit mit Ferdinand Rupp von der Stadtverwaltung entstanden war.

Ein Gesamtbebauungsplan zum Wiederaufbau der Stadt wurde im September 1946 von der Stadtverordnetenversammlung beschlossen. Die neue Stadt sollte 42.000 Einwohnern Wohnung und Arbeitsplatz bieten, also geringfügig größer als 1939 vor dem Kriege sein. In den Annahmen des einmal zu erwartenden Ausmaßes von Industrie, Handel und Gewerbe ging man auch vom Stand der Vorkriegszeit aus. Da eine Änderung der Gleisführung der Eisenbahn höchst unwahrscheinlich erschien, sollten die zahlreichen schienengleichen Straßenkreuzungen durch Über- oder Unterführungen beseitigt werden. Als innerstädtisches Massenverkehrsmittel wurden Busse und deren Zusammenführung auf dem Busbahnhof am Freiheitsplatz vorgesehen. *Das beliebteste Verkehrsmittel für die zahlreichen Pendler [...] und die Hanauer Bevölkerung ist das Fahrrad. Dies erfordert entsprechende Berücksichtigung [...] und ein gut durchdachtes Radwegenetz.*[26] Bezüglich des Autoaufkommens, das nicht die Ausmaße wie in Amerika erreichen wird, war eine rechtzeitige Schaffung von Park- und Einstellflächen anzustreben. Das Geschäftszentrum sollte, wie im Vorkriegshanau, im Neustadtbereich um den Marktplatz, als Rathaus- und Museumsplatz bezeichnet, und in der Nürnberger Straße liegen.

Der Wohnungsbau hatte Vorrang. Wegen des Mangels an Wohnraum mußten viele Hanauer zu ihren Arbeitsplätzen pendeln. 1951 waren 60 % der Beschäftigten, also 12.000 Menschen, Pendler. Bei der angestrebten Einwohnerzahl von 42.000 fehlten noch 9.000 zu bauende Wohnungen. Das finanzielle Unvermögen vieler Grundstückseigner verpflichtete die Stadt, die Grundstücke zu erwerben und sie in Erbpacht gemeinnützigen Wohnungsbaugesellschaften zur Bebauung zu überlassen. Wegen der Materialknappheit wurde seitens der Verwaltung versucht, den Bau von Behelfsheimen, der als Materialverschwendung gegeißelt wurde, zu unterbinden. Dennoch waren viele Hanauer, der Not folgend, gezwungen, sich in den Kellern von Ruinen und in Baracken einzurichten.[27] In den Jahren zwischen 1945 und 1948 waren die Menschen in der Stadt im wesentlichen mit der Beseitigung der innerstädtischen Trümmermassen beschäftigt. Mehrere Probleme waren gleichzeitig zu lösen: Die Schuttbeseitigung, die Versorgung mit Strom, Gas, Wasser, Kohle, der Aufbau der Betriebe und Geschäfte, der Aufbau eines Verkehrssystems, der Aufbau kultureller und geselliger Einrichtungen bei einem gleichzeitigen Mangel an Baumaterial und Rohstoffen und fehlenden Fachkräften. Die Schwierigkeiten der allgemeinen Bausituation wurde in einer ständigen Rubrik des Hanauer Anzeigers, der „Hanauer Bauecke", erörtert. *Die Krise auf dem Baumarkt ist auf zwei wesentliche Punkte zurückzuführen 1. Das Fehlen von genügend Kapital in Form von mittel- und langfristigen Krediten 2. die hohen Baukosten.*[28] Zwar erhob das Finanzamt im April 1945 schon wieder Steuern, doch waren die Kassen der öffentlichen Einrichtungen aufgrund der immensen gleichzeitigen Ausgaben leer. Wegen der fehlenden Heiz- und Kochmöglichkeiten mußten Volksküchen und Wärmestuben eingerichtet werden. Zur Versorgung mit Lebensmitteln zogen die Stadtbewohner zum „Hamstern" aufs Land oder beschafften sich Waren aller Art durch Tauschen auf dem sogenannten Schwarzmarkt, der an der Ruhrstraße im Lamboygebiet, am UNRA-Lager, (United Nations Relief and Rehabilitation Administration) stattfand.

Der sich abzeichnende Ost-Westkonflikt, der beginnende „Kalte Krieg", führte zu einem Umdenken und einer veränderten Politik der USA gegenüber den besetzten Westzonen. Die angestrebte politische und wirtschaftliche Konsolidierung brachten auch die Währungsgesetze vom 20. bis 27. Juni 1948, kurz Währungsreform genannt. Plötzlich gab es wieder Waren, welche die Bevölkerung schon Jahre nicht mehr gesehen hatte, für die neue Währung der Deutschen Mark zu kaufen. Auch die Finanzmittel aus dem ERP (European Recovery Program, europäisches Wiederaufbauprogramm) zeigten Wirkung.

Die ersten wiederaufgebauten Häuser entstanden in Privatinitiative in der Altstadt, 1947/48 Bäcker und Metzgergeschäfte. Ein Industrieprodukt, das den Namen Hanaus trug, die Höhensonne ORIGINAL HANAU, wurde ab Juni 1948 im Werk der Quarzlampen GmbH wieder hergestellt. Die Frankfurter Rundschau meldete am 10. Mai 1948 das Richtfest des ersten Hauses, des Anwesens Weigang am Neustädter Marktplatz. Während die öffentlichen Baumaßnahmen 1948 (Stadtkrankenhaus, Stadthalle, Gebeschusschule) noch schleppend vorangingen, zeichnete sich im nächsten Jahr ein Fortschritt ab. Als deutliche Zeichen des Wiederaufbaus der Neustadt waren 1949 die Wohnbauten an der Französischen Allee durch die Wohnungsbaugesellschaft (Hanauer Baugesellschaft) zu sehen. Weiterhin wurden der Aufbau des Schlachthofes, des Wasserwerkes, der Stadtwerke, des Hafentores, der Eberhard- und der Hohen Landesschule begonnen.

GENERAL BEBAUUNGS PLAN FÜR DIE STADT HANAU

Auf der Grundlage des vom Soziographischen Institut an der Goethe-Universität aufgestellten Wirtschaftsplanes in Zusammenarbeit mit den städtischen Amtern und Hanauer Privatarchitekten
ENTWORFEN VON WOLF DREVERMANN

Hauptausschnitt des Planes in vereinfachter Darstellung. Maßstab 1 : 37 000

ZEICHENERKLÄRUNG

Eisenbahn	Reines Wohngebiet	1 Hauptgeschäftsgebiet
Fernverkehrsstraße	Reines Industriegebiet	2 Verwaltungszentrum
Hauptverkehrsstraße	Leichtindustriegebiet	3 Stadtkrone (früher Altstadt)
Sonstige Straßen	Gemischtes Wohn- und	4 Kirchenplatz („französische Allee")
Radwege	Leichtindustriegebiet	5 Innenstadt
Wiesen und Weiden	Geschäftsgebiet	6 Kesselstadt
Städtische Grünflächen	Stadtkrone	7 Wilhelmsbader Viertel
Parks und Kleingärten	Ungefähre Grenze	8 Bruchköbeler Viertel
Wald	des totalzerstörten	9 Lamboy-Viertel
Gebäude	Gebiets	10 Freigerichts-Viertel

11 Hafen-Viertel
12 Neues Industriegebiet (für Leichtindustrie)
13 Heraeus
14 Dunlop
15 Eisenbahnlager
16 Neues Krankenhausgebiet
17 Eisenbahn-Haupt-West-bahnhof Dörnigheim
18 Eisenbahn-Haupt-Nord-bahnhof Friedberg
19 Umgehungsstraße
20 Autobahnhof

AUSFÜHRUNG: RAVENSTEINS GEOGRAPHISCHE ANSTALT, FRANKFURT M.

Abb. 4: Generalbebauungsplan, Reproduktion aus: Die neue Stadt, Heft 1, Oktober 1947, Stadtbibliothek Hanau

Wiederaufbauplan Marktplatz und Französische Allee, 1947

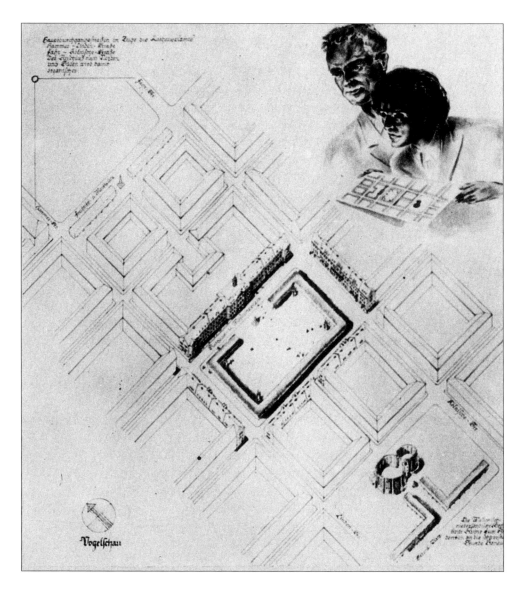

Abb. 5:
Blick auf den Wiederaufbauplan Markt-
platz und Französische Allee, 1947

Original-Bildtext:
„Der Blick auf das Ganze beweist den
planvollen Weg unserer Stadt aus dem
Schutt. Die Straßen sind aufgeräumt. Der
Ausbau und Neuaufbau unserer zerstör-
ten Wohnungen hat begonnen. Gehen
wir nun auch daran, unseren Mittelpunkt
wieder neu aufzurichten, vergessen wir
dabei aber nicht wie und was unsere
Vaterstadt war und ist.".
Aus der Vogelperspektive schaut man auf
den in alten Formen wiederaufgebauten
Marktplatz mit einer umlaufenden Baum-
reihe, die vor dem Rathaus und dem Brü-
der Grimm Denkmal endet. Auf die
Ruine der Wallonisch-niederländischen
Doppelkirche führen von der Seite zwei
Baumreihen im rechten Winkel über den
Platz auf das Philipp Ludwig II. Denkmal
und die Kirchenruine zu.

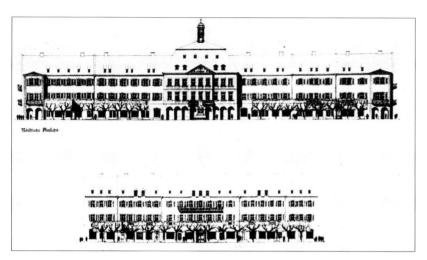

Abb. 6:
Aufriß Wiederaufbau „Hanau a. M. Rathaus- und Museumsplatz", 1947.
Nördliche Ansicht, darunter östliche Ansicht.
Original-Bildtext:
„Die Bauflucht rechts und links des Rathauses ist um einen Meter zurückgerückt, dadurch wird das Rathaus in seiner Würde besonders herausgestellt und hervorgehoben. Der vorgesehene den Platz umfassende Baumbestand bleibt am Rathaus wesentlich zurück und unterstützt diese Wirkung. Die 4 Brunnen sind in die Innenseite des Platzes neu versetzt und lassen mit den an den Enden der Rathausfront flankierenden Vorbauten alles zu einem einheitlichen Ganzen zusammenfließen."

Abb. 7:
Aufriß Wiederaufbau „Hanau a. M. Rathaus- und Museumsplatz", Südliche Ansicht mit Paradiesgasse darunter westliche Ansicht, 1947. Original-Bildtext:
„Den Rathausplatz werden wir freihalten von Märkten, um seine Ruhe und Würde nicht zu stören. Wir werden diesen Mittelpunkt zu dem Rathausplatz erweitern, indem wir die noch gebliebenen alten Portale, Fensterumrahmungen, Hauszeichen und Gesimse sammeln und an den Häuserfronten in geschickter Form mit einbauen. Das vergangene Hanau wird sich mit dem neuen Geist unserer kommenden Zeit verbinden."

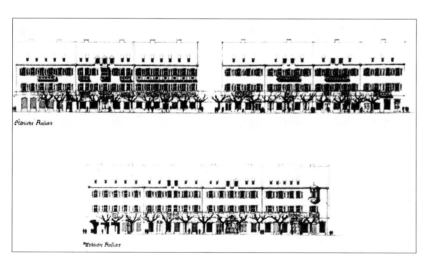

Abb. 8:
Aufriß Wiederaufbau „Hanau a. M. Rathaus- und Museumsplatz", Nördliche Ansicht mit Rathaus darunter Ostseite, 1947.
Original-Bildtext:
„Unser altes Rathaus - dieser prächtige Barockbau - der umschließende Marktplatz, ist es nicht ein Stück besten deutschen Städtebaus main-hessischer Prägung. Wir werden deshalb jedes Baudenkmal mit Erfurcht erhalten und unseren weiteren Weg danach richten."

Abb. 9:
Aufriß Wiederaufbau „Hanau a. M. Rathaus- und Museumsplatz", Südliche Ansicht, 1947.
Original-Bildtext:
„Wir werden an den uns überlieferten Ausmaßen unseres Marktplatzes nichts ändern - wir vergessen auch nicht wie unsere Stadt aussah - trotzdem werden wir aus dieser Erinnerung heraus neu gestalten."

Die auf den Seiten 140 - 143 abgedruckten Bilder wurden vermutlich im Jahr 1949 von Helma Pelissier, Hanau, mit einer Kleinbild-Kamera aufgenommen. Da es sich bei diesen Bildern um die bisher einzigen Farbaufnahmen der zerstörten Stadt handelt, werden sie trotz der minderen Qualität in dieser Festschrift abgedruckt.

Abb. 10: Ruine der Wallonisch-Niederländischen Doppelkirche, um 1949.
Blick aus südwestlicher Richtung, Hahnen-straße.
Abb. 11: Ruine der Wallonisch-Niederländischen Doppelkirche, um 1949.
Rechts im Bild das Ziergitter des zerstörten Philipp Ludwig II. Denkmals.

Abb. 12: Blick in die Ruine der
Wallonischen Kirche, um 1949.
Rechts im Bild der Haupteingang

Abb. 13: Blick über die Ruine der
Wallonischen Kirche, um 1949.
Rechts im Hintergrund ist der alte Kaufhof,
Nürnberger Straße/Ecke Hirschstraße
zu erkennen.

Abb. 14: Blick über die Ruine der Wallonischen Kirche, um 1949.
Links im Hintergrund Treppengiebelwand des Deutschen Goldschmiedehauses und der Stumpf des Turmes der Marienkirche, rechts die Ruine des Behördenhauses.

Abb. 15:
Blick in die Ruine der Wallonische Kirche, um 1949.
Links im Bild der Haupteingang

Abb. 16: Blick über die Ruine der Wallonischen (links) und Niederländischen (rechts) Kirche, um 1949.
Links sind Rohbauten in der Hammerstraße zu erkennen.

Abb. 17: Blick in die Ruine der Wallonischen Kirche, um 1949.
Die tragenden Säulen des Dachstuhles sind abgeräumt.

1949 erhielt der Architekt Wilhelm Schäfer den Auftrag, Überlegungen zur künftigen Gestaltung des großen Platzes zwischen Neu- und Altstadt, der mittlerweile Freiheitsplatz hieß, anzustellen. Das im Museum Hanau erhaltene Stadtmodell weist neben der Blockbebauung der Straßenviertel den Wiederaufbau wesentlicher historischer Gebäude wie des Stadttheaters, der Infanteriekaserne, des Zeughauses und des unmittelbar im Altstadtbereich liegenden Schulgebäudes der Alten Hohen Landesschule (der Gründung Philipp Ludwigs II.) auf. Der Entwurf nimmt eine konsequente Teilung des Platzes vor. Das wiederaufzubauende Zeughaus war mit einem langen Flügelbau konzipiert und als Markthalle mit entsprechendem Platz zum Behördenhaus hin gestaltet. Heute ist dort der Busbahnhof. Der westliche Teil war als rechteckiger Platz mit einer U-förmigen Baumallee geplant, der heutige Parkplatz.[29]

Selbstverständlich bewegte der Wiederaufbau ihrer Stadt die Hanauer sehr. Der Erhalt und spätere Wiederaufbau zahlreicher historischer, das Stadtbild prägender, Bauten oder der Abriß dieser Ruinen zugunsten von Wohnbebauung und Verkehrsstraßen standen im Mittelpunkt der Auseinandersetzungen. Im September 1949 entzündete sich eine intensive Kontroverse um die mittelalterliche Stadtmauer. Durch die Anlage der Judengasse (des Ghettos, heute Nordstraße) durch Philipp Ludwig II. war die mittelalterliche Stadtbefestigung der Altstadt zugebaut worden. Die Bomben des 19. März hatten zwar die Stadt in Trümmer gelegt und gleichzeitig auf makabre Weise dieses Stück mittelalterlichen Bauwerkes dadurch wieder freigelegt.

Die Hanauer Architektenvereinigung setzte sich in ihrer von zwölf Architekten unterzeichneten Stellungnahme für den Erhalt des historischen Bauwerkes und seine Einbeziehung in eine Grünanlage ein.[30] Einen ständigen, allerdings erfolglosen Kampf führte der Hanauer Geschichtsverein über die frühen Nachkriegsjahre hinaus gegen die städtischen Gremien um den Erhalt wesentlicher historischer Ruinen und ihren späteren Wiederaufbau. Gemäß seiner Satzung, den Erhalt des kulturellen Erbes der Stadt zu sichern, begann Hugo Birkner unmittelbar nach Kriegsende mit der Sicherung historisch wertvoller Architekturteile der beiden Städte Hanaus,[31] die sich zum Teil im Museum Hanau befinden.

In Bezug zum Wiederaufbau einzelner historischer Gebäude des inneren Stadtbereiches sind Bürgermeister Krauses Ausführungen charakteristisch und offenbaren, sicherlich aus der Not der Zeit heraus, ein reines Zweckdenken. *Die meisten der in Frage kommenden schwer beschädigten öffentlichen Gebäude sind Zweckbauten und ohne kunstgeschichtlichen Wert [...] Unbestritten in der öffentlichen Diskussion ist, daß das Stadtkrankenhaus und das St. Vinzenz Krankenhaus an derselben Stelle aufgebaut werden müssen, [...] daß auf jeden Fall die Gebeschusschule beschleunigt instandgesetzt [...] und sich die Mittelschule am schnellsten wieder instandsetzen lassen. Schließlich hat die Stadtverwaltung mit großem Interesse die Überdachung des Chors der Marienkirche gefördert, um dadurch eines der wenigen historischen Gebäude der Stadt zu erhalten. Der Auf-*bau der vollständig ausgebrannten Marienkirche selbst erfordert so große Materialmengen, daß dafür die städtischen Kontingente nicht ausreichen und ausländische Hilfe angerufen werden muß. [...] Die Frage des Wiederaufbaus der total zerstörten Johanneskirche wird die Kirchengemeinde selbst entscheiden.[32] Bei der angedachten Zusammenlegung der Gemeinde mit der wallonisch-niederländischen und dem Wiederaufbau deren Doppelkirche folgerte Krause Die Johanneskirche würde alsdann bis auf den Turm abzureißen sein. [...] Im staatlichen Baubereich ist die Errichtung des Finanzamtes und eines Behördenhauses vordringlich, wofür der linke Flügel der Kaserne am Freiheitsplatz vorgesehen [...] der andere Teil könnte abgerissen werden. Das Landratsamt und Justizgebäude werden wieder aufgebaut. [...] Mit dem Neuaufbau des Rathauses an der bisherigen Stelle am Marktplatz, die allein in Frage kommt, [kann] bald begonnen werden. Das Frankfurter Tor wird, wenn es nicht abgerissen wird, in Bälde nicht wieder aufgebaut werden können. Das Altstädter Rathaus, das gegebenenfalls als Volkshochschule oder als Museum wieder gut verwendet werden kann, kann bei dem großen Bedarf an Holz nur mit ausländischer Hilfe aufgebaut werden. Ein sehnlichster Wunsch aller Hanauer ist, daß die Stadthalle wiederaufgebaut wird. [...] Im Zuge eines Wiederaufbaus würde ein Teil des Friedrichsbaues des Stadtschlosses mit einbezogen werden [und] bei einer Besserung der Verhältnisse einer Unterbringung der städtischen Sammlungen dienen und als Museumsgebäude neu erstehen können. Das alte Gymnasium läßt sich gut als Gebäude für die Kaufmännischen Schulen, das Zeughaus als Markthalle einrichten. Der Aufbau [...] des Theaters wird erst bei einer stärkeren Besiedlung der Innenstadt und einer Besserung der Verhältnisse in Frage kommen.[33]*

Für die künftige Gestalt der aufzubauenden Stadt sind die Äußerungen des Stadtbaurates Göhlert charakteristisch. *Der Aufbau der zerstörten Stadtteile wird so durchgeführt werden, daß die Einheitlichkeit der städtebaulichen Struktur gewahrt bleibt und die ehemalige Geschlossenheit des Stadtbildes wieder entsteht. [...] Die Neubauten müssen sich zwar maßstäblich in den vorhandenen Bestand einfügen [...] es soll aber deutlich erkennbar bleiben, daß der Wiederaufbau in unserer Zeit erfolgte. Daraus folgt, daß historisierende Nachahmungen von Einzelformen zu vermeiden ist. Unzerstörte Bauteile von besonders baukünstlerischem Wert sind beim Neubau zu verwerten. [...] Wir bauen also unsere Wohnungen in dem uns eigenen Lebensstil und in beständigem Material. Wir lassen unsere Industrie in Stahl, Beton und Glas erstehen, wie es ihrer Art entspricht. [...] Das Erhalten von Ruinen inmitten der Stadt darf sich nur auf besondere Einzelfälle als Mahnung an die vergangene Katastrophe beschränken.[34]*

1950 gelang die wirtschaftliche Wende in der Bautätigkeit nach vorne mit der Fertigstellung des großen Wohnblocks an der Französischen Allee, von Geschäften an der Nürnberger Straße und Hammerstraße. Im Rundbau des Alten Kaufhofs an der Nürnberger Straße

Abb. 18: Wohnungsneubauten an der Französischen Allee, 1950. Rechts der Wohnblock zur Steinheimer Straße

eröffneten Geschäfte in den ersten zwei Geschossen, darüber befand sich das städtische Bauamt. Vollendet wurden u.a. der Hafentor-Wohnblock, das Arbeitsamt, die Eberhard-Schule. Zur Einweihung der Dunlop Reifenwerke kam Wirtschaftsminister Ludwig Erhard. 1.353 Wohnräume wurden im Jahr 1950 erstellt. Die Stadt zählte über 30.000 Einwohner.

Das folgende Jahr 1951 wurde als ein Rekordjahr des Wohnungsbaus bezeichnet. Am Marktplatz bauten die ersten Banken: Kreissparkasse und Rhein-Main-Bank (heute Dresdner Bank, Ecke Fahrstraße) und der Rohbau der chirurgischen Abteilung des Stadtkrankenhauses entstand. Zum 100jährigen Firmenjubiläum der Heraeus Platinschmelze wurde das neue Gebäude der Werksgruppe Elektrowärme in Betrieb genommen.

Zu den seit Kriegsende dagebliebenen Fremden kamen nun weitere neue Fremde, die einer Unterkunft und Arbeit bedurften.

Von den von den Nationalsozialisten in den von ihnen besetzten Ländern Ost- und Westeuropas rekrutierten Zwangsarbeitern suchten die Niederländer, Belgier und Franzosen bei Kriegsende den schnellen Heimweg meist in eigener Initiative. Als nicht durchführbar erwies

sich die Rückführung der Balten (Letten, Litauer, Esten), der Polen und der ehemaligen Zwangsarbeiter aus den sowjetischen Republiken. Diese Menschen fürchteten, unter Stalins Regime als potentielle Kollaborateure in den sibirischen Arbeitslagern zu verschwinden. In den Hanauer Kasernen befand sich eines der größten Lager von sogenannten Displaced Persons. 1946 waren 7.000 Personen, davon 6.206 Litauer, in der Stadt untergebracht. Aus Kostengründen versuchten die Alliierten diese DP's zur Auswanderung zu bewegen. Die meisten gingen in die USA, nach Australien, Kanada und Israel. 1951 waren noch etwa 1.200 DP's in Hanau. Ein Teil blieb auch in der Stadt, die ihnen zur neuen Heimat wurde.

Mit dem Vorrücken der Roten Armee im Winter 1944/45 erreichten die ersten deutschen Flüchtlingstrecks Hessen. Als auf der Potsdamer Konferenz die Alliierten die deutsche Ostgrenze an der Oder-Neiße-Linie vereinbarten, folgte die Ausweisung von 6,6 Millionen Deutschen aus den deutschen Ostgebieten, Polen, Tschechoslowakei, Ungarn, Rumänien und Österreich. Ihre Umsiedlung in die vier Besatzungszonen wurde eingeleitet. Nach Hessen kamen ab 1946 überwiegend Sudetendeutsche. Die Heimatvertriebenen und Flüchtlinge

Abb. 19: Innenhof der Blockbebauung Französische Allee, um 1955
In der Bildmitte ist die für die Bewohner gebaute Waschküche zu
sehen.

Abb. 20: Blick auf die Wohnbauten Ostseite der Französischen Allee,
nach 1960

wurden auch auf das Gebiet der Kreise Hanau, Gelnhausen und
Schlüchtern verteilt. Wegen des hohen Zerstörungsgrades der Stadt
Hanau wurden die Vertriebenen den umliegenden Gemeinden zugeteilt. Im Landratsamt wurde der Flüchtlingsdienst des Kreises Hanau
am 1. März 1946 eingerichtet. Am 31.12.1948 waren in Hanau
1.119 Flüchtlinge registriert. Im sogenannten Hessenplan war ein
Bevölkerungsausgleich zwischen Nord- und Südhessen, eine Woh-
nungsbauförderung, Schaffung von Arbeitsplätzen, Gewerbeansied-
lung und landwirtschaftliche Siedlerstellen projektiert. 1951 entstand
im Lamboy eine Flüchtlings- und Heimatvertriebenen-Siedlung und in
der Cranachstraße ein Auswanderungslager (heute Bereitschaftspoli-
zei).
Somit war die Stadt Hanau ein weiteres Mal in ihrer Geschichte zur
neuen Heimat für Fremde geworden. Die Schaffung von Wohnraum
war deshalb eines der dringendsten Probleme.

1952 entstanden weitere Wohnbauten an der Französischen Allee,
Hahnenstraße, Wallweg, Im Bangert (um die katholische Kirche),
weiter am Kinzigheimer Weg, Bernhardstraße, Limesstraße, Gabels-
bergerstraße, Feuerbachstraße (insgesamt 718 Wohnungen). Die
Bezirksschule I (heute Pestalozzischule), die Bezirksschule III (heute
Brüder-Grimm-Schule) wurden begonnen sowie die ersten Muster-
häuser in Blockbebauung in der Altstadt an der Schloßstraße, Steingasse, Sandgasse.
Am 21. Februar 1953, anläßlich der 650-Jahrfeier der Altstadt,
wurde an der Ruine des Altstädter Rathauses eine Gedenkplatte des
Hanauer Chronisten Wilhelm Ziegler enthüllt. Seit der Währungsreform 1948 bis Ende 1952 hatte die Stadt 13 Millionen DM als Lan-

desdarlehen für den Wiederaufbau erhalten. Am 19. März des Jahres meldete der Hanauer Anzeiger, als eine der ältesten Tageszei-
tungen, in einer Sonderbeilage den Wiederaufbau des Verlagshau-
ses Paul Nack in der Hammerstraße.
Das Jahr 1954 zeichnete sich durch den Verlust wesentlicher historischer Gebäude der Stadt aus. Wichtige identitätsbildende Bauten,
wenngleich auch im ruinösen Zustand, wurden abgerissen: Das alte
Gymnasium, an dessen Stelle das Gewerkschaftshaus 1958 entstand; gegen die Einwände des Landeskonservators das Zeughaus
und das Stadttheater.
Im folgenden Jahr (1955) wurden das Edelheimsche Palais (1680
erbaut, heute Parkplatz Steingasse) und die Ruine des Friedrichsbaus
des Stadtschlosses (1763 erbaut, heute Karl-Rehbein-Schule) abgerissen.
Die Epoche des intensiven Wiederaufbaus der Stadt Hanau umfaßte
den Zeitraum von knapp zehn Jahren, vom Baubeginn des Wohnblocks Westseite Französische Allee 1949 bis zum Ausbau des Freiheitsplatzes 1957/58. Die folgenden Presseberichte dieser Zeit
geben in ihrer zeittypischen Berichtsweise die Denkart der Fünfziger
Jahre unverkennbar wieder.
*Bei der Einweihung des Filmstudios 'Palette' sprach Bürgermeister
Krause vor wenigen Tagen davon, daß der Freiheitsplatz sich in
Kürze in eine große Baustelle verwandeln werde und die Bebauung
dieses weiträumigen Platzes innerhalb der nächsten 18 Monate
durchgeführt würde [...]. Da muß zunächst einmal gesagt werden,
daß die Bebauung der Seiten des Freiheitsplatzes ganz anderen
Gesetzen unterliegt als beispielsweise die des Marktplatzes. Die
Weiträumigkeit des Freiheitsplatzes gestattet ohne weiteres die Erstel-*

Abb. 21: Neubau des Kaufhauses Kaufhof, Ostseite Neustädter Marktplatz, 1957

lung von modernen Hochhäusern, ja, macht sie vielleicht sogar zur Bedingung. Unter diesem Gesichtswinkel betrachtet, sollte man der Bebauung am Freiheitsplatz besonderes Interesse entgegenbringen, denn was hier gemacht wird, steht im genauen Gegensatz zur Bebauung des Marktplatzes.[35] Die Ostseite des Platzes war bereits durch den Wiederaufbau der ehemaligen Infanteriekaserne zum noch heutigen Behördenhaus 1953 geschlossen worden. Das als Infanteriekaserne im vorigen Jahrhundert von Julius Eugen Ruhl im Stile der Castlegothic erbaute Gebäude wurde mit seiner heute noch erkennbar reduzierten historischen Fassade aufgebaut. Die Westseite war mit dem Wiederaufbau des ehemals jüdischen Kaufhauses Wronker, im Stil der Neuen Sachlichkeit 1929 erbaut, später Hansa, heute Hertie, und dem anschließenden Arbeitsamt (heute Sporthaus Barthel) geschlossen worden. Das damalige Kaufhaus Hansa wurde 1957 umgebaut. Das Gebäude wurde um ein Dachgeschoß mit verglastem Erfrischungsraum, der den Besuchern einen

Blick über den Platz bot, und einer neuen Fassade am 21. November des Jahres wieder eröffnet.

Voller Stolz wird der Baubeginn des ersten Hochhauses der Stadt in der Presse angekündigt. *An der Nordseite des Platzes, dort wo früher das Stadttheater stand, entsteht ein Ypsilon-Wohnhaus (so genannt wegen der Ypsilon-Form seines Grundrisses) mit acht Stockwerken. Dieses Gebäude wird ein Laubenganghaus sein, bei dem die Eingänge alle an der Nordseite liegen, damit die beliebte Südseite uneingeschränkt für Wohnzwecke genutzt werden kann. Das achtgeschossige Haus wird 50 Wohnungen enthalten und mit einem Flachdach versehen sein. Vorerst werden 42 Wohnungen erstellt. Der viergeschossige Verbindungsbau mit acht Wohnungen wird im nächsten Jahr folgen. Im Erdgeschoß werden Läden untergebracht. Das Haus wird nach modernsten Richtlinien im Zuge des gehobenen sozialen Wohnungsbaus errichtet. Es wird ein Flachdach, einen Aufzug und moderne 2 1/2-Zimmer-Wohnungen mit Bad und Balkon*

Abb. 22: Marktplatz mit Rathaus, Ende 1960er Jahre
In der Bildmitte befindet sich das freigestellte wiederaufgebaute Neustädter Rathaus, darum der Rathaus - Neubau des Darmstädter Architekten
Prof. Pabst. Der Marktplatz ist Parkplatz „Die autogerechte Stadt".

[haben]. *Bauherr für dieses gemeinnützige Vorhaben ist die Gemeinnützige Wohnungsbau AG (GEWOBAG). [...] Der andere große Eckpfeiler an der Nordseite des Freiheitsplatzes wird das Gewerkschaftshaus mit Jugendheim sein, das dort neben der Gaststätte 'Zum Elefanten' errichtet wird. Diese Gebäude wird fünfgeschossig mit einem Puffergeschoß [...]. Im Erdgeschoß werden moderne Geschäftsräume sein, während das Jugendheim an den Hauptbau angebaut wird. [...] Auch dieses Gebäude erhält ein Flachdach und wird eine moderne Fassade mit vielen Fenstern haben. [...] Diese beiden Gebäude werden der Nordseite des Freiheitsplatzes das Gesicht geben. [...] Die Südseite des Freiheitsplatzes ist zwischen Hammerstraße und der Fahrstraße auf der Länge der früheren Philipp-Ludwig-Anlage bis auf einige Behelfsbauten noch unbebaut. Dort wird die 'Nassauische Heimstätte' in wenigen Tagen mit der Durchführung eines Groß-Wohnbauprojektes mit 57 Wohnungen begin-*nen. *Das Projekt wird in Form von Zeilenbauten mit Verbindungstrakten errichtet, weil den Himmelsrichtungsverhältnissen Rechnung getragen werden mußte. Durch die Stellung der Einzelbauten senkrecht zur Platzbreite werden die Sonnenverhältnisse bestmöglich ausgenutzt, und gleichzeitig wird durch Verbindungstrakte eine geschlossene Front erreicht. Die Wohnungen werden zwischen 50 und 80 Quadratmeter groß sein. Das Haus wird fünfgeschossig errichtet. Die Philipp-Ludwig-Anlage wird überbaut, so daß die Platzfront etwa mit der jetzigen Straße abschließt. Selbstverständlich wird ein breiter Bürgersteig eingeplant.*[36] Unter der Überschrift 'Das moderne Gesicht des Freiheitsplatzes' schrieb die hiesige Presse: *Zu dem einst viel geschmähten, in letzter Minute doch zu einem glücklichen Ende verholfenen traditionell gebundenen Aufbau des Marktplatzes ist ein Pendant geschaffen worden, das in einer neuzeitlichen städtebaulichen Auffassung am Freiheitsplatz seinen Ausdruck findet.*

[...] *Nun aber kommen beim Freiheitsplatz schon die nächsten Fragen auf Stadtbaurat Göhlert mit seinen Mitarbeitern sowie den Magistrat und die Stadtverordneten zu. Sie werden sich schon bald entscheiden müssen, wie nun der Platz selbst gestaltet werden soll. Einen Aufschub dulden die Pläne nicht mehr. Die Verkehrsverhältnisse fordern dringend eine Ordnung im Parkplatzsystem. Der Freiheitsplatz biete sich hierfür geradezu an.*[37] Der klaren Befürwortung der Notwendigkeit des Parkplatzes stellte sich die Frage einer Ergänzung dieses westlichen Parkplatzes um eine Tankstelle. Die interessierte Mineralölgesellschaft war bereit, dafür die Kosten der Parkplatzeinrichtung zu bezahlen. Der Ostteil des Freiheitsplatzes sollte einen Busbahnhof für städtische und Überlandbusse erhalten.

Mit dem Neubau des Kaufhauses am Marktplatz war der Hauptplatz der Neustadt auf seiner Ostseite geschlossen worden. Die lokale Presse meldete: *Der neue Kaufhof hat Großstadtformat. Am morgigen Donnerstag [28.11.1957] ist es soweit, der neue Kaufhof [...] öffnet seine Pforten. Genau sechs Monate wurden gebraucht, um dieses mächtige Bauwerk aus Beton und Stahl zu erstellen. Neuneinhalb Millionen Mark hat die Kaufhof AG ausgegeben, damit in Hanau ein repräsentatives, allen Ansprüchen genügendes modernes und großes Kaufhaus entstehen konnte. [...] Mit 5.150 Quadratmetern Verkaufsfläche hat der Hanauer Kaufhof Großstadtformat. [...] Die Einrichtung des Hauses erfolgte unter Verwertung der letzten in- und ausländischen Erfahrungen auf dem Gebiet der Warenhausgestaltung. [...] Der Kaufhof ist kein Hochhaus. [...] Das Gebäude ist mit allen technischen Neuerungen versehen. [...] Da sich aber durch den Wiederaufbau der Stadt das Zentrum zum Markt/Freiheitsplatz zurückverschoben hatte und eine Vergrößerung der Sortimente durch das Wiedererstehen des Käufermarktes nicht zu umgehen war, wurde eine Modernisierung, Vergrößerung und Verlegung des Kaufhofs [vom alten Gebäudestandort Nürnberger Straße/Ecke Hirschstraße] erforderlich.*[38]

Nach dem Gestaltungsbeginn des größten Platzes, des Freiheitsplatzes, und des Marktplatzes dominierte die Ruine der einzigartigen Doppelkirche der Wallonisch-Niederländischen Gemeinde den dritten Hanauer Innenstadtplatz, die Französische Allee. Im Gedenken an die Neustadtgründung berichtete die hiesige Presse 1958: *Der Vorsitzende des Vorstandes des Wallonischen und Niederländischen Kirchenbauvereins Dr. W.H. Heraeus sprach sich dieser Tage [...] über die Pläne zum Wiederaufbau der Niederländischen Kirche aus, der ja in den letzten Monaten schon so gut vorangekommen ist, daß in etwa sechs Wochen das Richtfest wird gefeiert werden kön-*

nen. Dr. Heraeus erklärte dabei, daß der Wiederaufbau der kleinen Kirche über 600.000 DM kosten werde. Bis auf einen Restbetrag sei diese große Summe bereitgestellt bzw. fest zugesagt. Die Stadt Hanau wird den Wiederaufbau mit 200.000 DM fördern, 125.000 DM stiftete der Industrielle Engelhard aus Newark in Amerika und 180.000 DM sind bisher durch Spenden und Mitgliedsbeiträge des Kirchenbauvereins zusammengekommen. Um zügig weiterarbeiten zu können und die Kirche in etwa zwei Jahren fertigzustellen, sei es dringend erforderlich, die restlichen 100.000 DM zu beschaffen.[39]

Die Einweihung des wiederaufgebauten Goldschmiedehauses am 19. März 1958, also dreizehn Jahre nach der Zerstörung der Stadt, fand durch den Hessischen Ministerpräsidenten Dr. Zinn, den Landtagspräsidenten Zinnkann, den Innenminister Schneider und Finanzminister Dr. Conrad sowie den Hanauer Bürgermeistern und Stadträten und zahlreichen Ehrengästen statt. Am 29. April besuchte Bundespräsident Theodor Heuss das Goldschmiedehaus. Oberbürgermeister Heinrich Fischer bezeichnete die Einweihung als Abschluß des ersten Abschnitts des Wiederaufbaus der Stadt. Am 18. August wurde im Gedenken an die Enttrümmerung der Stadt und den sogenannten Ehrendienst das Hanauer Bürgerfest im Park von Schloß Philippsruhe zum ersten Mal begangen.

Die in der ersten Wiederaufbauphase entstandenen Häuser prägen noch heute das Bild der Stadt. Insbesondere das der gesamten Altstadt, das sich als geschlossenes Bauensemble im typischen Stil der 50er Jahre, der seine Vorbilder in der Neuen Sachlichkeit der 20er Jahre suchte, nahezu unverändert erhalten hat, ebenso im Neustadtbereich um die Französische Allee. Auch der Freiheitsplatz hatte Ende der 50er Jahre eine baulich relativ einheitliche Form, bis auf die Zeile am Central-Kino, erhalten. Erst ab den beginnenden 60er Jahren wurde die Bauweise der geschlossenen Straßenblöcke durch zurückspringende Eckbauten und Häuserfronten oder die über die bisherige Bauhöhe stark hinaus schießenden Hochbauten zerrissen. Erst die zeittypische Forderung nach einer autogerechten Stadt und die städtebaulichen Versuche, diesem Diktat nachzukommen, führte zur Verschandelung der Städte, deren Gesichtslosigkeit und Austauschbarkeit der Stadtbilder beklagt wird. *Städte wirken wie Prägestöcke auf ihre Bewohner.* schrieb 1965 Alexander Mitscherlich. *Der Verlust ihrer identitätsbildenden Funktionen führte dann auch zum Verschwinden stadtbürgerlichen Bewußtseins und der Verantwortlichkeit ihrer Bewohner.*[40]

Literatur

Architektenvereinigung des Landes Hessen, Ortsgruppe Hanau, MS, Hanau 1949

Ausstellungskatalog: 675 Jahre Altstadt Hanau, Hg. Stadt Hanau/Hanauer Geschichtsverein, Hanau 1978

Ausstellungskatalog: 150 Jahre Hanauer Geschichtsverein - Die Sammlung, Museum Hanau, Schloß Philippsruhe, Hanau 1994

Ausstellungskatalog: Hanau 19. März - 50. Jahrestag der Zerstörung der Stadt, Hg. Stadt Hanau, Museum Hanau, Schloß Philippsruhe und Hanauer Geschichtsverein, Hanau 1995

Ausstellungskatalog: Hanau im Vormärz und in der Revolution 1848/49, Museum Hanau, Schloß Philippsruhe, Hanau 1980

Ausstellungskatalog: Hanau - Industriedenkmäler, Museum Hanau, Schloß Philippsruhe, Hanau 1987

Blaum, Kurt/ Jordan, Paul: Wiederaufbau zerstörter Städte, Trümmerbeseitigung, Trümmerverwertung in Frankfurt a.M., Frankfurt 1946

Bott, Heinrich: Die Altstadt Hanau, Ein Gedenkbuch zur 650 Jahrfeier der Altstadt Hanau, Hg. Stadt Hanau und Hanauer Geschichtsverein, Hanau 1953

Die Neue Stadt, Heft 1, Hanau 1947

Der Neuaufbau der Stadt Hanau, Heft 1, Die baupolitischen Grundlagen, Hanau 1947

Flämig, Gerhard: Hanau im Dritten Reich, 3 Bde., Hg. Stadt Hanau und Hanauer Geschichtsverein, Hanau 1983, 1987, 1991

Frankfurter Neue Presse Jg. 1947

Hanau... 20 Jahre danach: Hg. Stadt Hanau, Hanau 1965

Hanau, Dokumente des Lebenswillens einer deutschen Stadt, Hanau 1951

Hanau, Main- und Kinziggau, Monographien deutscher Städte, Bd. 21, Berlin 1929

Hanauer Anzeiger, Jg. 1957/58

Hanau, Zerstörung und Wiederaufbau, Eine Dokumentation des Hanauer Anzeigers zum 19. März 1945, Hanau 1985

Hessen, Reiner von: Wir Wilhelm von Gottes Gnaden, Die Lebenserinnerungen Kurfürst Wilhelms I. von Hessen, Frankfurt 1996

Leiwig, Heinz: Finale 1945 Rhein-Main, Düsseldorf 1990

Mitteilungsblatt der Stadtverwaltung, Jg. 1946

Nettner, Renate: Der Beethovenplatz in Hanau, MS, Frankfurt 1983/84

Neues Magazin für hanauische Geschichte, Nr. 5, Bd 6, Hanau 1977

Schirmbeck, Peter: Adel der Arbeit. Arbeiter in der Kunst der NS-Zeit, Marburg 1984

Wolfgang - Geschichte einer Industriegemeinde, Eine Dokumentation der Degussa AG Zweigniederlassung Wolfgang und des Hanauer Anzeigers, Hanau 1987

Anmerkungen

[1] Merk, Anton / Schaffer, Richard: Hanau im Vormärz und in der Revolution 1848/49, Ausstellungskatalog Museum Hanau, Schloß Philippsruhe, Hanau 1980, S. 17

[2] Meise, Eckhard: 675 Jahre Altstadt Hanau, Ausstellungskatalog Museum Hanau Schloß Philippsruhe, Hanau 1978, S. 233

[3] Schaffer, Richard: Hanau Industriedenkmäler, Ausstellungskatalog Museum Hanau, Schloß Philippsruhe, Hanau 1987, S.9, 15 ff.

[4] Arndt, Jens: Die Geschichte der Hanauer Eisenbahn-Brigade, Bd. 1, Hanau 1989, S. 43.ff.

[5] Wolfgang Geschichte einer Industriegemeinde, Eine Dokumentation der Degussa AG Zweigniederlassung Wolfganag und des Hanauer Anzeigers, Hanau 1987, o.S.

[6] Nettner, Renate: Der Beethovenplatz in Hanau, Frankfurt 1983/84, MS, S.18

[7] Schirmbeck, Peter: Adel der Arbeit, Der Arbeiter in der Kunst der NS-Zeit, Marburg 1984, S.147 f

[8] Haus Amsterdem erbaut 1597 Johann D'Hollande Miterbauer der Neustadt, Carl Joseph Lossow Handelsherr übernahm 1788 dieses Haus (Hausinschrift)

[9] Blaum, Kurt: Städtebau und -Bild in alter und neuer Zeit in: Hanau Main- und Kinziggau, Monographien deutscher Städte, Bd. 21, Berlin 1929, S.27

[10] Flämig Bd I, a.a.O., S. 193

[11] Sönning, Werner: Der Luftkrieg im Hanauer Raum 1939-1945 in: Hanau 19. März - 50. Jahrestag der Zerstörung der Stadt 1945, Ausstellungskatalog Museum Hanau, Schloß Philippsruhe, Hanau 1995, S.53

[12] noch heute in der Hintergasse Großauheim zu sehen

[13] noch heute z.B.in der Alfred-Delp-Straße zu sehen

[14] noch heute z..B. in der Wilhelmstraße zu sehen

[15] Sönning a.a.O., S. 69

[16] Sönning a.a.O., S. 72

[17] Hanauer Geschichtsverein: Hanau im Bombenkrieg, Ausstellungskatalog 1995, in: Hanau 19. März, S. 30 ff.

[18] Flämig, a.a.O., S. 418

[19] Krause, Hermann: Der Neuaufbau der Stadt Hanau, Heft 1, Die baupolitischen Grundlagen, Waisenhaus-Buchdruckerei Hanau 1947, S. 4

[20] Leiwig, a.a.O., S.116

[21] Frankfurter Neue Presse 1.9.1947, S. 3

[22] Generalbebauungsplan für die Stadt Hanau in: Die neue Stadt, Heft I, Oktober 1947

[23] Mitteilungsblatt der Stadtverwaltung 16. Februar 1946

[24] Krause, a.a.O., S. 7

[25] Krause a.a.O., S. 8ff

[26] Göhlert, Hermann: Gedanken zur Baupolitik der Stadt Hanau in: Hanau Dokumente des Lebenswillens einer deutschen Stadt, Hanau 1951, S. 46

[27] Göhlert a.a.O., S. 49 und Krause a.a.O., S. 28

[28] Hanauer Anzeiger 23.9.1949

[29] Dielmann, Karl: Ein Modell zur Neugestaltung des Freiheitsplatzes, in: Neues Magazin für Hanauisches Geschichte Nr.5, Bd. 6, Hanau 1977, S. 116ff

[30] Architektenvereinigung des Landes Hessen, Ortsgruppe Hanau, MS 30.9.1949

[31] Krauskopf, Karl Ludwig: 150 Jahre Hanauer Geschichtsverein, Hanauer Geschichtsblätter Bd. 33, Hanau 1994, S. 256

[32] Krause a.a.O., S. 26f

[33] Krause a.a.O.

[34] Göhlert a.a.O., S. 37

[35] Hanauer Anzeiger 20.7.1957, S. 3

[36] Hanauer Anzeiger a.a.O.

[37] Hanauer Anzeiger 9.8.1958, S. 3

[38] Hanauer Anzeiger 27.11.1957, S.3

[39] Hanauer Anzeiger 31.5.1958, S.3

[40] Mitscherlich, Alexander: Die Unwirtlichkeit unserer Städte, Anstiftung zum Unfrieden, Frankfurt 1965

Gerhard Bott

„1 blompott - 1 bancquet - 1 abendbancket..."
Bildmotive und Bildinhalte der Stillebenmalerei in der Gründungsstadt Neu-Hanau

Die Gründungsgeschichte der Neustadt Hanau ist bekannt. Städtebauliche, historische, politische, kirchliche, rechtliche und wirtschaftspolitische Gesichtspunkte dieser von niederländischen Emigranten aufgerichteten neuen Stadt werden besonders auch in diesem Buch erörtert. Das Eindringen in diese Gegebenheiten bringt aber auch immer mehr einen für die Region wichtigen kunsthistorischen Aspekt zum Vorschein. Mit der Übersiedlung der Einwanderer von Flandern und Wallonien an den Untermain ging ein kultureller und kulturhistorischer Austausch einher, der anhand einer Betrachtung der in Hanau nach 1600 entstandenen Stillebenmalerei beleuchtet werden soll, einer Gattung, die gerade in Hanau zu einer einmaligen Blüte in Deutschland geführt werden sollte. Eine wichtige Rolle spielte dabei Daniel Soreau, aus Welsch-Niederland gebürtig, wie der erste deutsche Kunst-Historiograph Joachim von Sandrart ihn 1675 benannte. Daniel Soreaus Familie stammte aus Tournai, 1586 wurde er Frankfurter Bürger und 1599 ist er als einer der Stadtgründer in Neu-Hanau anzutreffen. Hier hat er alsbald eine Schule der Stillebenmalerei eingerichtet, die die Pflanzstätte für die Anfänge der Stillebenmalerei als einer eigenen Bildgattung in Deutschland wurde.

Die in Hanau erhaltenen Nachlaßverzeichnisse geben Auskunft über die Wertschätzung dieser Malerei in den Haushalten der Stadtgründer. Sie geben darüberhinaus Auskunft über die Motive und Themen der neuen Bildgattung. Alle möglichen Varianten waren bereits in den Anfangsjahren dieser Malereiform in Hanau vertreten; sie sollen nachfolgend aufgeführt werden. Dabei wird die noch immer bestehende enge Verbindung der Neubürger mit ihrem Heimatland deutlich, und es wird ersichtlich, wie wichtig ein kultureller Austausch zu allen Zeiten war. Niederländische Emigranten gaben der Kunst und Kultur in Hanau und Frankfurt am Anfang des 17. Jahrhunderts wesentliche Impulse, die weit in das nachfolgende Jahrhundert hineinwirkten und die bis heute noch in der planmäßigen Grundrißanlage der Neustadt Hanau erkennbar sind.

Die niederländischen Religionsflüchtlinge, die vor 1600 die Neustadt Hanau auf freiem Feld vor den Toren der unbedeutenden kleinen Ackerbürger- und Residenzstadt Hanau gründeten, kamen nicht ohne beachtliches *Gepäck* an diesen Ort. Ähnlich wie Pfalzgraf Johann Casimir darauf bedacht war, in Frankenthal bei Worms wirtschaftlich potente Exulanten zur Hebung des Wohlstandes in seinem Land anzusiedeln[1] – am 29. Oktober 1577 erhob er den rasch gewachsenen Ort zur Stadt –, kam es auch dem Landesfürsten Graf Philipp Ludwig II. von Hanau-Münzenberg darauf an, die niederländischen Emigranten mit steuerlichen, rechtlichen und wirtschaftlichen Privilegien und dem Versprechen der Religionsfreiheit in sein Land, das durch ihn gezwungen worden war, das reformierte Bekenntnis anzunehmen, zu locken. Es sollte durch sie in eine merkantilistisch bestimmte Zukunft geführt werden, denn eine international erfahrene und gesonnene Kaufmannschaft konnte Handel und Gewerbe in das noch spätmittelalterlich bestimmte Agrarland bringen. Künstler und Kunsthandwerker waren unter den Neusiedlern. Das „Gepäck" der wallonischen und flämischen Zuwanderer bestand aus ihrem weltoffenen Wissen, ihrer durch ihre mißliche Situation als Auswanderer bedingten innovativen Beweglichkeit und aus ihrer Spezialisierung auf bestimmte Gewerbezweige. Auch der aus ihrer Heimat mitgebrachte ungezwungene Umgang mit Geld als „Handelsware" brachte Vorteile. Die meisten Neubürger verfügten über beträchtliche Geldmittel, und so konnten sie innerhalb weniger Jahre aus dem Nichts ihre eigene, mit Wall und Graben umgebene Stadt zwischen Kinzig und Main errichten. Ein Kanal sollte sie mit dem Main als Verkehrsweg verbinden. Die aufstrebende Handels- und Messestadt Frankfurt war nahe.[2]

Aus ihrer Heimat brachten die Flüchtlinge städtische Lebensformen mit. Ihre Häuser errichteten sie nach dem Vorbild von Stadthäusern in Antwerpen; eine große Eingangsdiele und Repräsentationsräume gehörten dazu. Die Fassaden der Häuser schmückten sie mit Prunkportalen und Schmuckgiebeln; auf dem großen Marktplatz ihrer neuen Stadt stellten sie vier kunstvolle Ziehbrunnen, entworfen von dem Bildhauer Conrad Büttner, auf. Es war für die Hanauer Neubürger selbstverständlich, daß sie sich eine große Doppelkirche als Mittelpunkt ihrer Stadt errichteten. So schmückten sie auch ihre Eingangshallen und Wohnstuben mit zeitgemäßen Kunstwerken und legten, wie es in ihrer Heimat bei Bürgern üblich war, Kunstsammlungen an. Damit gaben sie den zahlreichen mit ihnen geflohenen Künstlern und Kunsthandwerkern eine Lebensgrundlage. Neben der Kirche, der Herrschaft und dem Adel hatte sich auch in Neu-Hanau das Bürgertum als Auftraggeber für die Kunst etabliert.

Eine Kunst- und Raritätensammlung hatte in Hanau vor Ankunft der niederländischen Flüchtlinge nur das Grafenhaus im alten Schloss in der Kinzigschleife besessen. Der Förderer der Neustadtgründung, Philipp Ludwig II., war am 18. November 1576 hier geboren worden. Am Hof in Dillenburg wurde er im reformierten Glauben erzogen. In Herborn besuchte er das neugegründete „Gymnasium illustre" und studierte darauf in Heidelberg. Bildungsreisen führten ihn in die Niederlande, nach Österreich und Ungarn. Besonders in Italien, wo er bis Rom und Neapel gereist war, hielt er sich länger als Student in Bologna und Padua auf. Insgesamt verwandte er über drei Jahre für eine auf der Höhe der Zeit stehende Ausbildung, die ihn auch mit den künstlerischen Zeugnissen der besuchten Länder in Berührung brachte.[3]

Viele Nachrichten zeigen, daß der junge Graf sich intensiv um die städtebauliche Planung der Neustadt Hanau gekümmert hat, die nach Vorgaben eines Idealentwurfs des Italieners Pietro Cataneo geplant wurde. Besonderen Anteil nahm er an den Diskussionen um die Form der neuen Doppelkirche, deren Modell er sich von dem Maler Daniel Soreau am 11. Februar 1600 vorstellen ließ. Der Graf war es, der darauf bestand, daß diese Kirche aus zwei ineinandergeschobenen Zentralbauten bestehen sollte. Die Idee eines Zentralbaues hatte er von seiner Reise aus den Niederlanden mitgebracht, wo er wohl die Achteckkirche in Willemstad, den ersten protestantischen Kirchenbau in dem Nachbarland, gesehen hatte.[4] Wie intensiv die Anteilnahme des Landesherrn an der ästhetischen Gestaltung der Neustadt war, beweist ein Vorfall vom 28. August 1604. Der Graf reiste nach Steinau an der Straße und kam über den neuen Marktplatz; dabei sah er, wie einer der Marktbrunnen von Conrad Büttner errichtet wurde, ohne daß er vorher davon Kenntnis gehabt hatte.[5] Dem Landesherrn war also nicht nur an der wirtschaftlichen Belebung seines Territoriums gelegen, sondern seine Aufmerksamkeit galt auch dem künstlerischen Geschehen, das er in der neuen Stadt mit Kräften förderte, ebenso wie er an der Hebung der allgemeinen Bildung interessiert war. Am 18. Juli 1607 gründete er in Hanau nach dem Herborner Vorbild ein *Gymnasium illustre*, dessen Grundstein er 1612 legte.[6]

Es ist überliefert, daß sich im Hanauer Stadtschloß in der Zeit Philipp Ludwigs II. eine Gemäldesammlung befand. In einem Inventarverzeichnis des *Sterbehauses* der Catharina von Nassau, die mit dem Grafen Günther XLI. von Schwarzburg kinderlos verheiratet war, heißt es, daß ein Teil des Erbes nach Hanau an ihre Nichte und ihr Patenkind Catharina Belgia, Witwe des früh verstorbenen Philipp Ludwig II. von Hanau-Münzenberg, zu gehen habe: *Summa aller bilder im saahl seindt 204, und haben wir hierüber auch herab gethan 15 stück, so nach Hanau geschickt werden sollen…* Von Philipp Ludwig II. von Hanau-Münzenberg hat sich auch ein vermutlich 1593 entstandenes lebensgroßes Porträt des 17jährigen Grafen erhalten, das sich ehemals ebenfalls im Hanauer Schloss befand.[7]

Johann Jakob von Grimmelshausen, aus Gelnhausen gebürtig, schildert in seinem großen Roman *Der Abentheuerliche Simplicissimus Teutsch* beredt die Jahre seiner Jugend während des 30jährigen Krieges, die er gesichert in der Stadt und Festung Hanau verbracht hat. Er schrieb, daß er dort aufgewachsen sei, *wie ein Narr im Zwiebelland […] man sah mir in Bälde an…daß mir bei guten Bißlein der rheinische Wein und das hanauische Doppelbier wohl zuschlug, und das, obwohl er sagt: Damals stund ganz Teutschland in völligen Kriegsflammen, Hunger und Pestilenz, und Hanau selbst war mit Feinden umlagert…* Wichtiger als die Schilderung der Zustände in der belagerten Stadt, die sich in jeder anderen Festungsstadt wohl ähnlich zugetragen haben, ist der Bericht des Autoren über einen Besuch in einer Antiquitäten- und Kunstkammer eines reichen Bürgers in Hanau: *Ich kam einstmals mit einem vornehmen Herrn in eine Antiquitäten- und Kunstkammer, darin schöne Raritäten waren. Unter den Gemälden gefiele mir nichts besseres als ein Ecce Homo wegen seiner erbärmlichen Darstellung, mit welcher es die Anschauer gleichsam zu Mitleiden verzuckte […] Der Herr im Hause fragte mich, welches Stück in seiner Kunstkammer mir am besten gefiele. Ich deutete auf besagtes Ecce Homo…*[8]

Das Vorhandensein von Kunstsammlungen in Neu-Hanauer Bürgerhäusern nach 1600 können noch beweiskräftiger als Johann Jakob von Grimmelshausens literarische Schilderung Inventarverzeichnisse von Nachlässen beweisen. Hugo Peltzer, der Sekretär der Neustadt, führte das Inventarienbuch der Stadt, unterstützt von angesehenen Bürgern als Zeugen, gewissenhaft von 1611 bis 1625. Aus den Verzeichnissen ist nicht nur zu erfahren, daß es bedeutende Kunstsammlungen mit Gemälden, Skulpturen und kunsthandwerklichen Objekten gab, sondern es gibt dazu umfangreiche Listen von Bibliotheken, die auch *Livres de musique* enthalten.[9]

In den Hanauer Verzeichnissen tauchen sowohl Namen von Künstlern wie auch die Nennungen von Bildthemen und die Namen dargestellter Personen auf. Auch Skulpturen werden beschrieben. So ist es möglich, sich ein Bild vom Inhalt einiger Sammlungen zu machen und ihren Charakter zu bestimmen. Es sollen Bildthemen aus den Verzeichnissen genannt werden: im Nachlaß Daniel Soreaus: *2 schilderyen uff hultz, 1 der tag, dz ander die nacht – 4 stuck von 4 elementen einer größen – 1 Daniel Soriau thot – 1 weibe bildt uff tuch.* Sodann besonders genannte Stilleben: *1 stuck dito von fruchten – 1 stuck von allerley blom werk* und Tierstilleben: *1 lang stuck darauff ein specht – 1 nachtegahl mit der hultzer rahme – 2 tuch mit hecht.* Doch die größte Zahl der Gemälde im Haus Daniel Soreaus blieb thematisch unbenannt: *12 Schildereyen mit Rahmen – 3 ohne Rahmen uff Holtz – 5 Schildereyen uff tuch* usw.

Im Inventarverzeichnis der Petronella Schelkens taucht der Malername *Falckenberg* auf: *1 groß schilderey von Falckenberg.* Gemeint ist ein Bild von einem Mitglied der Malerfamilie van Valckenborch in Frankfurt. Aus dem Hause Schelkens wird weiter gemeldet, daß der Nachlaßverwalter ein Küchenbild gefunden hat.

Peter Jacob und seine Frau Agnes hinterließen eine große Gemäldesammlung, darunter Stilleben, wie *1 Bancket / 2 Blumbott / 2 Bancketen*. Von der Sammlung des Diamantenschneiders Daniel van der Borcht gibt die Registrierung von 30 Gemälden darüber Auskunft, daß sich darunter *5 landtschaftlin uff kupfer von Anthony Mirou* (gemeint ist der Maler Anton Mirou, geboren in Antwerpen, ab 1586 in Frankenthal) und wiederum viele Stilleben befunden haben: *1 banquetlin mit Castanien – 1 banquetlin mit Früchten – 1 aichhörnle in öhlfarb – ein stuck mit allerly vögeln uff holtz, öhlfarb – 1 schnepff, öhlfarb*.

Von all diesen aufgezählten Bildern gibt es über ihren weiteren Verbleib keine Nachrichten. Dagegen hat sich ein großformatiges Gemälde aus der Sammlung des Daniel Soreau im Kunsthistorischen Museum in Wien erhalten, das den Kunstsinn des Sammlers deutlich macht. Das Bild *Apelles malt Kampaspe* von Jodocus van Winghen wurde schon zu seiner Entstehungszeit von Zeitgenossen bestaunt, denn Kaiser Rudolf II. besaß ebenfalls eine Fassung des gleichen Themas von demselben Maler, der 1603 in Frankfurt gestorben ist.[10]

Es fällt auf, daß unter den in den Hanauer Nachlässen genannten Bildthemen Stilleben einen großen Platz einnehmen. Dies ist nicht verwunderlich, denn in Hanau und im benachbarten Frankfurt, woher die meisten Neusiedler der Gründungsstadt Neu-Hanau kamen, gab es um diese Zeit angesehene Stillebenmaler, die den Markt bedienen konnten. Allen voran malte in Frankfurt etwa seit 1594 Georg Flegel aus Olmütz in Mähren variationsreiche Blumen- und Mahlzeitstilleben.[19] Er wurde 1597 als Bürger eingetragen, im März 1638 starb er in Frankfurt. Sein letztes Bild, ein großes Mahlzeitstilleben - im Sprachgebrauch der Entstehungszeit *Bankett* genannt - ist von ihm signiert: *1638/GFlegelius 72*, mithin war er bei seinem Tod 72 Jahre alt. Sein bisher bekanntes umfangreiches Werk weist ihn nicht nur als den frühesten, sondern auch als den bedeutendsten deutschen Stillebenmaler aus.

In Hanau gab es eine Gruppe von Stillebenmalern, deren Werke erst vor wenigen Jahren zusammengestellt wurden.[12] Sie arbeiteten in einer Werkstatt, die von Daniel Soreau begründet worden war und von seinem Schüler Sebastian Stoßkopff aus Straßburg weitergeführt wurde, der von 1615 bis 1622 in Hanau lebte und von hier aus nach Paris zog. Die Mitglieder der Hanauer Stillebenwerkstatt waren miteinander verwandt oder versippt, genau so wie sie verwandtschaftliche Beziehungen zu in Frankfurt tätigen Malern hatten. Der Werkstattleiter Daniel Soreau hatte vor der Aufnahme von Sebastian Stoßkopff in seine Malergruppe erklärt, daß er nur Verwandte oder Freunde ausbilde, bei Stoßkopff machte er wohl eine Ausnahme.

Der Blick auf Hanauer Nachlaßinventare zeigte, daß in den ersten Jahrzehnten des 17. Jahrhunderts alle damals üblichen Stillebentypen die Wände der Bürgerhäuser schmückten. In den Niederlanden – und besonders in Flandern und Wallonien, woher die Familien der Hanauer Neubürger ursprünglich stammten – hatte zu dieser Zeit die Stillebenmalerei ihre erste Blüte erlebt. Neben Antwerpen waren Amsterdam und Umgebung sowie Utrecht die Zentren dieser neuen Bildgattung, die besonders von der städtischen Bevölkerung der protestantischen Region gefördert wurde. Ein schon damals florierender Kunsthandel sorgte für den Absatz der beliebten „Kunstware". Die heute noch vorhandene Anzahl der Stilleben-Bilder stellt aber nur einen Bruchteil der vor 400 Jahren hergestellten Gemälde dar, die als Wandschmuck zur Zeit ihrer Entstehung – im Gegensatz zur Historienmalerei oder zu Landschaftsbildern – zu erschwinglichen Preisen zu erhalten waren. Christliche Themen werden in den Hanauer Inventarverzeichnissen weniger oft aufgeführt: Nachlaß des Pierre Bride: *Item 2 gemahlte taffeln, der schaffstal Christi und ein jagt* – Nachlaß Jean Lernou: *1 gemähls, die geburt Christi* – Nachlaß Petronella Meusenhol/Schelkens: *2 Mariae schilderey uff kupfer* usw.

Von Daniel Soreau, dem Gründer und Lehrmeister der Hanauer Stillebenmalerschule, besitzen wir leider kein gesichertes Gemälde dieser Bildgattung. Ein Nachstich einer Caritas-Romana-Darstellung von seiner Hand ist nachzuweisen, der das beliebte Thema in konventioneller Weise behandelt. Er ist mit der Unterschrift Daniel Soreau inv. versehen und von Johann Jenet, einem vielbeschäftigten Kupferstecher, gestochen.[13]

Es fällt schwer, dem aus Straßburg stammenden bedeutendsten Schüler Soreaus, Sebastian Stoßkopff, der nach seinem Tod 1619 die Werkstatt des Lehrmeisters übernahm und bis 1622 weiterführte, gesicherte Bilder aus der Hanauer Zeit zuzuweisen. An Versuchen dazu hat es nicht gemangelt.[14] Dagegen können die erhaltenen, signierten und datierten Gemälde der Mitarbeiter und Schüler Daniel Soreaus ein Bild von den in Hanau gemalten Stillebentypen vermitteln. Allerdings gilt auch hier, daß diese in Typenreihen im Werkstattbetrieb entstandenen Bilder nur zufällig noch vorhanden sind und daß der Großteil der einstigen Produktion untergegangen ist.

Der wichtigste Vertreter der in Hanau und Frankfurt gleichzeitig mit Georg Flegel und Sebastian Stoßkopff wirkenden Stillebenmaler war Peter Binoit.[15] Er wurde 1627 durch seine Heirat mit Sarah, der Tochter des Bruders von Daniel Soreau, in die Familie Soreau aufgenommen. Peter Binoit stammte aus einer weit verzweigten wallonischen Familie und ist erstmals in Hanau 1623 als Taufpate *Peter Benoi, ein malergesell* nachzuweisen. 1626 bat er den Rat der Stadt Frankfurt als *Malergeselle Peter Binoit aus Köln* wegen einer Erbschaftsangelegenheit um eine Aufenthaltserlaubnis. Ein Prunkstilleben mit einem Blumenstrauß ist von ihm signiert: *P. Binoit 1620 Francfort*. Die meisten signierten Bilder von Peter Binoit tragen Jahreszahlen. Das letzte bekannt gewordene Gemälde hat die Jahreszahl 1627. Am 14. März 1632 starb der Maler in Hanau. Seine Witwe heiratete ein Jahr später, am 16. Mai 1633, in Hanau den bekannten Frankfurter Kupferstecher Christoph le Blon, der Hanauer Bürger wurde. Durch diese Heirat wurde Sarah Soreau auch mit Joachim von Sandrart verwandt, der wie ihr verstorbener Mann ebenfalls in der Werkstatt des Daniel Soreau, in der Zeichenkunst ausgebildet wurde, wie er selbst berichtet hat. Aber bald nach ihrer zweiten Heirat starb Sarah Soreau, und ihr neuer Ehemann, der in Frankfurt für Matthäus Merian tätig war, schloß kurz darauf eine neue Ehe mit der Tochter Matthäus Merians, Susanna Barbara, der Schwester der Blumenmalerin Maria Sybilla Merian. Der Blick auf die Verwandtschaftsverhältnisse der in Hanau und in Frankfurt wirkenden Künstler weist deutlich deren enge Verbindung vor, die ein starkes Zusammengehörigkeitsgefühl vermittelten und dazu ebenso ihre geistigen wie künstlerischen Gemeinsamkeiten dokumentieren.

Das erste Bild, das von Peter Binoit überliefert ist und das noch zu Lebzeiten von Daniel Soreau gemalt worden ist, trägt das Monogramm *P/B* und die Bezeichnung *Fe 1.6.1.1.*, ist also auf das Jahr 1611 datiert.[16] Es gibt keinen Hinweis darauf, wo es entstanden ist, ob in Hanau oder in Frankfurt (Abb. 1). Das kleine auf eine Kupfertafel gemalte Stilleben in Darmstadt stellt schon die vollendete Meisterschaft des *malergesellen* vor. Es gehört zu einer Serie ähnlicher Blumenbilder, die einen farbenprächtigen Strauß von Schnittblumen in kostbaren Vasen abbilden. Es ist charakteristisch für diese Art von Blumenmalerei, daß sie kostbare Zuchtblumen, wie Tulpen, Schachblumen oder Schwertlilien neben einfachen Gartenblumen, wie Ane-

monen, Leberblümchen oder Gartennelken, die keineswegs gleichzeitig blühen, zu einem Strauß zusammenfügt. Die Anordnung der hochgesteckten Blumen folgt einem geometrisch „radialen" System, das von einer Mittelachse ausgeht und etwa eine Tulpenblüte, die wertvollste Blume, in die Mitte stellt. So wirkt der Blumenstrauß fast wie ein botanisches Lexikon.

Frankfurt war zum Zeitpunkt der Entstehung dieses frühen Blumenstillebens von Peter Binoit ein Zentrum botanischer und zoologischer Forschung. Im Jahre 1592 war hier in der Stadt der Drucker und Verleger, die ihre Waren auf der international besuchten Frankfurter Messe anboten, eine Serie von Kupferstichen unter dem Titel *Archetypa studiaque patris Georgii Hoefnageli* in vier Folgen zu je zwölf Blättern von Georg Hoefnagel mit Abbildungen von Pflanzen und kleinen Tieren mit der Absicht erschienen, die genau erforschten Objekte möglichst naturgetreu wiederzugeben.[17] Vier Vasen mit Blumengestecken sind in der Folge naturwissenschaftlich genau mit der Benennung der Blumensorten abgebildet (Abb. 2). Georg und Joris Hoefnagel malten gleichzeitig Aquarelle mit Blumenvasen, wie ein Aquarell auf Pergament signiert und datiert 1594 in Oxford zeigt. 1604 stach Jan Theodor de Bry in Frankfurt eine Folge von sechs

Abb. 1 (links): Peter Binoit, Porzellanvase mit Blumen, 1611, Öl auf Kupfer, Hessisches Landesmuseum, Darmstadt.

Abb. 2 (unten): Georg Hoefnagel, ARCHETYPA STVDIAQUE PATRIS GEORGII HOEFNAGELII, vier Folgen, Frankfurt 1592, Titelblatt Folge zwei, Kupferstich.

Abb. 3 (oben): Jacob Kempener, Blumenbukett in Metallvase, 1604, Kupferstich, gestochen von Theodor de Bry.

Abb. 4 (rechts): Roelandt Savery, Glasvase mit Blumen, 1603, Öl auf Holz, Centraal Museum, Utrecht.

üppigen Blumenbuketts nach Vorlagen von Jakob Kempener (Abb. 3).[18] Die Unterschriften unter den Blumenbildern Kempeners deuten die Blumen moralisierend, wie etwa *Flos speculum vitae modo vernat et interit aura* – *Die Blume als Spiegel des Lebens blüht eben erst und vergeht durch den Lufthauch*, ein Hinweis auf die Vanitas, die Vergänglichkeit des Seins. Das Interesse der Zeit und der Künstler galt aber nicht nur den Blumen, sondern auch der Kleintierwelt, wie den Insekten mit der Metamorphose der Raupen, den Krebsen, Fröschen, Lurchen, Vögeln und Mäusen.

Betrachten wir frühe Blumenstrauß-Stilleben – die Blumenvasenbilder Ludger tom Ring d.J. seien außer acht gelassen –, wie das Blumenbild in der Nische (Abb. 4) von Rolandt Savery, datiert 1603,[19] oder das Prunkvasenbild des Jan Brueghel dem Älteren (Abb. 5), um

1608 entstanden,[20] so läßt sich erkennen, daß das kleine Blumenstilleben von Peter Binoit in seiner künstlerischen Qualität mit ihnen Schritt halten kann. Damals bestanden noch enge Beziehungen der Emigranten zu ihrer verlassenen Heimat, so daß anzunehmen ist, daß die Maler der Frankfurt-Hanauer Stillebenmalergruppe Originale dieser frühen niederländischen Blumenmaler gesehen haben, die sicher auch in der Handels- und Messestadt Frankfurt zu kaufen waren.

Neuerdings ist Pamela Hibbs Decoteau in ihrer Monographie der Werke von Clara Peeters, der Antwerpener Stillebenmalerin, auf die künstlerische Verwandtschaft der frühen Stillebenmaler in Flandern mit den in Hanau und Frankfurt gemalten Bildern – besonders zu den Gemälden ihrer flämischen Protagonistin Clara Peeters – eingegan-

Abb. 6 (oben): Georg Flegel, Laubfrosch und Insekten, Öl auf Kupfer, Historisches Museum, Frankfurt am Main.

Abb. 5 (links): Jan Brueghel der Ältere, Porzellanvase mit Blumen, um 1608, Öl auf Holz, Kunsthistorisches Museum, Wien.

gen. Peter Binoit, meint Pamela Hibbs Decoteau, sei der ihr am nächsten stehende Maler, und sie vermutet, daß entweder Clara Peeters in Frankfurt-Hanau war oder daß Peter Binoit nach Flandern-Antwerpen gereist sei.[21]

Nachdem mehrfach auf die Verbindung der Frankfurt-Hanauer Stillebenmalergruppe mit den gleichzeitigen künstlerischen Strömungen in Flandern hingewiesen wurde, hat Michèle-Caroline Heck in einem Aufsatz (unveröffentlicht) nochmals versucht, diese inhaltlichen wie formalen Verwandtschaften zwischen der flandrischen Kunstproduktion und den in Frankfurt und Hanau entstandenen Werken der Stillebenmalerei auszubreiten. Sie zieht dabei besonders die Werke von Frans Snyders heran.[22]

Die frühen Blumenstillebenmaler malten keine vor ihnen stehenden Blumensträuße nach der Natur, denn die Blütezeit der Blumen in ihren Blumengebinden war nicht gleichzeitig. Sie bedienten sich der Vorlagen in den Drucken, fertigten einen Skizzenvorrat an, wie dies Georg Flegel in seinen überlieferten Aquarellen und miniaturhaften Ölbildern mit Blumen und Kleintieren tat (Abb. 6), um danach Blumenbilder mit Insekten und Kleintieren in Serien herzustellen.[23] Solche Serien malte auch Peter Binoit, der damit einen Bedarf der bürgerlichen Besteller erfüllen konnte, die diese Blumenbilder, wie die Unterschriften auf den Stichen nach Jakob Kempener besagen, als erbauliche oder ermunternde *Andachtsbilder* anstelle religiöser Themen wünschten. Freilich hatten die damaligen Betrachter der gemalten Blumensträuße durchaus auch ihre Freude beim bloßen Schauen auf die bunte Blumenpracht, wie es Federico Borromeo 1628 ausdrückte: *Wenn der Winter naht und alles mit Eis überzieht, hat mich der Anblick – und ich imaginierte sogar den Geruch –, wenn auch*

Abb. 7: Jan Brueghel der Jüngere, Allegorie der Malerei (Detail), Öl auf Kupfer, Privatbesitz.

nicht von echten, so doch von künstlichen Blumen [...] erfreut, wie er sich in Malerei ausdrückt, [...] und in diesen Blumen wollte ich die Vielfalt der Farben sehen, die nicht verfliegen..."[24].

Einen beredten Einblick in die Fertigung eines prunkvollen Blumenvasenstillebens gibt die Darstellung der Allegorie der Malerei von Jan Brueghel dem Jüngeren (1601-1678) (Abb. 7).[25] Eine junge Malerin sitzt vor einer Staffelei und malt mit spitzem Pinsel, unterstützt vom Zeichenstock, an den Blumen des üppig aufgebauten Straußes. Neben ihr steht auf dem Tisch mit allerlei Utensilien eine Blumenvase mit einem Rosenstrauß. Deutlich ist erkennbar, daß die Malerin, die als allegorische Figur die „Malerei" verkörpert, keineswegs diese Vase und den darin befindlichen Strauß abgemalt hat, sondern vielmehr den großen Blumenstrauß auf ihrem Bild in einer viel zu kleinen Vase mit nicht gleichzeitig blühenden Blumen ganz verschiedener Art bestückt hat. Das Bild ist so gewissermaßen ein „Gruppenporträt" von Blumen. An den Wänden des Raumes hängen wie in einer Gemäldesammlung dicht über- und nebeneinander Bilder ganz verschiedener Gattungen, mehrere religiöse Bilder, wie ein Klappaltar mit einer Kreuzigung, neben antiken mythologischen Szenen, Porträts und Landschaften. Es ist nur ein einziges weiteres halbverdecktes Stilleben zu sehen, das zu jener Zeit in der Rangordnung der Bildgattungen an letzter Stelle stand. Dennoch hat der Maler, der als Landschafts-, Blumen- und Tiermaler in Antwerpen tätig war, die Stillebenmalerei in den Mittelpunkt seiner Allegorie gestellt, wohl um seinen eigenen Blumenbildern damit eine Rangerhöhung zu geben. Durch einen runden Torbogen fällt der Blick in einen in die Tiefe gestaffelten Atelierraum, der durch eine lange Fensterfront von links beleuchtet wird. Mehrere Maler stehen oder sitzen an Staffeleien und malen. Drei Lehrjungen haben sich dem ersten Maler lernend zur Seite gestellt. Eine Dame in gelbem Kleid hat zum Porträtieren Platz genommen.

Einen solchen Werkstattbetrieb müssen wir uns im Hause des Daniel Soreau in Hanau vorstellen, in dem mehrere Mitglieder der Familie und Lehrlinge gemeinsam im Atelier Bilder schufen, ja möglicherweise miteinander oder nacheinander an einem Bild malten. Farbigkeit und Malweise verraten in aller Regel den einzelnen Künstler, der sich mit seinem persönlichen Stil einen Markt erobern wollte. Eine unverwechselbare Handschrift und eigenwillige Sicht der Gegenstände konnte so auch in der Stillebenmalerei trotz gleicher oder ähnlicher Bildthemen die Autorschaft eines Künstlers zu einem Markenzeichen werden lassen, an dessen Eigenart er möglichst festhalten wollte, damit durch das Wiedererkennen seiner Bilder der Absatz gesichert war.

Vom größten und prunkvollsten Blumenstilleben Peter Binoits haben sich drei Versionen erhalten; sie sind alle auf Holz gemalt und ca. einen Meter hoch.[26] Die Fassung in Darmstadt ist voll signiert und 1620 datiert (Abb. 8). Die besondere Wertschätzung dieses Gemäldetypes von Peter Binoit geht daraus hervor, daß Erzbischof Lothar Franz von Schönborn 1719 eine Version für seine berühmte Gemäldesammlung auf Schloss Weißenstein in Pommersfelden erwarb. Diese nur wenig variierten Blumenbilder Peter Binoits lassen sich als facettenreiche Vanitas-Symbole lesen. Ist schon der vom

S. 160
Abb. 8: Peter Binoit, Porzellanvase mit Blumengewinde, 1620,
Öl auf Holz, Hessisches Landesmuseum, Darmstadt.

Leben abgetrennte Strauß ein Vergänglichkeitssymbol, so verweisen auch noch weitere Elemente auf dieses Thema. In der Mitte des Straußes taucht eine Akeley auf, die als Christussymbol galt, genauso war dies der Granatapfel am rechten unteren Rand, wo der Papagei in seiner Nähe als Symboltier der unbefleckten Empfängnis gedeutet werden kann. Der Rosenzweig mit den Dornen spielt auf die Passion Christi an, ebenso wie der Blumenkranz, unangetastet von Schnecke und Käfer, der Mutter Gottes, Maria, zugeordnet werden kann. Die mit der kostbaren Fassung viergeteilte Vase mit der Landschaftsdarstellung ist Symbol der Weltkugel. Die Darstellungen der vier Elemente Feuer, Wasser, Erde und Luft lassen sich auf dem Vasenrund finden. Schnecken, Käfer, Fliegen, Raupen suchen auf dem Blumenstrauß Nahrung. Sie haben Anteil am Vergehen, an der Verwesung alles Irdischen.

Daß die inhaltlichen Interpretationen der Stilleben Peter Binoits keineswegs überzogen sind, beweist ein auf den ersten Blick als Vanitasbild erkennbares Stilleben in Hanau (Abb. 9).[27] Das Bild beherrscht ein Blumenstrauß in einer Prunkvase, die ganz nach dem Schema der sonstigen Blumenvasen des Malers gestaltet ist und zusammen mit der charakteristischen Farbigkeit eine Zuschreibung an ihn ermöglicht. Die Vase steht auf einem Buch, eine Mahnung vor dem Hochmut der Gebildeten, der genauso vergeht wie alles Irdische; neben der Vase verweist ein Stundenglas auf das Verrinnen der Zeit, ebenso wie die Brille auf die Gebrechlichkeit des Lebens deutet. Auf der Tischplatte liegen rechts und links von der Vase die Oberteile zweier menschlicher Schädel, ein Beinknochen liegt quer darunter. Ein Kalender, der über die Tischkante ragt, mit der Aufschrift NEWER UND ALTER SCHREIBKALENDER DURCH SIMONIUM MARTIUM GUNZENHAUSEN ist auf das Jahr 1614 datierbar, was wahrscheinlich das Entstehungsjahr des Bildes ist.

Peter Binoit hat einen ihm wohl bekannten Kupferstich des Crispijn de Passe von 1612 variiert (Abb. 10).[28] Auf diesem Kupferstich, der die Inschrift *Memento Mori* trägt, deutet ein Kind auf den vor ihm liegenden Schädel in der gleichen Schräglage wie bei Binoit. Unter

Abb. 10 (oben): Simon de Passe nach Crispijn de Passe, MEMENTO MORI, 1612, Kupferstich.

Abb. 9 (links): Peter Binoit, Vanitasstilleben, 1614, Öl auf Leinwand, Museum Schloss Philippsruhe, Hanau.

Abb. 11: Peter Binoit, Mahlzeitstilleben mit Rechaud, 1618, Öl auf Holz, Schloss Schwarzenberg - Staatliches Schloss, Cesky Krumlov - Krumau.

Abb. 12: Peter Binoit, Mahlzeitstilleben mit Fischen, Öl auf Holz, Schloss Schwarzenberg - Staatliches Schloss, Cesky Krumlov - Krumau

Abb. 13: Peter Binoit, Mahlzeitstilleben mit Rechaud (Detail), Öl auf Holz, Schloss Schwarzenberg - Staatliches Schloss, Cesky Krumlov - Krumau. Ausschnitt

diesem Schädel liegen überkreuz zwei menschliche Knochen. Links steht eine Sanduhr am oberen Bildrand, und das rechte Drittel des Bildes füllt ein üppiger radial geordneter Blumenstrauß in einer Prunkvase. Eine lateinische Inschrift am unteren Bildrand unterstreicht den Vanitas-Charakter: (in freier Übersetzung) *Bedenke, die Wechselfälle des Lebens und des Todes sind wie die Pracht einer lieblichen Blume, die nur für kurze Zeit unversehrt bleibt. Gerade so schreitet das Leben eines Kindes mit ungewissen Schritten voran. Kaum geboren, ist sein zerbrechliches Leben vorbei.*

In den Hanauer Inventarverzeichnissen kommt der Begriff der *Vier Elemente* als Thema für ein Gemälde vor. Die Lehre von den vier Elementen Erde-Feuer-Wasser-Luft geht auf die Antike zurück. Die Elemente werden mit den vier Jahreszeiten und den vier Temperamenten in Beziehung gesetzt und stehen in Zusammenhang mit der Vierersymbolik der Paradiesflüsse und der Kardinaltugenden. Das Christentum des Hochmittelalters entwickelte aus der antiken Tradition eine ausführliche Elementetheorie, die als Bildthema in der Neuzeit lebendig blieb.

Peter Binoit hat zwei Stilleben auf Holz gemalt, die als Gegenstücke auf Schloss Schwarzenberg in Krumau in Südböhmen hängen.[29] Es ist einmal ein Mahlzeitstilleben mit Rechaud (Abb. 11) und ein andermal ein Mahlzeitstilleben mit Fischen (Abb. 12). Betrachtet man beide Gemälde nebeneinander, dann wird klar, daß es sich um Darstellungen aus der Reihe der vier Elemente handelt. Auf der Tischplatte des Mahlzeitstillebens mit Rechaud liegen die Früchte der Erde in vielerlei Gestalt, das Element Erde ist damit angesprochen. Das Rechaud mit dem Fasan kann das Feuer symbolisieren. Das Element Wasser demonstrieren die Fische des zweiten Bildes in Krumau als Früchte des Meeres. Die Luft umfängt alle gemalten Objekte. Es kann aber auch sein, daß ehemals zwei weitere Bilder dazu gehörten, die als Luft mit Vögeln und Erde mit Früchten die Serie zu vier Bildern vervollständigten.

Eine Restaurierung beider Gemälde aus Krumau in der Nationalgalerie Prag 1995 brachte einen überraschenden Fund, der zusätzlich den ikonographischen Inhalt der beiden Stilleben beleuchten kann. Auf dem silbernen Salzgefäß des Mahlzeitstillebens mit Rechaud konnten zwei eingravierte Motive entdeckt werden, die einen christlichen Inhalt haben (Abb. 13). Auf der dem Betrachter zugewendeten Seite des achteckigen Gefäßes erscheint der Patriarch Abraham, der bereit ist, Isaak zu opfern. Mit hocherhobener Hand holt er mit dem Messer aus; Gott greift durch den herabschwebenden Engel ein, der ihn an der Opfertat hindert. In der christlichen Symbolik der alttestamentarischen Szene wird Isaak zum Typus für Christus und die Passion. Abraham, der den Sohn opfern will, wird mit Gottvater verglichen, der Christus zur Erlösung der Menschheit ausgesendet hat. Auf das Christentum weist zusätzlich die in das Salz des Gefäßes gesteckte dornige Rosenblüte als Christussymbol. Brotstücke, silberner Weinbecher und das kostbar gefasste Römerglas mit Wein signalisieren das Messopfer.

Merkwürdigerweise gibt es auf dem Salzgefäß eine zweite Einritzung links neben der Opferszene. Dargestellt ist die Figur der Heiligen Katharina mit dem Rad als Attribut. Sie mag vielleicht ein Hinweis auf eine Auftraggeberin sein, die diesen Namen trug. Aufschlußreich sind diese beiden Einritzungen insofern, als man annahm, die reformierten Hanau-Frankfurter Stillebenmaler hätten sich wie viele Maler dieser Konfession gescheut, bildhafte traditionelle Themen christlicher Herkunft zu malen, wie etwa Heiligenbilder, die Luther und die noch strengeren reformierten Gläubigen ablehnten.

Dieser These einer reformierten Bilderfeindlichkeit widerspricht auch ein Schreibzeug im Eigentum der Wallonisch-Niederländischen Gemeinde in Hanau.[30] Das Schreibzeug, ein Erzeugnis der von niederländischen Einwanderern 1661 in Hanau gegründeten Fayencemanufaktur, *Anno 1677* datiert, ist auf der Vorderseite mit einer Szene mit dem nimbierten Christus, alleine am Tisch sitzend,

geschmückt, der von drei bürgerlich gekleideten Personen (zwei Herren und eine Dame) Gaben der Barmherzigkeit empfängt. Außerhalb des Zimmers werden links im Freien Arme und Kranke gespeist. Eine Inschrift unterstreicht das Thema: *D'Broot, den Armen deelt..met goet hem doet bewysen./ soo sal van leevens boom. de Heer u eeuwich spijsen.* Allerdings fehlen am Tisch, auf dem ein Teller steht, die am letzten Abendmahl teilnehmenden Apostel. Auf der Rückseite des Schreibzeugs ist eine Sitzung des Konsistoriums der niederländischen Gemeinde dargestellt.[31]

Die beiden Mahlzeitstilleben in Krumau sind Schlüsselbilder zum inhaltlichen Erschließen anderer Gemälde Peter Binoits. So stellt sich die Frage, ob ein Stilleben mit toten Vögeln in und um einen Korb in Skokloster in Schweden und in Privatbesitz (Abb. 14), das dieses Motiv innerhalb der überlieferten Werke des Malers zweimal zeigt, als Darstellung des Elementes Luft zu einer Serie der vier Elemente gehören kann, gar inhaltlich zu den Stilleben in Krumau?

In der gleichen Sammlung in Skokloster gibt es ein 1618 datiertes Gegenstück[32] zu diesem Gemälde, ein Früchtestück mit einer mit Obst gefüllten Porzellanschüssel und einer Glasvase mit Nelken, das

Abb. 14: Peter Binoit, Mahlzeitstilleben mit Vögeln, Öl auf Holz, 1618, Privatbesitz.

als Element Erde dem Vogelbild als Element Luft gegenübergestellt werden und vielleicht inhaltlich als viertes Bild zu den beiden Krumauer Stilleben gehört haben kann.

Diesen Bildaufbau variierte Peter Binoit mehrmals, bereicherte ihn mit zwei Papageien oder tauschte die Porzellanschüssel gegen einen Weidenkorb aus; die Melone blieb immer dabei. Den Prototyp stellt offenbar das 1975 in London aufgetauchte, P.B. signierte und 1615 datierte Bild mit einem Schmetterling auf dem Nelkenstrauß in der geradwandigen Glasvase und mit der Porzellankumme mit Maulbeeren dar (Abb. 15).[33] Da das erhaltene Werk Peter Binoits zeigt, daß er seine Bildmotive nur wenig veränderte und in Serien malte, ist anzunehmen, daß ähnliche Bilder einst zusammen die vier Elemente symbolisieren sollten. Jedenfalls malte Peter Binoit auch mehrfach Bilder mit einem Rechaud im Mittelpunkt, das achteckige Salzgefäß wie der Römer und der silberne Weinbecher kehren ebenfalls wieder.

Im Werkverzeichnis des Peter Binoit von 1962 erscheint ein anderes Serienbild, das als Mahlzeitbild sich mühelos in das Werk des Malers einfügen läßt (Abb. 16).[34] Dies Bild wäre in Hanauer Inventarverzeichnissen als *banquetlin* bezeichnet worden. Es zeigt auf ansteigender Tischplatte ein gefülltes Weinglas neben Brotstücken, einen über die Tischplatte ragenden Zinnteller mit Früchten und einer aufgeschnittenen Zitrone und eine hochstielige silberne Schale mit Zuckergebäck. Eine am Zuckerwerk neben der Silberschale knabbernde Maus, ein Krebs und Krabben beleben das Bild. Eine Fassung dieses Themas in Turin ist (falsch) *P/B* signiert; die übrigen bekannten Exemplare in München und New York sind unsigniert.

Stefano Bottari stellte 1964 ein *Fco.C.F.* signiertes Bild in einer römischen Privatsammlung neben dieses Bild (Abb. 17) und publizierte eine Reihe weiterer Bilder, die den gleichen Bildaufbau verraten.[35] Sie sind teilweise *Francesco Codino* signiert und zwischen 1621 und 1622 datiert.

Der italienische Autor hatte einen bis dahin unbekannten Stillebenmaler der Hanauer Stillebenmalergruppe entdeckt, von dem wohl

Abb. 15 (oben): Peter Binoit, Früchtestilleben mit Nelken in Glasvase, 1615, Privatbesitz.

Abb. 16 (mitte): Bisher Peter Binoit, besser Franz Godin (Francesco Codino), Mahlzeitstilleben mit Krebs, Öl auf Holz, Galleria Sabauda, Turin.

Abb. 17 (unten): Franz Godin (Francesco Codino), Mahlzeitstilleben mit Krebs, Öl auf Holz, Privatbesitz.

auch die als Peter Binoit benannte Fassung in Turin stammt. Francesco Codino datierte und signierte Früchtestilleben, die in enger Anlehnung zu signierten und datierten Bildern von Peter Binoit entstanden sind. Die chinesische Porzellanschüssel mit Früchten und die Engobevase mit dem Blumenstrauß sind z.B. auf einem *Fco. Codino 1621* signierten Bild in einer römischen Privatsammlung (Abb. 18) wie Versatzstücke ähnlich aus den Stilleben von Peter Binoit übernommen. Codino malte diese Zusammenstellung in mehreren Varianten, von denen eine in Paris von der römischen Fassung nur in Nuancen abweicht, die kaum erkennbar sind. Ehe die Existenz der Bilder von Francesco Codino bekannt war, konnten seine Gemälde leicht mit denen von Peter Binoit verwechselt werden.

Stefano Bottari hat keinen Beleg dafür erbracht, daß Francesco Codino in Hanau in der Nachbarschaft von Peter Binoit gearbeitet hat; die Zuweisung nach Hanau gelang ihm durch Bildvergleiche. Francesco Codino – der Name ist italianisiert und lautete ursprünglich Franz Godin – gehörte tatsächlich zu einer Familie, die aus dem wallonischen Hennegau stammte und die um 1600 über Köln an den Untermain gekommen war.[36] Ein Jakob Godin war im Verzeichnis der Frankfurter Bürger auf Zeit vom 31. März 1601 unter den *Rechenherren* genannt. Er verhandelte zusammen mit seinem Bruder Philipp mit Graf Philipp Ludwig II. von Hanau-Münzenberg über die Gestaltung des reformierten Gottesdienstes in dem hanauischen Ort Bockenheim bei Frankfurt. 1604 heiratete ein Charles Godin in Hanau, und Mitglieder der Familie gab es auch in Frankenthal. Françoise Soreau, vermutlich die Schwester Daniel Soreaus, war mit einem Franz Godin (vielleicht der Maler?) zusammen Patin; sie hatte in Hanau die ursprünglich für Daniel Soreau reservierten Häuser

übernommen. Franz Godin, der Stillebenmaler, gehörte zu diesem Familienkreis und kann auch wegen der künstlerischen Nähe seiner Bilder zu den Gemälden von Peter Binoit als Schüler Daniel Soreaus gelten, der ja nur Verwandte in seine Werkstatt aufnehmen wollte. 1621 datierte Franz Godin sein erstes Bild in Italien mit *Francesco Codino*. Er war, genau wie Sebastian Stoßkopff aus der gleichen Werkstatt es später tat, wohl wegen des Dreißigjährigen Krieges aus dem unruhigen Deutschland ausgewandert.

Daniel Soreau hatte fünf Söhne. Der in Frankfurt am 6. Juli 1591 geborene Jean heiratete in Hanau 1618 und starb 1626. Er taucht nirgendwo als Maler auf. Daniel, ebenfalls in Frankfurt 1599 zur Welt gekommen, starb 1630 als Bürger von Frankfurt, Zuckerbäcker und Gewürzkrämer. Die Zwillingssöhne Peter und Isaak sind am 17. Oktober 1604 in Hanau getauft worden. Peter wurde 1638 Bürger von Frankfurt. Er muß vor 1672 gestorben sein, denn in diesem Jahr verschied seine Witwe. Beide Söhne wurden Maler und erhielten ihre Ausbildung bei ihrem Vater, der 1619 starb. Isaak Soreau wurde am 15. Oktober 1626 als Pate eingetragen. Ein auf Kupfer gemaltes Stilleben in Schwerin trägt neben seinem Namen *I. Soreau* die Jahreszahl *1638* (Abb. 19), und ein zweites, neu gefundenes Stilleben ist zusätzlich zu dem Namen *I. Soreau 1645* datiert (Abb. 24). Diese Bezeichnungen auf den Gemälden sind die letzten und einzigen belegten Lebenszeichen Isaak Soreaus.[37] Der Sohn René wurde am 4.9.1608 in Hanau getauft.

Isaak Soreaus Handschrift auf seinen Gemälden, seine Art, den Bildraum zu gestalten und die Objekte zu einem Stilleben zu ordnen, unterscheiden sich von den Bildern Peter Binoits, der in die Werkstatt Daniel Soreaus als ausgelernter Malergeselle eingetreten war. Der

Abb. 18: Franz Godin (Francesco Codino), Früchtestilleben mit Vögeln, 1621, Öl auf Holz, Privatbesitz.

Abb. 19: Isaak Soreau, Früchteteller, -kumme und Blumen, 1638, Öl auf Kupfer, Staatliches Museum, Schwerin.

ebenfalls in der Soreau-Werkstatt lernende Sebastian Stoßkopff war sieben Jahre älter als die Zwillingssöhne Daniel Soreaus, Isaak und Peter, auch er hatte, bevor er nach Hanau kam, eine Ausbildung als Maler in Straßburg erhalten. So konnte er vor Ablauf seiner vereinbarten Lehrzeit die durch den Tod Daniel Soreaus verwaiste Werkstatt bis 1622 weiterführen, ehe er nach Paris ging. Von Peter Soreau haben sich mit seinem Namen voll signierte Stilleben erhalten, die nach seinem Weggang aus Hanau entstanden sind.

Die Isaak Soreau zugewiesenen Stilleben gruppieren sich um das signierte und 1638 datierte Früchtestilleben in Schwerin (Abb. 19). Auf die ansteigende Tischplatte hat der Maler einen Zinnteller gestellt, der bepackt ist mit grünen und roten Weintrauben, die auf Weinblättern liegen. Ein Schmetterling hat sich auf die linke obere Traube niedergelassen. Neben dem Zinnteller steht eine chinesische Kumme mit Maulbeeren. Am unteren Bildrand liegen eine Johannisbeerrispe, drei Haselnüsse, eine Nelkenblüte und ein Rosenstiel. Ein Maikäfer läuft von rechts in das Bild.

So wie auch Peter Binoit es tat, so hat auch Isaak Soreau dies Bildmotiv mehrfach wiederholt, entweder, wie in Washington, nur mit wenigen zugefügten Früchten am Boden oder, wie in München, durch das Weglassen der Kumme. Auch auf Bildern in Darmstadt, Stockholm und Zürich steht eine Schale mit Trauben im Mittelpunkt der Gemälde, die entweder aus Zinn oder aus Fayence sein kann. Blumensträuße in Glasvasen wurden zugefügt; die Kumme mit Maulbeeren taucht mehrfach auf. Erkennbar ist, daß es sich vielfach um die gleichen Objekte handelt, die der Maler mehrfach abmalte und die wohl Bestand seines Hausrates waren.

Isaak Soreau hatte in dieser durch das Schweriner Bild zeitlich festgelegten Zeit die Angewohnheit, die Gefäße, Gläser und Früchte auf der Tischplatte so anzuordnen, daß es fast keine Überschneidung der Konturen gab. Immer sind einzelne Früchte an den vorderen Bildrand gerückt. Wie bei den Bildern mit den Traubentellern, so gibt es auch bei einem Bild mit einem flachen Fayenceteller mit Erdbeeren eine Variante. Auf einem Bild in Paris[38] steht links neben dem Erdbeerteller eine gläserne Blumenvase. Ein Löffel ist von rechts unter den Teller geschoben, genauso wie auf dem Gemälde in Cincinnati (Abb. 20), auf dem die Blumenvase nach rechts gerückt ist und links am Bildrand ein mit rotem Wein gefülltes Weinglas auftaucht. Dies sehr durchsichtig gemalte Weinglas mit einem Balusterfuß findet sich mit der Kuppa vor dunklem Hintergrund, eckig gebrochen und mit weißem Wein gefüllt, ähnlich auf einem Bild in Frankfurt am Main[39] wieder (Abb. 21), das die Weintraubenschüssel mit einem Zinnteller, auf dem ein kostbares Messer liegt, kombiniert.

Wiederum wie Versatzstücke verwendete Isaak Soreau Glasvasen mit Blumen, die in den üppiger werdenden Früchtestilleben zusammen mit einer Maulbeerkumme, einer Früchteschüssel aus Fayence und einem mit Trauben hochgefüllten Weidenkorb gemalt wurden. Die Früchtekörbe waren vermutlich bei den Abnehmern beliebt. Sie orientierten sich in ihrer Sicht und in ihrem Aufbau an gemalten Früchtekörben von Jakob Hulsdonck, der sie in Antwerpen in ähnlicher Manier malte.

Ein neuer Fund eines gemalten Korbes zeigt eine mögliche Verwendung dieser Malerei, die bisher nicht in Betracht gezogen wurde. Auf einer Londoner Versteigerung am 6. Dezember 1989 kam ein

Abb. 20: Isaak Soreau, Früchteteller mit Weinglas und Blumenvase, Öl auf Holz, Cincinnati Art Museum, Cincinnati OH.

Abb. 21: Isaak Soreau, Zwei Früchteteller mit Weinglas, Öl auf Kupfer, Privatbesitz.

auf Holz gemaltes Stilleben zum Verkauf, das Isaak Soreau zugeschrieben wurde (Abb. 22).[40] Dies Gemälde hat tatsächlich Verwandtschaft mit den für Soreau gesicherten Stilleben. Es zeigt in schmalem hochrechteckigen Feld vor dunklem Hintergrund auf der braunen Tischplatte, die mit nebeneinander gereihten Eßkastanien, einem Granatapfelstück und einer Walderdbeerenrispe besetzt ist, einen in die Tiefe gestellten Weidenkorb mit hochaufgetürmten verschiedenen Früchten, hinterfangen von Weinblättern. Auf den Blättern von Aprikosen, die rechts über den Korbrand ragen, sind Wassertropfen verteilt. Ein Schmetterling, eine Fliege und der Maikäfer am unteren Bildrand vertreten die Tierwelt.

Die wichtigste Erkenntnis, die dieses Stilleben vermittelt, ist die Tatsache, daß das Bild ehemals die Füllung einer Schranktür oder einer Wandvertäfelung war. Deshalb ist das eigentliche Gemälde in einen dekorativen Rahmen gezwängt, der oben und unten eingezogen ist und mit einer halbrunden Ausbuchtung versehen ist. Der rote Hintergrund oberhalb und unterhalb des gemalten Weidenkorbes ist mit Goldmalerei dekoriert, die ein Stoffmuster suggeriert. Es ist denkbar, daß in einer von mehreren Malern benutzten und mit Lehrlingen besetzten Werkstatt, wie der von Daniel Soreau, ein *Malergeselle* oder Lehrling diese Auftragsarbeit nach dem Vorbild und der Anweisung Isaak Soreaus gemalt hat.

Ein Gemälde in Amsterdamer Privatbesitz mit dem mit Obst voll gefüllten Weidenkorb und der Glasvase mit Nelken und Tulpen kann die enge Verwandtschaft von Bildern von Isaak Soreau mit dem Schranktürbild vorführen (Abb. 23).[41] Der Vergleich zeigt besonders

Abb. 22: Soreau-Werkstatt, Früchtekorb auf Schranktür, Öl auf Holz, Privatbesitz.

Abb. 23: Isaak Soreau, Früchtekorb und Glasvase mit Blumen, Öl auf Holz, Privatbesitz.

Abb. 24: Isaak Soreau, Früchtestilleben mit Engobevase mit Nelken, Porzellankumme und Kohlkopf, 1645, Öl auf Holz, Privatbesitz.

bei dem Schranktürbild die etwas unbeholfene Beherrschung der Perspektive mit dem viel zu hohen und unstabilen Früchteaufbau. Man kann deutlich sehen, daß die Bilder nicht „vor der Natur" gemalt sind – der Früchteaufbau könnte sich in Wirklichkeit statisch nicht in dem Gefäß halten – sondern daß sie vielmehr aus Einzelstudien zusammengesetzt sind. Die Maler der Hanauer Stillebenschule verwendeten immer wieder einzelne Früchtekombinationen in gleicher formaler Zusammensetzung. Da sie dabei wie bei anderen Bildmotiven vielfach auf flächige Vorlagen der Kupferstiche aus Büchern oder Stichfolgen zurückgriffen oder auf einen von ihnen selbst angelegten Motivvorrat von Aquarellen, gelang ihnen nicht immer die Stimmigkeit der räumlichen Aussage, so lassen sich auch die öfter auftretenden Schwankungen in der Perspektive erklären.

Das Repertoire der Stilleben von Isaak Soreau hat ein kürzlich entdecktes voll signiertes und datiertes Bild erweitert. Wie auf dem Schweriner Bild ist der Vorname mit *I.* abgekürzt und der Nachname *Soreau* ausgeschrieben. Die Jahreszahl 1645 ist zugefügt (Abb. 24). Durch diesen Fund ist erwiesen, daß Isaak Soreau mindestens bis zu diesem Zeitpunkt Bilder malte.[42]

Das Gemälde in Privatbesitz bietet neben dem Datum 1645 noch andere Überraschungen. Zuallererst fällt auf, daß der Bildraum im „barocken" Sinn dicht zugebaut ist. Auf den früheren Bildern, die Überschneidungen vermieden, spielt der freie Platz zwischen den Objekten eine entscheidende Rolle. So ließen sich Kompositionslinien aufbauen und die Räumlichkeit der Gegenstände und Früchte wurde gegeneinander im „manieristischen" Sinn ausgespielt. Dieser Stil Isaak Soreaus, der auch bei den Gemälden des um etwa 15 Jahre älteren Peter Binoit anzutreffen ist, hat sich vollständig gewandelt. So, als ob der Künstler einem „horror vacui" erlegen sei, schiebt er nun alle Objekte zusammen. Alleine fünf Gefäße nehmen Früchte

Abb. 25: Isaak Soreau, Früchtekorb mit Rettichen, Öl auf Kupfer, Privatbesitz.

und Blumen auf; eine bedrängende Fülle beherrscht die Holztafel. Die Gefäße überschneiden sich, die vordem locker geflochtenen Weidenkörbe sind nun dicht geschlossen. Wie um die Bedrängnis voll zu machen, schiebt sich ein riesengroßer Kohlkopf zwischen die Blumenvase aus Engobekeramik (nicht mehr aus Glas) und die Maulbeerkumme, die als „Versatzstück" wieder auftaucht.

Es ist auch bei Georg Flegel in seinen späten Bildern eine ähnliche Kompaktheit anzutreffen. Hat er auf seinem Bild *Frühstück mit Trauben, Flußkrebs und Brot* in Ulm die in die Tiefe gestaffelten Gefäße fast freigestellt wiedergegeben, so wird die Tendenz zur Verdichtung besonders auffallend etwa bei dem 1637 datierten „Frühstück mit

Rechaud" oder dem ebenfalls 1637 datierten *Stilleben mit Fisch* in Frankfurt.[43] Es ist erkennbar, daß sich Isaak Soreau am Vorgehen Georg Flegels orientiert hat, so wie er am Anfang seiner Malerei sich an Antwerpener Vorbildern schulte.

Auf einem Bild in Privatbesitz[44] mit einem gefüllten Weidenkorb fügte Isaak Soreau zu den Früchten – Aprikosen, Kirschen, Pflaumen – Spargel und Rettiche zu einer malerischen Symbiose (Abb. 25). Es kommt Bewegung in das Bild. Zu den runden Früchten stehen die Spargelstangen und spitzen Rettiche in starkem Kontrast. Auch diesen Bildtyp variierte Isaak Soreau, wie ein ähnlich aufgebautes Gemälde in Schwerin zeigt. Auf den Bildern liegen am unteren

Abb. 26: Peter Soreau, Früchtestilleben und Glasvase mit Nelken, 1637, Öl auf Holz, Privatbesitz.

Bildrand einzelne Früchte und Blätter, Wassertropfen zeichnen sich ab.

Im Gegensatz zu der gegebenen Interpretation von Bildern von Peter Binoit fällt es angesichts der bekannten Produktion von Isaak Soreau schwer, diesen Stilleben einen ikonographisch deutbaren Inhalt zu unterlegen. Schon das Beispiel mit der gemalten Schranktür oder Wandvertäfelung zeigt, daß zuerst der dekorative Charakter dieser Bilder gefragt war und die Bemerkung Federico Borromeos von 1628, der sich an der gemalten bunten Blumenpracht angesichts des kommenden Winters freute, läßt den Schluß zu, daß die Abnehmer der Stilleben Isaak Soreaus gerne diese Fruchtkörbe und -schüs-

seln als farbenprächtige dekorative Schaubilder und als appetitanregende Accessoirs in ihren Wohnungen sahen, ohne ihnen unbedingt einen hinter- oder tiefsinnigen Inhalt zugestehen zu müssen.

Die datierten und mit *PS* signierten Stilleben, die dem Zwillingsbruder Isaak Soreaus, Peter, zugeordnet werden, verraten ihre Herkunft aus der Hanauer Stillebenschule des Daniel Soreau. Vier bisher bekannte Gemälde, ein Früchtestilleben mit Nelken, datiert 1637, ein Mahlzeitstilleben in Privatbesitz, datiert 1644, und zwei Früchtestilleben in Straßburg und in Dessau, datiert 1652 und 1655, können nur einen kleinen Ausschnitt einer größeren Produktion dokumentieren, die offenbar verloren gegangen ist.[45] Das Früchtestilleben

Abb. 27: Peter Soreau, Mahlzeitstilleben mit Vögeln, 1644, Öl auf Holz, Privatbesitz.

von 1637 steht dem 1645 datierten Früchtestilleben von Isaak Soreau am nächsten. Wie dort (Abb. 24) sind der Früchtekorb und die Gemüsestücke dicht zusammengerückt, die Nelkenblüten sind in der gleichen Art gemalt (Abb. 26), so daß anzunehmen ist, daß die Zwillingsbrüder in Frankfurt eine gemeinsame Werkstatt hatten, die das künstlerische Erbe Georg Flegels angetreten hat. Das Mahlzeitstilleben in Privatbesitz mit toten Vögeln, einem Weidenkorb mit Weinbergschnecken, einem fettigen Fleischstück, einer Porzellan-

kumme mit Gurken, dem Zinnteller mit angeschnittenen Würsten und mit den beiden zugefügten Zwiebeln und Birnen, so wie wir es bei dem spät datierten Stilleben von Isaak Soreau gesehen haben, hat mit „barocker" Fülle die ansteigende Tischplatte besetzt (Abb. 27). Alle Objekte schieben sich jeweils vor die nächstliegende Gruppierung, so daß kaum noch Platz auf der Tischfläche bleibt. Die beiden später entstandenen Früchtestilleben Peter Soreaus von 1652 und 1655 halten sich an das Prinzip der Fülle. Jeweils setzt auf den Bil-

Abb. 28: Jeremias van Winghen, Küchenszene, 1613, Öl auf Leinwand, Historisches Museum, Frankfurt am Main.

dern eine Porzellanschüssel mit Pfirsichen den Akzent. Statt der exotischen Feigen auf dem einen Stilleben belebt ein dünner Rettich vor einem Weidenkorb das andere Früchtestilleben auf überraschende Weise. In Frankfurt, wo diese Stilleben Peter Soreaus vermutlich gemalt worden sind, war eine neue Generation von Stillebenmalern herangewachsen, deren Hauptvertreter Jakob Marrell war.

Jakob Marrell war ein Enkel des französischen Juweliers Claude Marrell.[46] Der Vater wurde in Frankfurt 1585 getauft und wurde 1613 Stadtschreiber in Frankenthal. Hier kam auch sein erster Sohn Jakob

1613/1614 zur Welt. Als Dreizehnjähriger kam Jakob Marrell zu Georg Flegel in Frankfurt in die Lehre. 1634 signierte und datierte Jakob Marrell ein Blumenvasenstilleben *Jacobus Marrellus Fecit VTRECK.* In Utrecht heiratete der Maler 1641; hier betrieb er neben der Malerei einen regen Kunsthandel. 1651 erhielt er in Frankfurt Bürgerrechte. Hier vermählte er sich nach dem Tod seiner ersten Frau mit der Witwe Matthäus Merians. So wurde er der Stiefvater der Blumenmalerin Maria Sybilla Merian. Seine Schwägerin Susanna Barbara Merian hatte nach dem Tod von Sarah Soreau, einer Nichte

Stillebenmalerei in der Gründungsstadt Neu-Hanau

von Daniel Soreau, deren zweiten Mann, den Kupferstecher Christoph le Blon geheiratet. So war auch Jakob Marrell mit den Hanauer und Frankfurter Malern und Künstlern eng versippt. Von Frankfurt aus nahm er seinen Schüler Abraham Mignon und Maria Sybilla Merian zu einem Studienaufenthalt nach Utrecht mit. Ab 1679 wohnte Jakob Marrell ununterbrochen bis zu seinem Tode 1681 in Frankfurt.

Noch immer spielte die Verflechtung der deutschen und niederländischen Kunst bei Jakob Marrell eine große Rolle. Seine Blumenvasenbilder wie seine Früchtestilleben und Frühstücksbilder sind ganz an den Utrechter Beispielen dieser Bildgattung, besonders an den Bildern von Jan I. Davidsz. de Heem, dessen Gemälde er auch kopierte, orientiert. Ebensosehr suchte er mit den Blumenbildern von Daniel Seghers aus Antwerpen zu konkurrieren. Die Zeit der Vorbildfunktion der Schule des Daniel Soreau in Hanau und von Georg Flegels Stillebenmalerei war vorüber.

In den Hanauer Nachlaßinventaren wird neben den benannten Stillebentypen auch ein Thema erwähnt, das mit diesen Stilleben zusammenhängt: die Küchenszene. Petronella Schelkens, *Sieur Hans von Meusenholn haußfrawen*, ließ von Hugo Peltzer, dem Stadtsekretär, im März 1620 ihr Inventar aufnehmen. Unter den zahlreichen Gemälden ist auch ein *Küchenbild* aufgezählt.

Das Küchenstück ist in Zusammenhang mit Bildern von Marktständen und Vorratskammerbildern zu sehen, die in den Niederlanden als Bildformen entwickelt wurden. Die Bilder spiegeln die sich um diese Zeit schnell verändernden Lebensformen bürgerlicher Kreise und die Kommerzialisierung der Landwirtschaft wieder. Am Anfang der Entwicklung sind meist noch religiöse Szenen, wie etwa die Geschichte vom reichen Mann und Lazarus oder Christus im Hause von Martha und Maria, mit der Schaustellung von Früchten und Eßwaren, mit der Thematik dieser Bilder verbunden. Ebenso spielen erotische Anspielungen wie auch die voluptas carnis, die Luther den Mutwillen des Fleisches nannte, dabei eine Rolle.

Georg Flegel war in Frankfurt schon vor 1600 als Maler von Blumen, Früchten und Tieren an der Vollendung von Marktbildern und Innenräumen von Lukas van Valckenborch beteiligt.[47] Diese Gemälde können mit ihren isoliert aufgebauten stillebenhaften Gruppierungen auf Marktständen und Tischen als die Anfänge der Stillebenmalerei am Untermain gelten. Es fällt nicht schwer, sich vorzustellen, daß in diesen Gemeinschaftsarbeiten die Maler der Einzelobjekte, der Gefäße, Früchte und Speisezutaten, die zu Gruppen ausgebreiteten Stücke zu eigenen Kompositionen auf kleinen Holz- oder Kup-

fertafeln zusammenstellten, um sie als Stilleben verschiedener Thematik zu verkaufen. So tat es Georg Flegel, der damit zum ersten Stillebenmaler in Deutschland wurde.

Aus Brüssel kam 1585 Joos oder Jodocus van Winghen nach Frankfurt. Er brachte seinen 1578 dort geborenen Sohn Jeremias mit, den er 1600 zur weiteren Ausbildung zu dem Maler Frans Badens nach Antwerpen schickte. Anschließend war Jeremias van Winghen in Rom, und 1608 ließ er sich endgültig in Frankfurt nieder, wo er mit den Bildern der Hanau-Frankfurter-Stillebenmalerei in enge Berührung kam. Er starb 1645 in Frankfurt. Daniel Soreau besaß zwei Bilder des Joos van Winghen.

Jeremias van Winghen malte 1613 eine Küchenszene[48] in der niederländischen Tradition von Markt- und Küchenstücken des Pieter Aertsen und seines Neffen Joachim Beuckelaer, die zeigen kann, wie solche Bildthemen aussahen, die zur gleichen Zeit in Hanauer Häusern die Wände schmückten (Abb. 28). Ein zudringlicher Mann steht neben einer Frau, der er Geld anbietet; sie sitzt vor einem üppig mit Fleisch, Geflügel, Vögeln, Karotten und Kohl und einem Fisch in einer Holzschale bedeckten Tisch. (Ein Kind schaut neben ihnen über den Tisch). Im Hintergrund sind in einem Wanddurchblick drei Männer zu sehen, die Trick-Track spielen und die von einer Frau bewirtet werden. Das Gemälde hat eindeutig einen moralisierenden Sinngehalt: die erotische Anspielung ist offensichtlich; auch die Speisezutaten signalisieren Bezüge. Der Fisch z.B. als „magere" Speise weist entgegen den „fetten" Fleischstücken auf die Fastenzeit, so wie auch das links auf einem Seitentisch angeordnete „Mahlzeitstilleben" mit Brot, Wein und Käse als Fastenspeise gelten kann. Der über den Tisch blickende Knabe greift zu den vor ihm stehenden Äpfeln, die ein Symbol des Sündenfalls sind. In der Literatur der Zeit wird das Trick-Track-Spiel und das Spielen überhaupt als lasterhaft verurteilt.

Mit den ausgewählten Beispielen der Stillebenmalerei aus Hanau und Frankfurt und ihren Bildthemen ist zusammen mit den ebenfalls in den Inventaren genannten religiösen Themen, den Landschaftsbildern und Porträts die Bildwelt in den Bürgerhäusern der niederländischen Emigranten in der Neustadt Hanau abgeschritten. Die in den Inventaren vorkommenden Künstlernamen verweisen auf die bekannten Maler in Frankfurt und Frankenthal, die zusammen mit den Stillebenmalern den Bedarf ihrer Landsleute und Glaubensgenossen mit Bildvorlagen bedienten. Die Bildthemen entsprachen dem Bildungsgrad und dem Geschmack der Einwanderer. Die Hanauer Neubürger brachten dazu ihre hohen künstlerischen Ansprüche an den Untermain.

Anmerkungen

[1] Elisabeth Bütfering, Niederländische Exulanten in Frankenthal - Gründungsgeschichte, Bevölkerungsstruktur und Migrationsverhalten, in: Kunst Kommerz Glaubenskampf Frankenthal um 1600, Worms 1995, S. 37 ff.

[2] Die Gründungsgeschichte der Neustadt Hanau behandelt ausführlich: Heinrich Bott, Gründung und Anfänge der Neustadt Hanau 1596-1620, 2 Bde., Hanauer Geschichtsblätter Bd. 22,23, 1970,1971

[3] Karl Siebert, Hanauer Biographien aus drei Jahrhunderten, Hanau 1919, S. 151 ff. - Philipp Ludwig II., Graf von Hanau (1576-1612) . - Reinhard Suchier, Genealogie des Hanauer Grafenhauses, Festschrift des Hanauer Geschichtsvereins..., Hanau 1894, S. 16,27, Abb. 25a

[4] Heinrich Bott 1970 a.a.O. S. 227 f.

[5] Heinrich Bott, Graf Philipp Ludwig II. und der erste Marktbrunnen der Neustadt Hanau, in: Hanauer Geschichtsblätter, Bd. 21, 1966, S. 308

[6] A. Winkler und J. Mittelsdorf, Bau- und Kunstdenkmäler der Stadt Hanau, Hanau 1897, S. 206 ff.

[7] Heinrich Bott, Ein Porträt des jugendlichen Grafen Philipp Ludwig II. von Hanau-Münzenberg, in: Hanauer Geschichtsblätter, Bd. 24, 1973, S. 291 ff.

[8] H.J.Chr. von Grimmelshausen, Der abenteuerliche Simplicissimus, Leipzig 1916, Neudruck der Ausgabe letzter Hand von 1671, S. 84 und S. 161 - Über die Zeit Grimmelhausens in Hanau siehe: Gustav Könecke, Quellen und Forschungen zur Lebensgeschichte Grimmelshausens, Erster Band, Weimar 1926, S. 159 ff. - Johannes Koltermann, Kaspar Christoph von Grimmelshausen,der Oheim des Dichters Grimmelshausen und seine Hanauer Umwelt, in: Neues Magazin für Hanauische Geschichte, 2. Bd. Nr. 1, S. 1ff.

[9] Heinrich Bott, 1971, S. 370: Anlagen: Aus dem Inventarienbuch der Neustadt Hanau 1611-1625, S. 371 ff.

[10] Zuletzt: Kat. Eros und Mythos Kunst am Hof Rudolfs II., Wien 1995, S. 69 f., Kat. Nr. 33,34, Abb. S. 41. - Kat. Prag um 1600 Kunst und Kultur am Hofe Kaiser Rudolfs II., 2. Bd., Wien 1988, S. 126, Kat. Nr. 598, Exemplar für Rudolf II. - Karel van Mander, Schilder-boeck, 1603-1604, erwähnt Daniel Forreau (gemeint ist Soreau) erstmals als Eigentümer des Gemäldes, siehe: Karel van Mander The Lives of Illustrious Netherlandish and German Painters...with an Introduction and Translation edited by Hessel Miedema, Vol. I., Doornspijk 1994, S. 316,317 - Joachim von Sandrart, Academia der Bau-, Bild- und Mahlerey-Künste, 1675 (Neuausgabe München 1925) S. 141 gibt schon „Daniel Sorreau" als Eigentümer an. Er hat das Bild wohl in dessen Haus gesehen.

[11] Kurt Wettengel, Georg Flegel in Frankfurt am Main, in: Kat. Georg Flegel 1566-1638 Stilleben, Hrsg. Kurt Wettengel, Frankfurt am Main 1993, S. 16 ff.

[12] Gerhard Bott, Stillebenmaler des 17. Jahrhunderts Isaak Soreau - Peter Binoit, in: Kunst in Hessen und am Mittelrhein, 1+ 2, Darmstadt 1962, S. 27 ff. - Gerhard Bott, Der Stillebenmaler Daniel Soreau und seine Schule, in: Kat. Georg Flegel a.a.O. S. 234 ff.

[13] Gerhard Bott, 1962, a.a.O.S. 32, Abb. 1 - Gerhard Bott, 1993, a.a.O.S. 235

[14] Michèle-Caroline Heck, Sebastien Stoskopff Peintre De Natures Mortes (1597-1657, Diss. Universität Strasbourg 1995, Bd. 1 S. 23 ff., Kap.

2A: Sebastien Stoskopff à Hanau - Birgit Hahn-Woernle, Sebastian Stoskopff, Stuttgart 1996, S. 52 ff: Sebastian Stoskopff und die Stillebenmalerei in Hanau zu Beginn des 17. Jahrhunderts

[15] Gerhard Bott, 1962 a.a.O. S. 34, 48 ff., Verzeichnis der Gemälde von Peter Binoit: S. 75 ff.

[16] Gerhard Bott, 1962 a.a.O. S. 76 - Zuletzt: Pamela Hibbs Decoteau, Clara Peeters 1594-ca. 1640, Lingen 1992, S. 96, Abb. S. 97, Nr. III. 104

[17] Thea Vignau-Wilberg, ARCHETYPA STUDIAQUE PATRIS GEORGII HOEFNAGELI 1592 Natur, Dichtung und Wissenschaft in der Kunst um 1600, München 1994 - Thea Vignau-Wilberg, Niederländische Emigranten in Frankfurt und ihre Bedeutung für die realistische Pflanzendarstellung am Ende des 16. Jahrhunderts, in Kat. Georg Flegel 1993 a.a.O. S. 157 ff.

[18] Kat. Georg Flegel 1993 a.a.O. S. 213, Kat. Nr. 111, 1-6

[19] Marie-Louise Hairs, The Flemish Flower Painters in the XVIIth Century, Brüssel 1985, S. 212, Abb. 70. Utrecht, Centraal Museum

[20] Marie-Louise Hairs, 1985 a.a.O. S. 76, Abb. 18: Wien, Kunsthistorisches Museum, Verzeichnis der Gemälde Wien 1991, S. 38, Abb. Tafel 379

[21] Pamela Hibbs Decoteau 1992 a.a.O. S. 96

[22] Michèle-Caroline Heck, Frans Snyders et la nature morte allemande au début du XVIIième siècle, Strasbourg 1996, ungedrucktes MS S. 1ff.

[23] Kat. Georg Flegel 1993 a.a.O. S. 208, Kat. Nr. 105, Laubfrosch und Insekten, Öl auf Pergament, Historisches Museum, Frankfurt am Main

[24] Birgit Hahn-Woernle, 1996 a.a.O. beschäftigt sich bei der Betrachtung der Stilleben von Sebastian Stoßkopff ausführlich mit der Deutung der Bilder: Kap. Bild und Religion. Siehe auch: Kat. Stilleben in Europa, Münster 1980, Kap. B 4, S. 293 ff. Blumenstilleben

[25] Johnny van Haeften, Dutch and Flemish Old Master Paintings, London 1992, Nr. 8 (Abb. Ausschnitt) - Gesamtabb. Gegenüber Kat. Nr. 8

[26] Gerhard Bott, 1962 a.a.O. S. 82, Nr. 19-21 - Gerhard Bott, Zu einem Bild von Peter Binoit, in: Lob der Provinz. Ein Darmstädter Lesebuch, Darmstadt 1967, S. 386 ff.

[27] Kat. Georg Flegel 1993 a.a.O. S. 272, Kat. Nr. 150, Abb. S. 271 - Museum Schloss Philippsruhe, Hanau - Im Kat. die Maler tom Ring, Bd, II, Münster 1996, Kat. Nr. 84, S. 406, Anm. 2 wird das Bild in die Nähe einer Gruppe von Blumenvasen-Stilleben von Jeremias van Winghen gestellt. Als Vorlage für die Blumen wurden Stiche aus dem Florilegium von Johann de Bry von 1611 und 1613 angeführt

[28] Kat. Georg Flegel 1993 a.a.O. S. 215, Kat. Nr. 116 - Museum Boymans-van Beuningen, Rotterdam

[29] Gerhard Bott, 1962 a.a.O. S. 81, Nr. 16,17 - Kat. Georg Flegel 1993 a.a.O. S. 278, Kat. Nr. 153, Abb. S. 276; Mittagsmahl mit Rechaud und gebackenem Fasan (Feuer), Staatliches Schloss, Cesky-Krumlov

[30] Ernst Zeh, Hanauer Fayence. Ein Beitrag zur Geschichte der deutschen Keramik, Hanau 1978 (Nachdruck der Ausgabe Marburg 1913) S. 42 f., Tafel V., Abb. 1,2 - Kat. FFM 1200 Traditionen und Perspektiven einer Stadt, Hrsg. von Lothar Gall, Sigmaringen 1994, S. 125, Kat. Nr. 4/24

[31] Kat. Georg Flegel 1993 a.a.O. S. 278, Kat. Nr. 154, Abb. S. 277 - Als Abb. Fast identische Fassung (Falkenhaube im Ausblick oben links zugefügt) in Privatbesitz

[32] Gerhard Bott 1962 a.a.O. S. 80, Nr. 13; Früchtestilleben mit Nelken in Glasvase, Sammlung Comte M. Brahe, Skokloster

[33] Richard Green, Annual Exhibition of Old Master Paintings, London 1975, S. 17, Abb. S. 16 und Umschlag

[34] Gerhard Bott 1962 a.a.O. S. 87, Nr. 30-32 - Das Bild in Turin auch bei Edith Greindl, Les Peintres Flamands de Nature Morte au XVIIe Siècle, Drogenbos 1983, S. 193, Nr. 37 als Peter Binoit (Kat. Nr. 14)

[35] Stefano Bottari, „Nature Morte" della scuola di Francoforte: J. Soreau, Peter Binoit e Francesco Codino, in: Pantheon Internationale Zeitschrift für Kunst 1964, XXII. Jg., S. 107 ff. - Pamela Hibbs Decoteau 1992 a.a.O. S. 99, Abb. Nr. III. 88 (Bottari Nr. 7) u. Abb. Nr. III.72, S. 168 als Franceso Codino

[36] Nachweise bei: Gerhard Bott, Sebastian Stoßkopfs Lehrzeit in Hanau am Main 1615-1622, in: Kat. Sebastian Stoßkopff 1597-1657, Strasbourg 1997 (im Druck) - siehe auch: Elisabeth Bütfering 1995 a.a.O. Abwanderung von Frankenthal nach Neu-Hanau - Die Belege zur Familie Codino stellte Heinrich Bott 1972 zur Verfügung

[37] Heinrich Bott stellte 1962 zur Veröffentlichung in Kunst in Hessen und am Mittelrhein 1+2 S. 29 ff. Forschungen für die Nachweise zur Familiendaten zur Verfügung - Das 1645 datierte, signierte und auf Holz gemalte Gemälde Isaak Soeaus wurde 1992 in Privatbesitz entdeckt. Die Signatur und die Datierung kamen bei der Reinigung durch Thomas Brachert im Germanischen Nationalmuseum in Nürnberg zum Vorschein

[38] Ein gleich aufgebauter Teller mit Erdbeeren siehe: Gerhard Bott 1962 a.a.O. S. 62, Nr. 10 - Auf einem Jeremias van Winghen zugeschriebenen Stilleben, Blumen in einer Vase mit Früchten und einem Römer, Kat. die Maler tom Ring, Münster 1996, Bd. II, Nr. 84, S. 406 erscheint ein flacher Zinnteller mit Erdbeeren, auf dem ein Löffel liegt, neben einem

Nuppenweinglas. Dies ist also ein verbreitetes Stillebenmotiv der Zeit

[39] Kat. Georg Flegel 1993 a.a.O. S. 284, Kat. Nr. 163, Abb. S. 286

[40] Versteigerung am 6. Dezember 1989, Lot. 232, Sotheby's London - Für die Zurverfügungstellung des Fotos habe ich zu danken

[41] Versteigerung am 8. Juli 1981, Lot 40, Sotheby's London - Für die Zurverfügungstellung des Fotos habe ich zu danken

[42] Siehe Anm. 37

[43] Kat. Georg Flegel 1993 a.a.O. S. 108, Kat. Nr. 23 - Deutsches Brotmuseum, Ulm - Kat. Georg Flegel 1993 a.a.O. S. 146, Kat. Nr. 55 - S.D. Joachim Fürst zu Fürstenberg, Donaueschingen und S. 149, Kat. Nr. 58 - Historisches Museum, Frankfurt am Main

[44] The European Fine Art Fair Handbook 1993, Maastricht 1993, S. 80 Gallery Edel, London - für die Zurverfügungstellung des Fotos habe ich zu danken

[45] Gerhard Bott 1962 a.a.O. S. 48, Abb. 13 und S. 49, Abb. 14

[46] Siehe: Gerhard Bott, Stillebenmaler des 17. Jahrhunderts Jacob Marrell, in: Kunst in Hessen und am Mittelrhein, Nr. 6, Darmstadt 1966, S. 85 ff.

[47] Kat. Georg Flegel 1993 a.a.O. S. 47 ff. Katalogteil I Lucas van Valckenborch und Georg Flegel Gemeinschaftsarbeiten, Kat. Nr. 1-10

[48] Kat. Georg Flegel 1993 a.a.O. S. 248, Kat. Nr. 133, Abb. S. 251 - Jeremias van Winghen malte auch Blumenstilleben, die den Blumenstücken von Peter Binoit nahe stehen, so ein Blumenbild in Lille, siehe Kat. die Maler tom Ring, Münster 1996, Bd. II, Nr. 84, S. 406; auch das IVW = Jan van Winghen monogrammierte Stilleben, zuerst 1989 von Sam Segal als Gemälde von van Winghen publiziert, Kat. Georg Flegel 1989, S. 248, Nr. 138 zeigt enge Verwandtschaft mit Stilleben des Hanau-Frankfurter Kreises. Kurt Wettengel, Kat. Flegel 1993 a.a.O. S. 248 erscheint die Zuschreibung dieses Bildes an van Winghen allerdings problematisch; er will das Monogramm IVW auf dem Messer als Marke des Messerherstellers identifizieren.

Jochen Desel
Daniel Chodowiecki und die „Flucht nach Hanau"

Der bedeutendste Künstler hugenottischer Abstammung im deutschen Refuge Nikolaus Daniel Chodowiecki wurde am 16. Oktober 1726 in Danzig als Sohn des polnischen Getreidehändlers Gottfried Chodowiecki (1698 - 1740) und seiner Ehefrau Marie Henriette Ayrer geboren. Er starb in Berlin am 7. Februar 1801. Der Vater unterrichtete den Sohn frühzeitig in Miniaturmalerei, seine Mutter, die aus der hugenottischen Familie de Vaillet stammte, erzog ihn in der französisch-reformierten Tradition der Réfugiés. Zeitlebens blieb Daniel Chodowiecki der hugenottischen Herkunft verbunden. Die Chodowiecki-Kennerin Sibylle Badstübner-Gröger schreibt über ihn:
Als reformierter Christ führte er ein betont religiöses Leben. Aus seinen Tagebuchaufzeichnungen wissen wir, daß er den sonntäglichen Gottesdienst zweimal besuchte und sich Notizen über die Predigt machte, die er anschließend im Familienkreis erörterte. Seine berufliche Arbeit betrachtete der Künstler Chodowiecki als »Dienst an Gott«, und Pflichterfüllung gehörte zu den Grundauffassungen seines Lebens.[1]
Mit 17 Jahren kam Daniel Chodowiecki in das Haus seines Onkels nach Berlin, wo er Anschluß an die dortige französische Kolonie fand. Er heiratete am 18. Juli 1755 Jeanne Barez, die ebenfalls einer hugenottischen Familie entstammte. In der Französischen Kirche in Berlin übernahm Chodowiecki Ehrenämter als Ältester und Diakon, die er gewissenhaft ausübte.
Seinen Durchbruch als Graphiker und Buchillustrator erreichte er 1762 mit der Radierung *Der Abschied des Jean Calas von seiner Familie*. 1762 war der hugenottische Kaufmann Jean Calas im südfranzösischen Toulouse hingerichtet worden, weil er seinen zum Katholizismus übergetretenen Sohn ermordet haben sollte, der aber in Wahrheit Selbstmord begangen hatte. Voltaire und das gebildete Europa empörten sich gegen den Justizmord und Chodowiecki nutzte das Aufsehen, das die Geschehnisse in Toulouse hervorgerufen hatte, zu seiner künstlerischen Verarbeitung des Falles mit dem oft verkauften Blatt.
Auch in den Folgejahren versuchte Chodowiecki, religiöse und geschichtliche Ereignisse darzustellen und zu verkaufen. Besonders erfolgreich war er dabei als Illustrator der damals als Jahresbegleiter erscheinenden Almanache und der Schriften der deutschen Klassik.

Wir verdanken dem Berliner Künstler auch ein gelungenes Goethe-Porträt. Wie sehr der Dichterfürst seinerseits Chodowiecki schätzte, können wir einem Brief entnehmen, den Goethe am 11.9.1776 an Anna Luise Karsch nach Berlin schrieb:
...Und gehen Sie doch einmal zu Chodowiecki, und räumen Sie bei ihm auf, was so von allen Abdrucken seiner Sachen herumfährt. Schicken Sie mir's, und stehlen ihm etwa eine Zeichnung. Es wird mir wohl, wenn ich ihn nennen höre, oder ein Schnitzel Papier finde, worauf er das Zeichen seines lebhaften Daseins gestempelt hat...[2]
Chodowiecki erwies sich als ein scharfer Beobachter und ein unübertroffener Schilderer von Geschehnissen und Szenen des Alltags, die er auf seine zumeist kleinformatigen Blätter bannte.
Manche Feinheiten der Zeichnung lassen sich nur mit der Lupe würdigen. Meisterwerke sind besonders diejenigen Kompositionen, bei denen er aus der eigenen Anschauung schöpfen konnte. Dagegen wirkt die Wiedergabe von Ereignissen der Vergangenheit oft steifer, obwohl es dem Künstler gerade in seinem Alterswerk zunehmend darum ging, *historische Gegenstände [...] im eigentlichen großen Ausdruck, in schönen Gewändern und malerischen Stellungen, Zusammensetzungen, Beleuchtungen [...] darzustellen.*[3]
Das versuchte der Künstler auch in seiner fünf Jahre vor seinem Tod entstandenen Radierung *Die Flucht der Offenbacher nach Hanau.*[4]
Zunächst sei kurz der historische Hintergrund des Bildes skizziert: Im Anschluß an die turbulenten Ereignisse der französischen Revolution begannen 1792 kriegerische Zeiten für Deutschland und insbesondere für Hessen. Österreich und Preußen schlossen am 7. Februar 1792 einen Beistandspakt gegen Übergriffe Frankreichs im Elsaß und in anderen deutschen Fürstentümern. Frankreich erklärte daraufhin Österreich am 20. April 1792 den Krieg. Preußen wurde in die Kampfhandlungen mithineingezogen und der Hanauer Landesherr Landgraf Wilhelm IX. von Hessen-Kassel schloß sich der Allianz gegen Frankreich an, weil er Preußen vertraglich verpflichtet und ein Feind der französischen Revolution war. Die alliierten deutsch-österreichischen Truppen kämpften zunächst in der Champagne gegen das französische Heer, mußten sich aber geschlagen zurückziehen. Die französischen Regimenter folgten nach und eroberten am 21. und 22. Oktober 1792 Mainz, Frankfurt am Main und Offenbach.

Abb. 1: Die Flucht der Offenbacher nach Hanau. Radierung 1796 (18,3 x 11,2 cm. E 834 III)

In den Folgejahren schwankte das Kriegsglück von einer zur anderen Seite. Am 28. August 1795 trat der hessische Landgraf mit einem Seperatvertrag dem von Preußen mit Frankreich am 5. April 1795 in Basel geschlossenen Frieden bei. Die linksrheinischen hessischen Besitzungen Rheinfels und St. Goar wurden dabei preisgegeben. Hessen wollte in den dann folgenden Kampfhandlungen zwischen Frankreich und Österreich als neutrales Land respektiert werden, mußte aber immer wieder Schutzsuchenden vor den Kriegsereignissen hinter den Festungsmauern Hanaus Zuflucht gewähren.

Eine große Gruppe von Flüchtlingen traf am 7. Juli 1796 vor der hessischen Festung an der Mündung der Kinzig in den Main ein.[5] Für den 9. Juli 1796 heißt es in der Hanauer Chronik: *Heute ist das Flüchten noch stärker, alle Tore sind zu bis auf die Kinzigbrücke, das Hospital- und Nürnberger Tor, aber an der Kinzigbrücke ist die Brücke aufgezogen und wird nur dann niedergelassen, wenn viele Fuhren da sind, die mit 50 oder 100 hintereinander herein kommen.*[6]

Die Zahl der Flüchtlinge aus Frankfurt und Offenbach, die in den Julitagen des Jahres 1796 in Hanau aufgenommen wurden, betrug 2064, davon 729 Juden aus Frankfurt.[7] Die dramatischen Ereignisse dieser Flucht hat der Augenzeuge und Schriftsteller Johann Ludwig Ewald geschildert.[8]

Gerade während unseres Aufenthaltes in Offenbach brach die französische Armee unter Jourdan[9] *an der Lahn durch und drängte die Österreicher bis nach Frankfurt hin [...]. Alles flüchtete also nach dem Zoar*[10]*, das durch den Friedensschluß des Herrn Landgrafen von Hessen eröffnet war – nach Hanau; und wir flüchteten mit [...]. So eine Flucht muß man gesehen haben, um sich einen Begriff davon zu machen [...]. Schon als wir Offenbach verließen, fuhr und ritt und rannte alles durch die Straßen; alles klopfte, schalt, schrie, tobte, jammerte, schwazte, lachte und weinte, betete und fluchte;...*

Der Reiseschriftsteller Ewald beschreibt auch den Fluchtweg mit einem bedeckten Kahn auf dem Main bis Hanau und die Ankunft vor der dortigen Stadtbefestigung:

...So kamen wir vor dem Kinzigerthore an. Die Brücke war aufgezogen, und wurde nur von Zeit zu Zeit niedergelassen. Hier hatten sich also eine Menge geflüchteter Güter und Flüchtlinge auf einem Punkt zusammengedrängt, die mit unruhiger Sehnsucht in ihren Blicken auf den Einlaß warteten; hier sah man denn auch die bunteste Masse von Menschen und Effekten, wie sie nur die höchste Eile, und die kompleteste Kopflosigkeit hatte zusammenbringen können. Menschen auf die geschmackvollste und auf die geschmackloseste Art gekleidet, standen und gingen und saßen dicht nebeneinander. Der schäbige Jude unterhielt sich mit der niedlichen Dame, als ob er ihr Bruder wäre; der feinste Herr im zierlichsten Kabriolet[11] *schien sein ganzes Vertrauen auf die dicke Bauerndirne zu setzen, weil es ihm schien, als ob sie mit der Schildwache gesprochen hätte. Jedes fragte das Andere, erzählte dem Andern, machte dem Andern bange, oder suchte dem Andern Muth zu machen, mit dem Angst-*

schweiß auf der Stirne. Freiheit und Gleichheit[12] *war es nicht; aber Gleichheit und Angst, was die Nähe der Franzosen gewirkt hatte.* Der Beobachter preist angesichts des sich ihm darbietenden Flüchtlingselends den hessischen Landgrafen, der durch seinen vorangegangenen Friedensschluß mit den Franzosen den Emigranten in seiner Festung Hanau eine vorübergehende Heimstatt ermöglichte und anbot. So wurde die Stadt an Kinzig und Main zum dritten Mal in ihrer Geschichte zu einem Refugium für verfolgte und bedrängte Menschen.

Was Johann Ludwig Ewald mit beredten Worten beschrieb, hat der Meister der Kleinkunst Daniel Chodowiecki im fernen Berlin ins Bild umgesetzt und als Frontispiz mit der Unterschrift *Flucht nach Hanau* dem Titelblatt des Ewald'schen Reiseberichts zugefügt.[13]

Chodowiecki hat die Darstellung der dramatischen Ereignisse vor den Stadttoren der Festung Hanau aus dem Sommer 1796 dem im Folgejahr 1797 in Berlin gedruckten Buch von Ewald als Auftragsarbeit, aber nicht ohne innere Anteilnahme, beigegeben.

Die Radierung zeigt im Vordergrund die von Ewald geschilderte dichtgedrängte Flüchtlingsansammlung vor den Wallanlagen der Festung Hanau. Wir sehen links im Bild Flüchtlinge mit ihren Utensilien, in der Mitte einen mit Möbeln beladenen Wagen und rechts Pferde mit Reitern. Ein Kutscher knallt mit seiner Peitsche. Vor einem von Wolken aufgewühlten Himmel bildet die Silhouette der Stadt Hanau den Hintergrund der Darstellung. Leider läßt sich nicht ermitteln, ob Chodowiecki die Mauern und Türme der Stadt nach der Phantasie oder nach einer ihm in Berlin zugänglichen (unbekannten) Vorlage gestaltete.[14] Eine Reise des Künstlers nach Hanau und topographische Kenntnisse nach eigener Anschauung dürfen ausgeschlossen werden.

Wahrscheinlich gibt die Radierung aber doch einige der Wirklichkeit entsprechende topographische Merkmale der Stadtarchitektur wieder. So wird es sich bei dem abgebildeten Tor in der Stadtmauer um das Hospitaltor handeln, das allerdings im Gegensatz zur Abbildung nicht vor, sondern hinter der Befestigung lag. Die Türme in der Stadt links im Bild dürften der Johanneskirche und der Marienkirche bzw. dem Schloß zuzuordnen sein. Die nur undeutlich erkennbaren niedrigeren Türme der rechten Bildhälfte sind wohl mit dem Rathaus der Neustadt und mit der Wallonisch-Niederländischen Kirche in der Neustadt in Verbindung zu bringen.

Chodowiecki war als Nachfahre hugenottischer Einwanderer in Brandenburg-Preußen an den südhessischen Fluchtereignissen des Sommers 1796 interessiert, zumal es sich bei den „neuen" Flüchtlingen wie bei den Hugenotten um Opfer der französischen Staats- und Militärmacht handelte. Seine persönliche Betroffenheit durch das Schicksal der Frankfurter und Offenbacher Flüchtlinge und seine Anteilnahme für sie hat Chodowiecki durch dem Bild beigegebene, kleinformatige, zusätzliche Darstellungen zum Ausdruck gebracht.[15] Chodowiecki hatte 1791 in seinem Haus in der Behrensstraße in Berlin eine eigene Druckerpresse aufgestellt, mit denen er kostbare

Abb. 2: „Einfälle" zum Thema Flucht am Rand des Bildes „Die Flucht der Offenbacher nach Hanau"

a) Flüchtling mit einem Korb (Höhe 16 mm)

d) Junger Mann mit einer Frau auf dem Arm (Höhe 23 mm)

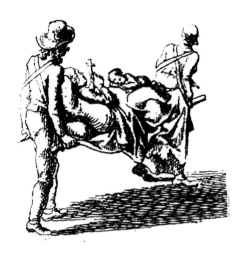

e) Träger mit einer Kranken und Kind auf einer Bahre (Höhe 21 mm)

b) Flüchtlingsfrau mit einem Sack auf dem Rücken (Höhe 14 mm)

c) Flüchtlingsfrau mit Schubkarren und Hunden (Höhe 16 mm)

f) Reitendes Paar (Höhe 26 mm)

Probedrucke abzog. Um den Anreiz zum Kauf dieser teureren Blätter zu vergrößern, die vor der Buchauflage angefertigt wurden, gab er der Darstellung sogenannte *Einfälle* am Rand oder unter dem Bild bei, die seine künstlerische Begabung besonders deutlich zeigen, weil sie durch keine Vorgaben des Auftraggebers oder des darzustellenden Ereignisses gefiltert wurden. Für die spätere Restauflage des jeweiligen Blattes wurden die Einfälle von der Kupferplatte entfernt.

Auch die Hanauer Buch-Illustration *Die Flucht der Offenbacher nach Hanau* ist mit Einfällen verziert. Chodowiecki hat sechs Flüchtlinge bzw. Flüchtlingsgruppen gezeichnet und mit geschickter Hand in die Platte geritzt. Diese Einfälle sollen die geographisch begrenzten Offenbacher und Hanauer Ereignisse in ihrer exemplarischen Bedeutsamkeit für das Thema „Flucht" herausheben. Deshalb hat der Künstler besondere Sorgfalt bei der Ausarbeitung der sechs Einfälle an den Tag gelegt, ganz im Gegensatz zu den oft nur skizzenhaft und flüchtig ausgeführten Einfällen auf anderen seiner Graphiken. Das kommt auch darin zum Ausdruck, daß die sechs Einfälle sich nicht nur als Ergänzung am Rand und unter der Darstellung der Hanauer Stadtansicht finden, sondern auch – unabhängig von dem Hanauer Blatt – als eigene Motive vom Radierer gedruckt und verkauft wurden.

Im Einzelnen sehen wir am linken Rand des Hanauer Bildes von oben nach unten:

a) einen Mann in zeitgenössischer Mode mit Dreispitz und einem schweren Korb, mit dem er seine Habseligkeiten davonträgt. Nur angedeutet sind links im Bild die Zweige eines Strauches;

b) eine alte Frau, die gebückt unter der Last eines Bündels auf dem Rücken und eines zweiten vor sich in die Fremde zieht;

c) eine weitere alte Frau, deren schwer beladene Schubkarre von zwei Hunden in Geschirr mitgezogen wird. Hier konnte es sich der Künstler trotz der ernsten Thematik nicht verkneifen, ein drittes munteres Pudelchen oben auf den riesigen Sack der Schubkarre zu zeichnen;

d) einen jungen Mann, der seine junge (kranke ?) Frau auf dem Arm trägt. Sie hält den Hut des Liebhabers in ihrer rechten Hand;

e) zwei Personen, einen Mann und eine Frau, die eine kranke Frau mit Kind auf einer Trage weitertragen. Die Verletzte hält als Zeichen der spirituellen Hilfe ein Kreuz betend in ihren Händen[16]. Es korrespondiert mit den gekreuzten Gurten auf den Rücken der Träger. Mit dunklen Körperschatten rechts im Vordergrund der kleinen Szene deutet der Künstler die Ungewißheit der Zukunft der Flüchtlinge an;

f) einen Reiter mit Dame hinter ihm auf dem Pferd, das nach links galoppiert. Im Gegensatz zu den Einfällen am linken Rand, strahlt dieses Bild Optimismus aus: Der Reiter schaut selbstbewußt nach vorn, die Dame ist elegant gekleidet, wie es für Flüchtlinge unüblich war.

Nach dem Ausschleifen der sechs Einfälle des I. Zustandes der Graphik von der Druckplatte hat Chodowiecki den II. Zustand mit einem weiteren einzelnen Einfall angereichert: Unten unter dem Bild läuft eine Frau mit fliegenden Haaren nach rechts, von einer großen Schlange verfolgt. [17]

Der dritte Zustand der Radierung für die Ewald'sche Buchausgabe trägt erstmals die Unterschrift *Flucht nach Hanau*, ist aber von der Platte ohne Einfälle gedruckt worden. [18]

Sicher ist es müßig und nicht angebracht, zuviel in die Flüchtlingseinfälle der Chodowieckischen Radierung von Hanau hinein interpretieren zu wollen. Die Gedanken Chodowieckis, die ihn bei der Herstellung der Radierungen bewegten, lassen sich nicht mehr nachvollziehen. Eins aber wird deutlich und in der graphischen Umsetzung erkennbar: Mit den Einfällen Flüchtlinge zur Abrundung und Komplettierung des Hanauer Bildes, hat Chodowiecki seine persönliche Anteilnahme an einem historischen Ereignis dokumentiert, das heute vergessen ist, damals aber die Menschen in den deutschen Landen beunruhigte und bewegte. Dem Meister des kleinen Formats gelang dabei in Callotscher Manier eine authentische Interpretation der Fluchtthematik mit den ihm zur Verfügung stehenden graphischen Mitteln.

Anmerkungen

[1] Daniel Chodowieckis Arbeiten für die französische Kolonie in Berlin. In: Gottfried Bregulla (Hg.): Hugenotten in Berlin. Berlin 1988, S. 436

[2] nach Rüdiger Ruhnau: Chodowiecki. Danziger Berichte 6 (1991), S. 75

[3] Annegret Janda: Darstellungen und Dichtungen von Daniel Chodowiecki 1726-1801. Katalog der Fa. C.G. Börner in Düsseldorf zum Verkauf der Chodowiecki-Sammlung Alfred Wolf, Düsseldorf [1991], S. 6

[4] Wilhelm Engelmann: Daniel Chodowieckis Sämtliche Kupferstiche. Reprint Hildesheim 1969, S. 445 f., Nr. 834 und 834 a; Jens-Heiner Bauer: Daniel Nikolaus Chodowiecki. Das druckgraphische Werk, Hannover 1982, S. 278, Nr. 1888-1894; Elisabeth Wormsbächer: Daniel Nikolaus Chodowiecki. Erklärungen und Erläuterungen zu seinen Radierungen. Hannover 1988, S. 199 f.

[5] Ernst J. Zimmermann: Hanau Stadt und Land. Nachdruck Hanau 1978, S. 765

[6] Zimmermann, S. 765

[7] Zimmermann, S. 765

[8] Fantasieen auf der Reise, und bei der Flucht vor den Franken von E.P.V.B.= Johann Ludwig Ewald. Berlin 1797, S. 144-167

[9] Graf Jean Baptiste Jourdan (1762-1833), französischer Feldherr und Marschall von Frankreich

[10] Zufluchtsort im alten Israel nach der Katastrophe von Sodom und Gomorrha. 1. Mose 19,22

[11] leichte zweirädrige Kutsche

[12] die Devise der vorangegangenen französischen Revolution

[13] Abbildung bei Jens-Heiner Bauer: Daniel Nikolaus Chodowiecki. Das Druckgraphische Werk. Hannover 1982, S. 278, Bauer Nr. 1888

[14] Herrn Propst a.D. Friedrich Seitz danke ich für wertvolle Hinweise zur Hanauer Topographie

[15] Siehe die Abbildungen

[16] Wormsbächer a.a.O. will (fälschlich) ein Kruzifix erkennen

[17] Engelmann a.a.O., S. 445. Eine Abbildung dieses Einfalls fehlt bei Bauer a.a.O.

[18] Engelmann, S. 446 beschreibt auch verfälschende Kopien der Radierung von Chodowiecki, die wohl entstanden sind, weil das Motiv Anklang fand

Jutta Martini
Frühe Hanauer Druckereien der Neustadt

Zu Beginn des 17. Jahrhunderts entwickelte sich Hanau für kurze Zeit zu einer bedeutenden Druckerstadt. Vor allem durch den Zuzug von Calvinisten in die Neustadt entstanden gleichzeitig mit dem Wachstum des Handwerks insgesamt prosperierende Druckoffizinen. In dem folgenden Beitrag wird zunächst ein allgemeiner Überblick über die Drucker und die Buchproduktion des 17. Jahrhunderts in Hanau gegeben, anschließend werden die Druckereien, die in der Neustadt angesiedelt waren, näher dargestellt. Dabei kann allerdings in diesem Rahmen nur kurz auf die wichtigsten Drucke dieser Offizinen eingegangen werden. Eine Auswahl an Literatur, zusammengestellt aus den Beständen der Stadtbibliothek Hanau, soll dem interessierten Leser die Möglichkeit geben, sich weitergehend über das Druckgewerbe Hanaus zu informieren.

Die erste Hanauer Druckerei wurde 1593 mit gräflicher Unterstützung von Wilhelm Antonius in der Altstadt eröffnet. Diese Offizin war eine große und gutausgestattete Druckerei, in der viele umfangreiche Werke, zum Teil mit Holzschnitten oder Kupferstichen ausgestattet, hergestellt wurden. Der Schwerpunkt lag auf kalvinistischer Theologie und Rechtswissenschaft. Die letzten Drucke von Peter Antonius, dem Sohn des Firmengründers, erschienen 1625.

Die Gründung der Neustadt brachte weitere Drucker nach Hanau. 1602 ging in der Neustadt die Offizin der Wechelschen Erben in Betrieb. Johann Halbey druckte von 1606 bis 1610. Auch von ihm sind einige mehrbändige wissenschaftliche Werke in den Frankfurter und Leipziger Meßkatalogen verzeichnet. Die Druckerei von Thomas Willier und Jean le Clercq bestand von 1610 bis 1616 und zwischen 1610 und 1630 war auch eine hebräische Druckerei in Betrieb.

Einschneidende Folgen hatte das Übergreifen des 30jährigen Krieges auf Hanau. Die Druckproduktion ging mit den Kämpfen und der Belagerung der Stadt stark zurück. Aber auch das kurzsichtige Verhalten der Regierung gegenüber den Buchdruckern war für den Niedergang des Druckgewerbes verantwortlich.[1] Nur ungern und zögerlich wurden den Buchdruckern und ihrem Personal Freiheiten gewährt. Vor allem die persönlichen Dienste, die die Gesellen zu lei-

sten hatten, wie die Wachen, führten immer wieder zu Unterbrechungen der Arbeiten in den Offizinen. Dies stellte ein Hemmnis bei der Neuansiedlung von Druckereien dar und behinderte die bestehenden in ihrem Arbeitsablauf.

Das Druckgewerbe erholte sich nach dem Krieg nur sehr langsam und erreichte auch im folgenden Jahrhundert nicht wieder den hohen Standard der ersten Jahrzehnte nach der Gründung der Neustadt. Dies zeigte sich unter anderem in der Produktion für die Messen. Für den Zeitraum von 1593 bis 1635 waren in den Meßkatalogen 688 Werke aus Hanauer Produktion angezeigt.[2] Der nächste Eintrag fand sich erst zehn Jahre später, 1645. Ab diesem Jahr war Hanau bis 1720 mit etwa 200 Schriften auf den Messen vertreten. Schon diese Zahlen belegen den Rückgang im Druckgewerbe, obwohl die Meßkataloge nur eine unsichere Quelle zur Angabe der Druckproduktion darstellen, da in ihnen ein Großteil der Drucke nicht erfaßt ist. Vor allem Schriften mit nur lokaler Bedeutung wurden nicht auf den Messen angeboten.

Erst 1650 wurde von Jakob Lasché wieder eine zweite Druckerei neben der Aubryschen eröffnet. Sie befand sich in der Altstadt. Lasché druckte fast ausschließlich theologische Literatur in deutscher Sprache, die für den eigenen Verlag hergestellt wurde. 1661 ging die Druckerei von Johann Matthias Stann in der Neustadt in Betrieb. Theodor Falkeisen druckte zwischen 1665 und 1667 die Bibel; weitere Drucke von ihm sind nicht bekannt. Ebenso sind aus der Druckerei von Samuel Ammon nur zwei Werke von 1687 und 1690 nachweisbar.

Geschäftsbeziehungen pflegten die Hanauer Buchdrucker vor allem mit Frankfurter Verlegern. Die örtliche Nähe, die Messen und die Herkunft vieler Hanauer Neubürger aus dieser Stadt sind dafür wohl die Gründe. Mit Konrad Biermann, Johann Wolfgang Desch und Konrad Eifried waren zu Beginn des Jahrhunderts auch Verleger in Hanau ansässig, und ab den 1670er Jahren waren Karl Scheffer, Johann Jakob Stock und Johann Daniel Holtzhausen in diesem Gewerbe tätig.

Druckhaus Aubry

Die Druckerei der Erben des Andreas Wechel ist mit Sicherheit die bedeutendste in Hanau im 17. und 18. Jahrhundert. Andreas Wechel war nach der Bartholomäusnacht 1572 von Paris nach Frankfurt geflüchtet, wo er eine Druckoffizin einrichtete. Seine Schwiegersöhne Claude de Marne und Johann Aubry übernahmen 1581 die Druckerei, die zu dieser Zeit die größte in Frankfurt war. Wegen der Repressalien des Frankfurter Rates gegen die Reformierten verlegten sie die Offizin in die Neustadt Hanaus, gaben Verlag und Buchhandlung in Frankfurt jedoch nicht auf. In den folgenden Jahrzehnten arbeiteten beide Firmen der Wechelschen Erben, die in Frankfurt und die in Hanau, eng zusammen.

Abb. 1: Buchdruckerzeichen Aubry

Der erste Druck aus der Hanauer Offizin erschien 1602. Johann Aubry war 1601 gestorben und Claude de Marne zog sich 1610 nach Streitigkeiten mit den Söhnen Johann Aubrys, Daniel und David, aus dem Hanauer Geschäft zurück.

Ab 1622 arbeiteten die Brüder Aubry mit Clemens Schleich, dem Schwiegersohn Claude de Marnes zusammen. In jenem Jahr wurde ihnen sowohl von der Hanauer Regierung als auch vom Frankfurter Rat ein erneuertes Druckprivileg ausgestellt, das ihnen und ihrem Personal Freiheit von bürgerlichen Lasten gewährte. Daniel Aubry leitete daraufhin die Hanauer Druckerei, sein Bruder David die Frankfurter. Die Jahre bis zum Tod Daniels 1627 waren die produktivsten der Wechelschen Druckerei in Hanau. Mehr als 250 Werke wurden in diesem Zeitraum zu den Messen gebracht.

Nach dem Tod Daniels führte seine Witwe Rahel, die den Frankfurter Verleger Johann Preß heiratete, die Offizin bis zum 1635 erfolgten Tod ihres Schwagers David weiter, dann traten dessen Söhne Abraham und Johann II. in das Geschäft ein.

Der Eintritt Hanaus in den 30jährigen Krieg brachte auch für die Firma der Aubrys drastische Verschlechterungen der Arbeitsbedingungen mit sich. Obwohl die Aubrysche Druckerei als einzige ihren Druckbetrieb während der Kriegsjahre aufrecht erhalten konnte, sank die Druckproduktion stark ab und erreichte auch später nicht wieder das Vorkriegsniveau, weder quantitativ noch qualitativ.

Abraham Aubry starb 1645 oder 1646, sein Bruder Johann 1658. Dessen Sohn Johann III. übernahm nach dem Tod seiner Mutter 1666 die Offizin bis 1672. Seine Witwe Susanne führte die Firma weiter und ehelichte vor 1677 den Buchhändler Karl Scheffer. Da dieser kein gelernter Buchdrucker war, und damit nach der *Erneuerten Buchdrucker=Ordnung* von 1660 die Offizin nicht leiten durfte, stellte er als Faktor Burckhard Quantz ein, der auf zahlreichen Schriften aus diesen Jahren als Drucker firmiert.

Mit dem Eintritt Karl Scheffers blühte das Geschäft kurzzeitig wieder auf. Gemeinsam mit seinem Stiefsohn Abraham II. wurde er 1688 als Hof- und Schulbuchdrucker privilegiert und die Aubrysche Druckerei belieferte auch wieder die Messen, bis 1702 mit 60 Werken. Abraham II. Aubry starb wahrscheinlich 1693; Karl Scheffer, der letzte Besitzer der Aubryschen Druckerei lebte bis 1739. Ein Teil des Typenmaterials verkaufte Scheffer 1707 an Heinrich van Bashuysen, der eine hebräische Druckerei einrichtete. Ein Rest muß allerdings bei Scheffer verblieben sein, da er noch bis ein Jahr vor seinem Tod auf Rechnungen der Neustadt als Drucker von Kleinschriften geführt wurde.

Die Druckerei befand sich in der Langgasse. Als Buchdruckerzeichen verwendeten die Aubrys weiterhin das ihres Vorfahren Andreas Wechel. Dessen Hauptmerkmal ist ein geflügeltes Pferd über einem Füllhorn, häufig kombiniert mit anderen Motiven (Abb. 1). Der Name des Hauses der Familie Aubry *Zum fliehenden Pferd* rührt von diesem Motiv her, das in Stein gehauen am Haus angebracht war. Dieser Stein befindet sich heute im Historischen Museum der Stadt Hanau.

Bis etwa zur Mitte des 17. Jahrhunderts ließ sich das Druckerzeichen auf fast allen Drucken aus der Aubryschen Offizin finden, dann erschienen immer mehr Werke ohne den Pegasus. Häufig trennten dann einfache Zierleisten Titel und Druckvermerk.

Gustav Könnecke[3] gibt ein 1611 aufgenommes Inventar der Druckerei wieder, in dem fünf Pressen und verschiedenste Schriften in großen Mengen aufgelistet sind. Daraus ist ersichtlich, daß die Aubrysche Druckerei groß und gut ausgestattet war.

Bis zum 30jährigen Krieg lag der Schwerpunkt der Druckproduktion auf wissenschaftlicher Literatur in humanistischer Tradition. Viele der in Hanau gedruckten Werke der Wechelschen Erben waren Nachdrucke bereits zuvor in Frankfurt herausgegebener Schriften, wie etwa die Chronik *Historiae de regno Italiae*[4] von Carlo Sigonio, die 1575 und 1591 in Frankfurt und 1613 in Hanau gedruckt wurde, oder die Schriften des Dionysios von Halikarnassos, die 1586 in Griechisch und Latein in Frankfurt erschienen; 1615 wurde die lateinische Ausgabe in Hanau nachgedruckt.

Im Verlag der Aubrys befanden sich fast alle griechischen und römischen Klassiker. Als einige Beispiele für in Hanau gedruckte Ausgaben seien hier Tacitus: *De situ, moribus et populi Germaniae*[5] (1602), Aesop: *Fabulae*[6] (1603), Catull: *Opera*[7] (1608 und 1618), Plutarch: *Opera omnia*[8] (1620) und Aristoteles: *Ars rhetorica*[9] (1630) genannt.

Eine zweite, sehr bedeutende Literaturgattung waren die religiösen Schriften. Einige Bibelausgaben und theologische Werke französischer Calvinisten lassen sich nachweisen. Ein Kuriosum stellte das 1596 unter dem Druckort *Hanau* herausgegebene Alte Testament in der Bearbeitung von Immanuel Tremelius, Franziscus Junius und Theodor Beza dar, das einige Autoren dazu verleitete, anzunehmen, die Wechelsche Druckerei sei schon zu diesem Zeitpunkt in Hanau in Betrieb gewesen. Der Druckort ist jedoch nur fingiert. Bereits 1575 und 1579 war die Bibel in der Frankfurter Offizin gedruckt worden. Während der Arbeiten an der dritten Auflage erhoben die lutherischen Prediger Einspruch gegen das von Kalvinisten bearbeitete Werk. Der Rat der Stadt verbot daraufhin den Weiterdruck, milderte dies nach Verhandlungen mit Claude de Marne und Johann Aubry dahingehend ab, daß nur der erste und letzte Bogen in einer anderen Stadt als Frankfurt gedruckt werden müsse. Allerdings wurde diese Vereinbarung wohl nicht eingehalten, da die ganze Bibel mit den gleichen Typen gesetzt ist. Die Angabe des Druckortes Hanau, wohin die Verlegung der Druckerei schon geplant war, auf dem Titelblatt genügte wohl, um weitere Sanktionen seitens des Rates zu umgehen.

Ein weiterer Druck- und Verlagsschwerpunkt war die juristische Literatur. Zu ihr gehörten etwa die Schriften Scipio Gentilis, die vor allem privatrechtliche Probleme behandelten (*De donationibus inter virum, & vxorem*[10], 1603; *De bonis maternis, et de secundis nuptiis*[11] 1605) und die staatsrechtlichen Werke Andreas Pfalzgraf von Knichens (*De Saxonico*, 1603; *De vestiturarum pactionibus*, 1607).

Die juristische Literatur war fast ausschließlich in Latein geschrieben. Eine Ausnahme hiervon bildete der 1631 erschienene *Tractat von Commissarien vnd Commissionen/wie dieselben an dem Hochlöblichen Kayserlichen Cammergericht/...in vblichem Gebrauch* und die *Cammergerichtsordnung* von 1633.

Ebenfalls von großer Bedeutung waren die historischen Schriften, vor allem die Chroniken, die ebenfalls fast ausschließlich in lateinischer Sprache, der Gelehrtensprache dieser Zeit verfaßt waren. Soweit sich anhand der bisher nur unvollständigen Bibliographie der Wechelschen Drucke in Hanau feststellen läßt, wurden hier sehr viel mehr Geschichtswerke gedruckt, als der Anteil dieser Sparte im Gesamtdruckschriftenangebot der Zeit ausmachte. 1618 lag dieser Anteil, ermittelt anhand der Meßkataloge bei nur 10,3%, während fast die Hälfte der Aubryschen Drucke aus historischen Werken bestand. Beispiele für in der Hanauer Offizin der Aubrys gedruckte Chroniken sind Johannes Dubravius: *Historia Bohemica*[12] (1602),

Abb. 2: Feuer = Ordnung (1696)

Johann Heinrich Schwyzer: *Chronologia Helvetica*[13] (1607) und Carlo Sigonio: *De Repvblica Hebraeorvm*[14] (1608).

Nach dem Krieg wurden kaum noch umfangreiche wissenschaftliche Werke für den eigenen Verlag hergestellt. Die Regierung spielte als Auftraggeberin für Druckarbeiten eine immer größere Rolle. Viele Kleinschriften mit geringem Umfang verließen nun die Pressen der Aubryschen Druckerei. Dazu gehörten Verordnungen und Gesetzestexte, wie die *Schul=Ordnung der Neuen=Statt Hanau* von 1672, die *Hoch=Gräflich=Hanauische erneuerte Policey=Ordnung* von 1682 und die *Feuer=Ordnung* (Abb. 2) von 1696. Ein für das religiöse Leben in der Grafschaft sehr wichtiger Vertrag, der *Haupt=Recess* wurde 1672 von Johann Aubry gedruckt. Darin wurden die Rechte und Pflichten der Kalvinisten, die die Mehrheit der Bevölkerung stellten, und den Lutheranern, zu denen der Regent Friedrich Kasimir gehörte, geregelt und beide Konfessionen gleichgestellt.

Den größten Anteil an den bekannten Drucken aus der Aubryschen Offizin in dieser Zeit hatten religiöse Erbauungsschriften. Sie waren, im Gegensatz zu der religiösen Literatur zu Beginn des Jahrhunderts, fast ausschließlich in Deutsch verfaßt. Die Autoren dieser Schriften waren Reformierte, häufig aus Frankreich oder England, deren Werke in der deutschen Übersetzung gedruckt wurden. Von Richard Baxter beispielsweise, dem englischen Minister und Führer der Nonkonformisten, erschienen *Die Creutzigung der Welt*, *Ein Heiliger oder Ein Vieh* und *Das Göttliche Leben*, alle drei 1685. Diese Erbauungsbücher, die dem Leser in unterhaltsamer Form die Regeln christlicher Lebensführung nahebrachten, wurden im handlichen Oktavformat[15] gedruckt mit auffälligen zweifarbigen Titelblättern, die wegen fehlender anderer Werbemöglichkeiten die Aufmerksamkeit des potentiellen Lesers erregen sollten. Neben den Schriften fremder Theologen wurden auch die Werke lokaler Geistlicher gedruckt, wie etwa *Der Hanauische Buß= und Feuer=Prediger Amos* (1681) und *Der Hanauische Buß=und Wasser=Prediger Nahum* (1682) des Hanauer Predigers Johann Laurentius Langermann. In diesen Predigtwerken wurden Naturkatastrophen, die sich tatsächlich in Hanau und Umgebung ereignet hatten, als warnende Beispiele für den Zorn Gottes gedeutet und die Menschen zu einem gottgefälligeren Leben aufgerufen.

Der einzige bekannte Roman, der im 17. Jahrhundert in Hanau gedruckt wurde, erschien 1644 bei Johann Aubry II. Die zur Gattung der höfischen Romane zählende Schrift trug den Titel *Theatrvm Amoris oder Schauplatz der Liebe* und handelte von der Geschichte einer *verliebten Princessin auß Cypern*, deren Abenteuer in vier Büchern erzählt wurden. Jedes der einzelnen Teile enthielt einige Kupferstiche zur Illustration der Geschehnisse. Das weitgehende Fehlen von Unterhaltungsliteratur in Hanau hängt wohl mit der kalvinistischen Arbeitsethik zusammen, die die Lektüre nutzloser Literatur nicht gestattete.

Ein wiederum nützliches Werk war Balthasar Schnurrs *Kunst und Wunderbüchlein* von 1648. Diese häufig gedruckten Hauslehren wendeten sich vor allem an Landwirtschaft betreibende Hausväter mit Themen zu Viehzucht und Handwerk. Aber auch Kapitel über Krankenpflege und Haushaltstechniken, gerichtet an die Hausfrau, waren zu finden, ebenso Ratschläge zur religiösen Erziehung der Kinder und des Gesindes. Angefügt in diesem Band war ein Kapitel von *allerhand wunderbaren, seltzamen, verborgenen, Lustigen und Kurtzweiligen Kunststücken und Magischen Sachen*. Diese Bücher boten neben der Hilfe in praktischen Dingen auch Unterhaltung und waren für die ganze Familie geeignet.

Druckhaus Willier/le Clercq

Thomas Willier stammte aus Basel und wurde seit 1601 in den Hanauer Kirchenbüchern als Drucker geführt. Er arbeitete als Faktor in der Druckerei der Aubrys bis er 1610 eine eigene Offizin einrichtete. Im gleichen Jahr wurde er Hanauer Bürger. 1614 verließ Willier Hanau, um einer Berufung als Universitätsdrucker nach Bremen zu folgen, wo er 1622 oder 1623 starb.

Jean le Clercq wurde in Frankfurt geboren und heiratete 1610 Christine, die Tochter Thomas Williers. Ab 1612 druckte er mit seinem Schwiegervater zusammen, nachdem ihnen die gebräuchlichen Freiheiten von der gräflichen Regierung bewilligt worden waren. Jean le Clercq starb 1616.

In den Meßkatalogen waren zwischen 1612 und 1614 insgesamt 22 Schriften aus dem Verlag von Willier und le Clercq verzeichnet. In den ersten beiden Jahren erwies sich der Aufbau der Druckerei als zu kostspielig, um auf eigene Rechnung drucken zu können. Auftraggeber für die Firma waren vor allem die Hanauer Verleger Konrad Eifried und Konrad Biermann. Letzterer verließ 1614 Hanau, um in seine Heimatstadt Hamm zurückzukehren. Dieser Abbruch einer wichtigen Geschäftsverbindung wird für die Firma von Jean le Clercq, die im gleichen Jahr auch den Weggang des Teilhabers Willier zu verschmerzen hatte, einen schweren Rückschlag bedeutet haben. Drucke von Jean le Clercq aus den Jahren 1615 und 1616 sind nicht bekannt, obwohl anzunehmen ist, daß er die Druckerei noch bis zu seinem Tod weiterführte. Wahrscheinlich wurden nur noch kleine Schriften und Gelegenheitsdrucke, die heute kaum mehr erhalten sind, verfertigt.

Als Druckerzeichen wurde eine rechteckige oder quadratische Vignette verwendet, in deren Mitte die Göttin Concordia mit einem Wappenschild dargestellt war. Die Umschrift lautete: *TRIPLEX CONCORIA TVTA EST*[16]. Dieses Buchdruckerzeichen befand sich auf fast allen Drucken, die Willier und le Clercq herstellten.

Aus ihrer Offizin sind wesentlich weniger Drucke bekannt als von den anderen Druckereien, die zu dieser Zeit in Hanau existierten. Das liegt zum einen daran, daß die Firma von Willier und le Clercq nur sechs Jahre lang bestand, zum anderen war sie wohl auch viel kleiner als die der Konkurrenten. Die meisten der bekannten Drucke von Willier und le Clercq sind im Oktavformat hergestellt. Auch Schriften im Quart- und Duodezformat lassen sich finden, allerdings fehlen aufwendige Drucke in Folio. Große wissenschaftliche Werke, die einen Großteil der Druckproduktion der Wechelschen Erben und von Wilhelm Antonius ausmachten, wurden in der Offizin von Willier und le Clercq nicht gedruckt.

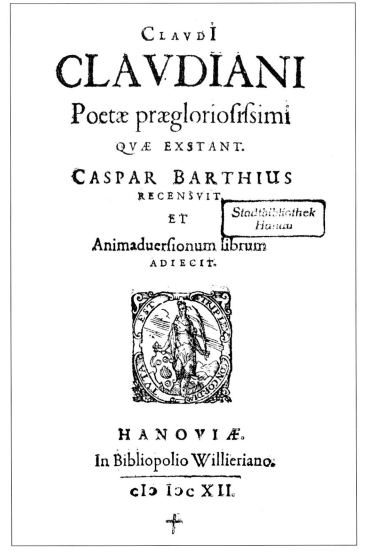

Abb. 3: Kommentierte Gedichte von Claudius Claudianus

Die theologische Literatur spielte auch im Verlag von Willier und le Clercq eine große Rolle, so wie diese Art von Literatur insgesamt den größten Anteil an Drucken dieser Zeit beanspruchte. 1618 waren 70,6% der in den Frankfurter und Leipziger Meßkatalogen eingetragenen Werke aus den Bereichen Theologie und Philosophie. Thomas Willier und Jean le Clercq druckten vor allem Schriften, die sich gegen die Gegenreformation wendeten. Dazu gehörten die Werke Etienne Pasquiers, eines französischen Katholiken, der in *Von der Jesuiten wider König= vnd Fürstliche-Personen Abschewliche, Hochgefährliche Practiken, Anschlägen vnd Thaten.* und *Von der Jesuiter Sect* (beide 1611) den Schaden beschrieb, den der Einfluß dieses Ordens beim französischen Hofe anrichtete. Die ins Deutsche übersetzten Schriften wendeten sich an ein allgemeines Lesepublikum, im Gegensatz zu den in Latein gedruckten Disputationen der verschiedenen Konfessionen für Gelehrte.

Eine Besonderheit stellten die zweisprachigen Gesangbücher dar, die in Europa einmalig waren. 1612 beispielsweise druckten Willier und le Clercq das Neue Testament in Deutsch und Französisch. Der Druck erfolgte durchgängig zweispaltig, mit einer Spalte deutschem, einer Spalte französischem Text. Auch die Psalmen Davids in der Bearbeitung von Ambrosius Lobwasser und der Heidelberger Katechismus, der lange Zeit in den reformierten Gemeinden in Gebrauch blieb, waren in gleicher Spaltenanordnung angefügt. Die Textauswahl und die Zweisprachigkeit zeigen, daß dieser Druck genau an die religiösen und sprachlichen Bedingungen in Hanau angepaßt war. Die Zweisprachigkeit sollte das Zusammenwachsen von Altbürgern und den zugezogenen Fremden fördern. Bereits 1611 war das Neue Testament in gleicher Bearbeitung von Wilhelm Antonius gedruckt worden. Die Neuauflage bereits nach einem Jahr belegt, daß das Buch großen Absatz fand.

Auffallend an der Druckproduktion von Willier und le Clercq ist die relativ hohe Anzahl von lyrischen Schriften. 1614 erschien *Lusus Poetici*[17], eine Sammlung von Gedichten aus sieben europäischen Nationen, die von dem Ungar Albert Molnar herausgegeben wurde. Die Verbindung zu Molnar, der bei Willier auch eine ungarische Grammatik veröffentlichte, kam wohl über die Hohe Schule in Herborn zustande, an der Molnar 1600 und 1607 immatrikuliert war. Caspar von Barth gab die kommentierten Gedichte von Claudius Claudianus (Abb. 3) heraus und veröffentlichte auch selbst eine Reihe von Schriften bei Willier und le Clercq, beispielsweise *Opuscula varia*[18] (1612) und *Venatici et bucolici poetae latini*[19] (1614), beide als Erstausgaben.

Typographia Orientalis I.

1609 richteten die drei Frankfurter Schutzjuden Isaak zum Krebs, Abraham zum gulden Schaaf und Samuel zur weißen Rosen ein Gesuch an die Hanauer Regierung, eine hebräische Druckerei errichten zu dürfen. Die Regierung genehmigte das Vorhaben und erteilte in einer 20 Punkte umfassenden Regelung die Erlaubnis zum Aufbau und Betrieb der Druckerei. Das auf die drei Frankfurter Juden und den Hanauer Salomon aus der Judengasse ausgestellte *Privilegium exclusivum* gewährte Schutz vor Nachdruck für *halb zehen Jahre*, wobei am Rand des Dokumentes handschriftlich *20 Jhar* vermerkt ist. Die Schutzfrist für die Druckerei wurde wohl nachträglich verlängert.

Der erste Drucker der Typographia Orientalis I. war Hans Jakob Henne aus Basel, der zuvor als Geselle in der Aubryschen Offizin

gearbeitet hatte. In seinem Haus in der Neustadt wurde die Druckerei auch eingerichtet. Henne starb schon 1613. Sein Nachfolger war Abraham Leo aus Brembach in Thüringen. Weitere Mitarbeiter der Offizin waren Seligmann ben Moses Ulma und Elia ben Jehuda Ulma (Korrektoren), Chajim Phöbus (Faktor), Abraham ben Elieser und Isak Levi (Drucker), Mordechai ben Jacob Prostiz, Abraham ben Jekutiel Kohen, David Teble ben Ezechiel und Josua Oestreich.

Das Inventar der Druckerei stammte wahrscheinlich aus Frankfurt, denn die Titeleinfassungen wurden zuvor von Nikolaus Basseus benutzt. Als Buchdruckerzeichen verwendete Basseus eine nackte Venus, die auch auf einigen Hanauer Drucken als Titelschmuck zu finden war (Abb. 4). Dieses Motiv entsprach dem barocken Zeitgeschmack und war ein gängiger Buchschmuck dieser Zeit. Allerdings verletzte er die Gefühle strenggläubiger Juden, so daß anzunehmen ist, daß auch Drucke von nicht-jüdischem Personal angefertigt wurden, das die Titelbätter nach der Mode herstellte und nicht nach der jüdischen Tradition. Die meisten Titel waren jedoch von graphischem Buchschmuck umrahmt und nicht von figürlichen Abbildungen.

Die Abnehmer der Drucke der Typographia Orientalis I. waren wohl hauptsächlich Frankfurter Juden. Dort lebte eine große jüdische Gemeinde, der es vom Rat der Stadt jedoch nicht erlaubt wurde, eine hebräische Buchdruckerei einzurichten. Um ihre Schriften dennoch drucken zu können, mußten die Juden daher in die umliegenden Ortschaften ausweichen. Die Genehmigung der hebräischen Druckerei durch Graf Philipp Ludwig zeigt dessen liberale Haltung gegenüber den Juden, die in anderen Städten strengen Restriktionen unterworfen waren.

Der erste Druck der Typographia Orientalis I. erschien 1610. Bis 1630, als die Druckerei wegen des Krieges schließen mußte, wurden etwa 30 Werke gedruckt, darunter viele großformatige Bücher mit Holzschnitten und typographischem Buchschmuck, die die Offizin weit über die Grenzen der Grafschaft hinaus bekannt machten. Zu den verschiedenen Arten von hebräischer Literatur, die aus dieser Offizin hervorgingen, gehören Werke der rabbinischen Literatur, Ritualienbücher, Talmudkommentare, Gutachtensammlungen, kabbalistische Bücher und jüdisch-deutsche Volksschriften.

Am häufigsten vertreten waren die Ritualienbücher, wie *Maharil* von Jakob Möllen (1628) und der Zeremonialkodex *Arba Turun* von Jakob ben Ascher (1610). Die täglichen Gebete für das ganze Jahr *Tefillot* erschienen in drei Auflagen 1611, 1623 und 1628. Ebenso gefragt waren die Bußgebete *Selichot*, die ebenfalls in drei Ausgaben (1616, 1625 und 1628) nachweisbar sind.

Zu den herausragenden Leistungen der Druckerei gehörte das Wörterbuch *Lexicon Pentaglotton*[20] von 1612. Dieses Lexikon im Folioformat umfaßte mehr als 2000 Seiten. Der Druck erfolgte zweispaltig und die Wörter waren nach dem hebräischen Alphabet geordnet. Auf den Begriff in Hebräisch folgte seine Bedeutng in den anderen Sprachen, der Reihenfolge nach in Rabbinisch-Talmudisch, Chaldäisch, Syrisch und Arabisch.

Abb. 4: Nackte Venus als Buchdruckerzeichen von Basseus

Als weitere bedeutende Drucke sind der Pentateuch von 1611 und zwei Traktate des babylonischen Talmud mit Kommentaren von 1618 und 1622 zu nennen. Auch kabbalistische Schriften wie *Schefa thal*, die kabbalistische Erklärung der Akzente von Sabbatai Hurwietz Levi ben Akiba (1612) gehörten zur Druckproduktion der Typographia Orientalis I.

Druckhaus Stann

Johann Matthias Stann I. eröffnete 1661 mit gräflichem Privileg eine Druckerei in der Neustadt. Vorher arbeitete er wahrscheinlich bei Jakob Lasché, der in der Altstadt eine größere Offizin unterhielt. Stann starb 1675 und seine Witwe Katharina führte die Druckerei bis zum Eintritt ihres Sohnes 1686 allein weiter.
Johann Matthias Stann II. starb 1726. Nach dem Tod seiner Witwe 1631 vereinigte der Schwiegersohn Georg Winsheimer die Druckerei mit seiner eigenen.

Aus der Druckerei von Johann Matthias Stann I. und Johann Matthias Stann II. sind nur wenige Drucke bekannt. Es ist anzunehmen, daß sie nur eine Offizin von geringer Größe und Ausstattung besaßen, in der vor allem Gelegenheitsdrucke hergestellt wurden. In den Meßkatalogen ist nur für 1697 ein Druck für Johann Matthias Stann II. verzeichnet.
Ab 1708 druckte er die Europäische Zeitung, weshalb er in den Kirchenbüchern auch als Zeitungsdrucker bezeichnet wurde. Diese politische Zeitung hatte Justus Böff 1678 unter dem Namen *Hanauischer Mercurius* gegründet. Der Name wurde 1682 aufgrund von Klagen, die von hohen Regierungsstellen gegen Inhalte der Zeitung vorgebracht worden waren, in Europäische Zeitung umbenannt. Anfangs wurde die Zeitung in der Aubryschen Druckerei hergestellt, ehe der Druck an Stann vergeben wurde.
Geschäftsbeziehungen der Stanns bestanden unter anderem nach Mainz zu dem Verleger Ludwig Bourgeat, für den 1687 Der Band *Imagines deorum* [21] gedruckt wurde.

Literatur:

Benzing, Josef: Die Buchdrucker des 16. und 17. Jahrhunderts im deutschen Sprachgebiet. 1963.

Benzing, Josef: Die Hanauer Erstdrucker Wilhelm und Peter Antonius (1593-1625). In: Archiv für Geschichte des Buchwesens. Bd. XXI. (1980), S. 1005-1026.

Engels, Heinz/Ernst Dohn: 500 Jahre Buchdruckerkunst in Hanau. In: 100 Jahre Bezirk und Ortsverein Hanau, Industriegewerkschaft Druck und Papier 1865-1965. 1965, S. 59-71.

Fraeb, Walter Martin: Hanau in der Geschichte des Buchhandels und der Druckschriften. In: Hanauer Geschichtsblätter. Neue Folge der Veröffentlichungen des Hanauer Geschichts-Vereins, Nr. 10 (1931).

Könnecke, Gustav: Hessisches Buchdruckerbuch enthaltend Nachweis aller bisher bekanntgewordenen Buchdruckereien des jetzigen Regierungsbezirks Cassel und des Kreises Biedenkopf. 1894.

Lipphardt, Walther: Hanauer Gesangbuchdrucke von 1605 bis 1800. In: Hanauer Geschichtsblätter. Bd. 24 (1973), S. 101-140.

Zimmermann, Ernst J.: Die Hanauer Hebräischen Drucke. In: Hanauisches Magazin. Nr. 7/9 (1923/24), S. 2-3.

Anmerkungen

[1] Die Akten über die Privilegienvergabe an die Buchdrucker befinden sich heute im Hessischen Staatsarchiv in Marburg. Dort sind u. a. verschiedene Eingaben der Wechelschen Erben vorhanden, die sich um die Befreiung von persönlichen Diensten für ihr Personal bemühten. Wegen der schleppenden Verhandlungen drohten sie mehrmals mit ihrem Abzug und begannen Anfang der 20er Jahre auch mit der Einrichtung einer Druckerei in Frankfurt.

[2] Die Angaben sind entnommen aus: Schwetschke, Gustav: Codex Nundinarius Germaniae Literatae Bisecularis. Meßjahrbücher des Deutschen Buchhandels von dem Erscheinen des ersten Meß-Kataloges im Jahre 1594 bis zur Gründung des ersten Buchhändler-Vereins im Jahre 1765. 1850-1877.

[3] G. Könnecke: Hessisches Buchdruckerbuch, S. 140f.

[4] Geschichte des Reiches Italien

[5] Von der Lage, den Bräuchen und Völkern Germaniens

[6] Fabeln

[7] Werke

[8] Gesammelte Werke

[9] Die Kunst der Rhetorik

[10] Von den Geschenken zwischen Mann und Frau

[11] Von den guten Mutterschaften und zweiten Hochzeiten

[12] Geschichte Böhmens

[13] Chronik der Schweiz

[14] Von dem Gemeinwesen der Juden

[15] Die Formate geben die Größe eines Buches nach Höhe und Breite an. Die im Druckgewerbe üblichen Formatbezeichnungen richten sich nach der Anzahl der Falzungen eines Druckbogens. Die gebräuchlichsten Formate sind: Folio (einmal gefalzt = 2 Blätter), Quart (zweimal gefalzt = 4 Blätter), Oktav (dreimal gefalzt = 8 Blätter), Duodez (viermal gefalzt = 12 Blätter) und Sedez (fünfmal gefalzt = 16 Blätter).

[16] Dreifach ist alle Eintracht.

[17] Spiel der Dichtkunst

[18] Verschiedene kleine Werke

[19] Lateinische Jagd- und Hirtengedichte

[20] Fünfsprachiges Wörterbuch

[21] Bilder Gottes

Hermann Schadt
225 Jahre Zeichenakademie Hanau

Im Kreise der Institutionen, die anläßlich des 400jährigen Jubiläums vorgestellt werden, nimmt die Staatliche Zeichenakademie einen besonderen Platz ein, läßt sich doch ihre Gründung mittelbar mit der Entstehung der Hanauer Neustadt und der Ankunft niederländisch-wallonischer Glaubensflüchtlinge – unter ihnen auch Goldschmiede – in Verbindung bringen. Nach dem politisch bedingten Niedergang der Goldschmiedekunst im 17. Jahrhundert kommt es in der Mitte des 18. Jahrhunderts zu einer Blüte dieses Handwerks, zu dessen weiterer Förderung 1772 die Zeichenakademie gegründet wird. Im 19. Jahrhundert prägt die Schule das künstlerisch-kulturelle Leben der Stadt in einem großen Maß, Ausstellungen über die Malerei des 19. und 20. Jahrhunderts im Schloß Philippsruhe in den letzten Jahren können dies eindrucksvoll belegen.

Die Staatliche Zeichenakademie in der Gegenwart

Junge Leute aus ganz Deutschland und darüber hinaus aus vielen europäischen und außereuropäischen Ländern kommen zur Ausbildung an die Hanauer Zeichenakademie. Seit vielen Generationen zieht es junge Goldschmiede hierher; der gute Ruf erbt sich fort und wird von den vielseitigen Impulsen um eine Weiterentwicklung getragen und durch immer wieder neue beeindruckende Leistungen bestätigt.

Den Hanauer Bürgern wird über die ständigen Ausstellungen im Haus hinaus Gelegenheit geboten, die Schule und ihre Arbeiten kennenzulernen: bei Tagen der Offenen Tür, bei Ausstellungen in Hanau sowie Vorträgen in der Schule; Ausstellungen im In- und Ausland, oft begleitet von Katalogen, sowie weitere Fachpublikationen sprechen zudem das Fachpublikum an.

Es ist immer interessant, den jungen Goldschmieden in der Werkstatt über die Schulter zu sehen, zu beobachten, wie sie mit relativ einfachen technischen Mitteln verblüffende gestalterische Ergebnisse erzielen – die Bedeutung der handwerklichen Fertigkeiten ist selbstverständliche Grundlage der Ausbildung. Allerdings haben sich in den letzten Jahrzehnten beim Schmuck wichtige Entwicklungen vollzogen, was den Bruch zwischen traditionellem Schmuck und Unikatschmuck verstärkte – ähnlich wie dies ja auch in anderen Bereichen unserer Kultur zu beobachten ist: man denke nur an die großen Brüche zwischen der U- und der E-Musik; ähnliches läßt sich im Bereich der Literatur feststellen. In dem Maße, wie man sich mit diesen gestalterischen Ansätzen mit allgemein künstlerischen Problemstellungen auseinandersetzte, entfernte man sich von der konventionellen Schmuckgestaltung. Formale Experimente, durchaus auch mit unedlen Materialien wie Edelstahl, Kupfer, Papier und Acryl, treten an die Stelle des Materialwertes von Gold und edlen Steinen. Zudem wird die Auffassung, was man als tragbar empfindet, erweitert. All das mag dazu führen, daß man nicht nur mit einer Faszination, sondern u.U. auch mit einem gewissen Befremden neueren Schmuckarbeiten begegnet – auch wenn man in anderen Bereichen solche Entwicklungen eher als selbstverständlich ansieht. Man denke nur an den Bereich der Mode, wo der Haute Couture wichtige Impulse zu verdanken sind. Es gilt für die Mode wie für den Schmuck, daß deren Objekte in der Lage sind, im Leben ihrer Träger besondere Akzente zu setzen. Individuell gestalteter Schmuck kann in besonderer Weise Ausdruck einer bestimmten Lebenshaltung und eines bestimmten Lebensgefühls sein. Die Spannung zwischen handwerklichen Grundlagen und künstlerischer Orientierung kommt denn auch in dem Titel der Festschrift zum Ausdruck, die anläßlich des 222jährigen Jubiläums der Staatlichen Zeichenakademie 1994 herausgegeben wurde: „Zwischen Kunst und Handwerk".

Dies gilt auch für die anderen Bereiche, so z. B. für das Silberschmieden, das seit der Mitte der 80er Jahre eine neue Blüte erfährt (vgl. Abb. 1); dies zeigt sich unter anderem darin, daß die Schule mehrere Bundessieger im Leistungswettbewerb der Handwerksjugend stellt und auch in entsprechenden anderen Wettbewerben sehr gute Ergebnisse erzielt.

Ebenso läßt sich bei den anderen Spezialberufen der Edelmetallgestaltung wie dem Ziselieren, Gravieren und dem Schmucksteinfassen neues Interesse beobachten, dies gilt in besonderem Maße auch für das Emaillieren, auch wenn es leider kein eigener Ausbildungsberuf mehr ist.

Den aktuellen Aufgaben stellt sich die Schule, umso mehr als mit einer fundierten gestalterischen Grundbildung im Gegenständlichen

Zeichnen (Abb. 2), einer Allgemeinen Gestaltungslehre sowie dem Plastischen Gestalten wichtige Grundlagen geschaffen werden. Phantasie und Disziplin, zeichnerische und räumliche Kreativität ergänzen einander. Insbesondere in der ausführlicheren Vermittlung gestalterischer Grundlagen zeigen sich die speziellen Angebotsmöglichkeiten einer staatlichen Schule. Moderne Techniken wie z. B. CAD, aber auch Schmuckfotografie oder Aktzeichnen bereichern das Ausbildungsangebot. Der Theorieunterricht, Vorträge und Diskussionen über aktuelle Tendenzen in Kunst und Kultur sowie über entsprechende Ausstellungen, insbesondere im Goldschmiedehaus Hanau, bilden wichtige Ergänzungen.

In der Kombination und Integration handwerklich-manueller und kreativ-gestalterischer Aspekte liegt für viele junge Leute der Reiz, sich diesem Beruf zu widmen – und das, obwohl die finanzielle Seite längst nicht so attraktiv ist. Aber überschaubare, gesamtheitliche Arbeitsprozesse, in denen in Eigenverantwortung Entwürfe von der Gestaltungsidee bis zum fertigen Produkt ausgeführt werden, können durchaus ihre besondere Bedeutung und ihren eigenen Stellenwert haben. Entsprechend den unterschiedlichen Voraussetzungen und Zielvorstellungen der Lernenden erfüllt die Zeichenakademie ihren Bildungs- und Ausbildungsauftrag in drei Schulformen:

Die Berufsschule bildet als Teilzeitschule in Kooperation mit den dualen Partnern der edelmetallverarbeitenden Branche aus. Sie begleitet mit fachtheoretischem Unterricht über 3 ½ Jahre die betriebliche Ausbildung der freien Wirtschaft.

Die Berufsfachschule bereitet auf die Berufstätigkeit in der edelmetallgestaltenden Branche in einer 3 ½jährigen Ausbildung vor. Diese Ausbildung ist vollschulisch, d.h. sowohl Theorie als auch Praxis werden in der Schule in schuleigenen Werkstätten vermittelt (vgl. Abb. 3). Nach einer einjährigen Grundstufe können sich die Schüler für die oben genannten speziellen Ausbildungsberufe entscheiden. Mit wachsenden handwerklich-technischen Fertigkeiten folgt in zunehmendem Maße die Umsetzung individuell gestalterischer Vorstellungen. Das in der staatlichen Abschlußprüfung erworbene Abschlußzeugnis der Berufsfachschule ist dem Zeugnis über das Bestehen der Gesellenprüfung im Handwerk gleichgestellt. Zahlreiche nationale und internationale Wettbewerbserfolge spiegeln das hohe Niveau der Ausbildung wider, so u.a. Erste Bundessieger im „Leistungswettbewerb der Handwerksjugend", sowie im Wettbewerb „Die gute Form im Handwerk".

Die Fachschule ermöglicht nach mindestens einjähriger Berufspraxis die berufliche Weiterqualifizierung (vgl. Abb. 4). Klassen mit unterschiedlichen Ansätzen ermöglichen ein individuelles, an den verschiedenen Interessen der Studierenden ausgerichtetes Arbeiten mit der Intention, eigenständige Zielsetzungen zu entwickeln und zu realisieren, aber auch, die eigene Urteilsfähigkeit zu schulen. Die Studierenden können nach ihrer zweijährigen Weiterbildung gestalterische, betriebswirtschaftliche, berufserzieherische und technische Aufgaben selbständig oder in leitenden Funktionen übernehmen. Neben

der schulischen Abschlußprüfung kann bei der Handwerkskammer Wiesbaden die Meisterprüfung im Handwerk abgelegt werden. Klassenausstellungen, oft mit eigenen Katalogen, Veröffentlichungen in Fachzeitschriften, Auszeichnungen bei Ausstellungen und Wettbewerben dokumentieren auch hier das Leistungsniveau.

Die Schule wird als staatliche Institution vom Hessischen Kultusministerium getragen. Durch die überschaubare Größe der Schule ergibt sich eine fruchtbare Kommunikation innerhalb der Schule wie auch mit ehemaligen Schülern. Eine Bereicherung erfährt das Schulleben durch die Studierenden und Gastschüler aus dem Ausland.

Eine wichtige Rolle spielt auch der Förderverein (Gesellschaft der Freunde der Staatlichen Zeichenakademie), der vor allem in finanzieller Hinsicht Anliegen der Schüler und Studierenden fördert. Die Zusammenarbeit mit dem Goldschmiedehaus sowie der Gesellschaft für Goldschmiedekunst bereichert das Schulkonzept.

Ein Kuratorium, dem Vertreter aus Handwerk, Industrie und Fachverbänden sowie der Stadt Hanau und dem Land Hessen angehören, ermöglicht eine enge Kooperation zwischen Akademie und Praxis. Diese Institution geht auf das Direktorium zurück, das bereits in der Gründungsphase der Schule Aufsichts- und Beratungsfunktionen wahrnahm.

Die Zeichenakademie bis zum Anfang des 20. Jahrhunderts[1]

Wie eingangs erwähnt, steht die Geschichte der Zeichenakademie in engem Zusammenhang mit dem aktuellen 400jährigen Jubiläum. Denn mit den Glaubensflüchtlingen waren auch Goldschmiede nach Hanau gekommen. Verursachten die Kriegswirren des 30jährigen Krieges einen Niedergang dieses Handwerks, so ließen sich 1685 nach der Aufhebung des Toleranzedikts von Nantes neue französische Glaubensflüchtlinge in Hanau nieder, darunter einige Goldschmiede und Kleinodienarbeiter. 1736 kam Landgraf Wilhelm III. von Hessen-Kassel an die Regierung, der konsequent eine merkantilistische Wirtschaftspolitik vertrat. Die nun beginnende Blütezeit begründete den Ruf Hanaus als Stadt des edlen Schmucks. Eine 1764 erlassene neue Gesellschaftsordnung der Bijoutiers bevorzugte die einheimische Produktion und förderte damit die Bijouteriemanufakturen zusätzlich. Um auf den in- und ausländischen Märkten, die von französischem Geschmack bestimmt waren, erfolgreicher und unabhängiger von einer teuren Ausbildung in Paris arbeiten zu können, wurde der in Hanau residierenden Erbprinzen Wilhelm IX. von Hessen-Kassel gebeten, *zu beßrer Emporbringung der Fabriquen Künsten und Handwerker, eine Academie der Zeichenkunst* zu gründen.[2] Bei der vom Stiftungsbrief auf den 20. Juli 1772 datierten Gründung scheint es dem Erbprinzen *nicht nur um die Heranbildung des Nachwuchses für das heimische Gewerbe gegangen zu sein, sondern darum, daß die Akademie die Grundlage des künstlerischen Lebens*

Abb. 1: Cognacflasche, Matthias Kegelmann

Abb. 2: Aktstudie, Rudolf Kocea

Abb. 3: Halsschmuck, Annette Haus

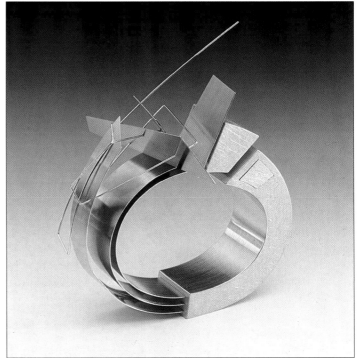

Abb. 4: Armreif, Carmen Diederich

in seiner Residenzstadt bilden sollte, auf dem sich das geistige aufbaue.[3]

Die Gründung der Schule fiel in die Übergangszeit zwischen Spätbarock und Klassizismus. War der erste Direktor, der in Paris geborene Graveur Jean Louis Gallien (1730 - 1809), noch vom Rokoko beeinflußt, so kam sein Nachfolger, der von 1806 bis 1834 amtierende Hofrat Professor Konrad Westermayr (1765 - 1834), aus dem Weimarer Kreis um Goethe. Der Dichter selbst lobte 1814 die Zeichenakademie und die Hanauer Goldschmiedearbeiten, die man weder in Paris noch in London zu fertigen weiß, ja, die nicht selten jene des industriösen Genf übertreffen.[4]

Die Akademie war jedem Einheimischen und Ausländer zugänglich. In den beiden unteren Klassen zeichneten die Schüler ausschließlich nach Vorlagen, die von Förderern geschenkt worden waren. Dieser Zeichenunterricht sollte bei den Goldschmieden ein Formgefühl entwickeln und eine sichere Hand, eine klare Darstellungsweise sowie das Proportionsempfinden schulen.[5] Jedes Jahr wurden Preisträger ausgezeichnet, ein Privileg des Landgrafen gestand sogar zu, daß diesen das Meisterrecht gewährt wurde, ja sie sollten von allen Zunfftgenossen zu Zunfftmeistern und Vorstehern gewählt werden (§ 29 des Stiftungsbriefs[6]). Nach anfänglichen Erfolgen gab es immer wieder Schwierigkeiten, die nicht zuletzt auf die unterschiedliche Zielsetzung zurückzuführen waren: sollte die Schule eher den Belangen des Goldschmiedehandwerks verpflichtet oder eine allgemeine freie Kunstschule sein – der allgemeine künstlerische Einfluß auf das kulturelle Leben Hanaus im 19. Jahrhundert ist tatsächlich außerordentlich bedeutsam, es genügt auf Namen wie Georg Cornicelius, Moritz Daniel Oppenheim[7] und Friedrich Karl Hausmann zu verweisen.

Unter Hausmann (Direktor 1863 - 1886)[8] wurde 1866 die nunmehr Königlich Preussische Zeichenakademie eine der fünf preußischen Akademien, die bei der 100-Jahrfeier unter dem Protektorat des Kronprinzen des Deutschen Reiches standen. Ein hohes Maß an Aufmerksamkeit und finanzieller Unterstützung brachte einen neuen Aufschwung, der zudem mit einer Neuorientierung verbunden war. Nicht nur konnte 1880 das neue Schulgebäude eingeweiht werden, die Zeichenakademie begann auch, sich von einer reinen Zeichenschule zu einer praxisbezogeneren Schule weiterzuentwickeln. Zu den Zeichen- und Modellierklassen kamen Klassen für Bijouterie-, Muster- und Ornamentzeichnen, außerdem eine Werkstatt für Gravieren. Neben der schon bestehenden Klasse für Emailmalerei wurde 1882 eine Klasse für Ziselieren eingerichtet, die der in Fachkreisen weltweit gerühmte Prof. August Offterdinger bis 1921 leitete.

Unter Hausmanns Nachfolger Prof. Max Wiese (1846 - 1925)[9] setzte sich die Entwicklung der Zeichenakademie von der Kunstschule zur Fachschule für Edelmetallgestaltung weiter fort. Wiese wurde 1884 an die Zeichenakademie berufen und übernahm 1886 bis 1905 deren Leitung. 1889 wurde die Bijouteriewerkstatt einge-

richtet, seit 1902 konnte die Zeichenakademie den Zusatz „Fachschule für Edelmetallindustrie" führen. Die Einrichtung der Werkstätten veränderten den Charakter der Schule grundlegend. Neben dem stundenweisen Unterricht für Lehrlinge wurde nun der Ganztagsunterricht für Tagesschüler wichtiger. Der Lehrplan war von dem großen Reformer des Kunsthandwerks Dr. Hermann Muthesius, Architekt, Kunstgewerbler und Dezernent im Handelsministerium, auf ein Studium von mindestens sechs Semestern eingerichtet. Ein vorbereitender Unterricht bildete die Schüler gemeinsam im Freihandzeichnen und Körperzeichnen aus. Modellieren und Entwerfen folgten[10], daran anschließend der Werkstattunterricht. Theoretische Vorlesungen und weitere Zeichenkurse vervollständigten das Angebot.

Unter dem Einfluß Hermann Muthesius' kamen die Hanauer Lehrer auch mit dem bis 1904 in Darmstadt ansässigen Peter Behrens und seinen Ideen in Kontakt. Danach sollten auch bei Entwürfen, die von der Natur ausgingen, prinzipielle Gestaltungsgesetze beachtet werden: das Konstruktive, Systematische und Sachliche einer Formen- und Materialkunde. Betont wurde jetzt die Selbständigkeit des Künstlers, sowohl im Zeichnen als auch in der Werkstatt. Es wird in erster Linie auf schlichte, ansprechende Gesamtform und Detailzeichnung Wert gelegt.[11]

Die Zeichenakademie zwischen 1909 - 1945

In dieser Umbruchssituation wurde 1909 Hugo Leven (1874 - 1956) durch das Handelsministerium zum Direktor der Zeichenakademie berufen. Er baute eine moderne Maschinenausstattung auf und verbesserte den Fachklassenunterricht, indem er Vor- und Mittelklassen einrichtete. Um einen besseren Einsatz von Maschinen zu erreichen und um damit den Unterricht grundlegend zu verändern, plante Leven einen Neubau.[12] Der Ausbruch des 1. Weltkriegs verhinderte freilich solche Pläne.

Leven suchte aber nicht nur eine Ausweitung der Ausbildungsmöglichkeiten, sondern auch eine geistige Erneuerung der Ausbildung zu erreichen. Unter dem Einfluß von Hermann Muthesius, der 1909 und 1911 die Schule besuchte, wurde angestrebt, die Formen zu versachlichen und sie allmählich dem Industrie-Design anzunähern. Damit stellte sich Leven gegen die traditionelle Akademieausbildung, er sah die entscheidende Aufgabe der Schule vielmehr in einer Ausbildung für die spätere Tätigkeit und Umsetzung der Ideen in der Industrie.

Die Maschine war für Leven jedoch nicht Selbstzweck. Als Verfechter der Werkbundidee nahm für ihn „Qualitätsarbeit" einen hohen Stellenwert ein:

ein Zeitkulturdokument schafft nur, wer die Regeln der Zeit versteht und sie künstlerisch auszudrücken vermag [...], es müssen Dinge sein, die Handwerker und Künstler von innen heraus schaffen, mit feinnervigem Gefühl, weniger mit Wissen.[13]

Die Reformansätze Levens führten seit etwa 1920 trotz der wirtschaftlichen Schwierigkeiten der Nachkriegszeit zu einer außerordentlichen Blütezeit, in der die Zeichenakademie eine Ausbildungsstätte von internationalem Rang wurde. Als hochqualifizierte Lehrer sind u.a. zu nennen Louis Beschor (seit 1889), Willy Gertenbach (seit 1906), August Bock (hauptamtlich seit 1918), Karl Lang (seit 1919), Karl Berthold (1919 - 23)[14], Reinhold Ewald (seit 1921), Max Peteler (seit 1921) und Alfred Benninghoven (seit 1922). Christian Dell[15] wechselte nach kurzer Lehrtätigkeit 1920/21 als Meister am Bauhaus (1922 - 25).

Diese Lehrer setzten sich mit der konstruktivistischen Formensprache des Weimarer Bauhauses auseinander. Das hohe Niveau der Arbeiten dieser Jahre ist aus den erhaltenen Arbeiten bis heute unmittelbar zu erkennen. Dies führte auch dazu, daß 1923 die Abschlußprüfung nach dreijähriger Ausbildung als der Gesellenprüfung gleichwertig anerkannt wurde. Als wichtige Schüler sind zu nennen Bernd Oehmichen (1901 - 1970)[16] und Siegfried Männle (geb. 1912)[17], die später auch Lehrer an der Zeichenakademie wurden. Bedeutsam wurden zudem Herbert Zeitner (1900 - 1988)[18] , Wilhelm Gesser (1904 - 1991)[19] und August Peukert (1912 - 1986)[20]. Es waren dies Schüler, die sich zusammenfanden, nicht nur um fachliche Probleme zu diskutieren, sondern auch, um sich mit den Problemen der Zeit geistig und künstlerisch auseinanderzusetzen. *Wir wollten damals die Welt verändern und philosophierten darüber leidenschaftlich und impulsiv, suchten wir doch nach einer gültigen Form, um dieser explosiven Zeit Ausdruck zu geben.*[21] Wilhelm Wagenfeld (1900 - 1990) war seit 1919 mit einem Bremer Stipendium Schüler der Zeichenakademie, der er *ungemein viel* für seine spätere Entwicklung verdankte, auch wenn er seit 1922 sein Studium am Bauhaus in Weimar fortsetzte. In Wagenfeld *verkörperte sich, was sich [...] Hugo Leven erträumte. Gestaltende Kräfte für die Industrie hervorzubringen.*[22]

1927 griff Leven die Pläne zu einem Neubau wieder auf. Ein Streit im Stadtparlament über die Planung sowie finanzielle Probleme, nicht zuletzt aber die weitere politische Entwicklung ließen dieses Projekt scheitern, – ein „Bauhaus" kam somit nicht nach Hanau. Es blieb bei einer kleinen Lösung, dem Anbau einer Maschinenhalle an das bestehende Schulgebäude mit Pressen, Druckbänken, Graviermaschinen sowie Einrichtungen für Lithographie und Buchdruck.

In den 24 Jahren seiner Tätigkeit als Schulleiter machte er die Zeichenakademie *zu dem, was ihren Ruf und ihr Ansehen in aller Welt als Fachschule für das Edelmetallgewerbe begründete.*[23] Wenn es für ihn wesentlich war, der Wirtschaft perfekte Fachkräfte zur Verfügung zu stellen, so ist das heute selbstverständlich, damals stellte es allerdings einen *Einbruch in das durch Tradition geheiligte Wesen der Akademie* dar.[24]

Umso unverständlicher sind heute die heftigen persönliche Angriffe der Nationalsozialisten gegen Leven. So wurde ihm 1933 der Einsatz der Graviermaschine angelastet, nicht nur, weil damit eine private Arbeit angefertigt wurde, sondern auch weil die Lehrlinge das Gravieren von Hand lernen sollten, nicht mit der Maschine, *denn die Ertüchtigung eines Schülers an einer solchen Maschine ist vollkommen gegenstandslos, da die Maschinen die Arbeit ohne die Hilfe der Menschenhand herstellt und lediglich die Maschinen einzuschalten sind, damit sie arbeiten.*[25] Leven wurde 1933 mit anderen wichtigen Lehrern entlassen und in den Ruhestand versetzt.

1934 übernahm der gebürtige Hanauer Emil Lettré (1876 - 1954)[26] aus Berlin die Leitung der Zeichenakademie. Nach den konstruktivistisch bestimmten Arbeiten der 20er Jahre entsprachen seine Formen eher einer neoklassizistischen Tendenz, die in den 30er Jahren außerordentlich geschätzt wurde. Lettré *ging in dem Aufbau seiner Kurse ganz eigene Wege, so lehnte er jegliches Modellieren, Aktzeichnen, Malen etc. ab,* der Einsatz der Maschine hatte nach seiner Meinung eine *verheerende Wirkung [...] auf die Kunst ausgeübt.*[27] Der Versuch, das Rad der Geschichte zurückzudrehen, hatte eine problematische Situation geschaffen; viele Lehrer und Schüler gingen von der Schule ab, Lettré selbst schied im Jahre 1936 aus.

Nach einer Übergangsphase unter Hermann Wandinger wurde mitten im 2. Weltkrieg 1942 Bernd Oehmichen (1901 - 1970) neuer Leiter. Er war nach seiner Ausbildung an der Zeichenakademie (1917 - 1922) als Entwerfer im väterlichen Juweliergeschäft und 1925 bis 1931 freischaffend tätig, danach war er Lehrer an der Zeichenakademie. Die aufgelösten Unterrichtsgebiete wurden wieder aufgenommen. Oehmichen *vervielfacht die Schülerzahl in Jahresfrist durch eine 'Werbeaktion' sondergleichen: in den heimischen Zeitungen und in den Fachzeitschriften veröffentlichte er in kurzen Abständen Berichte und Abhandlungen über das Goldschmiedehandwerk, die dem Nachwuchs diesen Beruf erstrebenswert machen sollten [...] Gleichzeitig verpflichteten sich Lehrer und Schüler, die halbe Woche 'Kriegseinsatz' zu leisten durch Lötarbeiten, damit die zweite Hälfte dem Unterricht vorbehalten bleiben konnte. Auch nach teilweiser Zerstörung des Akademiegebäudes wurde der Unterricht in provisorisch hergerichteten Räumen fortgesetzt.*[28] Aber die Bomben, die in der Schicksalsnacht des 19. März 1945 Hanau zu 98 Prozent zerstörten, trafen auch das Gebäude der Zeichenakademie, das völlig ausbrannte. Ausstattung, Geräte und Maschinen wurden vernichtet, ebenso das Archiv. Glücklicherweise hatte man vorher die wertvolle Bibliothek sowie die graphischen Bestände ausgelagert.

An einen Schulbetrieb war zunächst nicht mehr zu denken. Der kommissarische Leiter, Bernd Oehmichen, war seines Amtes enthoben worden, an seiner Stelle wurde Dr. Werner Canthal, Präsident der Handelskammer Hanau - Gelnhausen - Schlüchtern, vom Regierungspräsidenten in Wiesbaden mit der Leitung der Schule beauftragt, unter seiner Leitung kam dem wiederbelebten Kuratorium eine wichtige Rolle zu. In vielen Sitzungen beriet es die vielfältigen Probleme der Schule, insbesondere ging es um die Wiederherstellung des Schulgebäudes sowie der Beschäftigung von Lehrern, standen doch der Wiedereinstellung bestimmter Lehrer Entnazifizierungsverfahren im Wege. Aus dem Studium der Personalakten wird ein bedrückendes Bild der problematischen Situation von Menschen in dieser Zeit ersichtlich: die einen waren zunächst „zu wenig Nazi", so daß sie 1933 nicht mehr im Staatsdienst geduldet wurden, später aber „zu viel Nazi",[29] so daß sie nach 1945 (zunächst) keine Anstellung bekamen. Bei all diesen Problemen wurde versucht, unbürokratisch zu helfen, – auch unter dem Aspekt, daß man die Abwanderung guter künstlerischer Kräfte zu verhindern suchte.

Die Zeichenakademie nach 1945

Die Wiedereröffnung der Schule in den Räumen der benachbarten Industrie- und Handelskammer wurde am 28. 4. 1947 mit einem Festakt in Schloß Philippsruhe gefeiert. Der Wiederaufbau der Schule wurde gewürdigt, zu deren obersten Zielen, so Dr. Canthal, *die Förderung eines schöpferischen Kunstwillens zählt und die im Geiste und Sinne ihrer großen Tradition wertvolle Arbeit leisten und Begeisterung wecken (will) für alles Schöne und Edle, das gleich Menschenwürde und Geisteskultur während zwölf Jahren Nazi-Terrors immer wieder mit Füßen getreten und in den Schmutz gezogen wurde.*[30] *Daß die Schule überhaupt aufgebaut wurde, war fast ein Wunder, denn eigentlich glaubte damals niemand so recht daran, daß das Goldschmiedehandwerk jemals wieder eine Zukunft haben würde.*[31]

Ab 1947 beschäftigte man sich intensiv mit baulichen Maßnahmen. Die „Enttrümmerungsarbeiten" des Schulgebäudes waren bereits im Sommer 1947 als Ehrendienst von Schülern durchgeführt worden. Im Juli 1947 wurde der Wiederaufbau der Maschinenhalle, eines Anbaus an den Ostflügel zur Stresemannstraße hin, genehmigt. Eine Massivdecke sollte den Raum in zwei Stockwerke teilen, um das Heizen zu erleichtern und um mehr Platz zu schaffen. Ein Wächter sollte verhindern, daß Baumaterialien gestohlen werden. Die zu bewältigenden Schwierigkeiten lassen sich heute kaum mehr vorstellen. So war es problematisch, 1948 eine Baufirma zu finden, die Staatsaufträge ausführte, da das Staatsbauamt keine Ernährungszuschüsse und sonstige Kompensationen gewähren konnte. Für die Lieferung von 40 m³ Kies wurde der Bürgermeister von Kahl bemüht. Zwischenzeitlich mußten die Bauarbeiten eingestellt werden, weil kein Geld mehr zur Verfügung gestellt werden konnte.

Nach längerer Diskussion über die Person des zukünftigen Direktors wurde im Dezember 1948 Prof. Hugo Leven – nunmehr 74jährig – wieder als kommissarischer Leiter eingesetzt. Ende 1949 erkrankte Leven für längere Zeit so schwer, daß er im Frühjahr 1950 die Leitung der Schule aufgeben mußte.

Am 2.5.1950 wurde dem 1945 entlassenen Bernd Oehmichen wieder die Leitung der Schule übertragen. Mit großem Elan nahm er die Arbeit auf. Nicht nur das Schulgebäude war zerstört, auch die

Konzeption seines Vorgängers hatte seiner Meinung nach großen Schaden angerichtet: *Sie hat den jungen Menschen leider nach einer falschen Seite hin allzu leicht begrenzt und ihn in scheinbar künstlerische Regionen erhoben, denen er auf Grund seines Könnens noch garnicht gewachsen ist. Es bleibt mir nun die schwere Aufgabe, diesen Künstlertraum zu entthronen und die jungen Leute freiwillig dazu zu veranlassen, nun noch einmal von vorne anzufangen.*[32]

In vielen Vorträgen und schriftlichen Ausarbeitungen erläuterte er seine Konzeption.

Sein Ziel war, *auf fundiertem technischen Können aufbauend die künstlerische Gestaltung von Schmuck und Gerät zu lehren.*[33] *Erst wenn die Gewähr für sichere Beherrschung der handwerklichen Voraussetzungen gegeben ist, kann eine eigenschöpferische Tätigkeit verantwortet werden. Dann aber sind auch der Eigenwilligkeit keine Grenzen gesetzt, und es soll ohne Furcht die Kritik herausgefordert werden, da nur auf diese Weise der Weg in das Neue gefunden werden kann.*[34] Darüber hinaus wollte er die jungen Menschen *mit den Sinngehalten des Handwerks vertraut [...] machen zur Bildung ihrer Persönlichkeit, die sie befähigen sollte, ihren Beruf als Lebensaufgabe und nicht nur als Broterwerb zu begreifen.*[35] Zudem war es für ihn wesentlich, *daß zur Werkstattausbildung in verstärktem Maße eine geistige Durchbildung der Schüler auf dem Gebiete der musischen Fächer und der Ästhetik und ein Vertrautmachen mit dem heutigen Weltbild, den heutigen Erkenntnissen von der Materie, von den Energien, von der Seele zu kommen hat.*[36]

Im Bereich der Schulverwaltung gelang es Oehmichen, qualifizierte Lehrer an die Schule zu holen; so Dr. Hans-Werner Hegemann (1911 - 1987; Zeichenakademie 1950 bis 1960), Jochen Beyer (1951- 1988), der neben seinem Zeichenunterricht eine vielbeachtete Marionetten AG aufbaute und dem mit der 1994 verliehenen August-Gaul-Plakette die höchste kulturelle Auszeichnung der Stadt Hanau verliehen wurde, Heinz-Ulrich Bullermann (1959 - 1984), Siegfried Männle (1952 - 1976), der 1991 mit dem Cläre-Roeder-Münch-Preis ausgezeichnet wurde. Viele andere wichtige Kollegen setzten neue künstlerische Impulse und neue Aktivitäten.

Über die Akademie hinaus pflegte Oehmichen intensive Kontakte mit Berufsverbänden, Institutionen und Fachleuten. Die Zusammenarbeit mit den Fachverbänden förderte auch die Anerkennung und das Vertrauen in die Arbeit der Schule. 1965 wurde im Kuratorium über die Fachschule diskutiert. Der Vorschlag, den Fachschulabschluß mit der Meisterprüfung gleichzusetzen, setzte sich zwar nicht durch, aber Teile der Schulprüfung sollten bei der Meisterprüfung angerechnet werden. Zudem wurde eine Ausweitung der dreisemestrigen Ausbildung befürwortet, um die Ausbildung zu intensivieren.

Oehmichen hatte in kritischer Zeit das Schicksal der Schule entscheidend mitgeprägt. Zwar wurden nicht alle Ziele erreicht, aber die Schule hatte einen führenden Platz in der Ausbildung. Von Oehmichen gingen wichtige Impulse für die fachliche und berufsbezogene Diskussion aus. Bei aller Sorge um die Details der alltäglichen Arbeit behielt er stets die große Linie im Auge.

Nach der Verabschiedung Oehmichens 1967 wurde Walter Dennert (*1924) zum Direktor ernannt, der seit 14 Jahren an der Zeichenakademie mit den Schwerpunkten Gemmologie und Betriebswirtschaft tätig war. Gemäß seinem Motto „Erfolge festigen und stärken" wurde die Schulentwicklung weitergeführt, so wurde 1972 die Fachschule von 3 auf 4 Semester erweitert.

Einen Höhepunkt bildeten 1972 die Feierlichkeiten zum 200jährigen Schuljubiläum: Neben einer Ausstellung der Arbeiten zu dem Wettbewerb „Halsschmuck in Silber" wurden in einem umfangreichen Begleitprogramm Vorträge von Kollegen gehalten, Schülerarbeiten ausgestellt und eine Schmuckschau wurde veranstaltet. Außerdem wurde eine Schulschrift mit der Geschichte der Schule und Abbildungen von aktuellen Arbeiten herausgegeben. Gleichzeitig tagte in Hanau die Deutsche Gemmologische Gesellschaft sowie der Zentralverband für das Juwelier-, Gold- und Silberschmiedehandwerk. Damit sollte die Bedeutung Hanaus als eine der führenden deutschen Schmuckstätten hervorgehoben werden.

Einen weiteren Höhepunkt bildete 1979 die Einweihung des Neubaus, in dem Verwaltung und Theorieräume untergebracht wurden im Rahmen eines umfangreichen Festprogramms.

Bei der Verabschiedung Dennerts 1989 wurde auf die großen Veränderungen in seiner Zeit als Schulleiter hingewiesen: So war die Auffassung über Form und Funktion des Schmucks mehr denn je im Wandel, man verwendete neue Materialien, insbesondere Nichtmetalle, die Bedeutung der Steine ging zurück. Mit der handwerklichen Auffassung des Goldschmiedemeisters konkurrierte die freiere künstlerische Gestaltung immer mehr. Unter den Schülern nahmen die Abiturienten mit circa 80 Prozent weiter zu; damit veränderte sich auch die pädagogische Konzeption.

Dennerts fachliche Kompetenz sowie sein souveräner Umgang mit *bürokratischen Hemmnissen*[37] wurden hervorgehoben. Die Kontinuität der Schule blieb gewahrt; hohe Bewerberzahlen machten das Interesse an der Ausbildung der Zeichenakademie deutlich. Besondere Bedeutung hatten für Dennert die guten Kontakte zu den Schülern, er gilt als „väterliche Integrationsfigur".[38] Großen Stellenwert maß Dennert auch der Mitarbeit in den Verbänden bei: So ist er u.a. im Vorstand der Gemmologischen Gesellschaft in Idar-Oberstein. Seit langer Zeit in das Präsidium der Gesellschaft für Goldschmiedekunst gewählt, wurde die Mitarbeit in diesem Gremium

noch wichtiger, nachdem die Gesellschaft 1985 ihren Sitz nach Hanau verlegt hatte. Von 1989 bis 1991 war Dennert auch Präsident der Gesellschaft.

Auf den bestehenden organisatorischen Grundstrukturen aufbauend versuche ich seit meiner Tätigkeit als Direktor 1989 eine Weiterentwicklung, z. B. wird eine Erweiterung des Lehrangebots durch Veranstaltungen und Vorträge von Fachleuten und Künstlern gefördert, insbesondere mit Ausstellern im Goldschmiedehaus sowie in Zusammenarbeit mit dem Goldschmiedehaus und der Gesellschaft für Goldschmiedekunst. Zudem wurde ein Computerraum und CAD-Kurse eingerichtet sowie weitere Lehraufträge vergeben, z.B. für Fotografieren von Schmuck und Gerät, Drücken und Eisenschmieden. Große Beachtung fanden im Herbst 1990 Veranstaltungen der Kolleginnen und Kollegen im Rahmen einer bundesweiten Fortbildung für Lehrer an einschlägigen beruflichen Schulen. An Tagen der Offenen Tür öffnete sich die Schule nach außen, wobei insbesondere von Seiten der Schüler mit interessanten Programmpunkten, z. B. szenischen Aktionen mit Schmuck oder einer Licht-Schmuck-Schau, großes Engagement gezeigt wurde. Das 222jährige Schuljubiläum wurde 1994 mit vielen Aktivitäten gefeiert: einem schulinternen Schülerwettbewerb, einer Vortragsreihe ehemaliger Lehrer und Schüler, einer großen Ausstellung im Goldschmiedehaus sowie einer umfangreichen Publikation über die Schule. Pläne für einen neuen Erweiterungsbau, der Platz für die Aufstellung zusätzlicher Maschinen schaffen soll, müssen auf Grund der schlechten Finanzlage des Landes zunächst verschoben werden.

Nach wie vor dokumentieren viele Veröffentlichungen, Ausstellungen im In- und Ausland sowie Wettbewerbserfolge den Leistungsstand der Schule, auch wenn sich, nicht zuletzt durch den Generationswechsel der Lehrer bedingt, die formalen Grundlagen der Gestaltung in erheblichem Maße verändern. Die Problematik einer Ausbildung im Spannungsfeld zwischen Handwerk und Kunst bleibt allerdings bestehen. Sie schlägt sich auch in der nachhaltigen Diskussion um die Erweiterung der Ausbildung in Hanau um eine Fachhochschulabteilung nieder. In einer Zeit, in der sich die Auffassung von Schmuck unter künstlerischen Aspekten so wesentlich verändert, kann die Zeichenakademie nur mit einer verbesserten Ausstattung und längerer Ausbildungszeit weiterhin eine so wichtige Position wie in der Vergangenheit einnehmen, andernfalls werden neue Entwicklungen verstärkt von den Hochschulen ausgehen.

Anmerkungen

[1] Der Text ist eine überarbeitete und wesentlich gekürzte Darstellung der Schulgeschichte des Verfassers aus dem Jubiläumsbuch der Schule „Zwischen Kunst und Handwerk", Stuttgart 1994, S. 11-31

[2] „Erste Subscription Liste" vom 10. Februar 1772, zit. nach I. Schneider, Die Entwicklung der Zeichenakademie Hanau von der Zeichenschule im Jahre 1772 bis zur Fachschule für edelmetallgestaltende Berufe 1972, in: Festschrift 200 Jahre Staatliche Zeichenakademie, Bd. I, S. 7- 25, Hanau 1972, S. 7.

[3] I. Schneider (wie Anm. 2), S. 9; dort ist auch der Nachdruck der Stiftungsurkunde abgebildet.

[4] J.W.v. Goethe, Über Kunst und Altertum in den Rhein- und Main-Gegenden, zitiert nach G. Bott, Goethe und Hanau, Hanau 1949, S. 90.

[5] B. Oehmichen, 180 Jahre Zeichenakademie, Goldschmiede-Zeitung 4, 1953, S. 100f.

[6] Zit. nach I. Schneider (wie Anm. 2), S. 12.

[7] Zu ihm zuletzt R. Dröse, Fr. Eisermann, A. Merk, M. Kingreen, Der Zyklus „Bilder aus dem altjüdischen Familienleben" und sein Maler Moritz Daniel Oppenheim, Hanau 1996

[8] Zu ihm zuletzt Hanauer Anzeiger, 31. 1. 1996, S. 5

[9] Zu ihm zuletzt seine Autobiographie Erinnerungen „Aus meinem Leben", hrg. von Ina Schneider, 1996 sowie die Ausstellung „Der Weg zum Parnassos" im Heimatmuseum Neuruppien, 1996

[10] I. Schneider (wie Anm.2), S.11

[11] Jahresberichte der Zeichenakademie 1908, S. 25.

[12] Denkschrift. Neubau Königliche Fachschule und Akademie für Edelmetallkunst Hanau a. Main, 1911.

[13] Selbstdarstellung Levens, in: Gratisbeilage Hanauer Anzeiger, Juni 1922.

[14] Chr. Weber, Schmuck der 20er und 30er jahre in Deutschland, Stuttgart 1990, S. 40, 134.

[15] Zu ihm zuletzt der Ausstellungskatalog Schloß Philippsruhe 1996

[16] Zeichenakademie 1917 - 1922.

[17] Zeichenakademie 1928 - 1933.

[18] Zeichenakademie 1914 - 1919.

[19] Zeichenakademie 1918 - 21; H.M. Wingler (Hrsg.), Kunstschulreform 1900 - 1933, Berlin 1977, S. 173 .

[20] Zeichenakademie 1926 - 28; Ausst.Kat. zur Gedächtnisausstellung im Alten Rathaus und in der Alten Schule Großauheim vom 16. - 29. November 1987, Hanau-Großauheim 1987.

[21] B. Oehmichen, Ein Leben für die Schule (Ms.Archiv Zeichenakademie; vgl. auch Hanauer Anzeiger, 15. 7. 1967, S. 3).

[22] C. Trautermann, Hanauer Zeichenakademie im Wandel der Zeiten 1772-1948, Hanau o.J. S. 244.

[23] B. Oehmichen, Nachruf auf H. Leven, Goldschmiedezeitung 1956, S. 561.

[24] Wie Anm. 23.

[25] G. Fest, Vorsitzender des Handwerks- und Gewerbevereins 1891 e.V. Hanau, 18. 2. 1933.

[26] zu ihm zuletzt Hanauer Anzeiger 22. 6. 1996, S. 38

[27] zit. nach Hanauer Anzeiger, 21. 11. 1933

[28] I. Schneider (wie Anm. 2), S. 21.

[29] B. Oehmichen in einem Brief vom 18. 6. 1951 an Walter Falcon (Falkenau) über sich selbst (Archiv Zeichenakademie).

[30] Mitteilungsblatt der Stadtverwaltung Hanau, 3. 5. 1947.

[31] B. Oehmichen, Hanauer Anzeiger, 15. 7. 1967.

[32] Brief an F.R. Wilm vom 25. 5. 1950; Archiv Zeichenakademie.

[33] I. Schneider, (wie Anm. 2), S. 22

[34] B. Oehmichen, 180 Jahre Zeichenakademie Hanau, Goldschmiede-Zeitung 4/1953, S. 100, 101.

[35] I. Schneider (wie Anm. 2), S. 22.

[36] H. W. Hegemann, Die Gold- und Silberstadt Hanau, Goldschmiede-Zeitung 4/1953, S. 100.

[37] J. Enders, in: Hanauer Anzeiger vom 15. 7.1989, S. 5

[38] H.-M. Heynen, in: Hanauer Anzeiger vom 15.7. 1989, S. 5.

Werner Kurz
Die Gründung der Niederländischen Sparkasse zu Neu-Hanau

Am 27. Februar 1821 starb Kurfürst Wilhelm I. nach 36jähriger, von sieben Exiljahren unterbrochener Regentschaft. Die Trauer um den despotischen Landesherren dürfte nicht so groß gewesen sein, wie acht Jahre vorher der Jubel bei seiner Rückkehr aus dem Exil. *Wenn ich in meinem Leben viele Fehler gemacht habe, so waren sie doch niemals beabsichtigt*, schreibt er Ende 1818 in seinen Tagebüchern. Dieser Satz ist bezeichnend für seine Sicht der Dinge.

Mit der Übernahme der Regentschaft durch seinen Sohn Wilhelm II. keimte in der Bevölkerung die Hoffnung, daß sich nunmehr alles zum Besseren wenden würde. Seit 1816 war der Landtag suspendiert und die im Artikel 13 der Bundesakte beschlossene Umwandlung auch Kurhessens in eine konstitutionelle Monarchie, so hofften viele Hessen, habe unter Wilhelm II. eher eine Chance auf Verwirklichung.

Zwar schaffte dieser auch umgehend den Zopf beim Militär und der Beamtenschaft ab und stellte mit dem Verwaltungsedikt von 1821 den Staat auf eine neues Fundament. Doch hatte er letzteres ohne die Hinzuziehung der Betroffenen erlassen und die auf den ersten Blick so modern anmutende Verwaltungsstruktur erwies sich in der Praxis als kompliziert und schwerfällig. Vor allem aber machte der Kurfürst keinerlei Anstrengungen, die verfassungsgebenden Landstände wieder einzuberufen.

Die Kurhessische Verwaltungsreform von 1821 reagierte mit mehrjähriger Verzögerung auf den Untergang des Königreiches Westfalen. Dieses Staatsgebilde von Napoleons Gnaden und von dessen Bruder Jerome („Immer lustig!") mehr schlecht als recht von Kassel aus regiert, war in Departements organisiert. Die südlichen Landesteile Kurhessens, die zum Dalbergschen Großherzogtum Frankfurt gehörten, waren dagegen in Provinzen unterteilt. Die alten Verwaltungsstrukturen einfach wieder zu übernehmen widersprach dem Bestreben, alles Französische möglichst zu eliminieren, sei es in Politik, Recht und Verwaltung. Außerdem entsprachen sie vielerorts auch nicht der neuen territorialen Struktur des wiederhergestellten Staates Kurhessen.

So befahl der Kurfürst, den gesamten Zivilstaat *auf preussischen Fuß zu setzen*. Ministerialrat Kraft wurde mit der Ausarbeitung der notwendigen Rechtsgrundlagen beauftragt und in kürzester Zeit stand das Organisationsedikt vom 29. Juni 1821 und die ergänzende Verordnung vom 30. August. Es war eine tiefgreifende Veränderung, die radikal in teilweise sehr alte und komplizierte, aber über die Zeiten funktionsfähige Strukturen und Rechtsverhältnisse eingriff. Nach preußischem Muster und unter stillschweigender Einbeziehung von Elementen der einstigen französischen Verwaltung im Königreich Westfalen oder im Dalbergschen Großherzogtum Frankfurt wurde fortan der Staat nach regionalen Gesichtspunkten gegliedert und verwaltet.

Durch die Neugliederung wurde vor allem die Verwaltung von der Justiz getrennt, was wir schon aus den Tagen des Großherzogtums kennen und was Grundlage der Gewaltenteilung ist. Kurhessen wurde in Provinzen und Kreise aufgeteilt. Oberste Regierungsstelle wurde das Staatsministerium mit den vier Departements Justiz, Inneres, Auswärtige Angelegenheiten und Angelegenheiten des kurfürstlichen Hauses. Dem „Innenministerium" als Mittelinstanz nachgeordnet waren die vier Provinzialregierungen in Kassel, Fulda, Marburg und Hanau. Diesen wiederum unterstanden die Kreisämter als unterste Ebene staatlicher Verwaltung.

Die Provinz Hanau, im wesentlichen in den Grenzen der alten Grafschaft Hanau nebst einiger ehemals mainzischer und isenburgischer Dörfer, wurde in die Kreise Hanau, Gelnhausen, Salmünster und Schlüchtern aufgeteilt. Diese Landkreise bestanden mit Ausnahme von Salmünster, der schon 1831 auf die angrenzenden Kreise aufgeteilt wurde, bis zur Gebietsreform in den 1970er Jahren in ihren Grundstrukturen fort.

Dem Kreis stand der Kreisrat, ab 1835 Landrat genannt, vor, dem ein Kreissekretär zugeordnet war. Laut Edikt war den Kreisämtern die „innere Verwaltung" aufgetragen, also *Hoheits- und Landesgrenzgerechtsame, Sicherheits- und Polizeiangelegenheiten, Armen- und Sittenpolizei, Straßenpolizei und Straßenbau, Gesundheitswesen, Schulwesen, Landwirtschaftsverwaltung, Gewerbepolizei, Lenkung und Beaufsichtigung der Gemeindeverwaltungen, Aufsicht bzw. Verwaltung von mildtätigen Stiftungen, Rekrutierung, Einquartierung, Überwachung der besonderen Verhältnisse zu den Israeliten, sowie die allgemeine Landesverwaltung.*

Die auf diese Weise vertikal organisierte Verwaltungsstruktur betrachtete der Kurfürst als Instrument einer effektiven Staatsverwaltung, wobei anzumerken ist, daß zumindest nach den Buchstaben des Edikts soziale Belange ein starkes Gewicht haben und dieser Bereich hier erstmals als staatliche Aufgabe definiert wird, wie auch immer dies in der Praxis gestaltet wurde.

Überhaupt war es ein Problem, die Möglichkeiten des Organisationsedikts mit den autoritären und absolutistischen Staat repräsentierenden Beamten zum Wohl des Landes und seiner Bürger umzusetzen, gefiel sich doch der Kurfürst selbst in absolutistischem Gehabe und pflegte launische Umgangsformen mit seinen Untertanen, ja selbst mit seinen Ministern.

Der Hanauer Bürgermeister Bernhard Eberhard, 1827 gemeinsam von den Räten der Alt- und Neustadt auf Lebenszeit gewählt, brauchte Jahre, ehe er in diesem Amt vom Kurfürsten bestätigt wurde.

Der kleinliche, knauserige und in seinen Entscheidungen oft schikanöse Kurfürst hatte mit seiner bald Heerscharen von Beamten beschäftigenden Verwaltung die Grundlage für eine Bürokratisierung und immer weiter fortschreitende Reglementierung des Staates gelegt. Dies machte sich nicht zuletzt bei den Städten und Gemeinden bemerkbar, denen oft willkürlich Belastungen auferlegt wurden, die ihre Aufgaben empfindlich störten oder die Kassen übermäßig belasteten.

So erwies sich die Provinzialregierung als getreues Werkzeug ihres Fürsten und *suchte jeder freieren, selbständigen Bewegung hindernd entgegenzutreten*, wie Bernhard Eberhard sich erinnert. Der Rat der Hanauer Altstadt durfte höchstens 50 Gulden ohne die Zustimmung der Provinzregierung ausgeben, in der Neustadt war dieser Betrag auf zehn Gulden beschränkt. Der Handlungsspielraum der Stadträte war, wie wir sehen, äußerst eingeschränkt. Zudem kam es oft zu unerwarteten Lasten. So legte die kurfürstliche Regierung die Kosten für die Einrichtung der Infantriekaserne im Kanzleibau am Freiheitsplatz – heute Finanzamt – sowie die für deren jährlichen Unterhalt der Stadtkasse auf. Dagegen erhoben die Stadträte Widerspruch und verweigerten die Zahlung, worauf die in Hanau erhobene städtische Brantweinsteuer beschlagnahmt wurde. Mit fatalen Folgen: aus dieser Steuer wurden die Schulen unterhalten und die Lehrergehälter bezahlt. *Eine Gewaltmaßregel folgte der anderen*, urteilt Bernhard Eberhard in seinen Lebenserinnerungen.

Pferdefuß der gesamten Verwaltungsreform war die Regelung, daß Klagen gegen Entscheidungen der Verwaltung nur mit Zustimmung der Regierung geführt werden durften. Dies machte so manchen positiven Ansatz dieses Gesetzeswerkes zunichte. So hatte das Edikt zwar eine neue Verwaltungsorganisation gebracht, das Verhältnis des Bürgers oder der Gemeinden gegenüber dem Staat war jedoch in keiner Weise besser geregelt als vorher.

So sehr die kurfürstliche Politik in der nachnapoleonische Ära das wirtschaftliche Fortkommen des gesamten Landes im allgemeinen und des Fürstentums bzw. der späteren Provinz Hanau im besonde-

ren behinderte, wenn nicht zeitweise ganz unmöglich machte, so zeigen zwei Beispiele, daß die Bürgerschaft durchaus beginnt, ihre Interessen gegenüber der Obrigkeit zu formulieren, wenn auch zunächst eher im wirtschaftlichen Bereich. Darüber hinaus aber versuchen weitblickende Bürgermeister und Verwaltungsbeamte die bestehenden Gesetze mit Inhalt zu füllen und umzusetzen. Die Handelskammern und die Sparkassen nehmen dabei für Hanau eine besondere Stellung ein. Schon 1816 gab es in der Stadt Bestrebungen, eine Handelskammer nach preußischem Vorbild zu installieren, 1819 wurde in Hanau die erste Sparkasse Kurhessens gegründet, die vielfach vorbildgebend war deren Existenz und schließlich zum kurhessischen „Sparkassenerlass" von 1824 führte. Sowohl die Initiative Hanauer Fabrikanten aus dem Jahr 1816, als auch später deren Fortsetzung durch die Einberufung des „Handelsauschusses" durch Oberbürgermeister Eberhard im Jahre 1834, sind städtische und keinesfalls staatliche Initiativen. Die Gründung der ersten kurhessischen Sparkasse in Hanau war eine kirchliche Initiative. Der zwar auf staatliche Anordnung aber nur unter engagierter Mitwirkung Einzelner zustandegekommene Sparkassenerlaß von 1824 in der Folge des Organisationsedikts von 1821 zeigt ebenso, daß auch in Zeiten autoritärster Regierung private Initiative in wirtschaftlichem und sozialen Bereichen sowie Weitblick „moderner" Verwaltungsbeamter Entwicklungen einleiten kann, die noch heute nachwirken.

Zum kurhessischen Sparkassenerlaß von 1824

Wie sich oben zeigt, war trotz entsprechender gesetzlicher Vorgaben eine Umsetzung wirtschaftlichen und gesellschaftlichen Wollens in die Tat oft schwer oder gar nicht möglich. Die Buchstaben des Gesetzes mit dem entsprechenden Geist zu füllen und dies vor dem Hintergrund einer äußert problematischen Lage in Staat, Wirtschaft und Gesellschaft, erforderte Weitblick und Durchsetzungsvermögen. Gleichwohl dauerte es oft Jahre, ehe im Organisationsedikt festgeschriebene und durchaus wünschenswerte Einrichtungen gegründet werden konnten.

So heißt es in dem Organsiationsedikt vom 29. Juni 1821 als Aufgabe der Landräte [...] *in Ansehen der Armen-Polizei* [...] *auch die Leihanstalten, Kranken- und Begräbniskassen, Sparkassen und andere, teils zur Verhütung der Armut, teils zur Unterstützung in Fällen des Bedürfnisses bestimmte Einrichtungen nach geprüften Grundsätzen (zu) begünstigen.*[1] Im Klartext ist dies an die Kreise delegierte Sozialpolitik und zugleich die Aufforderung an die Kreisräte, soziale Einrichtungen ins Leben zu rufen.

Die Errichtung von Sparkassen war damit als Aufgabe des kurhessischen Staates formuliert und zum Staatsziel erhoben. Ausdrücklich jedem *und besonders aus den dienenden und mit Handarbeit sich nährenden Klassen* sollte die Sparkasse zur Verfügung stehen.[2] Freilich war dies zunächst nicht mehr als eine Willensbekundung, fehlte es doch an praktikablen Vorbildern,[3] die Sparkassengründungen in großer Zahl in Kurhessen hätten initiieren können. Daß in Hanau bereits eine Einrichtung bestand, die alle Kriterien einer Sparkasse erfüllte, sollte dann aber doch Bewegung in die Sparkassenfrage bringen.

In dem Oberpolizeidirektor von Manger, einem ebenso gehaßten wie einflußreichen Mann am Hofe in Kassel, fand die Sparkassenidee einen eifrigen Verfechter, als dieser in einem Polizeibericht (!) von der in Hanau seit 1919 bestehenden Ersparniskasse der Niederländischen Diakonie erfuhr. Für diese Sparkasse der Niederländischen Diakonie zu Neu-Hanau wurden am 2. August 1819 vom Konsistorium die Statuten genehmigt.

Das Interesse von Mangers an sozialen Fragen liegt möglicherweise in dem Umstand begründet, daß er 1808 im Königreich Westfalen die Funktion eines Präfekturrates innehatte und dem Centralbureau zur Verwaltung aller Stiftungen und zur Unterstützung der Hilfsbedürftigen vorstand. Die Berichte über die Sparkasse der Niederländischen Diakonie trug er jedenfalls unverzüglich dem Kurfürsten vor und vermochte tatsächlich diesen von der Notwendigkeit einer raschen Umsetzung der entsprechenden Vorgaben des Verwaltungsedikts und der verstärkten Förderung von Sparkassengründungen zu überzeugen.[4] Aus der Korrespondenz von Mangers[5] geht hervor, daß er der Hanauer Einrichtung Vorbildcharakter zubilligte. So schrieb er an den Bürgermeister Schomburg in Kassel: In Hanau hat man [...] seit einiger Zeit eine Sparkasse für Dienstboten und Fabrikarbeiter errichtet, ein Institut, welches auf Sitten und Wohlstand um so wohltätiger wirkt, weil bei dem so sehr gesteigerten Luxus in allen Ständen und bei der gegenwärtigen Wohlfeilheit der geistigen Getränke die Dienstboten und Fabrikarbeiter nur zu leicht gereizt werden – uneingedenk ihrer Zukunft – ihre Ersparnisse für Luxusartikel oder geistige Getränke auszugeben.[6]

Dies Einschätzung steht in nicht geringem Widerspruch zu den oben geschilderten wirtschaftlichen und sozialen Gegebenheiten in Hanau und Hessen, war die allgemeine Lage doch nicht nach Luxus. Doch zeigt sich im Denken von Mangers durchaus ein sozialer Ansatz.

In dem Schreiben heißt es weiter: Seine königl. Hoheit der Kurfürst haben diese Einrichtung mit allerhöchstem Wohlgefallen bemerkt und mir zugleich zu befehlen geruhet, den Versuch zu machen, ob nicht auch in hiesiger Residenz eine solche Sparkasse zu errichten Eingang finden dürfte.[7]

Die Hanauer Einrichtung hatte also für von Manger außerordentlichen Vorbildcharakter. Er fährt fort: Zur Erreichung dieses wohltätigen Zwecks erlaube ich mir daher, mich an Sie als die zunächst vorgesetzte Behörde der hiesigen Bürgerschaft zu wenden und Sie zu ersuchen, auf den wohlhabenden und rechtlich denkenden Bürger gefälligst dahin wirken zu wollen, daß auch dahier ein so nützliches Institut zu Stande gebracht und dadurch den allerhöchsten Wünschen seiner Königl. Hoheit genügt werde.

Voller Respekt weist von Manger den Kasseler Bürgermeister in dem gleichen Schreiben darauf hin, daß ...die gedachte Anstalt in Hanau es in kurzer Zeit schon zu einem Kapital von 10.000 fl. gebracht und daß in diesem Fonds, welcher von mehreren rechtlichen Männern unentgeltlich verwaltet wird, die Dienstboten und Fabrikarbeiter ihre Ersparnisse [...] sicher einlegen können und [...] verzinst bekommen. Es ist dies also ein ihnen Zinsen tragendes Kapital, und auch ein Sparpfennig für Unglücksfälle, wodurch manche Familie nicht, wie leider jetzt dahier der Fall ist, sogleich genöthigt wird, bei der geringsten unvorhergesehenen Ausgabe Zuflucht zum Versetzen von Mobilen pp. nehmen zu müssen!

Von Manger spielt damit auf die vielgeübte Praxis der Pfandleihe[8] an, die besonders in den Umbruchjahren der nachnapoleonischen Ära Wucherern ein weites Betätigungsfeld brachte. Diesem letztlich entgegezuwirken war eine die Sparkassengründungen fördernde Motivation.

Von Mager jedenfalls schließt seinen Brief an Schomburg unmißverständlich mit der Erwartung, daß das Unternehmen einer öffentlichen Sparkasse in Kassel alsbald verwirklicht werde.[9]

Bürgermeister Schomburg hatte sehr wohl begriffen, welchen Stellenwert im gesamten Sozialgefüge die Sparkassen haben könnten. In einem Brief aus seinem Nachlaß lesen wir: Die wohltätigen Wirkungen einer solchen Anstalt für sicheren und vermehrten Erwerb zu Fällen von Not, der Verhinderung am Verdienste durch Krankheit, Alter und sonstigem Bedarfe, ihr moralischer Einfluß durch die Ableitung von unnützem Luxus, von verderblicher Genußsucht und durch Gewöhnung an Sparsamkeit geben ihr einen sehr praktischen Wert und Anspruch auf möglichste Berücksichtigung.[10]

Schomburg, stets um eine Stärkung der kommunalen Selbstverwaltung bemüht, sah auch hier eine Chance. Er war entschlossen, die Sparkassengründung in Kassel auf ein solides Fundament an Kenntnissen und Erfahrungen zu stellen, die man andernorts gemacht hatte. Er wandte sich aber wider Erwarten nicht nach Hanau, um sich von den dortigen Erfahrungen mit der Sparkasse der Niederländischen Diakonie berichten zu lassen, sondern stützt sich, was Hanau betrifft, alleine auf von Mangers Polizeiprotokolle.[11]

Praktische Anregungen holt er sich in Nürnberg. Dort war am 7. September 1821 die erste kommunale Sparkasse in Bayern gegründet worden.[12] Ihr „Motor" war der Hopfenhändler Johannes Scharrer[13] der mit großem persönlichem Engagement und in Anlehnung an die Vorschläge eines weiteren Sparkassenpioniers, nämlich Johann Kaspar Brunners,[14] bei der bayrischen Staatsregierung die Genehmigung zur Sparkassengründung durchsetzte. Mit der in Nürnberg gewählten Konstruktion der Sparkasse wurde die Einbindung des Instituts in den Kommunalbereich exemplarisch sichergestellt.[15]

Die Nürnberger Sparkasse ist nach den Buchstaben ihrer Satzung ein Institut, das allen Bürgern der Stadt offensteht, insbesondere aber unbemittelten Personen und Dienstboten.[16] Nicht allein die individuelle Daseinsvorsorge durch das Sparen aber erhofften sich die Gründer, sondern auch, wie auch in Schomburgs Ausführungen erkennbar, eine allgemeine Hebung der Moral. Dies wird besonders in der Präambel der Nürnberger Sparkassensatzung deutlich und findet sich auch wieder in Schomburgs Denkschrift.

Ständische Leihbank, Römerstraße 7

Besonders der wiederkehrende Verweis auf die Verhinderung von Luxus und Trunksucht scheint aber eher ein bequeme Erklärung für den zunehmenden Pauperismus zu sein, als – zumindest was den Luxus betrifft – soziale Realität. Dies schmälert allerdings nicht den innovativen Charakter der Sparkassen als Möglichkeit einer Daseinsfürsorge, die bislang der Unterschicht so nicht möglich war.[17]

Schomburg legte dem kurfürstlichen Innenministerium im November 1823 seine umfangreiche Denkschrift vor.[18] Dieses ausführlich recherchierte Material wurde die Grundlage für den Beschluß vom 8. Dezember 1824, der als „Sparkassenerlaß" die Gründung von Sparkassen in Hessen „anschieben" sollte.[19] Der Erlaß lautete: *Da eine Einrichtung, welche jedem, besonders aus den dienenden und mit Handarbeit sich nährenden Klassen, Gelegenheit gibt, seine, auch geringen Ersparnissen sicher und nützlich auzubewahren, oder mäßige Darlehen, ohne dem Wucher oft schwer zu befriedigender Gläubiger zu unterliegen, gegen angemessene Vergütung zu erhalten, gleich wohltätig zu Beförderung des Fleißes und der Sparsamkeit wie zur Abhilfe in der Not wirkt, welche auf der einen Seite die Sittlichkeit, auf der anderen das Eigentum oft gefährdet, so haben die Regierungen baldtunlichst Vorschläge zur Errichtung von Sparkassen, mit Rücksicht auf gleiche schon hin und wieder im Auslande bestehende Anstalten z.B. in Königsberg oder Nürnberg, einzureichen.*[20] Die Bedeutung der Schomburgschen Denkschrift nicht nur für die Sparkassengründung in Kassel sondern für das kurhessische Sparkassenwesen schlechthin wird auch dadurch unterstrichen, daß die Akte, die zunächst nur für die Gründung einer Sparkasse in Kassel gedacht war, alsbald zur *Generalakte das hessische Sparkassenwesen betreffend* erhoben wurde.[21] Freilich bestand die Sparkasse der Niederländischen Diakonie zu Neu-Hanau da bereits in ihrem fünften Jahr.

Einen Gründungsboom hat der Sparkassenerlaß von 1824 indes nicht gebracht. Die kurfürstliche Regierung hatte auch nicht die Absicht, Sparkassengründungen anzuordnen; vielmehr blieb es bei der Aufforderung. Lediglich in der Grafschaft Schaumburg wurde diese rasch in die Tat umgesetzt.[22] Kreisrat Schwarzenberg wollte aber eine Einrichtung schaffen, die nicht nur für die Stadt Rinteln, sondern für die gesamte Grafschaft offen sein sollte. So wurde erst 1827 (!) die Satzung von der Regierung in Kassel genehmigt.[23] Gleichwohl ist die Sparkasse für die Grafschaft Schaumburg die erste kommunale Sparkassengründung in Hessen.[24]

In Hanau unterblieben dagegen die Pläne für eine kommunale Sparkasse zunächst, da man ja auf die Ersparniskasse der Niederländischen Diakonie verweisen konnte. Die Regierung in Hanau berichtete in bezug auf den Sparkassenerlaß nach Kassel, daß es bereits ein Sparkasse *unter der Garantie des Vorstandes der hiesigen niederländischen Gemeinde* gebe und daß *über die hiesige Polizey-Direction die berichtliche Anzeige allerhöchsten Ortes gemacht worden sei und gedachte Direction sei durch einen Auszug aus dem geheimen Cabinettsprotokoll vom 5. Dezember 1821 angewiesen* worden, den Unternehmern die allerhöchste Zufriedenheit darüber zu erkennen zu geben. Da neben der Niederländischen Sparkasse auch noch eine *Leih-Banco* (die 1738 gegründete Landesleihbank) bestehe, so bekundete die hanauische Provinzregierung, sei *eine weitere Sparcasse vor der Hand wenigstens nicht erforderlich*.[25]

Die Niederländische Sparkasse zu Neu-Hanau

Der entscheidende Impuls für die Entwicklung Hanaus im 17. Jahrhundert ist die Gründung der Neustadt unter Graf Philipp Ludwig II.[26] Bereits ein Jahr nach seinem Regierungsantritt, am 1. Juni 1597, unterzeichnet er zusammen mit elf aus der Stadt Frankfurt *verjagten und verfolgten Christen aus den Niederlanden und aus Frankreich* die Capitulation der Neustadt Hanau.[27] Die calvinistischen Glaubensflüchtlinge, die in Folge der katholischen spanischen Herrschaft über die Niederlande aus ihrer Heimat auswandern mußten, waren zunächst in Frankfurt untergekommen. Ihr Gewerbefleiß aber auch ihre Religion erregten zunehmend Mißgunst. Von den Kanzeln wurde gegen die calvinistische Irrlehre gepredigt, ihre Glaubensausübung wurde zunehmend eingeschränkt.[28]

In der Grafschaft Hanau herrschte unter dem reformierten Grafen Philipp Ludwig II. dagegen eine andere Atmosphäre. Die calivinistisch gewordenen Gotteshäuser öffneten den Frankfurter Glaubensbrüdern ihre Pforten und viele verließen die Stadt. Vor dem Bockenheimer Tor bereits begann die Grafschaft Hanau, und in den hanauischen Dörfern des Zentamtes Bornheimer Berg, Bockenheim, Seckbach oder Bergen etwa, konnte man ungestört seinem Bekenntnis nachgehen.

In der Hanauer Kapitulation stellt sich die Frankfurter Situation so dar: *... weil ihnen die Kirchen und christliche Zusammenkunften und Schulen daselbst nicht lenger haben wöllen gegönet und verstattet werden / Sondern nunmher allerdingß abgeschafft und verbotten sein / derorts auß Mangell des offendlichen Exercitij ihrer Religion nit lenger bleiben mogen.*[29]

Neben dem Aspekt des Glaubens waren es aber sicher auch ganz handfeste ökonomische Gründe, welche den Grafen zu der Neustadtgründung bewegten. Ganz im Geiste des Merkantilismus war ihm jeder Innovationsschub für die heimische Wirtschaft willkommen und die Neubürger,[30] die in verblüffender Eile die Neustadt mitsamt der imposanten wallonisch-niederländischen Doppelkirche und ihren modernen Befestigungsanlagen hochzogen, galten sowohl als kapitalkräftig als auch als arbeitsame und überaus weitblickende Unternehmer.[31]

Freilich fand die Neustadtgründung sowohl in der Altstadt als auch bei den Nachbarn Frankfurt und Mainz Widerstand. Bei den Altstadtbewohnern war dies mehr der Widerstand gegen alles Ungewohnte, bei den Frankfurtern war es die Angst vor der entstehenden Konkurrenz und das katholische Mainz sah sich durch die calvinistische Bastion an den Grenzen des Bistums in Glaubensdingen bedroht.[32] Die Hanauer Wirtschaft nahm durch die Neustadtgründung rasch einen Aufschwung, der jedoch durch den 30jährigen Krieg schon alsbald wieder ein Ende fand. Gleichwohl war mit der Hanauer Kapitulation die Grundlage für die künftige wirtschaftliche Entwicklung Hanaus mit den Schwerpunkten Textil, Edelmetall und später Fayence und Tabak gelegt.[33]

Die Privilegien, wie die Steuer- und Gewerbefreiheit[34] der Neu-Hanauer, wirkten noch lange in Hanau nach und der Geist der Hanauer Kapitulation findet seinen Ausdruck nicht zuletzt in der Zollfrage des 19. Jahrhunderts wieder, als die Neu-Hanauer sich in der Auseinadersetzung um die Maut u.a. auf die Kapitulation von 1597 beriefen.[35]

Die Verwaltung der Neustadt oblag dem Konsistorium, wobei bis zur Zusammenlegung der beiden Städte Alt- und Neu-Hanau in den 1830er Jahren politische und kirchliche Gemeinde identisch waren[36] – ein in der Geschichte nicht sehr häufig anzutreffendes Phänomen. Aus der Verantwortung für die Gemeinde in zweifacher Hinsicht und als Reaktion auf die wirtschaftliche und soziale Situation der Stadt Hanau[37] im frühen 19. Jahrhundert, beschloß das Große Konsistorium der Niederländischen Gemeinde 1819 die Gründung einer Sparkasse. Am 2. August wurden die Statuten genehmigt und beschlossen. Sie umfassen 16 Artikel.

Diese Sparkassengründung aus kirchlicher Initiative muß als sozialer Akt begriffen werden, der sich deutlich von den sonstigen kirchlichen Tätigkeiten im Rahmen der öffentlichen Fürsorge unterscheidet und weit darüber hinausgeht. Nicht das Almosen ist gefragt, sondern eine effektive Struktur, welche „Selbsthilfe" der Betroffenen ermöglicht.

Auf den kurfürstlichen Oberpolizeidirektor von Manger in Kassel hat diese Einrichtung so viel Eindruck gemacht[38], daß er der kurfürstlichen Polizeidirektion in Hanau am 2. Januar 1822 schreibt: *Die in dem Bericht der Polizeidirektion in Hanau über die Polizeiereignisse während der letzten Hälfte des Monats November 1821 enthaltene Nachricht über die Errichtung einer Spar-Casse in Hanau hat nicht nur den allerhöchsten Beifall Sr. Kgl.H. des Kurfürsten erhalten, sondern auch mich so sehr interessiert, daß ich beabsichtige, auch in der hiesigen Residenzstadt eine solche Spar-Casse baldmöglichst zu Stande zu bringen [....]. Zu diesem Zweck wird es jedoch notwendig, die ganze Einrichtung der Spar-Casse in Hanau genau zu kennen, und ich ersuche deshalb Kurfürstliche Polizeidirection, mir baldmöglichst den Plan und die innerer Einrichtung dieses wohlthätigen Instituts so detailliert als tunlich mitzuteilen.*

Die Sparkasse der Niederländischen Diakonie zu Neu-Hanau stand in der Trägerschaft der Kirchengemeinde, eine ganz und gar ungewöhnliche Konstruktion, selbst in der an Trägerschaftsvarianten nicht armen Frühzeit der hessischen Sparkassen. Da die Kirchengemeinde jedoch auch in der politischen Gemeinde der Hanauer Neustadt fest verankert, ja weitgehend sogar mit dieser identisch war, machte diese Konstruktion durchaus Sinn und stützt überdies die Bonität des Instituts.

Im 1. Artikel heißt es: *Es wird unter Garantie der niederländischen Diakonie eine Sparcasse errichtet, worin Fabrikarbeiter und Dienstboten, auch sonstige Personen ihre Ersparnissse, Vormünder das geringe Vermögen ihrer Mündel gegen Scheine und Obligatioen einlegen können.* Zwei Mitglieder der Gemeinde, Bürger der Neustadt, die das Große Konsistorium bestellte, erledigten die anfallenden Verwaltungsaufgaben. Ausweislich des Gründungstatuts waren dies der Fabrikant Heinrich Christian Wagner und der Registrator Christoph Joachim Dörr.

Die Annahme von Mündelgeldern war ausdrücklich vorgesehen, was für die Sicherheit der Einlagen spricht, welche sich das Institut dadurch selbst attestiert. Die Einlagen wurden gegen Aushändigung von *Scheinen und Obligationen* entgegengenommen, wobei die Obligationen in drei Kategorien mit unterschiedlichem Nominal ausgegeben wurden, die Scheine nur für jeweils 5 fl. was zugleich die kleinste Einlage war. Es ist dies indes eine eigentlich recht hohe Summe für damalige Verhältnisse.[39]

Verzinst wurden die Einlagen mit 5 Prozent, sofern die Einlage mindestens ein Jahr hingegeben wurde. Zinsvergütungen für Tage oder Monate gab es nicht, ebensowenig wurde Zinseszins berechnet. Gegen 5 Scheine zu fünf Gulden oder eine Bareinzahlung von 25 Gulden wurden Obligationen ausgegeben, die mit 2 Prozent verzinst wurden. Für die Obligationen wurde bereits nach einer Mindestzeit von sechs Monaten die Zinszahlung fällig. Die Obligationen wurden auch mit Nennwert 50 und 100 fl. ausgegeben, ein Hinweis darauf, daß sich auch besser gestellte Bürger der Hanauer Neustadt der Sparkasse bedienten. Über die Verwendung der Einlagen beschloß das Große Konsistorium. Sie waren fast ausschließlich zu Anlage in Neu-Hanau vorgesehen. Die Rechnungslegung erfolgte gegenüber dem Großen Konsistorium. Jeweils mittwochs und samstags von 1 - 2 Uhr nahm der Registrator Einlagen oder Kündigungen von Geldern entgegen. Die Tätigkeit des Verwalters und des Registrators *geschieht gratis*, bestimmte das Statut.

Über die Entwicklung der Einlagen während des Bestehens der Sparkasse unter der Trägerschaft und Garantie der Niederländischen Gemeinde liegen keine Unterlagen vor. Aktenkundig wird die Sparkasse der niederländischen Diakonie erst wieder 1833. Durch einen Beschluß des Kurfürstlichen Ministeriums des Inneren[40] wird die Sparkasse in die 1738 in Hanau gegründete Landesleihbank[41] eingegliedert und von dieser fortgesetzt. In dem Bericht der kurfürstlichen Leihbankdirection an die Statistische Kommission in Kassel vom 5. März

1854 findet sich eine ausführliche Darstellung dieses Vorgangs, der freilich damals schon über zwei Jahrzehnte zurücklag. Dort heißt es:[42] *Die seit dem Jahre 1819 unter Garantie und Verwaltung der Niederländischen Diakonie dahier bestandene Sparcasse ist vermöge hohen Beschlusses.... an die hiesige Leihbank übergegangen bzw. auf Rechnung derselben ohne Activa und Passiva vom 11. April 1833 an fortgestezt, mithin eine im Staatseigenthum befindliche Anstalt [...].*

Die Sparkasse sei so eingerichtet gewesen, fährt der Bericht fort, daß *bei derselben Beträge von 5 bis incl. 100 fl. in landesüblichen groben Sorten verzinslich angelegt werden konnten.* Diese Praxis setzt auch die Landesleihbank fort, wobei der Bericht ausdrücklich erwähnt, daß es für die Sparkasse weiterhin keine Einlagebücher gab, sondern daß Obligationen mit Unterschrift und Siegel der Leihbancdirektion ausgegeben wurden.

Interessant in dem Bericht an die Statistische Kommission ist die ausdrückliche Erwähnung der Tatsache, daß die Sparkasse nach dem Übergang auf die Landesleihbank keiner regionalen Beschränkung unterlag. *Diese Sparkasse, welche übrigens nicht allein für die hiesige Stadt bestehet, sondern auch von den Einwohnern hiesiger Provinz, je selbst des nahen Auslandes genutzt wird....*[43] brachte der Landesleihbank nicht unerhebliche Mittelzuflüsse. Lag die Summe der Sparkasseneinlagen bei der Übernahme durch die Leihbank im Jahr 1833 bei 4.655 fl., so stieg sie auf 330.570 fl. im Jahr 1849 und auf 455.780 fl. im Berichtsjahr 1853 an.[44]

Für das kurhessische Ministerium des Inneren entsprach allerdings die *mit der Leihbank seit 1833 verbundene Sparkasse im allgemeinen nicht den Anforderungen, welche an derartige Anstalten, sollen sie ihrem Zwecke, Hebung des Fleißes und der Sparsamkeit und Herbeiführung der Möglichkeit einer Verzinsung geringer Kapitale entsprechen, gestellt werden.* In einem Beschluß vom 10. Januar 1852[45] wird weiter bemängelt, daß die Sparkasse der Niederländischen Diakonie keinen Zinseszins bezahlt habe, daß die Obligationen *aud porteur* gestellt, also Inhaber- und nicht auf den Einleger ausgestellte Namenspapiere waren. Der Landesleihbank wurde aufgegeben, diese Mängel in einer neuen *Sparcassen-Ordnung* abzustellen oder auf den Sparkassenstatus zu verzichten. Fortan – vom Berichtsjahr 1854 an – galten die Regularien der Landesleihbank und die Sparkasse der Niederländischen Diakonie ging vollends in der Landesleihbank auf. Kurhessens erste Sparkasse hatte damit endgültig aufgehört zu bestehen.

links: Neustädter Rathaus mit Grimmdenkmal und Stadtsparkasse, 1945
rechts oben: Kreissparkasse 1929. Ecke Marktpkatz - Römerstraße
rechts unten: Kreissparkasse - Blick vom Rathaus 7.12.1944

Anmerkungen

[1] Kurfürstliche Verordnung vom 29. Juni 1821 die Umbildung der bisherigen Staatsverfassung betreffend.
[2] 100 Jahre Stadtsparkasse zu Homberg, Bez. Kassel 1851-1951, S. 133
[3] Das Bestehen der Sparkasse der Niederländischen Diakonie zu Neu-Hanau war offenbar trotz ihrer nahezu zweijährigen Tätigkeit nicht über Hanau hinaus bekannt geworden.
[4] Brief an Bürgermeister Schomburg vom 22. Dezember 1821
[5] STAM 24b/225

[6] Brief an Schomburg
[7] Brief an Schomburg
[8] Die Marburger Universitätsdeputation beklagte in einer Denkschrift vom Dezember 1824, daß Studenten, die in Geldnöte geraten waren, nur allzuoft Wucherern in die Hände fielen und hohe Zinsen und Provisionen bezahlen müßten, was nich selten deren weitere Verarmung zur Folge habe. Deshalb forderte die Deputation die Einrichtung einer Spar- und Leihkasse, um dieses Übel abzustellen. Allerdings dürften nicht nur die Marburger Studenten solcherart von Wucherern ausgenommen worden sein.

(Hans Strube, Geschichte des Sparkassenwesens und der Sparkassen in Kurhessen, Stuittgart 1973. Im folgenden zitiert als „Strube, Geschichte")
[9] Brief von Mangers vom 22. Dezember 1821
[10] STAM 24b/225
[11] Hierzu ein Brief von Mangers an Schomburg vom 15. Januar 1822 (STAM 24b/225): Indem ich Ihnen beiligend den gewünschten Entwurf über die Einrichtung der in Neu-Hanau bestehenden Spar-Casse in beglaubigter Abschrift übersende, erlaube ich mir, mit Beziehung auf mein desfalls früheres Schreiben, Sie wiederholt zu ersuchen, diesen Gegenstand recht bald in Erwägung zu ziehen.
[12] Gründungsprotokoll in: Armenfürsorge und Daseinsfürsorge - Dokumente zur Geschichte der Sozialgesetzgebung und des Sparkassenwesens in Bayern, Kat. Nr. 31 der Staatl. Archive Bayerns, München 1992, S. 71
[13] Johannes Scharrer, geb 1785 in Hersbruck, Hopfengroßhändler und Magistratsmitglied in Nürnberg seit 1818, hatte schon 1820 Pläne für eine Städtischen Sparkasse in Nürnberg vorgelegt. Die von ihm vorgeschlagene Einbindung der Sparkasse in die Stadt war für spätere Gründungen nicht nur in Bayern wegweisend.
[14] Johann Kaspar Brunner, bayrischer Sparkassenpionier, der 1817 in Landshut erste Sparkassenpläne vorlegte. Sei Vater war Einnehmer der 1805 in Zürich gegründeten Sparkasse.
[15] Ein von der Nürnberger „Gesellschaft zur Beförderung der vaterländischen Industrie" vorgeschlagenes Trägerschaftsmodell wurde vom Magistrat nicht angenommen.
[16] Präambel zu den Statuten in: Joh. Scharrer, Darstellung der Einrichtung, Geschäftsführung und des Fortgangs der Sparkasse zu Nürnberg, Nürnberg 1827.
[17] Bernhard Eberhard klagt jedoch in seiner Biografie im Jahre 1853 (!) über die 1841 gegründete Hanauer Stadtsparkasse, daß es ...auch bis jetzt weniger gelungen (ist), ihr bei den Fabrikarbeitern Eingang zu verschaffen...
[18] Dies nach immerhin fast zweijähriger Vorarbeit.
[19] Ministerialprotokoll vom 8. Dezember. 1824
[20] Das Ministerialkollegium reagierte offenbar ohne Eile auf die Denkschrift, bedenkt man, daß diese bereits ein Jahr vorher überreicht worden war.
[21] Strube, Geschichte... S.12
[22] Strube, Geschichte... S.51
[23] Strube, Geschichte... S.52
[24] Andere Trägerschaftsmodelle finden sich beispielsweis in Form einer Stiftung wie in Büdingen, oder in Form der krichlichen Gewährträgerschaft wie in Hanau. In sofern muß Schaumburg/Rinteln als die erste kommunale Sparkasse in Kurhessen betrachtet werden, auch wenn ihre Satzung erst nach Jahren genehmigt wurde.
[25] Strube, Geschichte...S.13
[26] Ausführlich dazu: Heinrich Bott, Gründung und Anfänge der Neustadt Hanau, Hanauer Geschichtsbläter 22 und 23, Hanau 1970/71.

[27] Text der Hanauer Capitualtion, der von elf Neubürgern unterzeichnet wurde.
[28] Fried Lübbecke, Hanau - Stadt und Grafschaft, Köln 1951, S. 152ff.
[29] Capitulation. Vgl. auch Beitrag Dölemeyer in diesem Buch.
[30] 1603 lud Philip Ludwig die Frankfurter Juden ein, sich in Hanau niederzulassen. Sie siedelten sich in einem Ghetto in der heutigen Nordstraße an und wurden mit 15 fl. pro Familie für den Festungsbau veranlagt. 1615 entrichteten schon sechzig Familien diesen Betrag. (Lübbecke, S. 153.)
[31] Unter den Unterzeichnern der Capitulation befanden sich drei Goldschmiede und Juweliere, zwei Weinhändler, zwei Textilfabrikanten, zwei Seidenhändler und zwei weitere Handelsunternhmer. (Zimmermann, S.634)
[32] Kurmainz hatte neben der gemeinsamen Landesgrenze mit Hanau am Main und im Babenhäuser Teil der Grafschaft (Hanau-Lichtenberg) auch durch die mainzischen Orte Oberrodenbach, Großkrotzenburg und Großauheim auf der rechtsmainschen Seite seine Grenzen sehr nahe an der Neustadt, die zudem zu einer der damals modernsten Festungen ausgebaut wurde.
[33] Ernst J. Zimmermann, Hanau Stadt und Land, Hanau 1978. Nach der Ausgabe von 1919. S.649 ff. Im folgenden zitiert als „Zimmermann".
[34] Zimmermann, S.634
[35] Tapp, S.111. Er zitiert dort einen Beitrag der Hanauer Zeitung vom 20. Juni 1831, in dem der Obergerichtsanwalt Karl Bernhard Hartz die Wiedereinführuung der Maut als gegen die Hanauer Kapitulation verstoßend bezeichnet. Sie sei damit vertragswidrig und für Hanau nicht bindend.
[36] Im Transfix (1. August 1601) zur Kapitulation erhält auch die Neustadt das Recht einen Rat einzusetzen, den der Graf aus dem Kreis von 32 vorgeschlagenen Bürgern beider Gemeinden, der wallonischen und der niederländischen, auswählte. Er setzte sich aus vier Bürgermeistern und zwölf Ratsherrn zusammen, die nicht miteinander verwandt sein durften. (Zimmermann S. 640, vgl. auch Abschrift in diesem Buch)
[37] Konsitoriumsbeschluß im Archiv der wall. niederländischen Gemeinde
[38] STAM Bestand 24b/225
[39] Das wöchentliche Existenzminimum für ein Ehepaar mit zwei Kindern wird bei Tapp (Alfred Tapp, Hanau im Vormärz und in der Revolution von 1848 - 1849. Hanauer Geschichtsblätter Bd. 26, Hanau 1976) mit 5 fl.16Kr. angeben.
[40] Strube, Geschichte... S.47
[41] Durch Dekret des Landgrafen Wilhlem VI. nach dem Übergang der Grafschaft Hanau auf Hessen-Kassel am 10. April 1738 als Hoch=Fürstliche=Hessen=Hanauische Lehnbanco gegründet.
[42] Strube, Geschichte... S.47. Der dort zitierte Bericht an die Statistische Kommissions im STAM Bestand 30 II/19 Nr. 1 und 16.
[43] Gemeint sind die unmittelbar angrenzenden Länder etwa Bayern oder Hessen-Darmstadt.
[44] Bericht an die Statistische Kommission a.a.O.
[45] Strube, Geschichte...S.48

Hans See

400 Jahre Hanauer Wirtschafts- und Sozialgeschichte
Hanau als Grenzstadt

Vorbemerkung

Alle großen sozial- und wirtschaftsgeschichtlichen Themen und Probleme der deutschen und europäischen Geschichte lassen sich – wie unter einem Brennglas – an der Geschichte der Stadt Hanau der vergangenen 400 Jahre studieren. Und wenn man will, kann man diese Geschichte auch an vielen lokalen Ereignissen, Entwicklungen und Besonderheiten der Stadthistorie konkretisieren.

Auch Hanau erlebte die Reformation und Gegenreformation, die Migrationsströme politischer und religiöser Verfolgung, die Ausbreitung des Luthertums und des Calvinismus, den Max Weber als *Geist des modernen Kapitalismus* interpretierte, die Probleme der Integration von Flüchtlingen, die wirtschaftliche Umwälzung des spätfeudalen Merkantilismus und Verlagswesens mit Manufakturen in ein frühkapitalistisches Wirtschaftssystem, die industrielle Revolution, d. h. den technischen Fortschritt von der Dampfmaschine bis zur Fabrikation von Brennstäben für Atomkraftwerke, und dies mit allen sozialen und politischen Folgen. Auch diese Stadt erlebte das Scheitern der bürgerlichen Revolution und der Freiheitsideale des deutschen Liberalismus, die politischen Kämpfe und Teilerfolge der deutschen Arbeiterbewegung, den Aufstieg des politischen Antisemitismus, der aus der marxistischen Klassenfrage des proletarischen Internationalismus eine nationalistisch-rassistische Klassenfrage machte.

Hanau erlebte das Scheitern der sozialistischen Revolution und des Kommunismus, die beiden Weltkriege, die Zerstörung der Weimarer Demokratie und der kommunalen Selbstverwaltung durch den Nationalsozalismus. Den Holcaust. Und die totale Zerstörung durch den Bombenkrieg, wie so viele deutsche Städte. Die Evakuierung der Menschen. Den Einmarsch der Alliierten. Den Wiederaufbau. Schließlich den Ost-West-Konflikt.

Und Hanau erlebt derzeit unsere Gegenwarts- und Zukunftsprobleme, die nicht enden wollende Wirtschaftskrise mit allen ihren Folgen, die Probleme der Dritten Welt, die sich als Asylsuchende bei uns melden, die Ökologiefrage, die im Kampf gegen die Hanauer Atomindustrie kulminierte. Und die Entwicklung einer europäischen multikulturellen Gesellschaft, die sich in den Auseinandersetzungen mit der Ausländerfrage zeigt, geht an Hanau auch nicht spurlos vorüber.

Normalerweise wird Stadtgeschichte mit Blick auf die Gechichte Deutschlands und Europas geschrieben. Es lohnt sich aber auch der Blick von den Höhen Europas und Deutschlands auf die Geschichte dieser Stadt. Aus dieser Perspektive treten die sozioökonomischen und soziokulturellen Zusammenhänge zwischen Stadt, Region, Deutschland und Europa noch deutlicher hervor. Die Stadt der Neuzeit, die mit der Reformation beginnt, ist ein hochexplosiver politischer, sozialer und kultureller Verdichtungsraum. Hier konzentrieren sich die sozialen Konflikte, hier brechen sie am frühesten auf. Wer in solchen Verdichtungsräumen lebt, arbeitet, einkauft, sich beruflich und kulturell bildet, Sport treibt, sich vergnügt, seine engeren sozialen Beziehungen und auch religiösen Bindungen aufbaut und pflegt, stößt unentwegt auf unlösbare Widersprüche. Er sucht und genießt die Freiheit von sozialer Kontrolle, aber er findet und leidet wahrscheinlich am Ende unter der heute als Individualisierung gefeierten Vereinzelung. Er suchte und fand einstmals das solidarische Kollektiv. Und heute erlebt er Entsolidarisierung und Vereinsamung. Die Stadt schafft Mangel mitten im Überfluß und unstillbares Verlangen im Überdruß.

Stadtgeschichte ist wirklichkeitsgetreuer als die Nationalgeschichte. Denn worum es im Geschichtsprozeß tatsächlich geht, die Realität dessen, was nur sehr oberflächlich Wirtschaft, Politik und Kultur genannt wird, in der kommunalen Gebietskörperschaft gerinnt es über die gesellschaftlich kombinierte Arbeit zu Häusern, Wohnungen, Straßen, Geschäften, bringt es die Stadt hervor. Gesellschaftliche Arbeit findet in Familien, Nachbarschaften, Firmen, Verwaltungen, Vereinen und Verbänden statt. Die abgehobene Institution Staat hat in der organisierten Arbeitsteilung und Sozialstruktur ihr Fundament.

Gesamtgesellschafliche Probleme wie die Arbeitslosigkeit und Obdachlosigkeit verwandeln sich im Stadtleben in leibhaftige Arbeitslose und Obdachlose. Auf dieser Ebene werden Geburt und Tod, Reichtum und Armut, Unrecht und Leid zu sichtbaren, spürbaren, personifizierbaren Ereignissen. Die Kirche kann als theologisches Abstraktum analysiert werden, aber sie steht im Dorf, in der Stadt, wo man sie – dem Volksmund nach – auch lassen soll. Nicht im Staat. Staatskirche ist – wie Staatspolitik – meist viel zu lebensfern und lebensfeindlich. In der Gemeinde, der Stadt, werden Sozialität und das Asoziale, Politik und Recht, Demokratie und Verbrechen erlebt, erlernt, erprobt, entwickelt, kritisiert und hinterfragt, daher auch stets aufs Neue durchgesetzt, erlitten und bekämpft.

Es ist immer wieder ein außergewöhnliches Erlebnis, in die detaillierten Schilderungen der Hanauer Geschichte, wie sie hauptsächlich von Ernst J. Zimmermann und Heinrich Bott der Nachwelt hinterlassen wurden, einzutauchen. Wenn man sich aber den Zugang zu diesen Werken mit Hilfe eines gesamthistorisch orientierten sozioökonomischen Theorieansatzes erschließt, wie es in diesem Beitrag versucht werden soll, ist es noch eindrucksvoller.[1]

I. Der gesamthistorische Rahmen der Stadtgeschichte

Die Tiefe der historischen Dimension der Hanauer Geschichte reicht zurück bis zum antiken Imperium Romanum, als die Stadt noch nicht einmal bestand. Die Römerherrschaft hatte sich zu Beginn unserer Zeitrechnung über die Mainlinie hinaus bis in die Wetterau ausgedehnt und hinterließ auch im Hanauer Raum tiefe Spuren.[2]

Ausgangspunkt des hier notwendigerweise im Zeitraffer und exemplarisch dargestellten Zeitabschnitts von 400 Jahren Hanauer wirtschaftlicher und sozialer Entwicklung kann daher nicht – wie üblich – unmittelbar die Einwanderung der niederländischen und wallonischen Flüchtlinge sein. Auch nicht die Gründung der Hanauer Neustadt im Jahre 1597. Zum Verständnis der ziemlich einmaligen Stadtgründung der Neuzeit gehören die Hintergründe der Reformation. Und die Frage: Weshalb konnte die Reformation Deutschland für Jahrhunderte teilen? Denn erst die Teilung Deutschlands in ein katholisches und ein protestantisches Lager erklärt einigermaßen verständlich die reaktionären Widerstände von Adel und Klerus gegen den Untergang der mittelalterlichen Feudalordnung bis hin zu Hitlers nationalsozialistischer Rassen- und Militärpolitik, der auch Hanau am Ende zum Opfer fiel.

Daher ist die deutsche Reformation, der auch die Hanauer Neustadt ihre Gründung verdankt, der Schlüssel zur neueren deutschen und europäischen, sogar der neueren Weltgeschichte. Nicht die Reformation als solche ist für Deutschlands Geschichte entscheidend gewesen, sondern die Tatsache, daß die erhoffte Erneuerung der gesamten katholischen Glaubensgemeinschaft in Deutschland mißlang und es zu der tiefen Glaubensspaltung zwischen feudalistischem Katholizismus und sich stärker dem modernen Kapitalismus öffnenden Protestantismus kam. Noch wichtiger ist, daß die von Luther in das katholische Glaubensmonopol geschlagene Bresche dem Calvinismus den Weg bereitete. Denn der war dem kapitalistisch wirtschaftenden Kaufmann und Manufakturisten auf die Seele geschneidert. Mit ihm erst kam es zu der enormen Beschleunigung der weltweiten Ausbreitung des Kapitalismus.[3]

Das lange vor der Reformation schon erkennbare, vor allem in größeren Städten politisch wirksam werdende, Auseinanderdriften der sozialökonomischen Verhältnisse, auch der europäischen Völker und Gesellschaften, gewann erst durch die Glaubensspaltung politische Brisanz. Soziale Probleme wurden zu fundamentalistisch umkämpften Glaubensfragen. Erst als solche waren sie geeignet, die einfachen Christenmenschen den Interessen der Obrigkeiten zu unterwerfen. Im Glauben, es ginge um ihr Seelenheil, konnte man sie zu Todfeinden von Menschen machen, die an denselben Gott glaubten. Es sei also gewarnt davor, die Kämpfe, Verfolgungen, *heiligen* Kriege, Hexen- und Ketzerverbrennungen, Pogrome gegen die Juden und die Flucht von Menschen aus vielen europäischen Krisengebieten in die Regionen, in denen die Verfolgten eine Chance bekamen, ihren Glauben zu leben, allzu vordergründig zu sehen. Wenn man sie nur als Kämpfe um das eigene Seelenheil versteht, werden Arbeit und Leben auseinandergerissen.

Man darf auch nicht vergessen, daß die Calvinisten, die für sich selber volle Glaubensfreiheit forderten, diese ihren Gegnern, wo sie an die Macht gelangten, freiwillig auch nicht gaben. Weit mehr als 200 Jahre standen den Hanauer Katholiken weder eine Kirche noch ein eigener Pfarrer zur Verfügung. Daß sich hinter dem Glaubenskrieg der Reformation mehr verbarg als Theologenstreit, zeigte sich an der Entwicklung der calvinistischen Wirtschaftsweise. Sie hatte das Bedürfnis nach einer neuen, mit der wirtschaftlichen Entwicklung und Praxis vereinbare Wirtschaftsethik geweckt und die neue, die calvinistische Theologie, die dieses Bedürfnis befriedigte, begierig aufgegriffen. Das Bedürfnis, frei zu wirtschaften, wollten die Calvinisten im Einklang mit ihrem Glauben leben dürfen, und sie wollten diesen Glauben für sich, ihre Familien und ihre Gemeinden politisch durchsetzen und langfristig behaupten können.

II. Hanau – Lernort für Wirtschafts- und Sozialgeschichte

Betrachtet man Anfang und Ende dieser vierhundertjährigen Geschichte unmittelbar hintereinander, so läßt sich an ihrem Anfang erkennen, daß sich das Leben im Zeitalter der Reformation, der Krönung der Rennaissance, enorm beschleunigte. In ganz Europa fanden in nur einem halben Jahrhundert tiefgreifende sozialökonomische Veränderungen statt. Der neue Glaube, der die veränderte wirtschaftliche Praxis legitimierte, konnte Berge versetzen, zumindest, wie sich an Hanau gezeigt hat, war er imstande, in kürzester Zeit eine neue Stadt aus dem Boden zu stampfen. Jede im Souveränitätsbegriff des feudalherrlichen Gottesgnadentums verankerte *Herrschaft* war ihr eigener Gesetzgeber. Jede hatte ihr eigenes Verteidigungssystem, betrieb sogar ihre eigene Außenpolitik.[4] So auch die Grafschaft Hanau-Münzenberg. Die Wirtschaftszweige waren in Zünften organisiert. Es galt das Wucherverbot. Mit Geld spekulieren war Sünde. Das Wuchern war nur den Juden gestattet. Gegen hohe

Schutzgelder, wie man weiß, stellten die Christenherrn die Erlaubnis aus. Und viele der Herrschaften hatten ihre eigenen Währungen, Maße und Gewichte.

Am Ende dieser Epoche, jetzt, zum Jahrtausendwechsel, ist ein großer Teil Europas vereinigt, religionsübergreifend. Die alten Feudalherrn der Territorialstaaten sind entmachtet. Demokratisch und parlamentarisch regierte, rechtstaatlich verfaßte und – zumindest formal – unabhängige Nationalstaaten sind an ihre Stelle getreten. Lediglich innerhalb der noch immer demokratiefreien Zonen der Privatwirtschaft konnten sich bis heute aufgeklärt-absolutistische Herrschaftsformen am Leben erhalten. Trotz Anerkennung der Gesetzgebungsmacht des Parlaments und betrieblicher Mitbestimmung. Das Spekulieren mit Aktien und Devisen wird schon an Schulen, auch an renommierten Hanauer Schulen, geübt. Maße, Gewichte und zahlreiche Produktnormen sind bis auf wenige Reste weltweit vereinheitlicht. Auch die Rechtsnormen werden, soweit dies der Wirtschaft nützt, harmonisiert. Die Grenzen zwischen Völkern und Gesellschaftsklassen haben sich – zumindest äußerlich, aber zunehmend auch im Bewußtsein der Stände, Klassen, Schichten und Gruppen – in Teilbereichen stark verwischt. Traditionelle Familienbande sind weitgehend aufgelöst, Frauen – zumindest nach dem Gesetz – völlig gleichberechtigt. Die seit den Stein-Hardenbergschen Reformen Anfang des 19. Jahrhunderts in den meisten Teilen Deutschlands eingeführte kommunale Selbstverwaltung, wenngleich sie durch Ausdünnung der Kommunalparlamente im Zuge der Zusammenlegung von Gemeinden und durch finanzielle Überforderung durch Staatsaufgaben sehr geschwächt ist, repräsentiert seitdem einen hohen Eigenwert. Die von der internationalisierten Wirtschaft geschaffene Weltmarkt für Arbeitskräfte hat zur Entstehung von multikulturellen Gesellschaften in fast allen europäischen Staaten geführt. Lernort der multikulturellen Lebensform ist der urbane Raum. Das letzte Relikt nationalstaatlicher Ökonomie, die jeweilige nationale Währung, wird mit dem *Euro* verschwinden. Die Europawährung wird kommen, auch wenn nationale Hochgefühle noch einmal gegen die Europäisierung der Ökonomie und des Sozialen hohe Sperren zu errichten versuchen.

Mit der Hochzonung der nationalen Souveränität auf die europäische Ebene droht die schwer erkämpfte bürgerliche Demokratie zur leeren Hülse zu verkommen. Dem Souveränitätsverlust und der Ausdünnung der demokratischen Strukturen der Nationalstaaten und Kommunen werden daher demokratische Gegenbewegungen, zumal im lebensnahen Kommunalbereich, zu begegnen versuchen. Die Europäische Union wird an Legitimation gewinnen, wenn es den Bevölkerungen von Städten und Regionen gelingt, den sich zur Wahl stellenden Politikern eine stärkere wirtschaftliche und sozialpolitische Selbständigkeit, eine regionale Selbstverwaltung mit wirksamer Bürgerbeteiligung zu sichern. Der dahinschwindende Nationalstaat kann kaum mehr die notwendiger werdende Mindestkontrolle über das weltweit operierende Kapital ausüben.

Mit Blick auf die Globalmacht Kapital gibt es auf gleicher Organisationshöhe nur nichtstaatliche Organisationen wie Greenpeace, Amnesty und andere weltweit operierende Vertreter von Menschenrechten und Umweltinteressen, die imstande sind, überlebenswichtige und humanitäre Interessen der Bürger der lokalen Ebene auf der globalen Ebene glaubhaft zur Geltung zu bringen. Unten bedarf es größerer politisch-ökonomischer, sozialer und kultureller Selbständigkeit der Kommunen und Regionen – am besten unter Beteiligung von *Ausländern* und Bürgerinitiativen. Der daraus entstehende demokratische und sozialökologische Regionalismus könnte eine Art von europäischem Föderalismus konstituieren und vielleicht sogar verhindern, daß sich Europa gegen den Rest der Welt verschwört und große Teile auch seiner eigenen Bevölkerungen vergessen oder aus der Gemeinschaft ausgegrenzt bzw. ausgeschlossen werden.

Die Idee der Entwicklung eines europäischen Föderalismus der Regionen, der voraussetzt, daß die Städte und Gemeinden einen völlig neuen politischen Stellenwert erhalten, könnte der verstärkten Beschäftigung mit Problemen der Stadtgeschichte und der Geschichte Europas besonderen Sinn verleihen und dazu ermutigen, die in diesem Beitrag nur skizzenhaft aufgezeichneten Gedanken gründlich zu überprüfen und konstruktiv, auch in der kommunalpolitischen Praxis, im Interesse der Bürger bestimmter Regionen weiterzuentwickeln. Denn Geschichtslosigkeit verliert meistens das menschliche Maß. Vor allem muß zumindest jeder mündige Bürger lernen, daß die großen Probleme unserer Zukunft tief in der Vergangenheit verwurzelt sind. Sich mit diesen Problemen zu befassen, sie praktisch und möglichst friedlich zu lösen, wird die Hauptaufgabe aller Bildung und Politik des kommenden, des europäischen Jahrhunderts sein

Der berühmte Hanauer Jacob Grimm, ein kluger Wissenschaftler und Politiker, verwarf es, seine Maßstäbe aus der bloßen Gegenwartsbetrachtung abzuleiten. Er schrieb: *Ich glaube auch an eine große Vergangenheit, und ich glaube, daß über diejenigen, welche nichts von der Vergangenheit wissen wollen, sehr bald in der Zukunft der Stab gebrochen wird.* [5]

1933 traf diese Prophezeihung ein. Und am 19. März 1944 zerstörte sie die Brüder-Grimm-Stadt Hanau.

Absicht dieses Essays ist es, die Stadtgeschichte für das wirtschaftliche, soziale und politische Lernen und Verhalten von Menschen zu erschließen, daß heißt, mit Blick auf Hanau zu zeigen, wie sich wirtschaftliche Machtverhältnisse sowie soziale und Glaubensfragen in den Köpfen und im Verhalten der Menschen vermitteln, wie sozioökonomische Veränderungsprozesse in Staaten und Gesellschaften problematische Widersprüche, Konflikte, Brandherde erzeugen. Wahrscheinlich ist Hanau wegen seiner – in gute deutsche Durchschnittlichkeit eingerahmten – merkwürdigen Besonderheiten besser als die meisten anderen deutschen Städte geeignet, in seiner Geschichte all das Wesentliche an Geschehnissen, Konflikten und Entwicklungen zu reflektieren, was wir als deutsche und europäische Geschichte kennen. Die großen Zusammenhänge dieser Geschichte zu verdeutlichen, erfordert jedoch ein exemplarisches Verfahren. Und weil einige meiner Thesen von bisherigen Lesarten beträchtlich abweichen, schien es mir nötig, die exemplarisch behandelten Themenkomplexe durch einen etwas umfangreicheren Exkurs zu ergänzen. Er kann auch meinen theoretischen Ansatz verdeutlichen. Die einzelnen Abschnitte behandeln

1. *Hanau als Grenzstadt* der deutschen und europäischen Teilungen (vom Limes über die Reformation bis zum Eisernen Vorhang, dessen Ursprung in einem Exkurs dargestellt wird).

2. *Die Wirtschaftsentwicklung Hanaus* vom Feudalismus zum heutigen Kapitalismus.

3. *Das Scheitern der bürgerlichen Revolution* und das Versagen des nationalen Liberalismus gegenüber der Demokratie mit Blick auf die Hanauer *Krawaller*.

4. *Das Scheitern der sozialistischen Revolution* und der Anfang vom Niedergang des revolutionären Kommunismus am Beispiel der Hanauer Räterevolution.

5. *Die Europäisierung und Globalisierung* am Beispiel der Stadt Hanau in der Zeit nach dem Zweiten Weltkrieg

1. Hanau als Grenzstadt

Hanau als Grenzstadt zu betrachten, ist sicher eine ungewöhnliche Annäherung an die Geschichte dieses Gemeinwesens inmitten Deutschlands. Doch ist es lehrreich. Hanau ist Grenzstadt aufgrund der drei großen historischen deutschen und europäischen Teilungen.[6] Schon der Plural *deutsche Teilungen* wird irritieren. Gemeint ist damit die Tatsache, daß der geographische Raum, auf den das heutige Deutschland begrenzt ist, in den vergangenen 2000 Jahren seiner Geschichte mindestens drei Teilungen erlebte, die von großer, lang anhaltender Prägekraft für die innere wirtschaftliche, soziale und kulturelle Entwicklung – auch Hanaus – gewesen sind, Hanaus deshalb, weil sich die Grenzwälle, ideologischen Gräben und minengeschützten Mauern immer im Einzugsgebiet dieser Stadt befanden. Die erste Teilung ist hinreichend mit dem Begriff *Limes* charakterisiert. Dieser spaltete bekanntlich die germanischen Stämme in Römer, nämlich Angehörige des Imperium Romanum, und germanische Barbaren. Der heutige Raum Hanau lag dicht an der Grenze dieses römischen Grenzwalls und war rund zwei Jahrhunderte unter (heidnisch)-römischer Kontrolle und Zivilisation.

Die zweite Teilung ist mit dem Begriff der *Reformation* hinreichend charakterisiert. Sie spaltete über den Glauben der Fürsten die deutschen Untertanen in Katholiken und Protestanten. Die zur Zeit der Reformation schon existierende kleine Residenz- und Ackerbürgerstadt Hanau lag unmittelbar an der Grenze zwischen dem katholischen und dem protestantischen Lager. Diese Grenze verlief nicht ganz zufällig parallel zum damals längst vergessen gewesenen

Limes. Alt-Hanau stand nach Luthers Reformation zunächst rund 40 Jahre unter dem Einfluß des lutherischen Glaubensbekenntnisses. Mit Philipp Ludwigs II. Bekenntnis zu den Reformierten geriet es unter calvinistische Gesinnung. Alte und neue Hanauer bekannten sich zum reformierten Glauben.

Die dritte deutsche Teilung, die nicht in Ost-West-Richtung, sondern in Nord-Süd-Richtung verlief, ist unter der Bezeichnung *Eiserner Vorhang* in die neueste Geschichte eingegangen. Die Mauer trennte die Welt kapitalistischer Staaten von der kommunistisch beherrschten Welt, sie teilte das *freie* vom *kommunistischen* Deutschland, die freie Welt von der Welt des Bösen. Die Mauer dieser jüngsten Teilung lag zwar nicht mehr so dicht bei Hanau, aber – angesichts der modernen Nachrichten- und Verkehrssysteme sowie der weitreichenden Waffentechnik – doch sehr nahe. Nicht weit hinter dem östlichen Teil des Kreisgebiets begann das *Zonenrandgebiet* und der sogenannte *Fulda-Gap*, die letzte Verteidigungslinie der NATO-Staaten, die im Ernstfall den Atomtod der Region bedeutet hätte. Lieber tot als rot – hieß das Motiv der Freiheit.

Sehr wichtig ist, daß diese Teilungen nicht allein Deutschland betrafen, sondern auch europäische Teilungen waren. Sonst hätten in dieser Analyse viele andere Teilungen ebenfalls berücksichtigt werden müssen. Die Besonderheit der deutschen Teilungen war allerdings, daß sie, bedingt durch die geographische und geopolitische Mittellage des Raums, den das heutige Deutschland umfaßt, zu der politischen Entwicklung führten, die heute als der *deutsche Sonderweg* beschrieben wird.[7] So konnte – ganz anders als im damals längst zentralistischen Nationalstaat Frankreich, wo am Ende die Katholiken, wenn auch mit Trennung von Staat und Kirche, die Oberhand behielten, oder dem absolutistischen England, wo die Anglikaner aus den revolutionären Religionskämpfen als Sieger hervorgingen, in den deutschen Landen keine der Glaubensrichtungen wirklich obsiegen. Das war der tiefste Grund, weshalb nach Reformation und Gegenreformation, nach Bauernkrieg und Dreißigjährigem Krieg, ein theologisch legitimierter, wirtschaftlich motivierter, machtpolitisch abgesicherter und für die sozialökonomische Entwicklung Europas folgenreicher ideologischer Grenzwall (mit zahlreichen Enklaven) quer durch Deutschland gezogen wurde.

Der Dreißigjährige Krieg hatte – mehr als die zahlreichen anderen Kriege, die bis zur Reichsgründung im Jahre 1871 auf deutschem Boden geführt wurden – die Deutschen in ihrer wirtschaftlichen Entwicklung gegenüber Nachbarvölkern, vor allem Engländern und Franzosen, um mindestens 50 Jahre, bei der Nationalstaatsbildung sogar um Jahrhunderte, zurückgeworfen. Schon dieser Krieg, der nur 21 Jahre nach Gründung der Hanauer Neustadt begann, den ein Teil der Gründerväter selbst noch miterleben mußte, bremste den anfänglichen Elan der niederländisch-wallonischen Gründergeneration und den ersten wirtschaftlichen Aufschwung Hanaus, der durch die enorme Bautätigkeit und übrige Geschäftstüchtigkeit der reformierten Neubürger in Gang gekommen war.[8]

Mit dem ideologischen Grenzwall zwischen Protestanten und Katholiken schien der antike Gegensatz zwischen dem (unterdessen) katholischen Rom und den nun protestantischen nördlichen Barbarenvölkern in neuer Gestalt auferstanden zu sein. Es ist nicht ohne Erkenntnisgewinn, Luther – rückblickend – als einen religiösen Arminius zu sehen. Seine antirömischen Emotionen fielen – nicht zufällig, wie ich glaube bewiesen zu haben[9] – nördlich des alten Limesgrenze auf besonders fruchtbaren Boden. Hier hatten sich schon die barbarischen Germanen erfolgreich ihrer Unterwerfung unter das Joch des römischen Sklavenhalter-Imperiums erfolgreich erwehrt. Später hat das von Päpsten dominierte Rom (in Gestalt des in Fulda begrabenen Bischofs Bonifatius) nach der Legende dem obersten germanischen Gott den Wohnsitz, die Eiche, gefällt, um zu beweisen, daß der christliche Gott der stärkere sei, und die germanischen Heiden haben sich christianisieren lassen.

Doch nach den langen und erbitterten Kämpfen des Dreißgjährigen Kriegs hat der antirömisch-protestantische Geist hauptsächlich in jenen Gebieten die Reformation gegen das römische roll-back ver-

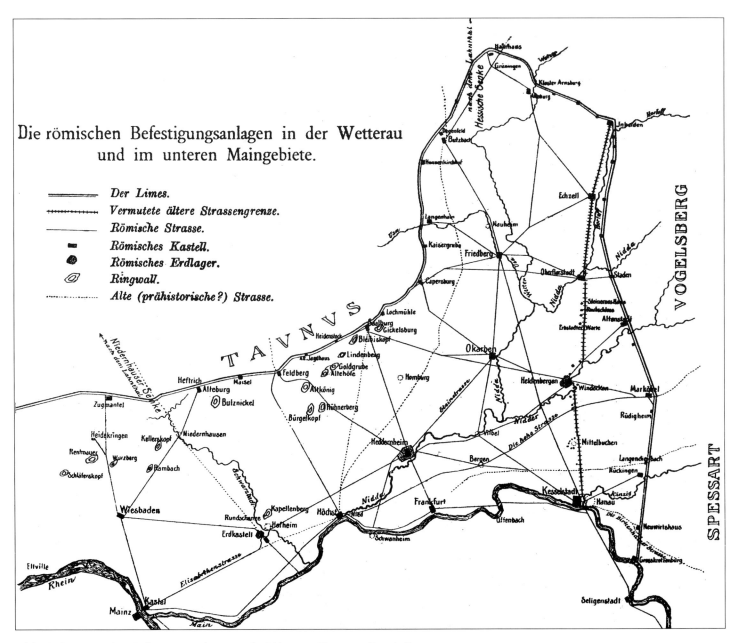

Abb. 1: Die römischen Befestigungsanlagen in der Wetterau. Karte von Ernst J. Zimmermann

teidigen können, die erst nach dem Untergang des antiken Rom vom christlich gewordenen Rom zum katholischen Glauben bekehrt worden waren.

In der alten Feindschaft zwischen dem katholischen Bayern und dem protestantischen Preußen lebte die ideologische Teilung der Deutschen noch bis nach der Reichsgründung durch Bismarck fort. Im preußischen Kulturkampf, der sich an Bismarcks Willen entzündete, unter dem Dach der Monarchie einen säkularisierten bürgerlichen Verfassungsstaat (freilich keine Demokratie) zu schaffen, ging es der katholischen Kirche bzw. der Zentrumspartei offensichtlich darum, ihren religiösen Einfluß im noch jungen, preußisch-protestantisch dominierten Nationalstaat auf die Menschen durch Kindererziehung, Konfessionsschulen, kirchliche Eheschließungen etc. zurückzugewinnen und die Gegenreformation mit rechtlichen Mitteln fortzusetzen. In der Zeit dieses Kulturkampfes wurde übrigens – mit drohender Gebärde in Richtung des gerade besiegten Frankreich, aber auch auf Rom und alle römisch-katholischen Südstaaten – das gewaltige Hermannsdenkmal im Teutoburgerwald errichtet. Es erinnerte an den fast vergessenen Sieg des Cheruskerfürsten Arminius über den Feldherrn Varus und die Legionen des Kaisers Augustus zur Zeit der ersten deutschen Teilung.

Was die beiden ersten deutschen Teilungen mit der dritten, die erneut aus Hanau eine Grenzstadt machte, zu tun haben, bedarf der Erklärung. Wegen der Bedeutung dieser These für die deutsche Geschichte und das Schicksal Hanaus, dem ja nicht nur die Hanauer Neustadt kurz vor Ende des Zweiten Welkrieges zum Opfer fiel, ist ein Exkurs notwendig, der die entstehungsgeschichtlichen Zusammenhänge der dritten deutschen Teilung im 20. Jahrhundert mit den beiden früheren Teilungen erklärt. Dieser Exkurs kann natürlich nicht alle Hintergründe darlegen und vor allem nicht die zahlreichen Belege anführen, die diese Thesen stützen. Es müssen einige Hinweise genügen.

Exkurs über die dritte Teilung Deutschlands:

Vordergründig war die Mauer durch Deutschland, der Eiserne Vorhang längs durch Europa, das logische Ergebnis des Zweiten Weltkriegs. Wenn tatsächlich auch diese Teilung – wie die zweite, der Riß zwischen dem katholischen und protestantischen Deutschland – mit dem historischen Erbe des Limes zu tun hatte, belegt dies, welche Prägekraft bestimmten Herrschaftssystemen zuzutrauen und welche Bedeutung einer Grenzlage für die Geschichte einer Stadt beizumessen ist. Die dritte deutsche Teilung und die geopolitische Drehung der Spaltungsrichtung hat – so meine These – ihre wesentliche Ursache in der Tatsache, daß im 19. Jahrhundert der moderne (sprich calvinistische) Kapitalismus den armutsethischen Katholizismus ideologisch auf seinen Kurs brachte. Dieser Prozeß verlief, stark vereinfacht, folgendermaßen:

Das neue Wirtschaftsystem eines Kapitalismus der freien Konkurrenz, der sich über den Markt regulierenden Preise, hatte bei allen Vorteilen für die neuen Unternehmer fürchterliche soziale Folgewirkungen für die Gesellschaften. Es zerstörte systematisch die feudalistische Wirtschafts- und Sozialordnung und riß Menschen, die seit undenklichen Zeiten gewohnt waren, daß Herrschaften auch Verantwortung für die Armen und Schwachen übernahmen, skrupellos aus ihren Sicherheiten. Nicht mehr die göttlichen Gesetze, sondern die Gesetze des Marktes regierten zunehmend die wirtschaftlichen und sozialen Verhältnisse.

Unter diesen Bedingungen entstand zunächst eine christliche, dann die marxistische Arbeiterbewegung. Die Ständegesellschaft zerfiel. Schließlich traten sich Kapital und Arbeit als unversöhnliche gesellschaftliche Klassen gegenüber. Es kam im Inneren der Gesellschaften zu erbitterten Klassenkämpfen: Kapitalisten kämpften gegen die unterschiedlichsten Strömungen von Sozialisten und Kommunisten. Und zwischen den kapitalistischen Staaten kam es zu imperialistischen Kriegen um die Rohstoff- und Absatzmärkte der Welt.

Die allgemeine Entwicklung zwang den Papst zur Stellungnahme, Kritik und zugleich zur Anerkennung des Kapitalismus. Äußerst spät allerdings, nämlich erst 1891 mit der Enzyklika Rerum novarum. Das Datum liegt nicht zufällig kurz nach der Entscheidung Kaiser Wilhelms II., Bismarcks 1878 mit Hilfe der Liberalen durchgepeitschen Sozialistengesetze wieder aufzuheben. Die Wilhelminische Konzeption der *Sozialpartnerschaft* zwischen Arbeiterklasse und Kapitalisten sollte eine neue Epoche, die Epoche des Imperialismus, einleiten.

Die erstarkende Arbeiterbewegung hatte schon Bismarck genötigt, neben seiner Repressionspolitik auch eine staatliche Sozialpolitik zu betreiben. Die Bismarcksche Sozialgesetzgebung nötigte aber die katholische Kirche dazu, die – allerdings längst schon von katholischen Bischöfen praktizierte – katholische Soziallehre von höchster Ebene her dieser protestantischen staatlichen Sozialpolitik entgegenzusetzen. Der Grundgedanke basierte auf dem Subsidiaritätsprinzip. Mit diesem Bekenntnis des Papstes zu einem katholisch gezügelten Kapitalismus hatte der protestantische Kapitalismus zumindest unter dem Aspekt der Auseinandersetzung mit dem Marxismus einen Bündnispartner und mächtigen Mitstreiter gefunden. Gegen den Marxismus gab es wieder eine einige christliche Kirche, die Ökumene des Antikommunismus.

Indem sich nun beide Kirchen theologisch auf die Seite des Kapitals stellten, mußten sie auch politisch auf die allgemeine Empörung über schamlose kapitalistische Ausbeutung, Wucher, Spekulation, anonyme und verantwortungslose Aktiengesellschaften, Auswüchse der liberalen Presse, Sittenverfall und soziale Abstiege, die es ja nicht nur unter den Arbeitern, sondern auch in den bürgerlich-christlichen Teilen der Gesellschaft gab, Position beziehen. Sie mußten beweisen, daß die Mißstände mit dem Kapitalismus christlicher Unternehmer nichts zu tun hatte. Es konnte sich bei all diesen Auswüchsen also nur um Unternehmer handeln, die gegen Gottes Gebote verstießen oder aber um Juden, die ja schon seit Menschengedenken Wucherer waren und mit ihren zügellosen Zinsgeschäften Unheil über die Menschen brachten.

Die Kritik des Oberhauptes der katholischen Kirche an der *Herzlosigkeit reicher Besitzer und der ungezügelten Habgier der Konkurrenz* richtete sich sehr wohl auch an die christlichen Kapitalisten, aber sie bediente sich jener eingebürgerten Sprache, die es nahelegte, die soziale Frage dem jüdischen Wucherkapitalismus anzulasten. *Ein gieriger Wucher kam hinzu*, hieß es dort, *um die Übel zu vergrößern, und wenn auch die Kirche zum öfteren dem Wucher das Urteil gesprochen, fährt dennoch Habgier und Gewinnsucht fort, denselben unter einer anderen Maske auszuüben.*[10]

Im protestantischen Lager trieb der politische Antisemitismus längst schon giftige Blüten. Er wütete vor dem Hintergrund des sogenannten Gründerkrachs, der ersten schweren Wirtschaftskrise des gerade geschaffenen Zweiten Reichs, gegen jüdische Spekulanten, finanzkapitalistische internationale Transaktionen, die jüdische Presse und Kunst, kurzum, gegen das internationale jüdische Kapital. Preußischer Nationalismus, Militarismus und Antisemitismus wurden zu den drei großen, extrem überbetonten Integrationsfaktoren gegen die innere Zerrissenheit der Deutschen und gegen die – als jüdische Schöpfung dargestellte – marxistische Arbeiterbewegung. Das Konzept hieß: Durch Rassenreinheit zur völkischen Einheit. Die Deutschen sollten endlich vom Trauma der ewigen innergesellschaftlichen Spaltungen befreit werden. Dem wollten auch die Katholiken nicht entgegenstehen. Das Ergebnis war die dritte deutsche Teilung.

Der *Eiserne Vorhang* war – so gesehen – das Resultat des lange zuvor schon innergesellschaftlich in Form von Klassenkämpfen ausgebrochenen Gegensatzes von atheistischem Kommunismus und christlichem Kapitalismus. Die Mauer trennte – geopolitisch gesehen – die alten Kerngebiete des militaristisch-protestantischen Preußen von den erst später von Preußen eroberten nordwestlichen Teilen des protestantischen Deutschlands, insbesondere aber von den west- und süddeutschen Ländern mit katholischer Tradition. Es gab auch in katholischen Gebieten, auch in Österreich, eine anti-römische Tradition. Diese war schon von Hitler bekämpft worden, als er noch Österreicher war. Hitler erkannte, daß mit dieser Haltung falsche Fronten entstehen würden. Es ging schon längst nicht mehr um den richtigen Glauben, sondern um die Einheit und die Stärke der Nation. Das galt mehr noch nach dem Zweiten Weltkrieg. Die anti-römischen Emotionen des Protestantismus im Westen verloren sich in der durchaus positiven ökumenischen Idee, die nach 1945 von den christlichen Parteien in die Tat umgesetzt wurde und dort überzeugender als in den Kirchen funktionierte.

Anti–römische Gefühle waren allenfalls noch in der Nachkriegs-Sozialdemokratie lebendig, die nach 1945 ihre Schwerpunkte und größten Erfolge im potestantischen Norddeutschland und in Hessen hatte. Aus dem protestantisch-hanseatischen Lager kamen auch die beiden sozialdemokratischen Bundeskanzler Brandt (Lübeck und Ber-

lin) und Schmidt (Hamburg). Doch bisher ist es den Sozialdemokraten, trotz ihrer bis zur Selbstaufgabe reichenden Umarmungsstrategie, ihrer ideologischen Anpassung an die Christlichen Parteien, und trotz der sogenannten Sozialdemokratisierung der christlichen Parteien, nicht wieder gelungen, auch nicht durch das Angebot von katholischen Kanzlerkandidaten wie Vogel und Lafontaine an die katholischen Wähler, die parlamentarische Mehrheit zurückzugewinnen.

Die anti-römische Tradition Deutschlands war mit dem Erstarken der sozialistischen Arbeiterbewegung und der Bildung der DDR als *des ersten sozialistischen Staates auf deutschem Boden* nahezu völlig auf die Kommunisten übergegangen. Da der Katholizismus mit dem Protestantismus sich gegen den Kommunismus zum Schutz der freiheitlich-demokratischen Grundordnung, dies hieß immer auch, zum Schutz des kapitalistischen Wirtschaftssystems, vereinigt hatte, suchte die SED den Kontakt mit den Protestanten und versuchten diese, zum Bündnispartner im Kampf gegen den US-Imperialismus und Welt-Kapitalismus zu gewinnen.

Der Ost-West-Konflikt und die pathologische Angst vor dem Kommunismus halfen über viele innergesellschaftlichen Probleme im Westen hinweg. Die pathologische Kommunistenangst vor allem half, und dies spielte – neben dem wachsenden Wohlstand – eine große Rolle in der Auseinadersetzung mit dem Sozialismus, alte ideologische Gräben zwischen den Konfessionen zuzuschütten. Mit dem Volkspartei-Konzept und dem zur Integrations-Religionen gewordenen Antikommunimus konnten die nach Hitlers Niederlage sofort wieder auflebenden innergesellschaftlichen religiösen, sozialen und politischen Gegensätze in Westdeutschland schnell und weitgehend neutralisiert werden.

Nach der Wiedervereinigung und angesichts der schweren – nicht enden wollenden – Wirtschaftskrise sehen wir jedoch die totgesagten ideologischen Gegensätze leibhaftig wieder auferstehen. Sie werden mit der interessengeleiteten Fehlinterpration führender Köpfe dieser Gesellschaft in der gegenwärtigen Lage in neuer Richtung aktualisiert. Das bedeutet, wie jetzt erkennbar wird, daß unter den veränderten Rahmenbedingungen, unter denen religiöse Gegensätze wieder eine Rolle zu spielen beginnen, nun den Gegensatz zwischen Christen und islamischen Neubürgern aufbrechen läßt.

Das alles sind Strukturelemente und Teilprozesse deutscher und europäischer, ja globaler Geschichte, in die auch eine relative kleine Stadt wie Hanau tief verwickelt ist. Die calvinistisch-kapitalistische, die sozialistisch-kommunistische und die sozialdemokratische Vergangenheit der Stadt haben – mehr als auf den ersten Blick zu erkennen ist – mit diesen hier geschilderten historischen Entwicklungen zu tun. Hanau lag immer im unmittelbaren Spannungsfeld der Grenzwälle und Mauern, die die Deutschen trennte. Das Hanauer Gebiet lag im engsten Grenzbereich des Limes. Die erst später entstandene Stadt grenzte nach der Reformation dicht an die katholischen kurmainzischen Besitztümer. Katholische Hochburgen lagen lange dicht vor den Toren der Stadt. Längst ist jedoch die damals vertriebene katholische Gemeinde wieder nach Hanau zurückgekehrt. Katholiken werden nicht mehr an ihren Gottesdiensten gehindert. Im Gegenteil. Sie stellen heute einen größeren Bevölkerungsteil Hanaus als die relativ klein gewordene Gemeinde der Wallonisch-Niederländischen Kirche.

Ernst J. Zimmermann, einer der großen Chronisten der Hanauer Geschichte, zitiert in seinem Standardwerk einen nicht genannten Autor, der schon auf die besonders prekäre Tatsache der Vielfalt von privilegierten Rechtsverhältnissen in der *Provinz Hanau* bei der Reorganisation Kurhessen und der Zusammenfassung seiner Teile im Jahre 1821 aufmerksam machte. Mit diesen Sonderrechten konnte Hanau demnach *als derjenige Fleck auf der Erde bezeichnet werden, welcher im kleinsten Umfange die meisten verschiedenen Rechtsterritorien befaßt.* Zweifellos war dieser Umstand der ewigen Grenzlage Hanaus zuzuschreiben und den immer wieder zu schließenden Kompromissen mit den um Vorherrschaft in diesem Gebiet ringenden politischen und wirtschaftlichen Kräften, ob sie nun Römer und Germanen, Katholiken und Protestanten oder Kapitalisten und Kommunisten waren.

Als sich die Gründung und der Aufbau der Hanauer Neustadt vollzog, die das Stadtareal um das Dreifache vergrößerte, also zur Zeit der zweiten deutschen Teilung, war Alt-Hanau ein sehr kleines Städtchen, dessen etwa 1200 Einwohner neben einem offenbar schwach entwickelten Handwerk noch in großem Umfang Ackerbau und Fischerei betrieben haben müssen. Heute ist Hanau eine durch seine Exportprodukte, die Eigentumsverhältnisse seiner Firmen und die Sozialstruktur seiner Arbeitskräfte eine in das Ballungsgebiet Rhein-Main eingebettete Stadt der globalisierten Wirtschaft. Wie dieser Exkurs zu verdeutlichen versuchte, müssen 2000 Jahre europäische Geschichte mitgedacht werden, um die deutsche Geschichte und die Entwicklung der deutschen Städte im Spannungsfeld des Limes und der Reformation – also auch Hanaus – und die dritte deutsche Teilung, die mit der Zerstörung Hanaus am Ende des Zweiten Weltkrieges zusammen gesehen werden muß, einigermaßen zu verstehen.

2. Zur wirtschaftlichen und sozialen Entwicklung Hanaus

Die Vernetzung und Verstrickung Hanaus in die deutsche und europäische Geschichte ist von allen Chronisten und Historikern mehr oder weniger deutlich hervorgehoben und in seiner Bedeutung erkannt worden. Daß man Hanau – auch wenn das bisher nicht geschehen ist – als *Grenzstadt der deutschen Teilungen* im weitesten Sinne des Wortes betrachten kann, ist hoffentlich durch die bisherigen Ausführungen deutlich geworden. Was das für die Stadt selbst, ihre Wirtschaft, ihre sozialen Probleme und politischen Kämpfe bedeutet hat, soll nun etwas näher beleuchtet werden.

Die Flüchtlinge, die die Hanauer Neustadt bauten, waren zu einem beträchtlichen Teil wohlhabende bis reiche Kaufleute, Manufakturisten, Verleger und hochqualifizierte Handwerker. Es hat aber auch weniger wohlhabende und sogar arme Flüchtlinge gegeben. Heinrich Bott nennt kleine Handwerker und Arbeiter. Den größten Anteil unter den Armen stellten von Anfang an die Schnurmacher (die Passementiers). Von den Schatzungspflichtigen des Jahres 1608, deren Berufe überliefert sind, stellte diese Gruppe mehr als ein Viertel.[11] In der Regel handelte es sich um Heimarbeiter, die als größten Besitz einen Schnürstuhl und eine Drehmühle hatten. Sie arbeiteten für einen Verleger, der ihnen das Material lieferte und die Fertigware auf der Messe abzusetzen versuchte. Sofern dies nicht gelang, mußten sie *müßig gehen* und wurden, um sie von der Straße zu holen, zu Schanzarbeiten verpflichtet. Es existiert ein Hinweis, daß sich der Unternehmer Paul Chombart Gedanken darüber machte, wie er seine Handwerker während der Zeit der Messen beschäftigen könne. Überliefert ist auch, daß es der Unternehmer Isaak de Roon unter einem offensichtlich unglaubhaften Vorwand ablehnte, die Patenschaft bei einem Posamentierer zu übernehmen, weil er fürchtete, er müsse dann diesem *Gevatter* anderen Arbeitssuchenden vorziehen und ihnen auch noch den zu entrichtenden Schadensersatz erlassen, wenn an der abzuliefernden Ware etwas verdorben sei. Die Klage des Abgelehnten wurde vom Gericht zurückgewiesen.

Die Wohlhabenden errichteten ihre eigene Stadt, mehrere hundert Häuser und Geschäfte, die Straßen und zum Teil auch die (erst im Jahre 1767 eingeebneten) Festungsanlagen, mit einem hohen Anteil Eigenkapital in nur wenigen Jahren. Die Verträge, die sie mit dem Grafen Philipp Ludwig II. aushandelten und abschlossen, beweisen, daß sie es verstanden, hart um Gleichberechtigung mit den Alt-Hanauern, aber auch um Privilegien zu kämpfen. Teilweise behielten sie sogar Häuser und Wohnsitz in Frankfurt bei. Sie waren sich jedenfalls ihrer ökonomischen Macht gegenüber dem Feudalherrn von Gottes Gnaden ziemlich bewußt und setzten ihm bei der Ausarbeitung des Vertragswerks kräftig zu. Das Bedürfnis des Grafen, sich durch Erweiterung seiner Stadt neue Einkunftsquellen zu schaffen und sich gegenüber dem benachbarten reichen und größeren Frankfurt in eine bessere wirtschaftliche Position zu bringen, hatten die Flüchtlinge klar erkannt und bis zum Äußersten auszunutzen verstanden.

Ursprünglich kamen diese Flüchtlinge aus dem niederländischen Raum, der vom habsburgischen Spanien beherrscht und während der kriegerischen Auseinandersetzungen kräftig ausgebeutet wurde. Allerdings waren – nicht zuletzt durch den langen Krieg und die damit möglichen Geschäfte sowie die Ausplünderung der überseeischen Kolonien – auch viele Bürger unvorstellbar reich geworden. Unter den Reichen fanden die calvinistischen Reformideen besonderen Anklang. Sie lösten die Bindungen an die spanische Fremdherrschaft und befreiten sich von dieser, somit vom Katholizismus, weil beide als schwere Investitionshemmnisse für die Fortentwicklung der eigenen frühkapitalistisch-calvinistischen Wirtschaftsweise betrachtet wurden.

Bevor sie in das damals völlig bedeutungslose Städtchen Hanau kamen, hatten die Flüchtlinge schon in der lutherisch gewordenen *freien Reichstadt Frankfurt* ihre Freiheiten gesucht. Sie glaubten, dort die zur Verwirklichung ihrer wirtschaftsethischen Prinzipien notwendigen Rechte zu erhalten und auf Dauer sichern zu können. Doch bald schon wurden sie den dortigen Lutheranern, vor allem den wirtschaftlich notleidenden Zunftbürgern, zum immer größeren Ärgernis. Angeblich fühlten sich die Alt-Frankfurter durch die religiösen Praktiken dieser Reformierten gestört. Aber erfahrungsgemäß wurden damals und werden auch heute noch die religiösen Differenzen nur dann zum zentralen Problem, wenn die – in der Regel immer mit Religionen eng verknüpften – wirtschaftlichen und sozialen Formen des geregelten friedlichen Zusammenleben nicht mehr oder nur noch zugunsten einer Seite funktionieren. Wenn man die Gottesdienste von gläubigen Menschen aus fremden Ländern verbietet, braucht man sie nicht aus wirtschaftlichen Gründen wieder auszuweisen. Dann gehen sie von selbst. Oder sie proben den Aufstand.

Die Reformierten kamen übrigens auch aus einem alten Grenzgebiet. Auch dort, wo sie herkamen, hatten schon in der Antike die Bataver gegen die Römer gekämpft. Friedrich Schiller, der nicht nur der Dichter der Freiheit, sondern auch ein hervorragender Historiker war, vertrat in seiner *Geschichte des Abfalls der Niederlande von der spanischen Regierung* die Theorie, dieselben historischen Bedingungen brächten dieselben historischen Erscheinungen zurück, und sei es nach Jahrhunderten. Und er stellte dazu für die Zeit des Krieges zwischen Spanien und den Niederlanden fest: *Auf eben diesem Boden, auf dem jetzt die Niederländer ihrem spanischen Tyrannen die Spitze bieten, haben vor fünfzehnhundert Jahren ihre Stammväter, die Batavor und Belgen, mit ihren römischen gerungen.*[12]

Doch obgleich diese niederländischen Regionen zur Zeit der Reformation wirtschaftlich schon reif genug waren, das zur Fessel der unternehmerischen Freiheit gewordene katholische Feudalsystem mit seinem gegen die calvinistischen Ketzer wiederbelebten Inquisitionsgericht abzustreifen, gelang dies nicht, zumindest nicht in dem Tempo, wie es aus Sicht der Flüchtlinge erforderlich gewesen wäre. Calvinismus hieß und heißt nämlich auch: *Zeit ist Geld*. Diese Weisheit hat der im calvinistischen Geist erzogene Benjamin Franklin zur modernen kapitalistischen Ökonomie beigetragen.[13] Solange die Niederlande noch in die Auseinandersetzungen mit dem katholischen Spanien verwickelt waren, war es vielen der wohlhabenden Kaufleute, Verleger und Handwerker dort nicht sicher genug, obwohl – so Schiller – eben der Krieg der Spanier, der sie aufreiben sollte, den Absatz ihrer Waren und damit ihren Reichtum vermehrte.[14] Doch abzuwarten, bis sich die Niederlande endgültig vom spanischen Joch befreit haben würden, ja am Ende an diesem Krieg aktiv teilzunehmen, wollten die Flüchtlinge offensichtlich nicht. Sonst hätten sie nicht ihre Heimat verlassen.

Diejenigen unter den geflohenen Niederländern und Wallonen, die sich Frankfurt als Fluchtort ausgesucht hatten, mußten erleben, daß

hier das Zunftwesen, obgleich es vom lutherischen Glauben regiert wurde, weder ihrem Glauben noch ihrer kapitalistischen Wirtschaftsweise genügend Raum gab. Schuld war nicht allein kleinbürgerlicher Fremdenhaß. Auch die enormen sozialen Probleme vieler Frankfurter Zunftbürger, die nur wenige Jahre nach der Grundsteinlegung der Hanauer Neustadt beim Fedtmilch-Aufstand offen zutage traten, zeigen an, daß die Vertreibung der Calvinisten nur eine Vorstufe zu dem Aufstand selber war, bei dem es dann zur Vetreibung der Frankfurter Stadtregierung und nach einem Pogrom zur Gettoisierung der zuvor in der Stadt lebenden Juden kam.

Der Kampf Fedtmilchs und seiner Zunft-Genossen richtete sich zuerst gegen die reformierten Flüchtlinge, dann gegen die Juden, schließlich auch und besonders, was selten genug vorkam (in Hanau in den Jahren 1830/31, 1848 und 1918/19), gegen das Ausbeutungssystem. Fester Bestandteil des Ausbeutungssystems der Frankfurter Patrizier als Herrn des Rathauses waren die Juden, die ihnen ihnen vom Kaiser – zum Ausgleich seiner Schulden bei der freien Reichsstadt – überlassenen worden waren. Die adligen Herrn des Rathauses hatten erst ihre christlichen Mitbürger mit überhöhten Steuern und Abgaben an den Rand des Ruins getrieben, dann den Juden eben diese Steuergelder (aber auch eigenes Geld) bei Nacht und Nebel überlassen, damit diese es den ausgeplünderten und daher kreditbedürftigen Stadtbürgern – gegen überhöhte Zinsen, versteht sich – wieder verliehen.[15]

Vielleicht hatte der Hanauer Graf Philipp Ludwig II. sich ja für den reformierten Glauben entschieden, weil auch er – wie die meisten Feudalherrn seiner Zeit – nach neuen Wegen suchte, sein damals ökonomisch noch sehr rückständiges Residenz Städtchen, eher ein befestigtes Dorf nahe der Kinzig, durch Ansiedlung reicher und tüchtiger Flüchtlinge kräftig voranzubringen. Immerhin spielten bei den Vorverhandlungen und gräflichen Überlegungen zum Vertrag solche und andere Erwägungen von großer wirtschaftlicher Reichweite eine (in Heinrich Botts Standardwerk zum Thema gut dokumentierte) Rolle. So erwartete der alte Graf Johann, der in dieser Gründungsgeschichte starken, wenn auch nicht – so Bott – den letztlich entscheidenen Einfluß nahm, für die Grafschaft reichlich Einnahmen aus Steuern und Abgaben, bei aller christlichen Nächstenliebe zu seinen Glaubensbrüdern. Und Johann sah sogar in den Reformierten einen möglichen Ersatz für die Juden, weil man bei ihnen, den Calvinisten, *eher und besser Geld entlleihen*[16] könne als bei den jüdischen Finanziers. Auch spielte das Versprechen der Fremden eine große Rolle, Hanau zu einer mit Frankfurt konkurrenzfähigen Stadt entwickeln zu wollen.

Zugleich aber meldeten sich bei all diesen Zukunftsspekulationen Ängste, etwa die, daß die asketische Lebensführung dieser Glaubensbrüder auch Nachteile für die gräflichen Einnahmen mit sich bringen könnte. Die gräflichen Herrn befürchteten, daß die Neubürger die Preise hochtreiben oder ihren wirtschaftlichen und sozialen Verpflichtungen nicht nachkommen könnten. Daß über die Ansiedlungbedingungen besonders dann äußerst hartnäckig verhandelt wurde, wenn es um die wirtschaftlichen Teil des Vertrags ging, zeigt, daß das frühkapitalistische Bürgertum, sobald es die ökonomische Schwäche und Bedürftigkeit seiner Verhandlungspartner erkannte, die Forderungen bis an die Grenzen des jeweils Möglichen ausdehnte. Hier wird die Konkurrenz zwischen der gottgewollten Obrigkeit, den Rittern des Schwertes, und den *Rittern des Geldes*, die eines Tages die Machtfrage zwischen beiden Klassen heraufbeschwären würde, schon klar erkennbar.

Weniger deutlich zeichnet sich der erst im Zuge der industriellen Revolution des späten 19. Jahrhunderts zwischen Armen und Reichen aufbrechende Widerspruch ab. Aber Arme gab es auch zur Zeit der Stadtgründung schon mehr als genug. Sie hatten freilich keine Rechte. Es waren darunter viele von Diakonen unterstützte arbeitsunfähige Witwen und Waisen, aber auch arbeitslose und kranke Männer. Von denen, die nicht zahlen konnten, was sie schuldig waren und denen die Schulden über den Kopf wuchsen, haben sich manche aus den Staub gemacht. Dabei ließen sie – berichtet Heinrich Bott[17] – *oft sogar ihre armselige Habe zurück.* Die große Mehrheit der Armen lebte draußen vor der Stadt *in elenden Hütten* oder hausten an den Wällen. Eine große Zahl von Dirnen und anderes *Gesindel*, aber auch die auf die damals wohl größte Baustelle der ganzen Grafschaft strömenden Bauarbeiter, Gesellen und Fronarbeiter. In der Armut erkennt Bott *die Kehrseite der von den Fremden praktizierten Wirtschaftsform.*[18]

Sicher ist es kein Zufall, daß den Calvinisten immer wieder ein eigentlich bisher nur von den Juden bekanntes Geschäftsgebaren nachgesagt wurde. Die katholische Wirtschaftsethik hat zu jener Zeit noch die klassische Armutsethik vertreten, die – nach volkstümlichem Bibelverständnis – ganz schlicht sagt, daß ein Reicher nicht in den Himmel komme. Der Calvinismus war und ist dagegen in seinem ökonomischen Kern – ebenso einfach formuliert – eine auf der Prädestinationslehre Calvin aufbauende Bereicherungethik.[19] Im Zusammenhang mit der als *Die Judenfrage* überschriebenen Diskussion um die Gleichberechtigung der jüdischen Mitbürger in der ersten Hälfte des 19. Jahrhunderts hatten sich die Juden, das forderten die *frommen Christen*, erst einmal christlich taufen zu lassen. Übrigens hat Marx, der sich in diese Diskussion einmischte, erklärt, eine solche Forderung sei Unsinn, da doch die Christen längst zu Juden geworden seien.

Weniger die Armen als die Alt-Hanauer Zünfte haben sich nach Gründung der Neustadt und im Laufe des ersten wirtschaftlichen Booms, der vor allem eine Baukonjunktur war, über die calvinistischen Glaubensbrüder beklagt. Jedenfalls kam es unter den Alt-Hanauern Handwerksmeistern zu zahlreichen Neugründungen von Handwerkerzünften, um ihre damals *Nahrung* genannten, auf traditionelle Berufe aufgebauten Existenzen vor den Folgen der Handels-, Preis- und Gewerbefreiheit ihrer nachbarlichen Fremdengemeinde zu schützen.

Tatsächlich spielte das Glaubensbekenntnis dieser Flüchtlinge im widersprüchlichen Prozeß wirtschaftlicher und gesellschaftlicher Entwicklungen Hanaus eine nicht unbeachtliche Rolle. Max Weber These, in der protestanischen Ethik, zumal in der des Calvinismus, walte der *Geist des moderenen Kapitalismus*, ist nicht aus der Luft gegriffen. Weber bestritt damit die Theorie seines Freundes Werner Sombart, der Ursprung des kapitalistischen Geistes liege im Judentum. Er bestritt auch die marxistische Theorie von der sogenannten *ursprünglichen Akkumulation*, die die Entstehung des Kapitalismus auf die Räuberei des christlich-abendländischen Adels (Raubrittertum, Kolonialismus, Seeräuberei und Bauernlegen) sowie auf die dabei reich gewordenen ausbeuterischen Kaufleute, Handelsherrn und Pächter des dritten Standes zurückführte, der auf diese Weise zu ökonomisch und damit auch zur politisch mächtigsten Klasse aufsteigen konnte.[20] Weber hielt dem entgegen, räuberische Methoden der Ausbeutung und Bereicherung habe es in der Geschichte schon immer gegeben. So gesehen sei der Kapitalismus so alt wie die Menschheit. Von diesem Kapitalismus rede er nicht. Er rede vom modernen calvinistischen Kapitalismus. Dieser sei aber etwas völlig Neues, sei daher mit Begriffen wie Ausbeutung nicht zu erklären, sondern basiere auf einer neuartigen Weltanschauung, auf einem Ethos. Hier werde nicht Bereicherung um der Bereicherung willen betrieben, sondern diene einem höheren, einem religiösen Zweck, nämlich dem Bedürfnis des Calvinisten nach Gewißheit, ob man zu den wenigen Auserwählten gehöre, denen die ewige Seligkeit zuteil werde. Diese Gewißheit sei zwar auch durch die calvinistische Methode des Reichwerdens nie 100prozentig zu erlangen, aber – so lehrte Calvin es in seiner Prädestinationslehre – am wirtschaftlichen Erfolg, sofern er auf asketischer Lebensführung, Sparsamkeit, Fleiß und Tugendhaftigkeit beruhe, sei die Auserwähltheit mit hoher Wahrscheinlichkeit voraussagbar.[21]

Die Hanauer Neubürger genossen trotz ihrer Privilegien sicher noch nicht das Ausmaß an Gewerbefreiheit, die unsere heutigen Unternehmer vom marktwirtschaftlichen Sozialstaat zugestanden bekommen, aber es kann kein Zweifel daran bestehen, daß sie doch sehr frei in ihren unternehmerischen Entscheidungen waren im Vergleich zu den Mitgliedern der traditionellen Zünfte.[22] Sie führten auf der Grundlage einer offensichtlich schon praktizierten Form der Gewerbefreiheit eine Reihe neuer Gewerbezweige ein, die die weitere Entwicklung der Stadt stark förderten. Es wurde immer weniger für die konkreten Kunden, sondern für den anonymen Markt, den Handel, den Export produziert, und die Leibeigenschaft von Knechten und sonstigen Arbeitskräften wurde von den freien Lohnarbeitern, oft auch Heimarbeitern, abgelöst. Bott: *Sie waren Unternehmer, die jedes gewinnversprechende Geschäft übernahmen.*[23]

Als Anreiz für Unternehmer, sich in Hanau niederzulassen, wurde ihnen vom Grafen sogar eine längerfristige Steuerfreiheit garantiert. Kapitalistisch im modernen Sinne war auch die Freizügigkeitsgarantie für die Neustadtbürger, die ohne die Pflicht einer Nachsteuer jederzeit – nicht nur, wenn der Graf überraschend seinen Glauben wechseln würde – ihre Immobilien verkaufen und die Stadt verlassen durften. Wochenmärkte wurden eingerichtet und Marktschiffe, die eigentlich keine sein durften, da die Frankfurter und Kurmainzer dagegen waren. Sie sollten – neben anderen verkehrstechnischen Projekten wie Kanalbauten und Befestigungen – die Verbindungen und den Warenaustausch zwischen der Messestadt Franfurt und die Sicherheit vor beutegierigen Feinden entscheidend verbessern.

An allen diesen Vorhaben, die trotz zahlreicher Widrigkeiten schnell und nach modernsten Gesichtspunkten verwirklicht wurden, aber auch an der Einrichtung einer Art Handelsgericht, zeigt sich, daß die Flüchtlinge die sozialökonomische Entwicklung der Stadt Hanau systematisch vorantrieben. Dabei ließen sie es auch auf Auseinandersetzungen mit den benachbarten Mächten, dem Kokurrenten Frankfurt und dem katholischen Kurmainz, ankommen. Sie taten dies freilich an all den anderen Orten in der Welt, wo sie sich niederließen. Sie trieben die Entwicklung in eine Richtung, die – trotz Unterbrechungen, Rückschlägen und notwendigen Einschränkungen durch Pest, Naturkatastrophen, den Dreißigjährigen Krieg und zahlreiche andere Kriege – aus dem alten Feudalsystem herausführte. Der Weg führte über die Politik des Merkantilismus der Fürsten, das von Bürgern betriebene Verlagssystem und die Manufakturen zum frühkapitalistischen Industriebetrieb. Schließlich zum politischen Durchbruch des Frühkapitalismus als Wirtschafts- und Gesellschaftssystem auch in Deutschland, nämlich zur sogenannten Bauerbefreiung, der Einführung der vollen Gewerbefreiheit und der kommunalen Selbstverwaltung.

Unter den vielfältigen Gewerbezweigen, die durch die neuen kapitalkräftigen Hanauer in der Neustadt eingeführt wurden, liegt in der Rangfolge ihrer Bedeutung an erster Stelle die Textil- und Bekleidungswirtschaft mit allen ihren Verzweigungen und Berufen. Tuchmacher, Zeugmacher, Seidenweber und Seidenfärber, auch andere Färber, Leineweber, Strumpfmacher, Posamentierer und Hutmacher produzierten teils als Verleger, teils als Fabrikanten, auch als selbständige Handwerker, die meisten freilich als Lohnarbeiter für Stück- oder Tagelohn, eine riesige Palette von Waren, die offensichlich auch mit reichlich Gewinn verkauft werden konnte.

Die Hanauer Tuchmacherindustrie erlebte zwar eine große Blüte, konnte sich aber nicht in die Gegenwart herüberretten. Schon Ende des 17. Jahrhundert wurde die Tuchproduktion völlig aufgegeben. Aber es kam einer neue Einwanderungswelle, die neue Gewerbe im Textilbereich einführten. Nach Aufhebung des Edikts von Nantes (1685) haben die Hugenotten ihre Textiltechniken mitgebracht und auch das darnierliegende Bijouteriegewerbe wieder stark belebt. Länger als die Tucherei hielt sich die Seidenweber- und die mit ihr verbundene Seidenfärberei, die beide noch im 19. Jahrhundert jeweils einen nicht unbedeutenden Wirtschaftszweig darstellten. Schon an der Entwicklung der Textiilbranche läßt sich erahnen, daß die Neuhanauer Unternehmer betont stark für die wohlhabenden,

zumindest auf Schönheit, Genuß und Luxus hin orientierten Gesellschaftskreise, Stände und Klassen, und damit auch für den Export produzierten.

Besonders deutlich wird die Luxusproduktion aber erst, wenn wir die übrigen Gewerbe ansehen, die durch die reformierten Niederländer und Wallonen eingeführt wurden. Neben der Bierbrauerei und der Tabakwarenherstellung (Kau- und Schnupftabak, später Zigarren und zuletzt Zigaretten) wurde eine eindrucksvolle Fayencenmanufaktur aufgebaut, deren Produkte mit dem chinesischen und dem Delphter „Porzellan" konkurrieren sollten und – obgleich dies nicht gelang – bis 1810 eine nicht unbedeutende, wenn auch nachlassende Rolle spielten. Dann verschwindet auch dieser Wirtschaftszweig.

Die Zigarrenfabrikation führte dazu, daß auch Zigarrenkistchen und Etiketten produziert werden mußten, daß also andere Gewerbezweige entstanden, die über den Bedarf der Zigarrenfabrikation hinaus noch eine größere Rolle zu spielen sollten. Neben einer Papierfabrik und einigen Lithographieanstalten entstanden Kunstdruckereien und mehrere Buchdruckereien. Die industrielle Produktionsweise führte außerdem dazu, daß auch der Maschinenbau in Hanau Fuß faßte und eine gewisse Bedeutung erlangen konnte.

Am nachhaltigsten waren zweifellos die Auswirkungen des Gold- und Silberschmiedehandwerks, das zunächst die nationale und internationale Nachfrage des reichen Bürgertums und des Adels nach wertvollem Schmuck, edlem Gerät und allerlei Zierat befriedigte.

Daß dieses Gewerbe mit nur mit einer unsicheren Entwicklung rechnen konnte, war früh abzusehen. Jeder Krieg, jede Krise führte zu großen Schwierigkeiten beim Beschaffen der edlen Rohstoffe ebenso wie beim Verkauf der Fertigware. Aber bis zum Ende des Ersten Weltkriegs, als Monarchien stürzten und der Adel seine traditionelle Stellung einbüßte, waren immer wieder Aufschwünge in dieser Branche zu verzeichnen. Doch dann verloren die handgefertigten Luxusgüter gegenüber der industriellen Verarbeitung von Edelmetallen an Bedeutung. Im Laufe der Zeit hatte sich aber die industrielle Verwertung von Edelmetallen ihren festen Platz erobert. Die chemotechnische Grundlage für die industrielle Verarbeitung von Platin hatte der Hanauer Apotheker Wilhelm Carl Heraeus 1851 geschaffen, so daß mit diesem schwer verarbeitbaren Metall nicht mehr nur edle Schmuckstücke hergestellt werden konnten, sondern völlig neue Wege der modernsten wirtschaftlichen Verwertung eröffnet wurden.

Es ist schon eine erstaunliche Entwicklung, die von der Gold- und Silberschmiedekunst über die industrielle Edelmetallschmelze und -verarbeitung zu den Edelmetallscheideanstalten (Platinschmelze W.C. Heraeus) bis zur 1930 gegründeten Deutschen Gold- und Silber-Scheideanstalt (DEGUSSA) führte und endlich in die heftig umstrittene und inzwischen ihren Abschied nehmende Hanauer *Atomwirtschaft* einmündete. Denn die Produktionstechnik blieb nicht bei der Verarbeitung von Platin stehen. Andere Schwermetalle, auch Plutonium, wurden verarbeitet und den unterschiedlichsten friedlichen und (vielleicht, niemad weiß es genau) auch kriegerischen Zwecken zugeführt.

Fest steht, daß zumindest der Gewerbezweig der Gold- und Silberschmiede (zu der im weiteren Sinne auch die erst 1874 nach Hanau gekommene Diamantschleiferei gehörte) eine bis in die Gegenwart fortwirkende Bedeutung erlangte. Hanau gilt nach wie vor als bedeutende Goldschmiedestadt. Die im wieder aufgebauten Goldschmiedehaus gezeigten nationalen und internationalen Ausstellungen legen davon Zeugnis ab. Es gab außerdem eine Pulverfabrik. Und ein bis heute bedeutender, sehr starker Industriezweig ist die Hanauer Gummiproduktion. Die einstige weltbekannte Firma Dunlop trägt zur Zeit den Namen SP-Reifenwerke. Der Internationalisierung von Kapitalbesitz ist auch der weltbekannte Name Brown Boverie & Cie inzwischen zum Opfer gefallen.

Es kommt hier nicht darauf an, alle Gewerbe und Industriezweige lückenlos aufzuzählen. Es soll nur festzuhalten werden, daß es sicher der Entscheidung der niederländischen und wallonischen Flüchtlinge, von Frankfurt nach Hanau überzusiedeln, und zugleich der Entscheidung des Grafen Philipp Ludwig II., sie aufzunehmen und ihnen den Bau einer eigenen Stadt zu genehmigen, zu verdanken ist, daß Hanau etwa ab dem Jahre 1600 schnell an wirtschaftlicher Bedeutung gewann und sich seitdem, trotz aller Schwiergkeiten und Rückschläge, trotz der Verspätungen der deutschen Nation, zu einer sehr bedeutenden Industriestadt im Rhein-Main-Gebiet entwickelt hat.

Im Laufe der Jahrhunderte verloren sich die Spuren vieler niederländisch-wallonischer Familien. Sie vermischten sich mit anderen Zuwanderern, den späteren Hugenotten, die die Bijouterie erneut belebten, und den Nachkriegsflüchtlingen des 20. Jahrhunderts, und mit Alt-Hanauern, so daß man nicht sagen kann, das Hanauer Bürgertum – oder auch nur die Hanauer Firmen – könnten umstandslos auf die calvinistischen Flüchtlinge der Neustadtgründung zurückverfolgt werden. Viele erfolgreiche Hanauer Unternehmer vom 17. bis zum 20. Jahrhundert waren keine Flüchtlinge, sondern zogen einfach wegen der Attraktivität des Standortes Hanau in diese Stadt. Andere verließen sie, weil sie das kämpferische Proletariat von Hanau Stadt und Land fürchteten und versuchten, durch Abwanderung – und sei es nur in die benachbarten Gemeinden – den Streiks auszuweichen und die Löhne zu drücken. Geblieben ist der altehrwürdige *Hanauer Anzeiger*, bis auf eine kurze Unterbrechung durch den Putsch der Arbeiter und Soldatenräte im Jahre 1918/19 – das Sprachrohr des Hanauer Bürgertums.

3. Das Scheitern der bürgerlichen Revolution und des deutschen Liberalismus

Liest man die verschiedenen Darstellungen über die Entwicklung der Hanauer Wirtschaft, gewinnt man spätesten bei den Schilderungen der *Hanauer Krawalle* leicht ein falsches Bild von der Wirklichkeit. Es entsteht der Eindruck, seit der Gründung der Neustadt hätten sich kontinuierlich die freie Wirtschaft, der Kapitalismus, und ein freies,

selbstbewußtes Bürgertum, also eine reiche und einflußreiche Bourgeoisie gebildet, die – wie in Frankreich im Laufe des 17. und 18. Jahrhunderts – durch kritische Aufklärung und wachsendes Selbstbewußtsein gegenüber Adel und Klerus an jenen Punkt der Eigenentwicklung gelangte, der dem Dritten Stand verbot, weiterhin die ihm vom Adel zugewiesene Rolle des minderberechtigten Untertanen zu akzeptieren.

Eine solche Bourgeoisie hat es jedoch als soziale Klasse in der Epoche der deutschen Kleinstaaterei niemals gegeben. Auch nicht in Hanau.[24] Mag auch die erste Generation der reformierten Städtegründer noch eine selbstbewußte soziale Gruppe gewesen und als solche gegenüber dem Grafen von Hanau-Münzenberg aufgetreten sein, so findet sich davon nur wenig später kaum noch eine Spur. Das Hanauer Bürgertum des frühen 19. Jahrhunderts rekrutierte sich zwar auch – wie anderswo – aus Kaufleuten, Fabrikanten, hohen Beamten, Handwerksmeistern. Aber es fehlte eine Großbourgeoisie, die dem Absolutismus des Adels mit zeitgemäßer Kritik und standesgemäßem Machtanspruch entgegengetreten wäre.

Das Bürgertum war – was der Sozialstruktur einer Kleinstadt entsprach – eher kleinbürgerlich. Es gab einige größere Verleger, Fabrikanten und Manufakturisten. Aber die Mehrheit der Hanauer *Unternehmer* bestand aus selbständigen Ärzten, Apothekern, Bierbrauern, zahlreichen Handwerkern des Baugewerbes, aus Gold- und Silberschmieden, Schneidern und Flickschustern, Getränkehändlern und Geldwechslern, die in ihren Läden und Werkstätten einige wenige Leute, oft nur Familienangehörige, beschäftigten. Viele Krämer und Gastwirte, Beamte bzw. Wegegeld-Erheber, Brückengeld-Erheber, Steueraufseher, Landkrankenhausverwalter finden sich im Hanauer Adreßbuch von 1837. Dazu kamen noch einige gutsituierte jüdische Familien, die vor ihrer Gleichberechtigung auf wenige, in der Regel *unehrliche* Gewerbe beschränkt waren, von denen aber im 19. Jahrhundert einige einen wichtigen Teil der bürgerlichen Klasse der Stadt repräsentierten. Für die etwa 15000 Bürger, die 1837 in Hanau wohnten, standen rund 90 Spezereiwarenhandlungen, 6 Spielwarenhandlungen, 14 Tuchhandlungen, 17 Weinhandlungen zur Verfügung. Es gab über 30 Bijouterie-Fabriken, 7 Chaisen-Fabriken, 2 Fabriken für Lederhandschuhe, 5 für seidene und baumwollene gewebte Handschue.[25]

Natürlich hatten die Inhaber dieser Unternehmungen ein Interesse daran, ihren Geschäften ungehindert nachgehen zu können und ihren Wohlstand zu mehren. Aber sie litten unter den sich vor allem während und kurz nach der französischen Besatzungszeit stark verändernden wirtschaftlichen und sozialen Verhältnissen, unter der sogenannten Bauerbefreiung und dem ausbeuterischen Zoll- und Abgabensystem. Nicht minder verhaßt waren jedoch die nach den Befreiungskriegen einsetzenden Maßnahmen der Restauration. So wurde Hanau zu einem Zentrum der bürgerlichen Unruhen und Revolten. Man konnte 1830 und besonders 1848/49 den Eindruck gewinnen, mit den Flüchtlingen aus den Niederlanden und aus

Frankreich sei auch der revolutionäre Geist dieser Bürger nach Hanau verpflanzt worden.

Mit Recht und einem unverkennbaren Stolz verweisen die Hanauer bis heute auf die Geschichte ihrer Revolten, auf die Proteste und gewaltsamen Unruhen in den Jahren 1830/31 und 1848/49. Damals erwarben sich die Hanauer Kleinbürger den Spitznammen *Krawaller*. Mehr aber – leider – nicht. Natürlich haben sie sich den Ruf, Krawaller zu sein, redlich erworben. Sie waren schon mutig und forderten früh viele der Freiheiten und Bürgerrechte, die heute in unserer Verfassung relativ gut gesichert sind. Damals war es gefährlich, für Verfassungsrechte, für Menschenrechte einzutreten. Doch die Bewegung scheiterte. Den Akteurenm gebührt die Ehre, tapfer für eine gute Sache gekämpft zu haben. Ansonsten blieb es der 70 Jahre später revoltierenden Arbeiterbewegung, insbesondere den Mehrheitssozialdemokraten, vorbehalten, das, was diese Bürger

damals wollten, freilich mit deren Unterstützung und gegen die revolutionären Teile ihrer kurz zuvor gespaltenen Partei, in Form der Weimarer Verfassung durchzusetzen. Aber das Bürgertum stand nicht fest zu dieser Demokratie. Wenige Jahre später waren die Sozialdemokraten die einzigen, die Hitlers Ermächtigungsgesetz ablehnten. Die Kommunisten, die sicher ebenfalls abgelehnt hätten, erhielten gar nicht erst Gelegenheit dazu. Sie wurden vorher schon verhaftet.

Doch bleiben wir noch in der Aufstiegsphase bürgerlichen Freiheitswillens. Wie große Teile des deutschen Bürgertums überhaupt, vor allem die studentische Jugend, waren auch die Hanauer zunächst glücklich über die Niederlage, die sie Napoleon – der seinen letzten Sieg allerdings in der Schlacht bei Hanau errungen hatte – beibringen konnten. Was sie verkannt hatten, war, daß Napoleons eigentliche Gegner in den stockkonservativen, ja reaktionären Adelskreisen saßen. Die alten Obrigkeiten wollten, als sie an die Macht

Abb. 2: Zerstörung des Licentamts zu Hanau am Abend des 24. September 1830

zurückkehrten, nichts mehr von den Freiheitsparolen, die den Franzosen abgelauscht schienen, hören. Bitter enttäuscht mußten die Bürgerlichen erst einmal verdauen, daß ihnen die erwarteten Früchte des anti-napoleonischen Freiheitskampfes vorenthalten wurden. Statt ihrer überfälligen Revolution gegen den Adel vollzog der Adel seinerseits eine fürchterliche Restauration. Das Bürgertum hatte – naiv und obrigkeithörig wie es war – die alten Herrschaften ganz unbehelligt zurückkehren lassen. Und mit ihnen hielten längst überholt geglaubte Verhältnisse erneut ihren triumphalen Einzug. Nicht die deutschen Bürger, sondern der ins Land eingefallene Franzose hatte bewirkt, daß die Leibeigenschaft und Frondieste aufgehoben, Religionsfreiheit für Juden und Katholiken eingeführt, das Judengetto und die Konfessionsschule aufgelöst und die Gewerbefreiheit eingeführt wurde. Napoleon war es, der aus dem Zusammenschluß des Fürstentums Hanau mit dem Großherzogtum Frankfurt den ersten Verfassungsstaat geschaffen und die formale Gleichheit aller vor dem Gesetz eingeführt hatte.

Das waren hervorragende Voraussetzungen, um nach dem Sieg über Frankreich und nach Aufhebung der auch für die Hanauer Wirtschaft verheerenden Kontinentalsperre durch Verhinderung der Rückkehr der Feudalherrn und die Einführung der Meinungs-, Versammlungs- und Pressefreiheit die bürgerliche Revolution auch in deutschen Landen hätte verwirklichen können. Stattdessen empfingen die Bürger ihren alten absolutistischen Tyrannen und Ausbeuter Wilhelm I. zunächst einmal wie einen lieben Familien- und Hausvater und nahmen hin, daß er sie wieder *in den glücklichen Stand von 1806 zurückgeführt* hat.

Es gab sehr starke demokratische Regungen und Bewegungen auch in Hanau. Als 1830, getrieben von einer allgemeinen Wirtschaftskrise, die Bevölkerung, auch und vor allem die Arbeiter, die Tagelöhner und Handwerker Hunger litten, kam es zu ersten politischen Aktionen. Eine aus Hanauer Fabrikanten zusammengesetze Deputation wurde nach Kassel geschickt, um wieder einmal eine Bittschrift an die „Hochpreyßliche, Kürfürstliche Regierung" zu überreichen, nun freilich – immerhin – in der Absicht, dem Herrn (mit dem Mut der Verzweiflung) die Ernsthaftigkeit des Anliegens auch durch persönliche Anwesenheit zu beweisen. Es half dennoch nichts. Der Kurfürst hatte sich auf Wilhemshöhe zurückgezogen und begriff wohl erst den Ernst der Lage, als seine braven kurhessischen Untertanen, vor allem in Hanau, den Aufstand probten.

Viele Hanauer gerieten in Wut. Sie zerstörten das sogenannte Licentamt und die Maut, also jene Einrichtungen, die am offensichtlichsten für das Ausplünderungssystem des Fürsten standen und das der Feudalherr offensichtlich nicht zum Wohle seiner Bürger, sondern zum Erhalt und Segen seiner menschenfeindlichen Herrschaft etabliert hatte. Gewalt? Ja! Da half nur noch Gewalt. Nur sie konnte diesen menschenverachtenden Fürsten dazu bringen, endlich eine Verfassung zu geben und überfällige wirtschaftliche, soziale und rechtliche Veränderungen herbeizuzwingen. Da die Gewalt aber immer nach

Interessenlage geht, bildeten die wohlhabenden Bürger sehr bald schon zum Schutz ihres Eigentums, das durch die allgemeine Not und Wut der kleinen Leute natürlich auch gefährdet war, eine – immerhin demokratisch organisierte – Bürgerwehr. Doch diese wurde anschließend in den Dienst des Fürsten gestellt.

Von der Nutzung dieses militärischen Machtinstruments blieben die Beisassen und die Masse der Besitzlosen ausgeschlossen. Das anfänglich demokratische Element der Wahl der Offiziere wurde wieder abgeschafft. Ebenso die Aufgrund der Krawalle von der Obrigkeit endlich gewährte und von den Hanauern gefeierte Verfassung. Das machte die Revolte zur Farce. Der Fürst hatte den Bürgern versprochen, was sie unter Napoleon eigentlich schon einmal hatten. Er festigte mit diesem Trick seine Stellung so sehr, daß er es schon 1832 wagen konnte, dieses Stück papierene Demokratie wieder außer Kraft zu setzen. Künftig konnten Massenveranstaltungen mit freiheitlichen Zielsetzungen nur noch als Volksfeste getarnt durchgeführt werden. So kam es im Anschluß an das berühmte Hambacher Fest in Wilhemsbad zu einem nicht ganz so bedeutenden, aber doch immerhin beachtlichen Treffen, das freilich die proletarischen Schichten durch hohes Eintrittsgeld ausschloß, um Auswüchse, die die Obrigkeiten hätten verärgern können, zu vermeiden.

Die fast 1000 Menschen, die bei strömendem Regen vor dem Kurhaus warteten, forderten schließlich, daß die Reden vom Balkon aus und auch für sie gehalten würden. Der Burschenschaftler Heinrich Brüggemann artikulierte die Interessen der Draußenstehenden, indem er ihre soziale Not aussprach und die Sklaverei der Arbeiter anprangerte. Diese Anklagen trafen freilich nicht die Fürsten, sondern jene Fabrikanten und feinen Leute, die sich den Eintrittspreis von einem *Kronenthaler* zu diesem revolutionären Fest – trotz all der Not – noch immer leisten konnten. Mit der Abschaffung der Zollschranken im Jahre 1836 hatte die Hanauer Wirtschaft wieder etwas mehr Bewegungsfreiheit gewonnen, Produktion und Handel wurden angekurbelt. Und tatsächlich ging es mit der wirtschaftlichen Entwicklung wieder aufwärts. Aber die Tagelöhner, die Arbeiter, die in Fabriken, Manufakturen, bei Handwerksmeistern als Gesellen, bei den Herrschaften als *Gesinde*, gar in der öffentlichen Verwaltung, beschäftigt waren oder im Dienste des Hofes standen, und das waren sehr viele, bekamen nur die negativen Folgen der verschärften Wirtschaftskonkurrenz zu spüren.

Auch die Revolution von 1848 war keine. In Hanau wurde der Prügelstock zerstört, der stellvertretend, als Symbol für Folter und Gewaltjustiz zerstört wurde. Die Folterer und Gewalttäter trugen jedoch auch diesmal wieder den Sieg davon. Geblieben ist der Ruhm der Hanauer Freischärler und August Schärttners, der in den revolutionären Kampf zog, den Kampf verlor, in die Emigration fliehen mußte und am Ende in London eine Gastwirtschaft betrieb, in der sich Emiganten trafen.

Zu jener Zeit gab es die Masse der Industriearbeiterschaft, die Jahrzehnte später den ihre soziale Verantwortung mißachtenden Obrigkeiten und Kapitalisten das Fürchten beibrachten, noch nicht. Weder Gewerkschaften noch Arbeiterparteien konnten die Interessen der Arbeiterklasse vertreten. Sie war noch eine allzu kleine, allzu macht- und bewußtlose gesellschaftliche Gruppe. Doch je stärker diese Klasse wurde, sie war ja ein Produkt der kapitalistischen indutriellen Revolution, um so näher rückten immer größere Teile der Reaktion. Nach der Reichsgründung feierten auch ehemals republikanisch gesonnene Liberale die Monarchie und unterstützten über weite Strecken die reaktionäre Politik Bismarcks und des säbelrasselnden Kaisers Wilhelm II. gegen die Arbeiterbewegung. Die meisten waren preußische Militaristen geworden, die Deutschland zu einer gefürchteten Weltmacht zu machen gedachten.

4. Das Scheitern der sozialistischen Revolution und der Anfang vom Niedergang des Kommunismus am Beispiel der Hanauer Räterevolution

Genau 300 Jahre nach der Gründung der Hanauer Neustadt, im Jahr 1897, veröffentlichte der Sozialdemokratische Reichstagsabgeordnete Gustav Hoch eine Schrift mit dem Titel: *Der Kampf der Polizei gegen den Saalbau zu Hanau.* Die Schrift war ein Appel an das Rechtsbewußtsein der Einwohnerschaft Hanaus. Er beginnt mit dem Satz: *Hanau, als Industriestadt, ist selbstverständlich fast ganz von Arbeitern bewohnt. Trotzdem ist es den hiesigen Arbeitern seit Jahren unmöglich, ein größeres Lokal zu öffentlichen Versammlungen zu*

Abb. 3: Demonstration vor dem Hanauer Saalbau, Januar 1910

bekommen.[26] Dann schildert er die unglaubliche Geschichte der Diskriminierung, Verfolgung und Unterdrückung der sozialdemokratischen Arbeiter von Bismarcks Sozialistengesetzen bis zum Jahre 1897. Längst hatte der alte Gegensatz von Protestantismus und Katholizismus seine politische Bedeutung verloren. An seine Stelle war der Gegensatz von Kapitalismus und Kommunismus getreten. Aber es war das an christlich-kapitalistischen Werten orientierte Bürgertum, das es sich zum höchsten Ziel gesetzt hatte, diejenigen, die den Kapitalismus ablehnten und abschaffen wollten, mit allen Mitteln auszuschalten. Gustav Hoch erzählt, wie die Arbeiter sich zum Verein zusammenschlossen, um in Selbsthilfe einen Versammlungssaal zu bauen und welche Hindernisse ihnen in den Weg gelegt, welche kleinlichen Schikanen und Kränkungen ihnen zugefügt wurden, um die Verwirklichung dieses Projekt zu verhindern. Die Polizeidirektion bestritt ganz einfach das Bedürfnis nach einem solchen Versammlungsraum, obgleich die große Mehrheit der Hanauer Einwohner der Arbeiterklasse angehörte.

Der Saalbau, das Gewerkschaftshaus, wurde aber doch politisch durchgesetzt und angenommen. Soldaten war es untersagt, dort einzukehren. Und Beamte – außer Spitzeln – ließen sich nicht blicken. Aber Prominenz war häufig dort: August Bebel, Wilhelm Liebknecht, Rosa Luxemburg, Clara Zetkin, Toni Sender, Dr. Duncker, Karl Frohme, Dr. Hilferding, Dr. Sombart, Dr. Sinzheimer, später Philipp Scheidemann, Carl Severing, die SPD-Abgeordneten Ledebour, Haase, Breitscheid, aber auch die Kommunisten Levi, Brandler, Thalheimer, Pieck und viele andere, weniger bekannte, hielten dort politische Reden und wissenschaftliche Vorträge, an denen die klassenbewußte, und das hieß auch – gegenüber den Reichen und den Einflußreichen – sehr selbstbewußte Arbeiterschaft Hanaus durch heftige Diskussionen und Meinungsstreit regen Anteil nahm.

Heinrich Fischer, der eine Generation später zu den Verfolgten des Nazi-Regimes gehörte, nach 1945 einer der bedeutenden Sozialdemokraten Hanaus wurde, der Landtagsabgeordneter, Hessischer Staatsminister und Oberbürgermeister Hanaus war, veröffentlichte 1966 anläßlich des Verkaufs des Gewerkschaftshauses an die Stadt das Bändchen *Der Saalbau zu Hanau*, in dem er das den Kampf und das Schicksal der Sozialdemokraten und Gewerkschafter noch einmal schilderte. Hanau sei, schreibt Fischer, vor der Jahrhundertwende ein kleines Provinz- und Garnisonsstädchen gewesen, *wo die Grenzen der Länder Bayern, Hessen und Preußen zusammentrafen. Ihm kam es zu jener Zeit vor, als ob sich in diesem Städtchen die Zeitalter der industriellen Revolution mit dem Feudalismus, der Kleinstaaterei und der Monarchie getroffen hätten.*[27]

Das Versagen und letztlich Scheitern des deutschen Liberalismus, des deutschen Bürgertums, wird sichtbar an dessen Bündnis mit den Feudalherrn gegen die Arbeiterbewegung. Es erzeugte durch dieses Bündnis jenes Gemisch an kirchlich gestütztem Obrigkeitsstaat und imperialistischem Industriekapitalismus, das der Arbeiterbewegung, den Juden und der Stadt Hanau zur Hölle und ganz Europa zum Ver-

hängnis werden sollte. Zunächst kam es nur zum Sozialistengesetz. Es war die Peitsche, deren *Schläge* der Arbeiterklasse mit dem Zuckerbrot der Sozialgesetzgebung, Kranken-, Unfall- und Rendenversicherung, versüßt werden sollte. Dann wurden die Deutschen von ihren Obrigkeiten in einen Weltmachtswahn hineingetrieben, der zum Ersten Weltkrieg führte. Der Weltkrieg wurde zur Zerreißprobe auch für die Arbeiterbewegung. So viele dieser Proben die Sozialdemokratie unter dem Druck der ihnen feindlich gesonnenen Regierungen auch bestanden hatten, unter dem Eindruck des Krieges zerbrach sie. Der Stellungskrieg, der auch vielen Hanauern das Leben kostete, der sich abzeichnenden Niederlage, die Revolution Lenins in Rußland, die übrigens von der Obersten Deutschen Heeresleitung gewollt war und ermöglicht wurde, die immer größeren Forderungen an die Massen, um die sinnlosen Materialschlachten zu finanzieren, spaltete die Sozialdemokratie in zwei tödlich verfeindete Lager. Es entstand aus ihr eine reformsozialistische und eine revolutionäre kommunistische Partei. Letzterer gelang es im November 1918 in einigen deutschen Städten, auch in Hanau, die Macht an sich zu reißen und bis ins zweite Drittel des Januar 1919 zu verteidigen.

Während Heinrich Fischer in seiner Schrift über den Saalbau nur wenige Worte über die kurze Herrschaft der Hanauer Arbeiter- und Soldatenräte verliert, finden wir in einem kleinen Bändchen mit dem Titel *Revolution in Hanau*[28] von Friedrich Schnellbacher eine sehr ausführliche und eindringliche Darstellung dieses Ereignisses. Es zeigt die ganze Tragik nicht nur der Hanauer Arbeiter- und Soldatenräte, sondern der Rätebewegung und der gesamten kommunistischen Bewegung überhaupt, die von den Nationalsozialisten vernichtet werden sollten und die stattdessen zur dritten deutschen Teilung führte.

Die Tragik des Scheiterns der deutschen und internationalen Arbeiterbewegung läßt sich – wie das Scheitern des deutschen Liberalismus im 19. Jahrhundert – am Beispiel Hanau gut studieren. Während der Liberalismus seine Chancen verspielte, indem er sich zu eng an den konservativen und reaktionären Machtblock des Adels und der Kirchen anlehnte, sich in diesem fast verlor, scheiterte der Kommunismus längerfristig daran, daß er – trotz der Erkenntnisse des historisch-dialektischen Materialismus – alle wichtigen historischen Tatsachen ignorierte: Er ignorierte die Tatsache, daß der Sozialismus – nach der marxistischen Revolutionstheorie – nur in den hochentwickelten Industriestaaten (das hieß auch, mit bürgerlich-demokratischen und freiheitlichen Traditionen) eine Zukunft haben würde, daß der Sozialismus niemals nur in einem Land siegen konnte, schon gar nicht in einem Entwicklungsland, selbst wenn es – wie das für Rußland zutraf – riesige wirtschaftliche Ressourcen besaß. Es wurde ignoriert, daß der Kapitalismus sich unter dem Eindruck der wachsenden Stärke der Arbeiterbewegung schon vor dem Ersten Weltkrieg stark verändert hatte, daß große Teile der Arbeiter ihr revolutionäres Pathos verloren hatten und voll auf sozialistische Reformen setzten. Und von den Sozialreformern wurde nicht begriffen, daß sie eigentlich immer nur dann gefragt waren, wenn die herrschende Bourgeoisie wieder einmal in Gefahr war, die Grundlagen ihrer Macht, ihre unkontrollierten Eigentumsrechte über Produktionsmittel, zu verlieren. Es war früh erkennbar, wird aber bis heute ignoriert, daß Sozialdemokraten immer dann eine Chance bekommen würden, Teilhabe an der Macht zu gewinnen oder an die Macht zu gelangen, wenn die nackte Not der kapitalistischen Krise die Opfer zur Rebellion treibt, Revolution droht und der Mangel zum Nachteil der breiten Masse verwaltet werden muß. Das war bisher immer der Fall, wo Sozialdemokraten zur Macht gelangten. Auch am Ende des Ersten Welkriegs.

Die sozialpolitischen Erfolge der Arbeiterbewegung und die sozialstaatliche Politik der bürgerlichen Gesellschaft haben, trotz ihrer sonstigen Mängel, das Klassenbewußtsein der Massen doch allmählich untergraben. Mitgeholfen haben dabei die ständig verbesserten sozialpsychogischen Integrationstechniken und die Hoffnungen, die auf die Mitbestimmungsrechte gesetzt wurden. Entscheidende Hilfe erhielt der bürgerliche Kampf gegen den Kommunismus besonders durch den Stalinismus. Allerdings wurden die Argumente gegen den Stalinismus auch gegen die Sozialdemokratie mißbraucht. Der Stalinimus war der beste Helfershelfer aller Kommunistengegner.

Abb. 4: Deportation von juden auf dem Hanauer Hauptbahnhof, 1942

Das teilweise erschreckend obrigkeitsgläubige und kapitalfromme Kleinbürgertum verhalf schließlich Adolf Hitler mit seinen Stimmen zur Macht. Der Fraktionsvorsitzende der Hanauer NSDAP versprach nach der Machtübernahme im Hanauer Rathaus: *Wir werden dafür sorgen, daß Hanau den üblen Ruf einer Bolschewistenzentrale ganz Europas verliert und daß es dann möglich sein wird, auch wieder Industrien anzusiedeln, die bis jetzt Hanau gemieden haben, weil sie den Bolschweismus fürchteten.*[29] In derselben Rede hatte dieser Hanauer Miniatur-Hitler mit Blick auf die linke Mehrheit im Hanauer Rathaus gesagt: *Betrachten wir uns den Trümmerhaufen, der hier in Hanau zurückgelassen wurde, dann sehen wir, daß Millionen Schulden zu tilgen sind und daß es die Städte heute nicht mehr fertigbrachten, die aufgenommenen Darlehen zu verzinsen. Was nützen uns alle Bauten, alle neuen Straßen, wenn wir in Steuern ersticken, wenn uns eine Überdrehung der Steuerschraube nicht mehr aufatmen läßt.*[30]

Der von den Nazis entfachte Krieg hat wenige Jahre danach nicht nur die neuen, sondern auch die alten Bauten Hanaus vernichtet. Es hat mehr gekostet, den Trümmerhaufen, den die Nazis und ihre begeisterten Mitläufer in Hanau zurückgelassen haben, wegzuräumen, als alle Zinsen und Schulden, die von den Hanauern in der Weimarer Republik zu zahlen waren. Die Nazis wollten die Schulden durch die *Ausmerzung* der Juden und der Marxisten loswerden. Doch das Ergebnis war die Zerstörung und dritte Teilung Deutschlands. Es gehört zur schwer verständlichen Dialektik globaler Geschichtsprozesse, daß es ausgerechnet durch Hitlers Politik der Judenvernichtung zur Gründung Israels kam, daß der Kommunismus, der vernichtet werden sollte, gerade dadurch seine größte Ausbreitung erlebte, daß das kleine, vom Großdeutschen Reich übriggebliebene Westdeutschland – freilich im Bündnis mit den westlichen Siegermächten – zur ersten Geldmacht Europas wurde und nun – nach der Wiedervereinigung – auch wieder militärisch zu einer Weltmacht werden konnte.[31]

Da die sozialistische Arbeiterbewegung Deutschlands trotz ihrer Leistungen im Kampf um die Verwirklichung von Arbeitnehmerrechten, trotz ihres opferreichen Widesrstands gegen den Faschismus und des unter den denkbar ungünstigsten Bedingungen gemachten Versuchs, eine Gesellschaft mit dem Recht auf Arbeit aufzubauen, zu den großen Verlierern dieses Jahrhunderts gehören, sollen die rebellischen Hanauer Proletarier hier mit einem etwas längeren Zitat aus dem Vorwort von Clara Zetkin zu Friedrich Schnellbachers Buch über die *Revolution in Hanau*, noch einmal zu Ehren kommen:

Der Rückblick auf die Hanauer Ehrentage bestätigt, wie richtig Marx das Wesen der proletarischen Revolution gesehen, als er schrieb, daß sie ungleich den bürgerlichen Revolutionen, die Menschen und Begebenheiten nicht in einem Brillantfeuerwerk zeigt. Das hervorstechende der Revolutionszeit in Hanau ist neben dem Kampf mit den reaktionären Gewalten, die unscheinbare, aufreibende, rastlose Arbeit, „um die Soldatenrevolte zur proletarischen Revolution zu machen". Arbeit, *verständnisvolle, hingebende Arbeit, die dem Kapitalismus und seinem politischen Sachwalter, dem bürgerlichen Staat, Zoll für Zoll den Boden unter den Füßen entreißen, die Raum schaffen soll, für die Entfaltung der höheren sozialistischen Gesellschaftsform.*

Es versteht sich, daß die Hanauer Kommunisten die Mehrheitssozialdemokratie, die Eberts, Scheidemänner und Noskes, wie sie sie nannten, als Arbeiterverräter anklagten, daß Clara Zetkin dem damaligen Hanauer Reichstagsabgeordneten Gustav Hoch vorwarf, *wie die Unternehmer Sturm gegen die Maßnahmen des Arbeiter- und Soldatenrats* gelaufen zu sein und ihre Kampfgenossen Dr. Wagner, Friedrich Schnellbacher und das hinter ihnen stehende Hanauer Proletariat an der grundlegenden Verbesserung der Verhältnisse gehindert zu haben. Im revolutionären Hanau sah die frühe Vertreterin der Frauenbewegung Zetkin einen vorgeschobenen Posten der proletarischen Revolution, der zurückgezogen werden mußte, *weil die breiten, starken Heersäulen nicht folgten. Sie rief dazu auf, furchtlos und treu, nicht in müder, verzweifelter Ergebung, sondern im tätigen Üben und Rüsten für die neuen gewaltigen Kämpfe, die die Zukunft in ihrem Schoße trägt,* zu stehen.[32]

Schluß: Nachkriegs-Hanau – Stadt ohne Grenzen?

Nach 1945 wurde aus dem vorgeschobenen Posten der revolutionären Arbeiterbewegung Hanau ein vorgeschobener Grenzposten des antikommunistischen Bollwerks Bundesrepublik Deutschland. Der Aderlaß, den vor allem die Kommunisten, aber auch die Sozialdemokratie, durch das Wüten des deutschen Faschismus erlitten, hatten, hat die schon 1919 und 1933 zu geringe Kraft der sozialistischen Bewegung vollends gebrochen.

Das von den Nazis hinterlassene Trümmerfeld wurde von Trümmerfrauen, Arbeitern und anderen Bürgern wieder aufgeräumt. Aus Konzentrationslagern Befreite und aus der Emigration Zurückkehrende halfen, die Fundamente einer zweiten Demokratie zu legen. Auch Flüchtlinge und Vertriebene hatten großen Anteil am Wiederaufbau der Stadt und ihrer Wirtschaft.

Von Hanau war nach seiner Zerstörung nicht mehr viel übriggeblieben. Es war fast menschenleer. Die Menschen, die allmählich in die Stadt zurückkehrten, waren nicht mehr dieselben, die sie verlassen hatten, Auch die nicht, die 1933 geschworen hatten: Nach Hitler wir!

Auch vom großen Einfluß der zu Hanauern gewordenen calvinistischen Fremden war nicht viel geblieben. Allerdings der calvinistische Geist des moderenen Kapitalismus im Sinne von Max Weber. Nachdenklich sollte stimmen, daß es ganz wesentlich der freigesetzte unternehmerische Pioniergeist selber war, der im Laufe der Geschichte eine Dynamik entwickelte, die bei ihrem Siegeszug jegliche Kontrolle über sich verlor und deshalb zu einem beträchtlichen Teil selbst

die Destruktivkräfte mobilisierte, die diese Stadt, und viele andere deutsche und europäische Städte auch, unter den Luftangriffen der kriegsführenden Staaten des Zweiten Welkriegs dem Boden gleichmachte, in ihrer baulichen Substanz nahezu restlos zerstörte.

Allerdings wäre es falsch anzunehmen, nur dieser Bombenkrieg habe die Stadt, den Geist, die humanitären Ideen der bürgerlichen Architektur und des bürgerlichen Städtebaus vernichtet. Tatsächlich wurden sie durch die von der kapitalistischen Boden- und Bauspekulation diktierte Stadtentwicklung mehr noch als durch Luftangriffe ruiniert. Der Wiederaufbau Hanaus wurde unter dem Druck der Verhältnisse nach ganz anderen Kriterien als der Idee der bloßen Rekonstruktion des Zerstörten betrieben. In Hanau diktierten extreme Not, vor allem ein unvorstellbar großer Wohnungsbedarf nicht nur für die ausgebombten Hanauer, sondern auch für die Vertriebenen- und Flüchtlingsströme aus dem Osten den Wiederaufbau. Schnelle, praktische und preisgünstige Lösungen siegten über die durchaus vorhanden gewesene Bedenken, so daß schließlich nur noch das zur Gründungszeit hochmoderne Straßenmuster übrigblieb und einige denkwürdige Bauten gerettet und restauriert wurden. Schließlich fielen von den historischen Resten manche auch dem Aus- und Umbau Hanaus zu einer autogerechten Stadt zum Opfer.

Nostalgische Erinnerungen an die historische Doppelstadt in ihrer Einmaligkeit können sich daher nur noch an schönen erhaltenen alten Bildern, wertvollen Museumsexponaten und den wenigen restaurierten Gebäuden festmachen, die – einschließlich der heute noch (selbst als Ruine) eindrucksvollen wallonisch-niederländischen Doppelkirche – vor den immer wieder geteilten und gegeneinander gehetzten Völkern Europas und Bevölkerungen Deutschlands in der Geschichte mit großer Mühe und hohen Kosten für die Nachwelt gerettet werden konnten.

Was der Zweite Weltkrieg nicht auslöschen, sondern durch seine Folgen wieder auflodern ließ, mag die Kenner an den alten calvinistischen Geist des Kapitalismus der Flüchtlinge erinnert haben: Der Wiederaufbau der Stadt und ihrer sehr bedeutenden Wirtschaft war – bei allen Mängeln und Fehlentscheidungen – eine Pionierleistung von Rang. Es war eine der bedeutendsten städtebaulichen Entscheidungen der unmittelbaren Nachkriegszeit, in der Kernstadt keine Hochhäuser zuzulassen. Erst viel später wurde dieser Grundsatz immer häufiger – auch illegal – durchbrochen, doch konnten diese wenigen innerstädtischen Hochbauten den sozialen Schaden, die Zerstörung urbaner Lebensqualität, nicht anrichten, den wir aus den von Wolkenkratzern beherrschten Städten wie Frankfurt kennen.

Man könnte versucht sein, das asketische Arbeitsethos der Nachkriegszeit als ein Erbe des calvinistischen Geistes zu deuten, aber es entsprang der Not – und nicht dem Glauben. Wie ja auch die christlichen Politiker beider Konfessionen sich nach 1945 sicher nicht vereinigten, weil sie vom Heiligen Geist erleuchtet wurden, sondern angesichts der – im Vergleich zu 1933 ihnen viel gefährlicher erscheinenden – sozialistischen Gefahr, der christlich-abendländische Kapitalismus könne überrollt und abgeschafft werden. Selbst im Ahlener Programm der CDU von 1947 wurde noch das kapitalistische Wirtschaftssystem wegen seines Versagens abgelehnt und eine nicht-kapitalistische wirtschaftliche Neuordnung von Grund auf gefordert. Wie die bürgerlichen Parteien nahm auch die SPD alte Mitglieder, die zu Mitläufern des Nazi-Regimes geworden waren, wieder in ihre Reihen auf und begann mit der Verdrängungsarbeit. Diese wurde erst in den 60er Jahren – nach Ende der Wiederaufbauperiode – durch die Studentenrevolte und den Aufstieg der traditionellen Kommunalpartei SPD zur staatsinterventionistischen Staatspartei unterbrochen. Da aber zwischen kommunaler Selbstverwaltung und Staatsinterventionismus ein nicht zu lösender Widerspruch liegt, leitete die Sozialdemokratie – auch in Hanau – ihren Niedergang als – vor allem städtische – Kommunalpartei unwiderruflich ein.[33]

Während des Ost-West-Konflikt war Hanau eine der bedeutenden Städte in der Nähe des Eisernen Vorhangs. In der traditionsreichen Garnisonsstadt wurden nach 1945 die Sieger über Nazideutschlands stationiert, die Befreier der wenigen überlebenden Juden, Sozialisten und Kommunisten in den Konzentrationslagern, die Retter all jener, die der barbarischen Mord- und Kriegspolitik der Nazis noch zum Opfer gefallen wären, wenn die Alliierten Hitler hätten schalten und walten lassen, wie es ihm beliebte. Hanau als Garnisonstadt der Siegermächte, das bedeutete für die rassistisch geschulten Deutschen, lernen zu müssen, mit Fremden, mit Ausländern, z.B. mit den schwarzen US-Amerikanern, zusammenzuleben. Es gelang. Akzeptiert, wenn auch nicht immer herzlich willkommen geheißen, und integriert wurden – eingedenk auch der eigenen Schuld – die nach Hanau strömenden Flüchtlinge und Vertriebenen aus dem Osten. Und willkommen waren einige Jahre später – wegen des akuten Arbeitskräftemangels – auch die *Gastarbeiter*. Die freilich ließen bald schon bei den Unbelehrbaren das Gefühl wieder auferstehen, doch zur Herrenrasse zu gehören und den Hitler versagt gebliebenen Triumph, Deutschland in den Rang einer Weltmacht zu heben, die die Arbeitssklaven aus aller Welt die Drecksarbeit erledigen läßt, doch noch erleben zu dürfen.Nach dem Ende der Wiederaufbaukonjunktur und der ersten größeren Wirtschaftskrise mit kurzfristig über einer Million Arbeitslosen zeigte sich: *Der Schoß war fruchtbar noch, aus dem das kroch.*

Nicht mehr lebendig ist der Geist der revolutionären Arbeiterbewegung. Er wurde durch die Nazis gebrochen und nach 1945 durch das KPD-Verbot und die Berufsverbotspolitik nahezu restlos ausgelöscht. Auch der sozialistische Reformgeist der Sozialdemokratie, der noch während der ersten Wiederaufbaujahre durch Hanau wehte, existiert nicht mehr und brach mit der Mauer bis auf wenige Überreste zusammen. Der Kalte Krieg, das Wiederaufbau-Wirtschaftswunder, die Entwicklung der Sozialdemokratie von einer reformerischen sozialistischen Arbeiterpartei in eine Volkspartei des öffentlichen Dienstes, der Sozial- und der Kulturverwaltung, der Bewußt-

seinswandel von der Klassengesellschaft zur Konsumentengesellschaft haben die reformerischen Kräfte und den Willen zur politischen Macht und zur Kritik am immer mächtiger werdenden Kapital ausgezehrt.

Die Angst vor dem Kommunismus und die Konkurrenz mit den Sozialdemokraten hat allerdings im bürgerlichen Lager viel Gutes bewirkt. Die Toleranz zwischen Katholiken und Protestanten und – wenn auch noch sehr oberflächlich – gegenüber Mitgliedern anderer Religionen, anderer Kulturen, anderer Hautfarbe ist größer als vor 1933. Die Demokratie ist weithin anerkannt. Und, schreibt Heinrich Fischer zuversichtlich: *Das Bürgertum bekennt sich heute zur Republik*[34], und er hätte er hinzufügen können, die Sozialdemokratie seit 1959 offiziell zum sozial abgefederten Kapitalismus.[35]

Nach dem unfaßbaren Verbrechen des Holocaust war der Antisemitismus als öffentliche Überzeugung nicht mehr zugelassen. Mag er – wie immer wieder einmal bekannt werdende Grabschändungen auf dem Hanauer Jüdischen Friedhof erkennen lassen – noch latent vorhanden sein, so hat doch die Fremdenfeindlichkeit die Funktion des Antisemitismus als Ventil sozialer Probleme und Konflikte weitgehend übernommen. Das ist durchaus nicht weniger gefährlich, zumal mit dem Fall der Mauer und dem triumphalen Sieg des christlichen Kapitalismus über den atheistischen Kommunismus ein bewährtes Feindbild verlorenging. So kann es sein, daß angesichts der wachsenden Wirtschaftskrise wieder größere Massen rückfällig werden und Sturm laufen gegen eine Demokratie, die von Teilen der Gesellschaft der Beseitigung aller Glaubensgrenzen, Klassen- und Rassenschranken angeklagt wird. Im neuesten Feindbild, der multikulturellen Gesellschaft, lassen sich alle verlorengegangenen, besiegten und auch seit der Studentenrevolte neu entstandenen Feinde – die vielen Bürgerinitiativen für Menschenrechte, Umweltschutz, Gleichberechtigung von Frauen etc. – durchaus wiederfinden und auch unterbringen.

Mit der Europäisierung und Globalisierung der kapitalistischen Wirtschaft scheint seit dem Fall der Mauer das Ende aller Abschottungen, das Ende aller ideologischen und sozialen Grenzen und Begrenzungen gekommen zu sein. Aber die lebensfeindliche Wirtschaftskrise, die zur Dauerkrise zu werden droht und auch Hanau nicht verschont, läßt wieder neue Konflikte und Ausgrenzungsversuche erkennen. Niemand kann voraussagen, welche neuen Mauern wann und wo errichtet werden, um diese Probleme zu lösen. Wenn man jedoch bedenkt, was Hanau den Fremden zu verdanken hat, möchte man nicht glauben, daß die Opfer dieser Krise noch einmal die Lösung ihrer Probleme außerhalb der Wirtschaftsordnung selbst suchen. Nur durch die Änderung der längst nicht mehr calvinistischen Wirtschaftsethik der grenzenlosen Bereicherung und durch mehr Demokratie in der Wirtschaft lassen sich die großen Probleme der Zukunft bewältigen und die Gefahren abwenden, die sich durch das Studium der Geschichte Hanaus als einer Grenzstadt zwischen demokratischem Fortschritt und Reaktion sehr gut erkennen lassen.

Anmerkungen

[1] Vgl. Hans See, Grundwissen einer kritischen Kommunalpolitik, Wirtschaft - Staat uns kommunale Selbstverwaltung, Köln 1975.
Ders. Kommunalpolitik, in Iring Fetscher/Herfried Münkler, Begriffe, Analysen, Theorien, Ein Grundkurs, Reinbek bei Hamburg, 1985.
Ders. Die SPD als Staats- und Kommunalpartei, in: Rolf Ebbinghausen (Hg.), Bürgerlicher Staat und politische Legitimations,Frankfurt am Main 1976.

[2] Vgl. Ernst J. Zimmermann, Hanau Stadt und Land, (Nachdruck) Hanau 1978.

[3] Max Weber geht davon aus, daß Luthers Werk ohne den Calvinismus nicht von Dauer gewesen wäre. Die protestantische Ethik I, Hg. J Winckelmann, S.73.

[4] So hatte der Graf Friedrich Kasimir von Hanau im Jahre 1669 sogar in Südamerika eine Kolonie, Hanauisch-Indien genannt - erworben. Freilich war der Kolonialherr außerstande, dieses auch als Neu-Deutschland bezeichnete Gebiet überhaupt auszubeuten. Es kostete nur viel Geld und ist ein Beispiel irrationalster Adelsherrschaft.

[5] Das Zitat haben die Autoren des „Hanauer Stadtführer, Dreißig Stätten demokratischer Geschichte und antifaschistischen Widerstands" (Hg. VVN/Bund der Antifaschisten der Kreisvereinigung Main-Kinzig unter der Leitung von Rudi Schneider) vorangestellt.

[6] Vgl. dazu meinen Aufsatz: Durch Reinheit zur Einheit - Deutschlands Teilungen und deren „Heilungen" unter dem Nationalsozialismus, in: Frank Deppe/Georg Fülbert/Rainer Rilling (Hg.), Antifaschismus, Heilbronn 1996, S.29-49

[7] Vgl. auch Reinhard Kühnl, Deutschland seit der Französischen Revolution, Heilbronn 1995.

[8] Über diese Bauttätigkeit finden sich ausführlich Berichte bei Zimmermann und Bott.

[9] Vgl. Anmerkung 7.

[10] Leo XIII, Rerum Novarum, 1891, in: Texte zur katholischen Soziallehre. Herausgegeben vom Bundesverband der katholischen Arbeitnehmer-Bewegung Deutschlands - KAB, 1985.

[11] Heinrich Bott, Zweiter Band, a.a.O, S.431.

[12] Friedrich Schiller, Geschichte des Abfalls der Niederlande von der spanischen Regierung, in gesammelte Werke (Hg. Ernst Müller) Band VI: Historische Schriften, Stuttgart 1955, S. 23.

[13] Vgl. Max Weber, Die protestantische Ethik I, Hg. J Winckelmann, S.39ff.

[14] Schiller, a.a.O., S. 15.

[15] Horst Karasek, Der Fedtmilch-Aufstand, Berlin 1979.

[16] Bott, a.a.O., Erster Band, S.97

[17] A.a.O., S.432.

[18] A.a.O.

[19] Zu diesem Problem ausführlich: Hans See, Kapital-Verbechen, Die Verwirtschaftung der Moral, 2. Aufl. Frankfurt 1992.

[20] Karl Marx, Das Kapital, Bd.1, 24. Kapitel über die sog. ursprüngliche Akkumulation.

[21] Die protestantische Ethik I, Hg. J Winckelmann. s.o.

[22] Bott, a.a.O.,. S.429.

[23] A.a.O., S.428.

[24] Vgl. dazu: Hans See, Sozialstruktur und soziale Probleme der Hanauer Bevölkerung, in: Hanau im Vormärz und in der Revolution 1848/49, Hg. Kulturamt der Stadt Hanau 1980.

[25] Vgl. Hans See, Zur Entwicklung der Stadt Hanau in der ersten Hälfte des 19. Jahrhunderts, und ders., Sozialstruktur und soziale Probleme der Hanauer Bevölkerung, in: Hanau im Vormärz und in der Revolution 1848/49, Historisches Museum Hanau - Schloß Philippsruhe, Hg. Kulturamt der Stadt Hanau 1980. Im gleichen Katalog zum gleichen Problembereich: Richard Schaffer, Das Hanauer Gewerbe und Heinrich Georg Semmel, Die Bauernaufstände der kurhessischen Provinz Hanau und der großherzoglichen Provinz Oberhessen im September 1830.

[26] Heinrich Fischer, Der Saalbau zu Hanau, Hanau 1966, S.65

[27] Heinrich Fischer, Der Saalbau zu Hanau, Hanau 1966.

[28] Friedrich Schnellbacher, Revolution in Hanau (mit einem Vorwort von Clara Zetkin), erschienen 1920, wieder herausgegeben von Ruth Dröse, Hartfried Krause und Rudolf Schneider, Hanau 1988.

[29] Gerhard Flämig, Hanau im Dritten Reich, Band I (1930 bis 1934) - Wie es dazu kam - Die Machtergreifung, Hanau 1983, S.194.

[30] A.a.O., S.193f.

[31] Vgl. Hans See, Geldmacht Deutschland? In: Hg. Dietrich Heimann, Wilhelm Helms, Eckard Spoo und Helmut Weidemann, Weltmacht Deutschland? Bremen 1996.

[32] Vgl. Friedrich Schnellbacher, Revolution in Hanau (mit einem Vorwort von Clara Zetkin), S. 13ff.

[33] Hans See, Strukturwandel und ideologieprobleme der SPD - eine Empirische Studie (über die SPD Hanau-Gelnhausen-Schlüchtern zwischen 1945 und 1968): In: Wolf Dieter Narr (Hrsg.), Auf dem Weg zum Einparteienstaat, Opladen 1977, S.75-121. Ferner: Ders.; Die SPD als Kommunal- und Staatspartei. In: Rolf Ebbinghausen (Hg.) Bürgerlicher Staat und politische Legitimation, Frankfurt a. M. 1976, S.412-454.

[34] Heinrich Fischer, Der Saalbau zu Hanau, Hanau 1966, S.50.

[35] Was das Toleranzprinzip betrifft ist anzumerken, daß von der Einführung des Lutherischen Bekenntnisses in Hanau bis zum Jahre 1809 die Katholiken in dieser Stadt vollkommen diskriminiert waren. Erst durch ein Dekret des Eroberers Napoleon Bonaparte, der mit seinen Eroberungsfeldzügen die Freiheits, Gleichheits- und Brüderlichkeitsideen in die gegen die Französische Revolution ankämpfenden Nachbarstaaten trug, war die Hanauer Stadtregierung gezwungen, den verfolgten und diskriminierten Katholiken wieder eine Kirche zu geben und einen katholischen Pfarrer zuzulassen. Bis dahin mußten sie (z.B. um ihre Kinder taufen zu lassen) heimlich über die Glaubensgrenze nach Steinheim gehen.

Jürgen Heraeus
Exemplarische Schilderung der wirtschaftlichen Entwicklung in der Hanauer Neustadt – Vom Familienbetrieb zum Wirtschaftsunternehmen

Hätte Graf Philipp Ludwig II. von Hanau-Münzenberg nicht die Gründung der Hanauer Neustadt vor 400 Jahren ermöglicht, dann gäbe es das Unternehmen Heraeus heute nicht in Hanau.

Hätte der Apotheker Wilhelm Carl Heraeus im Jahre 1851 seine Apotheke nach den Regeln der heutigen Gewerbeordnung betrieben, dann gäbe es heute sicher auch noch die Apotheke, aber nicht das daraus entstandene Unternehmen.

Wilhelm Carl Heraeus ist ein Abkömmling von Isaac Heraeus, der im Jahre 1636 in Güstrow (Mecklenburg) als ältester Sohn des herzoglich-mecklenburgischen Hofmedikus und Apothekers Dr. Johannes Heraeus geboren wurde und auf seiner Wanderschaft 1651 nach Hanau kam. Auf der Suche nach einem Arbeitsplatz stieß er auf die von Neubürgern gegründete Einhorn-Apotheke und heiratete dort ein.

Sein Vater war als Johannes Heer von Wetter an der Lahn im Jahre 1611 nach Gießen gewandert, um dort Chemie zu studieren, wo er während seines Studiums seinen Namen entsprechend der damaligen Übung latinisierte. Er ließ sich später als Dr. Johannes Heraeus in Güstrow nieder. Sein Sohn, der oben erwähnte Isaac Heraeus, wanderte nach Ablegung seines Examens als Apotheker über Bre-

Dr. Wilhelm Carl Heraeus

Einhorn-Apotheke um die Jahrhundertwende

men, Kassel, Heidelberg nach Hanau und heiratete am 4. Oktober 1660 die Witwe des dort verstorbenen Apothekers „Zum weißen Einhorn".

Wenn wir in diesem Jahr „400 Jahre Wallonisch-Niederländische Gemeinde und Neustadt Hanau" feiern, so wissen wir, daß sich die Wallonen und Niederländer dank eines Dekrets des damaligen reformierten Grafen Philipp Ludwig II. von Hanau-Münzenberg mit der Auflassung niederlassen durften, eine Neustadt zu bauen, und eben in dieser Neustadt fand die Apotheke „Zum weißen Einhorn" ihren Platz.

Von besonderer Bedeutung für Hanau war es, daß diese Hugenotten, die aus Frankreich kamen, die Goldschmiedekunst nach Hanau mitbrachten und dem Edelsteinhandel zu größtem Ansehen verhalfen.

Die Apotheke „Zum weißen Einhorn" firmierte später um in „Einhorn-Apotheke", und wie es damals üblich war, gründete Wilhelm Carl Heraeus zusätzlich zu der Apotheke eine „Chemische Fabrik", denn eine Apotheke war damals mehr als ein Verkaufsgeschäft. Viele, wenn nicht die meisten Produkte, wurden selbst hergestellt. Diese Kombination aus Apotheke und chemischer Fabrik war der Ursprung der Firma W. C. Heraeus.

Lange Jahre wurde Hanau die Stadt des edlen Schmuckes genannt, ein Platz, der nach dem Zweiten Weltkrieg in Deutschland von Pforzheim übernommen wurde. Im letzten Jahrhundert war es in der Tat Hanau, und die Goldschmiede waren in Wirklichkeit nicht nur Gold- und Silberschmiede, sondern vor allem auch Platinschmiede. Weißgold – eine Gold-Nickel-Legierung – gab es noch nicht, und Platin war das weiße Gold. Hochwertiger Schmuck wurden in großem Maße unter Verwendung von Platinmetallen hergestellt und dies in steigendem Maße. Die Abfälle mußten nach London oder Paris geschickt werden, da zur damaligen Zeit nur dort Platin aufgearbeitet wurde.

Die Verwertung des Platins und die Möglichkeiten einer Aufarbeitung vor Ort reizten Wilhelm Carl Heraeus. Dazu kam, daß er während seines Studiums in Göttingen bei Professor Wöhler die Laborarbeiten des französischen Chemikers Professor Deville über das Schmelzen von Platin im Knallgasgebläse kennengelernt hatte, und es gelang ihm im Jahre 1856, im gleichen Jahr übrigens, in dem dies auch Professor Deville gelang, Platin in größeren Mengen im Knallgasgebläse zu schmelzen.

Sehr rasch dehnte sich diese Fertigung, die in einem Hinterhaus der Apotheke in der Neustadt erfolgte, auf die Herstellung von Platin-

Das alte Stammwerk um 1890

geräten für Laboratorien sowie auf Draht für die Zahntechnik aus, und als Wilhelm Carl Heraeus die Firma zusammen mit der Apotheke am 1. Januar 1889 seinen beiden Söhnen Wilhelm und Heinrich übergab, handelte es sich schon um einen in hoher Blüte stehenden handwerklichen Betrieb.

Im Jahre 1888, also ein Jahr vor Übergabe der Firma an die Söhne, wurden bereits 400 Kilogramm Platin im Inland und 600 Kilogramm Platin im Ausland abgesetzt. Wahrscheinlich gibt es heute im Jahre 1997 außer der Degussa und dem Unternehmen Heraeus kein Unternehmen in Deutschland, das diese Mengen Platin absetzt.

Bei der Übergabe der Apotheke hatte der vorhandene Platinstock die ansehnliche Höhe von 500 Kilogramm, wobei der Wert pro Kilogramm 800 DM betrug. Dieser Preis stieg bereits im Jahre 1890 auf 2.500 DM pro Kilogramm, um in der Folgezeit stark zu schwanken (zum Vergleich: heute beträgt der Preis ca. 20.000 DM pro Kilogramm).

Dr. Richard Küch (1860 - 1915)

Acht Jahre vor Übergang der Firma an die Söhne, also in der Krisenzeit der achtziger Jahre, die als Gründerjahre in die Geschichte eingegangen sind, war in Hanau eine kleine Konkurrenz, die Firma Siebert, entstanden, die 1905 von der Degussa in Frankfurt übernommen wurde.

Nachdem die beiden Söhne das Geschäft übernommen hatten, kann von einer günstigen Entwicklung gesprochen werden, die dazu führte, daß man im Jahre 1896 bei einer Belegschaft von 40 Mann beschloß, in einen am „Grünen Weg" erstellten Neubau aus der Innenstadt an den damaligen Stadtrand Hanaus umzusiedeln.

Eine Rolle hat sicher das zunehmende Scheidegeschäft gespielt, das mit der Entstehung von beträchtlichen Mengen Nitrosegase verbunden war, die damals noch nicht in dem Maße ausgewaschen werden konnten wie heute und am Marktplatz sicherlich häufig eine übel riechende gelbe Wolke verursacht haben.

Am Ende des vergangenen Jahrhundert ließen zwei Erfindungen den Namen Heraeus bekannt werden, die beide dem inzwischen engagierten Physiker Dr. Richard Küch zu verdanken waren. Die eine betraf die Herstellung von chemisch reinem Platin für Thermoelemente, die zweite wichtige Erfindung waren die Platingoldkessel für die Herstellung hochprozentiger Schwefelsäure. Auch die mechanische Fertigung wurde zur gleichen Zeit ausgebaut, da sich das Hin- und Hertransportieren von Platinbarren in einem Koffer nach Schwerte im Sauerland einmal wöchentlich als wenig praktikabel herausstellte.

Um die bereits erheblichen Geschäfte in Amerika zu fördern, ging im Jahre 1891 Charles Engelhard, der Schwager von Dr. Wilhelm Heraeus, als Vertreter der Firma nach Amerika, dem es bald gelang, die Geschäfte der Firma dort enorm zu steigern. Dieses Unternehmen wurde nach dem Ersten Weltkrieg als Feindvermögen konfisziert, später von Engelhard zurück erworben und ist heute als ein etablierter Konkurrent im Weltmarkt tätig.

Das Unternehmen hatte durch seine technischen Erfindungen eine hohe Anziehungskraft auf andere junge Wissenschaftler. Schon bald stieß ein weiterer tüchtiger Physiker, Dr. Haagn, zu dem Unternehmen, der einen neuen Ofentyp für hohe Temperaturen konstruierte, wo wiederum Platin als Heizelement Verwendung fand.

So entwickelte sich das Unternehmen, das in der damaligen Zeit als größte Platinschmelze der Welt angesehen wurde, auf ganz neuen Arbeitsgebieten, weg vom Kerngeschäft in die Diversifikation. Edelmetalle, Elektrowärme, Quarzglas, keramische Farben waren um die Jahrhundertwende bereits die Grundpfeiler des Unternehmens, die gleichen wie heute.

1904 gelang es Dr. Küch, in einem Quarzbrenner einen Lichtbogen aus Quecksilberdampf herzustellen, eine sensationelle Erfindung, nicht zuletzt wegen des außerordentlich geringen Stromverbrauchs. Es bestand die Hoffnung, die Quecksilberdampflampe könne zur Ablösung der damaligen Bogenlampe führen, und diese Überlegung führte zu einem Joint-venture zur Auswertung dieser Erfindung mit der AEG. Im Jahre 1908 erfolgte die Gründung der Quarzlampenge-

Werksfeuerwehr um 1910

sellschaft mbH in Hanau, an der Heraeus und die AEG mit je 50 % beteiligt waren. Als bekanntestes Produkt entstand schon bald die Höhensonne „Original Hanau".

Dieses Ereignis verdient deshalb besonders vermerkt zu werden, weil damit zum ersten Mal der Weg beschritten wurde, allzugroße Risiken oder zu hohe Investitionen abzusichern, indem man versuchte, Teilhaber zu finden, eine Übung, die auch später bis in die heutige Zeit weiter erfolgreich durchgeführt wurde.

Aus dieser Erfindung und zur Deckung des großen Bedarfs an Quarzkörpern erfolgte im Jahre 1911 die Gründung der Heraeus Quarzglas Gesellschaft in Griesheim, wo sie von der chemischen Fabrik Elektron direkt mit Wasserstoff und Sauerstoff versorgt wurde. Später verlegte die Quarzglasgesellschaft ihren Sitz nach Hanau, in

die Nähe des heutigen Hauptbahnhofes, damals ebenfalls am Rande der Stadt gelegen.

Vor Ausbruch des 1. Weltkrieges im Jahre 1914 beschäftigte die W.C. Heraeus, die seit 1910 als „Gesellschaft mir beschränkter Haftung" firmierte, 400 Arbeiter und Angestellte. Der Erste Weltkrieg brachte einen starken Einbruch. Nicht nur hatte man die Produktion, den neuen Verhältnissen der Kriegswirtschaft entsprechend, umstellen müssen, der Platinstock wurde beschlagnahmt und auf ein Minimum zusammengeschrumpft. Die Beziehungen zum Ausland waren unterbrochen und hatten sich umgestaltet. Vornehmlich machte sich dies in den USA bemerkbar, wo die Gesellschaften enteignet wurden. Amerika war als Exportland verloren. Hinzukam die durch die Kriegsverschuldung entstandene vollständige Entwertung der Mark.

Zwar hatte die Firma in Gestalt des kaufmännischen Leiters, Herrn Braeuer, einen ausgezeichneten Verwalter ihrer Edelmetalle, weil er frühzeitig das Ausmaß der Inflation erkannte. Aber alle sonstigen Nachteile wirtschaftlicher Zerrüttung machten auch vor dem Unternehmen Heraeus keinen Halt.

Aber jede Medaille hat ihre zwei Seiten, und so brachte die Kriegsentwicklung auch einen Vorteil. Sparen hieß die Devise, und Sparen hat schon manch Gutes bewirkt.

Die schon im Jahre 1912 durch den Eintritt des Physiker Dr. Wilhelm Rohn begonnenen Versuche auf dem Gebiet der Herstellung vakuumgeschmolzener Nickellegierungen wurden forciert, um vornehmlich auf dem Gebiet der Einschmelzdrähte einen Ersatz für Platin zu finden. Die völlig neuartige Idee von Rohn, die praktisch ihrer Zeit vorauseilte, bekam so im Krieg einen Auftrieb und führte nach Kriegsende zur Ausgliederung der Vakuumabteilung und zur Gründung der Heraeus Vacuumschmelze AG mit einer Belegschaft von 24 Mitarbeitern. Wieder hatten die Erfolge eines technischen Mitarbeiters dem Unternehmen ein neues Arbeitsgebiet eröffnet.

Konnte man im Jahre 1914 mit 400 Betriebsangehörigen feststellen, daß Heraeus die größte Platinschmelze der Welt war, so hatte das durch die Ohnmacht, die nicht nur die Kriegszeit, sondern auch die Nachkriegszeit mit ihrer Inflation geschaffen hatte, zur Folge, daß

Materialversand um 1910

ausländische Wettbewerber, nämlich Engelhard in Amerika und Johnson Matthey in Großbritannien, an Größe Heraeus auf dem Platingebiet überspielt hatten.

Aber die frühzeitig betriebene Diversifikation, die Schaffung von Spezialitäten auf allen Gebieten der Betätigung gaben Heraeus doch eine einzigartige Stellung, die nach der Konsolidierung in den zwanziger Jahren ausgebaut wurde.

Neben den üblichen Laborgeräten aus Platin spielte mehr und mehr die Fertigung von Platinnetzen als Katalysator für die Herstellung von Ammoniak, Spinndüsen für die Kunstfaserindustrie, Federspitzen für Füllfederhalter, Zahndrähte für die Dentalindustrie und Kontakte für die Elektroindustrie eine wachsende Rolle.

Die bereits im Jahre 1923 ausgegliederte Heraeus Vacuumschmelze AG machte eine stürmische Entwicklung durch. Neben dem Gebiet des Schmelzens von Legierungen im Vakuum entwickelte man mit Erfolg magnetische Legierungen, die für die Herstellung von Unterwasserkabel Verwendung fanden.

Das Wachstum erforderte jedoch einen so großen Finanzbedarf, daß man nach einem Partner Umschau hielt, der in Gestalt der Firma Siemens und Halske gefunden wurde. Der später durchgeführte endgültige Verkauf aller Anteile an der Vacuumschmelze an Siemens war zur Wahrung der Selbständigkeit der gesamten Firma Heraeus von ausschlaggebender Bedeutung, ganz unabhängig davon, daß der schon bei der Beteiligung der AEG an der Quarzlampengesellschaft

begonnene Weg, durch Verteilung des Risikos bei den Tochtergesellschaften die finanzielle Eigenständigkeit des Stammunternehmens zu sichern, als besonders richtige Entscheidung anzusehen war.

Die Vacuumschmelze, heute immer noch im Besitz der Siemens AG, ist Nachbar von Heraeus und beschäftigt in Hanau über 1.700 Mitarbeiter.

Im Jahre 1929 hatte das Unternehmen Heraeus die bis dahin höchste Belegschaftszahl mit 780 Mitarbeitern (lt. Statistik waren davon 211 Beamte). In der Folgezeit der Weltwirtschaftskrise ging die Mitarbeiterzahl auf 486 im Jahre 1932 zurück, um dann in der Folgezeit wieder anzusteigen.

Der Umsatz betrug 1930 17 Mio. DM, um dann jedoch scharf abzusinken, da der Export nicht nur durch die Devisenrestriktionen des Dritten Reichs erschwert wurde, sondern durch die Haltung des Auslandes zum Hitlerregime. Der Auslandsumsatz ging im Laufe der nächsten Jahre auf Null zurück.

Im Dezember 1944 und am 19. März 1945 wurde das Unternehmen in Hanau zu 81 % zerstört und hatte 55 % seiner Maschinen verloren, wobei der übrige Teil durch frühzeitige Auslagerung gerettet werden konnte.

1945 begann das Unternehmen wieder mit einer Belegschaft von 125 Mitarbeitern und machte im gleichen Jahr einen Umsatz von drei Millionen Reichsmark.

Mitarbeiter des Heizwerks um 1910

Platinschmelze um 1939

Kriegszerstörte Gebäude im Stammwerk 1945
Wiederaufbauarbeiten um 1950

links: Quarzlampen GmbH um 1955

Die Basis des Wissens war nicht verloren, und die Rückkehr zahlreicher Mitarbeiter, die ihren alten oder aber einen neuen Arbeitsplatz wiederfanden, manche sehr spät nach Rückkehr aus der Kriegsgefangenschaft, erreichten im Unternehmen das, was allgemein in dieser Zeit als deutsches Wirtschaftswunder bezeichnet wurde.

Als 1951 nach der ersten Phase des Wiederaufbaus das 100jährige Jubiläum begangen wurde, war dies ein stolzer Schlußstein auf diese Wiederaufbauzeit und ein Auftakt für die Ausdehnung des Unternehmens. Mit einer Belegschaft von 1.100 wurde ein Umsatz von 38 Mio. DM erzielt. Nach weiteren zehn Jahren betrug die Belegschaft 3.500. Im Jahr des 400jährigen Neustadt-Jubiläums Hanau wird die Zahl der Mitarbeiter über 10.000 betragen, davon etwa 6.000 in Deutschland.

Schon in der Kriegszeit wurde eine weitere, wichtige Entwicklung forciert, nämlich die Beschäftigung mit dünnen Schichten. Durch die Kenntnis der Arbeiten mit Metallen im Vakuum gelang es, Vakuumaufdampfanlagen herzustellen, in denen dünne Schichten auf Träger aufgetragen werden konnten. Das berühmteste Produkt nach dem Krieg war die Bedampfung der Hupenknöpfe für den VW Käfer.

Diese Vakuumabteilung nahm unter der Leitung von Dr. Gruber einen großen Aufschwung, entwickelte sich zur Heraeus Hochvakuum GmbH, um dann mit der Firma Leybold in Köln zur Firma Leybold-Heraeus vereinigt zu werden. Dieses Unternehmen entwickelte sich stürmisch, hatte eine eigene Liegenschaft auf dem „Waldesel" in Hanau und beschäftigte dort bald über 1.000 Mitarbeiter.

Wie in den schon zuvor genannten Fällen des Gemeinschaftsunternehmens mit der AEG, des Abstoßens der Vacuumschmelze AG an Siemens trennte sich Heraeus im Jahre 1987 auch von Leybold-Heraeus.

Das Unternehmen firmiert heute als Leybold AG und ist im Besitz der Oerlinkon-Bührle-Gruppe in der Schweiz. In Hanau werden auf dem Waldesel-Gelände über 1.000 Mitarbeiter beschäftigt.

Die Beschäftigtenzahl in Handwerk und Industrie im Bereich Gold- und Silberschmiedekunst hat nie mehr die Größe erreicht wie im letzten Jahrhundert. Aber wenn man die Industriebeschäftigten der Heraeus-Werke und der aus ihnen hervorgegangenen „Ableger" Vacuumschmelze GmbH und Leybold AG betrachtet, so sind aus der einstmaligen Einhorn-Apotheke am Marktplatz ca. 8.000 Arbeitsplätze in Hanau und Umgebung sowie weitere 7.000 Arbeitsplätze in anderen Teilen der Welt hervorgegangen. Es kann somit mit Recht eine Verbindung zwischen der Entwicklung der Hanauer Neustadt und der Wirtschaftskraft Hanaus im Jahre 1997 gezogen werden.

Luftbild des Werkes Hanau, 1995

Émile M. Braekman
Das Epos der Zuflucht der belgischen Protestanten[1]

Einleitung

Verbannt, flüchtig, ausgewandert, vertrieben, Worte, die verschiedene Tatsachen abdecken, aber die alle eines gemeinsam haben: die Tragödie dessen, der seine Heimat und die seiner Väter aufgibt, nicht für eine bessere Zukunft, sondern ganz einfach, um das zu bewahren, was ihm am teuersten ist. Männer, Frauen, ja sogar Kinder lernen die Entwurzelung kennen, weil sie sich entfalten wollen oder, kurz gesagt, leben wollen ohne Zwang, der sie erdrückt.

Fortgehen, flüchten, dieser Akt der Verzweiflung ist vielleicht so alt wie die Menschheit. War nicht Kain der erste umherirrende und vagabundierende Mensch auf Erden, bevor er sich im Lande Nod niederließ? Gewiß, seine Beweggründe waren weit davon entfernt, ohne Makel zu sein, aber nichts desto weniger war es jener Kriminelle, der als erster seine Scholle verließ, um in Frieden und Sicherheit zu leben. Jedoch war dies ein außergewöhnlicher Fall, genau wie die Zerstreuung der Menschen anläßlich des Turmbaus zu Babel.

Von den Gründen, die den Menschen dazu bewegen, sein Vaterland zu verlassen, ist sicherlich die Religion einer der wichtigsten. Der Typus des Wanderers aus Glauben ist ganz offensichtlich die Gestalt des Hebräers Abraham, von dem ein anderer berühmter Emigrant, Jean Calvin, schrieb: *Es ist sicher, daß er nicht nach Gutdünken und zum Vergnügen herumgelaufen ist, so wie es leichtfertige Leute tun, sondern daß zwingende Gründe ihn getrieben haben, um ihn durch fortgesetzte Übung erfahren zu lassen, daß er nicht allein ein Fremder auf dieser Erde sei, deren Herr er war, sondern ein armer Vagabund. So ist aus so häufigem Ortswechsel eine große Frucht entstanden, nämlich: in allen Teilen der Erde, wohin er gekommen ist, hat er sich bemüht, sie Gott zu weihen, insofern Er in ihm war, und hat sie mit dem Duft seines Glaubens gesalbt.*

Diese Nöte entstehen oft aus Feindseligkeit, manchmal durch Verfolgung, die eine unerträgliche Spannung erzeugen und die nicht nur einen Menschen, sondern deren Hunderte und Tausende auf die Straße werfen, nur weil sie dem Schrecken der Unterdrückung entgehen wollen. So war es bereits zu Beginn der Reformation, und das Wort *Refuge* (Zuflucht) hat schließlich in der protestantischen Geschichtsschreibung einem besonderen Kapitel der Kirchengeschichte seinen Namen gegeben. Im allgemeinen teilt man dieses Kapitel in zwei Phasen: das erste Refuge, als Ergebnis der Edikte Karls V., und das zweite Refuge, als Folge des Widerrufs des Ediktes von Nantes durch König Ludwig XIV.

Besonders in den 17 Provinzen der Niederlande jener Zeit teilt man die Flüchtlinge in zwei Kategorien ein: die Emigranten, die in die Nachbarländer oder nach Übersee auswandern, und die Flüchtlinge, die sich nach der Spaltung des Landes in katholische (Belgien) und protestantische Provinzen (Holland) in die nördlichen Provinzen zurückziehen.

Chronologie des Refuge

Die Auswanderung der belgischen Protestanten ist durch die Unterdrückungspolitik Karls V. begründet, die unmittelbar der Verkündung des ersten *placard* (Erlaß/Anschlag) gegen die Lutheraner folgte. Es scheint, daß der erste, der sein Heil im Exil suchte, der Prior der Augustiner von Antwerpen, Jacobus Praepositus, war. Tatsächlich flüchtete er Anfang Juni 1522 aus den Niederlanden.

Die Unterdrückung ließ erst gegen Ende des 16. Jahrhunderts nach, als der Gouverneur Alexander Farnese, Prinz von Parma, Milde gegenüber den Protestanten walten ließ. Jedoch stoppte seine liberalere Politik nicht diese Fluchtbewegung, und erst Ende des folgenden Jahrhunderts erlosch dieses Phänomen. Diejenigen, die später auswanderten, bildeten die Ausnahme.

Jedenfalls muß festgestellt werden, daß es keine fortwährende und regelmäßige Auswanderung während dieser fast zweihundert Jahre andauernden Periode gab, sondern eher eine Aufeinanderfolge von Wegzug und Rückkehr. Es gab Zeiten des Stillstandes, d.h. Zeitabschnitte, in deren Verlauf diejenigen zögerten, die zur Abreise bereit waren. Die Unterdrückung erschien erträglicher und die Gefahren der Landstraße und das Risiko eines schlechten Lebens im Ausland wurden als mühsame Kraftprobe angesehen, weshalb weniger Leute fortzogen. Es gab auch Abschnitte der Rückkehr, manchmal in Massen, wenn die Hoffnung auf freie Religionsausübung in den Niederlanden möglich erschien oder während des Jahrzehnts, in dem die Reformierten Herr der Lage waren. So kamen zahlreiche Emigranten während der *Année des Merveilles* (Wunderjahre, 1566 - 1567) und in der Zeit der calvinistischen Republiken (1577 - 1585) zurück. Es gab sieben Perioden verstärkter Wegzüge, eine Art von Massenflucht oder -auswanderung:

1. Als Folge des *placard* (Erlaß/Anschlag) von 1535. Durch den durch Anabaptisten oder Wiedertäufer in Münster verursachten Aufruhr kam es 1544 zur Gründung der wallonischen Kirchen in Aachen, Köln und Wesel.

2. Als Folge des *placard* von 1550 wurden die flämischen und wallonischen Kirchen in London (1550), in Emden (Abb. 1), 1554 in Frankfurt/Main (vgl. Abb. 4 im Beitrag Fischer) gegründet, ebenso die wallonischen Kirchen in Canterbury (1548) und Glastonbury (1552).

3. Während der Regierungszeit von Herzog Alba und der Terrorherrschaft des *Conseil des Troubles* (Rat der Unruhen, 1567 - 1573) erfolgte die Gründung der ersten wallonischen Kirche Hollands in Middelburg (1574).

4. Als Folge der Kapitulationen der calvinistischen Republiken und den durch den Prinzen von Parma herbeigeführten *réconciliations* (Versöhnungen, 1584 - 1590).

5. Am Ende des zwölfjährigen Waffenstillstandes (1621) kam es zur Zerstreuung der flandrischen Mennoniten-Gemeinden (1630), der Ansiedelung von lüttischen Hüttenfachleuten in Schweden (1615 - 1633) und der Gründung der Stadt New York (*Nieuw Amsterdam* in *Novum Belgium*, Abb. 2) durch wallonische Reformierte (1624).

6. Infolge der *Annexion des Artois*, des gallikanischen Flandern und des Südens des Hennegaus (1659 - 1678) durch Ludwig XIV. wandern viele Reformierte nach Seeland aus.

7. Nach dem Erlaß des Ediktes von Potsdam (1685), verlassen Reformierte das Hennegau (Bezirk *Borinage*) und flüchten in die Uckermark östlich von Berlin.

Bedeutung der Bewegung

Zeitgenössische Beobachter haben, ebenso wie moderne Historiker, versucht eine zahlenmäßige Schätzung des Phänomens durchzuführen. Auf den ersten Blick scheinen die vorgebrachten Zahlen übertrieben, wenn man sie mit der Gesamtbevölkerung der Niederlande vergleicht, die sich im 16. Jahrhundert ungefähr auf zwei Millionen Seelen belief. Jedoch scheint es, daß sich diese Zahl relativiert,

Abb. 1: Wallonische Kirche in Emden (später alte Stadthalle).

Abb. 2: Kirche von Nieuw Amsterdam, Novum Belgium.
Detail der Karte von Nicolaas Johannis Visser, um 1653.

wenn man sich daran erinnert, daß sich diese Abgänge auf fast zweihundert Jahre, d.h. auf mehr als sechs Generationen erstreckten. Die Zahl der belgischen Protestanten vor der Ankunft des Herzogs Alba dürfte sich auf ca. 200.000 Seelen belaufen: 100.000 Reformierte innerhalb der 'Provinzen' nennt Guy de Brès in seinem 1561 veröffentlichten *Epistre au Roy Philippe* zu Beginn der *Confession de foy* (Glaubensbekenntnis): *Sire, in Ihren Niederlanden gibt es mehr als 100.000 Menschen, die an der Religion festhalten, über die wir Ihnen dieses Werk darbieten;* 100.000 Emigranten sind es gemäß dem *Discours* (Ansprache), den François Bauduin 1566 an König Philipp II. gerichtet hat: *Wenn man nur die Vielzahl derer betrachtet, die ausgewandert sind, [...] schätze ich bestimmt, daß man davon mehr als 100.000 ausmachen würde;* denen man noch einige 10.000 Lutheraner, Anabaptisten und Freidenker hinzufügen muß.

Der erste protestantische Historiker Belgiens, Emmanuel van Meteren, gibt 1599 die Zahl von 100.000 Familien an. Zieht man in Betracht, daß eine Familie im 16. Jahrhundert mindestens fünf Mitglieder zählte, so ergibt dies insgesamt 500.000 Emigranten.

Moderne Historiker haben die Zahl der Flüchtlinge zwischen 300.000 und 500.000 Personen geschätzt, aber ohne formelle Beweise anzutreten. Jedoch erlauben zwei genaue Studien exaktere Zahlen über zwei Epochen darzulegen. Helena Pelemans kommt in ihrer Denkschrift *Recherche sur l'exode à l'Etranger des Protestants des Pays-Bas de 1567 à 1573* zu dem Schluß, daß man die Zahl der Emigranten während der Regierung des Herzogs von Alba auf ca. 50.000 Personen beschränken muß. Jan Briels ermittelt in seinem bemerkenswerten Werk *Zuid-Nederlanders in de Republiek 1572 - 1630* für neun Städte Hollands und Seelands, d.h. für zwei von sieben Provinzen, 124.000 Flüchtlinge, woraus er schätzt, daß für die gesamten Vereinigten Provinzen sich die Gesamtzahl auf ca. 150.000 Seelen belaufen muß. *Wir müssen feststellen, daß die Reformation vor allem eine Angelegenheit der südlichen Niederlande ist und, daß sie zuerst in dem südlichen Territorium in Erscheinung getreten ist, wo die Calvinisten, die Lutheraner und die Wiedertäufer oft, wenn nicht die Mehrheit, so doch wenigstens eine bedeutende Minderheit der Stadtbevölkerung ausmachten. [...] Während der ersten Jahrzehnte nach 1572 waren die meisten Gläubigen Einwanderer aus dem Süden; während derselben Jahre scheint die Oberschicht, deren die junge Kirche so dringend bedarf, wie Pfarrer, Kirchenälteste und Diakone, gleichermaßen zum großen Teil aus den Flüchtlingen rekrutiert worden zu sein.*

Die Bedeutung der ersten Fluchtbewegung (Refuge) ist nicht nur im religiösen Zusammenhang kennzeichnend, sondern ebenso auf wirtschaftlichem Gebiet und das in doppeltem Sinn. Was das Ursprungsland betrifft, stellt man einen nahezu allgemeinen Zusammenbruch fest. Jean Meyhoffer hat davon ein Bild gezeichnet: *Am Ende des XVI. Jahrhunderts ist die Not gewaltig und die Trostlosigkeit vollständig. In Flandern bedecken sich die Felder, wieder in einen wilden Zustand geraten, mit Sträuchern und Dickicht; die Wölfe streifen in unmittelbarer Nähe von Gent; kaum ein Zehntel des Bodens wird bestellt. In den Städten ist die Mehrzahl der Häuser unbewohnt. In Gent hat der Exodus 1584 begonnen: in fünf Monaten werden mehr als 9.000 Pässe ausgestellt. In Tournai ist die Schwungkraft der Bevölkerung gebrochen: kein Teppichweber und kein Goldschmied mehr. Löwen und Lier haben ein Drittel ihrer Einwohner fortgehen sehen. Oudenaarde hat die Wand- und Bildteppichindustrie verloren (12.000 Arbeiter sind fortgegangen). Poperinge die der Samtherstellung, Deinze, Petegem und ihre Umgebung sind drei Jahre unbewohnt. Die Dörfer von Brabant sind auch betroffen. Essen hat keinen einzigen Einwohner mehr; Kalmpthout, das vor den Wirren 750 Gemeindemitglieder zählte, hat nur noch sechs Familien; Westmalle fällt von 300 auf 24; Oostmalle von 350 auf 35, usw. Antwerpen zeigt das Bild der Trostlosigkeit und des Todes. Die Lager sind leer, die Hafenbecken verlassen. Mehrere tausend Häuser, von den 17.000 die die Stadt hatte, sind unbewohnt. Aus letztgenannter Stadt, die 1567 mehr als 90.000 Einwohner zählte, sind 49.000 weggezogen.*

Wendet man sich den Gastländern zu, so ist dort die Situation vollkommen umgekehrt. Dies ist ein Wesenszug des ersten Refuge: diejenigen, welche die Flucht ergreifen [*prennent la route*], sind meistens nicht Arbeitsuchende, sondern qualifizierte Handwerker und geschickte Techniker, ja sogar unternehmerische Geschäftsleute. Die Wirkung, die sie in England hervorriefen, ist offenkundig und ein altes Sprichwort erinnert daran:

> *Hops, Reformation, Bays and Beer*
> *Came into England all in a year.*

Der Historiker A. C. Duke hat es in *Revolt and Emigration* unterstrichen: *Im England Elisabeth I. zogen die ausländischen Protestanten Nutzen aus einem zuvorkommenden Empfang, zumindest seitens der hohen Geistlichkeit und der Machthaber. [...] Maidstone, Southampton und Sandwich ermutigten die Niederlassung dieser erfahrenen Handwerker. Die Einführung der 'neuen Tuchindustrie', die schon im XIV. Jahrhundert in Flandern entstand, erlaubte es England, sich in die Fertigung von Flausch- und Futterstoffe zu stürzen, was sie befähigte, mit der Produktion auf der anderen Seite des Ärmelkanals in Wettbewerb zu treten. Die Umbildung der englischen Stoffindustrie ist fast ganz dem Geschick zuzuschreiben, das durch die fremden protestantischen Arbeiter vermittelt wurde.*

Diese Anmerkung des britischen Historikers ist ebenso für Deutschland wie Holland gültig. In Holland wird das 17. Jahrhundert *De Gouden Eeuw* (das Goldene Jahrhundert) genannt, während es in Belgien mit *Le Siècle de Malheur* (das Jahrhundert des Unglücks) bezeichnet wird.

Die Flüchtlinge in den Nordprovinzen
(heutige Niederlande)

Nicht alle, die der Repression Karls V. und später Philipps II. entfliehen wollten, entschlossen sich auszuwandern. Um das Schlimmste zu verhindern, wechselten sie jedoch den Ort oder die Provinz. Dort ließen sie sich erst heimlich, später, nachdem das Land endlich das Joch der Inquisition und der Truppen, die der Regierung von Madrid treu geblieben waren, abgeschüttelt hatte, in aller Öffentlichkeit nieder. So geschah es, daß viele Wallonen sich zuerst in den flämischen und brabantischen Städten sammelten. Später, zur Zeit der Rückeroberung durch Alexander Farnese, wanderten sie in die Nordprovinzen wo sie die wallonischen Kirchen der heutigen Niederlande stifteten.

Die älteste Zufluchtskirche war die von Middelburg, die im Jahre 1574 gestiftet wurde, vier Jahre später gefolgt von der in Amsterdam. Während des folgenden Jahrzehntes nahm die Zahl der Gründungen zu: 1584 Vlissingen und Leiden, 1585 Delft, 1586 Dordrecht, Haarlem, Rotterdam und Utrecht, 1587 Arnemuiden und Zierikzee, 1588 's-Gravenhage. Später treffen wir Zufluchtskirchen in Breda 1590 (Abb. 3), Kampen 1596, Groede 1618, Groningen 1619, 's-Hertogenbosch 1631, Maastricht 1632, Heusden 1633 und Nimwegen 1644 an.

Von 1577 an vereinigten sich die wallonischen Kirchen in einer Synode. Die erste Synode von Dordrecht erkannte diese im Jahr darauf an, ebenso wie die anderen Provinzial- und Partikularsynoden der reformierten niederländischen Kirchen.

Die niederländisch sprechenden Flüchtlinge verschmolzen ihrerseits schnell mit der Menge der Glaubensgenossen gleicher Sprache, die Mennoniten nicht eingerechnet, die vornehmlich flämische Gemeinden in Friesland stifteten.

Die Vereinigten Provinzen wurden durch einige Persönlichkeiten ersten Ranges bereichert. Unter ihnen waren die Maler Karl van Mander, Franz Hals und Gérard de Lairesse; die Geographen Josse De Hondt, Philipp van Lansberg und Johann De Laet; die Gelehrten Simon Stevin, Rembert Dodonäus und Peter Plattevoet alias Plancius (Abb. 4).

Die Emigration in die Schweiz und nach Genf

Eine bestimmte Anzahl Niederländer und Bewohner des Fürstentums Lüttich fliehen in die Schweiz und nach Genf: Es ist schwer, die Bedeutung dieser Emigration festzustellen, denn es ist niemals eine umfassende Untersuchung über diese Flüchtlinge gemacht worden.

Abb. 3: Wallonische Kirche in Breda. Radierung von B.F. Immink, nach P. de Swart.

Abb. 4: Pieter Plattevoet alias Plancius.
Radierung von W. Delff nach einem Gemälde von 1622.

In die deutschsprachige Schweiz flüchteten sie nicht in großer Zahl, weil man dort weder wallonische noch flämische Kirchen kennt.

Einige ließen sich in Basel nieder, wie der kühne Mystiker David Joris, der sich hinter dem Namen Johann von Brück oder Johann von Brügge verbarg. Er wurde von seinem Schwiegersohn Nicolaus van Blesdijk, von seinem Sekretär Henrich van Schoor und von seinem Arzt Johann Bohain begleitet. Mehrere Antwerpener Calvinisten nahmen ebenfalls dort ihren Wohnsitz, z.B. Marcus Perez, der bestrebt war, eine französischsprachige Kirche zu errichten, Peter T'Serwauters, Joachim van Berchem, Samuel Mareschal u.a. Weitere ließen sich an der Hohen Schule immatrikulieren, aber *Student sein* konnte in Basel des 16. Jahrhunderts Vieles bedeuten. Einigen half dieser Status selbst im höchsten Alter, die Verbannung aus religiösen Gründen als Studienaufenthalt zu verschleiern.

Einige zogen weiter bis zur Hohen Schule in Zürich, andere zur Akademie in Lausanne. Aber auch Professoren, die dort dozierten, waren Flüchtlinge, unter anderen Andreas Zebedäus, Eustachius du Quesnoy und Johann Helmichius. Mit Beginn der Lehrveranstaltungen der Akademie von Genf strömten die Studenten herbei, so die Brüder Johann und Philipp de Marnix (Abb. 5), die ersten auf einer Liste von 75 Namen bis zum Ende des 16. Jahrhunderts. Ihr Aufenthalt war natürlich nur kurz, aber sie besuchten oft dort ansässige Flüchtlinge.

Zu ihnen gehörten an erster Stelle Johann Calvins Ehefrau, die Lütticherin Idelette de Büre (Abb. 6), und die beiden Ehefrauen Antoine Calvins, Anne Le Fer von Arras und Antoinette Commelin von Douai; weiter der Drucker Jean Crespin, Schriftsteller des *Livre des Martyrs* (Märtyrerbuch), das die Hinrichtung Michel Destoubequins genannt

Abb. 5: Philippe de Marnix, Herr von St. Aldegonde. Radierung von Jean Wiericx.

Abb. 6: Idelette de Büre, Jean Calvins Ehefrau. Gemälde von Xavier Würth 1609. Kopie des Originals des Museums Douai, das 1914 vernichtet wurde.

Miquelot erwähnt, der sich vor 1549 in Genf versteckt hatte und dessen Scheiterhaufen Calvin in einer Predigt zitiert. Es gab noch den Pfarrer Johann de Saint-André, der von 1548 bis 1552 die Kirche von Jussy bediente, dann bis zu seinem Tod 1557 die von Genf; Thomas van Thielt der von 1568 bis 1572 als einziger Pfarrer der flämischen Kirche Genfs amtierte; den Dichter Louis des Masures aus Tournai, der Psalmen und Kirchenlieder in Verse setzte, er wohnte in Lausanne und Genf, bevor er Pfarrer in Metz wird; Mitglieder des Adels, wie David de Busanton und Peter de Maldonade sowie Jacques de Bourgogne, Neffe Karls V., und seine Gattin Yolande de Brederode, besser bekannt unter dem Namen *Monsieur et Madame de Fallais*; weiter Marie d'Ennetières, Äbtissin zu Tournai, die mit ihren scharfen Worten eine wahre Vorläuferin des Feminismus war.

Die Flüchtlinge in England

In England saß seit 1547 der junge König Eduard VI. auf dem Thron. Seine Umgebung neigte zur Reformation, insbesondere der Protektor Eduard Seymour, Herzog von Somerset, und der Erzbischof von Canterbury, Thomas Cranmer. Eduard VI. war zehn Jahre alt, als er den Thron bestieg, und wurde mit Josias, König von Juda, verglichen. Die reformierten Kirchen des Kontinents [„*les Églises réformée du continent...*"] *haben den Hang, den jungen König für ein vorherbestimmtes Kind zu halten, das, vorausgesetzt es nicht der Verführung verfehlt, die ein prahlerisches und prunksüchtiges Leben ihm bietet, sich sorgfältig bestreben wird den Auftrag des Außenbischofs, den ihm des Vorteils von Geburt wegen erteilt ist, ernsthaft zu verfallen.*

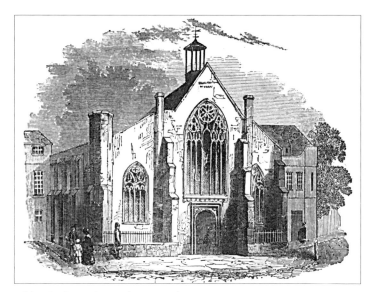

Abb. 7: Flämische Kirche in London, Austin Friars.

Aus diesem Grund strömen die Flüchtlinge nach England, insbesondere nach London. Zwei Belgier, Pfarrer Pierre Alexandre und Johann Utenhove d.Ä., stiften hier die erste wallonische Kirche in England. Dank eines Briefes von Peter Martyr Vermigli an Utenhove wissen wir seit dem 11. September 1547, daß dort eine Gemeinde besteht. Wir wissen ebenso, Dank einer Nachricht vom 20. November 1548 von Utenhove an Paulus Fagius, daß in dieser Kirche französisch gesprochen wurde: *Nostra Ecclesia Gallica.*

Andere Theologen ersten Ranges hatten sich um die Jahre 1547-1548 nach England zurückgezogen, etwa der Liller Valérand Poullain, Gründer der wallonischen Kirche von Glastonbury und der Flame Martin de Kleyne alias Micronius, der erste Pfarrer der niederländischen Gemeinde in London. Am 24. Juli 1550 stattete der König dem polnischen Reformator Johann A. Lasko, Superintendent der Fremdenkirche in London, ein Privileg aus, das diesem unter anderem erlaubte, eine flämische Kirche zu stiften. Von den Pfarrern Walter Delenus und Martin Micronius wurde eine Kirche in Austin Friars (Abb. 7) verwaltet; eine wallonische Kirche stand unter der Leitung der Pfarrer François Perrussel de la Rivière und Richard de Vauville, die auch die Gottesdienste in der Kapelle der Threadneedle Straße hielten.

Unglücklicherweise bestieg nach dem frühzeitigen Tod Eduards VI., Maria Tudor den Thron, die zur Zeit ihrer Heirat mit Philipp II. von Spanien wieder den Katholizismus einführte und die Protestanten verfolgte.

Vier Jahre später folgte ihr Elisabeth I. Unter der Obergewalt des anglikanischen Bischofs von London konnten sich die Kirchen der Flüchtlinge wieder erholen. Vor der gewaltsamen Unterdrückung durch Herzog Alba wurden fünf neue Kirchen gestiftet: 1561 eine Gemeinde in Sandwich, die 1568 zwei neue Kirchen erbaute – eine flämische und eine wallonische; eine flämische Gemeinde in Colchester und zwei Kirchen, eine flämische und eine wallonische, 1565 in Norwich.

Während der großen Auswanderung, die der Ankunft Herzog Albas folgte, wurden 1567 neue Kirchen gegründet: In Southampton (wallonische) und in Maidstone (flämische), 1568 in Yarmouth (flämische) und in Lynn (flämische), 1569 in Rye (wallonische), 1570 in Coventry (flämische) und in Dover (wallonische und flämische), 1571 in Ipswich (flämische), 1572 in Stamford (flämische) und in Winchelsea (wallonische) sowie 1573 in Thetford (flämische).

Dennoch werden nicht alle Flüchtlinge Mitglied einer wallonischen oder flämischen Kirche. Die Kirchenbücher zeigen uns, daß viele Mitglieder der Anglikanischen Kirche werden und mit der Lokalbevölkerung verschmolzen.

Im Oktober 1568 fand das Convent zu Wesel statt. Es bestand aus 63 Delegierten reformierter Kirchen der Niederlande und des Auslands, von denen zehn aus England kamen. Dies wahrscheinlich heimlich, denn der anglikanische Superintendent war nicht benachrichtigt worden.

1571 fand die erste Versammlung [*Colloque*] der wallonischen und flämischen Kirchen in London statt, in der Absicht, auf eine Beteiligung an der Nationalsynode in Emden zu verzichten. Diese Weigerung war durch den Umstand gerechtfertigt, daß die Flüchtlingsgemeinden in England sich weder der Synode der belgischen Kirchen (*in omnibus Belgii ecclesiis*) noch der reformierten Kirchen Frankreichs unterwerfen wollten.

Von 1575 an schlossen sich die flämischen Gemeinden in einer Versammlung zusammen, gefolgt von den wallonischen Kirchen im Jahr 1581. Zur Zeit der Thronbesteigung Jacobs I. fand vom 16. bis 26. März 1604 eine Synode der wallonischen und flämischen Kirchen in London statt. An der Versammlung wallonischer Kirchen nahmen aber nur vier Gemeinden teil: London, Norwich, Canterbury und Southampton.

Abb. 8: Gérard De Kremer alias Mercator.
Radierung von Franz Hogenberg.

Die Flüchtlinge in Deutschland

Vom Zeitpunkt der Hinrichtung des ersten Märtyrers an finden wir belgische Flüchtlinge in Deutschland, so den Antwerpener Rektor Adrianus Buxschot in Wittenberg, Reformator in Hoya und 1561 Superintendent der Grafschaft. In Wesel wurde der erste evangelische Pfarrer Iman Otzen von Seeland, der ab 1536 die Reformation predigte, durch Anton Van Mechelen alias Antoine de Malines unterstützt. Zu nennen sind noch die zwei letzten Prioren des Augustinerordens zu Antwerpen: Jacobus Praepositus in Bremen und Heinrich von Zutphen in Ditmar sowie den berühmten Kartographen Gerard Mercator (Abb. 8), der sich in Duisburg niederließ.

In den Jahren 1544 - 1550 richten sich an verschiedenen Orten die ersten reformierten Gemeinden ein: in Frankfurt/Main, in Aachen, wo Flamen, Artesier und Lütticher zusammentreffen, in Emden um Johann A. Lasko und in Jacques de Bourgognes Haus in Köln.

Maria Tudors Thronbesteigung in England trieb die Flüchtlinge aus dem Lande. Nach einem längeren Irrweg durch die Baltischen Staaten schlossen sie sich ihren Glaubensgenossen in Emden, Frankfurt und Wesel an.

Am Ende des 16. Jahrhunderts nahmen die Wallonen nicht nur in der Umgebung des Prinzen Johann VI. von Nassau und Friedrich III. der Pfalz emsig Anteil, sondern auch an der Universität zu Heidelberg und an den Akademien zu Herborn und Neustadt an der Aisch. Friedrich III., der 1560 zum calvinistischen Glauben gekommen war, öffnete die Grenzen seines Staates weit für seine verfolgten Glaubensgenossen. Die seit 1554 nach Frankfurt geflüchteten Wallonen und Flamen und die Schikanen durch die Stadtoberen erduldeten, bekamen 1562 die Möglichkeit, sich im alten Kloster zu Frankenthal niederzulassen. Sein Sohn Johann-Kasimir gewährte einer Gruppe 1567 angekommener Lütticher, Franchimonteser und Vervierser gleichwertige Vergünstigungen, als er ihnen das Kloster Sankt Lambrecht schenkte. Ebenso bekamen 1579 die Personen, die 1562 nach Schönau gekommen waren, durch eine *Kapitulation* das Recht zugesprochen, sich in der Abtei von Otterberg niederzulassen. Ein erster Versuch die Kirchen zusammenzufassen fand am 3.-4. Juli 1571 in der Synode von Bedburg statt. Im selben Jahr wurde in der Nationalsynode von Emden die Kirchliche Provinz Deutschlands und Ostfrieslands geschaffen, die in vier *Klassen* eingeteilt war: Cleve, Jülich-Köln-Aachen, Emden und die Pfalz mit Frankfurt. Andere Gemeinden wurden geschaffen, so Emmerich, Rees, Goch und Neuss im Lande Cleve; Dillenburg, Siegen und Diez im Lande Nassau; Nürnberg, Hamburg und Danzig. Die gebildeten Siedlungen hatten keine direkte Berührung zur einheimischen Bevölkerung, was ihnen gestattete, ihre Sprache und Gewohnheiten bis in das 19. Jahrhundert zu bewahren. In diesem Zusammenhang sei erwähnt, daß sich die Brüder Grimm durch eine Nachfahrin der Glaubensflüchtlinge [gemeint ist Dorothea Viehmann] zu vielen ihrer Erzählungen, *den Kinder und Hausmärchen*, inspirieren ließen.

Die Siedlung in Hanau

Die flämischen und wallonischen Kirchen Hanaus sind Töchter derjenigen in Frankfurt. Infolge der Schwierigkeiten mit dem Frankfurter Stadtrat ließen sich die Flüchtlinge ab 1593 in Hanau nieder und hielten ihre Gottesdienste in Privathäusern ab. Einer von ihnen, Antoine de Ligne, reichte bei Graf Philipp Ludwig II. ein Gesuch ein. Philipp Ludwig II., beeinflußt von seinem Vormund Johann VI. d. Ä. von Nassau, hatte am 23. Oktober 1576 Katharina Belgia, eine Tochter Wilhelms von Oranien und Charlottes von Bourbon, geheiratet.

Im Haus "Zur goldenen Hand" in Hanau, wurden die Predigten von wallonischen Pfarrern gehalten: von Theophile Blévet, der 1594 aus Heidelberg kam und Frédérik Billet, der 1595 aus Wetzlar an den Main übersiedelte. In dem auf Hanauer Gebiet vor den Toren Frankfurts gelegenen Bockenheim, wurden weitere Gottesdienste abgehalten. Am 1. Juni 1597 unterzeichnete der Graf eine *Kapitulation* mit 22 Artikeln, die u.a. Freiheit der Religion, der Sprache des Unterrichts und eine eigene Verwaltung garantierte.

Nach dem Grundriß des Wallonen Nikolaus Gillet wird eine neue Stadt – Neu-Hanau – erbaut, die 200 Familien Unterkunft gewährte. Die Grundsteinlegung der Häuser *Le Paradis* und *L'Espérance* erfolgte feierlich Mitte Juni 1597. Im Jahr 1600 waren achtzehn Häuser fertig. Mit dem *Transfix* vom 1. August 1601 ging die Verwaltung der Hanauer Neustadt auf den neugewählten Rat über. Der erste Gemeindevorsteher, René Mahieu aus Valenciennes, wohnte in der *Arche de Noé* (Arche Noah).

Die Doppelkirche, deren Grundstein am 9. April 1600 gelegt wurde, besteht aus zwei ineinandergeschobenen Zentralbauten. Beide waren reine Predigtkirchen. Der Einweihungsgottesdienst wurde am 29. Oktober 1608 von Pfarrer Clement Dubois in französischer Sprache gehalten. Die ersten flämischen Pfarrer waren von 1600 bis 1605 Christoph Perpandus und von 1605 bis 1634 Isaac Boots.

Mit dem Eintreffen von drei Gruppen von Flüchtlingen am Ende des 17. Jahrhunderts, erlebte die wallonische Kirche ein Wachstum. Von 1682 an begannen sich Franzosen niederzulassen; im Jahre 1688 erreichte der Zustrom seinen Höhepunkt. Es war die Zeit, als eine zweite Gruppe ankam. Es waren die Waldenser aus Pragelas oder Val Cluson, die von den Pfarrern Papon, Vater und Sohn, angeführt wurden. Im Laufe des darauffolgenden Jahres mußten viele Pfälzer Wallonen infolge des Pfälzischen Erbfolgekrieges ihre neue Heimat verlassen und kamen massenhaft nach Hanau.

Die Siedlungen in Preußen-Brandenburg

Seit dem Ende des 16. Jahrhunderts hielt sich eine große Anzahl Reformierter heimlich in den spanischen Niederlanden auf, besonders in der *Borinage* (Hennegau), einer Kohlebergbaugegend zwischen Mons und Tournai. Dort lebten sie in Ruhe, bis 1699 der Abt von Saint-Ghislain den Bürgermeister von Wasmes beauftragte, eine Verordnung herauszugeben, in der den katholischen Arbeitgebern verboten wurde, Arbeiter reformierten Glaubens zu beschäftigen. Den reformierten Bergbauarbeitern wurde mit Gefängnis oder Ausweisung gedroht. Der *Conseil Privé* (Geheimrat) verordnete anschließend, daß sie im Lande verbleiben dürften, aber sich der öffentlichen Ausübung ihres Glaubens enthalten oder das Land verlassen sollten.

Die Mehrheit von ihnen zog es vor, sich unter den Schutz des Großen Kurfürsten Friedrich Wilhelm zu stellen und die Vorteile des Ediktes von Potsdam zu genießen. Die Auswanderung zog sich von 1688 bis 1738 hin, von denen die Mehrzahl die Borinage zwischen 1699 und 1710 verließ. Die meisten ließen sich in Bergholz, Brodowin, Groß- und Klein-Ziethen, Gramzow, Hammelspring, Pasewalk, Parstein und hauptsächlich in Berlin nieder.

Diese wallonischen Auswanderer stammten hauptsächlich aus den Dörfern Hornü, Pâturages, Quaregnon, Warquignies und Wasmes; zusammen waren es etwa hundert Familien. Ihr handwerkliches Können brachten sie in ihre neue Heimat mit und trugen dadurch im 18. Jahrhundert zum Aufstieg von Preußen-Brandenburg bei.

Die Lütticher in Schweden

Infolge der Verfolgung durch den Fürstbischof von Lüttich, Ernst von Bayern, verließ Louis de Geer, der auf dem in der Nähe von Lüttich gelegenen Schloß Gaillardmont zu Chênée geboren wurde, 1595 mit der ganzen Familie die bischöfliche Stadt. Nach einem kurzen Aufenthalt in Aachen tauschte er sein Hab und Gut gegen Geld ein und verließ endgültig das Fürstentum. In Amsterdam gründete er ein prosperierendes Bankgeschäft – nach seinem Tod 1602 hinterließ er den Erben ein beträchtliches Vermögen.

Sein ältester Sohn, Louis de Geer d. J., setzte das Geschäft fort. Der König von Schweden, Gustav II. Adolph, brauchte Geld und suchte Geldgeber. 1615 kam es zu einem Kontrakt mit Louis de Geer; der König verpfändete an de Geer das Gut Finspång in Östergötland, welches reich an Bodenschätzen war (Eisen- und Kupfererz).

Er vernahm, daß zwei Lütticher, die Brüder de Besche, in Schweden eine Metallgießerei stiften wollen. Es kommt zu einem Kontakt zwischen ihnen und bald erheben sich Hochöfen auf seinem Gut. Jedoch fehlen ihm die Facharbeiter. Folglich schickt er Vertreter in die Provinzen Namen, Luxemburg und dem Banne Franchimont, mit der Weisung Waffenschmiede zu werben. Daraufhin findet zwischen 1620 und 1635 ein derartiger Auszug statt, daß sich die spanische Regierung Sorgen macht und alle Auswanderungen nach Schweden verbietet. Bei seiner Bemühung um Anwerbung in Wallonien war ihm von seinem Freund, Pfarrer Godefroid Hotton, der die Kirchen von Herve und Limburg bediente, vorzüglich geholfen worden.
Louis de Geer mußte sich in diesem lutherischen Land um die Gottesdienste der calvinistischen Arbeiter sorgen. Ab 1628 ernannte er für die Stelle des *Vorlesers und Trösters der Kranken* Daniel Robouen und später die Pfarrer Martin Framerie und Robert Meaux.
1620 ging Louis de Geer nach Nörrkoping und wird Munitionsbevorrater der schwedischen Soldaten während des Dreißigjährigen Krieges. Königin Christine schenkte weiterhin Ludwig de Geer ihr Vertrauen, der, in Schweden eingebürgert, die höchsten Staatsämter innehatte, unter anderem als Gesandter und Admiral. Er starb in Amsterdam am 29. Juni 1652.

Auswanderung nach Übersee

Nach der Entdeckung des nördlichen Teils des amerikanischen Kontinents 1609 durch Hudson gründete eine Gruppe Flüchtlinge aus den südlichen Niederlanden die *Compagnie des Indes Occidentales* (West-Indische Gesellschaft), Ebenbild der *Compagnie des Indes Orientales* (Ost-Indische Gesellschaft). Der flämische Pfarrer Peter Plattevoet alias Plancius und der Antwerpener Wilhelm Usselincx, beide Flüchtlinge aus Amsterdam, waren die Initiatoren dieses Unternehmens. Die Kolonisten, die eine Ausreise planten, sollten sich nicht nur mit Landwirtschaft, Viehzucht und Forstverwaltung beschäftigen, sondern auch Handelsbeziehungen zu den Einheimischen pflegen und deren Evangelisierung betreiben.
Usselincx setzte in verschiedenen Schriftstücken, die an die Generalstaaten gerichtet waren, seine Ideen auseinander. Man mußte jedoch bis zu dem Fall Johanns van Oldenbarneveld warten, bevor 1621 der West-Indischen Gesellschaft ein Privileg zuerkannt wurde.
1658 stiftete Usselincx auch eine schwedische Gesellschaft und schiffte sich zusammen mit einer Gruppe Auswanderer ein und gründete Fort Christina, in der Nähe der künftigen Stadt Philadelphia. Unterstützt wurde er hierbei vom ehemaligen Statthalter von Neu-Belgien, Pierre Minuyt.
Unterdessen hatten der Hennegauer Jessé de Forest und 55 Familienhäupter – zusammen 229 Personen –, fast alle Wallonen, eine Bittschrift an den König von England eingereicht, um sich in Virginia niederlassen zu dürfen. Diese Absicht mißlang, worauf Jessé de Forest sich an die West-Indische Gesellschaft richtete. Im Juli 1624 fuhr er zusammen mit zehn anderen Wallonen auf der *Pigeon* ab. An der Guayanaküste angekommen, richteten sie sich ein. Die Mehrzahl fuhr anschließend in der Absicht zurück nach Europa, ihre Familie nachzuholen. Jessé de Forest starb am 22. Oktober 1624 in Guayana.
In die Niederlande zurückgekehrt, beschlossen die Wallonen nicht die Rückkehr von Jessé de Forest abzuwarten. Im März 1624 fuhren etwa 30 Familien an Bord der *Nieuw Nederland* ab und erreichten zwei Monaten später die Ufer der Hudson. Man baute ein Fort und die Stadt die hierbei errichtet wurde trug den Namen *Nieuw Amsterdam* und seit 1664 New York. Das umliegende Gebiet wurde von

Abb. 9: Louis de Geer. Radierung von Jeremias Falk, nach einem Gemälde von David Beck.

der Generalstaaten zu einer neuen Provinz mit dem Namen *Novum Belgium* (Neu-Belgien) erhoben.

Der erste Gouverneur, der Wallone Pierre Minuyt, kaufte 1626 von den Indianern die Insel Manhattan für die Summe von 60 Gulden! Sein Nachfolger Pieter Stuyvesant ließ sich 1647 mit seiner jungen Gattin Judith Bayard, der Tochter des wallonischen Pfarrers von Breda, nieder. Die zweite Persönlichkeit der Stadt, der Sekretär Isaac de Rasière, war gebürtiger Wallone. Der erste Pfarrer, Jonas Michaëlius, hatte früher die Kirchen unter dem Kreuz in Brabant bedient. Isaac de Rasière begab sich im Jahre 1636 nach Brasilien, wo seine Eltern und seine Frau eine Zuckerraffinerie führten und wurde später zum Gouverneur von Tabago befördert.

Zu Ende des 16. Jahrhunderts waren zwischen Brasilien, Guayana und den Vereinigten Provinzen rege Beziehungen entstanden. Wichtigen Anteil an der Kolonisation und Evangelisierung hatte Johann Moritz von Nassau-Siegen, genannt der "Brasilianer", der im Norden des Landes, in Pernambouc, residierte. 1654 endete dieser Kolonisationsversuch mit der Wiedereroberung des Landes durch die Portugiesen. Ein Jesuitenmissionar notierte: *Zahlreich waren die Indianer, ebenso Calvinisten und Lutheranern, als ob sie in England oder Deutschland geboren waren. Sie nannten die römische Kirche Moanga, was falsch bedeutet, und unsere Lehre Morandubas Abares, was Lüge der Priester bedeutet.*

In Afrika ließ sich eine Gruppe Flamen im Königreich Kongo nieder und richteten dort Kontore ein. Der Antwerpener Pieter Van den Broecke gründete die Stadt Batavia (Djakarta) in Indonesien.

Im Jahre 1652 gründete die Ost-Indische Gesellschaft eine Handelsniederlassung am Kap der Guten Hoffnung und vertraute sie Johann Van Riebeeck an. Seine Ehefrau Marie de la Queillerie aus Tournai, Pfarrerstochter und -enkelin, war die erste Frau dieser Kolonie. Dreißig Jahre später wanderten dort Wallonen und Hugenotten ein und ließen sich in einer unbewohnten Gegend, *Berg Vallei*, nieder, die sie *Franschhoek* nannten. Die gegründeten Dörfer entwickelten sich zu den Dörfern Stellenbosch und Drakenstein. Mehrere der Gründer stammten aus Brabant, Flandern und Hennegau, also ernannte der Gouverneur den in Ath geborenen Jacques de Savoye, zum *Heemraad* (Verwalter) dieses Gebietes. Pfarrer Pierre Simond hielt am 17. Oktober 1688 die erste französische Predigt in Stellenbosch. Nach Europa zurückgekehrt, wurde er Militärgeistlicher in Lille und Veurne.

Integration und Identität

Die wallonischen Reformierten, die nach Frankreich und die Welsch-Schweiz sowie nach Genf auswanderten, verschmolzen schnell mit der örtlichen Bevölkerung, ebenso integrierten sie rasch die flämischen Protestanten in die holländische Gesellschaft. Die einen wie die anderen, die sich in einem Gebiet niederließen, wo ihre Sprachen nicht geläufig waren, bildeten eigenständige Gemeinden; manchmal wurde dies durch Beschluß der örtlichen Behörden so festgelegt.

In den nördlichen Niederlanden gründeten die französischen Flüchtlinge 35 wallonische Kirchen. 1578 errichteten sie eine besondere Synode inmitten der Reformierten Kirchen der Vereinigten Provinzen der Niederlande. In England wurde 1550 in London eine erste Ausländerkirche geschaffen, die in vier Sektionen unterteilt war: flämisch, wallonisch, italienisch und spanisch. Unter Elisabeth I. vermehrten sie sich und 21 Gemeinden bildeten zwei Kolloquien und sogar 1604 eine gemeinsame Synode. In Deutschland wurden 30 flämische und wallonische Gemeinden gegründet. Dies war, als Folge des Beitritts Kurfürst Friedrichs III. zum Calvinismus, besonders in der Pfalz der Fall. Ab 1571 gliederte die Nationalsynode von Emden sie in die Kirchenprovinz Deutschlands ein und teilte sie in vier Abteilungen.

Im 17. Jahrhundert dehnte sich die Auswanderung in entferntere Länder und sogar außerhalb Europas aus. Der Lütticher Louis de Geer trat in Beziehung zum schwedischen König Gustav II. Adolph und schuf in diesem Land Gießereien. Er rief Facharbeiter herbei, und zahlreiche Flüchtlinge aus Lüttich und Namur ließen sich in Schweden nieder, wo sie sich wallonischen Gemeinden anschlossen.

Schließlich gründeten Emigranten aus dem Borinage zusammen mit Wallonen, die aus der Pfalz durch die Truppen Ludwigs XIV. vertrieben wurden, einige Kirchen in der Uckermark.

Die soziale und politische Eingliederung der Flüchtlinge in ihre neuen Vaterländer vollzog sich ziemlich rasch, wobei sich ihre einzige Identität im Gebrauch der Muttersprache bewahrte. Diese verschwand im Laufe des 19. Jahrhunderts: z.B. spricht die Wallonisch-Niederländische Kirche von Hanau jetzt vollständig deutsch. Jedoch hält sie sich noch momentan in den Wallonischen Kirchen der Niederlande und in einigen großen Städten wie London, New York und Stockholm.

Anhang
Wallone – Wallonischer Flame – Lütticher

Das Wort *Wallone* ist schwer zu definieren, besonders wegen seiner heutigen Bedeutung. Heute sind es die französischsprachigen Bewohner des wallonischen Gebietes oder *Wallonien* – das letzte Wort wurde 1844 gebildet; neben den niederländisch sprechenden flämischen Gebieten, zählt das zweisprachige (französisch-niederländische) Gebiet Brüssel und das deutschsprachige Gebiet mit neun Gemeinden im Osten von Belgien hierzu.

Während des *Ancien Régime* wird ein französischsprachiger Einwohner der 17 Provinzen der Niederlande (Burgundischer Kreis) als *Wallone* bezeichnet.

Vor allem werden die folgenden Gebiete als wallonisch bezeichnet:

1. Die Grafschaft *Artois*. Von Frankreich annektiert (Pyrenäischer Friede, 7. November 1659), das heutige *Département du Pas-de-Calais*.
2. Die Burgherrschaft *Lille-Douai-Orchies* (gallikantisch Flandern) und das Land *l'Alleu*. Von Frankreich annektiert (Friedensverträge von Aachen, 2. Mai 1668, und von Nimwegen, 17. September 1678), heute das *Département du Nord*. Man kann demzufolge von *wallonischen Flamen* sprechen.
3. Die Lehnsherrschaft von *Tournai* und *Tournaisis*.
4. Die Grafschaft *Hennegau*. Der Süden wurde von Frankreich annektiert (Frieden von Nimwegen, 17. September 1678), heute das *Département du Nord*.
5. Das wallonische *Brabant*, im Süden von Brüssel.
6. Die Grafschaft *Namur*.
7. *Le Quartier Wallon* (Das wallonische Viertel) und die *Outremeuse* (Übermaas) des Herzogtums *Limburg*.
8. Das Herzogtum *Luxemburg*. Der deutsche Teil bildet heute das *Großherzogtum Luxemburg* und das Gebiet *Schleiden*.

Außerdem gab es drei unabhängige Gebiete, die zum Westfälischen Kreis gehörten:

1. Das bis 1795 unabhängige Fürstbistum *Lüttich*. Sie sind keine Wallonen, sonder Lütticher.
2. Die Fürstabtei *Stavelot-Malmedy*, die 1575 an das Fürstbistum Lüttich unter dem Fürstbischof Gérard de Groesbeek angegliedert wurde.
3. Das bischöfliche Herzogtum *Cambrai*, das vom Gouverneur des Hennegaus abhängig war. Von Frankreich annektiert (Frieden von Nimwegen, 17. September 1678), bildet es das heutige *Département du Nord*.

Kurze Bibliographie
Zeitschriften

Bulletin de la *Commission de l'Histoire des Églises Wallonnes*. Leiden, 1885-1971. Inhaltsverzeichnis in *Nederlands Archief voor Kerkgeschiedenis*, Bd. 65 (1985), S. 206-235.

Bulletin de la *Fondation Huguenote des Pays-Bas*. Amsterdam, ab 1976.

Bulletin de la *Société de l'Histoire du Protestantisme Français*. Paris, ab 1852. Inhaltsverzeichnis 1852-1965.

Bulletin de la *Société Royale d'Histoire du Protestantisme Belge*. Brüssel, ab 1904. Inhaltsverzeichnis 1904-1986.

Bulletin van die *Hugenote-Vereniging van Suid-Afrika*. Franschhoek, ab 1963. Inhaltsverzeichnis n° 1-30 (1963-1993).

Der Deutsche Hugenott des *Deutschen Hugenotten-Vereins*. Bad Karlshafen, ab 1929. Inhaltsverzeichnis 1929-1976.

Geschichtsblätter des *Deutschen Hugenotten-Vereins*. Bad Karlshafen, ab 1890.

Proceedings of the *Huguenot Society of Great Britain and Ireland*. London, ab 1885. Inhaltsverzeichnis 1885-1991.

Quarto Series of the *Huguenot Society of Great Britain and Ireland*. London, ab 1885.

Beiträge, die in diesen Zeitschriften publiziert wurden, sind nachfolgend nicht angeführt.

Allgemeine Literatur

Denis, Philippe, *La Prophétie dans les Églises de la Réforme au XVIe siècle*. In Revue d'Histoire Ecclésiastique, Bd. 72 (1977), S. 189-316.

Denis, Philippe & Marchal, Liliane, *Être protestant au XVIe siècle: le martyre ou l'exil?* Lüttich, 1985.

Haase, E., *Einführung in die Literatur des Refuge*. Berlin, 1959.

Meyhoffer, Jean, *Les origines du Protestantisme belge*. Brüssel [1922].

Pelemans, Helena, *Recherche sur l'exode à l'Étranger des protestants des Pays-Bas de 1567 à 1573*. Mémoire inédit, Université Libre de Bruxelles, 1955.

Rutgers, F.L., *Calvijns invloed op de Reformatie in de Nederlanden, voor zooveel die door hemzelven is uitgeoefend*. Leiden, 1901.

Schillings, Heinz, *Niederländische Exulanten im 16. Jahrhundert*. Gütersloh, 1972.

Van Schelven, A., *De Nederduitsche vluchtelingenkerken der XVI eeuw in Engeland en Duitschland in hunne beteekenis voor de Reformatie in de Nederlanden*. Den Haag, 1908.

Vereinigte Provinzen

Bots, H., Posthumus Meyes, G.H.M. & Wieringa, F., *Vlucht naar de vrijheid. De Hugenoten en de Nederlanden*. Amsterdam, 1985.

Braekman, Émile M., *Histoire de l'Église Wallonne de Bréda*. Breda, 1991.

Briels, Jan, *Zuid-Nederlanders in de Republiek 1572-1630*. Sint-Niklaas, 1985.

Eggen, J., *De invloed door Zuid-Nederland op Noord-Nederland uitgeoefend op het einde der XVIe en in het begin der XVIIe eeuw*. Gent, 1908.

Le Cornu, Frank, *Origine des Églises réformées wallonnes des Pays-Bas*. Utrecht, 1932.

Van Schelven, A.A., *Omvang en invloed der Zuid-Nederlandsche immigratie van het laatste kwart der 16e eeuw*. Den Haag, 1919.

Schweiz und Genf

Becker, Georg, *Niederlander und Flamen an der Universität Genf (1559-1819)*. Soest, 1943.

De Vries de Heekelingen, H., *Genève pépinière du calvinisme hollandais*. 2 Bd., Den Haag, 1918,1924.

Gilmont, Jean-François, *Jean Crespin. Un éditeur réformé au XVIe siècle*. Genf, 1981.

Moerikofer, J.C., *Geschichte der evangelischen Flüchtlinge in der Schweiz*. Leipzig, 1876.

England

Backhouse, M., Duke, A.C. & Vandamme, L., *Revolt and Emigration. Refugees from the Westkwartier in Sandwich in the XVIth century*. Dikkebus, 1988.

Burn, John Southerden, *The history of the French, Walloon, Dutch and other Protestant refugees settled in England*. London, 1846.

Davies, D.W., *Dutch influences on English Culture, 1558-1625*. New-York, 1964.

De Schickler, F., *Les Églises du refuge en Angleterre*. 3 Bd., Paris, 1892.

Lindeboom, J., *Austin Friars. Geschiedenis van de Nederlandse Hervormde Gemeente te Londen, 1550-1950*. Den Haag, 1950.

Magen, Beate, *Die Wallonengemeinde in Canterbury von ihrer Gründung bis zum Jahre 1635*. Bern und Frankfurt, 1973.

Moens, W.J.C., *The Walloons and their church at Norwich, 1565-1832*. Lymington, 1887-1888.

Ormrod, David, *The Dutch in London. The influence of an immigrant community, 1550-1800*. London, 1973.

Scouloudi, Irene, *Alien immigration and alien communities in London, 1558-1640*. London, 1936.

Deutschland

Bott, Heinrich, *Gründung und Anfänge der Neustadt Hanau, 1596-1620*. Hanauer Geschichtsblätter Nr. 22 und 23, Hanau 1970-1971

Denis, Philippe, *Les Églises d'Étrangers en pays rhénans (1538-1564)*. Paris, 1984.

Ebrard, Friedrich Clement, *Die französisch-reformierte Gemeinde in Frankfurt am Main 1550-1904*. Frankfurt, 1906.

1571 Emder Synode 1971. Beiträge zur Geschichte und zum 400jährigen Jubiläum. Neukirchen-Vluyn, 1973.

Kaller, Gerhard, *Wallonische und Niederländische Exulantensiedlungen in der Pfalz im 16. Jahrhundert. Entstehung und Stadterhebung*. In Oberrheinische Studien, Bd. 3 (1975), S. 327-351.

Leclercq, J.-B., *Histoire de l'Église wallonne de Hanau*. Hanau, 1868.

Stubenvoll, Willi, *Die Deutschen Hugenottenstädte*. Frankfurt, 1990.

Van Roosbroeck, R., *Emigranten. Vluchtelingen in Duitsland (1550-1600)*. Löwen, 1968.

Weseler Konvent 1568-1968. Eine Jubiläumsschrift. Düsseldorf, 1968.

Schweden

Beauduin, Th., *Les Wallons en Suède*. Paris, 1930.

Bormans, S. & Wiberg, C.F., *Louis de Geer et la colonie wallonne en Suède au XVIIe siècle*. In Bulletin de l'Institut Archéologique Liégeois, Bd. 12 (1874), S. 427-482.

Braekman, Émile M., *La Réforme en Suède et les débuts de l'émigration wallonne. Louis de Geer et l'émigration wallonne en Suède*. In Le Lien, n° 277,278 (1980).

Bronne, Carlo, *Un Médicis liégeois. Louis de Geer*. Brüssel, 1943.

Dahlgren, E.W., *Louis de Geer 1587-1652. Hans lif och verk*. 2 Bd., Uppsala, 1923.

Dahlgren, E.W., *Louis de Geers brev och affärshandlinger*. Stockholm, 1934.

Pehrsson, P., *Ur Österby bruks och vallonernas krönika*. Uppsala, 1899.

Yernaux, J., *La Métallurgie liégeoise et son expansion au XVIIe siècle*. Lüttich, 1939.

Amerika

Baird, Charles W., *Histoire des Huguenots réfugiés en Amérique*. Toulouse, 1886.

Bayer, H.G., *The Belgian first settlers in New York*. New-York, 1925.

Eekhof, A., *De Hervormde Kerk in Noord-Amerika (1624-1664)*. 2 Bd., Den Haag, 1913.

Eekhof, A., *De « Memorie » van Isaac de Rasière voor Samuel Blommaert*. In Nederlandsch Archief voor Kerkgeschiedenis, nieuwe serie, Bd. 15 (1919), S. 245-280.

Goffin, Robert, *De Pierre Minuit aux Roosevelt. L'épopée belge aux Etats-Unis*. New-York, 1943.

Goffin, Robert, *Les Wallons, fondateurs de New-York*. Gilly, 1970.

Afrika

Braekman, Émile M., *Histoire du Protestantisme au Congo*. Brüssel, 1961.

Bryer, Lynne & Theron, François, *The Huguenot Heritage*. Kap, 1987.

Coertzen, Pieter & Fensham, Charles, *Die Hugenote van Suid-Afrika 1688-1988*. Kap, 1988.

Lugan, Bernard, *Huguenots et Français, ils ont fait l'Afrique du Sud*. Paris, 1988.

Anmerkung

[1] Eigenübersetzung des Autors. Verschiedene Personen haben an der Übersetzung ins Deutsche mitgearbeitet. Ich danke insbesondere den Damen Nies, Inez Croon und Sophie-Luise Stoll und den Herren Walter Osterrieth und Marcel Vermeir. [Anmerkung: durch offensichtliche Übersetzungsfehler verursachte Widersprüche wurden von der Schriftleitung korrigiert.]

Herbert Hildebrandt
Der Genfer Psalter und die deutsche Sprache

In den Anfängen der reformierten Kirche hatte die Musik einen schweren Stand. In vielen Kirchen wurden die Orgeln abgerissen und der Chorgesang entfernt. Über lange Zeit beschränkte sich die musikalische Betätigung auf den einstimmigen Gemeindegesang, vorwiegend – im Bestreben, sich eng an die Bibel zu halten – auf das Singen von Psalmen.

Dem Bemühen des Reformators Johannes Calvin (1509 - 1564) ist es zu danken, daß in einem über viele Jahre andauernden Prozeß ein Gesangbuch entstand, das sämtliche 150 Psalmen in französischer Sprache, und zwar gereimt, enthielt. Textlich wurde das Werk von Clément Marot (Abb. 1) begonnen und nach dessen Tod von Theodor de Bèze vollendet. An der Gestaltung der Melodien haben verschiedene Musiker mitgewirkt, so Louis Bourgeois, Pierre Dagues u. a. Inwieweit es sich im einzelnen um neue Kompositionen oder nur um Veränderungen bereits vorhandener Weisen (besonders aus dem Straßburger Raum) handelt, läßt sich heute nur noch von Fall zu Fall belegen.

Das neue Liedgut wurde von den im Glaubenskampf stehenden Hugenotten freudig aufgegriffen und fand gerade durch sie große Verbreitung. Daher wird diese Psalmensammlung bis heute gern „Hugenotten-Psalter" genannt. Die gebräuchlichste Bezeichnung ist aber „Genfer Psalter", da er durch den Genfer Reformator Calvin angeregt, gefördert und autorisiert wurde und 1562 zum erstenmal vollständig in einem Genfer Verlag erschien.

Walter Blankenburg schreibt dazu: *Nie wieder wurde in der evangelischen Gesangbuchgeschichte irgendwann und irgendwo auf Grund von Calvins Autorität ein so einheitliches und zudem für Jahrhunderte so gültiges und schließlich so weitverbreitetes Lied- und Melodiengut von einer geradezu ökumenischen Bedeutung geschaffen wie mit dem Genfer Liedpsalter.*

Abb. 1: Bildnis Clément Marot

Abb. 3: Contenant cinquante pseaumes de David. (1608) von Claudin le Jeune (um 1529 - 1600)

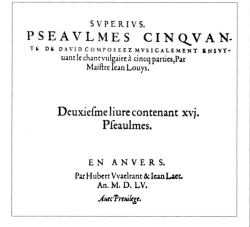

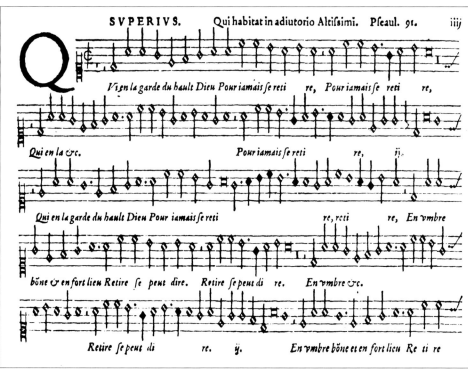

Abb. 2: Psalmenkomposition von Jean Louys

Fast gleichzeitig mit dem Erscheinen der Texte und Weisen entstanden mehrstimmige Bearbeitungen, von der Zwei- bis zur Achtstimmigkeit, vom einfachen Satz „Note gegen Note" bis zur großen motettischen Form, zunächst noch vielfach frei, melodieunabhängig, dann immer mehr auf den cantus firmus bezogen, in dem Maße, in dem sich bestimmte Melodien als „amtlich" durchsetzten. Diese Kompositionen waren natürlich nicht für den kirchlichen Gebrauch bestimmt, sondern dienten ausschließlich privaten häuslichen Zwecken. Bemerkenswert ist in diesem Zusammenhang auch, daß sich so mancher katholische Komponist der neuen Lieder annahm, wie auch die reformierten Musiker selbstverständlich lateinische Messen schrieben – ein interkonfessionelles Denken, das den Kirchenmusikern lange vor allen offiziellen ökumenischen Konferenzen offenbar niemals große Mühe bereitet hat. So gab ein Jahrhundert später der Berliner lutherische Kantor Johann Crüger auf Anregung des Großen Kurfürsten Friedrich Wilhelm in seiner „Psalmodia sacra" den gesamten Genfer Psalter in neuen Kompositionen heraus, während die lutherischen Theologen auf den Kanzeln behaupteten, die Reformierten seien überhaupt keine Christen…

Waren schon vor dem Druck des kompletten Psalters mehrstimmige Teilsammlungen von Psalmkompositionen erschienen (z.B. von Lupi Second, Louis Bourgeois oder Jean Louys, vgl. Abb. 2), so wurden die 150 Psalmen nun auch vollständig in mehrstimmigen Bearbeitungen veröffentlicht, etwa von Philibert Jambe de Fer oder Pascal de l'Estocart. Von größter Bedeutung für die weitere Verbreitung des Genfer Psalters wurden aber die Kompositionen von Claude Goudi-

mei (um 1514 - 572, einem Opfer der Bartholomäusnacht). Von ihm wurden die Psalmen in dreifacher Weise bearbeitet: 1. motettisch (bis zur Achtstimmigkeit), seit 1551 in Einzelteilen erschienen, unvollendet; 2. der vollständige Psalter, meist in schlichten Sätzen mit der Melodie im Tenor, 1565; 3. ebenfalls der gesamte Psalter, in diesem Fall aber mit der Melodie im Sopran; die Sätze sind polyphon, oft mit Melodie-Imitationen in den anderen Singstimmen. Die zweite Sammlung nun trat ihren Siegeszug durch die französisch sprechenden Gebiete und sehr bald auch durch viele andere europäische Länder an. Darüber wird noch zu reden sein.

Vorher ist aber noch ein Komponist zu erwähnen, Claudin le Jeune (um 1529 - 1600), zweifellos der bedeutendste französische Musiker der zweiten Hälfte des 16. Jahrhunderts (Abb. 3). Da er als Angehöriger einer hugenottischen Familie ein für diese Kreise typisches Leben führte, soll hier über ihn etwas ausführlicher gesprochen werden. In Valenciennes nahe der belgischen Grenze wurde er geboren (deshalb auch „Belgicus" genannt). Die ersten Lebensjahrzehnte liegen im Dunkeln. 1564 ist seine Anwesenheit in Paris bezeugt. Seine weiteren Lebensabschnitte müssen abenteuerlich und zeitweilig gefährdet gewesen sein. Einerseits sehen wir ihn als Musikerzieher am Hof des katholischen Herzogs von Anjou, andererseits war er mit hugenottischen Edelleuten (darunter Heinrich von Navarra, dem späteren König Heinrich IV.) befreundet. Im Jahr der Thronbesteigung Heinrichs (1589) mußte er aus Paris fliehen, sein Leben und seine Manuskripte nur notdürftig rettend. 1596 wird er als „königlicher Hofkomponist" erwähnt; zwei Jahre später ist er in der protestantischen Festung La Rochelle zu finden, wo er offenbar Zuflucht vor Nachstellungen sucht. Ein großer Teil seiner Werke ist wohl verloren gegangen. Die meisten wurden erst nach seinem Tod – also kurz nach dem Edikt von Nantes herausgegeben, und zwar von seiner Schwester Cécile und seiner Nichte Judith Mardo. Er hat den Psalter in besonders vielfältiger Weise bearbeitet. 1564 erschien eine erste Ausgabe von zehn Psalmen, noch ohne Verwendung der Genfer Melodien. Seine Sammlung *Dodecacord* enthält zwölf Psalmen, jeweils einer der zwölf Kirchentonarten zugeordnet. Jede Strophe ist neu komponiert; der cantus firmus, allenfalls rhythmisch ganz leicht verändert, wird streng beibehalten und von Strophe zu Strophe einer anderen Stimme übertragen. Die Stimmenzahl nimmt zu und erreicht in der letzten Strophe ihre Vollzahl (5-, 6- oder 7stimmig).– Zwei vollständige Psalmvertonungen sind erhalten: eine dreibändige Sammlung mit kunstvollen dreistimmigen Sätzen in wechselnden Formen und eine Ausgabe mit vierstimmigen (und einigen wenigen fünfstimmigen) homophonen Sätzen, der c. f. in der Regel im Tenor, aber auch im Sopran oder sogar im Baß. – Besonders interessant sind seine *Pseaumes en vers mesurez*, die weder Texte noch Melodien des Genfer Psalters verwenden, sondern sich an gregorianische Psalmtöne anlehnen und in denen das Wort-Ton-Verhältnis in vollkommener (wenn auch etwas motorischer) Weise „stimmt" – offensichtlich angeregt durch seine Mitgliedschaft in der 1570 von Baif und Courville in Paris gegründeten Académie de Poésie et de Musique. Sehr bald wurden die französischen Texte in andere europäische Sprachen übersetzt und häufig mit den Goudimelschen Sätzen von 1565, mitunter aber auch mit eigenständigen Kompositionen versehen, z. B. in England in der von Thomas Ravenscroft herausgegebenen Sammlung *The whole Book of Psaimes*, in der sich zwar überwiegend Psalmlieder anderen Ursprungs, aber auch einige französische Psalmen befinden (*French Tones*), darunter ein Chorsatz von John Dowland. Sogar ins Lateinische wurde der Hugenotten-Psalter übersetzt, so von Andreas Speth (Heidelberg 1596).

Die schönsten Chorkompositionen mit den Genfer Melodien entstanden in den Niederlanden, allerdings unter Verwendung der französischen Originaltexte: Jan Pieterszoon Sweelinck (1562 - 1621) vertonte den ganzen Psalter, der in vier Bänden im Laufe seines Lebens erschien. In diesen Kompositionen kommt die ganze Vielfalt seines Könnens zur Geltung. Von einigen Psalmen bearbeitete er nur die erste Strophe; andere wieder vertonte er komplett, meist in motettischer Form, drei- bis achtstimmig. In einigen Psalmen ist der c. f. nur angedeutet und über alle Stimmen verteilt, in anderen wieder in einer einzigen Stimme in langen Notenwerten durchgeführt, indes die übrigen ihre Motive entweder aus der Melodie oder aus dem Text – manchmal nur einem einzigen Wort – beziehen.

Als der von dem Königsberger Rechtsgelehrten Ambrosius Lobwasser ins Deutsche übersetzte Genfer Liedpsalter 1565 erschien, wurde eine fast sturzflutartige Entwicklung eingeleitet. Zusammen mit Gou-

dimels Sätzen wurden unzählige Ausgaben gedruckt, Jahr für Jahr, in den verschiedensten Landstrichen, und das über Jahrhunderte. Es mutet fast komisch an, daß er nun auch – mit dem Umweg über Ostpreußen! – Eingang in die deutschsprachige Schweiz fand und die dort bisher gesungenen Psalmlieder verdrängte. Auch die o. g. vier- bis fünfstimmigen Psalmkompositionen Claudin le Jeunes wurden im deutschen Sprachraum auf diese Weise verbreitet.

Nun beschäftigten sich auch deutsche Komponisten mit dem Hugenotten-Psalter. In reformierten Gegenden waren es z. B. Johann Jeep, in dessen Geistlichen Psalmen und Kirchengesängen von 1629 vierundzwanzig der Genfer Weisen erschienen, im einfachen vierstimmigen Satz mit der Melodie im Sopran, oder der gelehrte Landgraf Moritz von Hessen, der 1607 den ganzen Lobwasserschen Psalter herausgab und zu allen Liedern, die keine eigene Melodie aufwiesen, neue Weisen schuf und mit vierstimmigen Sätzen (Melodie im Sopran) versah. Auch der universale Melodiensammler und Satzschöpfer Michael Praetorius (1571 - 1621) nahm sich des Genfer Psalters an und veröffentlichte in seiner neunbändigen Liedsammlung Musae Sioniae eine Reihe von doppelchörigen Kompositionen dazu. Johann Crüger (1598 - 1662) wurde oben schon erwähnt. Mit der *Psalmodia sacra* setzte er seine Bemühungen um einen Satztypus fort, der – soweit überschaubar – nur von seinem Nachfolger Johann Georg Ebeling gepflegt wurde und sonst keine Nachahmer fand: Zu den vier homophon geführten Singstimmen (von denen der Sopran den c. f. hat) treten der Generalbaß und zwei Melodieinstrumente. Leider muß eine der beiden Instrumentalstimmen inzwischen als verschollen gelten. Glücklicherweise befinden sich in der Sammlung Carl von Winterfelds die Abschriften einiger Psalmen, so

Abb. 4: Psalmen Davids (1640). Zweiteilige Psalmenausgabe von Paul Siefert (1586 - 1666)

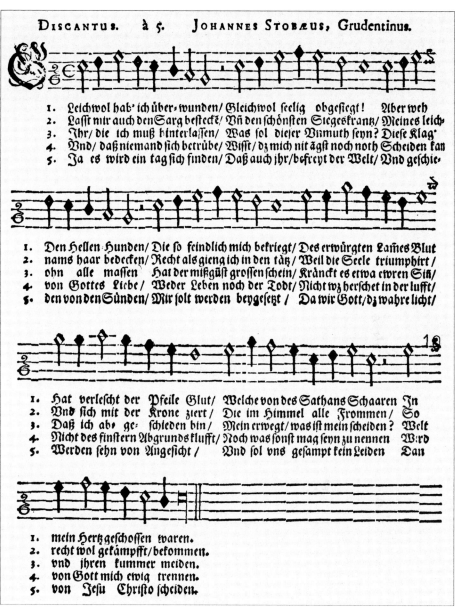

Abb. 5: Komposition aus dem Jahr 1639 von Johann Stobäus (1580 - 1646)

daß wenigstens ein geringer Teil dieser schönen Kompositionen vollständig auf uns gekommen ist. Lohnenswert ist es, sich noch weiter nach Osten zu wenden. In Danzig wirkte Paul Siefert (1586 - 1666); seine zweiteilige Psalmenausgabe enthält vier- bis achtstimmige Kompositionen mit Generalbaß, denen er im zweiten Teil dreistimmige Instrumental-Sinfonien voranstellt (Abb. 4). Johann Eccard (1553 - 1611) und besonders sein Nachfolger Johann Stobäus (1580 - 1646) hinterlassen in Königsberg eine Unzahl Gelegenheitskompositionen, unter denen sich viele klangschöne fünfstimmige Chorsätze befinden, die interessanterweise nur die Melodien verwenden und je nach Notwendigkeit (Hochzeit, Taufe, Trauerfeier) andere Texte unterlegen (vgl. Abb. 5).

Das Singen deutscher Texte auf die Genfer Weisen bereitet zunächst überhaupt keine Mühe. Die Melodien sind ja gar nicht „typisch französisch". Auf ihren Ursprung kann hier nicht näher eingegangen werden (vgl. o.), es steht aber fest, daß viele Wurzeln im damals gebräuchlichen deutschen Melodiengut zu suchen sind, wie umgekehrt deutsche Komponisten (Johann Crüger, Bartholomäus Gesius) keine Schwierigkeiten hatten, ihrerseits die Genfer Melodien zur Grundlage ihrer eigenen Liedschöpfungen zu machen. So unterschiedlich die deutsche und französische Sprache auch sind: in der Zeit eines Martin Luther und Hans Sachs waren in Europa die Sprachakzente, gemessen an unserem heutigen sensiblen Schwer-Leicht-Empfinden, von keiner großen Bedeutung; wichtig war, daß die Silbenzahl stimmte. So konnten die französischen Psalmen mit Leichtigkeit mit Lobwassers Texten versehen werden. Von besonders dichterischer Schönheit sind diese indes nicht. Heute verwenden wir im allgemeinen die Psalmenübersetzung des in den Niederlanden tätig gewesenen deutschen Theologen Matthias Jorissen (1739 - 1823). Beiden gemeinsam ist aber folgendes Prinzip: Von wenigen Freiheiten abgesehen, sind Inhalt und Anzahl der Strophen im Französischen und Deutschen identisch (im Gegensatz zu heutigen Bemühungen, den Inhalt zu straffen).

Die Problemlosigkeit bezüglich des Auswechselns französischer und deutscher Texte trifft nun aber nur auf Chorsätze mit gleichzeitiger Deklamation, also auf homophone Kompositionen, zu. Dazu einige Worte der Erklärung. Es stimmen wohl Inhalt und Silbenzahl beider Dichtungen überein; aber da der Satzbau beider Sprachen bekanntermaßen sehr unterschiedlich ist, kommt es vor, daß ein Wort, das im Französischen am Anfang einer Zeile steht, im Deutschen ans Ende gerät. Der Reimzwang jedoch stellt den Dichter vor noch größere Schwierigkeiten; er ist nicht selten gezwungen, ganze Strophen „umzukehren" und deren Anfangsaussagen in die Mitte oder an den Schluß zu stellen, unter dem Motto: „Hauptsache, der Inhalt der jeweiligen Strophen stimmt überein." Mitunter muß der Übersetzer noch einen Schritt weitergehen, sich vom französischen Original entfernen und wieder die Bibel zur Vorlage nehmen. Denn schon mit der „Bereimung" durch Marot und de Bèze setzte zwangsläufig eine Veränderung des Bibelwortes ein, und seien es auch nur Wiederholungen oder Ausschmückungen.

Bei einfachen polyphonen Sätzen Goudimels, die nichts von Wortausdeutungen wissen, sondern nur den Imitationsstil pflegen, gibt es in den Begleitstimmen oft Melismen, die im Deutschen auf Nebensilben treffen. Das ist unschön, wird aber in Kauf genommen, da wir es von der alten Musik her gewohnt sind. Das bekannteste und zugleich unangenehmste Beispiel dieser Art ist die letzte Zeile der vierten Strophe des Liedes *Lob Gott getrost mit Singen*: [...] *sollen werden erlöst*. Hier hat auch das neue Evangelische Gesangbuch bei aller Reformfreudigkeit keine Abhilfe geschaffen.

Das erste echte Problem aber, das nicht ohne weiteres gelöst werden kann, begegnet uns in folgendem Fall. In der ersten Strophe des 101. Psalms heißt es im Original in der zweiten Zeile:

> *Pseaume parlant de bonté et droiture.*

Bei Lobwasser lesen wir:

Von Gnad, Barmherzigkeit und Recht zu singen.

In Goudimels Chorsatz von 1568 wiederholt der Alt den ersten Teil dieser Zeile, Pseaume parlant, der Baß den zweiten Teil, de bonté et droiture, so daß der Alt in dieser Zeile vollständig lautet:

> *Pseaume parlant,*
> *pseaume parlant de bonté et droiture,*

und der Baß:

> *Pseaume parlant de bonté et droiture,*
> *de bonté et droiture.*

Goudimei wiederholt also an einer Stelle, wo bei Lobwasser eine Trennung nicht möglich ist:

> *Von Gnad, Barmher- / zigkeit und Recht zu singen.*

Wir helfen uns, indem wir nicht schematisch vorgehen, sondern andere Wörter wiederholen. Im Alt heißt es dann: *Von Gnad und Recht, von Gnad, Barmherzigkeit und Recht zu singen; und im Baß: Von Gnad, Barmherzigkeit und Recht zu singen, von Gnad und Recht zu singen.* Hier sind sicher auch andere Lösungen möglich. Besonders schwer zu lösen sind solche Probleme, wie man sieht, natürlich nicht. Goudimel wiederholt nur selten, und dann sind es längere Satzteile, so daß man im Deutschen ohne größere Eingriffe eine brauchbare Möglichkeit findet. In solchen Fällen sind im übrigen auch Hürden bei der Unterlegung weiterer französischer Strophen zu überwinden.

Gehen wir einen Schritt weiter und wenden wir uns einer Motette von Sweelinck zu, der wie bereits vor ihm le Jeune zu wortausdeutenden Mitteln greift, wie wir sie auch von den Motetten deutscher Meister dieser Zeit kennen. Da werden einfache Tatbestände wie „hoch" und „tief" durch nach oben geführte Oktavsprünge bzw. tiefe Tonlage dargestellt; da gibt es beim Wort „Singen" eine lange Kantilene oder eine fröhliche Koloratur, beim Wort „Jammer" eine chromatische Tonfolge, beim Wort „ewig" eine lange Note. Und jetzt stehen wir vor dem eigentlichen Problem: Benötigen wir auch keine wörtliche Übersetzung von Zeile zu Zeile, so sind wir doch gezwungen, bei entscheidenden Wendungen, wie den oben genannten, an exakter Stelle das entsprechende deutsche Wort zu verwenden – und das stellt uns vor Aufgaben, die ausgesprochen schwer zu bewältigen sind, weil es sich um gereimte Strophen handelt; es ist immer der Reim, der uns die schon greifbare Lösung wieder in weite Ferne rückt. Und wollten wir auf den Reim verzichten, so fehlte eben das für den Genfer Liedpsalter Typische.

Hier ist der Grund dafür zu suchen, daß die Motetten le Jeunes und Sweelincks bei uns so wenig Eingang gefunden haben. Soweit ich sehe, hat sich (bis auf wenige Sweelinck-Ausgaben Hans Holligers im Bärenreiter-Verlag) noch niemand die Mühe gemacht, sie in ein entsprechendes deutsches Gewand zu kleiden.

Unter den genannten Gesichtspunkten wollen wir nun die dritte Strophe des 98. Psalms in einer Motette von Sweelinck untersuchen. Der Bibeltext lautet:

5. Lobet den Herrn mit Harfen, mit Harfen und Psalmen!

6. Mit Trompeten und Posaunen jauchzet vor dem Herrn, dem König!

7. Das Meer brause und was darinnen ist, der Erdboden und die darauf wohnen.

Die diesen Versen entsprechende Strophe 3 heißt bei de Bèze, Lobwasser und Jorissen:

de Bèze:	Lobwasser	Jorissen:
Qu'on crie, qu'on chant' et resonne	*Frohlocket ihm und jubilieret,*	*Frohlocket, jauchzet, rühmet alle,*
et de la harp' et de la voix:	*ein schönes Liedlein singet ihm,*	*erhebst ihn mit Lobgesang!*
Que devant Dieu, di-j', on entonne	*anstimmst, schreiet und psallieret,*	*Sein Lob tön im Posaunenschalle,*
nouveaux cantiques ceste fois.	*die Harfen schlagt, erhebt die Stimm!*	*in Psalter- und in Harfenklang*
Devant sa face glorieuse	*Tut frisch in die Trompeten blasen,*	*Auf, alle Völker, jauchzt zusammen,*
cors et clairons, soyent esclatans:	*posaunet vor dem König her;*	*Gott macht, daß jeder jauchzen kann;*
Tonne la grand' mer spatieuse,	*das Meer braus', die Erd gleicher maßen*	*sein Ruhm, sein Lob muß euch entflammen,*
et le mond' et ses habitans.	*und was auf Erd ist und im Meer.*	*kommt, betet euren König an!*

Wir wollen einige Passagen herausgreifen und jeweils sehen, wie Sweelinck mit ihnen umgeht, feststellen, daß und warum die Nachdichtungen Lobwassers und Jorissens für unsere Zwecke unbrauchbar sind, und schließlich nach eigenen Lösungen suchen.

In der ersten Zeile verwendet der Komponist auf der fünften Silbe *chant'* fröhliche Achtelgänge. Bei Lobwasser finden wir an dieser Stelle das Wort *und*, bei Jorissen die Nebensilbe *zet*, beides unpassend und ungeeignet. Da wir das Wort *Singen* noch aufsparen wollen, suchen wir nach einem anderen sinnverwandten Begriff und unterlegen folgendermaßen: *Frohlocket und jubelt nun alle.*
Während de Bèze die Harfe bereits in der zweiten Zeile erklingen läßt, taucht sie bei den deutschen Bearbeitern erst in der vierten Zeile auf. Da Sweelinck hier aber richtige Programmusik macht – man hört förmlich, wie die Harfe gezupft wird! –, fahren wir fort: *mit Harfen und mit Saitenspiel.* Jetzt haben wir das gewünschte Wort in der richtigen Zeile. Daß es nicht ganz genau am richtigen Platz steht, ist in diesem Fall nicht wichtig, da Sweelinck, um den „Zupfeffekt" zu erzielen, das Wort *harp'* unendlich oft wiederholt.
Die nouveau cantiques erscheinen weder bei Lobwasser noch bei Jorissen. Dieser Text ist Sweelinck aber besonders wichtig. Für die *neuen Lieder* schafft er ein neues Moment, einen neuen, nämlich einen Tripeltakt. So singen wir: *Mit neuen Liedern lobt ihn viel.*
Auch die fünfte Zeile *Devant sa face glorieuse* findet in den deutschen Nachdichtungen keine Beachtung. Sweelinck ist sie wichtig. Sie regt ihn zu feierlich-hymnischen Akkorden in langen Notenwerten an. Wir versuchen es auf folgende Weise: *Ihn betet an, der herrlich thronet.*
Die *clairons*, die *Trompeten*, läßt Sweelinck natürlich Dreiklangsmotive schmettern; bei Lobwasser blasen sie an anderer Stelle, Jorissen beschränkt sich auf Posaunen – so müssen wir auch hier Neues erfinden: *Trompeten, blast, Posaunen, tönt!* Nicht zu vergessen, daß alles gereimt sein will – immer muß man weitere Zeilen im Blick haben; ist eine Passage gut gelungen und will sich für die nächste kein Reim finden, so muß man sie aufgeben, und die Suche geht von neuem los.

Die letzten beiden Zeilen schließlich fangen bei Sweelinck, der seine französische Vorlage im Blick hat, mit folgendem Rhythmus an:

Auch hier erkennen wir leicht, daß unsere deutschen Nachdichtungen nicht zu verwenden sind. So schreiben wir: *Länder und Meer und was drin wohnet, lobt den, der euch mit Gnade krönt.* Unsere Strophe heißt nun, fortlaufend gelesen:
Frohlocket und jubelt nun alle
mit Harfen und mit Saitenspiel;
singet dem Herrn, rühmt ihn mit Schalle,
mit neuen Liedern lobt ihn viel!
Ihn betet an, der herrlich thronet;
Trompeten, blast, Posaunen, tönt!
Länder und Meer und was drin wohnet,
lobt den, der euch mit Gnade krönt.
Einen Makel haben diese Zeilen freilich. Während die Verse Jorissens ein vollkommenes Metrum aufweisen, holpert unsere Nachdichtung dahin wie in alter Zeit. Das aber ist nicht zu umgehen: Sweelinck paßte den Rhythmus der Begleitstimmen in idealer Weise seiner Vorlage an. Je besser wir nun unsere deutschen Worte der Musik des Komponisten zuordnen, desto mehr werden sie die unvollkommenen, aber bildhaften Züge der originalen französischen Dichtung tragen.
Die reformierte Kirche hat jahrhundertelang im großen Chor der ecclesia cantans nichts anderes beizusteuern gewußt als ihre Psalmlieder, ihr damit aber einen Schatz geschenkt, der neben dem gesungenen Bibelwort der lutherischen Tradition einen gewichtigen Platz beanspruchen darf und noch lange nicht ausgeschöpft ist. Es ist bedauerlich, daß das neue Evangelische Gesangbuch dem Genfer Liedpsalter nicht wesentlich mehr Raum bietet, als es das EKG getan hat. So kommt es auf die Initiative einzelner Kantoren und Chöre an, Kostbarkeiten des Liederschatzes ans Licht zu bringen und dabei keine Mühe zu scheuen. Es lohnt sich!

Wilhelm Zuschlag
Wallonische und Niederländische Kirche –
Kirchenbauten widerspiegeln das Gemeindeleben

Bauten, insbesondere Kirchenbauten, spiegeln die Einflüsse der jeweiligen Zeit wieder. Ihre Konzeptionsentwickung, ihre Gestaltung, ihre Bauzeit, ihre Ausstattung, ihre Nutzung über die Jahrhunderte hinweg, ihre Zerstörung, ihr Wiederaufbau und ihre neue Ausgestaltung bis zur heutigen Zeit sind ein Spiegel der Geschichte. So ist die Hanauer Doppelkirche auch ein steingewordenes Abbild der 400-jährigen Neustadt Hanau.

Für die Gründergemeinde unmittelbar nachvollziehbar sind die Verbindungen nach Frankfurt am Main. Hier hatten sich viele Glaubensflüchtlinge aus Frankreich, Wallonien und den Niederlanden gesammelt. Da ihnen im Frankfurter Stadtgebiet Gottesdienste, entsprechend ihres reformierten calvinistischen Glaubensbekenntnisses, verweigert wurden, verhandelten sie mit dem Grafen Philipp Ludwig II.

Abb. 1: Stich Reformierte Kirche in Lyon

von Hanau Münzenberg, der sich bereits für das reformierte Glaubensbekenntnis entschieden hatte. Er gab ihnen die Möglichkeit, sich eine Versammlungsstätte vor den Toren Frankfurts, in Bockenheim, zu errichten. Diese Kirche war die erste calvinistische Kirche der Hanauer Grafschaft. Zur nächsten Station wurde dann die Neustadt Hanau. Hier konnte ein sogenannter Temple an zentraler Stelle in der Stadt errichtet werden. Wie sich dieser Temple entwickelte, ist Inhalt der folgenden Zeilen.

Die Entstehungs- und Baugeschichte der Wallonisch-Niederländischen Doppelkirche wurde seinerzeit ausführlich in den Tagebüchern des Hanauer Stadtschreibers Sturio aufgezeichnet. Das historische Material ist bereits vor 100 Jahren für die Festschriften von Mitteldorf und Thyriot ausgewertet worden. Zu dieser Zeit prägte die Wallonisch-Niederländische Kirche noch das Hanauer Stadtbild. Die Festschriften enthielten auch Auszüge der, inzwischen verbrannten, Kirchenbücher. Unter den Gesichtspunkten der heutigen Zeit wertet Bott's zweibändiges Werk „Gründung und Anfänge der Neustadt Hanau"[1] die Tagebücher des Sturio aus. Auszüge der genannten Schriften finden sich in dieser Bauhistorie.

Bei Betrachtung der vorliegenden Grundrisse der Wallonisch-Niederländischen Doppelkirche sind zwei wesentliche Einflüsse zu beachten: Zum einen die, durch den Calvinismus geprägten, Grundsätze für die Predigerkirchen. Zum anderen das Hanauer Baukonzept, entwickelt von den am Bau beteiligten Gemeindemitgliedern, insbesondere beeinflußt durch den Grafen Philipp Ludwig II. von Hanau Münzenberg.

Das Vorbild einer typisch calvinistischen Predigerkirche ist uns in verschiedenen Abbildungen erhalten (Abb. 1 und 2). Man wollte eine Kopie der katholischen Kirchenbauten vermeiden, denn bis dahin hatten Lutherische Kirchen alte Kirchenräume weiter genutzt. Ja, man baute sogar später noch Kirchen, wie die Hanauer Johanniskirche, mit Altar, Schiff und Chor.

Da Calvin das Wort, die Predigt des Pastors, in den Mittelpunkt stellt und von Psalmen umrahmen läßt, die die Gemeinde singt, bedurfte es nur *eines* Raumes mit der Kanzel im Mittelpunkt, dem Abendmahlstisch auf dem Parkett davor und den ringsherum gruppierten Sitzbänken. Auf den frühen Darstellungen calvinistischer Gotteshäuser sind einfache, achteckige oder rechteckige Räume mit umlaufenden Emporen zu sehen. Zeitweise wurden Holzkonstruktion, Stützen und Binder offen gezeigt. Beleuchtung erhielt der Kirchenraum jeweils durch runde Fenster. Die kleine, 1608 abgebrannte, Bockenheimer Holzkirche, am heutigen Standort der Jakobskirche, dürfte diesem Baustil entsprochen haben.

Die Hanauer Doppelkirche sollte jedoch, bedingt durch die beiden verschiedensprachigen Gemeinden, zwei getrennte Räume erhalten. Hierfür wurden zwei zentrale Räume ineinandergeschoben und durch ein gemeinsames Dach miteinander verbunden. Der zwölfeckige Raum der Wallonischen Gemeinde erhielt einen Durchmesser von 35 Metern, die Niederländer begnügten sich mit einem achteckigen Kirchenraum von 22 Metern Durchmesser. Die gewaltigen Ausmaße der Wallonischen Kirche boten den damals 2000 Gemeindemitgliedern Platz. Zum Vergleich: Der, zeitgleich in Rom erbaute Kuppelbau des Petersdom hatte einen Durchmesser von 42 Metern.

Der Name eines Baumeisters der Hanauer Doppelkirche ist nicht überliefert. Noch 1597 zeigte der Stadtgrundriß, wahrscheinlich zurückgehend auf den Baumeister Nicolas Gillet, am späteren Bauplatz einen Rundbau mit zwölf Stützen inmitten anderer Gebäude. Eine freistehende Doppelkirche findet sich erstmals skizziert am 11. Februar 1600 in einem Brief von Daniel Soreau an den Hanauer Bürgermeister René Mahieu.

Die in diesem Brief abgebildete Skizze zeigt einen langgezogenen, scheunenartigen Bau mit abgeschrägten Ecken und zwei Eingängen. Dieses Modell fand nicht den Zuspruch des Grafen Philipp Ludwig II.

und Nicolas Gillets. Nachdem allerdings der Graf auf runden Bauformen bestanden hatte, machte der Bauausschuß Mehrkosten geltend. Noch 1608, als der Rohbau bereits stand, wurde der Graf um Kostenbeteiligung ob der so entstandenen Mehrkosten gebeten. Die Rundformen orientieren sich nicht nur an den Rundtempeln der französischen Predigerkirchen, direktes Vorbild war die Kirche im niederländischen Willemstad, die Graf Philipp Ludwig II. auf einer Hollandreise kennengelernt hatte (Abb. 2). Ebenso wie seine Verwandten, Prinz Willem von Oranien, Erbauer von Willemstadt, und sein Sohn, Prinz Maurits, machte auch Graf Philipp Ludwig der II. seine finanzielle Unterstützung zum Hanauer Kirchenbau ausdrücklich von einer runden oder achteckigen Form abhängig.

Bei den Frankfurter Mitgliedern der Wallonischen Gemeinde wurde im Januar 1599 eine Kollekte *Pour le Bastiment du Temple de la Nouvelle Ville de Hanau* gesammelt. Im August desselben Jahres bestimmte man Paul Peltzer und Isaac von Musenhol zu Deputierten für den Kirchenbau: *...mit der ausdrücklichen Massnahme, dass das model also gericht werde, „op dat bejde spraacken onder een kappe mogen geoeffnet werden end also ihre eendrachtigheit ende geljckheit in die religie te bewysen, tot grotmaeckung des naems godes.*

Ebenso beauftragt eine Kommission von 29 Mitgliedern der französischen Gemeinde am 13. August Esaie de Latere und Michel de Behaigne sich des neuen Kirchenbaues anzunehmen, mit dem Beschluss *de la bastir conjoinctes des deux langages distinctes d'une bonne muraille, afin que les voix des uns et des alutres ne donnent empeschement.*

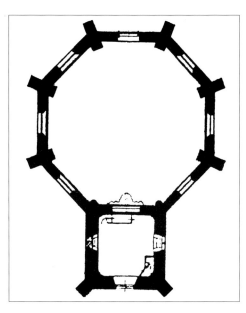

Abb. 2: Kirche Koepelkerk von 1597 in Willemstad a) Zeichnung der Außenansicht,   b) Grundriß   c) Innenansicht

Am 1. Februar 1600 zeichneten zwölf Bürger der Neustadt Hanau so große Beträge, daß die Grundsteinlegung bereits für den 9. April datiert werden konnte. Zu den Feierlichkeiten waren auch zahlreiche Grafen und Fürsten der Nachbarländer geladen.

Nach den Ratsprotokollen vom 20. Dezember 1603 waren die Mauerwerkswände der Kirche bereits fertiggestellt (vgl. Abb. 3). Vor der Erstellung des Daches, wollte man sich den Plan eines Tempels in Pfalzburg beschaffen, der ...*dem hiesigen gleichförmig sein soll [...] Insonderheit wegen des Tagwercks (= Dachwerk) wie dasselbig alda auff seinem Mawerwerck, Seulen vnd anders, vff-vnd angelegt, ineinander gebunden, vnd gezimmert seie [...] damit man darob auch eine richtigkeit vnd bestendigkeit zu vffrichtung vnd Zimmerug dieses hiesigen Tempels haben möge.*

Zu Beginn des Jahres 1605 erbot sich René Mahieu, den Kirchenbau für 9000 Reichstaler *zur Vollkommenheit zu bringen,* da dieser aus Geldmangel zwischenzeitlich nahezu zum Erliegen gekommen war. Der Hanauer Stadtrat lehnte das Angebot ab. Dafür wurde am 5. Februar beschlossen, ... *das vorhin ein Erfahrner Architect oder Bawmeister zu besichtigung der Fundamenten, darauf die Seulen vnd Mawren angelegt, ob die bestendigen fernern last zu tragen, oder niet, hiehin gegen die wiederkhumpft I.G. sollte beruffen vnd gefordert werden.*

Der Baumeister Eytell Weitter von Cromberg erstellte, datiert vom 10. April 1605, ein Gutachten für die geplante, gewaltige Holzkonstruktion der Dächer.

1) *das mawerwerck so bereit gelegt, seie rundumb stark, gesundt, und dick genug, habe nicht vil Last zutragen.*

2) *der Seulen kondten unter zwolff nicht sein in massen die anfangs des baws dahin gesehen und 12 fundamenta allbereit gelegt. Es habe zwar Daniel Soreau allerley motiven uff acht seulen gehabt aber konnen nicht bestehen. Bleibt also bey 12. in der grossen bey 4. in der kleinen kirchen.*

3) *die seulen sollen 3 schuch dick sein.*

4) *An Eichen müsse man haben 175. stam 200. bodm dannen holtz zu der grossen, (Strassburgerisch).*

5) *25. wagen Eisen.*

6) *Zehu werck gesellen ein gantz Jharlang.*

7) *Dass tach kan unten mit vertieft sein sondern muss flach gemacht werden.*

Im Sommer desselben Jahres wurden die Säulen errichtet, die unteren Teile ionisch und darauf die oberen, dorischen.

Im Jahre 1607 wurde festgestellt, daß Mauerwerk und Pfeiler zu schwach für die geplante Dachkonstruktion seien. Im Ratsprotokoll vom 22. Juni heißt es: ...*Nachdem mahn auff viler angeben bericht, das in ansehen des schwehren vnd grossen Zimmerwerks, so auff den newen Tempell soll gesetzt werden, das Itziges mawrwerck, inmassen dasselbig anjetzt alda auffgericht, nicht starck gnug alsolchen schwer last des hultzes zu tragen, auss vrsachen das dis mawrwerck nit stark gnug darzu, vnd zu schmahl seindt, vnd das auch die*

Fenige so dz fundament angelegt die schwehre dieses lastes von hultzs nicht betrachtet, So Ist vor gut geachtet, vnd einhelliglich verglichen das die sprünge zu allerseidts vo grundt auff biss ann dach zu nach der Proportion soll gestercket werden....

Eine Verstärkung der Außenpfeiler der Wallonischen Kirche wurde vorgenommen.

Bei *Lübbecke* findet sich eine detaillierte Beschreibung des fertiggestellten Dachstuhls (Abb. 4):

Dieses Dach war ein Wunderwerk der Zimmerkunst und verschlang einen Wald von Eichen- und Fichtenstämmen. Fünf übereinander gelagerte, zu verdoppelten Spannriegeln ausgebildete Unterzüge verbanden die, im Winkel von 60 Grad, aufsteigenden Sparren und die, sie schräg begleitenden, Streben. Bis zu den Außensparren durchlaufende Stuhlsäulen, über den zwölf steinernen Innensäulen, halfen das Dachgerüst tragen. Zwölf Hängesäulen von 22 Metern Länge trugen vom obersten Spannriegel her, in den vier unteren darunter verlascht und durch schräge Böcke verstärkt, freischwebend die Unterzüge, die Verschalung und Stukkierung der Decke, eine Fläche von mehr als 600 Quadratmetern. Der Zimmermann nennt diese Konstruktion ein Sprengwerk. Kaum dürfte es noch in der Welt ein zweites dieser Art und Größe gegeben haben. Ohne die geringste Verwerfung widerstand seine ungeheuere Fläche allen Stürmen. Nur das Feuer konnte dieses Dach vernichten. Für das nur 22 Meter breite Achteck der flämischen Kirchen genügte ein 18 Meter hohes Dach. Rittlings über der Trennwand der beiden Kirchen – der „bonne muraille" – saß auf einem, bis zum Grunde durchgehenden, Unterbau der Glockenturm, dem Knaben nicht unähnlich, der hinter dem Schädel des Elefanten reitend, mit sanften Tritten der nackten Füße den ungeheuren Körper leitet.

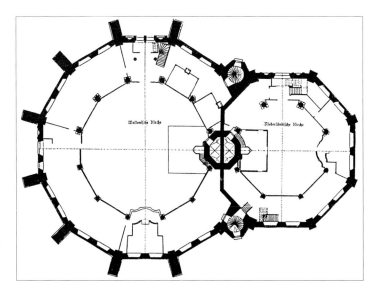

Abb. 3: Grundriß der Wallonischen und Niederländischen Kirche vor der Zerstörung 1945 (nach Winkler und Mittelsdorf 1897)

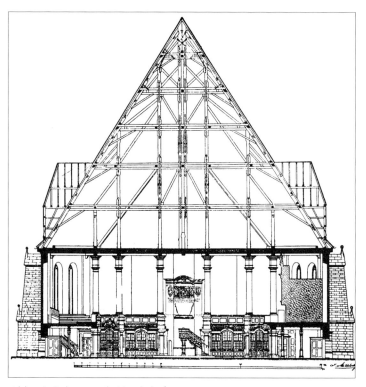

Abb. 4: Schnitt nach Mittelsdorf

Abb. 5: Alte Kirchenuhr des Kirchengebäudes

Sturio berichtet, für den 24. Juni 1608, über die Aufrichtung eines Holzturmes auf der Trennwand zwischen Niederländischer und Wallonischer Kirche. Und am 29. Oktober schließlich notiert Sturio:
Oktober 29 (Sonntag): Wardt in der Wallonischen kirchen die erste predikt von Clément Bosio (dy Boys) auß dem 122. psalm in beysein m. gn. hern und frawen, hern Philips Moritz und frewle Charlotte (der beiden ältesten Kinder Philipp Ludwigs) gehalten, und ist in den becken zu außfhurung des baws gesteuert (664) fl.[2]
Es ist überliefert, daß die Uhr aus dem Steinheimer Tor am 11. November 1611 in den gemeinsamen Kirchturm der Niederländisch-Wallonischen Kirche gebracht wurde. Diese Uhr ist bis heute erhalten (Abb. 5).
Wann die Holländer aus ihrem hölzernen Bethause in ihre neuerbaute Kirche hinübergezogen sind, ist nicht genau ersichtlich; da aber in einer Sitzung des niederländischen Konsistoriums vom 10. Oktober 1610 beschlossen wird, die „houten hut" (die hölzerne Kirche) auf Abbruch zu verkaufen, so muss um diese Zeit auch der Umzug in die neue steinerne Kirche stattgefunden haben.
Die äußere Fertigstellung der Niederländischen Kirche lag jedoch erst im Jahr 1623.
Obwohl die Kirchen bereits zum Gottesdienst genutzt wurden, konnten die profilierten Innendecken erst später fertiggestellt werden.

Der Orgeleinbau erfolgte in der Wallonischen Kirche 1749 und in der Niederländischen 1770. Bis dahin sangen die Gemeinden ihre Psalmen ohne instrumentale Begleitung, wahrscheinlich aber mit einem Vorsänger.
Anhand der Abrechnungen in den Kirchenbüchern läßt sich der Innenausbau weiter verfolgen (Abb. 6 - 12): Unter den Emporen beider Kirchen wurden Räume abgetrennt, die, wie das heutige Hochzeitszimmer, vielfältig nutzbar waren. Diese Räume dienten sowohl als beheizbare Winterkirchen als auch als Übungsräume für den Kirchenchor, zuletzt sogar als Kirchenmuseum.
Am 2. April 1848 wurde in Hanau der Deutsche Turnerbund gegründet. Zu diesem 1. Deutschen Turnertag hielt der betagte Turnvater Jahn eine, von den Hanauern gefeierte und gelobte, Ansprache. Der Turnertag wurde im Kirchenraum der Wallonischen Kirche abgehalten. Eine nichtkirchliche Nutzung von Kirchengebäuden wurde in früheren Zeiten, mangels weiträumiger öffentlicher Gebäude, durchaus praktiziert.
In der Jubiläumsschrift von Thyriot aus 1897 sind die Renovierungen der Kirche beschrieben. Daher haben wir heute Hinweise auf die Farbgebung der Außenfassade, die Erneuerungen der Kirchenbänke und der Orgeln (1912 - 1916), ja sogar auf die Farbe der Sitzkissen. Interessanterweise findet sich hier auch eine Skizze zu den

Abb. 6: Innenansicht mit Gestühl der Wallonischen Kirche vor ihrer Zerstörung.

Abb. 7: Orgel der Wallonischen Kirche vor ihrer Zerstörung.

Abb. 8: Deckenmedaillon in der Wallonischen Kirche vor ihrer Zerstörung. „LE JUSTE FLEURIRA COMME LA PALME"; d.h. „Der Gerechte wird grünen wie ein Palmbaum". Psalm 92, Vers 13.

*Abb. 9: Innenansicht der Nieder-
ländischen Kirche mit Kanzel vor
ihrer Zerstörung.*

*Abb. 10: Decke der Niederländi-
schen Kirche vor ihrer Zerstörung.*

*Abb. 11: Kanzel der Walloni-
schen Kirche vor ihrer Zerstörung.*

Kugeleinschüssen aus dem 30-jährigen Krieg. Die Kirche blieb immer freistehend. Lediglich in einem Außenfeld des Zwölfecks der Wallonischen Kirche war zeitweise ein Schuppen mit Pumpe als Brandstation installiert.

Noch heute können wir das reiche, spätgotische Maßwerk der Fenster bewundern, wobei die Spitzbogen, ähnlich der Kuppelkirche in Willemstad, durch Rundbogen ersetzt sind. Eigenartig ist das Zusammenspiel der, ganz in den strengen Formen der Spätrenaissance gestalteten, Hauptportale beider Kirchen. Die Portale wurden, wie an den verschiedenartigen Bögen im Mauerwerk der Wallonischen Kirche deutlich erkennbar, im Laufe der Zeit mehrfach umgestaltet. Wer diese Umgestaltungen veranlaßte, ist nicht bekannt.

Die Hanauer Doppelkirche ist nicht aufgrund ihrer besonders schönen Gestaltung in die Baugeschichte eingegangen. Zu viele verschiedene Baustile vereinten sich hier: das gotische Maßwerk der Fenster und die später zusammengefügten Renaissance-Hauptportale – alles überkront von einem riesigen Dachstuhl in wiederum gotischer Form. Der Innenraum der Kirche entsprach nicht den gotischen Elementen der Außengestaltung. Die umlaufenden Emporen wurden von den ionischen Säulen getragen, darüber standen die, das Dach stützenden, dorischen Säulen.

Wir können heute noch im Architekturbuch des Sebastian Serlii Bonon (1572) blättern, welches sich anno dazumal im Besitz des Grafen Philipp Ludwig II. befand. Ob seine Gestaltungsideen auf diese Quelle zurückzuführen sind, oder ob der Graf die Inspirationen für den Kirchenbau auf seinen Kavaliersreisen durch Italien erhielt, läßt sich nicht mehr ermitteln. Auch die Mitglieder der gemeindlichen und aus Laien bestehenden Baukommission, steuerten bekanntermaßen ihre Anregungen bei.

Das riesige Dach der kirchlichen Zentralräume bestimmte mit seiner unverwechselbaren Silhouette für 350 Jahre das Hanauer Stadtbild. Nachfolgende Predigerkirchen griffen die, noch von der Gothik bestimmte, Form nicht mehr auf. Einzig zur Wiesbadener Lutherkirche lassen sich Parallelen entdecken.

Die Bedeutung der Hanauer Wallonisch-Niederländischen Kirche liegt in ihren enormen Ausmaßen, in ihrer unverwechselbaren Dachform und in der Verschneidung zweier Kirchenräume miteinander. Direkte Nachbauten sind nicht bekannt. Die Doppelkirche gilt heute als die erste und vorbildlich umgesetzte Realisierung der Idee des protestantischen Zentralbaues.

Bei den Luftangriffen im Dezember 1944 und Januar 1945, konnten noch einige Brandbomben, die in die Dachböden fielen, gelöscht werden, wenn auch die beiden Räume durch den Luftdruck der Bomben, die ringsumher fielen, vollkommen verwüstet wurden und alle Fenster zerstört waren, so daß von da an eine Benutzung der Kirchenräume nicht mehr möglich war. [...] Doch dann kam der furchtbare Luftangriff in den frühen Morgenstunden des 19. März 1945 und unsere schöne Doppelkirche ging in Flammen auf. Ein unvorstellbares Feuer – die ganze Innenstadt brannte hell – vernichtete die

große Kirche mit der interessanten Dachkonstruktion aus Holz in Kürze vollkommen. Brandbomben, Phosphor und die Hitze durch den Riesenbrand ließen die Kirche in wenigen Stunden abbrennen. Der Aufenthalt in der Nähe der Kirche – auf der Französischen Allee – war unmöglich, da Hitze und Funkenflug zu stark waren. Zur Rettung des Gebäudes war niemand da, da ja die ganze Umgebung ebenfalls brannte und die Feuerwehr zuerst die auf dem Markt zusammengedrängten Menschen mühsam freikämpfen mußte [...].[3]

Dem großen Brand widerstanden nur die Außenmauern (vgl. Abb. im Beitrag Schaffer-Hartmann). Die ionischen und dorischen Säulen aus Freiburger Sandstein blieben zwar erhalten, waren in ihrer Steinstruktur so zerstört, daß sie für den Wiederaufbau aus statischen Gründen nicht mehr verwendet werden konnten und umgelegt werden mußten. Die beiden Gemeinden waren vorübergehend heimatlos, konnten jedoch im Juni 1945 das Gebäude „Nussallee 15" zurückerwerben, welches sie 1901 der Stadt Hanau als Kindergarten überlassen hatten. Dr. W. Canthal, der damalige Präsesälteste, schrieb darüber:

In mehreren Bauabschnitten, je nach dem erreichbaren Baumaterial und den verfügbaren Geldmitteln, wurde das Haus im Laufe der folgenden Jahre zu einem Gemeindezentrum ausgebaut, das heute neben fünf Wohnungen enthält: Kirchsaal mit eingebauter Orgel und 180 Sitzplätzen, Konsistoriumszimmer, Gemeindezimmer für Konfirmandenunterricht und sonstige Zusammenkünfte, Büro, Kindergartenräume, Jugendraum, Pfarrwohnung, Hausmeisterwohnung, Glockenturm mit zwei kleinen Glocken. Die Finanzierung machte in den ersten Jahren natürlich große Schwierigkeiten. Jedoch halfen uns eine Spende des Schweizer Evangelischen Hilfswerks und eine Spende unseres amerikanischen Freundes Charles Engelhard sowie die Sondersammlung unter den Gemeindemitgliedern mit dem Stichwort „Haggai 1, 4" über die schlimme Zeit hinweg.

Für die folgenden 15 Jahre war ein rechteckiger Raum, mit Kanzel, Abendmahlstisch und Bänken für die beiden Konsistoren rechts und links, das Zentrum der beiden Gemeinden. Blickt man auf die 400-jährige Gemeindegeschichte zurück, entdeckt man hier wieder Parallelen zu den einfach gestalteten *Temples* der calvinistischen Predigerkirchen.

Der Wiederaufbau der ehemals Niederländischen Kirche als „Temple" für die Wallonisch-Niederländische Kirchengemeinde erfolgte im sparsamen, schlichten Stil der 50er Jahre, wie er auch in der Frankfurter Paulskirche zu sehen ist. Wiederverwendet wurden lediglich die noch bestehenden Außenmauern. Der Grundriß wurde an der Stelle, an der ursprünglich die beiden Baukörper verschnitten waren, zu einem Achteck ergänzt (Abb. 12). Der Kirchenraum wirkt leicht und lichtdurchflutet. Der schlichte Raum in seiner Schmucklosigkeit ist ein Symbiose aus den Architekturvorstellungen der 50er Jahre und den Vorstellungen für einen reformierten calvinistischen Versammlungs- und Prediktraum. Er zeigt insbesondere mit den neu verfugten Außenmauern die architektonische und baukünstlerische Auseinandersetzung mit der Ruine im Sinne interpretierender Denkmal-

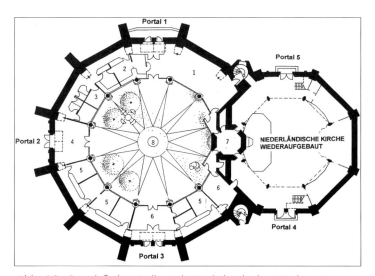

Abb. 12: Grundriß der Wallonisch-Niederländischen Kirche mit Diakoniezentrum heute.

Abb. 13: Stahlkonstruktion des Wiederaufbaues der Niederländischen Kirche als Wallonisch-Niederländische Kirche

pflege. Im Gegensatz zu den wuchtigen Außenmauern stehen die Leichtigkeit der minimalisierten Stahlstützen im Innenraum und die filigrane Stahlkonstruktion des Daches. Dem Bauausschuß stand Dr. Wilhelm Heraeus vor. Im Jahre 1960 konnte dann die Wallonisch-Niederländische Gemeinde aus dem „Vorgängerbau Nussallee 15" in die wiedererbaute Niederländische Kirche ziehen.

Bei dem Wiederaufbau der alten Niederländischen Kirche zu Hanau war uns die Aufgabe gestellt, ein bedeutendes Kulturdenkmal der Stadt, das durch den Krieg bis auf seine Umfassungsmauer zerstört war, wieder ins Leben zu rufen. Es war aber mehr als dieses: ein geschichtliches Wahrzeichen, das als eines der wenigen im Mittelpunkt der verschütteten Kulturschicht der Stadt ein sichtbares Zeichen der Vergangenheit Hanaus darstellt. Es war im Verein mit seiner Bedeutung als Gotteshaus das Denkmal derer, die nicht gewillt waren, sich einem fremden Joch zu beugen, und um ihres Glaubens willen ihre Heimat verließen. Und so stand für uns Architekten außer Zweifel, die größtmögliche Erhaltung dieses Wahrzeichens und Mahnmals unserem Bauherrn vorzuschlagen und von einem Aufbau des Äußeren etwa in neuzeitlichem Gewande entschieden abzuraten. Die vorhandene Substanz der Niederländischen Kirche – wie sie die Ruinenteile des Wallonischen Gotteshauses heute noch zeigen – konnte als ausreichende Grundlage für diese Auffassung gelten. Die wohl durch den Brand in Mitleidenschaft gezogenen Umfassungsmauern und die Treppentürme, die der Zerstörung getrotzt hatten, ergaben den klaren Weg, ohne problematische Zutaten, den alten Bau in seinem ursprünglichen Schöpfungsgedanken wiedererstehen zu lassen, wobei die Ergänzung des Daches mit seinen vie-

len interessanten Aufbauten aufgrund vorhandener Gebäudeaufnahmen restlos in der alten Form durchgeführt werden konnte. Die einzige Konzession an die neuzeitliche Technik (aus Ersparungsgründen) bestand [...] darin, daß anstelle des außerordentlich schweren und kostspieligen hölzernen Dachstuhles eine Faltdachkonstruktion aus Stahl Verwendung fand, die durch ihre Eleganz und Leichtigkeit – allerdings nur im Inneren des Dachaufbaues sichtbar – überzeugend wirkt.[4] (Abb. 13)

Ebenfalls 1960 wurde die verbliebene Ruine der Wallonischen Kirche als Mahnmal für die Zerstörungen des 2. Weltkriegs zur Gedenkstätte der Stadt Hanau erklärt.

Mit dem zeitgemäßen Wandel gemeindlicher Aufgaben, entstand, in den frühen 80er Jahren, der Wunsch nach einem Diakoniezentrum an zentral gelegener Stelle der Stadt Hanau. Die Ruine der Wallonischen Kirche bot sich hierfür an. Die Konzeption wurde von den Architekten in enger Zusammenarbeit mit dem Konsistorium, dem Vorstand der Kathinka-Platzhoff-Stiftung, der Stadt Hanau und dem Amt für Denkmalpflege erarbeitet. Natürlich gab es auch Überlegungen, die Wallonische Kirche als Teil der Stadtshilouette wieder zu erbauen und den so entstehenden Raum einer anderen, nicht mehr kirchlichen Nutzung zuzuführen. Dagegen trat das Konsistorium der Wallonsich-Niederländischen Gemeinde mit Pfarrer Dr. Schlosser sowie der Vorstand der Kathinka-Platzhoff-Stiftung, Dr. K. Becker, Pfarrer Dr. Schlosser und Frau E. Noll, erfolgreich für den Erhalt der Gedenkstätte und einer Nutzung des Innenraumes in Verbindung mit dem Kirchenraum ein. Am 21. August 1987 konnte das Diakoniezentrum eingeweiht werden:

1984 kam es zu den ersten Überlegungen, die Diakoniestation der Kathinka-Platzhoff-Stiftung in der Ruine der Wallonischen Kirche zu errichten. In der Tradition der Erbauer der Doppelkirche entwickelten Bauherren und Architekten gemeinsam das Baukonzept. Im Vordergrund stand die Idee, hier in der Stadtmitte [...] ein Zentrum der Begegnung für die Gemeinde zu erbauen; Räume für die Altenbetreuung und Jugendpflege und zugleich für Nutzungen in Verbindung und in Ergänzung zum Gottesdienstraum. Also Nutzungen, wie sie zum Teil einst in der Kirche unter der Empore zu finden waren. Es galt, für diese Nutzungen eine eigene Gestaltung zu finden und zugleich die Baugeschichte des Gebäudes fortzuschreiben. Folgerichtig fiel die Entscheidung für ein Baukonzept aus, bei dem die Ruinenmauern als sichtbare Erinnerung an die Zerstörung Hanaus und der Kirche im Jahre 1945 erhalten blieben und die Form des Neubaues durch den Säulenkranz der ehemaligen Empore bestimmt wird. Die Symmetrie der Anlage mit den drei Portalzonen blieb erhalten. Der Säulengang und das begrünte Dach sind zwar auf das alte Parkett – die Empore – zurückzuführen, wurden aber [...] neu gestaltet. Die Reste der alten dorischen und ionischen Säulen sind im Mahnmal, im Hofpflaster und bei der Vogeltränke wiederzufinden. [...] Unser Ziel war es, uns in Form einer Metamorphose mit den vorgefundenen Gestaltungselementen auseinanderzusetzen ohne in Versuchung zu geraten, ein historische Kulisse zu schaffen, die die prägenden geschichtlichen Ereignisse nicht mehr erkennen läßt.[5]

Am 8. September 1988 erhielt die oben beschriebene Gestaltung des Diakoniezentrums den Hessischen Denkmalschutzpreis. Die Jury begründete ihre Auswahl wie folgt:

...Der Hessische Denkmalschutzpreis wird für einen bewußten Umgang mit Geschichtszeugnissen verliehen, der die Erhaltung eines Kulturdenkmals sicherte und deshalb eine moderne Gestaltung eines Begegnungszentrums möglich machte. Damit haben die Preisträger Geschichte fortgeschrieben....[6]

Genauso wie zum 300-jährigen Jubiläum (1897) die Kirche renoviert wurde, erfolgte zum 400-jährigen Bestehen eine Renovierung der Wallonisch-Niederländischen Kirche. Die Gestaltungselemente und die helle Farbgebung der 50er Jahre sollten erhalten bleiben. Lediglich die Bestuhlung wurde mit einem zeitgemäßen taubenblauen Anstrich versehen. Die künstliche Beleuchtung des tagsüber lichtdurchfluteten Raumes, wurde durch zusätzliche Leuchtkörper unter den Emporen verstärkt. Die Lampen aus den 50er Jahren wurden heutigen Bedürfnissen angepasst und blieben ebenfalls erhalten.

Aufbauend auf den vor 400 Jahren gelegten strukturellen und architektonischen Grundsteinen haben sich die Wallonisch-Niederländische Gemeinde und ihre Gemeinderäume jeweils zeitgemäß entwickelt. Diese Strukturen lassen auch Möglichkeiten der Entwicklung für die Zukunft offen.

Daten zur Baugeschichte

25. Dezember 1594	Erster Gottesdienst in französischer Sprache in der Kapelle des Hanauer Schlosses - abgehalten von Theophilus Blevet aus Bern.
9. April 1600	Grundsteinlegung für die Wallonisch-Niederländische Doppelkirche.
	Während der Bauzeit ihrer Kirche hielten die Holländer ihren Gottesdienst in einem provisorisch aus Holz erbauten Bethause ab, das an der Ecke Lindenstraße/ Französische Allee stand.
29. Oktober 1609 –	Erster Gottesdienst in der Wallonischen Kirche.
1623	Fertigstellung der Niederländischen Kirche.
19. März 1945	Zerstörung der Wallonisch-Niederländischen Doppelkirche.
im Juni 1945	Erwerb des Gemeindehauses „Nussallee 15" durch die Wallonisch-Niederländische Gemeinde.
ab Juni 1948	Jeweils zum Gemeinde-Jubiläum Gedenkgottesdienst in den Kirchenruinen.
1957 bis 1960	Wiederaufbau der Niederländischen Kirchenruine als Wallonisch-Niederländische Kirche.
22. Mai 1960	Einweihung der Wallonisch-Niederländischen Kirche.
1986 bis 1987	Bau des Diokaniezentrums der Kathinka-Platzhoff-Stiftung auf der Ruine der Wallonischen Kirche.

Anmerkungen

[1] Heinrich Bott, Gründung und Anfänge der Neustadt Hanau 1596-1620, 2 Bde., Marburg und Hanau 1970/71.

[2] Bott S. 262

[3] Reuling, Hans, in: „Unsere Kirche. Chronik von 1933 - 1948", Heft 3, S. 32; Hrsg. vom Konsistorium der Wallonisch-Niederländischen Gemeinde, Hanau 1982.

[4] aus der Beschreibung der Architekten Lossow und Lamatsch.

[5] aus der Einweihungsrede der Architekten Zuschlag und von Perbandt

[6] aus der Rede des Alsfelder Bürgermeisters, Herbert Distelmann, anläßlich der Preisverleihung.

Philipp Ludwig II. - Denkmal
Fotografie 1897

Ursula Wegner
Archivalien und Vasa sacra der Wallonisch-Niederländischen Gemeinde

Die Archivalien.

Bis zur Zerstörung durch den Krieg im Jahre 1945 befanden sich sämtliche Archivalien der Wallonischen und der Niederländischen Gemeinde in einem Raum im Hinterhaus des Französischen Waisenhauses in der Frankfurter Straße 23, das der Wallonischen Gemeinde als Gemeindehaus diente.

Das Prunkstück des Archivs war eine Bibel, die von den Gemeindegründern von Frankfurt mit nach Hanau gebracht worden war. Daneben gab es eine große Anzahl meist in französischer Sprache gedruckter Heiliger Schriften und Gesangbücher aus den verschiedenen Jahrhunderten sowie Katechismen und Agenden.

Eine wichtige Abteilung bildeten die Tauf-, Konfirmations-, Trau- und Sterbebücher und die Protokollbücher der Konsistorien, die an späterer Stelle noch ausführlicher behandelt werden, da sie die einzigen Dokumente seit Gründung der Gemeinden sind, die über die Kriegswirren hinaus gerettet werden konnten.

Von besonderer Bedeutung für die Gemeindegeschichte waren auch die Bücher der Verwaltung, die mit großer Sorgfalt geführt und von den Jahren 1597 bis 1945 lückenlos vorhanden waren. Ebenso verfügte das Archiv über alle wichtigen schriftlichen Unterlagen des Waisenhauses, die Zeugnis über das Wirken und die Arbeit dieser Einrichtung ablegten. Gleiches gilt für die Kassenbücher der Diakonie, die sämtliche Einnahmen und Ausgaben ab dem Jahre 1600 lückenlos verzeichneten. Hierzu gehörten auch die Unterstützungen, die den Hugenotten gewährt wurden, die nach 1685 nach Hanau kamen, nach kurzem Aufenthalt aber meist weiterzogen. Ein anderes Buch enthielt Angaben über die von der Diakonie übernommenen Arzneikosten für bedürftige Kranke der Gemeinde.

Diese Bestände des Archivs wurden durch eine beachtliche Bibliothek ergänzt, deren Schwerpunkte neben theologischen Werken die Literatur über die Geschichte der Gemeinden und der Neustadt Hanau, Jubiläumsfestschriften, die in französischer Sprache verfaßten Bücher des Pfarrers Leclercq und Berichte über andere Hugenottengemeinden und Hugenottenfamilien bildeten.

Fast alle diese nahezu unersetzbaren Schätze wurden in einer einzigen Bombennacht kurz vor Ende des Krieges, am 19. März 1945,

ein Raub der Flammen und völlig zerstört. Zwei Großangriffe, einen im Dezember 1944 und den anderen im Januar 1945, überstand das Archiv beinahe unbehelligt, obwohl die Gebäude des Waisenhauses teilweise schwer beschädigt wurden. Am 19. März jedoch verursachte der infernalische Brand eine solche Hitze, daß alle Gegenstände des sonst unzerstörten Archivraumes verkohlten. Selbst die in den beiden Kassenschränken deponierten Akten und Dokumente zerbrachen bei Berührung und zerfielen zu Staub.

Für uns heute unbegreiflich, war ein Auslagern dieser für die Gemeinde so wertvollen Gegenstände in den Kriegswirren unmöglich, da Transportmittel und eventuell vorhandene Räume nicht für Werte dieser Art zur Verfügung standen. Lediglich die Kirchenbücher sind mit einigen Lücken erhalten geblieben, da sie, zusammen mit einem Portrait von Calvin, in einer eisernen Truhe im Tresor der Landesleihbank lagerten. Dank der Hilfe des Geschichtsvereins überstanden die anderen wertvollen Gemälde den Krieg in einer Bank in Lauterbach/Oberhessen.

Als man nach dem Kriege versuchte, wieder ein Archiv aufzubauen, war dies ein sehr schwieriges Unterfangen, da nicht nur der Besitz der Gemeinde fast völlig zerstört war. Es kam vielmehr noch erschwerend hinzu, daß die meisten unserer Gemeindeglieder, an die man sich zwecks Überlassung fehlender Dokumente und Urkunden hätte wenden können, selbst ausgebombt waren. Dennoch konnten wir dank der Mitarbeit von Gemeinde und Freunden der Gemeinde einige für die Kirche wertvolle Unterlagen wiedererlangen. Wenn auch viele wichtige Zeugnisse durch die Zerstörung unwiederbringlich verloren sind und somit kein Anspruch auf absolute Vollständigkeit erhoben werden kann, so war man doch seit Wiederaufbau des Archivs bestrebt, eine möglichst lückenlose und vollständige Darstellung der Geschichte der Gemeinde und ihres Glaubens von ihren Anfängen bis zur Gegenwart zu präsentieren.

Einen eigenen Raum dafür erhielt das Archiv im Jahre 1987 im Turm der wiederaufgebauten Niederländischen Kirche, und man konnte mit dem Ordnen der wenigen noch vorhandenen und der neuerworbenen Kostbarkeiten beginnen.

Inzwischen besitzt die Bibliothek des Archivs wieder eine beachtliche Anzahl von Heiligen Schriften und Gesangbüchern.

Die älteste Bibel der Gemeinde ist die in französischer Sprache 1706 bei A. Dusarrat in Berlin erschienene *Sainte Bible* (Abb. 1). Sie wurde aus den Trümmern des im Krieg 1945 zerstörten Hauses Steinheimer Straße 42 ausgegraben und gehörte der Familie Michel-Lückhardt. Die ursprüngliche Besitzerin war Marie Catrine Leuschner. Alle anderen Heiligen Schriften sind spätere Erscheinungen ab dem Jahre 1820. Inzwischen sind im Archiv wieder 28 verschiedene Bibeln und Ausgaben des Neuen Testaments vorhanden.

Die Sammlung der Gesangbücher beginnt mit 4 Exemplaren des *Nouveau recueil de Psaumes et de Cantiques à l'usage des Eglises Françoises* (Abb. 2), erschienen 1787 in Frankfurt u. Offenbach bei Ulric Weiss u. Charles Louis Brede.

Ebenfalls in französischer Sprache ist vorhanden: *Le Psautier Huge-not du XVIe siècle, recueilli par Pierre Pidoux*, erschienen 1962 in zwei Bänden bei Baerenreiter in Basel.

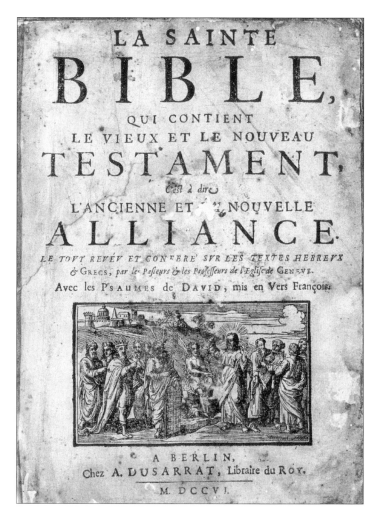

Abb. 1: *LA SAINTE BIBLE*, Berlin: A. Dusarrat, 1706

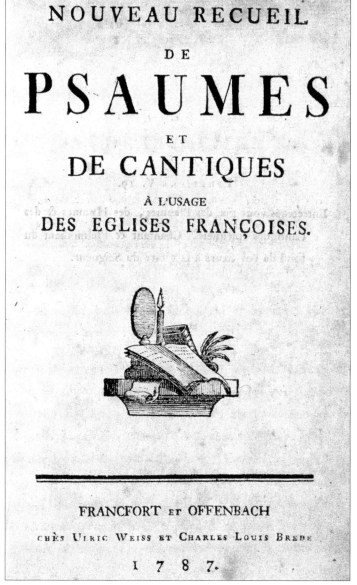

Abb. 2: Sammlung von Psalmen und Liedern für die französischen Kirchen, 1787

Heute verfügt das Archiv über 30 Gesang- u. Psalmenbücher in französischer und deutscher Sprache.

Von den vorliegenden Predigtbüchern seien die *Passionsandachten* von M. Christian Scrivers, 1725 in Nürnberg bei Monath erschienen, erwähnt.

Eine besondere Rarität bildet eine in gestochener Handschrift geschriebene großformatige Weltgeschichte. Sie wurde von Anna Lauteren in französischer Sprache verfaßt und trägt den Titel: *Tableaux synchroniques des différents Siècles depuis l'ère chrétienne jusqu'à nos jours.* Mit Christi Geburt beginnend, vergleicht sie die Geschichte, Religionen und Kulturen der einzelnen Länder durch die verschiedenen Jahrhunderte bis ins Jahr 1800. Ein Erscheinungsjahr des Buches liegt nicht vor; das Werk müßte zu Beginn dieses Jahrhunderts beendet worden sein.

Zu den wertvollsten Schätzen gehören die durch Auslagerung geretteten Tauf-, Trau- und Sterbebücher. Sie werden heute aus Sicherheitsgründen im Stadtarchiv aufbewahrt und liegen uns in Form von Mikrofiches vor, was ein Arbeiten mit ihnen, besonders bei genealogischen Anfragen aus dem In- und Ausland, erleichtert und überdies die Originale schont.

Die Eintragungen in den Tauf- und Traubüchern der Niederländer beginnen im Jahre 1601 und sind bis 1830 vorhanden.

Die Totenbücher liegen nur von 1794 bis 1830 vor.

Weitere Eintragungen über Geburten, Heiraten und Sterbefälle von 1843 bis 1865 sind mit Registern im Traubuch von 1827 bis 1830 verzeichnet.

Die Taufbücher der Wallonen beginnen im Jahre 1593 – also vier Jahre vor der Gründung der Gemeinden – und enden 1830.

Die Traubücher sind lückenlos von 1600 bis 1830 vorhanden.

Bei den Totenbüchern, deren Eintragungen 1609 beginnen und 1830 enden, fehlen die Unterlagen von 1714 bis 1750.

Da die Register zu sämtlichen Büchern nicht einheitlich – Ordnung teilweise nach Vornamen, Familiennamen oder Namen der Frau – und recht unvollständig waren, wurde die Benutzung ungemein erleichtert durch die nachträgliche Erstellung von alphabetischen Registern. So liegen für die Niederländer neben den ursprünglichen Registern nach Familiennamen alphabetisch geordnete Verzeichnisse vor für die Taufbücher von 1601 bis 1807, für die Traubücher von 1601 bis 1830 und für die Totenbücher von 1794 bis 1830.

Die nachträglich angefertigten Register für die Wallonen sind vorhanden für die Taufbücher von 1593 bis 1736, für die Traubücher von 1600 bis 1750 und für die Totenbücher von 1609 bis 1670. Dieses Verdienst kommt in erster Linie Herrn Dr. A. von den Velden aus Weimar zu, dessen erstes Verzeichnis 1910 vorlag. In diesem Zusammenhang sind noch Herr Rektor H. Umbach und der Älteste der Wallonischen Gemeinde, Herr Heinrich Lossow, zu erwähnen. Die Unterlagen der Wallonen schließen mit einem wallonischen Mitgliedsregister von 1831.

Leider sind die späteren Zeugnisse beider Gemeinden verbrannt. Die Eintragungen in die Tauf-, Trau- und Totenbücher beginnen erst wieder im Jahre 1944. Auf Mikrofiches vorhanden sind für Niederländer und Wallonen die Taufeintragungen von 1944 bis 1971 mit Register, die Konfirmandenbücher von 1945 bis 1971 mit Register, die Traueintragungen von 1944 bis 1961 mit Register und die Totenbücher von 1944 bis 1960 mit Register.

Von einem für die Gemeinde unschätzbaren Wert ist außerdem der Besitz der verschiedenen Protokollbücher und Mitgliederverzeichnisse seit Gründung der Gemeinden. Leider sind diese Unterlagen nur von der Wallonischen Gemeinde vorhanden. Der Text der handgeschriebenen Folianten ist in Französisch, der zu jener Zeit offiziellen Sprache dieser Flüchtlingsgemeinde, abgefaßt.

So verfügt das Archiv über Verzeichnisse der wallonischen Gemeindemitglieder von 1632 bis 1745.

Das erste Konsistoriumsprotokoll stammt von 1594 (Abb. 3). Es entstand also 3 Jahre vor der Gemeindegründung. Bis 1695 liegen die Protokollbücher lückenlos vor. Hinzu kommen die Protokolle der Großen Konsistorien von 1662 bis 1796, die auch die Pfarrerwahlen eingehend behandeln.

Getrennt geführt wurden die Protokolle der Ministerien (1712 bis 1822) und die der Diakonie, die uns von 1652 bis 1778 vorliegen. Letztere werden noch ergänzt durch ein Verzeichnis der Rechnungen des Waisenhauses von 1791 bis 1806.

Das Verzeichnis der Ältesten und Diakone beginnt bereits 2 Jahre vor der Gemeindegründung, also im Jahre 1595. Es reicht bis ins Jahr 1940. Zwei weitere Folianten berichten über die Wahlen der Ältesten und Diakone von 1686 bis 1920.

Ab Kriegsende liegen die Konsistoriumsprotokolle bis 1975 in handschriftlicher, ab 1.1.1976 in maschinenschriftlicher Ausführung gebunden vor.

Auskunft über die Pfarrer der Gemeinde und ihre wichtigsten persönlichen Daten gibt ein Büchlein von Heinz F. Friederichs: *Die Niederländisch-reformierten und die Wallonischen Pfarrer in Hanau,* das 1954 erschienen ist und durch eine Ergänzungstafel auf den neuesten Stand gebracht wurde.

Die älteste im Archiv vorhandene Kirchenordnung ist die *Hanauische Kirchen-Disciplin und Eltesten-Ordnung,* vom Grafen Philipp Reinhard *für die Hanauischen reformierten Kirchen* herausgegeben und 1688 bei Matthias Stann erschienen.

Von der Niederländischen und der Wallonischen Gemeinde liegen die Kirchenordnungen leider erst ab 1870 vor. Die erste gemeinsame Ordnung wurde im Jahre 1947 verabschiedet, obwohl die rechtliche Vereinigung beider Gemeinden erst 1960 erfolgte.

Wenn der Gemeinde auch alle schriftlichen Dokumente über Verhandlungen und Vereinbarungen zwischen dem Grafen Philipp Ludwig II. und den Flüchtlingsgemeinden für alle Zeiten verlorengegangen sind – wichtige Unterlagen sind allerdings noch im Stadtarchiv vorhanden –, so verfügt das Archiv inzwischen jedoch wieder über einige bedeutende Publikationen über die früheste Geschichte der beiden Gemeinden.

Die Anfänge der Wallonischen Gemeinde sind ausführlich in dem in französischer Sprache und anläßlich des 400jährigen Gemeindejubiläums erstmals in deutscher Übersetzung vorliegenden Werk ihres letzten, überwiegend französisch sprechenden Pfarrers Jean Baptiste Leclercq beschrieben. Es erschien 1868 in Hanau unter dem Titel: *Une Eglise réformée au 17 siècle ou Histoire de l'Eglise wallone de Hanau*. Leclercq schildert darin in ausführlicher Weise die großherzige Aufnahme der Flüchtlinge durch den Grafen, die Entwicklung der Wallonischen Gemeinde, ihren Glauben und das religiöse Leben, aber auch die zeitweiligen Schwierigkeiten unter späteren Landesherren, die Händel zwischen den Gemeinden und dem Magistrat und das Verhältnis der Flüchtlingsgemeinde zu den anderen christlichen Kirchen in Hanau während der ersten 100 Jahre in ihrer neuen Heimat.

Nicht ganz so ausführlich und ins Detail gehend ist die *Festschrift zur 300jährigen Jubelfeier der Wallonischen Gemeinde zu Hanau* von Pfarrer Carl Nessler, die auch die Geschichte der Gemeinde beschreibt. Sie erschien im Jubiläumsjahr 1897 und schildert die verschiedenen Stationen auf dem leidvollen Weg der Glaubensflüchtlinge und die ersten 300 Jahre nach deren Aufnahme und Gründung der Wallonischen Gemeinde in Hanau.

Die Geschichte der Niederländischen Gemeinde wird dokumentiert in der *Festschrift zur 300jährigen Jubelfeier der Niederländischenreformirten Gemeinde zu Hanau* von Pfarrer Arthur Wessel. Auch sie ist im Jubiläumsjahr 1897 erschienen. Da beide Flüchtlingsgemeinden bis auf wenige Begebenheiten die gleiche Geschichte im Exil haben, ist, um Wiederholungen zu vermeiden, die Broschüre von Wessel die kürzeste der 3 Abhandlungen. Ihr kommt jedoch, da sie die einzige Niederschrift über die ersten dreihundert Jahre der Niederländischen Gemeinde ist, eine gewisse historische Bedeutung zu.

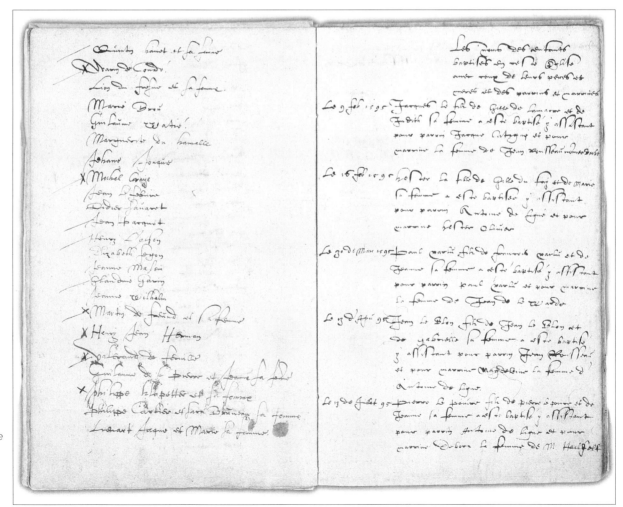

Abb. 3:
Die ersten Protokolle des Konsistoriums der Wallonischen Gemeinde ab 1594.

Über die neuere Geschichte der Gemeinde besitzt das Archiv die einzige noch vorhandene Abschrift des zerstörten Originals von Carl Jünger: *Chronik der Wallonischen Gemeinde von 1897 bis 1933.* Auch die drei Hefte *Unsere Kirche*, 1960 - 82 erschienen, bringen interessante Beiträge zur Geschichte ab 1897.

Heft 1 erschien 1960 anläßlich der Einweihung der wiederaufgebauten Wallonisch-Niederländischen Kirche.

Heft 2 brachte einen Rückblick auf 375 Jahre und ist 1972 erschienen.

Heft 3 wurde als Gedenkschrift zum 385jährigen Jubiläum 1982 herausgegeben und bringt eine Chronik der Jahre von 1933 bis 1948.

Schließlich erschien 1981 eine Tagungsschrift des 32. Deutschen Hugenottentages in Hanau unter dem Titel: *Zuflucht Hanau* mit wichtigen Beiträgen zur Gemeindegeschichte.

In der Broschüre *Wallonisch-Niederländische Gemeinde Hanau* informiert die Gemeinde über ihre Geschichte, ihre evangelisch-reformierte Tradition, ihre Gottesdienste, Veranstaltungen und Einrichtungen. Das Heft wurde 1987 anläßlich der Einweihung des Diakoniezentrums der Kathinka-Platzhoff-Stiftung im Auftrag des Konsistoriums von Ursula Wegner unter Mitarbeit von Thinka Ott und Jutta Hühn herausgegeben.

Die Baugeschichte der ursprünglichen Kirche ist ausführlichst beschrieben in J. P. Thyriots *Festschrift zur Erinnerung an die 300jährige Wiederkehr des 29. Oktober 1608, an welchem der erste Gottesdienst in der Wallonischen u. Niederländischen Doppelkirche in der Neustadt Hanau stattgefunden hat.* Sie ist 1908 erschienen und stellt in ihrer detaillierten Beschreibung eine für die Gemeinde unersetzbare Kostbarkeit dar.

Eine weitere Beschreibung der Baugeschichte und des Kircheninnern findet man in der Festschrift von A. Winkler und J. Mittelsdorf: *Die Bau- und Kunstdenkmäler der Stadt Hanau, Teil 1,* die 1897 bei Alberti in Hanau erschienen ist und inzwischen wieder zu den Beständen des Archivs zählt.

Nicht zu trennen von der Geschichte der Gemeinde ist die Entstehung und Entwicklung der Neustadt, da dieser bedeutende Teil Hanaus ja eine Gründung der Glaubensflüchtlinge unter dem klugen und weitblickenden Landesherren, dem Grafen Philipp Ludwig II., war. Das Archiv konnte einen beachtlichen Teil der wichtigsten einschlägigen Literatur darüber, die nach dem Krieg noch oder wieder verfügbar war, neu erwerben.

Inzwischen besitzen wir das Hauptwerk von Ernst J. Zimmermann: *Hanau, Stadt und Land* als unveränderten Nachdruck der Ausgabe von 1919, ein wichtiges Nachschlagewerk auch zur Geschichte der Glaubensflüchtlinge.

In dieser Abteilung befindet sich weiterhin das Standardwerk von Heinrich Bott: *Gründung und Anfänge der Neustadt Hanau, 1596-1620, Bd 1,2,* das 1970 - 71 als Veröffentlichung des Hanauer Geschichtsvereins anläßlich seines 125jährigen Bestehens erschie-

nen ist und u.a. die Geschichte der Wallonischen und der Niederländischen Gemeinde ausführlich behandelt.

Erwähnt sei noch eine spätere, 1991 erschienene Veröffentlichung von Ute Müller-Ludolph: *Philipp Ludwig II. von Hanau-Münzenberg,* ferner: Ludwig Rosenthal: *Geschichte der Juden im Gebiet der ehemaligen Grafschaft Hanau,* eine 1963 erschienene Veröffentlichung des Hanauer Geschichtsvereins.

Für die neuere Geschichte Hanaus liegt die Arbeit von Gerhard Flämig vor: *Hanau im Dritten Reich,* Band 1-3: 1933 - 45, erschienen 1983 - 91.

Natürlich kann diese Aufzählung der Standardwerke nur eine bescheidene, aber repräsentative Auswahl der im Archiv vorhandenen Publikationen zu diesem Thema darstellen.

Ein Gebiet in der Rubrik Gemeindeleben sind neben den schon erwähnten Festschriften die Publikationen der Gemeinde, wie Predigten, Aufsätze und sonstige Veröffentlichungen der einzelnen Pfarrer und Gemeindeglieder.

Besondere Erwähnung verdienen hier die verschiedenen Druckwerke des wallonischen Pfarrers Leclercq. Seine für uns bedeutendste Veröffentlichung ist das bereits beschriebene Buch: *Une Eglise réformée ou Histoire de l'Eglise wallone de Hanau.*

Daneben besitzt das Archiv Leclercqs Roman *Francisque,* den er 1879 unter dem Pseudonym „Abbé Jean" veröffentlicht hat. Er schildert sein Leben als katholischer Priester und Mönch bis zum Übertritt zum Protestantismus. Das Werk ist als Nachdruck 1995 in französischer und deutscher Sprache erschienen und im Archiv vorhanden.

Weiterhin besitzen wir:

Leclercq, Jean Bapt.: *Droits et devoirs de l'homme* (Rechte und Pflichten des Menschen), 1861.

Bilder und Fotos von früheren Pfarrern und bedeutenden Gemeindemitgliedern sowie Berichte über Ereignisse in Familien der Gemeinde werden ebenfalls im Archiv gesammelt.

Die Geschichte einer zur Gemeinde gehörenden Hanauer Familie wird beschrieben in dem Buch : Fritz Canthal: *Lebenserinnerungen eines jüdischen Unternehmers in Hanau,* 1992 erschienen.

Ein weiteres wichtiges Dokument unseres Gemeindelebens ist das Gemeindeblatt *Wallonisch-Niederländische Gemeinde in Hanau,* das von 1933 bis 1944 lückenhaft, ab 1945 vollständig und in mehreren gebundenen Exemplaren vorhanden ist. Es erschien erstmalig im Oktober 1933 als monatliches Rundschreiben für die Gemeindemitglieder und in etwas erweiterter Form ab Januar 1934 als kleines Gemeindeblatt mit dem Bild der Wallonisch-Niederländischen Doppelkirche als Kopf. Es wurde den Gemeindegliedern monatlich kostenlos zugestellt. Heute erscheint das Gemeindeblatt in 5 Heften jährlich in regelmäßigen Abständen und wird vom Konsistorium herausgegeben. Neben einer Predigt enthält es einen Rückblick auf stattgefundene Ereignisse, wie besondere Gottesdienste, Feiern, Vorträge, Fahrten, Freizeiten, Mitteilungen über Taufen, Hochzeiten, Sterbefälle und ein Programm der geplanten Veranstaltungen und Termine.

Neben der Literatur, die unmittelbar die Gemeinde betrifft, befinden sich in der Bibliothek theologische Bücher und Literatur über Calvin, Zwingli und Luther.

Ein anderer Schwerpunkt ist die Sammlung des wichtigsten Schrifttums über die Geschichte der Réfugiés im In- und Ausland und ihre Ansiedlungen. Als Beispiele seien genannt:

Ingrid und Klaus Brandenburg: *Hugenotten. Geschichte eines Martyriums.* Ed. Leipzig 1990.

Janin Garrisson: *Denn so gefällt es uns. Geschichte einer Intoleranz.* 1985.

Jochen Desel und Walter Mogk: *Wege in eine neue Heimat. Fluchtberichte von Hugenotten aus Metz.* 1987.

Johannes E. Bischoff: *Lexikon deutscher Hugenotten-Orte.* 1994.

Willi Stubenvoll: *Die deutschen Hugenottenstädte.* 1990.

Geschichtsblätter der Deutschen Hugenottenvereins e.V., davon verschiedene Hefte mit Ortsgeschichten deutscher Hugenottenkolonien.

Ein weiterer Bestandteil der Bibliothek des Archivs sind Publikationen von Hugenottengemeinden, wie Berichte, Jubiläumskataloge und Jubiläumsschriften.

Darüber hinaus sammeln wir Gemeindeblätter und Mitteilungen anderer reformierter Gemeinden im In- und Ausland. So verfügt das Archiv augenblicklich über einen Bestand von rund 60 periodisch erscheinenden Veröffentlichungen.

Beim Sammeln des Schrifttums des Deutschen Hugenottenvereins ist das Archiv um möglichst lückenlose Vollständigkeit bestrebt. Erwähnt sei neben den periodischen Erscheinungen, wie:

Geschichtsblätter des Deutschen Hugenottenvereins,

Der deutsche Hugenott und vielen anderen Publikationen die Festschrift von Jochen Desel und Walter Mogk: *100 Jahre Deutscher Hugenottenverein.* 1990.

Neben der Hugenottenliteratur befinden sich dort Schriften und Festschriften der Hanauer Kirchengemeinden.

Eine vollständige Präsentation der wichtigsten Veröffentlichungen des Hanauer Geschichtsvereins ist ein großes Anliegen des Archivs. Genannt seien hier nur die beiden bedeutendsten Publikationen: *Neues Magazin für Hanauische Geschichte* und *Hanauer Geschichtsblätter.*

Auch Festschriften und Publikationen von Hanauer Schulen, Vereinen, Banken und Industriefirmen sind vorhanden.

Neben der recht umfangreichen Bibliothek verfügt das Archiv inzwischen wieder über eine kleine Sammlung an alten Urkunden über Eintritte in die Gemeinde, Taufen, Konfirmationen und Trauungen sowie Sterbeurkunden.

Darüber hinaus sammelt das Archiv Unterlagen und Dokumente der früheren Feste und Jubiläen der Gemeinde.

Jubiläumsprogramme, Jubiläumsschriften, Zinnbecher und ähnliche Erinnerungsstücke sind begehrte Objekte.

Gedenkmünzen und Medaillen, nicht nur der eigenen Gemeinde, zu den verschiedensten Anlässen hergestellt, sind in einer Vitrine geordnet. Das älteste Stück stammt vom 200jährigen Gemeindejubiläum am 2. Juli 1797. Es handelt sich um eine silberne Gedenkmedaille, deren Vorderseite eine Landschaft mit 3 Palmen zeigt. In der Mitte befindet sich ein Obelisk, an dem eine Figur mit einem Kelch in der rechten Hand steht. Auf der Rückseite ist der Anlaß vermerkt mit der Umschrift: LE JUSTE FLEURIRA COMME LE PALMIER.

Der Wiederaufbau von Kirche und Gemeindehäusern ist dokumentiert in Wort und Bild.

Pfarrer-Einführungen und -Verabschiedungen, kirchliche Feste, Konfirmationen, besondere Gottesdienste, Vorträge und Konzerte sind anhand von Unterlagen, Berichten und Bildern nach Wiederaufnahme der Arbeit nach dem Krieg festgehalten.

Die Arbeit der Diakonie, ihr segensreiches Wirken auch außerhalb unserer eigenen Gemeinde ist in bebilderten Berichten im Archiv abgeheftet.

Sämtliche Unterlagen über Gründungen und Wirken der einzelnen Stiftungen, wie z.B. der Kathinka-Platzhoff-Stiftung und der Heinz-Meyer-Stiftung, sind im Archiv einzusehen.

Eine neue Abteilung bilden die Schriften und Veröffentlichungen der Evangelisch-reformierten Kirche (Synode evangelisch-reformierter Kirchen in Bayern und Nordwestdeutschland), der die Wallonisch-Niederländische Gemeinde seit dem 17. Juni 1996 in synodaler Gemeinschaft angehört.

Neben den Berichten über die Synoden besitzt das Archiv die Publikationen: *Die Evangelisch-reformierte Kirche in Nordwestdeutschland,* 1982 und Haas, Karl Eduard: *Die Evangelisch-reformierte Kirche in Bayern, ihr Wesen und ihre Geschichte,* 1970, 2. Auflage 1982 und Wachter, Andreas: *Geschichte der Reformierten in Bayern von ihren Anfängen bis in die Gegenwart,* 1994. Da die Wallonisch-Niederländische Gemeinde dem Synodalverband XI (Bayern) der Evangelisch-reformierten Kirche in synodaler Gemeinschaft angehört, ist der Geschichte der Gemeinde und dem aktuellen Gemeindeleben ein umfangreiches Kapitel dieses Buches gewidmet. (Lit.: Nessler, Carl: *Festschrift zur 300jährigen Jubelfeier der Wallon. Gemeinde zu Hanau,* 1897; Gemeindemitteilungen von Oktober 1933 bis Januar 1934; Unsere Kirche, H. 3, 1982, S. 16, S. 37 bis 39.)

Die Vasa Sacra.

Die Vasa sacra gehören zum wichtigsten historischen Inventar der Gemeinde, das über den Krieg gerettet wurde und vom Archiv verwaltet wird.

Mit der Einwanderung der niederländischen und wallonischen Glaubensflüchtlinge und der durch sie erfolgten Gründung der Neustadt Hanau hielt auch das Gold- und Silberschmiedehandwerk seinen Einzug. Allein unter den 11 Unterzeichnern der Capitulation befanden sich 5 Goldschmiede und Jubilirer, die auch die ersten Häuser in der Neustadt bauten. Laut Chronik von Ernst J. Zimmermann soll es im Jahr 1608 schon 27 selbständige Gold- und Silberschmiede nebst Filigranarbeitern gegeben haben, die bereits 1610 ihre Zunft gründeten. Mitglied konnte man nur nach Verbringung von 2 Mutjahren in der Stadt und nach Zahlung einer Beitrittssumme und Anfertigung eines Meisterstückes werden. Leider ist von den ersten Arbeiten nichts mehr erhalten geblieben.

Die Wirren des 30jährigen Krieges – Hungersnot, Pest und neunmonatige Belagerung der Stadt durch General Lamboy – brachten den nahezu vollständigen Niedergang des Edelmetallgewerbes in Hanau. Selbst als in der 2. Hälfte des 17. Jahrhunderts durch die Aufhebung des Edikts von Nantes 1685 und durch die Verwüstung von Worms und Frankenthal durch Ludwig XIV. erneut Flüchtlinge in die Stadt kamen, waren nur wenige Gold- und Silberschmiede darunter.

Der Silberschmied Wilhelm Ferein, der 1689 von Worms nach Hanau gezogen war, gehörte zu diesen wenigen. Er und später sein Sohn Heinrich sollten wohl die bekanntesten unter den Silberschmieden der Neustadt Hanau werden.

1690, im Jahre seiner Vermählung mit Gertrud Altvatter in der Niederländischen Kirche, schuf er für die Gemeinde einen *ovalen, glatten, silbernen Brotteller* (40,2 x 32,8 cm) mit breitem Rand (Abb. 4). Die Schönheit dieses Stückes liegt in seiner Schlichtheit und Klarheit der Form, die an eine moderne Schale unserer Zeit erinnert. Der Teller ist mit Fereins Meisterzeichen „WF" im Herz und dem Beschauzeichen „Neuhanau" punziert. Die eingravierte Datierung auf der Rückseite: DEN 1. FEBRUARIUS 1690.[1]

Als Heinrich Ferein, der berühmtere der beiden Silberschmiede, sieben Jahre alt war, starb sein Vater. So wurde er in der Werkstatt eines aus Frankenthal geflüchteten Freundes der Familie ausgebildet. Von ihm, der in der Niederländischen Gemeinde die Ämter eines Diakons, eines Cassirers und später eines Kirchenältesten bekleidete, stammt eine Taufschüssel mit passender Taufkanne in teilvergoldetem Silber (Abb. 5).

Die *runde Taufschüssel*, Durchmesser 40 cm, hat einen breiten, leicht geschwungenen barocken Rand, der mit graviertem Bandelwerk verziert ist. Die Schüsselmitte zeigt eine Palme mit 2 Gewichten, die kreisförmig von gravierten Ornamenten umgeben ist, in deren Rund sich die Umschrift: SIC IUSTUS IN DOMO JEHOVAE, Ps. 92 befin-

det. Auf der Rückseite die Inschrift: NIEDERTEUTSCHE DIACONIE a 1722 O HENR: FEREIN FECIT.

Die *Taufkanne* hat eine Höhe von 26 cm. Sie besteht aus einem leicht gewölbten Fuß mit kurzem Schaft. Das darauf befindliche Gefäß mit glatter, leicht konisch ansteigender Wandung ist im unteren Teil godroniert und in der Mitte durch einen Profilrand horizontal geteilt. Der Henkel reicht bis zum godronierten Teil. Schaft und Gefäßrand sind mit gravierter Ornamentik verziert. Unter dem Schnabelausguß zeigt ein graviertes ovales Feld eine Palme mit Umschrift passend zur Schale. Der ebenfalls gravierte, leicht gewölbte Klappdeckel wird von einer durch Profilrand geteilten Kugel bekrönt. Im Fuß der Kanne: NIEDERTEUTSCHE DIACONIE 1722. Schüssel und Kanne sind mit Fereins Meisterzeichen „HF" in rundem Feld und dem Neuhanauer Beschauzeichen punziert.[2]

Das silberne *Taufgeschirr* der Wallonischen Gemeinde (Abb. 6) wurde ihr 1732 von Fräulein Susanne Elisabeth Varlut gestiftet.

Die *Schüssel*, Durchmesser 41,5 cm, ist am geschweiften, ausgebogten flachen Rand mit gravierten Barockornamenten verziert, die sich im Rund der Schüssel wiederholen. Auf der Unterseite des Bodens ist das Jahr Ao 1731 eingraviert.

Die *Taufkanne* hat eine Höhe von 22,5 cm. Auf einem leicht gewölbten breiten Fuß sitzt das bauchige Gefäß mit vier bis zum Fuß durchgehend geriefeten Zügen. Der geschwungene Henkel endet oberhalb der Bauchwandung. Zur Schüssel passende, gravierte Barockornamente auf gepunztem Grund verzieren den Klappdeckel, Hals, Fuß und die 4 Felder des bauchigen Körpers. Der Deckel ist in 3 Wülsten abgesetzt und hat als Abschluß einen Knauf. In der Ornamentik unterhalb des Ausgusses ist das Datum Ao 1731 zu erkennen. Auf Grund der Stempel des Taufgeschirrs (Bein im Oval) ordnen Winkler/Mittelsdorf die Arbeiten einem Mitglied der Augsburger Goldschmiedefamilie Pfeffenhauser zu.[3]

Ernestus Römer, ein weiterer bekannter Silberschmied, der um 1699 in der Neustadt Hanau geboren und 1744 gestorben war, schuf *zwei Brotteller* für die Wallonische Gemeinde, die ebenfalls erhalten geblieben sind. Wie aus den Inschriften ersichtlich ist, handelt es sich bei beiden Tellern um Stiftungen.

Die runden *Brotteller* bestehen aus Silber und sind vergoldet. Ihr Durchmesser beträgt 30 cm. Beide haben den gleichen ausgebogten, profilierten Rand. In der Tellermitte des einen befindet sich ein graviertes behelmtes Barockwappen mit 3 stilisierten flammenden Herzen oder Früchten (evtl. Rüben) im runden Innenfeld, das von der gravierten Widmung umgeben ist: JACOB HESTERMANN CAPITAINE DE BOURGEOISIE DANS LA VILLE NEUVE DE HANAU A FAIT PRESENT DE CE BASSIN A L'EGLISE VALLONE DE LA DITE VILLE LE 3me NOVEMBRE 1740 (Abb. 7).

Die Mitte des anderen Tellers schmückt eine ovale Wappenkartusche mit einem Strauß im Innenfeld. Hier lautet die Aufschrift: JEAN BAPTISTE STRAUS A FAIT PRESENT DE CE BASSIN A L'EGLISE VALLONE DE LA DITE VILLE LE 3me NOVEMBRE 1740.

Abb. 4: Brotteller der Niederländischen Gemeinde, Silber (1690), von Wilhelm Ferein

Abb. 5: Taufschüssel mit passender Taufkanne der Niederländischen Gemeinde, Silber teilvergoldet (1722), von Heinrich Ferein

Abb. 6: Taufgeschirr der Wallonischen Gemeinde, Silber (1731), von einem Mitglied der Familie Pfeffenhauser

Abb. 7: Brotteller (1740) von Ernestus Römer und Brotbecher (1792) von Justus Stoudt, Silber vergoldet, gearbeitet für die Wallonische Gemeinde

Das Beschauzeichen beider Teller: Neuhanau. Das Meisterzeichen: ER = Ernestus Römer.[4]

Der Silberschmied Justus Stoudt (auch: Stouw, Staudt), 1748 in Utrecht geboren, seit 1777 bis zu seinem Tode 1795 in Hanau wohnhaft, arbeitete für die Niederländische Gemeinde zwei gleiche *Brotbecher mit Deckel*, die auch heute noch im Besitz der Wallonisch-Niederländischen Gemeinde sind (Abb. 7).

Sie sind aus Silber vergoldet und haben mit Deckel eine Höhe von 24 cm. Auf rundem abgesetztem Fuß steht das glattwandige, leicht konisch auslaufende Gefäß. Den leicht gewölbten Deckel bekrönt eine Rosette. Beschauzeichen: Hanau um 1790. Das Meisterzeichen: IS = Justus Stoudt. Ein leider nicht mehr vorhandenes Lederfutteral trug die Inschrift: NEEDER TUITSCHE DIAKONIE 1792. W. SCHLICHT, J. HÖRNER, A. WAGNER, P. SCHWARTZ, DIAKONEN.[5]

Aus dem Besitz der Wallonischen Gemeinde sind 2 gleiche *Abendmahlskannen* in Silber vergoldet (Abb. 8) vorhanden. Ihre Höhe beträgt 34,5 cm. Die bauchige Kanne zeigt eine durchgehende schwingende Rokokoriefelung. Ein flacher Zylinderschaft verbindet den gewölbten Fuß mit dem Gefäßkörper. Der Deckel wird bekrönt durch eine kleine ziselierte Weintraube. Der geschwungene Henkel in Rokokoform endet oberhalb der Bauchwandung.

Zu den Kannen gehören *2 Abendmahlskelche* in Silber vergoldet (Abb. 9). Die Höhe beträgt 29 cm. Das glattwandige Gefäß mit einem vasenförmigen Knauf mit Rokokoverzierung steht auf einem ausladenden gewölbten Fuß mit Riefelung.

Kannen und Kelche haben die gleichen Stempel. Bei dem ersten Zeichen, einem Oval, das auf einem X ruht, handelt es sich um das Augsburger Beschauzeichen der Jahre 1775 - 77. Das zweite Zeichen zeigt die Buchstaben EGM (Emanuel Gottfried Meisgeier). Ursprünglich wurden die beiden Weinkannen gemeinsam mit den Abendmahlskelchen und den oben beschriebenen Brottellern in einem Lederetui aufbewahrt mit der Aufschrift: VASES SACRES DE L'EGLISE VALLONE DE HANAU 1776. Leider ist dieses Behältnis nicht mehr vorhanden.[6]

Ursprünglich im Besitz der Niederländischen Gemeinde befindlich, sind *2 gleiche Abendmahlskannen* (Abb. 10) heute noch vorhanden. Sie sind um 1900 in Hanau entstanden im Stil des „Dresdner Barock", für dessen Nachbildung das Hanauer Silberschmiedehandwerk weltweit berühmt war.

Die Kannen sind in Silber gearbeitet und innen vergoldet. Ihre Höhe beträgt 30 cm.

Das bauchige Gefäß sitzt auf gewölbtem Fuß und zeigt bis zum Fuß durchgehende geriefte Züge. Der leicht geschwungene, mit Ornamentik sparsam verzierte Henkel reicht bis zur Mitte der Bauchwan-

dung. Die Riefelung der Kanne setzt sich im leicht gewölbten Deckel fort, der von einem Knauf gekrönt wird. Der Firmenstempel (WSH im Herz) deutet auf die ursprüngliche Firma Wilhelm Weinranck u. Schmidt, heute Firma Wilhelm Weinranck GmbH. hin.[7]

Für Abendmahlsfeiern, die nicht in der Kirche stattfinden, wie z.B. im Krankheitsfall oder bei bevorstehendem Ableben eines Gemeindegliedes, besitzt die Gemeinde *einen Brotteller mit Kelch* (Abb. 11) in Silber vergoldet, die beide zusammen in einem Lederetui aufbewahrt werden.

Der glatte runde *Brotteller* mit breitem Rand hat einen Durchmesser von 8,5 cm.

Der tulpenförmige, glatte getriebene Silberkelch mit breit ausladendem gerieftem Fuß hat eine Höhe von 14,3 cm. Trotz des schlichteren Nodus ähnelt dieser Abendmahlskelch in seiner Form sehr den beiden oben beschriebenen wallonischen Kelchen. Durch die Stempelung läßt sich die Herstellung der beiden Stücke zeitlich recht genau bestimmen. Der eine Stempel zeigt ein Oval mit der Augsburger Pinie, unter der sich ein D befindet, das Augsburger Beschauzeichen für die Jahre 1739 - 41. Der Firmenstempel, ein ED in waagrechtem, seitlich abgerundetem Feld, gehört wahrscheinlich zu dem Augsburger Silberschmied Emanuel Drentwet.[8]

Nachdem Anfang dieses Jahrhunderts in verschiedenen Städten (Dresden, Leipzig, Hamburg) Einzelkelche zum Abendmahl benutzt wurden, erwogen die Konsistorien beider Gemeinden ebenfalls deren Einführung. Nach reiflicher Prüfung, zu der auch die Fahrt einer Kommission nach Straßburg gehörte, um die dort bereits vorhandenen Erfahrungen zu berücksichtigen, wurde die Anschaffung beschlossen, und am 2. Oktober 1904 fand das erste Abendmahl mit *silbernen Einzelkelchen* statt, von denen 107 Stück noch heute im Gebrauch sind.

Der einfache, als Tulpe getriebene glatte *Silberkelch* ist innen vergoldet. Er hat einen runden gewölbten Fuß mit Riefelung. Der glatte Nodus ist durch eine Profilleiste horizontal unterbrochen. Fuß und Nodus haben die gleiche Form wie der Silberkelch für Hausabendmahl.

Die Höhe beträgt 10,3 cm. Die Stempelung zeigt den Silberfeingehalt 800. Ein Reichsgesetz von 1888 verbot, den Feingehalt weiterhin in Karat und Lot anzugeben. Vielmehr mußte nun in Tausendteilen gestempelt werden. Neben der Feingehaltsangabe sind die Kelche mit der Mondsichel (= Silber) und der Reichskrone (= in Deutschland gearbeitet) punziert, auch dies eine Vorschrift des neuen Reichsgesetzes. Außer der Angabe des Silberfeingehalts ist ein G.G. (evt. Gebr. Glaser?) eingestempelt und ein N rechts neben der Reichskrone.[9]

Abb. 8: Abendmahlskanne der Wallonischen Gemeinde, Silber vergoldet (1776), von Emanuel Gottfried Meisgeier

Abb. 9: Abendmahlskelch der Wallonischen Gemeinde, Silber vergoldet (1776), von Emanuel Gottfried Meisgeier

Abb. 10: Abendmahlskanne der Niederländischen Gemeinde, Silber (um 1900), Wilhelm Weinrack u. Schmidt

Abb. 11: Brotteller mit Kelch für Hausabendmahl im Besitz der Wallonisch-Niederländischen Gemeinde, Silber vergoldet (um 1740), von Emanuel Drentwet

Abb. 12: Tablett für Einzelkelche
der Wallonisch-Niederländischen
Gemeinde, Silber (1987),
J.D. Schleissner und Söhne

Abb. 13: Runder Brotteller der
Wallonisch-Niederländischen
Gemeinde, Silber (1987),
J.D. Schleissner und Söhne

Zur 390. Wiederkehr des Gründungstages der Wallonisch-Niederländischen Gemeinde im Juni 1987 wurden der Gemeinde *8 Silbertabletts* zur Austeilung der Einzelkelche beim Abendmahl und *ein Brotteller* von Gemeindegliedern gestiftet.

Das *Tablett* (Abb. 12) in Silber 800/000, abgeschlagen, hat eine rechteckige Form mit ovaler Innenfläche. Der aufgesetzte massive Rand ist an den Ecken ausgebogt und mit einer durchgehenden Riefelung verziert. Die Größe beträgt mit Rand 34 x 25 cm, die Stellfläche umfaßt 29 x 21,5 cm und bietet Platz für 12 bis maximal 15 Einzelkelche. In der Mitte des Spiegels ist eine Palme mit Traube und Gewicht eingraviert, darunter steht die Widmung: *Gestiftet zum*

390. Gründungstag am 1. Juni 1987 von ... Der Entwurf für die Gravur stammt von Frau Lieselotte Volkmann, einem inzwischen verstorbenen Gemeindemitglied. Hersteller ist die Silberschmiede J. D. Schleissner und Söhne.

Der runde Brotteller (Abb. 13), Silber 800/000, hat einen Durchmesser von 27,5 cm. Er hat einen ausgebogten profilierten Rand. In der Tellermitte befindet sich auch hier eine Palme mit Traube und Gewicht und der Widmungsinschrift darunter. Der Entwurf für die Gravur: Frau Lieselotte Volkmann. Hersteller: J. D. Schleissner und Söhne.

Anmerkungen

[1] Lit.: Zuflucht - Hanau 1981; Schneider/Schmidberger: Hanauer und Kasseler Silber, 1982; 450 Jahre Altstädter Rathaus 1988

[2] Lit.: Historisches u. neues Kirchengerät, 1965. Zuflucht - Hanau, 1981; Schneider/Schmidberger: Hanauer u. Kasseler Silber, 1982; 450 Jahre Altstädter Rathaus, 1988.

[3] Lit.: Nessler, Carl: Festschrift z. 300jährigen Jubelfeier d. Wallon. Gemeinde, 1897; Winkler/Mittelsdorf: Bau- u. Kunstdenkmäler d. Stadt Hanau, T. 1, 1897.

[4] Lit.: Winkler/Mittelsdorf: Bau- u. Kunstdenkmäler der Stadt Hanau, 1897; Zuflucht Hanau, 1981; Schneider/Schmidberger: Hanauer u. Kasseler Silber, 1982; 450 Jahre Altstädter Rathaus, 1988.

[5] Lit.: Zuflucht Hanau, 1981; Historisches u. neues Kirchengerät 1965; Schneider/Schmidberger: Hanauer u. Kasseler Silber, 1982; 450 Jahre Altstädter Rathaus, 1988.

[6] Lit.: Winkler/Mittelsdorf: Bau- u. Kunstdenkmäler d. Stadt Hanau, 1897; Historisches u. neues Kirchengerät, 1965.

[7] Lit.: Historisches u. neues Kirchengerät, 1965.

[8] Lit.: Rosenberg: Der Goldschmiede Merkzeichen, 1890.

[9] Lit.: Unsere Kirche, H. 1, 1960, S. 24.

Walter Schlosser
Von der Flüchtlingsgemeinde zur Evangelisch-reformierten Kirche
Der Weg der Wallonisch-Niederländischen Gemeinde von 1897 - 1997

Das Jubiläum *400 Jahre Wallonisch-Niederländische Gemeinde und Neustadt Hanau* erinnert an ein Geschehen von weitreichender Bedeutung. Dieser Anlaß verlangt eine angemessene Würdigung.

Die Gründung der Wallonisch-Niederländischen Gemeinde durch die „Capitulation" vom 1. Juni 1597 war verbunden mit der Gründung der Neustadt Hanau. Sie hat die Entwicklung und Geschichte der ganzen Stadt nachhaltig beeinflußt, maßgeblich mitgeprägt, und sie legt darum die gemeinsame Feier der 400. Wiederkehr dieses gewichtigen Datums nahe.

Darin spiegelt sich wieder, daß das Jubiläum dieser Doppelgründung am 1. Juni 1997 einen Vorgang zu bedenken gibt, der gleichermaßen politisch, gesellschaftlich und kirchlich bedeutsam ist.

Das Werk, das seinerzeit im Vertrauen auf Gottes Hilfe und Segen in Gang gesetzt wurde, ist nicht vergangen, es wirkt noch heute weiter und lädt ein zu geschichtlicher Besinnung, aktueller Standortbestimmung und verheißungsvoller Zukunftsorientierung.

Es spricht die heutigen Nachfahren der Gründer jener beiden Flüchtlingsgemeinden des Reformationsjahrhunderts zunächst besonders an, darum ist dieser Beitrag der kirchlichen Wirkungsgeschichte jenes ehrwürdigen Gründungswerkes gewidmet.

Skizzenhaft soll der Weg der Wallonisch-Niederländischen Gemeinde während der letzten hundert Jahre nachgezeichnet werden.

Dieser Weg beginnt mit dem Zuendegehen der ursprünglichen Existenzform der Flüchtlings- bzw. Fremdgemeinden in der zweiten Hälfte des 19. Jahrhunderts, er führt in der Mitte dieses Jahrhunderts zur Vereinigung der bis dahin jeweils selbständigen Gemeinden, der Niederländischen und der Wallonischen, und dieser Weg kommt mit dem Kirchenvertrag zwischen der Wallonisch-Niederländischen Gemeinde und der Evangelisch-reformierten Kirche sowie der daraus hervorgehenden Zugehörigkeit zur Synode Evangelisch-reformierter Kirchen in Bayern und Nordwestdeutschland am 1. Juli 1996 an sein bisheriges Ziel. Damit sind die einzelnen Abschnitte der inhaltlichen Darstellung bezeichnet. Sie soll sich auf die wichtigsten Daten und Beobachtungen zum Thema beschränken, will einer kirchengeschichtlichen Gesamtdarstellung nicht vorgreifen, mag aber einen interessierten und sachverständigen Leser dazu reizen, sich dieses lohnenden Gegenstandes anzunehmen.

Denn es gibt bereits eine überraschende Anzahl von Veröffentlichungen verschiedenster Art zu einer ganzen Reihe von wichtigen Ereignissen und besonderen Begebenheiten aus der 400-jährigen Geschichte der Gemeinde, Darstellungen herausragender Persönlichkeiten, Untersuchungen zu Rechtsurkunden und theologisch-kirchlichen Dokumenten, Beschreibungen von Gebäuden, Anlagen u.ä. Eine monographische Zusammenfassung dieser Kirchengeschichte steht aber noch aus. Ihre Verwirklichung stellte nicht nur einen interessanten historischen Beitrag zur Kirchengeschichte insgesamt dar, sie würde den europäischen Horizont sichtbar machen, in welchem der politische, gesellschaftliche und kirchliche Aufbruch der Reformationszeit zu sehen ist und der u. a. auch zur Gründung der reformierten Flüchtlingsgemeinden und der Hanauer Neustadt geführt hat.

Die exemplarische Bedeutung jener Hanauer Doppelgründung des 16. Jahrhunderts liegt darin, daß ihre Geschichte in den ersten Aufbruch Europas in die Moderne zurückreicht und bis heute ein lebendiges Zeugnis für diese Freiheitsgeschichte geblieben ist, da sich Europa abermals der Aufgabe gegenübersieht, sich als Ganzes freiheitlich zu organisieren.

Bisher befassen sich die bekannten und leicht zugänglichen Standardwerke und Monographien, z.B. von Ernst J. Zimmermann, Heinrich Bott, Jean-Baptiste Leclercq, Arthur Wessel, Carl Nessler, J. B. Thyriot u. a. überwiegend mit der Zeit der Gründung der Gemeinden und der Neustadt und mit der Geschichte der ersten dreihundert Jahre bis zur „Jubelfeier" im Jahre 1897. Neben diesen gibt es für den bezeichneten Zeitraum zahlreiche kleinere Schriften, Aufsätze, Vorträge, Dokumentationen, Einzeluntersuchungen zu unterschiedlichen Themen und Anlässen, die weit verstreut erschienen und daher schwer zugänglich oder gar unbekannt geblieben sind.

Dieser Umstand wird bei der Bearbeitung der letzten 100 Jahre der Gemeindegeschichte als Mangel spürbar. Für die Fortschreibung der 300-jährigen Geschichte der Flüchtlingsgemeinden bis zum Ende des 4. Jahrhunderts ihres Bestehens sind zuverlässige Rückbezüge auf die vorhergehende Zeit notwendig, sie sind aus dem genannten Grund aber nicht leicht bzw. nur zufällig aufzuweisen. Erschwerend kommt hinzu, daß durch den Verlust wichtiger Unterlagen und nicht ersetzbaren Archivgutes während des 2. Weltkrieges, zumal durch das Bombardement Hanaus am 19. März 1945, die Quellenlage lückenhaft ist und die historische Nachforschung bisweilen vor nicht überwindbare Hindernisse stellt.

Die Beschreibung des kirchlichen Weges der Wallonisch-Niederländischen Gemeinde während der letzten 100 Jahre kann sich auf das historische Material stützen, das sich im Archiv der Gemeinde befindet.

Die beiden Festschriften der Gemeinden aus dem Jahre 1897 erschließen wichtige Einblicke in die Vorgänge des 19. Jahrhunderts, die sich ziemlich bald wegweisend auf das Verhalten und die Entscheidungen der Gemeindeleitungen (Konsistorien) auswirken sollten.

Die Festschrift zum 300. Jubiläum der Niederländisch-reformierten Gemeinde ist von Arthur Wessel verfaßt worden. Er war Pfarrer dieser Gemeinde von 1890 - 1918.

Carl Nessler, dem Pfarrer der Wallonischen Gemeinde von 1892 - 1923 und Verfasser ihrer Festschrift, verdanken wir wesentliche *Mitteilungen aus dem Gemeindeleben im 17. und 18. Jahrhundert sowie die wichtigsten Ereignisse im neunzehnten Jahrhundert.*

Aus dieser Vorgeschichte des Weges der Gemeinde während der letzten 100 Jahre seien nur folgende Beobachtungen festgehalten.

Das erste Jahrhundert der Gemeindegeschichte umfaßte zahlreiche politische Ereignisse, die für den Bestand und die Gestalt der Gemeinden wichtig waren : Am 9. August 1612 verstarb Graf Philipp Ludwig II. von Hanau-Münzenberg. Am 13. Juni 1636 entgingen die Gemeinden der von General Lamboy für den Fall der Eroberung der Stadt angedrohten Rekatholisierung; Hanau konnte rechtzeitig noch von Kasseler Truppen befreit werden. Im Jahre 1642 wechselte die Obrigkeit der Grafschaft, und das Haus Hanau-Lichtenberg, der lutherischen Konfession angehörend, trat die Herrschaft an. Knapp 100 Jahre später wechselte die Herrschaft über das Gebiet erneut. Im Jahre 1736 fiel Hanau mit den ehemaligen Besitzungen der Münzenberger Linie an die Landgrafschaft Hessen-Kassel.

Ungeachtet dieser häufigen Wechsel in der Landesherrschaft und der damit verbundenen kirchlichen Obrigkeiten ist die Geschichte der beiden reformierten „Fremdgemeinden" der Neustadt bis dahin durch ruhige Kontinuität, ungebrochene Tradition, stabile Kirchlichkeit, gesellschaftliche Geschlossenheit und wirtschaftliches Gedeihen verbunden mit großer Weltoffenheit gekennzeichnet.

Bedenkt man, daß nach den ersten 100 Jahren der Ansiedlung der Flüchtlingsgemeinden, seit dem Jahre 1685, die Unterdrückung und Vertreibung der französischen Protestanten, der Hugenotten, eine Welle von neuen Flüchtlingen nach Hanau verschlug, die Asyl suchten; und daß nach weiteren hundert Jahren der Geschichte dieser Gemeinden, die französische Revolution 1789 ganz Europa in Aufruhr versetzte, so gerät man in dankbares Staunen.

Im Verlaufe des 19. Jahrhunderts gewannen die politischen Veränderungen in der Grafschaft stärkeren, wenn auch weiterhin indirek-

ten Einfluß auf das kirchliche Geschehen der Gemeinden. Als nach dem „französischen Intermezzo" die Herrschaft im Jahre 1815 wieder an Kurhessen gefallen war, wurden die Gemeinden mit der Hanauer Union vom Jahre 1818 vor eine schwere Entscheidung gestellt. Ein Jahr zuvor, im Jahre 1817, hatte das Königreich Preußen aus Anlaß des 300. Jahrestages der Reformation die kirchentrennende Funktion der beiden reformatorischen Bekenntnisse, des lutherischen sowohl wie des reformierten, zugunsten einer unierten evangelischen Kirche aufgehoben. Diesem Beispiel folgten alsbald einige andere Länder wie Nassau, Baden und Anhalt. Dem folgte auch das Fürstentum Hanau und suchte, das lutherische und reformierte Hanau einer Konsensunion zuzuführen. Das wallonische Konsistorium stimmte dem von Anfang an zu, gestattete seinen Predigern unter ganz bestimmten Bedingungen auch die Teilnahme an der Provinzialsynode und trat der Union bei. – Allerdings blieb die Wallonische Gemeinde gleichzeitig in Kultus und Kirchenverfassung dem reformierten Bekenntnis unter Berufung auf die Sonderrechte treu, die den Gemeinden in den Jahren 1597, 1601 und 1612 ausdrücklich für alle Zeiten zugesichert worden waren.

Das niederländische Konsistorium scheint sich zunächst ablehnend verhalten, später aber dieser Lösung angeschlossen zu haben.

Jedenfalls wurde der Beitritt der beiden Gemeinden der Hanauer Neustadt zur Synode der Union vom Landesherrn des Fürstentums Ysenburg *unter Vorbehalt der äußeren Verfassung und aller dahin einschlagenden Rechte der wallonischen und niederländischen Gemeinden zu Hanau und deren seitheriger Benennung* am 4. Juli 1818 bestätigt.

Die Gemeinden blieben aber nach wie vor der Kirchengewalt des Landesherrn und seines Konsistoriums nicht unterworfen.

Damit waren zwei Kompromisse gefunden: Kirchliche Einheit in Fragen des Glaubens und der Lehre bei gleichzeitiger Verschiedenheit in Fragen der Gottesdienstform, der Kirchenverfassung und der Autorität in der Gemeinde.

Ob diese Kompromisse halten oder später in Konflikte umschlagen würden, das mußte damals abgewartet werden. Diese Frage begleitete den Weg der Gemeinden bis in unsere Gegenwart.

Heute, am Ende des 4. Jahrhunderts der Geschichte der Wallonisch-Niederländischen Gemeinde, sollte sie aufgrund der gemeinsamen Erfahrungen gelöst werden, die alle Beteiligten seit der Union gemacht haben; und diese Frage müßte heute auch lösbar sein.

Doch zunächst entwickelten sich die kirchlichen Verhältnisse zu größerer Unklarheit.

Die Probe aufs Exempel ließ nicht lange auf sich warten. Im Jahre 1833 wurden beide Städte zu einer Stadtgemeinde vereinigt. Damit geriet die Einheit in Glaube und Lehre bei gleichzeitiger Verschiedenheit in Gottesdienst und Verfassung auf den Prüfstand alltäglicher und kirchengemeindlicher Nachbarschaft.

Bis dahin scheint die Abgegrenztheit der beiden selbständigen Städte voneinander die nötige Distanz zwischen den Gemeinden ermöglicht zu haben, um allzu häufige Begegnungen und Irritationen zu vermeiden. Mit der Städtevereinigung war jedoch die Abgrenzung der Gemeindebezirke entfallen. Das Nebeneinander der verschiedenen Gemeinden und das Miteinander der evangelischen Christen verschiedener Kirchenzugehörigkeit in der neuen Gesamtstadt warfen Fragen auf und verlangten Verhaltensweisen, auf die man beiderseits nicht vorbereitet war.

Eine annäherungsweise Vorstellung wird möglich, wenn man bedenkt, daß es sich in der Altstadt um eine Gemeinde und um evangelische Christen handelte, die aufgrund ihrer Tradition eher an der Obrigkeit orientiert waren. Die Gemeinde der Neustadt und ihre Mitglieder standen demgegenüber in einer eher „republikanischen" Tradition, – wie man es in den revolutionären Jahren um 1848 nannte. Damals, am 2. April 1848, fand der 1. Deutsche Turnertag in der wallonischen Kirche statt und gründete dort unter der schwarzrotgoldenen Fahne der bürgerlichen Revolution den Deutschen Turnerbund. Diese Stimmung wirkte sich zumindest in der Wallonischen Gemeinde so aus, daß eine Tendenz zu einer Demokratisierung der bisherigen Kirchenordnung entstand, die um ein neuaufgestelltes Statut ergänzt werden sollte: *Alle Kirchengewalt beruht in der Gemeinde und kann nur von ihr übertragen werden.*

Damit sollte z.B. die Wahl des Pfarrers der Kompetenz des Großen Konsistoriums entzogen und der Gesamtgemeinde übertragen werden, obwohl die Pfarrwahl nach wie vor vom Landesherren bestätigt werden mußte.

Es leuchtet ein, daß es ungeachtet der gutgemeinten Kompromisse der Hanauer Union und zumal nach der Vereinigung beider Städte zu einer Stadtgemeinde zu Konflikten kam.

Daran hat sich auch nichts geändert, als im Jahre 1866 die Grafschaft Hanau zusammen mit Kurhessen dem Königreich Preußen einverleibt und die evangelische Kirche von Kurhessen seitdem durch ein königliches Konsistorium regiert wurde.

Die „Kirche" war eine zentralstaatliche Religionsbehörde geworden, und es blieb abzuwarten, welche Folgen das für die rechtliche und religiöse Selbständigkeit der beiden Gemeinden der Neustadt haben würde. Denn es war bekannt, daß Preußen den seinerzeit hochherzig aufgenommenen Hugenotten in seinen Stammlanden kein eigenes Konsistorium mit selbständiger kirchlicher Entscheidungsbefugnis zugestanden hatte; – obwohl das königlich-kaiserliche Herrscherhaus der Hohenzollern selbst reformierten Bekenntnisses war.

Durch diese kirchlichen und politischen Entwicklungen im Laufe des 19. Jahrhunderts, begleitet von den populären Strömungen im Volk, war die Ausgangslage für den weiteren Weg der Flüchtlingsgemeinde gegeben.

Eine weitere, sehr umfassende politische Veränderung machte den Aufbruch der Gemeinden in eine neue Zukunft notwendig. Sie bestand in der Reichsgründung von 1871 und deren Folgen.

Nach den bisherigen Änderungen der Existenzbedingungen der niederländischen und wallonischen Gemeinde durch die Hanauer Union und die Vereinigung der beiden Städte war deren Eigenart als Flüchtlingsgemeinden bzw. Koloniegemeinden der ehemaligen Neustadt im Wesentlichen beendet. Im Gefolge der Reichsgründung gewann zudem die deutsche Sprache hohes Ansehen und errang schnell die Oberhand über die bis dahin angesehenere französische Sprache. Von da an war ein Ende der fremdsprachigen Gottesdienste, zumal der Gottesdienste in französischer Sprache, abzusehen. Mit dem Übergang zu deutschsprachigen Gottesdiensten würden beide Gemeinden ihren Charakter als Fremdgemeinden in Hanau aufgeben.

Am Ende des 3. Jahrhunderts ihrer Geschichte verblieb den beiden bisherigen Flüchtlings- und Fremdgemeinden damit als entscheidendes Merkmal, daß sie selbständige reformierte Gemeinden mit unverändert gültigen Sonderrechten waren. Das war die Situation beider Gemeinden am Ende des vorigen Jahrhunderts, dem Übergang in das vierte Jahrhundert ihrer Geschichte, von dessen Ende aus wir den zurückgelegten Weg der 100 Jahre seit 1897 zu überblicken und zu würdigen versuchen.

Es ist nicht mit Sicherheit zu beurteilen, ob und inwieweit man sich in den Gemeinden bewußt war, daß durch die geschehenen Veränderungen der Aufbruch auf einen neuen Weg notwendig geworden war. Ebenso ist nicht sicher auszumachen, ob man die Schwierigkeiten dieses Weges schon erkannt hatte. Uneingeschränkt kann jedoch gesagt und anerkannt werden, daß beide Gemeinden diese doppelte Herausforderung angenommen und den Weg beschritten haben.

Am Beginn dieses Weges ist von der glanzvollen „Jubelfeier" und einem aufsehenerregenden Fest aus Anlaß der 300. Wiederkehr des Gründungstages im Jahre 1897 zu berichten, dem auch die beiden inhaltsreichen Festschriften von Nessler und Wessel gewidmet waren.

Über die Zeit danach, den Anfang des 4. Jahrhunderts der Gemeinden, gibt eine bisher unveröffentlichte Chronik der Ereignisse von 1897 - 1933 Auskunft. Sie wurde von Carl Jünger, dem früheren Geschäftsführer und Archivar der Gemeinden, erarbeitet und stellt ein sehr verdienstvolles Werk dar. Durch die Zerstörungen im 2. Weltkrieg ist diese Chronik inzwischen zu einer besonders wertvollen historischen Informationsquelle geworden, und sie sollte aus Anlaß der diesjährigen Jahrhundertfeier zumindest der interessierten Öffentlichkeit zugänglich gemacht werden.

Nach dem Ende des 2. Weltkrieges wurde die Arbeit Jüngers wieder aufgenommen und mit der Schriftenreihe „Unsere Kirche" fortgesetzt. Diese wird in unregelmäßigen Abständen vom Konsistorium der Wallonisch-Niederländischen Gemeinde herausgegeben und umfaßt bisher drei Hefte. Darin wird über verschiedene Zeitabschnitte, Ereignisse und Entwicklungen während der Jahre 1897 - 1960 berichtet. Authentische und lückenlose Quellen der Gemeindegeschichte liegen für dieses Jahrhundert erst wieder seit Ende des 2. Weltkrieges vor, und zwar in Form der Protokolle der Konsistorien, der Korrespondenz der Gemeinde, von Verträgen, der Gemeindeblätter und gelegentlicher Veröffentlichungen.

Der Bericht von Ursula Wegner, der heutigen Archivarin der Gemeinde, über *die Archivalien und vasa sacra der Wallonisch-Niederländischen Gemeinde*, ebenfalls in dieser Jubiläumsschrift enthalten, bietet detaillierte Informationen hierüber.

Die Darstellung des kirchlichen Weges der Gemeinden bezieht sich auf diese Quellen nur insoweit, wie sie zur Erhellung dieses Weges direkt beitragen, und muß sich auch dabei auf eine Auswahl beschränken.

Jüngers Chronik für die Jahre 1897 - 1933 hält zunächst die wichtigsten Programmteile der Jubiläumsfeierlichkeiten fest und dokumentiert sie. Unter ihnen stellen die Enthüllung des Denkmals von Philipp Ludwig II. an der Südseite der Wallonischen Kirche und die Stiftung der Kinderkrippe an der Nußallee 15 – der ersten Heimstatt der Gemeinden in der zerstörten Stadt nach dem 2. Weltkrieg – besondere Höhepunkte dar.

Im Rückblick erscheint diese dritte Jahrhundertfeier in der „guten alten Zeit" wie das Symbol für einen Gipfelpunkt der ganzen Gemeindegeschichte. Im Vorblick auf das bald danach beginnende neue Jahr-

hundert markiert sie indessen einen Wendepunkt zwischen dem Ende der 300-jährigen geschlossenen und eindrucksvollen Epoche der Flüchtlingsgemeinden und der nun anbrechenden, noch unbekannten Zukunft.

Jüngers Chronik belegt denn auch gleich für die Zeit nach den Jubelfeiern von 1897, daß die notwendig gewordene neue Wegstrecke schwierig werden und die kommende Zeit von einem ständigen äußeren und inneren Widerstreit zwischen Bewahrung und Veränderung geprägt sein würde.

Im Zentrum dieser Spannung stand seit dem Beginn des neuen Jahrhunderts das Verhältnis der beiden reformierten Gemeinden der Neustadt zu den landeskirchlichen Gemeinden Hanaus, der damaligen Landeskirche des Konsistorialbezirkes Cassel und zum Staat.

Dieses mehrseitige Hin und Her überdauerte den 1. Weltkrieg, setzte sich nach dem Ende des Staatskirchentums und des landesherrlichen Kirchenregimentes im Jahre 1918 nahezu unverändert fort, wurde nach 1933 nur für die Dauer des Dritten Reiches unterbrochen und wurde schon kurz nach Kriegsende im Juli 1945 wieder aktuell.

Zu Anfang der 50er Jahre verschärften sich strittige Fragen bis hin zur Anrufung des Schiedsgerichtshofes der Evangelischen Kirche in

Städtische Säuglingskrippe und Kindergarten, Nußallee.
Heute Teil des Amts- und Landgerichts Hanau
Fotografie 1920er Jahre

Deutschland. Erst danach, in der Mitte der 50er Jahre, verschwand der Streit von der Tagesordnung, – jedoch ohne, daß es zu den beabsichtigten Klärungen gekommen zu sein scheint oder zu einem Verhältnis zwischen den evangelischen Gemeinden der Landeskirche und der niederländischen und wallonischen Gemeinde gekommen wäre, das der ökumenischen Entwicklung der Kirchen entsprochen hätte.

Ein Abschnitt aus der Niederschrift von Jünger mag einen Eindruck davon geben.

Verhandlungen mit Staat und Landeskirche
1900. 1902, 1904. 1905/07. 1911/12. 1920/22.
Durch die Teilnahme der Wallonischen Gemeinde an der Union im Jahre 1818, die jedoch ausdrücklich beschränkt wurde auf Glaubensdinge, war das Verhältnis zu den hiesigen Gemeinden der Landeskirche freundschaftlich gestaltet worden. Unberührt blieben die alten Rechte wie unbeschränkte Ausübung der Kirchengewalt, freie Verfügung und Verwaltung über das Kirchenvermögen, freie Pfarrwahl, keinerlei Aufsichtsrecht des Staates usw. Diese für uns als Vermächtnisse unserer Vorfahren lebenswichtigen Rechte mußten jedoch in den letzten Jahrzehnten oft verteidigt werden, da seitens der Altstädter Gemeinden, aber ganz besonders nach Eingemeindung von Kesselstadt, immer wieder Versuche gemacht wurden, unsere beiden freien Gemeinden in die Landeskirche einzugliedern. Von dem Gedanken ausgehend, daß eine Unterbindung von Zuzug neuer Mitglieder zu unseren Gemeinden diese allmählich verringern würde, machte man uns wegen Eintritts neuer Mitglieder und Übertritts solcher aus der Landeskirche mit aller Schärfe Schwierigkeiten. Die Eingaben an die Regierung brachten stets den Vorwurf, daß, da wir keinerlei Kirchensteuer vor dem Krieg erhoben haben, die Austritte resp. Übertritte zu den Neustädter Gemeinden hierauf zurückzuführen seien. Auch nachdem wir in den Jahren der Inflation freiwillige Abgaben zur Einführung bringen mußten, bildete die Höhe der Abgaben stets den Zankapfel.

Es waren im Grunde immer dieselben Streitfragen, die bei verschiedenen Gelegenheiten wiederkehrten und neu verhandelt wurden: Zugehörigkeit der Neustädter Gemeinden zur Landeskirche, Eintritte und Übertritte von Mitgliedern der Landeskirche in diese Gemeinden, Kirchenbeitrags- und Steuerfragen, die Frage der Abgenzung der Gemeindebezirke und schließlich die Aufnahme von Kindern landeskirchlicher Familien in den Konfirmandenunterricht der Neustädter Gemeinden und die Zulassung dieser Konfirmanden zur Konfirmation.

Nur zwei dieser zahlreichen Streitfragen sollen im Folgenden etwas näher illustriert werden, damit sich der interessierte Leser ein ungefähres Bild davon machen kann, wie schwierig der Weg der Wallonischen und Niederländischen Gemeinde in jenen Jahren war.

Aus einem Schreiben des Ober-Präsidenten der Provinz Hessen-Nassau in Cassel vom 1.7.1904 geht hervor, daß die Gemeinden nicht im Vollsinne zur Landeskirche gehörten.

Wörtlich heißt es da: *Aus Anlaß von Erörterungen über das Verhältnis der Wallonischen Kirchengemeinde in Hanau zur Landeskirche hat der Herr Minister der Geistlichen, Unterrichts- und Medizinalangelegenheiten entschieden, daß die Wallonische Kirchengemeinde einen der hiesigen Landeskirche eingegliederten Parochialverband <u>nicht</u> bildet und zum Eintritte in den Gesamtsynodalverband der evangelischen Kirchengemeinschaft des Konsistorialbezirks des Regierungsbezirks Cassel, insbesondere aufgrund der Capitulation der neuen Stadt Hanau vom 1. Juni 1597 nicht genötigt werden kann.*

Ferner kann der Gemeinde das unbeschränkte Recht der Aufnahme von Angehörigen der Landeskirche nicht untersagt werden. Dagegen haben letztere beim Übertritt in die Wallonische Kirchengemeinde behufs Befreiung von den Kirchensteuern in den landeskirchlichen Gemeinden die Form des Gesetzes vom 4. Mai 1873, den Austritt aus der Kirche betreffend, zu vollziehen ...

Zweites Beispiel:

Zur Regelung der gegenseitigen Beziehung und zur Beilegung der entstandenen Streitfragen, zugleich zur Förderung und Wahrung des kirchlichen Friedens unter den evangelischen Bewohnern der Stadt Hanau, haben die Niederländische Gemeinde und die Wallonische Gemeinde einerseits, die Mariengemeinde, die Johannisgemeinde und die Gemeinde von Hanau-Kesselstadt andererseits, unter Beitritt des königlichen Konsistoriums in Cassel und unter dem Vorbehalt der Bestätigung des Herrn Ministers der Geistlichen und Unterrichtsangelegenheit die Folgende
VEREINBARUNG
getroffen.

1) Die Wallonische und die Niederländische Gemeinde erhalten Parochialgrenzen, die sich mit dem Gebiete der Stadt Hanau vor der Eingemeindung von Kesselstadt (1. April 1907) decken. Die Aufnahme neuer Mitglieder in eine der Neustädter Gemeinden ist nur statthaft, wenn die betreffenden Personen in diesem Bezirk ihren Wohnsitz haben.

2) Auf die außerhalb dieses Bezirks wohnenden Kirchenmitglieder der Neustädter Gemeinden findet das Kirchensteuergesetz vom 10. März 1906 Anwendung.

3 Dasselbe gilt für Kirchenglieder der Neustädter Gemeinden, die zur Zeit des Abschlusses dieses Abkommens in Alt-Hanau (Nr. 1) wohnen, aber demnächst nach Kesselstadt verziehen, von dem Zeitpunkte der Übersiedlung an. Sie werden in der Beschränkung auf ihre Person und unter der Voraussetzung, daß ihre Mitgliedschaft zur Zeit des Abschlusses dieses Abkommens bereits bestanden hat, den unter 2 erwähnten Kirchenmitgliedern gleichgestellt (zu vergl. Nr. 4); sie behalten auch ihr aktives und passives Wahlrecht. Ihre Kinder werden, mit der Begründung eines eigenen Wohnsitzes in Kesselstadt, von der Landeskirche kirchlich versorgt.

4) Die Vornahme von Amtshandlungen an den unter 2 und 3 erwähnten Kirchengliedern seitens der Neustädter Geistlichen ist nach wie vor statthaft, sofern sie hierzu Dimissorialien erwirken; das Königliche Konsistorium wird die Erteilung genereller Dimissorialien nicht versagen.

5) Ebenso wird das Königliche Konsistorium auf Antrag generelle Dimissorialien auch für solche Mitglieder der Landeskirche erteilen, die in Alt-Hanau (Nr. 1) wohnen, sich aber zu den Niederländern und Wallonen halten. Ferner werden die zuständigen landeskirchlichen Geistlichen besondere Dimissorialien für einzelne Amtshandlungen an Mitglieder der Kirchengemeinde Kesselstadt, die nicht früher Mitglieder einer der Neustädter Gemeinden gewesen sind, sowie an die Kinder der unter 3 erwähnten Personen erteilen.

6) Die geistlichen der landeskirchlichen Gemeinden in Hanau-Kesselstadt werden an den Mitgliedern der Neustädter Gemeinden in Alt-Hanau (Nr. 1) keine Amtshandlungen ohne Dimissoriale des zuständigen Neustädter Geistlichen vornehmen. Ebenso werden die Neustädter Geistlichen an den Mitgliedern der landeskirchlichen Gemeinden keine Amtshandlungen ohne Dimissoriale des zuständigen Geistlichen der Landeskirche vornehmen. Die Dimissorialien werden in beiden Fällen nicht versagt werden.

7) Einwohner von Alt-Hanau (Nr. 1), die aus der Landeskirche austreten, ohne Mitglieder einer der Neustädter Gemeinden zu werden, können von den Geistlichen dieser Gemeinden kirchlich versorgt werden. Dagegen sind die Geistlichen der Neustädter Gemeinden gehalten, Amtshandlungen den Einwohnern von Kesselstadt zu versagen, die nach dem Abschluß dieses Abkommens aus der Landeskirche ausscheiden.

8) Im übrigen werden die hergebrachten Rechte und Einrichtungen sowie die bestehende Verfassungsfreiheit der Neustädter Gemeinden durch dieses Abkommen nicht berührt.

Hanau, den 15. Juli 1912

Dieser Vereinbarung, die von den Konsistorien und Presbyterien aller beteiligten Gemeinden unterzeichnet worden war, trat das Königliche Konsistorium in Cassel am 25. Juni 1912 bei, und es wurde durch den Minister der Geistlichen und Unterrichtsangelegenheiten in Berlin am 17. Juli 1912 genehmigt.

Im Jahre 1918 ging mit der Abdankung des deutschen Kaisers und der anderen Landesherren die Zeit des Staatskirchentums und des landesherrlichen Kirchenregimentes zu Ende. Die evangelische Kirche hatte aufgehört, eine staatliche Religionsbehörde zu sein, und die beiden Gemeinden der Neustadt gingen davon aus, daß damit auch die obrigkeitlichen Verfügungen bezüglich der Verhältnisse zwischen den einzelnen Gemeinden in der Stadt ihre Gültigkeit verloren hätten.

Karl Jünger vermerkt dazu in seiner Chronik: Als nach Kriegsende 1918 die Revolution die Verhältnisse in unserem Vaterlande grundlegend änderte und die Republik ausgerufen war, trat sehr bald die Trennung von Staat und Kirche ein. In einer gemeinschaftlichen Sitzung der beiden Großen Konsistorien der Wallonischen und Niederländischen Gemeinde am 12. Oktober 1921 waren die Vertreter beider Gemeinden der Ansicht, daß das Abkommen vom 17. Juli 1912 nicht mehr zu Recht bestehe und dessen Aufhebung betrieben werden müsse. Eine gemeinschaftliche Commission beider Gemeinden arbeitete ein Schreiben an die Presbyterien der drei landeskirchlichen Gemeinden aus, welches am 11. November 1921 zur Absendung kam. Der Brief betont, daß der Vertrag heute gesetzwidrig sei, und die formelle Aufhebung sei ins Auge gefaßt. Nach umfangreichem Schriftwechsel wurde unsererseits der Vertrag zum 1. April 1922 gekündigt und als nicht mehr in Kraft befindlich angesehen. [...] Die Kündigung wurde, nachdem seitens Kesselstadts einiges Entgegenkommen gezeigt wurde, von der dortigen Seite nicht angenommen, so daß bis heute der Zustand besteht, daß der eine Vertragspartner auf dem Vertrag besteht, während wir die Kündigung als zu Recht bestehend ansehen. Das letzte Schreiben der Wallonischen Gemeinde ist vom 25. Juni 1922, worauf eine Antwort von Kesselstadt erfolgte, welches damit alle entgegenkommenden Vorschläge zurückzieht und sich nunmehr streng an das Abkommen halten will. Es enthält die Drohung, bei Verweigerung der Kirchensteuer das Verwaltungsgericht anzurufen. Bis heute ist die Rechtslage jedoch von keiner anderen Seite geklärt worden.

Von diesen Beispielen bleibt festzuhalten, daß die Wallonisch-Niederländische Gemeinde keine Parochialgemeinde im Sinne der Landeskirche ist. Ihre Mitglieder gehören ihr durch familiäres Herkommen oder durch Eintritt aufgrund persönlicher Entscheidung an. Man könnte die Wallonisch-Niederländische Gemeinde als eine Wahlgemeinde kennzeichnen, in der die Mitgliedschaft nicht an den Wohnsitz gebunden ist.

Dieser Sachverhalt wird auch nicht durch die Vereinbarung vom 15. Juli 1912 aufgehoben, durch die ausschließlich das Gebiet der aus der Vereinigung von Altstadt und Neustadt entstandenen Stadtgemeinde Hanau als Wohngebiet der Mitglieder (Parochie) abgegrenzt war.

Nach dem Wegfall der landesherrlichen Verfügungsgewalt über die Kirchenmitglieder im Jahre 1918 bedeutete diese restriktive Bestimmung jedoch einen Eingriff in die freie Wahl des Wohnsitzes der Mitglieder der Wallonisch-Niederländischen Gemeinde bzw. eine Einschränkung ihrer Religionsfreiheit.

Da es durchweg den Anschein hat, als habe es für die Landeskirche damals nur die Alternative gegeben: Eintritt in den Gesamtsynodalverband der evangelischen Kirchengemeinschaft des Konsistorialbezirkes Kassel, also vollständige Mitgliedschaft oder aber ebenso vollständige Nichtzugehörigkeit der Wallonisch-Niederländischen Gemeinde auf allen Gebieten, blieben der Wallonisch-Niederländischen Gemeinde nur die Möglichkeiten, welche ihr das unverändert gültige und unantastbare Recht der kirchlichen Selbständigkeit und wirtschaftlichen Unabhängigkeit boten.

Nachdem sich im Jahre 1922 der Deutsche Evangelische Kirchenbund konstituiert hatte, dem die Evangelische Kirche von Kurhessen angehörte, suchte die Niederländische und Wallonische Gemeinde nach einer synodalen Gemeinschaft, in der sie ihre rechtliche Selbständigkeit bewahren konnte.

Folgerichtig trat die Niederländische und Wallonische Gemeinde im Jahr 1928 dem „Bund freier evangelisch-reformierter Kirchen" bei. Dieser Bund vereinigte selbständige reformierte Gemeinden aus allen Bereichen Deutschlands und nahm deren Interessen gegenüber dem Deutschen evangelischen Kirchenbund wahr.

Parallel dazu arbeiteten die beiden bis dahin voneinander unabhängigen Gemeinden der ehemaligen Neustadt seit dem Ende des 1. Weltkrieges zunehmend enger zusammen. Diese Gemeinsamkeit bewährte sich zunächst in der gemeinsamen Vermögensverwaltung und wuchs seit der Anstellung von Hans Munk als gemeinsamen Pfarrer für beide Gemeinden im Jahre 1923 auch in anderen Bereichen, zumal im Bereich der Gemeindeleitung und des Gemeindelebens. In jener Zeit erhoben sich zum ersten Mal Stimmen, die den Wunsch nach einer Vereinigung beider Gemeinden artikulierten.

Das Ende des 2. Weltkrieges und der Untergang des 3. Reiches hinterließen für das ganze Volk eine völlig veränderte Lage. Das galt u. a. auch für die christlichen Kirchen und Gemeinden im ganzen Lande. In der Stadt Hanau hatte der Krieg durch das Bombardement vom 19. März 1945 Zerstörungen von geradezu apokalyptischem Ausmaß angerichtet. So wirkt es beinahe unglaublich zu sehen, wie schnell und tatkräftig die Menschen nach dem Krieg ihre Stadt aufzuräumen begannen, an deren Wiederaufbaufähigkeit nicht wenige zweifelten.

Ganz ähnlich ging es in den Kirchengemeinden der Stadt zu, auch in der Niederländischen und Wallonischen Gemeinde, die beide unter der tatkräftigen Anleitung des jungen Pfarrers Werner Brölsch ihre Arbeit wieder aufnahmen.

– Eigentlich hätte der ganze Zeitabschnitt vom Ende des Ersten bis zum Ende des Zweiten Weltkrieges ein eigenes Kapitel verdient; denn diese Zeit brachte mehr Veränderung, (meistens in Form von Zerstörung), als sich heute ein Mensch vorstellen kann, und diese Zeit barg dennoch solche Wunder an Bewahrung in sich, daß es ebenfalls mancher heutzutage nicht mehr zu glauben vermag. –

Aber, was noch erstaunlicher erscheinen mag, mitten in der zerstörten Stadt und beim allgemeinen Aufräumen und den ersten Aufbauversuchen, zumal beim Sammeln der versprengten Gemeinden und Lindern der allgegenwärtigen Not, brachen schon im Sommer des Jahres 1945 die alten Streitfragen und Gegensätze zwischen den Gemeinden wieder auf.

So scheiterten erste Versuche, im Juli 1945 eine Zusammenarbeit verschiedener Gemeinden auf einzelnen Gebieten, z. B. in der Jugendarbeit, zu organisieren, daran, daß die Niederländische und Wallonische Gemeinde nicht zur Landeskirche gehörte. Im November 1945 verzeichnet das Protokoll des Konsistoriums: *Bei der Durchführung der Gemeindearbeit hat sich herausgestellt, daß eine baldige Klärung des Verhältnisses zur Landeskirche erstrebenswert ist.*

Zu dieser als erstrebenswert empfundenen Klärung ist es im selben Jahre auch gekommen, jedoch auf andere Weise, als man es sich damals in Hanau gedacht haben mag. Im Herbst 1945 hat die Treysaer Notsynode der Evangelischen Kirche von Kurhessen-Waldeck eine neue Grundordnung verabschiedet und in deren Gefolge auch ein Bischofswahlgesetz.

Von da an wäre eine Mitgliedschaft der Niederländischen und Wallonischen Gemeinde in der Landeskirche nur unter Verzicht auf ihre reformierte Gemeindeordnung und die jahrhundertealte und bewährte Selbständigkeit möglich gewesen.

Erneut entschieden sich die Gemeinden dafür, ihren nunmehr gemeinsamen Weg der Selbständigkeit weiterzugehen und damit das ererbte Gut zu bewahren. Das hatte für die Dauer von weiteren 10 Jahren zur Folge, daß sie sich mit Streitfragen auseinanderzusetzen hatten, wie sie seit Anfang des Jahrhunderts hinreichend bekannt waren.

So verblieben die Gemeinden Mitglied im „Bund evangelisch-reformierter Kirchen", wie er von nun an hieß, und beschritten den Weg der inneren Vereinigung zielstrebig.

Hierfür bot die Feier der 350. Wiederkehr des Gründungstages im Jahre 1947 den äußeren Anlaß. Sie wurde mit einem Gottesdienst in der Ruine der früheren Wallonischen Kirche gehalten.

In der Präambel der ersten gemeinsamen Satzung der schließlich neu gebildeten Wallonisch-Niederländischen Gemeinde heißt es dazu: *Die „Wallonisch-Niederländische Gemeinde" ist hervorgegangen aus der Verschmelzung der beiden evangelisch-reformierten Gemeinden in Hanau, der „Wallonischen Gemeinde" und der „Niederländischen Gemeinde", die beide gegründet wurden am 1. Juni 1597 von zugewanderten Wallonen und Niederländern* [...] *Nach langen Irrfahrten hatten sie in Hanau nicht nur eine Zuflucht und neue Heimat, sondern auch das bestätigte Recht der Glaubensfreiheit und der selbständigen Verwaltung ihrer Gemeinden gefunden. Diese Rechte bestimmen auch heute noch die Stellung der Wallonisch-Niederländischen Gemeinde.*

Nach beinahe 350jährigem gedeihlichen Nebeneinanderwirken der beiden Gemeinden traf gegen Ende des 2. Weltkrieges bei der Zerstörung der Stadt Hanau durch Bombenangriffe auch sie der schwere Schicksalsschlag. Am 19. März 1945 wurde ihre große Doppelkirche zerstört, auch die beiden Konsistoriumsgebäude fielen den Flammen zum Opfer.

Da beschlossen die beiden, durch Bekenntnis, Geschichte und Herkommen eng verbundenen, aber rechtlich noch selbständigen Gemeinden, sich stufenweise zu einer einheitlichen Gemeinde zu vereinen (Beschlüsse der beiden Großen Konsistorien vom 11. September 1947).

Nachdem sich in den folgenden Jahren diese vorläufige Vereinigung praktisch bewährt hatte, wurde die endgültige rechtliche Verschmelzung der beiden Gemeinden vollzogen durch die einstimmigen Beschlüsse der beiden Großen Konsistorien vom 27. April und 5. Juli

1960. Diese Verschmelzung erhielt die staatliche Genehmigung durch den Hessischen Minister für Erziehung und Volksbildung vom 18. Juli 1960 (Aktenzeichen VI/5 - 861-3). Die Gemeinde führt von da an den Namen „Wallonisch-Niederländische Gemeinde in Hanau". Der in den Jahren 1957 - 1960 wieder aufgebaute niederländische Teil der alten Doppelkirche trägt seit seiner Einweihung am 22. Mai 1960 den Namen: „Wallonisch-Niederländische Kirche".

Diese erste, vom Hessischen Staat genehmigte Satzung der als selbständige Körperschaft des öffentlichen Rechtes anerkannten Wallonisch-Niederländischen Gemeinde in Hanau trat am 1. Januar 1962 in Kraft.

Etwa 10 Jahre später, Anfang der 70er Jahre, wurden die ersten Verhandlungen mit der Reformierten Landeskirche in Nordwestdeutschland aufgenommen mit dem Ziel verbindlicher synodaler Gemeinschaft innerhalb der Evangelischen Kirche in Deutschland.

Diese Verhandlungen erstreckten sich über nahezu 25 Jahre. Während dieser Zeit, im Jahre 1986, schied die Evangelisch-reformierte Kirche in Bayern mit ihren Gemeinden aus dem Bund evangelisch-reformierter Kirchen aus und vereinigte sich im Jahre 1989 mit der Reformierten Kirche in Nordwestdeutschland zur Evangelisch-reformierten Kirche (Synode evangelisch-reformierter Kirchen in Bayern und Nordwestdeutschland).

Nach dem Fall der Mauer in Berlin im November 1989 und der Bildung eines neuen deutschen Gesamtstaates durch die Wiedervereinigung nahmen auch selbständige evangelisch-reformierte Gemeinden in Mecklenburg und Sachsen Beitrittsverhandlungen mit dieser neu entstandenen Kirche auf. Die Hanauer Gemeinde führte ihre Verhandlungen mit der evangelisch-reformierten Kirche parallel zu und in ständigem Austausch mit ihrer Schwestergemeinde in Leipzig. Zum Ende des Jahres 1993 kündigte die Wallonisch-Niederländische Gemeinde ihre Mitgliedschaft im Bund evangelisch-reformierter Kirchen.

Die Verhandlungen der Wallonisch-Niederländischen Gemeinde kamen im Jahre 1996 an ihr Ziel: *Am 14. März 1996 hat das Große Konsistorium der Wallonisch-Niederländischen Gemeinde in einer außerordentlichen Sitzung den Kirchenvertrag mit der Evangelisch-reformierten Kirche beraten und einstimmig beschlossen. Die Gesamtsynode der Evangelisch-reformierten Kirche (Synode evangelisch-reformierter Kirchen in Bayern und Nordwestdeutschland) hat auf ihrer Tagung vom 25. - 27. April 1996 in Leer diesen Vertrag ebenfalls angenommen.*

Der maßgebliche Sinn dieses Vertrages ist die Sicherung der Kirchlichkeit der Wallonisch-Niederländischen Gemeinde – Evangelisch-reformierte Kirche zu Hanau – durch synodale Verbundenheit mit der ihr verwandten Kirche und ihren Gemeinden, zumal den Gemeinden, die dem Kirchenbezirk XI. (Bayern) angehören. Zur Gesamtkirche gehören inzwischen ehemals selbständige reformierte Gemeinden aus der Mehrzahl der heutigen Bundesländer.

Die besondere Art der Zugehörigkeit der Wallonisch-Niederländischen Gemeinde zur Evangelisch-reformierten Kirche ermöglicht die synodale Verbindlichkeit unter Wahrung der überlieferten gemeindlichen Selbständigkeit der Evangelisch-reformierten Kirche zu Hanau. Insbesondere wird das Mitgliedschaftsrecht und das Beitragswesen der Wallonisch-Niederländischen Gemeinde unverändert so bleiben wie es bisher war.

Dieser Kirchenvertrag und die Anlage zu diesem Vertrag wurden am 17. Juni 1996 in Göttingen unterzeichnet. Die Vereinbarungen dieses Vertrages sind am 1. Juli 1996 wirksam geworden.

Unter Wahrung ihrer traditionellen Selbständigkeit und ihrer bewährten rechtlichen und kirchlichen Ordnung ist die Wallonisch-Niederländischen Gemeinde – Evangelisch-reformierte Kirche zu Hanau – in verbindliche synodale Gemeinschaft mit der Evangelisch-reformierten Kirche getreten. Diese ist eine Gliedkirche der Evangelischen Kirche in Deutschland, und durch die kirchenvertraglich vereinbarte Zugehörigkeit der Wallonisch-Niederländischen Gemeinde zur Evangelisch-reformierten Kirche gehören die im Jahre 1597 gegründeten Flüchtlingsgemeinden der geistlichen Gemeinschaft aller evangelischen Gemeinden und Kirchen in Deutschland, d. h. der EKD, an.

Die Wallonisch-Niederländischen Gemeinde – Evangelisch-reformierte Kirche zu Hanau – hat auf ihrem Weg der letzten 100 Jahre ihre Selbständigkeit bewahrt, ihre Kirchlichkeit geklärt, verbindliche synodale Zugehörigkeit zur Evangelisch-reformierten Kirche in der Gemeinschaft der Evangelischen Kirche in Deutschland erreicht. Damit hat sie ihrerseits die Bedingungen geschaffen, die gute nachbarschaftliche Verhältnisse zwischen den Evangelischen Gemeinden in Hanau, ein geordnetes kirchliches Verhältnis zwischen den verschiedenen Kirchen unserer Stadt und eine segensreiche ökumenische Weggemeinschaft in die Zukunft ermöglichen.

Geschichte einer Stadtgründung

Ausstellung zum Jubiläum
400 Jahre Wallonisch-Niederländische Gemeinde und
Neustadt Hanau 1597 - 1997

Galerie im Museum Hanau, Schloß Philippsruhe
31. Mai - 27. Juli 1997

Ausstellungsleitung:
Richard Schaffer-Hartmann

Konzeption und Realisation:
Anton Merk, Richard Schaffer-Hartmann
Museen der Stadt Hanau, Schloß Philippsruhe
Ursula Wegner
Wallonisch-Niederländische Gemeinde Hanau

Gestaltung:
Bernd Jansen, Walluf

Ausführung:
Hans Martin Schlingloff, Josef Slotty, Museen der Stadt Hanau

Leihgeber

Anhaltinische Gemäldegalerie Dessau
Bibliothèque Publique et Universitaire, Ville de Genève, Schweiz
Bibliothèque et Société d'Histoire du Protestantisme Français, Paris
Bury, Claus, Frankfurt
Consistorium Französische Kirche Berlin
Det Kongelige Bibliotek, Copenhagen, Dänemark
Deutsche Evangelisch-Reformierte Gemeinde Frankfurt am Main
Deutsches Historisches Museum Berlin
Deutsches Hugenotten-Museum, Bad Karlshafen
Erstes Nürnberger Kunsthaus D.M. Klinger, Nürnberg
Evangelische Marienkirchengemeinde Hanau
Evangelische Kirchengemeinde, Dekanat Groß-Umstadt
Evangelisches Pfarramt Gundhelm
Galerie Neuse, Bremen
Hamburger Kunsthalle, Hamburg
Hanauer Geschichtsverein 1844 e.V.
Herzog Anton Ulrich-Museum, Kupferstichkabinett, Braunschweig
Hessische Hausstiftung, Museum Schloß Fasanerie, Eichenzell
Hessisches Staatsarchiv Marburg
Historisches Museum Frankfurt
Jüdisches Museum Frankfurt
Katholische Kirche St. Johann Baptist, Hanau-Steinheim
Les Musées de la Ville de Strasbourg, Frankreich
Musée Cantonal des Beaux-Artes, Lausanne, Schweiz
Museum für Wallonische Kunst, Stadt Liège, Belgien
Philipp, Joachim, Rodenbach
Staatliche Kunsthalle Karlsruhe
Staatliche Museen zu Berlin, Preußischer Kunstbesitz, Kupferstichkabinett
Staatliche Museen Kassel, Hessisches Landesmuseum Kassel
Staatliche Museen Kassel, Museum Schloß Friedrichstein, Bad Wildungen
Staatliche Zeichenakademie Hanau
Staatsarchiv Würzburg
Stadtarchiv Erlangen
Stadtarchiv Hanau
Stadtarchiv Mainz
Stadtbibliothek Hanau
Stadt Brüssel, Belgien
Städelsches Kunstinsitut und Städtische Galerie Frankfurt
Verein für Heimatkunde und Naturschutz Großauheim 1929 e.V.
Versélewel de Witt Hamer, Tom J.
Wallonisch-Niederländische Gemeinde Hanau

Bei Druckbeginn standen noch Leihgabenzusagen und Abbildungsgenehmigungen aus. Der Katalog weist somit Nennungen aus, die in der Ausstellung möglicherweise nicht bzw. als Reproduktion zu sehen sind oder durch andere Objekte ersetzt oder ergänzt worden sind.

Die mit einem * gekennzeichneten Ausstellungsobjekte sind nicht im Katalog abgebildet.

Inhalt

Reformationsbewegungen

Toleranz

ist im heutigen Sprachgebrauch ein positiver Ausdruck und mit ihm verbinden sich Eigenschaften wie offen, modern, aufgeklärt, großzügig. Im Gegensatz dazu ist Intoleranz gänzlich negativ und steht für Starrheit, kleinkariert denkend, borniert und unwissend sein.

Toleranz ist heute in unserer komplexen Gesellschaft zu einer unverzichtbaren, gesamtgesellschaftlichen Tugend geworden!

Im 16. Jahrhundert tauchte der Begriff Toleranz als eine Duldung im spezifisch juristischen Sinne auf. Die Toleranz stellt die Bereitschaft des Staates dar, unter bestimmten Bedingungen in seinen Grenzen abweichende religiöse Anschauungen zuzulassen.

Mehr als tausend Jahre hatte die Kirche ihr Monopol als Heilsverwalterin und Interpretin der Heiligen Schrift behauptet. Abweichungen wurden ausgerottet, wie die Verfolgung der Hussiten, oder integriert, wie die Franziskaner. Toleranz wurde nie praktiziert. Denn Toleranz hieße über die Wahrheitsfragen des Glaubens letztlich nicht allein zu entscheiden. Die Verfolgung des Andersdenkenden war eine Pflicht. Der Tod des Ketzers im reinigenden Feuer des Scheiterhaufens war ein barmherziger, seelsorgerischer Akt. Die christliche Religion hatte dem gesellschaftlichen Leben durch Sittengesetze und kultische Tradition unverkennbar ihren Stempel aufgedrückt. Ob die Pflicht zum Gehorsam gegenüber aller Obrigkeit, die Anerkennung sozialer Ordnung als Gott gegeben oder konkrete Vorschriften des gesellschaftlichen Verkehrs, wie das Verbot des „Zins nehmens" (den Juden überlassen) oder das Gebot der Armenfürsorge, sie bestimmten den Rhythmus des menschlichen Lebens. Wer sich der Kirche entzog, entzog sich also auch der Gesellschaft und wurde zur Gefahr der öffentlichen Ordnung und weltlichen Gewalt. Toleranz war also nicht nur aus kirchlichen dogmatischen, sondern auch aus politischen und sozialen Gründen untragbar. Erst mit der Auseinanderentwicklung des Zusammenwirkens von Kirche und Staat im beginnenden 16. Jahrhundert änderte sich die Situation.

Die Glaubenskrise erreichte ihren Höhepunkt mit der Reformation. Der Steigerung religiöser Bedürfnisse und Intensivierung der Religiosität breiter Bevölkerungsteile hatte die römische Kirche nur Mißstände und Mißbräuche entgegenzusetzen, die ihre Glaubwürdigkeit erschütterten. Der supranationale und -territoriale Anspruch der römischen Kirche stieß auf das Souveränitätsstreben der frühmodernen Staaten. Die Geltung päpstlicher Bullen, römischer Gerichte, das Mitspracherecht bei Ämterbesetzungen und der Zugriff auf die Steuern der Untertanen waren den aufstrebenden Souveränen eine mißliebige Erscheinung, die möglicherweise auch ohne Rom wahrgenommen werden konnte. Viele, die aus Frömmigkeit an der römischen Kirche zweifelten, sahen sich allein auf die Heilige Schrift als unbestrittene Grundlage des christlichen Glaubens verwiesen. Erst als die Glaubensspaltung sich schon gefestigt hatte, trat die katholische Kirche mit der Gegenreformation in der zweiten Hälfte des 16. Jahrhunderts in die Offensive durch die Reform der Lehre und Organisation. Die Religion war in Konfessionen zerfallen, in Bekenntnisse zu unterschiedlichen Sichtweisen der christlichen Wahrheit. Die Konfessionen standen sich unversöhnlich gegenüber – nicht bereit zur Toleranz – wie die Religionskriege des 16. und 17. Jahrhunderts zeigten.

Der entstandene Protestantismus war keine einheitliche Konfession, sondern gliederte sich u.a. in die Anhänger der Lehrmeinungen Luthers, Calvins oder Zwinglis. So wie die katholische Kirche durch ihr einziges Wahrheitsverständnis zur Intoleranz verurteilt war, so war der Protestantismus grundsätzlich zur Toleranz verurteilt, indem er die Subjektivität der Glaubensentscheidung ausgerufen hatte, wenngleich auch die Auseinandersetzungen zwischen den protestantischen Konfessionen weitergingen.

Innerhalb der Staaten des Heiligen Römischen Reiches bestand zwar ein Interesse an der konfessionellen Homogenität des Glaubens der jeweiligen Untertanen, doch waren die katholischen und protestantischen Landesherren dieser Zeit meist nicht in der Lage, dies durchzusetzen. Der Reichstag von Speyer 1526 offenbarte das Scheitern des konfessionellen Einigungsversuches. Drei Jahrzehnte später, 1555, gewährte der Kompromiß des Augsburger Religionsfriedens den Landesherren die Glaubensfreiheit zwischen katholischer und lutherischer Konfession, die reformierten und andere Bekenntnisse blieben noch ausgespart. Die Untertanen hatten dem Bekenntnis des Landesherren zu folgen (Cuius regio eius religio) oder unter Zahlung einer Nachsteuer das Land zu verlassen. Über die konfessionsgefärbten machtpolitischen Kriege in Frankreich und in den Niederlanden führten die Auseinandersetzungen zum Dreißigjährigen Krieg, der die deutschen Länder an den Rand einer sozialen und ökonomischen Katastrophe führte. Im Westfälischen Frieden kam man wieder auf den Augsburger Kompromiß zurück, diesmal unter Einbeziehung der Reformierten. Toleranz war in Deutschland eher ein Problem zwischenstaatlicher Beziehungen, als das eines einheitlichen Staates wie in Frankreich oder in England, wie der Blick auf die deutsche Konfessionskarte noch heute erkennen läßt.

Literaturhinweis: Vom Nutzen der Toleranz, 300 Jahre Hugenottenstadt Erlangen 1986

1/1

1/1 Die Betrachtung der Ringe
um 1844/45
Moritz Daniel Oppenheim
Öl auf Leinwand,
H 56,7 x B 44,5 cm
Museum Hanau -
Schloß Philippsruhe
Inv.Nr.: B 1990/57 St.

*Das Gemälde zeigt (von links nach rechts)
einen evangelischen (reformierten) Pfarrer,
einen katholischen Bischof und einen jüdischen
(sephardischen) Rabbiner beim Betrachten
eines gleichen goldenen Ringes, vermutlich den
Ring der Parabel aus Lessings Nathan der
Weise. Es ist ein Bekenntnis zur uneinge-
schränkten Toleranz gleichwertiger Religionen.*

Vorreformatorische Bewegung

Um 1174 sammelte der Lyoner Kaufmann „Petrus Waldus" (Pierre de Vaux, Vandés, Valdes. Ego Valdesius *1140 †1217) als Wanderprediger Gleichgesinnte für ein gemeinsames Leben in Armut um sich. Ihre Ziele waren das Studium der Bibel, Ausbreitung des Evangeliums durch Laienprediger, Verbot des Ablasses, der Heiligenverehrung und der Todesstrafe. 1184 werden diese später Waldenser Genannten von der katholischen Kirche gebannt und als Ketzer verfolgt. 1532 schließen sie sich der Reformation Calvins an.

Seit 1378 trat der englische Theologe John Wiclif (*um 1320 †1384) in Oxford als Reformator auf. Er bestritt die päpstliche Oberherrschaft und kirchliche Hierarchie und forderte eine von Rom unabhängige Nationalkirche. 1382 wurde auf einer Kirchenversammlung in London seine Lehre verdammt. Die Anhänger Wiclifs wurden unter Heinrich IV. blutig verfolgt.

Seine Lehre fand in Böhmen Verbreitung durch den dortigen Reformator Jan Hus (Johannes Huß * um 1368 †1415). Dieser war Prediger an der Bethlehemkapelle in Prag, später Rektor der dortigen Universität. Hus wandte sich im Sinne der Wiclifschen Kritik gegen die Mißstände in der Kirche. Hus wurde seiner Ämter enthoben und 1410 exkommuniziert. 1414 zum Konzil von Konstanz sollte sich Hus der katholischen Kirche und ihrer Lehre unterwerfen, da er dies nicht tat, wurde er verhaftet und ein Jahr später als Ketzer verbrannt. Sein Tod löste die erst 1436 beendeten Hussitenkriege aus.

1/3 Dr. Martin Luther
(*1483 Eisleben †1546 Eisleben)
J. H. Fiedler fec. Hanau,
1. Hälfte 19. Jahrhundert
Lithographie, H 8,4 x B 12,8 (Druckplatte)
Museum Hanau - Schloß Philippsruhe
Inv.Nr.: B 2871 HGV
Eigentum des Hanauer Gesichtsvereins 1844

Die undifferenzierten Ablaßpredigten und -verkäufe des Dominikanermönches Johann Tetzel, angeblich zur Finanzierung des Neubaus der Peterskirche in Rom, im wesentlichen zur Schuldentilgung der Erzbischofs bestimmt, riefen den Widerstand des Augustinereremiten, Wittenberger Theologieprofessors und Predigers Luther hervor. Er schrieb an seinen Landesherren Erzbischof Albrecht von Mainz und verlangte die Einstellung des unwürdigen Ablaßgeschäftes, hinzufügte er die theologische Begründung in 95 Thesen. Diese Thesen wurden gedruckt und fanden rasch Verbreitung (durch die Nutzung der beweglichen Lettern, einer Erfindung Gutenbergs). Luthers programmatische Schriften gegen die Mißstände der römischen Kirche fanden vielseitige Zustimmung. Auf dem Wormser Reichstag 1521 sollte Luther seine Schriften widerrufen, was er nicht tat. Der Reichsacht, die über ihn verhängt wurde, entging er, indem er Asyl auf der Wartburg fand. Die Reformation hatte begonnen.
Ziel der Reformatoren war die Erneuerung der wahrhaft christlichen Kirche gegenüber dem mittelalterlichen Papsttum. Da sich Papst und hoher Klerus sowie der Kaiser den Neuerungen verschlossen, waren die Reformatoren auf Städte oder territoriale Fürstentümer angewiesen.
Es entstand durch Prediger und Flugschriften eine Volksbewegung. Früh zeichneten sich unterschiedliche Ausprägungen ab: Die lutherische in Wittenberg, die schweizerische in Zürich (Zwingli) und die oberdeutsche in Straßburg (Martin Bucer).

1/3a* Martin Luther, 1520
Lukas Cranach d. Ä.
Kupferstich, 13,8 x 9,7 cm
Germanisches Nationalmuseum Nürnberg
Inv.Nr.: K868

1/ 4 Philipp Melanchthon
(*1497 Bretten †1560 Wittenberg)
J. H. Fiedler fec. Hanau,
1. Hälfte 19. Jahrhundert
Lithographie, H 19,2 x B 12,7 cm
Museum Hanau - Schloß Philippsruhe
Inv.Nr.: B 2878 a HGV
Eigentum des Hanauer Gesichtsvereins 1844

Philipp Melanchthon, als Philipp Schwarzert geboren, war Neffe des Humanisten Johannes Reuchlin, der auch seinen Namen graezisierte (ins Griechische übersetzte).

In diesem Jahr wird der 400. Geburtstag des humanistischen Reformators und Praeceptors Germaniae (Lehrer Deutschlands) begangen. 1518 wurde er als Professor an die Universität Wittenberg berufen. 1521 verfaßte er das Lehrbuch reformatorischer Theologie Loci communes rerum theologicarum und galt seitdem als Kirchenpolitiker, der theoretischer und praktischer Organisator der Reformation wurde. Er trat an Stelle Luthers in die Reichspolitik und vertrat auf dem Augsburger Reichstag 1530 die protestantischen Reichsstände.
Seine Bekenntnisschrift Confessio Augustana wurde die Grundlage des Schmalkaldischen Bundes. Unter Landgraf Philipp (dem Großmütigen) von Hessen und Kurfürst Johann (dem Beständigen) von Sachsen schlossen sich die protestantischen Fürsten und Städte zur Verteidigung des reformierten Glaubens gegen den katholischen Kaiser Karl V. zusammen, unterlagen aber im Schmalkaldischen Krieg (1547).

Zuvor hatte Philipp der Großmütige die Ritter, Geistlichen und Städte zum Landtag nach Homberg, der Homberger Synode (20. Oktober 1526), eingeladen, wo die Einführung der Reformation in Hessen beschlossen wurde. Philipp der Großmütige brauchte Philipp Melanchthon, Martin Luther und den Straßburger Reformator Martin Bucer nicht nur als theologische Mitstreiter im politischen Kampf, sondern auch als Beichtväter für seine Doppelehe, deren Bekanntwerden Philipp von Hessens Aufstieg beendete.

1/3

1/4

1/5* Die obrigkeitliche Einführung der Reformation in Deutschland bis 1570
Karte, Reproduktion aus:
Atlas zur Kirchengeschichte, Die christlichen Kirchen in Geschichte und Gegenwart, S. 73

1/6 Huldrych Zwingli
(*1484 †1531 Zürich)
J. H. Fiedler fec. Hanau,
1. Hälfte 19. Jahrhundert
Lithographie, H 17,9 x B 12,4 cm
Museum Hanau - Schloß Philippsruhe
Inv.Nr.: B2969 HGV
Eigentum des Hanauer Gesichtsvereins 1844

Zwingli war schweizer Reformator und seit 1516 Leutpriester in Zürich. Der philosophisch-theologische Hauptunterschied zwischen ihm und Luther bestand in der Vorstellung, daß zwischen der Sphäre des Geistigen und der des Sinnlich-Materiellen eine tiefe Kluft ist. Jeglicher Zusammenhang Gottes und des göttlichen Heilswerkes mit Materiellem ist undenkbar.

1/6

1/7

1/7 Johann Calvin
J. H. Fiedler fec. Hanau,
1. Hälfte 19. Jahrhundert
Lithographie, H 19,3 x B 12,7 cm
Museum Hanau - Schloß Philippsruhe
Inv.Nr.: B2404 HGV
Eigentum des Hanauer Gesichtsvereins 1844

Der Hanauer Goldschmied, Kupferstecher und Lithograph Johann Heinrich Fiedler (1801 - 1857 Hanau), Verfasser von Volks- und Jugendschriften, betrieb in Hanau auch zeitweise eine Buchdruckerei. Er widmete sich der Herstellung und des Vertriebes populärer Druckgraphik, wie den Porträts von Reformatoren.

1/8 Jean Calvin
(*1509 Noyon †1564 Genf)
Unbekannter Maler
Gemälde Öl auf Holz, H 87 x B 78 cm
Wallonisch-Niederländische Gemeinde Hanau

*Das Gemälde wurde am 22. Januar 1749
dem Wallonischen Konsistorium von Steuerrat
(Hülfsrat) Jacob Camp geschenkt.*
*Die protestantische Reformation in Frankreich
ging zwar auf Impulse Luthers zurück, wurde
aber entscheidend von Genf geprägt, dem kleinen Städtchen jenseits der Grenze.*
*Guillaume Farel (1489 - 1565) hatte Calvin
nach Genf berufen. Ebenso wie sein Nachfolger Theodor Beza (1519 - 1605) war er Franzose. Umgekehrt waren die führenden Prediger
Frankreichs Schweizer. Diese „calvinistische"
Bewegung breitete sich rasch in der Schweiz,
Frankreich, den Niederlanden, am Niederrhein,
in der Kurpfalz und in England aus. Der calvinistischen Bewegung ging es um die Ehre Gottes, die Autorität der Heiligen Schrift, dem Gott
gebührenden Gehorsam und den Aufbau einer
authentischen Kirche.*

1/8

1/2* Allegorie auf die Toleranz, um 1790
Daniel Chodowiecki
Lithographie Reproduktion:
Städelsches Kunstinstitut und Städtische Gale-
rie Frankfurt

*Im Frankreich des 18. Jahrhunderts formulierte
Voltaire den Toleranzbegriff der Aufklärung, der
alle Denominationen umfaßt, solange sie nur
selbst toleranzwillig sind und sich nicht nur auf
das Verhältnis vom Staat zu seinen Bürgern
beziehen, sondern auch auf den gesellschaftlichen Verkehr zwischen den Menschen. Dies
bringt die Graphik Chodowieckis zum Ausdruck:*
*Im strahlenden Lichte der Vernunft steht eine
weibliche Symbolgestalt, eine Pallas Athene
(als Kriegsgöttin lenkt sie mit Klugheit den
Kampf, als Friedensgöttin schützt sie Handwerk
und Künste, als Göttin der Weisheit schützt sie
Dichter und Philosophen). An den Rand
gedrängt wird der Hader der Konfessionen
(von links nach rechts) der Islam, das Judentum,
der Katholizismus, der Protestantismus.*

1/9* Calvin in seinem Arbeitszimmer
Claes Jansz Visscher (1550 - 1612)
Kupferstich H 27,5 x B 20 cm
Deutsches Hugenotten-Museum,
Bad Karlshafen
*In der Hand hält Calvin das Buch Institutio
Christianae Religionis, sein Hauptwerk von
1536.*

1/10* Institutio Christianae Religionis
Jean Calvin, 1536
Erstausgabe des Hauptwerkes Calvins, Unter-
weisung in der christlichen Religion
Leihgabe aus Pivatbesitz Dr. W. Schlosser,
Wallonisch-Niederländische Gemeinde Hanau

1/11* Theodor von Beza: Wahrhafte Be-
schreibung, welche über das ganze Leben
Ableben des Weyland theuren Lährers und
treueyfertigen Dieners Jesu Christi Johannes
Calvini. Jacob Lasché, 1671
(Deutsche Übersetzung und Lebens-
beschreibung)
Stadtbibliothek Hanau

1/12* Biblia sacra, Andreae Wecheli
heredum, 1596
Stadtbibliothek Hanau

*Da der lutherisch gesinnte Frankfurter Rat Ein-
spruch gegen den Druck der „calvinistischen"
Bibel erhoben hatte, wurde sie zwar in Frankfurt gedruckt, aber mit dem Erscheinungsort
Hanau versehen.*

1/13* Idelette de Bure
Öl auf Leinwand, H 60 x B 50 cm
Museum für Wallonische Kunst, Lüttich
Stadt Lüttich, Belgien

*Idelette de Bure war die Ehefrau von
Jean Calvin*

1/14* Le temple de Lyon nommé Paradis
Jean Perrinis 1564 - 1566
Öl auf Leinwand
Bibilothèque Publique et Universitaire, Genf
Fotografie des Originals
(Abbildung siehe S. 252)

*Der Rundbau mit Emporen gilt als Vorbild für
viele spätere französisch-reformierte Kirchenbauten. Der Blick der Gläubigen ist auf den
zentralen Punkt der Kanzel, von der aus die Predigt gehalten wird, ausgerichtet. 1566 wurde
der hölzerne Kirchenbau zerstört.*

1/15* Johannes a Lasco
(* 1499 †1560 Pinczow)
(Jean de Lasco, Johannes von Lasko, Laski)
Unbekannter Künstler
Kupferstich, C 6132
Historisches Museum Frankfurt

*Reformator, adeliger polnischer Herkunft, um
1545 in Emden. Ab 1549 in Engalnd, Superintendent der Fremdenkirchen in London. 1550
Gründung der niederländischen Gemeinde in
London. Nach Wiedereinführung des Katholizismus unter Maria Tudor führte er eine Gruppe
niederländischer Glaubensflüchtlinge von ca.
200 Personen 1553 aus dem englischen Asyl
über Dänemark nach Norddeutschland
(Emden). Mit dem verbliebenen Rest der Gruppe fand er 1555 Aufnahme in Frankfurt. Lasco
war Prediger für die flämischen Glaubensflücht-
linge.1556 kehrte Lasco nach Polen zurück.
1570 gründete sich die Niederländisch-Reformierte Gemeinde Frankfurt.*

1/16* Johannes a Lasco, 16. Jahrhundert
Unbekannter Künstler
Öl auf Holz, H 62 x B 73 cm (Keilrahmen),
H 85 x 97 cm (Rahmen)
Deutsche Evangelisch-Reformierte Gemeinde
Frankfurt a.M.
„Johannes A Lasco Polonie Baro 1545"

1/17

1/17 Le temple de Charenton proche de Paris (1624 - 1685) unbekannter Künstler, um 1640, Aquarell, Stammbuch Thott Königliche Bibliothek Kopenhagen Fotografie des Originals

Eine der bedeutendsten Hugenottenkirchen war der Tempel von Charenton. Ein großer rechteckiger Bau (Saalkirche) mit zahlreichen Fenstern, einfachem Walmdach und einem Dachreiter. Im Innenraum trugen zwanzig toskanische Säulen eine Empore und darüber eine Galerie. Die Sicht der Gläubigen war frei auf die Kanzel ausgerichtet, die sich an der Stirnseite befand. Einziger Schmuck war die Tafel mit den Zehn Geboten über der Kanzel. Nach dem Erlaß des Revocationsediktes von Fontainebleau 1685, der Aufhebung der Glaubensfreiheit (des Ediktes von Nantes von 1598), wurde die Kirche im selben Jahr zerstört.

1/18 Die Reformierte Kirche in Hanau, 1817
Friedrich Cornicelius
Gouache, Feder, H 49 x B 47,8
Museum Hanau - Schloß Philippsruhe
Inv.Nr.: B2119 HGV
Eigentum des Hanauer Geschichtsverein 1844
*Innenraum der Marienkriche nach dem Umbau
der reformierten Predigtkirche*

1/19* Wallonische Kirche Hanau
Kirchenraum der Wallonischen Kirche
Fotografie, um 1900
Museum Hanau - Schloß Philippsruhe

1/20* Nouveau Recueil des Psaumes et de
Cantique à l'usage des églises francoises. 1787
Wallonisch-Niederländische Gemeinde Hanau

1/21* Geestelyke Gesangen,
welke in de Gereformerde Kerken van Cleve,
Gulik, Berg, Marksland en Nieuw-Hanau Ge-
zongen worden. Johann Heinrich Riehl 1770
Stadtbibliothek Hanau
*Gesangbuch der Niederländisch-Reformierten
Gemeinde. Die musikalische Untermalung des
reformierten Gottesdienstes war der einstimmi-
ge Gesang der alttestamentarisch gereimten
Psalmen, während Luther die Entstehung eigenen, reformatorischen Liedgutes förderte. Die
Reimfassungen stammen von Clément Marot
(1495 - 1544) und Theodor Beza (1519 -
1604). In Deutschland wurden sie von Ambrosius Lobwasser schon vor dem Eintreffen der
Neubürger übersetzt.*

1/22* Zwei Abendmahlskannen, 1778
Unbekannter Silberschmied
Silber
Wallonisch-Niederländische Gemeinde Hanau
Kasteninschrift: Vases sacrés de l'église vallone
de Hanau 1778
Hierzu gehören zwei passende Kelche ohne
nähere Herkunftsangaben.

1/23* Zwei Brotbecher, 1792
Justus Staudt (Stouw)
Silber, H. mit Deckel 24 cm
MZ IS BZ Hanau
Wallonisch-Niederländische Gemeinde Hanau
Aufschrift des nicht mehr vorhandenen Lederfut-
terals lautete: 1792 geschaffen von Justus
Stouw für die Needer Tuitsche Diakonie.

1/18

1/24* Brotteller, 1690
Wilhelm Ferein
Silber, 40,2 x. 32,8,cm
MZ: WF in Herz, datiert 1.2.1690,
BZ: Neuhanau
Wallonisch-Niederländische Gemeinde Hanau
(Abbildung siehe S. 269 - Abb. 4)

1/25* Zwei Brotteller, 1740
Ernestus Roemer
Silber, vergoldet, Ø 30 cm
MZ: ER BZ: Neuhanau
Wallonisch-Niederländische Gemeinde Hanau
Widmungsinschrift: JACOB HESTERMANN
CAPITAINE DE BOURGEOISIE DANS LA VILLE
NEUVE DE HANAU FAIT PRESENT DE CE BAS-
SIN A L'ÉGLISE VALLONE DE LA DITE VILLE LE
3me NOVEMBRE 1740
(Abbildung siehe S. 269 - Abb. 7)

1/26* Taufkanne mit Becken, 1732
Unbekannter Silberschmied
Silber
Wallonisch-Niederländische Gemeinde Hanau

1/27* Taufkanne mit Taufschüssel, 1722
Wilhelm Ferein
Silber teilvergoldet, H 26 cm
MZ HF, Datum auf der Rückseite 1722,
BZ: Neuhanau
Wallonisch-Niederländische Gemeinde Hanau
Unter dem Ausguß gravierter Palmbaum im ova-
len Feld mit Umschrift: SIC IUSTUS DOMO
IEHOVAE PS. 92.
Zur Taufkanne gehört eine Taufschüssel mit glei-
cher Gravur
(Abbildung siehe S. 269 - Abb. 5)

LES X CŌMĀDEMENS

E fcoute Ifrael Iefuffte Seigneur ton
Dieu qui tay tire hors de la terre
d'ægipte de la maifon de feruitude.
Tu nauras point d'aultre Dieu deuant moy.
Tuneteferas image taillee ne femblance aucune des
Chofes qui fon le fus auciel ou en la terre icy bas
ou es eaux deffoubz la terre Tu ne tendiner as poſt
a icelle set ne les fer uras point Car ie fuis le seigneur
ton Dieu fort ialoux vifitant l'iniquite des peres
fur les enfans en la tierce et quarte generation de ceuxqui
me haifent et faifant mifericorde en mille generation à ceu
qui m'ayment et gardent mes commandemens.
Tu ne prendras point le nom du Seigneur ton Dieu
en vain. Car le Seigneur ne tiendra pour innocent
celuy qui prendra fon nom en uain.
A te fouuenance du iour du repos pour le fanctifier
Sis iour tu trauailleras et feras toute ton œuure le feptie
celt le repos du Seigneur ton Dieu Tu ne feras en celuy.
œuure aucune ne foi ne fon filz, ne ta fille ne ton fer uiteur
ne ta chambriere ne ton boeuf ne ton afine ne leftranger
qui eft dedans tes portes Car en fis iours Dieu a faict le
Cid et la terre et tout ce qui eft compris et le feptieme il left repofe
Et pourtant abenit le iour du repos et la fanctifie.

DE DIEV EXODE XX

Honore ton pere et ta mere afin que tes iours
foient prolongez fur la terre laquelle le
Seigneur ton Dieu te donne,
Tu ne tueras point,
Tu ne paillarderas point,
Tu ne Defroberas point,
Tu ne Diras point faux tefmoignage.
Contre fon prochain,
Tu ne conuoiteras point la maifon de ton prochain et ne
Conuoiteras point la femme diceluy ne fon filz
ne fa fille ne fon feruiteur ne fachambriere ne fon
boeuf ne fon afne ne aucune chofe qui luy appartienne,
Tu aimeras le feigneur ton dieu de tout ton coeur et de
Toute ton ame et de tout ton entendement cest le premier
Et le grand commandement eft le fecond femblable a
Iceluy eft tu aymeras ton prochain comme toi mefmes de
Ces deux commandemens defpendent toute la
Loy et les prophetes.

1/28

1/28 Zehn Gebote, 17. Jahrhundert
Unbekannter Künstler
Öl auf Holz, H 85 x 117 cm
Wallonisch-Niederländische Gemeinde Hanau

Moses und Aaron halten zwei Tafeln, auf denen in französischer Sprache die Zehn Gebote aufgezeichnet sind.
Im Sinne der calvinistischen Glaubenslehre wurden religiöse Bildnisse abgelehnt. Der einzige Schmuck der Kirchen war, im Gegensatz zur katholischen Kirche, meist nur eine Tafel der Zehn Gebote über der Kanzel, wie auch in der Wallonischen Kirche Hanaus.

1/29 Wallonische Kirche Hanau
Vier Sanduhren zur Kontrolle der Predigtzeit
Fotografie, um 1900
Wallonisch-Niederländische Gemeinde Hanau

1/29

1/30 Strahlenmadonna, auch Kinzdorf-
Madonna, um 1430
Unbekannter Bildhauer
Lindenholz, gefaßt, H 93 cm
Katholische Kirche St. Johann Baptist,
Hanau - Steinheim

*Die Figur der Gottesmutter, von einer Strahlen-
mandorla hinterfangen, trägt auf dem Arm das
Jesuskind. Ursprünglich stand sie als Gnaden-
bild am Altar der ehemaligen Liebfrauenkirche
im Kinzdorf (heute Konrad-Adenauer-Straße)
und wurde in der Reformation aus dem Kirchenraum entfernt. Im reformatorischen Sinne
sollte der Kirchenraum von „überflüssigen Göt-
zenbildnissen" geräumt sein.*
*Mitte des 16. Jahrhunderts wurde die Skulptur
nach Steinheim an die katholische Kirche St.
Johann Baptist verkauft.*

1/30

Die Reformation in Frankreich

Die Sorbonne hatte bereits 1521 die Lehre Luthers in Paris als häretisch (ketzerisch) verworfen. Doch in fast allen Provinzen des französischen Königreiches fand die Reformation Anhänger. Von Genf aus erhielt die französische Reformation ein theologisches System und Organisation. Trotz Repressionen entwickelte sich der französische Protestantismus zu einer politischen Macht: zur Partei. Immer mehr Anhänger fanden sich in höheren Gesellschaftsschichten des städtischen Bürgertums und im Adel. Führende Köpfe fanden sich im Königshaus von Navarra und in Admiral Gaspard de Coligny. Coligny versuchte den Gegensatz Frankreichs und Habsburg-Spaniens für die Reformation zu nutzen, die aufständischen Niederlande zu unterstützen und der französischen Außenpolitik eine antikatholische Richtung zu geben. In der Synode von Paris (25. Mai 1559) trafen sich Vertreter von zwölf Provinzialkirchen und verabschiedeten ein Glaubensbekenntnis von 40 Artikeln (confessio gallico), das den Calvinismus festigte.

Nach dem Tod Heinrichs II. übernahm Katharina von Medici die Regentschaft für ihre minderjährigen Söhne (Franz II., 1559 - 1560 und Karl IX., 1560 - 1574). In dem Religionsgespräch von Poissy (1561) und im Edikt von St. Germain erhielten die Reformierten Zugeständnisse wie Gottesdienste außerhalb der Städte. Der Friede war von kurzer Dauer. Die Katholiken sahen ihren natürlichen Bundesgenossen im spanischen König Philipp II. und die Protestanten in den aufständischen Niederlanden, in England und den protestantischen Fürsten in Deutschland.

In acht Bürgerkriegen zwischen 1562 und 1598 konnte sich weder die Minderheit der Protestanten noch die Mehrheit der Katholiken durchsetzen.

2/1* Szenen aus den Hugenottenkriegen (1562 - 98)
Begegnung zweier Bürgerkriegsheere zwischen Cognac und Chateauneuf am 13. März 1569
Reproduktion zeitgenössischer Holzschnitte
H 36,5 x B 49 cm
nach Vorlagen von Jean Perrisin
Jaques Tortorel (1568 - 1592, in Genf und Lyon tätig)

2/2* Massaker Bartholomäusnacht
(Pariser Bluthochzeit 24.8.1572)
Francois Dubois
Öl auf Leinwand, Fotografie des Originals
Musée des Beaux Arts, Lausanne

Die Hochzeit Heinrichs von Navarra, reformierten Glaubens, mit der katholischen Schwester des französischen Königs (Heinrich III.), Margarete von Valois, sollte die Versöhnung zwischen Reformierten und Katholiken besiegeln. Die katholische Mutter König Heinrichs III., die florentinische Katharina von Medici, und die katholischen Herzöge von Guise, nutzten die inszenierte Hochzeit, um die Führung der anwesenden Reformierten zu ermorden. Es folgte ein haßerfülltes Massaker an den Reformierten in ganz Frankreich.

2/3* Massaker Bartholomäusnacht, Nürnberg Ende 16. Jh.
Kolorierter Kupferstich mit deutscher Erläuterung, H 60 x B 37,6 cm
Fotografie des Originals
Société d'Histoire du Protestantisme Français, Paris

Graf Philipp Ludwig I., der Vater des Neustadtgründers, erlebte die „Pariser Bluthochzeit" persönlich mit und wäre beinahe selbst ein Opfer des Massakers geworden.

2/4* Henri IV.
Lithographie
Deutsches Hugenotten-Museum, Bad Karlshafen

Heinrich von Navarra (1553 - 1610), reformierten Glaubens, wird als Thronfolger von König Heinrich III. anerkannt. Da auch Spanien, das im Bündnis mit der französischen katholischen Liga steht, Ansprüche auf den französischen Königsthron erhebt, kommt es zum Kampf um die Thronfolge. Die gemäßigten französischen Katholiken fürchten den spanischen Hegemonieanspruch und nähern sich Heinrich an.

Um die Widerstände der katholischen Seite zu überwinden, tritt Heinrich zum katholischen Glauben (25. Juli 1593) über. Er wird in Chartres 1594 zum König gekrönt und kann nun als Heinrich IV. in Paris einziehen, was er mit dem Ausspruch „Paris ist eine Messe wert!" kommentiert.

2/5* Heinrich IV. erläßt das Edikt von Nantes (13.4.1598)
Jan Luyken (1649 - 1712)
Kupferstich H 29,5 x B 35 cm
Deutsches Hugenotten-Museum, Bad Karlshafen

Der königliche Erlaß sicherte den Hugenotten Gewissensfreiheit zu und erlaubte die Ausübung reformierter Gottesdienste. Die Reformierten erhielten die uneingeschränkte Rechtsfähigkeit und Zutritt zu Staatsämtern. Über den Zeitraum von acht Jahren erhielten sie 100 Sicherheitsplätze in Frankreich. Diese Rechte wurden von den französischen Katholiken nicht ohne Widerstand hingenommen.

2/6* Sicherheitsplätze der Reformierten 1562 - 1598
Reproduktion der Karte
Deutsches Hugenotten-Museum, Bad Karlshafen

Freiheitskampf der Niederlande

Der Sohn Kaiser Karls V., Philipp II. (1556 - 1598), übernahm bei seinem Regierungsantritt die Herrschaft über Spanien die überseeischen Besitzungen und die Niederlande (heutige Staaten Niederlande, Belgien, Luxemburg).

Die nördlichen Provinzen der Niederlande waren überwiegend calvinistisch, die südlichen dagegen meist katholisch. Der Widerstand des protestantischen Adels und des Bürgertums gegen die Zentralisierungsbestrebungen der spanischen Krone führten zu Unruhen. Die Wut der calvinistischen Menge entlud sich in einem Bildersturm, der Verwüstung katholischer Kirchen 1566. Daraufhin schickte König Philipp II. Herzog von Alba (Álvarez de Toledo, Fernando Duke de Alba, 1507 - 1582) als Generalkapitän in die Niederlande. Alba versuchte mit der Errichtung eines Terrorregimes (bis 1574) die Niederlande zu bezwingen.

Die Führer der Aufständischen, Graf Egmont und Hoorn, wurden 1568 öffentlich in Brüssel hingerichtet, die Inquisition wurde verschärft und die Steuern erhöht. Es kam zur offenen Erhebung der Niederländer in den nördlichen protestantischen Provinzen Holland und Seeland. Wilhelm von Nassau-Oranien wurde der Führer der Utrechter Union (1584 ermordet). Die südlichen Provinzen (Flandern, Artois, Hennegau) schlossen sich 1579 zum Schutz des katholischen Glaubens in der Union von Arras zusammen. Im Westfälischen Frieden 1648 wurden die Niederlande als unabhängige Republik anerkannt.

2/7 Die gefesselten niederländischen Provinzen vor Herzog Alba, um 1600
Unbekannter Künstler
Öl auf Holz, 81,2 x 152 cm
Deutsches Historisches Museum Berlin,
Inv.Nr.: 1994/1291
Fotografie des Originals

2/7

2/8* Der calvinistische Bildersturm
20. August 1566
Franz Hogenberg (1540 - 1590)
Kupferstich, H 24 x B 36 cm,
Kunsthalle Hamburg, Inv.Nr.: 1982/11a

2/9 Spanische Söldner setzen am
4. Nov. 1576 das Antwerpener Rathaus
in Brand, um 1650
Daniel van Heil
Öl auf Holz, 73 x 105 cm
Deutsches Historisches Museum Berlin,
Inv.Nr.: 1994/1292
Fotografie des Originals

2/10* Der calvinistische Bildersturm 1568,
um 1560
Jan Luyken (1649 - 1712)
Radierung H 32,9 x B 34,7 cm
Kunsthalle Hamburg, Inv.Nr.: 24335

2/11* Das Standbild Herzogs Alba,
um 1583
Unbekannter Künstler
Radierung, H 13,6 x B 16,2 cm
Kunsthalle Hamburg, Inv.Nr, 1982/15

2/12* Die beiden ersten protestantischen
Märtyrer
Kirchenfenster, H 150 x B 120 cm
Stadt Brüssel, als Leihgabe in der
Evangelischen Kirche Tournai, Belgien

*Die Augustinermönche Heinrich Voes und
Johannes Esch verweigerten die Widerrufung
ihrer lutherischen Gesinnung und wurden daraufhin als erwiesene Ketzer zum Tode verurteilt
und am 1. Juli 1523 auf dem Marktplatz von
Brüssel verbrannt.*

2/9

Abteilung 3
Altstadt Hanau, Graf Philipp Ludwig II., Mainz, Frankfurt und die Hanauer Neustadtbürger

Altstadt Hanau

Die Altstadt Hanau war ein bescheidenes und nicht sehr bedeutendes Städtchen.

1557 verzeichnete die Altstadt 277 Personen (Haushaltungen), was eine Einwohnerzahl von rund 1.430 Personen ergab, wobei Gesinde und Arme mitgerechnet wurden. Für das Jahr 1577 werden 232 Häuser innerhalb der Stadt und Vorstadt gezählt.

Die Altstadt war die Residenz einer Landesherrschaft und damit Verwaltungssitz für einige Behörden, Beamte und Diener des Hofes. Die Bewohner waren Bürger, die von Ackerbau und Handwerk lebten.

Neben dem Erzbistum Mainz und der Freien Reichsstadt Frankfurt versuchte auch die Altstadt Hanau ihre Interessen gegenüber dem Neustadt-Projekt zu artikulieren.

Mit dem Regierungsantritt Philipp Ludwigs II. (1595) wurde auch das „Religionswerk", die zweite Reformation im calvinistischen Sinne, mit großem Nachdruck in der Stadt und Grafschaft Hanau durchgesetzt.

Die Neustadt, auf den Gärten der Altstädter geplant, ließ bei den Bürgern Unmut aufkommen. Nicht allein wegen des Verlusts der Gärten, sondern auch die beabsichtigte Stadtgröße, die fremdsprachigen, calvinistischen Neusiedler und ihre neuen Handwerke und Methoden führten zu Verunsicherung. Durch den Neustadtbau war die Verlegung der Landstraße zum Kinzdorfer Tor notwendig. Die Altstadtbürger befürchteten, daß die Handelswege nur noch in die Neustadt führten und jeglicher Umsatz dort getätigt würde und die Altstädter das Nachsehen hätten. Vor Handgreiflichkeiten schreckten sie nicht zurück.

Andererseits profitierten die Altstädter auch vom Neubau, denn nur sie hatten das Recht, Holz im Wald zu schlagen. Ein Teil der Bauarbeiter sowie einige künftige Neustadtbürger logierten bereits in der Altstadt.

Den Neustädtern war es auch mittlerweile gelungen, den ihnen unangenehmen Schultheißen der Altstadt, Johann Menger, dem sie die Behinderung des „Neuen Werkes" vorwarfen, beiseite zu schieben. Als neuer Schultheiß wurde der Kesselstädter Georg Stock eingesetzt, um zusammen mit vier Neustädtern ihre Angelegenheiten zu regeln. Mit diesen „ersten vier Schöffen" war ein Schritt zur Selbstverwaltung der neuen Stadt getan.

3/1* Comitatus Hanau
(Grafschaft Hanau) 1728
Landkarte der Umgebung Hanaus
Erschienen bei Johann Christoph Hohmann, Nürnberg, Stecher Friedrich Zollmann
H 57,5 x B 69 cm
Museum Hanau - Schloß Philippsruhe
Inv.Nr.: B 6816 HGV
Eigentum des Hanauer Geschichtsvereins 1844
Die Ungenauigkeiten der Grenzverläufe dieser Karte waren wohl der Anlaß für die verschiedenen Auflagen in veränderter Form im 18. Jahrhundert.

3/2* Älteste Ansicht der Altstadt Hanau
Städtebuch Parvum Theatrum Urbium des Abraham Saur
Erstauflage Frankfurt 1581, Hanau 1588
Holzschnitt, H 6,6 x B 9,1 cm
Museum Hanau - Schloß Philippsruhe
Inv.Nr.: B 3292 HGV
Eigentum des Hanauer Geschichtsvereins 1844
In der Bildmitte Wassergraben und Bollwerke der 1527 - 31 erbauten Stadtbefestigung. Dahinter (von links nach rechts) Hospitaltor, Kinzdorfer Tor und Metzgertor, das älteste Rathaus (Spielhaus 1484), das neue Rathaus (heute Deutsches Goldschmiedehaus) und der dominante Turm der Hochdeutsch-Reformierten Marienkirche.

3/3* Schloß Hanau
Künstler unbekannt
Erschienen in Meißners Schatzkästlein 1626.
Kupferstich, H 9,7 x B 13 cm
Museum Hanau - Schloß Philippsruhe
Inv.Nr.: B 3106 HGV
Eigentum des Hanauer Geschichtsvereins 1844
Die Darstellung zeigt die Ansicht des Stadtschlosses um 1600. Die Ansicht des Schlosses von nordöstlicher Seite gesehen. Hinter der Wallböschung die Türme und Gebäude des Schlosses, dominiert vom sechseckigen Heidenturm. Der Abbruch dieses alten Stadtschlosses begann im Oktober 1828.

Graf Philipp Ludwig II.
(vgl. auch Beitrag von G. Rauch, S. 16ff.)

3/4* Graf Philipp Ludwig II. von Hanau-Münzenberg
Nach dem Stich von Dominicus Custos in Atrium Heroicum, Caesarum, Regum aliarumque summatum, ac procerum etc., Augsburg 1600
Kupferstich, Druckplatte H 17 x B 12,4 cm
Museum Hanau - Schloß Philippsruhe
Inv.Nr.: B 3426 HGV
Eigentum des Hanauer Geschichtsvereins 1844

3/5* PHILIPS LVDWIG II. GRAF ZV HANAW VND RHIENECK Z. MINZENBERK
Ioan. Gennet fecit et excudit (1612)
Kupferstich, H 13,8 x 10,2 cm
Museum Hanau - Schloß Philippsruhe
Inv.Nr.: B 4262 HGV
Eigentum des Hanauer Geschichtsvereins 1844

3/6* Katharina Belgia (*1578 †1648)
Ioan. Gennet fecit et excudit,
Kupferstich, H 14,2 x B 10,3 cm (Blatt);
H 13,9 x B 10 cm (Druckplatte)
Staatliche Kunstsammlungen Kassel
Inv.Nr.: GS 12 822
Tochter Wilhelms des Schweigers von Oranien aus dritter Ehe mit Charlotte von Monpensier. Vermählt mit Philipp Ludwig II. 1596.

3/7 Graf Philipp Ludwig II.
von Hanau - Münzenberg 1576 - 1612
Paulus Friskius (Paul Frisch) zugeschrieben 1593
Öl auf Leinwand, H 180 x B 113 cm,
Hessische Hausstiftung, Fulda
Fotografie des Originals

Das Gemälde ging 1868 zusammen mit anderen in den „Amts-Besitz" des ersten preußischen Landrates des Kreises Hanau Freiherr Eduard von Schrötter über und wurde ins damalige Landratsamt, das Geburtshaus der Brüder Grimm am heutigen Freiheitsplatz gebracht. In einer Niederschrift Dr. Reinhard Suchiers (Hanauer Geschichtsverein) heißt es: „Wahrscheinlich Philipp Ludwig II., offenbar das älteste der Portraits, an vielen Stellen zu dunkel geworden. Er hat kurze Haare, schwachen Bart, Halskrause, Wamms u. weite Kniehosen von demselben Zeug (dunkel mit gelber Zeichnung), schwarze niedrige Schuhe mit kleiner Schleife. Die Linke hält den Griff des schräggehenden Degens. Zu seiner Rechten ist ein rotbehängter Tisch, worauf ein schwarzer Hut mit großer Agraffe [Schmuckspange], herumgehenden Zierrathen [Edelsteine?] und hoher Feder. Die Gestalt ist schlank und schwächlich."

Nachdem zwischen 1875 - 80 das Schloß Philippsruhe von Landgraf Friedrich Wilhelm von Hessen-Rumpenheim vollständig im Stil des Historismus umgebaut worden war, erbot sich der Landrat, das Gemälde Philipp Ludwigs zusammen mit sieben weiteren nach Schloß Philippsruhe zu geben. Das preußische Ministerium des Inneren bestand auf einer Bezahlung der Bilder. Zwischen 1894 und 1943 hing das Bild im Schloß Philippsruhe. Aufgrund der Luftangriffe im II. Weltkrieg wurde es zur Sicherheit mit anderem Kunstgut der Kurhessischen Hausstiftung nach Schloß Adolfseck bei Fulda gebracht.

1970 wurde eine Kopie für das Hanauer Museum gefertigt.

[Aus konservatorischen Gründen konnte das Originalgemälde nicht entliehen werden. In der Ausstellung ist die Kopie des Gemäldes zu sehen.]

3/7

3/8

3/8 Schreibzeug, 1677
Fayence, Hanau,
H 19 x B 17,4 x L 25,4 cm
Wallonisch-Niederländische Gemeinde Hanau

3/8a

3/8b

Hellgrauer Scherben, weiße Glasur, blaue Bemalung, kastenförmig, auf der Rückseite ist als Bekrönung ein plastischer Frauenkopf mit seitlichen Voluten angebracht, die sich an den Schmalseiten fortsetzen. Den Übergang von Tintenfaß und Sandstreuer zum Fach für Schreibfedern bilden zwei sitzende Löwen.

Auf der Vorderseite des Kastens ist die Barmherzigkeit dargestellt. Rechts in einem Raum sitzt Christus an einem Tisch vor einem Teller. Er segnet auf einem ihm dargereichten Teller die Gaben der Barmherzigkeit. Daneben steht ein Bürger, der Wein in ein Glas gießt. Dazwischen steht eine Frau. Links geht der Blick aus dem Raum auf eine Straßenszene. Ein Diakon gibt zwei Bedürftigen Almosen.

Die Inschrift der Vorderseite lautet: D'Broot den Armen deelt ... met goet hem doet bewysen/soo sal van leevens boom. De Heer u eeuwich spysen: ANNO 1677

Auf dem rechten Seitenteil ist das Abendmahl im Kirchenraum dargestellt. Das linke Seitenteil zeigt die Predigt in der Kirche im reformierten Gottesdienst. Die Rückseite stellt die Versammlung des Konsistoriums dar. Zehn gut gekleidete Bürger sitzen an einem großen Tisch. Ein elfter tritt grüßend, den Hut gezogen, durch die Tür. Das Schreibzeug erlaubt einen eindrücklichen Blick auf das Gemeindeleben des reformierten Bekenntnisses in Hanau.

3/9* Kirchenordnung, Hanau 1612
handschriftliche Urkunde, Verfasser Graf
Philipp Ludwig II. von Hanau
Stadtarchiv Hanau

Seit der Einführung dieser Kirchenordnung wurden die Ältesten und Diakone von dem Konsistorium und dem Prediger gewählt. Die Gemeinde hatte Einspruchsrecht. Das große Konsistorium, bestehend aus Ältesten und Diakonen, wählte den Pfarrer. Auch hier konnte die Gemeinde Einspruch erheben. Bei den Wallonen bestand das Konsistorium zunächst aus acht Ältesten und acht Diakonen. Bei den Niederländern wurden die vier Ältesten und vier Diakone durch die stimmberechtigten Gemeindemitglieder gewählt. Gleiches galt auch für die Pfarrerwahl.

3/10* Registre de ceux qui ont raison
de leur foi, 1632 - 1719
Mitgliederverzeichnis 38,5 x 16 x 2 cm
Wallonisch-Niederländische Gemeinde Hanau

3/11* Protocole Premier du Consistoire
de nostre Eglise accomencé l'an 1594 jusqu'
à l'anné 1662. La liste des membres de cette
église.
Konsistoriumsprotokolle und Mitgliederverzeichnis, 32 x 21 cm
Wallonisch-Niederländische Gemeinde Hanau

3/12* Liste des Sieurs et Frères qui depuis
l'an 1595 ont servi l'Eglise francoise
Walone en qualité d'Anciens et de Diacres.
Liste der Ältesten und Diakone
Wallonisch-Niederländische Gemeinde Hanau

3/12a* Bibel, 1671
Balthasar Christoph Wüßts
Frankfurt 1671
Jean Jaques Bury, seit 1728
Famlilienbesitz Bury
Leihgabe: Claus Bury, Frankfurt

3/12b* Bibel, 1706
Leihgabe: Familie Michel-Lückhardt,
24 x 19 x 10,5 cm

3/12c* Paul Crocius Cycnäus:
Groß Martyrbuch und Kirchen-Historien/
darinnen Herzliche und in Gottes Wort
gegründte glaubensbekandnussen/
Gespräch und Disputationen/
wider die ketzer und finde der göttlichen warheit...
Wilhelm Antonius Hanau 1606
(das Buch ist dem Landgrafen Moritz von Hessen gewidmet, der die reformierte Religion in Hessen-Kassel durchsetzte)
Stadtarchiv Hanau

3/12d* Hanauer Kirchendisziplin
Johann Matthias Stann 1688
20 x 16 x 3 cm
Wallonisch-Niederländische Gemeinde Hanau

3/12e* Heidelberger Katechismus 1606
Consistorium Französische Kirche Berlin

3/12f* Catechetisches Kleynod
Gründliche Erklärung über den Heydelbergischen Catechismus,
Peter de Witte, Jacob Lasche 1666
Consistorium Französische Kirche Berlin

3/12g* Cathéchisme destiné particulièrement
à l'usage des jeunes gens qui s'instruirent pour
participer à la sainte cène,
Jacob Vernes, Hanau 1779
Consistorium Französische Kirche Berlin

3/13* Außenansicht der Kirche der reformierten Gemeinde in Bockenheim, erbaut 1768
Aquarell, H 20,3 x B 26,6 cm
Historisches Museum Frankfurt,
Inv.Nr.: C 15927

Graf Philipp Ludwig II. von Hanau-Münzenberg erlaubte den Wallonen bereits 1595 die Ausübung ihres Gottesdienstes in der Bockenheimer Kirche. Bockenheim gehörte bis 1736 zur Hanauer Grafschaft. 1601 erlaubte der Rat der Stadt Frankfurt die Errichtung eines hölzernen Kirchleins vor dem Bockenheimer Tor, das am 29. Juli 1608 unter mysteriösen Umständen abbrannte. Daraufhin erneuerte der Rat Frank-

furts das Verbot des reformierten Gottesdienstes. Nach dem Bau der Wallonisch-Niederländischen Kirche in Hanau, 1608, mußten von 1609 bis 1630 die in Frankfurt verbliebenen Mitglieder der französisch-reformierten Gemeinde nach Offenbach, um den reformierten Gottesdienst auszuüben. 1638 gestattete Graf Philipp Moritz von Hanau ihren Gottesdienst wieder in der Bockenheimer Kirche. Erst 1787 erlaubte das lutherisch gesinnte Frankfurt den beiden reformierten Gemeinden den Kirchenbau.

3/14 Hanauer Neustadtbürger
Charles Légier
Unbekannter Künstler
Öl auf Leinwand, H 92 x 77 cm
Wallonisch-Niederländische Gemeinde Hanau

Das Bild hing bis zur Zerstörung Hanaus im Jahr 1945 im Sitzungssaal des Wallonischen Konsistoriums.
Charles Légier (*1658 Die/Dauphiné) kam von 1690 - 1740 aus Melsungen als Pfarrer für die Wallonische Gemeinde. Wegen seiner Verdienste um die Wallonische Gemeinde soll er unter dem Abendmahlstisch begraben worden sein.

3/14

3/15 René Mahieu (*22.11.1544 Valenciennes †6.6.1607 Hanau)
Unbekannter Künstler
Öl auf Leinwand, H 177 x B 89 cm
Wallonisch-Niederländische Gemeinde Hanau

Oben links unter dem Wappen steht Anno 1595 Aetatis 51 (Im Jahre 1595 im Alter von 51 Jahren). René Mahieu zählte zu den Neustadtgründern, war Baumeister und erster Bürgermeister.

3/16 Maria Walterin
Unbekannter Künstler
Öl auf Leinwand, H 103 x B 76 cm
Wallonisch-Niederländische Gemeinde Hanau
Inschrift: Maria Walterin. Geborene Mahieu. Aetatis 38. Anno 1650
Maria Walterin im Alter von 38 Jahren, im Jahre 1650, Schwester des René Mahieu

3/16

3/15

3/17 Hanauer Neustadtbürger
Unbekannter Künstler
Öl auf Leinwand, H 60,8 x B 52,1 cm,
um 1635
Wallonisch-Niederländische Gemeinde Hanau

3/18 Hanauer Neustadtbürgerin
Unbekannter Künstler
Öl auf Leinwand, H 59,7 x B 50,6 cm
Wallonisch-Niederländische Gemeinde Hanau
Beschriftung Bildrückseite:
AETATIS SUE, 55 ANNO 1635

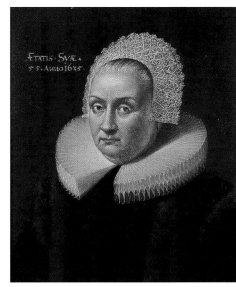

3/17

3/18

3/19

3/20

3/19 Hanauer Neustadtbürger
Unbekannter Künstler
Öl auf Leinwand, H 69 x B 58,5 cm
Wallonisch-Niederländische Gemeinde Hanau

3/20 Hanauer Neustadtbürgerin
Unbekannter Künstler
Öl auf Leinwand, H 66,9 x B 53,5 cm
Wallonisch-Niederländische Gemeinde Hanau

3/21

3/22

3/23

3/21 Hanauer Neustadtbürgerin
Öl auf Kupferplatte, gerahmt,
H 16,5 x B 13,5 cm
Museum Hanau - Schloß Philippsruhe
Inv.Nr.: B 4861 a St.

3/22 Hanauer Neustadtbürger
Öl auf Kupferplatte, gerahmt,
H 16,5 x B 13,5 cm
Museum Hanau - Schloß Philippsruhe
Inv.Nr.: B 4861 b St.

3/23 Hugo Pelzer
Unbekannter Stecher
Kupferstich, H 8,6 x B 5,2 cm
Museum Hanau - Schloß Philippsruhe
Inv.Nr.: B 1987/44
HUGO PELLETARIUS SENIOR JURIS
UTRIUS-QUE LICENTIATUS SYNDICUS
NEO-NANOU AET: A. 1610
Ammon sculpit avi, et foceri divenditat
Ammon Vultus; at Laudes sat Vova dicit Hanau
Erster Syndikus der Neustadt

3/24

3/25

3/24 Hanauer Kaufmannsfrau
Mercartoris Hanauiensis Vxor
Wenzel Hollar fec. 1642
Radierung H 10 x B 9,3 cm
Museum Hanau - Schloß Philippsruhe
Inv.Nr.: B 5329 HGV
Eigentum des Hanauer Geschichtsvereins 1844

Mercatoris Hanauiensis Vxor.

3/25 Hanauer Kaufmannsfrau
Mercartoris Hanauiensis Vxor
Wenzel Hollar 1640
Aus: Theatrum mulerium, London 1643
Radierung, H 9,2 x B 5,8 cm
Museum Hanau - Schloß Philippsruhe
Inv.Nr.: B 4253 HGV
Eigentum des Hanauer Geschichtsvereins 1844

Die Handels- und Messestadt Frankfurt
(vgl. auch Aufsatz von R. Fischer, S. 28ff.)

3/26* Frankfurt vom Westen
Kupferstich, Matthäus Merian, kolorierte
Reproduktion,
H 18,5 x B 86 cm.
o. Inv.Nr.
Museum Hanau - Schloß Philippsruhe

3/26a* Der Römerberg, 1690
Joh. Andreas Graff
Aquarell 19,6 x 39,5 cm
Historisches Museum Frankfurt
Inv.Nr.:C 15 273

3/26b* Das Englische Monument, 1558/59
Silber vergoldet, H 54 cm
Historisches Museum Frankfurt
Inv.Nr.: X 41
Reproduktion
(Abbildung siehe S. 29, Abb. 1)

Das Erzbistum Mainz

Die Neustadtgründung führte zu heftigen Reaktionen der Ablehnung durch die Freie Reichsstadt Frankfurt, dem Rat der Altstadt Hanau und dem Erzbischof von Mainz. Das Erzbistum Mainz grenzte mit dem Amt, der Stadt und dem Schloß Steinheim nicht nur unmittelbar an die Grafschaft Hanau, sondern hatte auch das Recht des Wildbanns (Jagdrecht) und der forstlichen Obrigkeit auf dem Neubaugebiet. Der Erzbischof Wolfgang von Dalberg sah durch die künftige Festung und Neustadt, die um ein mehrfaches größer als die Altstadt werden sollte, „sein Städtlein und Schloß Steinheim in Gefahr". Beim Reichskammergericht in Speyer, das unter dem Einfluß des Erzbischofes stand, wurde Klage eingereicht. Am 31. Mai 1597, einen Tag vor der Unterzeichnung der Capitulation durch Philipp Ludwig II., erging das Mandat zur Einstellung des Neustadtbaues. Vierzehn Tage später überbrachte ein Kammerbote den Bescheid nach Hanau. Hektische Aktivität entfaltete sich beim Grafen Philipp Ludwig, seinen Beratern und den Vormündern in Nassau und in Wittgenstein. Einig war man sich, daß man den Mainzer Einspruch auf dem Verhandlungswege ausräumen sollte. Der Form halber

wurden die Arbeiten am Grabenbau der Stadtbefestigung zeitweise eingestellt. Die Bereitschaft, eine Kaution zu stellen, um mit dem Bau fortfahren zu können, wurde offeriert. Rechtsmittel für den Prozeß wurden zusammengetragen, „da man in Speyer nicht mit favorablen Richtern rechnen könne, wegen des Hasses gegen ihre Religion und gegen die Niederländer, die von den Papisten als des Königs von Spanien Rebellen und ihre ärgsten Feinde angesehen werden". Gleichzeitig suchte man auf dem Verhandlungswege mit dem Erzbischof direkt und über Unterhändler eine Einigung zu erzielen „wobei vielleicht der Bischof von Würzburg (Julius Echter von Mespelbrunn), obwohl er ein großer Papist sei, nicht undienlich sein könne". Auch die „Austauschsache", Verhandlungen um einen bereits von Philipp Ludwig I. und Brendel von Homburg geführten Gebietstausch mit Nied (am Main) wurden ins Spiel gebracht. Nachdem ein zweiter Versuch mit Mainz zu einer gütlichen Einigung zu kommen im Juli 1597 fehlgeschlagen war, suchte man nun die Unterstützung weiterer Stände. Der Kurfürst von Köln, Ernst von Bayern, und der Kurfürst Friedrich IV. von der Pfalz wurden um ihre Einflußnahme gebeten. Inzwischen hatte Mainz ein weiteres strenges Mandat (arctius mandatum) gegen Hanau beim Kammergericht erwirkt, indem es einen Plan des Baufortschritts der Neustadt, der Gräben und Bollwerke beim Prozeß am 4. November vorlegte. Dies wiederum setzte die Hanauer in Aufregung, da ja auch Frankfurt weitere Gegenaktivitäten entwickelte und mit den Neubürgern über die wechselhafte schleppende Baufortführung „traktiert" werden mußte.
Der nächste Gerichtstermin stand erst im März 1598 an. Inzwischen wurden in der hanauischen Angelegenheit auch die Kölner Gesandten auf dem Regensburger Reichstag bemüht. Im April 1598 trat in der hanauischen Sache mit Mainz eine Wende ein und zwar sowohl in der Angelegenheit des Neustadtbaus als auch des Gebietstausches. Kurfürst Wolfgang von Mainz bezog sich auf eine mündliche Verhandlung mit Philipp Ludwig II. in Aschaffenburg: Demnach sollten im Gebietstausch die Ergebnisse der Verhandlungen der Vorgänger Richtschnur sein. Die Unterhändler legten im „Steinheimer Abschied" im August 1598 fest, daß jetzt die Stadt Hanau erweitert wird, zu

ewigen Tagen keine Festung aufgerichtet wird, daß kein neues Marktschiff angestellt wird und daß die Mainzer Untertanen in ihren kirchlichen Wallfahrten und Zeremonien nicht verspottet werden. Darauf soll der am kaiserlichen Kammergericht schwebende Prozeß fallengelassen werden. Da Philipp Ludwig den geforderten schriftlichen Revers nicht unterschrieb, begnügte sich im folgenden Jahr Mainz mit der mündlichen Zusage und ließ den Prozeß ruhen. Bekanntermaßen wurde die Neustadt befestigt und ein Marktschiff verkehrte. Der Gebietstausch erfolgte erst 1684.
Was den Umschwung des Erzbischof bewog, läßt sich konkret nicht mehr feststellen.

3/27* Hanauer Hof, 1575
Reproduktion aus: Hanau Stadt und Land, Chronik, Ernst J. Zimmermann, 2. Auflage, Hanau 1919, S. 708
Museum Hanau - Schloß Philippsruhe
Der Hanauer Hof in Mainz war das Eckhaus an der Franziskaner- und kleinen Emmeransgasse. Er soll in früher Zeit ein ganzes Straßenviertel umfaßt haben; die in ihm befindliche Kapelle ließ Graf Reinhard II. von Hanau im Jahre 1438 konsekrieren. Im Jahre 1597 verkaufte die Herrschaft Hanau den Hof an den Hauptmann Gottfried Leonhard von Limpurg.

3/28* Mainz, katholisches Erzbistum, Gebietskarte,
Archiepiscopatus et Electoratus Moguntinus
Reproduktion

3/29* Das Erzstift und Kurfürstenthum Maynz
Karte des Teilgebietes Erzstift Mainz
Reproduktion

3/29a* Aschaffenburg und Steinheim zur Zeit des Dreißigjährigen Krieges
Merian Topographia Hassiae, 1646
Kupferstich, H 32 x B 41 cm
Museum Hanau, Schloß Philippsruhe
Altbestand Stadtarchiv Hanau
Inv.Nr.: 194814
Sammlung Hahne
Die untere Ansicht stellt die Eroberung von Steinheim am 24. und 25. November 1631 durch die Truppen des Königs Gustav Adolf dar.

3/30* Erzbischof Brendel von Homburg,
1555 - 1582

Bei der Wahl zum Erzbischof 1555 konnte der
Kandidat der katholischen Kaiserpartei, Brendel von Homburg, nur mit einer Stimme Mehrheit gegenüber seinem protestantisch orientierten Konkurrenten, Reichhard von Simmern, der
von den protestantischen Nachbarn des Mainzer Bistums, Kurfürst Friedrich II. von der Pfalz
und Landgraf Philipp von Hessen unterstützt
wurde, durchgesetzt werden. Der Erbischof
holte 1561 die Jesuiten, Societas Jesu (den
besonders papsttreuen katholischen Männeror-
den) nach Mainz. Mit der Hebung der Bildung
und Moral des katholischen Klerus und der
Neuorganisation der Verwaltung im Bistum
durch die Jesuiten sollte dem Protestantismus
begegnet werden. Der Erzbischof wollte ein
Pendant zu dem protestantisch tendierenden
Bürgertum und dem mehrheitlich ebenfalls protestantisch gesinnten Stiftsadel in Mainz schaffen, indem er die tridentinischen Reformen und
das Glaubensbekenntnis einführte. Die
Beschlüsse der Trienter Konzile dienten der Ein-
dämmung der calvinistisch reformierten Glau-
bensausbreitung in Frankreich und der Förderung katholischer Gegenreformation.
In Anbetracht seines protestantischen Nachbarn, des Kurfürsten Friedrich III. von Pfalz-Simmern (Bruder seines Gegenkandidaten), der als
erster deutscher Reichsfürst den Calvinismus einführte, konnten die katholischen gegenreformatorischen Maßnahmen nur vorsichtig vorangetrieben werden, da der Kurfürst unverhohlen
Bestrebungen zeigte, das Erzbistum zu säkulari-
sieren.
Unter Brendel von Homburg wurde mit einem
Notbau des 1552 zerstörten Schlosses in
Aschaffenburg begonnen sowie das Renais-
sanceportal (mit seinem Wappen) am Haupteingang zum Schloß Steinheim mit Treppen-
haus errichtet.

3/31 Erbischof Wolfgang Kämmerer von
Worms, genannt von Dalberg, 1582 - 1601
unbekannter Künstler
Holzschnitt, H 33 x B 22,8 cm
Stadtarchiv Mainz, Inv.Nr.: BPS: V.D. 10 c

Bei der Erzbischofswahl von 1582 stand der
Kandidat der katholisch gegenreformatorischen
Partei, Julius Echter von Mespelbrunn, dem als
gemäßigt geltenden Dalberg gegenüber. Die
Amtszeit Dalbergs war geprägt von der Umsetzung katholischer Reformen im Klerus und von
den Säkularisationsbestrebungen seines protestantischen Nachbarn, des Kurfürsten von der
Pfalz, der enge Beziehungen zu französischen
Hugenotten hatte. Ab 1594 lebten der Hexen-
wahn und seine gerichtlichen Verfahren im Bistum wieder auf.
Dalberg suchte den Neustadtbau der Calvinisten in Hanau, in seiner unmittelbaren Nachbarschaft zu Amt und Schloß Steinheim, durch
ein Verfahren beim Reichskammergericht in
Speyer zu hintertreiben. Der Steinheimer
Abschied 1598 beendete vorerst die Streitigkeiten um den Hanauer Neustadt- und Festungsbau.

3/31

3/32 Erzbischof Johann Adam von Bicken,
1601 - 1604
unbekannter Künstler
Kupferstich, H 39 x B 28 cm
Stadtarchiv Mainz, Inv.Nr.: BPS: V. B. 42 d

Bicken war Sohn des Steinheimer Amtmannes
Philipp von Bicken. Sein Pate war der protestantische Graf Johann VI. von Nassau-Dillenburg und Vormund Philipp Ludwig II.
Der Erzbischof war der Kandidat der katholischen (päpstlichen) Liga. Die gegenreformatorischen Maßnahmen wurden mit Macht vorangetrieben; der evangelische Gottesdienst verboten und lutherische Pfarrer durch katholische
ersetzt. Ab 1603 verlangte er von den protestantisch oder gemischt konfessionellen adligen
Beamtenfamilien des Stiftes das katholische
Glaubensbekenntnis. Bicken förderte die Ausbreitung der Volksfrömmigkeit durch Gottesdienste, Prozessionen, Wallfahrten und Reliqui-
enverehrung. Er förderte das Wiederaufleben
des Hexenwahns, indem die Aberkunst der
Zauberei und Hexerei und die Häresie verteu-
felt wurden. Allein in Spessart und Bachgau
starben 126 Menschen den Feuertod.

3/32

Stadtplanung und Plangestalt der Neustadt Hanau

Die Darstellung der Plangestalt der Neustadt Hanau erfolgt in dem Beitrag in der Festschrift:
Anton Merk:
Die Plangestalt der Hanauer Neustadt im Kontext zu den Idealstadtkonzeptionen der Renaissance und zu den Planstädten des 16. Jahrhunderts. (Siehe Seite 61ff.)

Die genauere Geschichte der Gründung und Planung der Neustadt Hanau arbeitete Heinrich Bott in allen Details auf.
Heinrich Bott:
Die Gründung und Anfänge der Neustadt Hanau 1596 - 1620, Hanauer Geschichtsblätter, Band 22 und 23, Hanau 1970

Anteil an der Gründung der Neustadt Hanau hatten zwei gleichwertige Kräfte:
der Graf Philipp Ludwig II. und die Neubürger aus Frankfurt.
Das verbindende Element zwischen diesen beiden Kräften war zweifellos der gemeinsame calvinistische Glaube auch in der Verteidigung gegen Unterdrückungsversuche Andersgläubiger. Als zweite gemeinsame Vorstellung kam der Wunsch hinzu, aus dem Schatten Frankfurts zu treten und eine Stadt auf Grundlage der Freiheit der Religionsausübung und der Freiheit des Handels zu schaffen. Auch der Abwehrkampf gegen die Gegner dieses kühnen Projektes schweißte die Partner zusammen, die ansonsten vielfältige Reibungen und Zwistigkeiten miteinander und gegeneinander auszufechten hatten. Speziell in diesem Abwehrkampf mußten der Graf und seine Vormünder alles diplomatische Geschick aufwenden, um die Gründung der Stadt überhaupt in Gang zu bekommen.

Die Neubürger haben sich in zähen Verhandlungen große bürgerliche Freiheiten und kommerzielle Vergünstigungen erstritten, die die Grundlage für eine positive Entwicklung bildeten. Diese wurden allerdings durch die Ereignisse des Dreißigjährigen Krieges wieder in Frage gestellt.

Der erste, leider nicht mehr erhaltene Plan der Neustadt Hanau wurde bereits am 27. Januar 1597 von dem Ingenieur Nicolas Gillet vorgelegt. Ein zweiter Stadtplan, etwa zur Zeit der Capitulation im Juni erstellt, befindet sich im Staatsarchiv Würzburg (Abb. 4/5). In diesem Plan, der sicherlich ebenfalls von Nicolas Gillet stammte, ist die Plangestalt der Neustadt Hanau bereits in allen Einzelheiten festgelegt.
„In Neu-Hanau war das Raster der rechteckigen Baublöcke in fünf Seiten eines regelmäßigen Achtecks eingefügt, um die sich – aus lokalen Gründen etwas verschoben – der aus vorspringenden Ecken und einspringenden Winkeln (Tenaillen) bestehende „Stern" der Festungswerke legte." (Heinrich Bott, Zweiter Band. S. 434).

Hanau steht in Deutschland am Beginn einer langen Reihe von Planstädten mit Blockbebauung, dem Typus der Planstadt, der sich in breiter Front durchsetzte und im wesentlichen die Städtegründungen des 17. und 18. Jahrhunderts bestimmte. Diese Planungsleistung hat sicher einen Namen: Nicolas Gillet, der als planender Ingenieur überliefert ist und bis etwa 1602 in Hanau wirkte. Seine Lebensumstände sind bis heute leider unbekannt geblieben. Zweifellos war er ein hochgebildeter, mit den neuesten Strömungen der damaligen Städtebaukunst sehr vertrauter Architekt. Insgesamt muß man aber dem Hanauer Grafen Philipp Ludwig II. und den Neubürgern ein hohes Maß

an Kenntnis der Städteplanung unterstellen, sowohl was die literarische Überlieferung als auch die eigene Anschauung anlangt. Die Traktate des Daniel Speckle und des Sebastiano Serlio waren nachweislich bekannt. Die Kenntnis des Werkes von Pietro Cataneo und Jacques Perret kann man voraussetzen. Bei der Kirchenplanung wurde sowohl die Kirche in Willemstad als auch in Pfalzburg mit herangezogen.
Das 1601 in Paris erschienene Architekturbuch des Jacques Perret beschreibt den Stand der Städteplanung aus französischer calvinistischer Sicht. Dabei ist bemerkenswert, daß weder eine Stadt mit radialer noch eine Stadt mit rechtwinkliger Straßenführung für die Zwecke einer calvinistischen Stadt bevorzugt werden. Aber in den Maximalpositionen des literarischen Werkes fallen die Strenge und Präzision und eine fast unmenschliche Kälte, die von den klaren Architekturen ausgeht, auf.
Dies wurde in Hanau, bei der ersten gebauten calvinistischen Planstadt mit Blockbebauung, nicht Wirklichkeit. In den Einzelgebäuden - meist Steinbauten - herrschte eine durchaus individuelle Vielfalt in der Formensprache einer einfachen deutschen Spätrenaissance vor. Aber sogar an den bevorzugten Bauplätzen am Marktplatz kommen heimische Fachwerkhäuser (z.B. Haus Lossow) vor, allerdings mit verputzten Fassaden. Im Gegensatz zu Perret, der seine Häuser in idealtypischer Weise gleichgestaltete und lediglich Unterschiede in der Funktion vorsah, sind in Hanau die sozialen Unterschiede auch in der Architektur deutlich geblieben. Die repräsentativen Häuser befanden sich am Markt, in der Paradiesgasse, der Nürnbergerstraße, und den umliegenden Quartieren, die meist kleineren Häuser der Handwerker standen unmittelbar hinter der Umwallung.

4/1

4/1 De Architectura Libri quinque
Sebastiano Serlio
1475 Bologna - 1554 Fontainebleau
Venetiis, apud Franciscum de Franciscis
Senensem, & Joannem Chriegher, 1569
Museum Hanau - Schloß Philippsruhe
Alte Inventarnummer Hs 71 1490
Eigentum des Hanauer Geschichtsvereins 1844
Handschriftliche Widmung:
Philippus Ludovicus Comes in Hanaw

4/2 Skizze der Stadt Hanau und Umgebung
mit der im Bau befindlichen Neustadt, 1597
Feder, 32,5 x 39,5
Staatsarchiv Marburg
Karten P II 17. 055

4/2

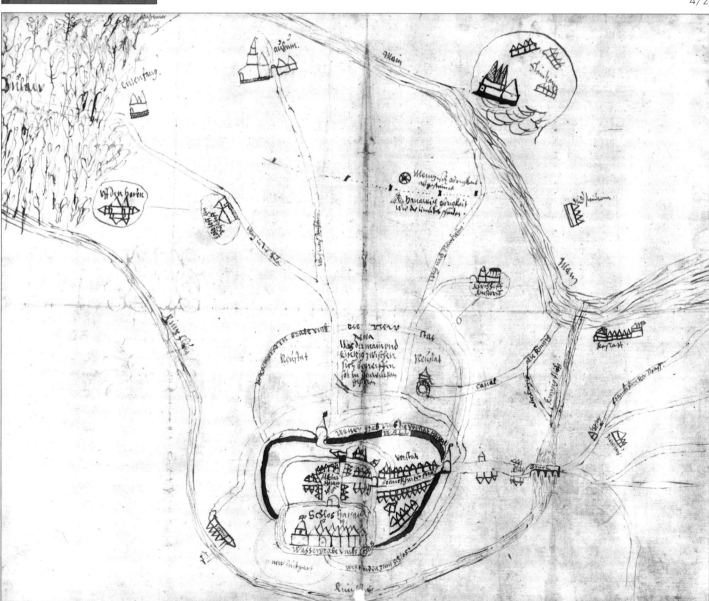

4/3* Plan von Alt- und Neustadt Hanau sowie der mit Mainz strittigen Gegend
zwischen Kinzig und Main, 1598
Skizze farbig, 31,5 x 43 cm
Staatsarchiv Marburg
Karten P II 17. 056

4/4 Grenzverlauf zwischen Mainz und der Grafschaft Hanau bei der Stadt
Hanau, 1597
Aquarell, 48,5 x 63,5 cm
Staatsarchiv Würzburg. MZ Risse und Pläne 135/ 1
*Diese Karte wurde ebenfalls im Rahmen der rechtlichen Auseinandersetzungen
zwischen dem Erzbistum Mainz und der Grafschaft Hanau im Frühjahr des Jahres
1597 gezeichnet. Sie beschäftigt sich mit der Grenze zwischen den beiden
Gebieten und den Veränderungen in der Straßenführung*

4/4

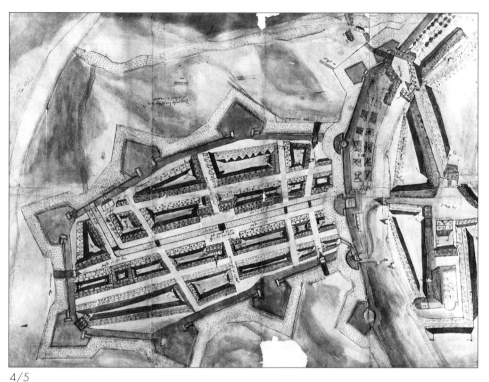

4/5

4/5 Stadtplan aus der Vogelschau, vermutlich
um 1596/97
Aquarell, 64,5 x 90 cm
Staatsarchiv Marburg
Karten P II 3909
*Bei diesem Plan handelt es sich um eine nicht
weiterverfolgte Planungsvariante zur Neustadt
Hanau.*

4/4

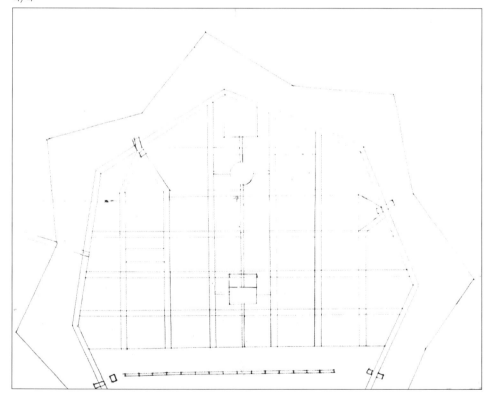

4/6 Stadtplan, 1597
Abris uber den Hanauwiigen Bauw, Wie der-
selbig in grundt gelegt Juni/Juli 1597
Braune Feder auf Papier, 42 x 56 cm
Aus: Protocollum Judiciale in causa Maintz
Churft. contra Die Hanawische Vormundschafft
Mandati Novi Operis Nunciationis Die newe
Statt Hanaw betreffend
Staatsarchiv Würzburg
M.R.A. 355/861, Folio 15
*Dieser Stadtplan stellt die erste konkrete Plan-
gestalt der Neustadt dar, die in der Ausführung
später verändert wurde, am markantesten bei
der Gestaltung des Kirchplatzes, der in diese
Planungsvariante noch als runder Platz gedacht
ist.*

4/7 Bebaungsplan der Neustadt, 1597 bis
um 1750
Zeichner: Ernst Zimmermann
Druck aus Zimmermann: Hanau Stadt und
Land, Hanau 1917
Museum Hanau - Schloß Philippsruhe
Bibliothek Inv. Nr.: 55/232
Eigentum des Hanauer Geschichtsvereins 1844

4/7

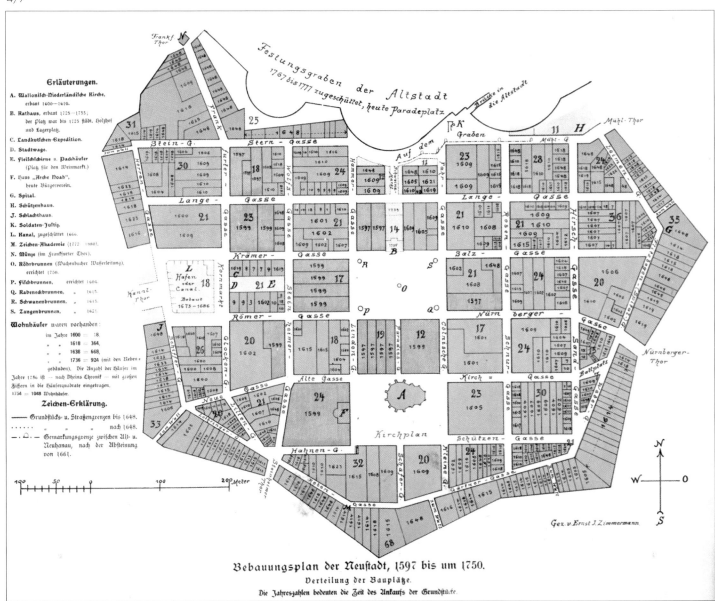

Bebauungsplan der Neustadt, 1597 bis um 1750.
Verteilung der Bauplätze.
Die Jahreszahlen bedeuten die Zeit des Ankaufs der Grundstücke.

4/8a und ´4/8b Häuserbuch
Nicolas Servais
Gebundender Akt mit Planzeichnungen
Stadtarchiv Hanau
B 7, Nr. 33
Das Häuserbuch des Nicolas Servais hatte die Funktion eines Grund-
buches für die Kaufwilligen

4/9* Eigentlicher Abriß der Stadt und Festung Hanau
Zeichner: August Rumpf
1590 - 1666 Hanau
Stecher: Christoph Metzger
Kupferstecher aus Nürnberg, tätig in Frankfurt
Kupferstich, altkoloriert, 53,5 x 69,9 cm
Museum Hanau - Schloß Philippsruhe
Inv. Nr.: B 7353 St
(Abbildung siehe Seite 80)

4/8a

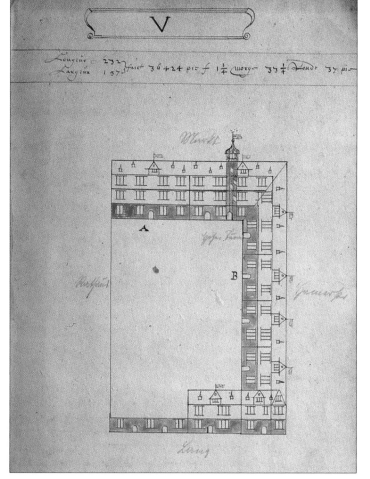

4/8b

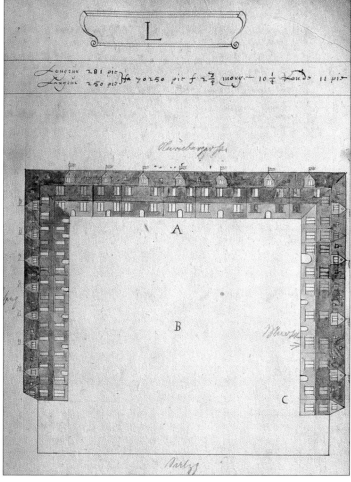

4/10 Gesamtansicht von Hanau. 1632
Zeichner und Stecher: Matthäus Merian d. Ä.
1593 Basel - 1650 Schwalbach
Kupferstich, 19,7 x 31,5 cm
Museum Hanau - Schloß Philippsruhe
Inv. Nr.: B 3393 a HGV
Eigentum des Hanauer Geschichtsvereins 1844

4/10

4/11 Ansicht Hanaus von seiten des
Nürnberger Tors, 1683
Zeichner: Johann Philipp Dreyeicher
1628 Hanau - 1694 Hanau
Stecher: Nikolaus Haublin
Kupferstecher in Nürnberg, Leipzig und
Frankfurt
Kupferstich, 17,2 x 69.2 cm
Museum Hanau - Schloß Philippsruhe
Inv. Nr.: B 7955

4/12 Ansicht Hanaus
Johannes Merckhius
Vermesser aus Ulm, war bei Johann Philipp
Dreyeicher tätig
Braune Feder auf Papier, 15 x 64 cm
Museum Hanau - Schloß Philippsruhe
Inv. Nr.: B 8107 St

4/13* Ansicht Hanaus von Osten, um 1790
Zeichner und Stecher: Johann Jakob Müller
1743 Hanau - 1811 Hanau
Kupferstich, altkoloriert, 20,4 x 40,5 cm (Platte)
Museum Hanau - Schloß Philippsruhe
Inv. Nr.: B 7537 HV
Eigentum des Hanauer Geschichtsvereins 1844
(Abbildung siehe Seite 84)

4/11

4/12

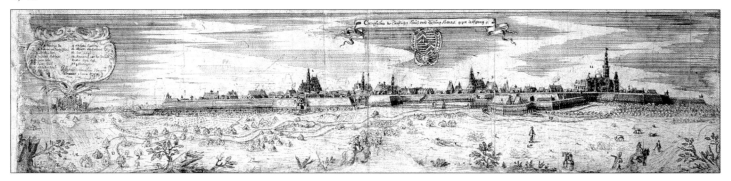

4/14 Die Wallonisch-Niederländische Kirche, um 1830
Friedrich Cornicelius
1787 Weimar - 1853 Hanau
Aquarell auf bräunlichem Papier, 31 x 40,3 cm
Museum Hanau - Schloß Philippsruhe
Inv. Nr.: B 6726 HGV
Eigentum des Hanauer Geschichtsvereins 1844

Beschlußfassung zum Kirchenbau 1599, Grundsteinlegung 1600, Entwurf von Nicolas Gillet nach Vorbild der reformierten Kirche von Willemstad, auch die Kirche von Pfalzburg wurde begutachtet. 1605 und 1606 wurde zur praktischen Ausführung der Architekt Eitel Weitter zu Rate gezogen.

4/14

Französische Kirche in Hanau.
von der Süd-Seite.

4/15 und 4/16 Stadtbefestigung und Entwurf des Steinheimer Tors, des Frankfurter Tors und des für Fastenspiele vorgesehenen Friedhofs zu Neu Hanau, 1604/1607
Bauakten
Staatsarchiv Marburg
86 Nr. 2510

In den Bauakten sind eigenhändige Entwurfszeichnungen des Grafen Philipp Ludwig II. enthalten, die sich mit der Befestigungsanlage und den Torbauten beschäftigt. Der Ausbau der Befestigung zog sich letzlich bis in das Jahr 1619.

4/16

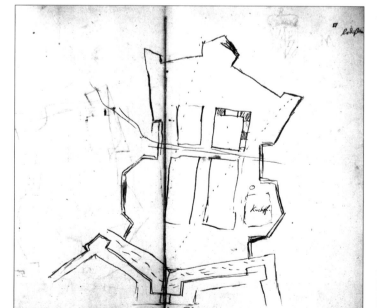

4/15

4/17 Das Nürnberger Tor, 1809
Conrad Westermayr
1765 Hanau - 1843 Hanau
Bleistift, Aquarell, 10,6 x 16,7 cm
Museum Hanau - Schloß Philippsruhe
Inv. Nr.: B 3098 c HGV
Eigentum des Hanauer Geschichtsvereins 1844

Erbaut 1600 - 1612, abgerissen 1820 für eine neue Doppeltoranlage.

4/17

4/18 Das Kanaltor, 1804
E. Toussaint
Lebensdaten unbekannt
Aquarell, 21,7 x 29,3 cm
Museum Hanau - Schloß Philippsruhe
Inv. Nr.: B 3400 HGV
Eigentum des Hanauer Geschichtsvereins 1844

Erbaut 1607 - 1617 nach einem Plan von Johann d'Hollande, abgerissen 1829 für eine neue Doppeltoranlage.

4/18

4/19

4/19 Das Mühltor, 1806
Conrad Westermayr
1765 Hanau - 1834 Hanau
Feder, aquarelliert, 10,9 x 16,6 cm
Museum Hanau - Schloß Philippsruhe
Inv. Nr.:B 3099 HGV
Eigentum des Hanauer Gesichtsvereins 1844

Erbaut 1609 - 1619, ab 1806 abgerissen.

4/20

4/20 Das Steinheimer Tor,
Conrad Westermayr
1765 Hanau - 1834 Hanau
Feder, aquarelliert, 10,5 x 16,5 cm
Museum Hanau - Schloß Philippsruhe
Inv. Nr.: B 1990/186 St

*Erbaut 1600 bis 1601, ab 1601 werden Ge-
mächer für den Schließer eingerichtet. Das Tor
wurde 1619 bei der Kriegsgefahr geschlossen
und blieb bis zum Jahr 1776 gesperrt.
1806 abgerissen.*

4/21 Straßenzug in der Neustadt Hanau, 1839
Gerhardt von Reutern
1794 Rösthof in Livland - 1865 Frankfurt
Feder in Braun, 16,5 x 12,5 cm
Bezeichnet
Hanau den 16 u. 17 Dez 1839
Museum Hanau - Schloß Philippsruhe
Inv. Nr.: B 7983 St

4/21

4/22* Chronik Sturio. Drei Bände
Stadtarchiv Hanau

Dr. Wilhelm Sturio
1565 in (Duisburg-) Ruhrort geboren.
Studierte an den Universitäten Heidelberg, Basel, Padua, akademischer Grad eines Doctor juris utriusque. 1596 Professor der Rechtswissenschaften am reformierten Bentheimischen Gymnasium Illustre, Burgsteinfurt. 1602 im Dienste des Grafen Philipp Ludwig II., 1605 Schultheiß der Neustadt Hanau, darüber hinaus Kanzlei- und Konsistorialrat bis zu seinem Tode am 26. Dezember 1620.

4/23* Capitulation, 1597
Handschriftliche Urkunde
Stadtarchiv Hanau
(Abbildungen siehe Seite 53 und 55)

4/24* Transfix, 1601
Handschriftliche Urkunde
Stadtarchiv Hanau
(Abbildung siehe Seite 59)

4/25* Kette mit Kamee, um 1610
Bildnis des Grafen Philipp Ludwig II.
Aus dem Nachlaß Abraham Hamer.
Leihgabe aus Privatbesitz Versélewel de Witt Hamer, Niederlande

4/26* Vergleich zwischen Alt- und Neustadt Hanau, 1657
Handschriftliche Urkunde
Stadtarchiv Hanau

4/27* Medaillon, um 1631
Bildnis des Königs Gustav Adolf von Schweden
Leihgabe aus Privatbesitz Versélewel de Witt Hamer, Niederlande

4/28* Nobilitationsurkunde, 1641
Abschrift der Originalurkunde vom 18.10.1601 durch Notar Johan de la Hors.
Leihgabe aus Privatbesitz Versélewel de Witt Hamer, Niederlande

Kaiser Rudolf II. erteilte Abraham Hamer das Adelsdiplom gegen Zahlung von 110 Gulden.

4/29* Siegel des Adelsdiploms
Hessisches Staatsachiv Marburg,
Inv.Nr.: 275, Acc. 1902/11, Nr.: 1339

*Abraham Hamer oder Hamers (*23.9.1568 Sittard, Niederlande †18.3.1941 Hanau). Kaufmann, Mitglied des Neustädter Rates, Bürgermeister, Kolonel der Bürgerwehr, stammte aus einer Tuchhändlerfamilien, die aus den Niederlanden über Aachen nach Frankfurt geflüchtet war. Hamer, der sich in Frankfurt als Händler von Spitzen betätigte, erhielt 1591 dort das Bürgerrecht. Er heiratete im selben Jahr Margaretha van der Hagen, die Tochter eines wohlhabenden Seidenhändlers. Bereits am 29.4.1597 kauften er und Arnold de Lannoy ein Grundstück an der späteren Hammerstraße und ließ das Haus „Goldstein" bauen. Nach Zahlung des Abzugsgeldes (Steuer) in Frankfurt, ließ er sich am 12.12.1600 mit seiner Familie im neuen Haus nieder. Hamer zählte zu den höchstbesteuerten Neustadtbürgern. Er spendete für den Kirchenbau und den Unterhalt des Pfarrers. Zu den 16 Niederländern, die in den Rat der Neustadt gewählt worden waren, gehörte als jüngstes Mitglied auch Hamer (1601/02).*
Von vier Bürgermeistern führten jeweils zwei das Amt. Ab 1608 war Hamer zeitweise Bürgermeister. Ab 1606 war er Mitglied der Bürgerwehr und ab 1607 Hospitalherr (verantwortlich für das Hospital), sowie einer der vier Schulaufseher des Neuen Gymnasiums. Ab 1608 war er maßgeblich an der Leitung des Kirchenbaus beteiligt.
Die vier Kaufleute Jean du Fay, Daniel de Lattre, Jean Fauque und Abraham Hamer betrieben eine Kompagnie der Wolltuchherstellung (Grosgrain) und des -vertriebes. Außerhalb der Stadt, in einem Haus am Teich, ließ Hamer einen Ausschank von Wein und Bier betreiben.

Abteilung 5
Judenviertel

Außerhalb des städtischen Rechts standen die Juden. Sie unterstanden gegen hohe Geldzahlungen direkt dem Schutz des Kaisers, der die Einnahmen wiederum an die Herren von Hanau verpfändete. Ab dem 14. Jahrhundert waren die Juden unmittelbar den Herren von Hanau untertan. Im Mittelalter lebte in den größeren Gemeinden der Grafschaft Hanau jeweils eine geringe Anzahl von Juden. Im Jahr 1349 wurden alle Juden aus der Grafschaft vertrieben. Danach waren die Juden aufgrund wirtschaftlicher und religiöser Ablehnung von seiten der Christen immer der Gefahr der Ausweisung ausgesetzt.

Erst Graf Philipp Ludwig II. erkannte die wirtschaftlichen Vorteile, die durch die Judensteuer und die Zinsgeschäfte entstanden und errichtete erstmals 1603 eine Judengemeinde in Hanau und erlaubte am Rande der Altstadt die Errichtung eines eigenen Judenviertels mit einer Synagoge, einem Friedhof und einer Mikwe. Zur Gemeinde gehörte ein Rabbiner, ein Beschneider, ein Schächter und ein Lehrer.
Die Judengasse (heute Nordstraße) wurde ebenso wie die Neustadt in gerader Form angelegt, mußte sich allerdings dem Verlauf der Altstadtmauer anpassen. In dem Straßenwinkel stand die Synagoge. „Die Synagoge, 1608 erbaut, 1845 erneuert, 1922 umgebaut, ein sehr würdiger Raum mit 190 plus 160 Sitzplätzen. Der freudig-barocke Umbau des Thoraschreines stand schon im ältesten Bau. In der westlichen Außenwand eine rote Sandsteinplatte, aus deren Inschrift das Baujahr 1608 hervorgeht. (...) An der Innenseite der nördlichen Hofmauer ein Sandsteinstreifen mit einer Krone und den Worten Kesser Thauro, wahrscheinlich aus dem ältesten Betlokal vor 1608. Im Gebäude eine kleine Lernstube für die Kabronim-Chewra, deren altes 1632 angelegte Tagebuch (...) verlorengegangen ist. Hier befindet sich eine Anzahl schöner alter Vorhänge und der Silberschatz der Gemeinde in antikem Eisenkasten. (Lilienthal, Jüdische Wanderungen, 1932). Neben der Burg, der Altstadt und der Neustadt war das Judenviertel der vierte separate Stadtteil in Hanau.

In Vergleich zu Frankfurt war das Verhältnis von Regierung und Gemeinde von Toleranz geprägt. in Hanau konnte ein hebräische Buchdruckerei (Typographia Orientalis) eingerichtet werden, die auch für die Frankfurter Judengemeinde druckte, da dieser eine solche Druckerei nicht erlaubt war.

5/1* Moses ben Israel Isserles
Torat ha-Hattat
Typographia orientalis I.
Hanau 1628
Stadtbibliothek Hanau
Eigentum des Hanauer Geschichtsvereins 1844

5/2* Besonimbüchse
Ernestus Römer
1699 Neustadt Hanau - 1744
Silber , 8 x 5,5 x 2,3 cm
MZ: ER, BZ: Althanau
Jüdisches Museum Frankfurt
Inv. Nr.: X 70,9

5/3 Bilder aus dem altjüdischen Familienleben
Nach Originalgemälden von
Prof. M. Oppenheim
Frankfurt 1872
Staatliche Zeichenakademie Hanau

5/3a Der Segen des Rabbi
Moritz Daniel Oppenheim
Der Überlieferung der Familie Sondeimer nach soll der abgebildete Innenraum die Hanauer Synagoge darstellen und der segnende Rabbis soll Moses Tobias Sondheimmer (1753 - 1830) ein bekannter Hanauer Rabbiner sein.

5/3a

5/3b

5/3c

5/3b Sabbathanfang
Moritz Daniel Oppenheim
Frankfurt 1872
Staatliche Zeichenakademie Hanau

5/3c Sabbathruhe auf der Gasse
Moritz Daniel Oppenheim
Frankfurt 1872
Staatliche Zeichenakademie Hanau

Wirtschaftsförderung

Neben der Festigung der Konfession in der Grafschaft Hanau, der durch Philipp Ludwig II. in Hanau eingeführten calvinistischen Reformation, versprach sich der Landesherr durch die Aufnahme der Fremden, daß sich die Einkünfte der Herrschaft an Zoll, Wegegeld, Zinsen, Akzisen, Mühlpachten und dergleichen mehr sehr verbesserten-

Der wirtschaftliche Aufschwung der Nachbarstadt Frankfurt durch den Fremdenzuzug offenbarte dies deutlich. „Seit dieser Zeit ist Frankfurt die Stadt des Reichtums, des Luxus und der Eleganz, der beliebte Sitz der Juden und der Fremden. Alle Handelszweige waren von jetzt ab mehr oder weniger stark vertreten, insbesondere diejenigen, welche sich mit hochwertigen Luxusartikeln, wie Seide, Juwelen und feinen Eßwaren befaßten. Geradezu erstaunlich ist die Zahl und der Reichtum der Zuckerbäcker, Spezereienhändler, Gasthalter, Bierbrauer und Weinwirte. Frankfurt ist weiterhin in diesem Zeitraum der erste deutsche Börsen- und Geldplatz, welchen in Meßzeiten kein deutscher Kaufmann entbehren konnte und kein geldbedürftiger Fürst vernachlässigte." Die Vorstellung, es mit der Neustadt und den Fremden Frankfurt gleichzutun, war für den jungen Grafen verlockend. Die Wallonen und Niederländer pflegten einen weltweiten Handel, insbesondere durch die Vereinigte Ostindische Handelskompagnie waren die Niederlande zur Welthandelsmacht emporgestiegen. Antwerpen war „die" Welthandelsstadt. Nach Plünderung 1576 und dem Fall der Stadt an die spanischen Besatzer 1585 verlagerte sich der Handel nach Frankfurt. Nun galt der Versuch, diesen soweit wie möglich nach Hanau zu holen. Der stärkste Gewerbezweig, der sich in Neu-Hanau etablierte, war das Textilgewerbe. Bis ins vorige Jahrhundert wurden in Hanau Seiden gewebt, Strümpfe gewirkt und Hüte hergestellt. Die Einführung neuer Gewerbe war an Personen gebunden, denn die Herstellung der Rezepturen wurde geheimgehalten und die

handwerklichen Fertigkeiten durch jahrelange Ausübung erworben. So brachten die Neubürger nicht nur ihr Wissen, Kapital und Handelsbeziehungen mit, sondern auch gleich eine Anzahl ausführender Arbeiter. Das hier unbekannte System hieß Verlagswesen. Der Verleger bevorschußte - verlegte - den Arbeiter, Handwerker mit Rohmaterial oder Geld. Die fertige Ware vertrieb nun wieder der Verleger. Es entstand ein Abhängigkeitsverhältnis, so daß der Verleger eine beliebige Zahl an Arbeitskräften, je nach Wirtschaftslage, an sich binden konnte. Die armen Heimarbeiter hatten als einzigen Besitz oft nur einen Schnurmacherstuhl oder eine Drehmühle. In Zeiten wirtschaftlicher Flaute gab es ein gefährliches Potential an armer Bevölkerung. Wenn der Verleger auf den Messen nichts absetzen konnte, mußten die Heimarbeiter „müßig gehen". Sie sollten dann von der Straße zu Schanzarbeiten geholt werden.
Die Arbeit in den „Fabriquen" oder Manufakturen wurde von gelernten und ungelernten Arbeitern und Handwerkern arbeitsteilig von Hand oder mit handbetriebenen Maschinen zunftfrei und verlagsmäßig zuhause geleistet. Hierdurch unterschied sie sich wesentlich vom althergebrachten System der Handwerkszünfte, die in Zunftordnungen die Ausbildung, das Verhältnis von Meistern, Gesellen, Lehrlingen, die Preise und Arbeitszeit regelten und überwachten. Erst mit der Neustadtgründung kamen Handwerker zusammen, daß Zunftordnungen erlassen wurden. Es erhielten z.B. die Gold- und Silberschmiede, „Draht- oder Pariserarbeiter" 1610 eine Ordnung. 1613 verzeichneten sie 24 Meister.
Die reichen Neubürger bezeichneten sich als Tuch-, Seiden-, oder Manufakturwarenhändler - Handelsmänner. Sie waren tatkräftige und wendige Geschäftsleute, die nicht in ein strenges Berufsschema paßten, sondern als Unternehmer jedes Geschäft übernahmen, das ihnen Gewinn versprach, ja, für sie bedeutete ganz Neu-Hanau ein großes und gewinnversprechendes „Geschäft".

Posamentierer und Seidenwirker

Der Hauptgewerbezweig Neu-Hanaus wurde die Textilindustrie. Eine Gewerbeaufstellung von 1608 nennt allein 157 Passementiers, Bordenwirker, die mittels eines Webstuhles schmale Bänder webten. 1605 werden 99 Drapiers, Tuchmacher oder Walker, genannt. Die Tuchmacher benötigten für ihre Arbeit eine Walkmühle am Flußlauf der Kinzig. 1604 wurde sie gebaut. Das Rohmaterial wurde gewalkt, gestampft, so daß es verfilzte. Der filzartige Wollstoff wurde häufig für Militäruniformen gebraucht. Die Zunftordnung der Tuchmacher erging 1605. Weitere Etamine, Wollstoffe, auch Zeug genannt, waren Serge (Sarsche) oder Rasch (Wolltuch), Camelot (ein weiß, gefärbtes, schattiert oder gestreift gewebtes Wollzeug), Grosgrain (dunkles Wolltuch). Die Hundskottierer (niederländisch) fertigten die Seyen oder Seyetten und Grosgrain. Die Kaufleute Jean Dufay, Abraham Hammer, Daniel de Lattre und Jean Feauque betrieben dies Geschäfte.

Zu den edlen Stoffen zählten die Vielzahl der Seidengewebe, Damaste, Brokate, Bombasine, Caffa. Die modischen Dessins im Renaissancestil stammten aus Italien. Als die spanische Mode dominierte, waren schwarze Stoffe gefragt. Die hiesigen Seidenfärber wurden öfters des Betrugs bezichtigt, besonders die Schwarzfärber, die durch starke Färbung (Durchfärbung des Gewebes) das Gewicht der Seiden erhöhten, nach dem sich der Verkaufspreis richtete. 1606 und 1608 wurde das Schwarzfärben verboten.
Die Färber und Walker zählten zu den großen Umweltverschmutzern ihrer Zeit. Ihre Abwässer führten zum Fischsterben in der Kinzig.
Im 18. Jahrhundert kam die Seidenherstellung und -verarbeitung in Hanau richtig zur Blüte, ebenso die Strumpfwirkerei.

6/1 Bandwebstuhl, 19. Jahrhundert
Holz, verschiedene Metalle, Textilien,
H 235 x B 82 x L 200 cm
Museum Hanau - Schloß Philippsruhe
o. Inv.Nr.: St.

6/1

6/2 Rokokoweste, 18. Jahrhundert
Seide, weiß, bunt bestickt, L 56 x B 49 cm
Museum Hanau - Schloß Philippsruhe
Inv.Nr.: B 1126 HGV
Eigentum des HanauerGeschichtsvereins 1844
Schenkung aus Althanauer Familienbesitz

6/3 Rokokoweste, 18. Jahrhundert
Seide, grün, mattrot und silbergrau bestickt,
L 59 x B 45 cm,
Museum Hanau - Schloß Philippsruhe
Inv.Nr.: B 1125 HGV
Eigentum des Hanauer Geschichtsvereins 1844
Schenkung aus Althanauer Familienbesitz.

6/2

6/3

6/4 Rokokoweste, 18. Jahrhundert
Seide, linkes Brustteil, weiß, bunt bestickt,
unter der Taschenöffnung Szene mit zwei Flo-
rettfechtern
L 33,5 x B 26 cm
Museum Hanau - Schloß Philippsruhe
Inv.Nr.: B 1500 HGV
Eigentum des Hanauer Geschichtsvereins 1844

6/4

6/5

6/10

6/10 Schnapsfläschchen Strumpfwirker-
handwerk
Glas, bemalt, Motiv: blauer Strumpf,
H 13,5 x B 10,7 cm,
Museum Hanau - Schloß Philippsruhe
Inv.Nr.: B 4109 d, HGV
Eigentum des Hanauer Geschichtsvereins 1844
Inschrift: VIVAT DIE STRUMPFWIRKER

6/11* Hutmacher
Diderots Enzyklopädie 1762-1777
Reprint, deutsch, München 1979
Museum Hanau - Schloß Philippsruhe

6/12* Stifterschild Samtweber
Messing punziert, H 30,5 x B 37,5 cm,
Museum Hanau - Schloß Philippsruhe
Inv.Nr.: B 152 HGV
Eigentum des Hanauer Geschichtsvereins 1844

*Da die U-Punze bei Anfertigung des Schildes
fehlte, steht ein N mit ''. laut Überlieferung der
Schenkerin hing das Schild über dem Zunfttisch
in der Herberge der Samtwebergesellen,
Hanau - Neustadt, Kirchgasse 13.*
VIFADT ES LEBE MARIA IHR
KÖNIGLICHE HOCHHEIDT VIFADT
ES LEBEN DEI HERN SAMEDT
NND SEIDEN STOFT NND BROGADT
MACHER GESELSCHAFFT
GESCHEHEN IN HANNAN DEN =
OCTKTOBER ANNO 1763
Rückseite
F. GROSCH PF: KLIPSCH I G SCHWEBISCH
GM: STRILING

6/5 Börse, 18. Jahrhundert
Seide, weiß, bunt bestickt, Blumenmotiv,
L 12,5 x B 7,8 cm
Museum Hanau - Schloß Philippsruhe
Inv.Nr.: B 4319 HGV
Eigentum des Hanauer Geschichtsvereins 1844

6/6* Paar Socken, um 1800
Seide, Spitze weiß, Ferse schwarz,
Streifenmuster,
Museum Hanau - Schloß Philippsruhe
Inv.Nr.: B 5958 HGV
Eigentum des Hanauer Geschichtsvereins 1844
Gewirkt in der Strumpffabrik Andreas Köhler
Hanau

6/7* Strumpfwirkerstuhl, 1805
Reproduktion: Stahlstich aus Karl Christian
Langsdorf, Johann Wassermann, Erlangen

6/8* Seidenwirker
Diderots Enzyklopädie 1762 - 1777
Reprint, deutsch, München 1979
Museum Hanau - Schloß Philippsruhe

6/9* Verordnung der Strumpfwirker
Amtshauptmannschafftl. Verordnung und Regu-
lativ d.d. 30. Dez. 1730 vor das Strumpfwür-
kerhandwerk, Erlangen 1730
Gedruckt, deutsch-französisch, 8 Seiten
30 x 42 cm
Stadtarchiv Erlangen, Urkundensammlung

Handwerk und Zünfte

Die Zusammenschlüsse der Handwerker zu Innungen, Gilden, Gesellschaften und Zünften fand im Zusammenhang mit dem Aufstieg der Städte des Mittelalters statt. Wegen der geringen Zahl der Handwerker waren in Hanau keine Zünfte vorhanden. Erst im 17. Jahrhunderts wurden solche gebildet und Zunftordnungen erlassen. Die Ordnungen regelten die Verhältnisse zwischen Meistern, Gesellen, Lehrlingen, überwachten Preise und Qualität, regelten Arbeit und Streitfälle. Vor der geöffneten Zunfttruhe oder -lade (Meister und Gesellen hatten jeweils eigene) wurden rechtsverbindliche Maßnahmen getroffen. Die Lade enthielt wichtige Urkunden und die Kasse. Das Zusammentreffen der Zünfte fand in den Herbergen der jeweiligen Zünfte statt, die äußerlich durch die entsprechenden Zunftzeichen kenntlich waren und dem wandernden Gesellen den Weg wiesen.

6/13

6/13 Stückfaßboden mit Neustadtwappen, 1740
Holz, Metall, Stadtwappen geschnitzt und farbig gefaßt, Ø 119 cm
Museum Hanau - Schloß Philippsruhe
Inv.Nr.: B 495 HGV
Eigentum des Hanauer Geschichtsvereins 1844

Inschrift:

HERR RATH VND STADT SCHVLTEYSZ DO
JOHANN ERNST WOLFART

H.BÜRGERMEISTER	HERR FRIEDRICH
PETER VON HOFEN	WILHELM WALTHER
H.SINDICVS IOHANN GEORG	H.CARL SOMERHOFF
SCHMIDT	H.ISAAC DE LA HARPE
H.BÜRGERMEISTER WILHELM	H.ISRAEL CRAEYEN
VARLYT	H.IOHANN PETER COTREL
H.ISAAC BARON	H.ISAAC
H.IOHANN DANIEL VARLVT	HESTERMANN

[die Stadtvorsteher]

ALSZ SIEBEN ZEHEN HVNDERT VIERZIG IAHR
EIN HARTER KALTER WINTER WAR
DEN NEVNDEN MERTZ AUF QVARTEMBER FEIN
SOLT ES EIN WVNDER FASZ NICHT SEIN
DIE WARKSTATT WAR DASZ EISZ IN MEIN
WIE MAN MICH SIEHT
SO IST VNSZ KIEFER IVNGEN
DAS FASZ IN EINEM TAG GELVNGEN

M IOH BERHART BART
M IOH PHILIPP IHM
M IOH SCHNEIDTER DIRECTORES LEHRIVNGEN
IHR NAMENS M IOH HENRICH SELPERTH
[die Meister]

NENRIG IACOB WERTZ	IACOB CHRISTIAN SCHARFF
IOH GEORG KLEIN	IOH FRITIG REIN
IOH IACOB BASZON	IOH PHILIPP EBERHART
IOH LONHART	IOH IACOB SOMER
NICKELOSZ MARCKERT	IO PAVL DICKHART
IOH DOMASZ LER	IOH CHRISTOFF LOG
CONRATH HINCKEL	IOH CONRATH ESTRIG

[die Lehrlinge]

"1. März 1740 (Fastnacht) banden die 'Benderknechte' [Gesellen] auf dem zugefrorenen Main bei dem Zollhaus 'ein neues Stückfaß', am 9. März banden die 'Benderjungen' [Lehr-linge] auf der gleichen Stelle ein Faß, 'so größer und künstlicher als der Knecht ihres gewesen ist...und haben es dem Rat der Neustadt verehrt (jetzt Geschichtsvereins - Museum)." Hanau Stadt und Land, Chronik, Ernst Zimmermann, Hanau 1919, S. 759 u. 256 Faßbinder, Küfer, Böttcher waren wichtige Handwerker. So dienten ihre Erzeugnisse, die Fäs-ser, nicht ausschließlich dem Transport und der Lagerung von Bier und Wein, sondern auch dem Transport anderer Güter. Fässer waren leichter zu handhaben, sie waren sozusagen die Vorläufer von Transportcontainern.

6/14* Zunfttruhe der Schreiner, 1625
Holz, Eisen, Schloß fehlt,
H 37 x B 54,4 x L 37 cm
Museum Hanau - Schloß Philippsruhe
Inv.Nr.: B 304 HGV
Eigentum des Hanauer Geschichtsvereins 1844

6/15* Geldbüchse Schreinerhandwerk, 1733
Eisenblech, Messing, H 12,4 x Ø 8,3 cm
Museum Hanau - Schloß Philippsruhe
Inv.Nr.: B 304 a HGV
Eigentum des Hanauer Geschichtsvereins 1844

6/16* Zwei Profilhobel, 1797
Initialen „F I", Holz, Eisen,
H 13,5 x B 4,4 x L 29,3 cm
Museum Hanau - Schloß Philippsruhe
Inv.Nr.: B 652 a u. b HGV
Eigentum des Hanauer Geschichtsvereins 1844

6/17* Zunfthammer, 18. Jahrhundert
Holz gedrechselt, L 25 cm
Museum Hanau - Schloß Philippsruhe
Inv.Nr.: B 704 HGV
Eigentum des Hanauer Geschichtsvereins 1844

6/18* Trinkbecher Schreinerhandwerk, 1738
Glas bemalt, Gestellsäge und Hobel,
H 7,7 cm
Museum Hanau - Schloß Philippsruhe
Inv.Nr.: B 3052 HGV
Eigentum des Hanauer Geschichtsvereins 1844
Aller herren Schreiner Ihr Gesundheit 1738

6/19* Kundschaft für „Gesell Handwerk Pos-samentierer Residenz Stadt Hanau Anno 17.."
Vordruck mit Stadtansicht, nicht ausgefüllt,
H 22,5 x B 34,5 cm
Museum Hanau - Schloß Philippsruhe
Inv.Nr.: B 738 HGV
Eigentum des Hanauer Geschichtsvereins 1844

6/13 Inschrift

335

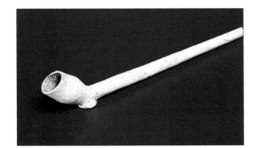

6/20

Hanauer Tabak

Der Tabak wurde im 16. Jahrhundert in Europa bekannt und zunächst als Arznei verwendet. Da die Niederländer seit 1561 Tabak anbauten und damit handelten, gelangte der Tabak durch sie schon sehr früh nach Hanau. 1609 schrieb der Chronist Bernhard: „Hie sollte nun auch wol von der ersten Bauung des Tobacs reden, welche plantage Hanau in vorigen Zeiten so viel eingetragen und durch ganz Deutschland bekannt gemacht. Allein die Nachrichten gehen mir ab." Um 1634 muß auf den Äckern der Altstädter, den Tabakpflanzern, schon rege Tabak angebaut worden sein. Die Verarbeitung wurde von den Neustädtern, den Tabakmächern, betrieben, die eine Zunft bildeten. In der Neustadt befand sich die Zunftstube und -lade, die Altstädter verwahrten den Schlüssel dazu. Dies war Anlaß zu manchen Streitigkeiten. Die Tabakmeister hatten die Aufsicht über den Anbau und den Erntebeginn sowie die Verarbeitung, um die Qualität zu halten.

Durch die Söldnerheere des Dreißigjährigen Krieges breitete sich der Tabak rasch aus. Das Schnupfen von Tabak aus kostbaren Dosen bevorzugten auch reiche Bürgerinnen und adlige Frauen. Das Rauchen in langen Tonpfeifen taten auch Kinder. Das Kauen von Tabak war eine weitere Art des Tabakgenusses.

Nachdem die Tabakblätter getrocknet, fermentiert und entrippt waren, wurden sie gesponnen. Mittels einer Spindel wurden sie zu einer dicken

6/21

Rolle gedreht. Diesen Rollen- oder Stangentabak, auch als „Hanauer Tabak" bezeichnet, verbrauchte der Raucher portionsweise. Der gemahlene Kautabak wurde zu „Karotten" gepreßt, von denen sich der Konsument die entsprechende Menge abschnitt. Zur Aufbewahrung wurden kostbare Dosen aus Fayence, Steinzeug oder Messing gefertigt.

Seit dem 17. Jahrhundert wurde dieses Genußmittel besteuert.

6/20 Tonpfeife, 17. Jh.
Ton, L 8,2 cm
Museum Hanau - Schloß Philippsruhe
Inv.Nr.: B 4741
Eigentum des Hanauer Geschichtsvereins 1844

6/21 Tabakpresse, um 1800
Holz, H 75 x B 60 x L 41,5 cm
Museum Hanau - Schloß Philippsruhe
o. Inv.Nr.: St.

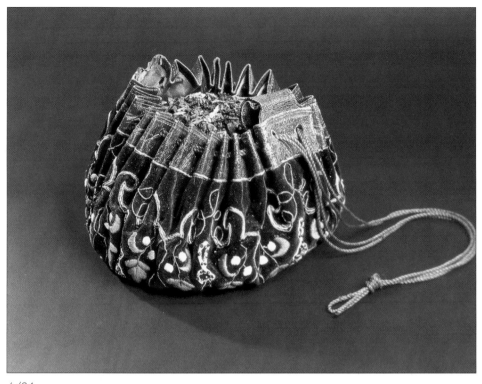

6/24

6/22

6/25

6/22 Tabaktopf, 18. Jh.
Fayence, weiß/blau, Motiv: Blumenstrauß,
H 16 x Ø 13,8 cm
Museum Hanau - Schloß Philippsruhe
Inv.Nr.: B 2010 St.

6/23* Kautabaktopf, 19. Jahrhundert
Steinzeug, blau glasiert, H 24 x Ø 16 cm
Museum Hanau - Schloß Philippsruhe
Inv.Nr.: 293 HGV
Eigentum des Hanauer Geschichtsvereins 1844
Inschrift: Marburger Kautabak aus der Fabrik
STEPHAN NIDEREHE & SOHN

6/24 Tabakbeutel, um 1800
Samt, Leder, bestickt, H 16 cm x B 20 cm
Museum Hanau - Schloß Philippsruhe
Inv.Nr.: B 4725 HGV
Eigentum des Hanauer Geschichtsvereins 1844

6/25 Schnupftabakdose, 18. Jahrhundert
Messing, L 12,7 x B 7 cm
Museum Hanau - Schloß Philippsruhe
Inv.Nr.: B 1882 HGV
Eigentum des Hanauer Geschichtsvereins 1844
Motiv: Sodom und Gomorra

6/26 Schnupftabakdose, 18. Jahrhundert
Messing, H 3 x B 4,8 x L 16,3 cm
Museum Hanau - Schloß Philippsruhe
Inv.Nr.: B 667 HGV
Eigentum des Hanauer Geschichtsvereins 1844
Motiv: Porträt Fridericus Borusorum Rex 1757
Niederländische Aufschrift

6/28* Tabakspinnen
Diderots Enzyklopädie 1762 - 1777
Reprint, deutsch, München 1979
Museum Hanau - Schloß Philippsruhe

Jubilierer, Diamantpolierer und Diamantschneider

Eine Gruppe von Neubürgern, sämtlich miteinander verwandt, brachte die Juwelenindustrie nach Hanau. Ähnlich wie in der Textilindustrie wurde im Verlagswesen gearbeitet. Rohdiamanten wurden in Antwerpen oder auf der Frankfurter Messe gekauft. Die Diamantpolierer und Diamantschneider schliffen die Steine, die von Goldschmieden in Schmuckstücke und Pokale eingearbeitet wurden. Das fertige Stück verkaufte der Juwelier wieder auf der Messe. 1613 waren vier Diamantschneider und 14 Polierer genannt. 1633 waren schon 40 Arbeiter genannt. In diesen 30 Jahren liefen 13 Schleifmühlen, die vier Besitzern gehörten: Peter Jakobs (1605) besaß drei Schleifmühlen. Jan Simmons (1606) betrieb ebenfalls drei Schleifmühlen. Daniel van der Burgh besaß vier Diamantmühlen und Heinrich Brils drei. Die Juweliere reichten beim Rat der Neustadt ein Gesuch ein, daß das Verbot des Abspannens, des Abwerbens, von Gesellen beinhaltete. Das Bearbeiten der Rohdiamanten war sehr mühselig. Die Schleifscheibe mußte in Schwung gehalten und Hilfsarbeiten verrichtet werden. Nach zwei bis drei Jahren ließ man den Lehrling an die Schleifscheibe. Das Polieren bedurfte großer Präzision, denn ein verschliffener Stein war nahezu wertlos.

In einem schweren hölzernen Gestell war eine eiserne Schleifscheibe gelagert. Ihr Antrieb erfolgte über eine Welle und Riemen, angetrieben von Menschen, einem Tie oder auch durch Wasserkraft. Auf die Schleifscheibe wurde ein mit Öl vermischter Diamantstaub, Boort genannt, als Schleifmittel geschmiert. Der Rohdiamant war in einer Haltevorrichtung, der Doppe, befestigt und wurde auf die sich drehende Schleifscheibe gedrückt. War eine Facette geschliffen, wurde der Stein um einige Grad gedreht und weiter geschliffen. Das Prin-

zip des Schleifens hat sich bis heute erhalten, wenngleich die Technik ausgereifter ist.

Der Nachlaß des Daniel de Hase, Juwelier, verzeichnete 1614 fertige Schmuckstücke und geschliffene Steine im Werte von 14.163 fl. (Gulden). Aufgelistet wurden u.a. „ein federbusch mit 45 diamanten 240 fl., einer mit 135 diamanten 1.415 fl., ein kleinoth lebendige blomen mit 55 diamanten 393 fl., ein spiegel mit 51 diamanten 692 fl., kleinoth mit 19 schmaralden und 1 perl 388 fl., hutschnur mit 11 diamanten und 44 perlen 291 fl."

Durch den Fettmilchaufstand in Frankfurt (1613/14) flohen noch einmal 18 Diamantarbeiter nach Hanau. Der Dreißigjährige Krieg brachte die Diamantschleiferei zum Erliegen.

6/29 Der Goldschmied und Juwelier
Lithographie
Museum Hanau - Schloß Philippsruhe
Inv.Nr.: B 3147 HGV
Eigentum des Hanauer Geschichtsvereins 1844

6/30* Diamantschleiferei, 17. Jahrhundert
Kupferstich
Jan Luyken (1649 - 1712)
Reproduktion

6/31* Diamantschleiferei, 18. Jahrhundert
Diderots Enzyklopädie 1762 - 1777
Reprint, deutsch, München 1979
Museum Hanau - Schloß Philippsruhe

6/32* Schleifscheibe mit Doppe, um 1930
Metall, Holz,
Schleifscheibe Ø 29,5 x H 55 cm
Doppe L 23 x B 10 x H 6,5 cm
Museum Hanau - Schloß Philippsruhe
o. Inv.Nr.: St.

6/29

Markt und Maß

Im Artikel 16 der Capitulation zur Neustadtgründung war auch der Wochenmarkt aufgeführt. „Die anordnung undt versehung geschehen, das wochendtlich zwey öffentliche markttäge, uff welchen, soviel müglich, alle nottürftige victualien mögen gebracht un zu feylem kauff gegeben, angestellt undt gehalten werden. Wie sich dann auch die frembden sowohl als die inheimischen der zweien meßen oder jharmärkten [...] gebrauchen mögen."
Der heutige Hanauer Wochenmarkt (mittwochs und samstags) hat hier seinen Ursprung. Die Altstädter hatten ihren eigenen Wochenmarkt und das Recht, zwei Jahrmessen abzuhalten. Die erste fand erst 1589 statt. In neuerer Zeit wurde ein Fruchtmarkt (Kornmarkt) zeitweise auf der Fläche des Neustädter Heumarktes gehalten, ein Weinmarkt um den Kran am Kanal, der Fleischverkauf fand bei den Metzgern an der Schirn statt, und zeitweise wurde ein Viehmarkt im Bereich der Türkischen Gärten gehalten.
Der Rat der Stadt sollte einen Marktmeister zur Aufsicht bestimmen, um Betrug zu verhindern. In Hanau und den Orten der Umgebung waren Maße und Gewichte höchst unterschiedlich. Zunächst orientierten sich Hanauer an den in Frankfurt gebräuchlichen Einheiten.
Gleichzeitig war der große Platz des Marktes auch Bühne für die Ausübung der Gerichtsbarkeit. Am 24. März 1609 wurde ein Dieb am Galgen aufgehängt. Er hatte Blei von den Dächern gestohlen. Im selben Jahr verbrannte der Scharfrichter öffentlich „falsche Seidenschnüre". 1613 wurde die „arme alte Frau Maria Frappé", Witwe, als Hexe in der Neu-

stadt verurteilt und auf dem Scheiterhaufen verbrannt. Ein Jahr später sind ein Mann und eine Frau wegen Ehebruchs zum Tode verurteilt und am 22. Dezember 1614 mit dem Schwert hingerichtet worden.

6/33* Markt, um 1885
Hermann Luer, Fotografie, Albuminpapier auf Karton
Museum Hanau
Reproduktion aus: Ernst Zimmermann, Hanau Stadt und Land, S. 668/669
Museum Hanau - Schloß Philippsruhe

6/34* Vier Hohlmaße, 1612
Messing
Henkelkanne, Inv.Nr.: B 127 a HGV
H 18,3 cm, Ø 15,4 cm (Boden), Punze Neustadtwappen, Boden oEL 1612
Henkelkanne, Inv.Nr.: B 127 b HGV
H 14,9 cm, Ø 11,8 cm (Boden), Punze Neustadtwappen, Boden oEL 1612
Henkelkanne, Inv.Nr.: B 127 c HGV
H 12,3 cm, Ø 9,8 cm (Boden), Punze Neustadtwappen, Boden oEL 1612
Henkelkanne, Inv.Nr.: B 127 d HGV
H 8,9 cm, Ø 7,6 cm (Boden), Punze Neustadtwappen, Boden W
Museum Hanau - Schloß Philippsruhe
Eigentum des Hanauer Geschichtsvereins 1844

6/35* Hohlmaß, Kornmaß
Holz mit Brandstempel Neustadtwappen und H, H 12,2 Ø 8 cm, Inv.Nr.: 234
Museum Hanau-Großauheim
Eigentum des Vereins für Heimatkunde und Naturschutz Großauheim 1929

6/36* Sechs Hohlmaße, Zinnkannen, 19. Jahrhundert
½ l., H 14,6 Ø 7,2 cm, GEBRUEDER BING NUERNBERG, Inv.Nr.: B 2198 HGV
¼ l., H 11 Ø 5,7 cm, GEBRUEDER BING NUERNBERG, Inv.Nr.: B 2199 HGV
0,2 l., H 6,9 Ø 7,9 cm, ZIEGER, Inv.Nr.: B 2200 HGV
0,1 l., H 5 Ø 5,7 cm, GEBR. BING NUERNBERG, Inv.Nr.: B 2201 HGV
0,05 l., H 4,2 Ø 4,7 cm GEBR. BING NUERNBERG, Inv.Nr.: B 2202 HGV
0,02 l., H 3,5 Ø 3,7 cm, ZIEGER RÖSSWEIN, Inv.Nr.: B 2203 HGV
Museum Hanau - Schloß Philippsruhe
Eigentum des Hanauer Geschichtsvereins 1844

6/37* Hohlmaß, Kornmaß
Holz mit Brandstempel,
NH 1736
Leihgabe aus Privatbesitz Joachim Philipp, Rodenbach

6/38* Fünf Nürnberger Einsatzgewichte
Messing
F 1790, ein Einsatz, H 14,9 cm, Inv.Nr.: B 65 HGV
Schenkung Heinrich Bracker, Hanau 1894
MARCO 256, acht Einsätze, H 9 cm, Inv.Nr.: B 722c HGV
32 DUC 1434 H, fünf Einsätze, H 4 cm, Inv.Nr.: B 2496a HGV
128 MAYER 1809, fünf Einsätze, H 4 cm, Inv.Nr.: B 1996 b HGV
ohne Markierung, acht Einsätze, H 15,9 cm, Inv.Nr.: 7194 HGV
Museum Hanau - Schloß Philippsruhe
Eigentum des Hanauer Geschichtsvereins 1844

6/40a

6/40b

Mainkanal und Marktschiff

Die Altstadt Hanau war vom Flußlauf der Kinzig umgeben. Zur Förderung des Handels beabsichtigte man bereits um 1560 die Kinzig zu räumen, um mit Schiffen aus dem Main bis an die (Alt-) Stadt Hanau zu kommen. Dieser Plan kam jedoch nicht zur Ausführung. Die Situation änderte sich durch die Neustadtgründung. In der Capitulation vom 1. Juni 1597 war in Artikel 16 bestimmt, daß ein oder zwei Schiffe täglich oder wenigstens zwei- oder dreimal die Woche auf und ab Frankfurt fahren sollten. In Artikel 17 war der Bau eines Canals mit Kran zum Be- und Entladen von Schiffen genannt. Die Neustadt war in Höhe des heutigen Kanaltorplatzes am nächsten zum Main gerückt. Von der Mündung des alten Kinzigarmes wurde ein Stichkanal zur Neustadtbefestigung (Kanaltor) gegraben. Der ursprüngliche Stadtplan sah eine Fortführung des Kanals durch die Befestigung bis zu einem Hafenbecken im heutigen Häuserviertel Krämerstraße, Heumarkt und Römerstraße vor. 1605 wurden die Kanalbauarbeiten vorübergehend eingestellt. Erst 1617, nach dem Tode Philipp Ludwigs II., war der Kanal fertiggestellt.

Im Streit des Grafen Philipp Ludwig II. mit dem Mainzer Erzbischof um den Neustadtbau war neben den Festungswerken auch das Marktschiff ein Auseinandersetzungspunkt. Bereits 1600 wird ein Marktschiff von Hanau nach Frankfurt genannt. Am 12. August 1602 verbot der Mainzer Erzbischof Joh. Adam von Bicken das Hanauer Marktschiff. Hieraus entwickelte sich ein jahrzehntelanger Streit. Der Hanauer Graf spielte die Existenz des Marktschiffes herunter, indem er von privaten Schiffern sprach, was niemandem verboten sei. 1607 ließ die Mainzer Verwaltung das Hanauer Schiff entern. Daraufhin bemächtigten sich die Hanauer des Geleitschiffs der Mainzer Seite. Als unter der Regentschaft des Grafen Witwe, Katharina Belgia, wieder ein Hanauer Marktschiff von Mainz gewaltsam genommen wurde, ließ sie kurzerhand in Mainzer Waldungen Bäume fällen, deren Holz zum Bau mehrerer Schiffe gereicht hätte.

Gewöhnlich verkehrte das Hanauer Marktschiff täglich. Abfahrt morgens 6 Uhr, Ankunft in Frankfurt drei Stunden später. Rückfahrt ab 1 Uhr mittags und Ankunft in Hanau vier Stunden später. Der nicht ausgebaute Wasserlauf des Mains war sehr wechselhaft. Die Schiffe wurden getreidelt. Vier Pferde zogen mittels eines langen Seiles die Schiffe. Der Treidelpfad, auf dem die Pferde mit Leinreiter gingen, zog sich unmittelbar am Ufer von Hanau nach Frankfurt entlang, mainabwärts auf der rechten Uferseite.

6/39* Plan vom Mainkanal und der alten Kinzigmündung, 1756
Reproduktion aus: Ernst Zimmermann, Hanau Stadt und Land, S. 802

6/40a und 6/40b Mainkanal, 1937
Zwei Fotografien
Museum Hanau - Schloß Philippsruhe

6/41 Marktschiff, um 1810
unbekannter Künstler
Gouache, H 36 x B 48,7 cm
Museum Hanau - Schloß Philippsruhe
Inv.Nr.: B 6921 HGV
Eigentum des Hanauer Geschichtsvereins 1844

6/41

Münzen

Das Münzrecht hatte der Hanauer Graf urkundlich seit dem 22. Februar 1368 durch Kaiser Karl IV. erhalten. Es war auf den Münzort Babenhausen festgeschrieben. Vom Münzrecht wurde kein Gebrauch gemacht; als Währung wurde das Frankfurter Geld genommen. Seit dem kaiserlichen Lehnsbrief vom 18. März 1603 wurde in Hanau eine Münze erlaubt, sie wurde am heutigen Johanneskirchplatz eingerichtet. Als Münzmeister wird Peter Arenburch und als Münzwardein Bernhard Langerich benannt. 1605 legte man beim Münzprobationstag in Worms das geschlagene Geld zur Prüfung vor. Von 1603 an Pfennige, von 1604 auch Goldgulden und Thaler und 1605 Heller. Ab 1607 wurde die Münze vom Verwalter und dem Grafen als eine Art Compagniegeschäft betrieben. Beide Parteien legten 3.000 Gulden ein. Der Verwalter hatte für ausreichendes Silber fürs Münzwerk zu sorgen und die Kosten der Löhne zu tragen. Von der Menge Feinsilber für eine Mark hatte der Münzwardein eine Silberlegierung zu fertigen, die dem Geldwert von zwei Mark in Münzen von Dreikreuzern und halben Batzen entsprach.

In einer Abrechnung von 1609 ist angegeben: „Des Münzmeisters Besoldung ein Jahr und ein Monat 218, dem Wardein ein Jahr 70, Probationstag Kosten 40, Unkosten auf die Silber 100 Gulden."

Der Münzlohn war von jeder Mark 9 Batzen. Der Preis der Mark für Feinsilber kommt um diese Zeit auf 13 Gulden 2 Batzen.

Die Münzabrechnung von 1608/09 führte zum Streit mit dem Grafen. Er verlangte Liquidation und Rückzahlung seiner Einlage von 3.000 Gulden von Arenburch. Dieser behauptete, der Münzmeister hätte zuwenig Geld in geschlagenen Münzen an ihn geliefert.

6/42a Philipp Ludwig II. (1576 - 1612)
Ovale Medaille 1602
6/42b Reichstaler 1609
6/42c 12 Kreuzer o.J., 3 Kreuzer o.J.
6/42d 3 Kreuzer 1612
6/42e Albus (8 Pfennig) 1610
6/42f Pfennig o.J.
6/42g Pfennig 1609
Museum Hanau - Schloß Philippsruhe
Eigentum des Hanauer Geschichtsvereins 1844

6/42a Avers

6/42a Revers

6/42b Avers

6/42b Revers

Die Hohe Schule - Gymnasium Illustre

Die Erziehung und Ausbildung des Grafen Philipp Ludwig waren geprägt durch den Besuch der Hohen Schule in Herborn (1584 gegr.) und der Universität in Heidelberg, beides Institutionen, die als Hochburgen des Calvinismus galten. So war die Absicht einer Schulgründung nach Herborner Vorbild eine logische Konsequenz aus der Einführung der calvinistischen Reformation in der Altstadt und der Grafschaft Hanau sowie der Neustadtgründung.

Zur Festigung der zweiten calvinistischen Reformation war neben dem Bau der Wallonisch-Niederländischen Kirche der Bau einer Hohen Schule notwendig, insbesondere in Zeiten der katholischen Gegenreformation und jesuitischen Glaubens- und Bildungsoffensive.

In der Altstadt bestand bisher eine Lateinschule in höchst miserablen Verhältnissen. Das Schulprojekt stieß sowohl bei den Räten der Altstadt als auch bei denen der Neustadt auf Ablehnung. Sie verwiesen auf die bestehende Schule in Schlüchtern und die schlechten Beispiele in Büdingen, Friedberg und Münzenberg. Zur Finanzierung der neuen Schule sollten Steuern erhöht und Frondienste geleistet werden, was auf wenig Zustimmung stieß. Mit Rücksicht auf die Altstadt wurde der Schulbau innerhalb dieser geplant.

Am 5. Februar 1607 wurde vom Grafen eine Subsidienordnung erlassen, die Voraussetzung für das Schulprojekt war. Eine treibende Kraft des Schulprojektes war der Neustädter Stadtschultheiß Dr. Wilhelm Sturio. Am 13. Februar 1607 erging die Bestellung der Scholaren der Schule. Es wurde ein Freitisch zur Verköstigung bedürftiger Schüler eingerichtet.

Am 18. Juli 1607, also vor 390 Jahren, wurde die Fundationsurkunde der Hohen Schule von Graf Philipp Ludwig II. unterzeichnet. Die Grundsteinlegung für den Schulbau überlebte der Graf nur um wenige Monate. Die Witwe, Catharina Belgia, betrieb das Schulprojekt in den schweren Zeiten des Dreißigjährigen Krieges. 1623 erweiterte sie die Schule zu einem Gymnasium Illustre, das vier Fakultäten hatte.

6/43

6/44

6/43 Hohe Schule, 1665
Fotografie um 1900, Albuminpapier
auf Karton, H 23,8 x B 17,7 cm
Museum Hanau - Schloß Philippsruhe
o.Inv.Nr.: HGV
Eigentum des Hanauer Geschichtsvereins 1844

*Auf dem Graben der ehemaligen mittelalterli-
chen Stadtmauer (heute DGB-Haus) ließ Philipp
Ludwig II. am 5. April 1612 durch seinen Sohn
Philipp Moritz den Grundstein zur neuen Hohen
Schule legen. Erstmals wurde hierzu ein Teil der
Altstadtbefestigung abgetragen. Erst 1664/65
wurde das Gebäude vollends aufgebaut.*

6/44 Portal der Hohen Schule
Julius Havemann, Phot.,
Hanau Langstr. 23, 1892 - 1896
Fotografie auf Karton, H 15,9 x B 11,5 cm
Museum Hanau - Schloß Philippsruhe
Inv.Nr.: HGV
Eigentum des Hanauer Geschichtsvereins 1844

6/45* Bildnis Graf Philipp Ludwig II., 1611
Reproduktion aus:
Ernst Zimmermann,
Hanau Stadt und Land
Museum Hanau - Schloß Philippsruhe

*Das Gemälde hing im Gebäude der alten
Hohen Landesschule und wurde beim Brand
des Gebäudes 1912 vernichtet.*

Apotheken in Neu-Hanau

Die Geschichte des Hanauer Gesundheitswesens beginnt mit der Gründung der Neustadt. Apotheken und die ersten Mediziner werden ansässig. Als Ärzte werden während der Pestjahre 1605 - 1607 Dr. Henrich Schiller und Dr. Johannes Matheus genannt.

1594 wurde eine Apotheke des Adolph Gomarus (Gomar), eines Niederländers aus Flandern, verzeichnet, der einige Jahre später (um 1600) unter den ersten Bürgern der holländischen Gemeinde Neu-Hanaus war. Doch zunächst betrieb er, auch als Hofapotheker, sein Geschäft in der Altstadt. Ab 1605 ergehen Beschwerden über Gomarus, daß er sein Geschäft vernachlässige, zum Schaden der kranken Einwohner. Tatsächlich war Gomarus im Dienste seiner Gemeinde oft auswärts, um Kollekte sammeln. Adolph Gomarus gehörte einer Theologenfamilie an, sein Bruder war der 1594 aus Frankfurt gewiesene Prediger und Mitbegründer der Neustadt Franciskus Gomarus. 1606 kaufte Adolph Gomarus ein Haus in der Römerstraße (Ecke Steinheimer Straße) und richtete dort die erste Apotheke der Neustadt ein. Gomarus zählte zu den höchst besteuerten Bürgern. Von den Erben kaufte Constantin Craß die Apotheke und verlegte 1624 das Geschäft in das von ihm gekaufte Eckhaus Am Markt/Krämerstraße (Schwanenapotheke, heute Hofapotheke) und nannte sie „Zum güldenen Schwan". Als Erbe von Craß wird 1637 Erasmus Brachfeld angegeben, dessen Sohn Johann die Apotheke übernahm. Seine Tochter heiratete 1675 den Joh. Dietrich Hoffstadt, der die Apotheke übernahm und später zeitweise eine zweite in der Altstadt betrieb. Die Genehmigung der Altstadtapotheke erreichte Hoffstadt durch Zahlung von 5.000 Gulden an Graf Friedrich Kasimir.

1618 wurde die zweite Apotheke der Neustadt benannt, die Dr. Philipp Benoist (Benoit) im Haus „Zum Paradies", Paradiesgasse / Ecke Am Markt betrieb, die 1635 einging. Aus dem Haus Krämerstraße / Ecke Frankfurter Straße ging die spätere Löwenapotheke hervor. 1628 waren bereits drei Apotheken in der Neustadt: Craß, Benoist und Jean Faucque, der sich zunächst in der Hammerstraße befand. Die Erbin, die Witwe Anna Margareta Leuttens,

ließ die Apotheke durch den Provisor Isaak Heraeus betreiben. Wegen der vielen Erben kaufte Heraeus das Haus „Zum kölnischen Bau" Nürnbergerstraße / Ecke Kölnische Straße, das 1675 den Namen „Zum weißen Einhorn" erhielt, die spätere Einhornapotheke.

1665 bestanden zeitweise vier Apotheken in Neu-Hanau. Obwohl ein Verbot der Einrichtung weiterer Apotheken bestand, gelang es Joh. Jakob Billet durch Beziehungen, von Graf Friedrich Kasimir die Genehmigung zu erhalten. Der Apothekenverwalter Sommerhoff heiratete die Witwe Billet, kaufte das Haus „Zum Engel" Am Markt, die Engelapotheke.

Die Hanauer Apothekengeschichte zeichnete sich einerseits durch einen häufigen Wechsel der Betreiber und der Geschäftslokale aus und durch die Tendenz, sich mit dem Apothekengeschäft am Markt zu etablieren. Da es aufgrund der Gewerbefreiheit keine Apothekenordnung gab, bezog man sich noch mehr als hundert

Jahre später auf die Frankfurter Ordnung von 1500. Den Apothekern waren Vergünstigungen eingeräumt wie: Befreiung vom Wachdienst, von Fronden, Servisgeldern u.a.. Die im Bangert, dem herrschaftlichen Baumgarten gezogenen Arzneigewächse wurden 1660 auch an die Apotheker abgegeben. Offensichtlich versprachen sich die Apothekenbetreiber immer ein großes Geschäft. 1729 bestanden bei kaum 8.000 Einwohnern vier Apotheken. Die vier etablierten Apotheken bestanden nicht immer zugleich.

6/46 Hofapotheke zum Schwanen,
um 1930
Fotografie
Marktplatz Ecke Krämerstaße
Museum Hanau - Schloß Philippsruhe

6/46

6/47

6/47 Der himmlische Theriak, 1693
Dispensatio Theriacae coelestis a
Dno F. D. Hoffstadt M. D.
Consil. Pal. M. aul. M. 1693
(Herstellung des himmlichen Theriaks von
Herrn Johann Dietrich Hoffstadt Doktor der
Medizin, Pälz. Rat, Hofarzt 1693)
Unbekannter Maler
Öl auf Leinwand, H 147 x B 207 cm
Museum Hanau - Schloß Philippsruhe
Inv.Nr.: B 499 HGV
Eigentum des Hanauer Geschichtsvereins 1844
Schenkung Dr. Eisenach und
Apotheker Carl Wiegand, Apotheker,
Hanau, 18. 8. 1903

Der Traum des Menschen von immerwährender
Gesundheit und Glück, ebenso der Wunsch des
leidenden Menschen nach wunderbaren Allheil-
mitteln, lassen ihn rasch zu Arzneien greifen, die
diese Wirkungen angeblich versprechen.
Seit der Antike ist der Theriak bekannt und
heute noch erhältlich. Sein griechischer Name
bedeutet etwa „Arznei von wilden Tieren". Die
Theriakwurzel als Arzneipflanze wurde ebenfalls verwendet. Meist in Form eines dicken
Breis (Latwerge) wurde das Allheilmittel hergestellt. Seit dem 13. Jahrhundert wurde Theriak
in Venedigs Apotheken verkauft. Die aufwendige Herstellung wurde in Venedig ab 1565
öffentlich als mehrtägiges Spektakel vollzogen.
Von der Obrigkeit kontrolliert, war dieses auch

eine höchst verkaufsfördernde Maßnahme.
Die große Nachfrage konnten die approbierten
Apotheker kaum befriedigen. Scharlatane
machten mit Fälschungen ihr Geschäft. Die
Rezepturen verzeichneten bis zu 190 Bestand-
teile wie: Blumen, Heilpflanzen, Rinden, Wur-
zeln, Harze, Balsam, Myrrhe, Honig und
Gewürze. Darüber hinaus wurden auch Opia-
te, Edelsteine und Viperngift beigemischt.
Der aus Düsseldorf kommende Johann Dietrich
Hoffstadt, der am Neustädter Markt ab 1677
die Apotheke „Zum goldenen Schwan" betrieb
und ab 1682 auch die Apotheke „Zum weißen
Schwan" am Altstädter Markt, spielte in der
Geschichte der Hanauer Apotheken eine
unrühmliche Rolle.

Hoffstadt fabrizierte den Himmlischen Theriak. Aus 140 pflanzlichen und 51 tierischen und mineralischen Stoffen, z. B. Schlangenfleisch, Korallen, Perlen, Geweih, menschlichen Hirnschalen, Opium, spanischem Wein, Baldrian, Honig und Goldstaub, wurde das Wundermittel hergestellt. Also Substanzen, die jeglicher medizinischen Wirkung entbehrten, wurden zur Präparation verwendet.

In einem Büchlein „PANACEA COELESTIS HOFFSTADIANA oder Kurze Beschreibung Des Himmlischen Theriaks" wurde von Hoffstadt die Wirkung 1693 beschrieben: Von Abfall des Gedächtnisses bis Zahnschmerz.

Zur Reklame ließ Hoffstadt auch das große Gemälde anfertigen, vermutlich für die Apotheke „Zum goldenen Schwan", Neustädter Markt/Ecke Krämerstraße.

In einem mit schwarz-weißen Platten schachbrettartig ausgelegten Raum stehen hufeisenförmig zwei große gedeckte Tafeln. Im Hintergrund ist ein Pferch mit Schafen und Schäfer zu sehen, in der Mitte ein großer runder Tisch, auf dem zwei Schwäne ein Spruchband halten: „Sechs sind in der Arzneikunst, die des Stieres Kraft besiegen: Zucker, Biebergeil, Eisen, Kampfer, Weinstein, Gold". Auf der Tischmitte steht ein Löwe mit Lanze und Wappenschild. In der Mitte der beiden Tischtafeln befindet sich je ein Tafelaltar mit Engeln und Figuren. Rechts steht ein Tisch mit Arbeitsgeräten zum Destillieren sowie Waage, Mörser, Flaschen. Links steht ein zur Mahlzeit gedeckter Tisch.

Hoffstadt wurde 1691 an der Universität Wittenberg zum Arzt promoviert. Infolge verschiedener schwerer Übertretungen der Arzt- und Apothekerordnung und seines Geschäftsgebarens wurde er in seiner Wohnung eingesperrt und von Musketiers bewacht. 1695 verließ er Hanau und wurde in Heidelberg zum kurpfälzischen Leibarzt ernannt. 1696 wurde er mit der Heidelberger Hofapotheke belehnt. Als Stadtsyndikus und Hofapotheker starb Hoffstadt 1727 in Heidelberg.

6/48* Himmlischer Theriak
Gedruckte Beschreibung, H 19,5 x B 13 cm
Gedruckt bei Johann Adolph Aubry Hanau
Museum Hanau - Schloß Philippsruhe
o. Inv.Nr.: HGV,
Eigentum des Hanauer Geschichtsvereins 1844

Apothekengefäße:

6/49* Henkelkanne
mit Ausguß und Holzdeckel
Marke OFF (Offenbach), Kartusche: Kranz mit Schwan,
Aufschrift SYR!/ CAPILL:VEN
Fayence, H 23 cm
Museum Hanau - Schloß Philippsruhe
Inv.Nr.: B 29 HGV,
Eigentum des Hanauer Geschichtsvereins 1844
Schenkung Carl Wiegand 1879,
Schwanenapotheke Hanau

6/50* Deckelbecher
zylindrisch, Lorbeerkranz mit Schwan,
Aufschrift: CONS:/:COCHLEAR:
Fayence, H 17,7 cm
Museum Hanau - Schloß Philippsruhe
Inv.Nr.: B 882 a HGV,
Eigentum des Hanauer Geschichtsvereins 1844
Schenkung Carl Wiegand, 1879,
Schwanenapotheke Hanau

6/51* Deckelbecher
zylindrisch, Marke OFF HD, (Offenbach)
Lorbeerkranz mit Schwan,
Aufschrift: EXTR:/LIQUIR:
Fayence, H 10,7 cm
Museum Hanau - Schloß Philippsruhe
Inv.Nr.: B 882 b HGV,
Eigentum des Hanauer Geschichtsvereins 1844
Schenkung Carl Wiegand, 1879,
Schwanenapotheke Hanau

6/52* Deckelbecher
zylindrisch, Marke OFF (Offenbach) und S
Lorbeerkranz mit Schwan,
Aufschrift: EXTR:/LACTUC:VIR:
Fayence, H 10,7 cm
Museum Hanau - Schloß Philippsruhe
Inv.Nr.: B 882 c HGV,
Eigentum des Hanauer Geschichtsvereins 1844
Schenkung Carl Wiegand, 1879,
Schwanenapotheke Hanau

6/53* Vase
Barockkartusche, weiß
Fayence, H 16 cm
Museum Hanau - Schloß Philippsruhe
Inv.Nr.: B 888 HGV,
Eigentum des Hanauer Geschichtsvereins 1844

Schenkung Carl Wiegand, 1879,
Schwanenapotheke Hanau

6/54* Henkelkanne mit Ausgußtülle
weiß, (Delft), Kartusche mit zwei Einhörnern
Aufschrift: S/CAPILL:VEN:
Fayence, H 23,4 cm
Museum Hanau - Schloß Philippsruhe
Inv.Nr.: B 1283 HGV,
Eigentum des Hanauer Geschichtsvereins 1844

6/55* Vase
weiß, Blätterkranz mit Blüten
Fayence, H 18,4 cm
Museum Hanau - Schloß Philippsruhe
Inv.Nr.: B 1312 HGV,
Eigentum des Hanauer Geschichtsvereins 1844
Sammlung Kratz, 1925

6/56* Vase
weiß, Blätterkranz mit Blüten
Fayence, H 17,5 cm
Museum Hanau - Schloß Philippsruhe
Inv.Nr.: B 1313 HGV,
Eigentum des Hanauer Geschichtsvereins 1844
Sammlung Kratz, 1925

6/57* Henkelkanne mit Ausgußtülle
Hanau, weiß, Blätterkranz mit Blüten
Fayence, H 19 cm
Museum Hanau - Schloß Philippsruhe
Inv.Nr.: B 1314 HGV,
Eigentum des Hanauer Geschichtsvereins 1844
Sammlung Kratz, 1925

6/58* Henkelkanne mit Ausgußtülle
Hanau, weiß, Blätterkranz
Fayence, H 19 cm
Museum Hanau - Schloß Philippsruhe
Inv.Nr.: B 1315 HGV,
Eigentum des Hanauer Geschichtsvereins 1844
Sammlung Kratz, 1925

6/59* Henkelkanne mit Ausgußtülle
Hanau, weiß, Blätterkranz
Fayence, H 19 cm
Museum Hanau - Schloß Philippsruhe
Inv.Nr.: B 1316 HGV,
Eigentum des Hanauer Geschichtsvereins 1844
Sammlung Kratz, 1925

6/60* Becher
Hanau, Blätterkranz mit Blüten,
Aufschrift: EL:/HIERAE/ P:G
Fayence, H 15 cm
Museum Hanau - Schloß Philippsruhe
Inv.Nr.: B 1317 HGV,
Eigentum des Hanauer Geschichtsvereins 1844
Sammlung Kratz,1925

6/61* Becher
Marke: HN (Hanau), Blumen- und Laubgewinde,
Aufschrift: CUMMI./BENZOES.
Fayence, H 16,3 cm
Museum Hanau - Schloß Philippsruhe
Inv.Nr.: B 1318 HGV,
Eigentum des Hanauer Geschichtsvereins 1844
Sammlung Kratz, 1925

6/62* Vase
Hanau, Lorbeerkranz,
Aufschrift: RAPPE. /MARINO, Marke
Hanau/Heil 1792
Fayence, H 32 cm
Museum Hanau - Schloß Philippsruhe
Inv.Nr.: 1321 HGV,
Eigentum des Hanauer Geschichtsvereins 1844

6/63* Vase
Lorbeerkranz, Aufschrift:
RAPPE / D'HOLLANDA, Hanau
Fayence, H 33 cm
Museum Hanau - Schloß Philippsruhe
Inv.Nr.: B 1322,
Eigentum des Hanauer Geschichtsvereins 1844
Sammlung Kratz, 1925

6/64* Henkelkanne mit Ausgußtülle
Hanau, weiß, Blätterkranz mit Blüten
Fayence, H 19 cm
Museum Hanau - Schloß Philippsruhe
Inv.Nr.: B 3344 HGV,
Eigentum des Hanauer Geschichtsvereins 1844
Sammlung Kratz, 1925

6/65* Deckelbecher
wie vor, Aufschrift: PULVIS:/VITRI:/VENET
Holz, H 20 cm
Museum Hanau - Schloß Philippsruhe
Inv.Nr.: B 31 HGV,
Eigentum des Hanauer Geschichtsvereins 1844
Schenkung Carl Wiegand, 1879
Schwanenapotheke Hanau

6/66* Enghalsvase
Hanau, Blätterkranz
Fayence, H 25 cm
Museum Hanau - Schloß Philippsruhe
Inv.Nr B 4168 St.
Sammlung Ludwig Alt

6/67* Becher
Hanau, Blumen- und Laubgewinde (Empire),
Aufschrift: SEMEN / CARDAM:,
Marke: HN (Hanau)
Fayence, H 16 cm
Museum Hanau - Schloß Philippsruhe
Inv.Nr.: B 4171 St.
Sammlung Ludwig Alt

6/68* Enghalsvase
Aufschrift: OXYM /AERUG/:IN
Fayence, H 20,3 cm
Museum Hanau - Schloß Philippsruhe
o. Inv.Nr.

6/69* Krug mit Henkel und Röhrenausguß
Reliefmedaillon: männliches Hüftbild mit
Inschrift:
AQ.FULEG. „ICH BRINS DER HERS LEBSTEN
UM HERUM TUCHEN TU" 1632
Steinzeug, H 31 cm
Museum Hanau - Schloß Philippsruhe
Inv.Nr.: B 27 a HGV,
Eigentum des Hanauer Geschichtsvereins 1844
Schenkung Carl Wiegand, 1879
Schwanenapotheke Hanau

6/70* Krug wie vor
Aufschrift: AQ:/ COCH:F:AR:
Steinzeug, H 29 cm
Museum Hanau - Schloß Philippsruhe
Inv.Nr.: B 27 b HGV,
Eigentum des Hanauer Geschichtsvereins 1844
Schenkung Carl Wiegand, 1879
Schwanenapotheke Hanau

6/71* Krug
wie vor
Aufschrift: AQ: R...SMAR"
Steinzeug, H 30 cm
Museum Hanau - Schloß Philippsruhe
Inv.Nr.: B 27 c HGV,
Eigentum des Hanauer Geschichtsvereins 1844
Schenkung Carl Wiegand, 1879
Schwanenapotheke Hanau

6/72* Deckelbecher
zylindrisch, bekrönte Kartusche in Gold, Auf-
schrift: SEM:/ANISI / V, Rückseite Wappen
auf Goldgrund, darüber unvollständige Auf-
schrift: D:ARTIST:F., darunter: P.GIESWEIN/
1679
Holz, H 20 cm
Museum Hanau - Schloß Philippsruhe
Inv.Nr.: B 30 HGV,
Eigentum des Hanauer Geschichtsvereins 1844
Schenkung Carl Wiegand, 1879
Schwanenapotheke Hanau

6/73* Deckelbecher, wie vor
Aufschrift: PULV:/NUCIS /VOM.
Holz, H 20,9 cm
Museum Hanau - Schloß Philippsruhe
Inv.Nr.: B 35 HGV,
Eigentum des Hanauer Geschichtsvereins 1844
Schenkung Carl Wiegand, 1879
Schwanenapotheke Hanau

6/74* Deckelbecher
wie vor, Aufschrift: PULV:/ RATANH:/ R
Holz, H 16,4 cm
Museum Hanau - Schloß Philippsruhe
Inv.Nr.: B 36 HGV,
Eigentum des Hanauer Geschichtsvereins 1844
Schenkung Carl Wiegand, 1879
Schwanenapotheke Hanau

6/75* Pillendrehbrett
Holz, H 41,6 x B 19 cm
Museum Hanau - Schloß Philippsruhe
Inv.Nr.: B 1015 HGV,
Eigentum des Hanauer Geschichtsvereins 1844
Schenkung Julius Schäfer, Drogist, aus dem
Bestand der Engelapotheke Hanau

6/76* Mörser
Porzellan, H 4,9 x Ø 9,7 cm
Museum Hanau - Schloß Philippsruhe
Inv.Nr.: B 2284 HGV,
Eigentum des Hanauer Geschichtsvereins 1844
Schenkung Hans Zwernemann, Hanau

6/77* Mörser
Porzellan, H 7 x Ø 15,5 cm
Museum Hanau - Schloß Philippsruhe
Inv.Nr.: B 6504 HGV,
Eigentum des Hanauer Geschichtsvereins 1844
Schenkung Hans Zwernemann Hanau

6/78* Vierkantglas
grün, zugebunden, Barockkartusche, auf
rotem Grund
Aufschrift: LAP:RU:BIN
H 12 cm
Museum Hanau - Schloß Philippsruhe
Inv.Nr.: B 32 HGV,
Eigentum des Hanauer Geschichtsvereins 1844
Schenkung Carl Wiegand, 1879
Schwanenapotheke Hanau

6/79* Vierkantglas
wie vor, Aufschrift: KABOR S.
H 12 cm
Museum Hanau - Schloß Philippsruhe
Inv.Nr.: B 33 HGV,
Eigentum des Hanauer Geschichtsvereins 1844
Schenkung Carl Wiegand, 1879
Schwanenapotheke Hanau

6/80* Vierkantglas
wie vor, Aufschrift: SOLUT.MATR:PLAR
H 9,5 cm
Museum Hanau - Schloß Philippsruhe
Inv.Nr.: B 34 HGV,
Eigentum des Hanauer Geschichtsvereins 1844
Schenkung Carl Wiegand, 1879
Schwanenapotheke Hanau

6/81* Vierkantglas
wie vor, Aufschrift: ELIX.UTERIN CR
H 10,8 cm
Museum Hanau - Schloß Philippsruhe
Inv.Nr.: B 40 HGV,
Eigentum des Hanauer Geschichtsvereins 1844
Schenkung Carl Wiegand, 1879
Schwanenapotheke Hanau

6/82* Glas
kugelförmige Kanne
H 14,4 cm
Museum Hanau - Schloß Philippsruhe
Inv.Nr.: B 4851 St.

6/83* Glas
weiß, Kartusche unter Krone, Aufschrift:
ESS.MYRRHAE
H 9,7 cm
Museum Hanau - Schloß Philippsruhe
Inv.Nr.: B 5640 a St.

6/84* Glas
wie vor, Aufschrift: BALS.VITAE HOFF
H 9,7 cm
Museum Hanau - Schloß Philippsruhe
Inv.Nr.: B 5640 b St.

6/85* Glas
wie vor, Aufschrift: LAUDA LIQUID SYDEH.
H 11,6 cm
Museum Hanau - Schloß Philippsruhe
Inv.Nr.: B 5640 c HGV
Eigentum des Hanauer Geschichtsvereins 1844

6/86* Vierkantglas
wie vor, Aufschrift: DIA GR SULPH.
H 9 cm
Museum Hanau - Schloß Philippsruhe
Inv.Nr.: B 97 HGV,
Eigentum des Hanauer Geschichtsvereins 1844
Schenkung Carl Wiegand, 1879
Schwanenapotheke Hanau

6/87* Rippenglasflasche
ohne Stopfen
H 26,8 x B 13,4 cm
Museum Hanau - Schloß Philippsruhe
Inv.Nr.: B 1429 HGV,
Eigentum des Hanauer Geschichtsvereins 1844
Schenkung Hans Zwernemann, Hanau

6/88* Rippenglasflasche
wie vor
H 26,4 x B 14,5 cm
Museum Hanau - Schloß Philippsruhe
Inv.Nr.: B1430 HGV,
Eigentum des Hanauer Geschichtsvereins 1844
Schenkung Hans Zwernemann, Hanau

6/89* Kubusglas ohne Stopfen
H 16,3 x B 14,5 x 14 cm
Museum Hanau - Schloß Philippsruhe
Inv.Nr.: B 1431 a HGV,
Eigentum des Hanauer Geschichtsvereins 1844

6/90* Kubusglas
H 16,5 x B 17,5 x 14,5 cm
Museum Hanau - Schloß Philippsruhe
Inv.Nr.: B 1431 b HGV,
Eigentum des Hanauer Geschichtsvereins 1844
Schenkung Hans Zwernemann, Hanau

6/91* Glaskolben mit Sandwanne
H 41 cm, L 45 cm
Museum Hanau - Schloß Philippsruhe
Inv.Nr.: B 4267 HGV,
Eigentum des Hanauer Geschichtsvereins 1844

6/92* Reagenzglas
grün, dreibeiniger Messinghalter
H 24,3 cm
Museum Hanau - Schloß Philippsruhe
Inv.Nr.: B 4268 a HGV,
Eigentum des Hanauer Geschichtsvereins 1844

6/93* Reagenzglas
grün, dreibeiniger Mesinghalter
H 24 cm
Museum Hanau - Schloß Philippsruhe
Inv.Nr.: B 4168 b HGV,
Eigentum des Hanauer Geschichtsvereins 1844

6/94* Rippenglasflasche
groß, mit Stopfen
H 28,3 cm
Museum Hanau - Schloß Philippsruhe
Inv.Nr.: B 5641 HGV,
Eigentum des Hanauer Geschichtsvereins 1844

6/95* Neun kleine Reagenzgläschen und
Fläschchen
H 4,8; 4,7; 4,2; 4,3; 4,1; 3,5; 2,8 und
9,2; 9,3 cm
Inv.Nr.: B 5260
Museum Hanau - Schloß Philippsruhe

6/96* Rippenglasflasche klein, ohne Stopfen
H 21,2 x B 10,3 cm,
Inv.Nr.: B 8064 b
Museum Hanau - Schloß Philippsruhe

6/97* Zwei Pillendose, Pappe
Einhornapotheke Hanau
Ø 5,4, Inv.Nr.: B 1993/347 a
Ø 3,8, Inv.Nr.: B 1993/347 b
Museum Hanau - Schloß Philippsruhe

6/98* zwei Pillendosen, Pappe,
Engelapotheke, 18.6.68 für Frau Hehner
Ø 3,3 und 3,2 cm,
o. Inv.Nr.:
Museum Hanau - Schloß Philippsruhe

Abteilung 7
Der Dreißigjähriger Krieg

Der Aufschwung der Neustadt Hanau wurde durch die Ereignisse des Dreißigjährigen Krieges unterbrochen.

Bis 1620 gelang es der Gräfin Katharina Belgia, Hanau neutral zu halten. Auch Graf Philipp Moritz versuchte zunächst erfolgreich, an diese für Hanau vorteilhafte Politik anzuknüpfen. Von 1629 bis 1631 mußte er eine katholisch-kaiserliche Besatzung dulden und ab 1631 eine protestantisch-schwedische.

Erst ab 1634 wurde Hanau in die Kriegshandlungen einbezogen. Graf Philipp-Moritz zog sich aus Furcht vor kaiserlichen Repressalien in die Niederlande zurück. Der Obrist James Ramsay (Jakob von Ramsay) – ein Schotte – wurde schwedischer Kommandant in Hanau.

Nach der Niederlage der Schweden bei Nördlingen begannen die katholischen Heere mit der Rückeroberung. Im September 1635 setzte die Belagerung der Festung Hanau durch die katholisch-kaiserlichen Truppen unter General Guillaume Lamboy (Wilhelm von Lamboy) ein. In der von Flüchtlingen und Soldaten übervölkerten Stadt herrschte die Pest und eine große Hungersnot. Erst im Juni 1636 gelang der Entsatz der Festung und Stadt Hanau durch ein hessisch-schwedisches Heer unter dem Landgrafen Wilhelm V. von Hessen-Kassel.

Obrist Ramsay blieb weiterhin Kommandant der Festung Hanau, der einzigen schwedischen Festung weit und breit. Dagegen bildete sich ein regionaler Zusammenschluß von Kurmainz, Frankfurt und Hessen-Darmstadt. 1637 konnte Graf Philipp Moritz wieder nach Hanau zurückkehren. 1638 gelang die Eroberung der Festung Hanau, Obrist Ramsay wurde gefangengenommen. Graf Philipp Moritz war wieder uneingeschränkter Herrscher über die Grafschaft Hanau-Münzenberg.

Der wirtschaftliche Rückschlag für beide Städte Hanau war enorm. Erst gegen Ende des 17. Jahrhunderts konnten sie wieder an den Vorkriegszustand anknüpfen.

7/1 Gustav Adolf überquert den Main bei Steinheim
Werkstatt Matthäus Merian
Kupferstich, 12,3 x 32 cm
Museum Hanau - Schloß Philippsruhe
Inv.Nr. B 6648 HGV
Eigentum des Hanauer Geschichtsvereins 1844
Aus dem „Theatrum Europäum" im Verlag des Matthäus Merian, Frankfurt am Main

7/1

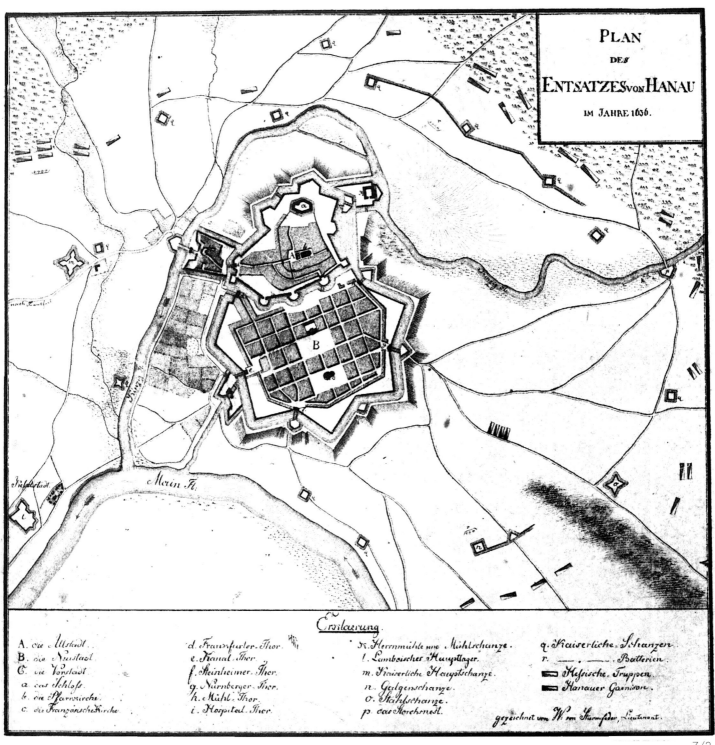

7/2 Platz des Entsatzes von Hanau im Jahr 1636
Zeichner: W. Sturmfeder, Lieutenant
Kupferstich 14,4 x 14,7 cm
Staatsarchiv Marburg
Karten P III 530

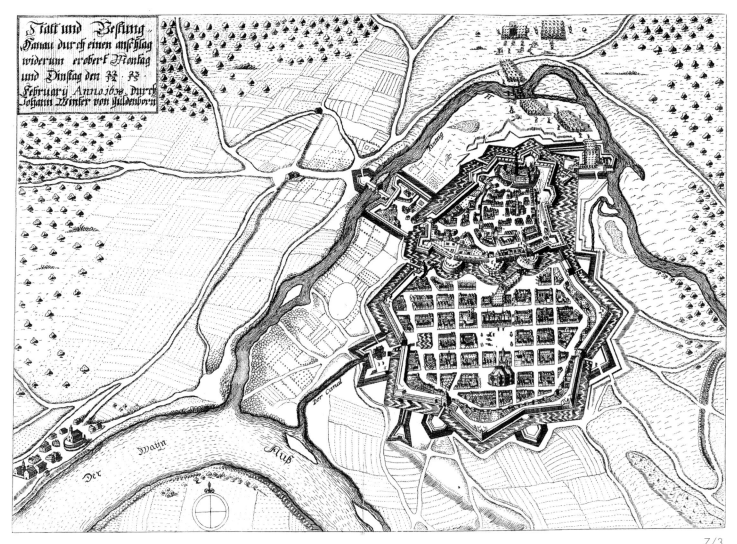

7/3

7/3 Stadt und Festung Hanau durch einen
Anschlag wiederum erobert Montag und
Dienstag den 12/22 u 13/23 Februarii
Anno 1638 durch Johann Winter von
Güldenbronn
Kupferstich J. J. Schnapp Offenbach
31 x 40 cm
Staatsarchiv Marburg
Karten P II 17. 153

7/5

7/4* Eigentliche Delineation der Veste Stadt
Hanau, 1639
Verlag Matthäus Merian
Kupferstich, 27,3 x 35, 8 cm
Museum Hanau - Schloß Philippsruhe
Inv. Nr.: B 3393 c HGV
Eigentum des Hanauer Geschichtsvereins 1844
(Abbildung siehe S. 116)

7/5 König Gustav Adolph von Schweden
Zeichner und Stecher: Matthäus Merian
Kupferstich
Museum Hanau - Schloß Philippsruhe
Inv. Nr.: B 3384 HGV
Eigentum des Hanauer Geschichtsvereins 1844

7/6* Obrist James Ramsay
Werkstatt Matthäus Merian
Kupferstich, 17,8 x 13,9 cm
Museum Hanau - Schloß Philippsruhe
Inv. Nr.: B 3423 d St
Aus dem „Theatrum Europäum", III.Teil, Frank-
furt 1670. (Abbildung siehe S. 118)

7/7* General Guillaume de Lamboy
Zeichner: Franziskus de Nys und
Paulus Pontius, Stecher:De Dicant
Kupferstich, 27 x 17 cm (Platte)
Museum Hanau - Schloß Philippsruhe
Inv. Nr.: B 7512 St
(Abbildung siehe S. 98)

Architektonische Stadtentwicklung des 17. und 18. Jahrhunderts

Die Bautätigkeit von Philipp Ludwig II. war neben der Anlage der Neustadt durch den Ausbau der mittelalterlichen Burg zu einem Stadtschloß bestimmt. Er ließ den Bergfried erhöhen und baute an den Südrand der Burgmauer einen neuen Kanzleibau. Dazwischen ließ er einen Gang und einen Erkerbau errichten. Östlich des Eingangs entstand noch ein Ballhaus. Nach seinem Tod wurde zwischen Kanzleibau und dem Ballhaus noch ein repräsentativer Torbau errichtet, womit die Südfront der Burg zu einem einheitlichen Baukörper verschmolz, dem „Fürstenbau", der bereits mächtiger war als die mittelalterliche Burg. 1685 - 1691 entstand die neue Kanzlei – die heutige Stadtbibliothek –, die 1713 nochmals verlagert wurde.

Von 1712 - 1714 wurde der Marstall gebaut – heute Stadthalle, 1717 - 1719 der Lustgarten mit dem türkischen Gartenhaus. 1764 ließ man an den Fürstenbau und den Kellerbau noch den Friedrichbau und das Palais anfügen. 1829 wurde die alte Burg auf Befehl des Kurfürsten Wilhelm II. von Hessen-Kassel endgültig abgerissen.

Graf Philipp Reinhard von Hanau ließ sich neben dem Stadtschloß noch ein eigenes Landschloß – Schloß Philippsruhe – errichten. Als erste Baumaßnahme wurde 1696 auf dem herrschaftlichen Obstgarten ein barockes Gartenparterre durch Max Doßmann angelegt. 1701 wurde mit dem Bau des Schloßgebäudes begonnen. Die erste Planung stammt von Julius Ludwig Rothweil. Er sah einen zentralen Wohntrakt, der sich um einen quadratischen Ehrenhof gruppiert, vor. Seitlich an den zweistöckigen Wohntrakt schlossen sich zwei einstöckige Flügelbauten an. Der Grundriß und teilweise der Aufriß des Corps de logis waren festgelegt, als Rothweil durch den Pariser Jacques Girard abgelöst wurde, der die Planung um die Eckpavillons an den Seitenflügeln erweiterte und die beiden, den Seitenflügeln symmetrisch vorgelagerten Bauten des Marstalles und der Remise hinzufügte. Die Stuckierung schufen zwischen 1706 und 1707 Eugenio Castelli und Antonio Genone. Philippsruhe ist eng mit der französischen Schloßbaukunst verbunden.

Der Erbauer des Schlosses, Graf Philipp Reinhard von Hanau, konnte sich allerdings nur wenige Monate an diesem Schloß erfreuen, da er 1712 starb. Sein Nachfolger und Bruder Johann Reinhard III. schuf 1723 noch einen eigenen Orangeriebau und ließ in diesem Zusammenhang den Garten erweitern.

Die Verheerungen des Dreißigjährigen Krieges unterbrachen den wirtschaftlichen Aufschwung der Neustadt Hanau abrupt. Nur langsam erholte sich Hanau wieder. Im Laufe des 18. Jahrhunderts wurden allmählich alte Baulücken geschlossen. 1727 - 1733 errichtet der Gräfliche Hofbaumeister Christian Ludwig Herrmann anstelle der ursprünglich geplanten, aber nie gebauten Börse das Rathaus der Neustadt. Das Rathaus ordnete sich der traufseitig angebrachten Nordfront des Marktplatzes unter und stellte lediglich eine Akzentuierung seiner architektonischen Umgebung da, seitlich unterstützt durch die beiden Ecktürme. Diese für ein Rathaus behutsame Bauweise entsprach der zurückhaltenden Gesinnung der Neustädter Bürger.

1722 schuf Christian Herrmann mit dem Frankfurter Tor einen repräsentativen Zugang zur Stadt im Stil eines Barockschlößchens.

1736 endete mit dem Tod des Grafen Johann Reinhard von Hanau-Lichtenberg die Zeit eines unabhängigen Staates. Die Grafschaft Hanau-Münzenberg fiel aufgrund eines Erbvertrages an die Landgrafen von Hessen-Kassel. Unter Landgraf Wilhelm VIII. war die ehemalige Grafschaft Provinz. Aufgrund der Erbauseinandersetzung und Teilenterbung seines zum Katholizismus übergetretenen Sohnes Friedrich II. war Hanau von 1754 bis 1764 unter dessen Frau Marie von England und von 1764 bis 1785 unter dessen Sohn Wilhelm „dem Erbprinzen Wilhelm" wieder eine selbständige territoriale Einheit. In dieser „Goldenen Zeit" wurden wesentliche städtebauliche Leistungen und Verbesserungen erbracht.

Auf Wunsch von Marie von England entstand 1768 nach Plänen von General Huth ein neues Theater an der Esplanade. Das Theater stand auch dem Hanauer Publikum offen und war somit einer der ersten Stadtheaterbauten in Deutschland.

Das wichtigste Bauwerk von Erbprinz Wilhelm war das Wilhelmsbad, das von Franz Ludwig Cancrin 1779 - 1784 erbaut wurde. Das Wilhelmsbad war ein privates und kommerzielles

Unternehmen. Es sollte den Adeligen und reichen Bürgern Zerstreuung und Erholung gewähren. Diesem Zweck ist die Anlage untergeordnet. Sie läßt sich in drei Elemente gliedern: Die Promenade, die Kurhäuser und den Park. Kernstück der gesamten Anlage ist die Promenade in Form einer Lindenallee. Hier kamen die Besucher mit ihren Kutschen an, hier wurde flaniert und wurden die Neuigkeiten ausgetauscht. Auf der einen Seite stehen vier einzeln stehende Pavillons, die mit Remisen verbunden sind, zwischen dem zweiten und dem dritten Pavillon liegt das Kurhaus. Die Architektur schließt sich an den Stil hochbarocker Land- und Lusthäuser an, also eine Bauform, die zur Erbauungszeit seit über 50 Jahren überholt war, aber der Vorstellung des Erhabenen nahekam. Gegenüber dem mittleren Pavillon auf den Gartenseite befindet sich der Brunnentempel, ebenfalls im barocken Stil erbaut. Hier war die Heilquelle gefaßt. Der Garten ist vor dem Gebäude gelegen, nicht hinter dem Gebäude, wie bei den barocken Schlössern. Er diente hauptsächlich dem Vergnügen der Besucher und ist als Landschaftsgarten angelegt.

Dem ästhetischen Genuß und der spielerischen Freude dienten auch das an einem hervorgehobenen Blickpunkt gelegene Karussell, die Hängebrücke, das ehemalige Heckentheater und der Schneckenberg mit einem verlorengegangenen Janustempel. Ebenfalls verschwunden ist eine Meierei, ein künstlicher Bauernhof für vergnügliche Schäferspiele.

Mitten in diesem öffentlichen Park ist ein Bereich des Privaten eingestreut. Auf der Insel liegt das persönliche Refugium des Erbprinzen Wilhelm: der Ruinenturm und die Grabespyramide. Nur durch eine Holzbrücke zugänglich, kann diese Brücke zur Öffentlichkeit leicht abgerissen werden. Hier schuf der Erbprinz eine Insel der Seligen für einen Herrscher, der den Zwängen des Regierens und Repräsentierens gelegentlich entfliehen will und eine Insel Kythera für sein privates Liebesglück.

8/1

8/1 Stadtschloß
Johann Caspar Stawitz
1807 Hanau - 1885 Hanau
Aus einem Skizzenbuch
Museum Hanau - Schloß Philippsruhe
Inv. Nr.: B 7895 St

8/2 Plan der hochfürstlichen Residenzstadt
Hanau 1780
Zeichner und Stecher: Johann Jacob Müller
1743 Hanau - 1811 Hanau
Kupferstich, altkoloriert, 45 x 64 cm
Museum Hanau - Schloß Philippsruhe
Inv. Nr.: B 6811 St

Der Plan des Johann Jacob Müller ist ähnlich repräsentativ wie der Metzgerplan ausgestattet und hat deutlich offiziellen Charakter. Auf ihm ist bereits der Befestigungsgraben zugeschüttet und eingeebnet und der Paradeplatz und die Esplanade als Platzanlagen angelegt. Damit beginnen die beiden Städte Hanau lange vor der politischen Vereinigung realiter zusammenzuwachsen.

8/2

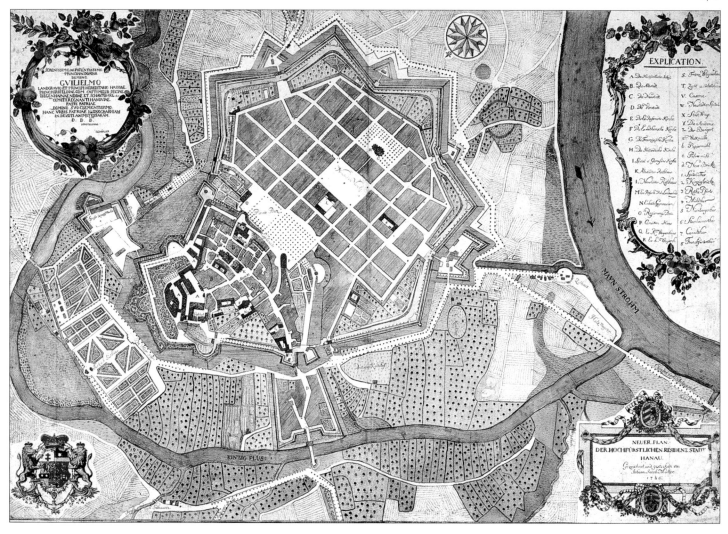

8/3 Paradeplatz
Zeichner und Radierer: Friedrich Cornicelius
1787 Weimar - 1853 Hanau
Radierung, altkoloriert, 35 x 43 cm
Museum Hanau - Schloß Philippsruhe
Inv. Nr.: B 457 HCV
Eigentum des Hanauer Geschichtsvereins 1844

8/4 Marktplatz, um 1830
Zeichner und Stecher: Friedrich Cornicelius
1787 Weimar - 1853 Hanau
Radierung, altkoloriert, 33,5 x 43,5 cm
Museum Hanau - Schloß Philippsruhe
Inv. Nr.: B 458 HGV
Eigentum des Hanauer Geschichtsvereins 1844
Hauptgebäude ist das von 1725 bis 1733 von Christian Ludwig Hermann erbaute Neustädter Rathaus.

8/4 ▽   8/3 △

8/5 Frankfurter Tor, 1806
Bernhard Hundeshagen
1794 Hanau - 1858 Endenich
Aquarell, 20,4 x 41,4 cm
Museum Hanau - Schloß Philippsruhe
Inv. Nr.: B 3406 HGV
Eigentum des Hanauer Geschichtsvereins 1844
Erbaut 1722 durch den Hanauischen Baumeister Christian Ludwig Herrmann

8/6 Das Türkische Haus
Bernhard Hundeshagen
Aquarell, 20,5 x 31,4 cm
Museum Hanau - Schloß Philippsruhe
Inv. Nr.: 490 HGV
Eigentum des Hanauer Geschichtsvereins 1844
Das Türkische Haus ist der Gartenpavillon in den Türkischen Gärten, die unter Graf Johann Reinhard III. von Hanau-Lichtenberg in den Jahren 1717 bis 1719 angelegt wurden.

8/5 △

▽ 8/6

8/7 Das Zeughaus
Johann Heinrich Fiedler
1801 Hanau - 1857 Hanau
Lithographie, 11,7 x 19,6 cm
Museum Hanau - Schloß Philippsruhe
Inv. Nr.: B 3020 HGV
Eigentum des Hanauer Geschichtsvereins 1844

Erbaut duch Franz Cancrin
Das Zeughaus stand ursprünglich als herrschaft-
liches Jagdzeughaus in Harreshausen bei
Babenhausen, wurde 1782 abgebrochen und
auf dem Hanauer Paradeplatz aufgebaut.
Das Blatt weist deutliche Brandspuren auf, die
bei dem Brand des Schlosses Philippsruhe
1984 entstanden sind.

8/7

8/8 Zeichenakademie
Conrad Westermayr
1765 Hanau - 1834 Hanau
Aquarell, 10,5 x 16,7 cm
Museum Hanau - Schloß Philippsruhe
Inv. Nr.: B 3098 a HGV
Eigentum des Hanauer Geschichtsvereins 1844

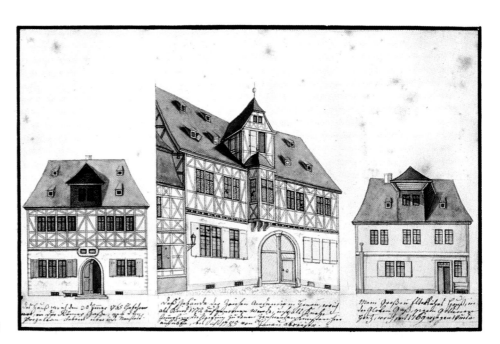

8/8

Prospect des Dorfes Kestadt, wie solches von der sogenanten Ochsenwiese anzusehen, nebst einem theil des Schlosses Philippsruh

8/9

8/9 Ansicht von Kesselstadt
Johann Caspar Zehender
1742 Schaffhausen - 1805 Schaffhausen
Aquarell, 17 x 28,8 cm
Museum Hanau - Schloß Philippsruhe
Inv. Nr.: B 3304 HGV
Eigentum des Hanauer Geschichtsvereins 1844

8/10* Wilhelmsbad
Zeichner: Johann Valentin Lenau
Stecher: Johann Jakob Müller
1743 Hanau - 1811 Hanau
Kupferstich, altkoloriert, 41,6 x 70,2 cm
Museum Hanau - Schloß Philippsruhe
Inv. Nr: B 10 HGV
Eigentum des Hanauer Geschichtsvereins 1844
Erbaut von 1779 bis 1784 unter dem Erbprinzen Wilhelm von den Baumeister Franz Ludwig Cancrin als Badeanlage.

8/11

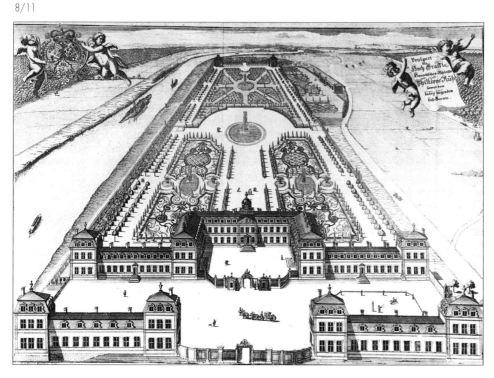

8/11 Schloß Philippsruhe
Zeichner: Johann David Fülck (Gräflich Schönbornscher Hofgärtner)
Stecher: Peter Fehr
1681 Frankfurt - 1740 Frankfurt
Kupferstich, 44,7 x 64,4 cm
Museum Hanau - Schloß Philippsruhe
Inv. Nr.: B 3286 HGV
Eigentum des Hanauer Geschichtsvereins 1844
Erbaut als Sommerresidenz für den Hanauer Grafen Philipp Reinhold von Hanau-Münzenberg zwischen 1701 und 1712 von Julius Ludwig Rothweil und Jacques Girard

Abteilung 9
Hanauer Kunst des 17. und 18. Jahrhunderts

Im Rahmen des reformierten Befreiungskampfes in den Niederlanden entstand in den nördlichen, protestantischen Niederlanden erstmals eine bürgerliche Republik auf europäischem Boden (1588). Die südlichen, katholischen Niederlande blieben bei den spanischen Habsburgern. Im Verlauf dieses Kampfes emigrierten viele Reformierte, um den Verfolgungen durch die Spanier zu entgehen. Die Siedler der Neustadt Hanau stammen von diesen Flüchtlingen ab.

Mit der Neustadtgründung nahmen auch die Künste einen neuen Aufschwung. Entscheidender Förderer war Daniel Soreau. Er begründete eine Lehrwerkstatt mit seinen Schülern Sebastian Stoskopff, Joachim von Sandrart und Franz Godin. Diese Tradition wurde von seinen Söhnen Isaak und Peter Soreau und dem Mann seiner Nichte, Peter Binoit, weitergeführt.

In dieser Hanauer Malerschule entstand eine frühe Form der Stillebenmalerei in Deutschland von niederländisch-wallonischer Herkunft, wobei insbesondere Isaak Soreau, Peter Binoit und Sebastian Stoskopff ein umfangreiches Werk hinterließen.

Neben Georg Flegel und seinen Nachfolgern in Frankfurt bildeten die Hanauer Maler ein zweites Zentrum der frühen deutschen Stillebenmalerei. Diese künstlerische Phase von etwa 1610 bis 1645 brachte eine Malerei hervor, die in dieser Qualität bis heute in Hanau nicht mehr erreicht worden ist.

Der Sieg der bürgerlichen Kräfte in den nördlichen Niederlanden brachte einen großen wirtschaftlichen Aufschwung mit sich, der sich auch in der Änderung der kulturellen Verhältnisse aus-

drückte. Die Niederlande wurden zur führenden Kunstnation in Europa. In der Malerei setzten sich neue, autonome Darstellungsgebiete durch, die den Bedürfnissen und dem Geschmack der bürgerlichen Käufer entsprachen. Neben den traditionellen Aufgaben der Malerei wie religiöse Gemälde, Historien- und Bildnismalerei entwickelten sich spezielle Bildgattungen, z.B. das autonome Landschaftsbild, das Seestück, das Schlachtenbild, das Genrebild und das Stilleben. Parallel zu dieser Spezialisierung in den Bildgattungen lief auch eine Spezialisierung der Maler selbst. Diese hochgradige Arbeitsteilung im Bereich der Kunst durch die erstmals in großen Mengen für einen freien Markt produziert werden konnte, führte zu einer Vielzahl qualitativ hochwertige Bilder. Die frühen Hanauer Maler sind bisher nur im Bereich der Historienmalerei und vor allem der Stillebenmalerei bekanntgeworden, wobei die Stillebenmalerei eine besonders große und wichtige Rolle spielte.

Wie in allen künstlerischen Betätigungsfeldern brachte der Dreißigjährige Krieg den hoffnungsvollen Ansatz einer Hanauer Maltradition vollkommen zum Erliegen. Erst gegen Ende des 17. Jahrhunderts tritt mit Johann David Welker wieder ein Maler in Hanau in Erscheinung. Zu Beginn des 18. Jahrhunderts sind in Hanau nur die Porträtmaler Johann Henrich Appelius und Johannes Appelius bekannt geworden. Während der Mitte und des Endes des 18. Jahrhunderts sind die Maler Jean Jacques Bury und Christian Friedrich Ziesenis in Hanau tätig. Dieser kleine Aufschwung hängt mit dem eigenen Hof unter Marie von England und dem Erb-

prinzen Wilhelm zusammen. Die territoriale Eigenständigkeit und der eigene Hof lockte noch weitere Maler nach Hanau, so Anton Wilhelm Tischbein und Georg Karl Urlaub. Beide überregional bedeutsamen Maler sahen auch Absatzchancen in der nahen Stadt Frankfurt und waren mit den dortigen Malern gut bekannt. Anton Wilhelm Tischbein war ein gefragter Porträtist, die Stärken von Georg Karl Urlaub lagen in den kleinen Genrebildchen.

Im Jahre 1772 gründeten Hanauer Bürger unter Mithilfe des Erbprinzen Wilhelm die Zeichenakademie mit dem vorrangigen Ziel der Förderung der heimischen Gold- und Silberschmiede, aber auch mit der Ausbildung für Künstler in den Anfängen der Kunst, dem Zeichnen. Damit hatte Hanau bereits früher als Frankfurt eine kontinuierliche Ausbildungstätte und einen Treffpunkt für alle Hanauer Künstler. Die Zeichenakademie wurde zum Integrationsort und zum „Musentempel".

Allerdings konnte sich die Akademie unter dem ersten Direktor Jean Louis Gallien, der von 1772 bis 1806 tätig war, nicht besonders gut entwickeln. Es wurde hauptsächlich der Zeichenstil des Rokoko auf weichem graublauem Papier und mit weichen Kreiden gepflegt. Gegen Ende seiner Amtszeit verfiel die Einrichtung zusehends. Lehrer waren Jean Jaques Bury und Wächter.

Konrad Westermayr (1806 - 1843) mußte erst wieder eine organisatorische Grundlage schaffen, wobei er den romantischen Zeichenstil — soweit es in seinem Vermögen lag — einführte. Lehrer waren neben seiner Frau Henriette Stötzer-Westermayr, Antoine Carteret, Bernaud, Franz Nickel, Friedrich Deiker und Wenz.

Daniel Soreau
geboren vermutlich um 1554 in Antwerpen, 1586 Bürger in Frankfurt, 1599 in der Neustadt Hanau, dort 1619 gestorben, ursprünglich Kaufmann, als Maler Autodidakt, begründete eine Werkstatt, der zeitweilig Sebastian Stoskopff, Joachim von Sandrart und Franz Godin angehörten.

„...wurde damals beglücket durch die fürtreffliche Kunst und Rathschläge des aus Welsch-Niederland gebürtigen Daniel de Soriau, der sich mit vielen anderen fürnehmen Leuten des Spanischen Krieges halber herauf, und zur Erbauung dieser schönen Stadt begeben. Selbiger hat die grosse Kunst-Liebe noch in seinem alten Tegen in den Studien der Mahlkunst und Ausbildung grosser Figuren, Contrafäten auch stillstehender Sachen, so weit gebracht, dass er leicht alle anderen Meister selbiger Revier damalen übertroffen; derenthalben er auch seine Kaufmannschaft verlassen, und mit besonderem Lob den Pensel geführet; seinen grossen Verstand und Wissenschadft in der Baukunst bezeuget obgenannte Stadt Hanau, deren grosse Kirchen, treffliche Häuser, Pforten und Wälle gleichsam als stumme Redner seine Kunst preisen. Zu meiner Zeit, als ich mich in der Zeichen-Kunst zu Hanau unterrichten liess, waren etliche seiner Söhne sehr fleissig in diesen Stucken, dern ferner Progress aber wegen Länge der Zeit mir unbewusst."
Joachim von Sandrart: Teutsche Akademie

9/1* Besuch im Kerker (Caritas Romana)
Maler: Daniel Soreau
Stecher: Jean Jenet
Kupferstich, 30,6 x 33,6 cm (Blattgröße)
Herzog Anton Ulrich-Museum Braunschweig
Inv. Nr.: 9713

9/2 Salome mit dem Haupt des Täufers
Maler: Daniel Soreau
Stecher: Jean Jenet
Kupferstich,
30,7 x 34,2 cm
Staatliche Museen zu Berlin Preußischer Kulturbesitz Kupferstichkabinett
Inv. Nr.: 714-117

ET CONTRISTATVS EST REX: PROPTER IVRAMENTVM AVTEM ET EOS QVI PARITER RECVMBEBANT. IVSSIT DARI. MISTQ. ET DECOLLAVIT IOANNĒ IN CARCERE. ET ALLATV EST CAPVT EIVS IN DISCO: Matth. 14.
Daniel Soreau Inuent Ioan Ienet Sculp:

9/2

Peter Binoit
Köln um 1590, 1623 als
Malergeselle in Hanau,
1626 in Frankfurt, 1627
Heirat in Hanau mit Sarah
Soreau, Nichte des Daniel
Soreau, lebte als „Bürger
und Maler" bis zu seinem
Tod 1632 in der Neustadt
Hanau

9/*3 Vanitas-Stilleben,
1614
Öl auf Leinwand,
77 x 54,5 cm
Datiert 1614
Museum Hanau - Schloß
Philippsruhe
Inv. Nr.: B 1985/11
Aufschrift auf dem
Kalender:
NEWER UND ALTER
SCHREIBKALENDER
DURCH SIMONIUM MAR-
TIUM GUNZENHAUSEN.
Der Kalender ist auf das
Jahr 1614 datiert.
(Abbildung siehe Seite 161)

9/4 Vase mit Blumen,
1613
Öl auf Kupfer, 38 x 29 cm
Signiert und datiert.
P/B 1613
Szépmüvésti Museum
Budapest
Inv. Nr.: 40

9/4

Sebastian Stoskopff
*1597 Strasburg †1657 Idstein
1615 Beginn der Lehre bei Daniel Soreau,
nach dem Tod des Daniel Soreau 1619 führte
er die Werkstatt bis 1620 weiter, 1620/21
verließ er Hanau und ließ sich in Paris nieder,
bis ca 1640 Paris, ab ca 1640 Straßburg, seit
1642 Meister, 1646 Heirat mit Anna Maria
Riedinger, 1655 Reise nach Idstein, 1657 Tod
in Idstein

9/5 Groteskvase mit Blumen, vor 1625
Öl auf Eichenholz, 29,5 x 23.5 cm
Auf der Tafel rückseitig unten bezeichnet:
Stoskopff fecit
Strasbourg, Musée des Beaux-Arts
Inv. Nr.: 1769
*Trotz Signatur während der Vorbereitungen zu
der Stoskopff-Ausstellung aus dem Werk ausge-
schieden, aber weiterhin als Hanauer Schule
bezeichnet.*

Isaak Soreau
*1604 Hanau † nach 1645 Hanau

9/6* Früchtestilleben
Öl auf Kupfer, 36,2 x 49,5 cm
Bezeichnet mit Monogramm Mitte rechts: ISF
Privatbesitz

9/7* Frucht und Blumenstilleben, 1645
Öl auf Leinwand, 51 x 72,5 cm
Sign. und datiert.:
Erstes Nürnberger Kunsthaus D.M. Klinger

9/5

Peter Soreau
1604 Hanau, Zwillingsbruder des Isaak Soreau, 1637 Heirat, 1638 Bürger in Hanau, gestorben vor 1672 in Frankfurt
„Ohn allein, dass sich ein Peter Soriau zu Frankfurt noch dato solle aufhalten, welcher in Contrafäten, Blumen und Früchte ein gutes Lob haben solle."
Joachim von Sandrart: Teutsche Akademie

9/8* Stilleben, 1637
Öl auf Holz, 42 x 53 cm
Monogrammiert und datiert: PS (ligiert) / 1637
Galerie Neuse, Bremen
(Abbildung siehe S. 170)

9/9 Stilleben mit Früchten, 1652
Öl, 41 x 51 cm
Musée de l'Œuvre Notre-Dame, Strasbourg
Inv. Nr.: MBA 2007

9/9

9/10 Früchtestilleben, 1655
Öl auf Holz, 34,5 x 43,5 cm
Anhaltinische Gemäldegalerie Dessau
Inv. Nr.: 333

9/10

9/11

Jakob Marrel
*1614 Frankenthal -
†1681 Frankfurt
Lehre bei Georg Flegel in Frankfurt, ab 1634 in Utrecht, 1651 in Frankfurt, Heirat mit der Witwe des Matthäus Merian. Seine Schwägerin Susanna Barbara Merian hatte nach dem Tod von Sarah Soreau, einer Nichte von Daniel Soreau, deren zweiten Mann den Kupferstecher Christoph le Blon in Hanau geheiratet, der auch das Hanauer Bürgerrecht annahm

9/11 Stilleben mit Weinglas,
2. Hälfte des 17. Jahrhunderts
Öl auf Leinwand,
76,5 x 60,5 cm
Museum Hanau - Schloß
Philippsruhe
Inv. Nr.: B 3131 St

Johann David Welker
1631 als Sohn des Bürgers
und Schuhmachers David Welker in der Neustadt Hanau,
begraben 1699 in Hanau,
Berufsangabe bei der Heirat
1662 Kunstmaler, beim Tod
der Ehefrau 1682 Hofmaler,
bei seinem Tod 1699 gewe-
sener Kunstmaler

9/12 Allegorie auf die
Eroberung von Surinam durch
den Grafen Friedrich Kasimir
von Hanau 1669, 1676
Öl auf Leinwand,
162,5 x 134 cm
Staatliche Kunsthalle Karlsruhe
Inv. Nr.: 1164

9/12

Johann Henrich Appelius
*1684 Hanau - †1733 Hanau
Zunächst Lehrer an der Armenschule der Neustadt Hanau,
ab 1710 nebenberuflich mit Maleraufgaben vom Magistrat
beschäftigt als „Hochgräfl. Hanauischer Hofmaler"

9/13 Graf Johann Reinhard von Hanau-Lichtenberg, um 1730
Öl auf Leinwand, 90 x 73 cm
Museum Hanau - Schloß Philippsruhe
Inv. Nr.: B 5989 St

Johannes Appelius
*1721 Hanau - Tod unbekannt
Sohn von Johann Henrich Appelius
1753 im Dienst von Wilhelm VIII. von Hessen Kassel,
1754 in Italien

9/14 Landgraf Wilhelm VIII. von Hessen-Kassel, 1753
Öl auf Leinwand, 115 x 93 cm
Museum Hanau - Schloß Philippsruhe
Inv. Nr.: B 6000 St

9/13

9/14

Jean Jacques Bury
*1728 - †1785
Graveur, Parisaufenthalt, seit 1772 Lehrer an
der Hanauer Zeichenakademie

9/15 Drei Puttiköpfe
Schwarze und weiße Kreide auf braunem
Papier, 26 x 44 cm
Bezeichnet: Dessiné par J. Bury à Paris
Staatliche Zeichenakademie Hanau

9/15

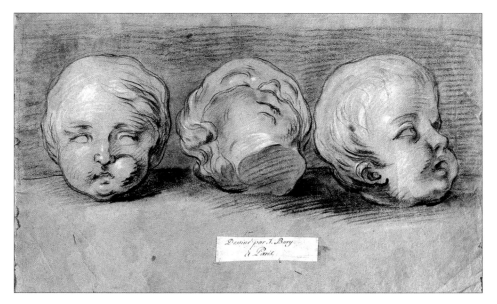

9/16 Sitzender männlicher Akt
Schwarze Kreide auf grauem Papier,
43,8 x 29,5 cm
Staatliche Zeichenakademie Hanau

9/16

9/17 Männerkopf
Rötel auf braunem Papier, 56 x 31 cm
Bezeichnet: J. Bury (mit brauner Tinte)
Staatliche Zeichenakademie

9/17

9/18 Männerkopf
Rötel auf braunem Papier, 57 x 39,5 cm
Bezeichnet: J. Bury (mit brauner Tinte)
Staatliche Zeichenakademie Hanau

9/18

9/19

9/20

Anton Wilhelm Tischbein
*1730 Haina - †1804 Hanau
Er war der jüngste von fünf Brüdern, die sich alle der Malerei widmeten. Sein Bruder Johann Valentin Tischbein führte ihn in die Kunst ein. 1753 ist Anton Wilhem Tischbein als Lehrling an der Haager Akademie eingeschrieben. Ab 1758 ist er am Hofe des Grafen von Solms Laubach nachweisbar. 1762 heiratete er. Vermutlich seit 1765 war Anton Wilhelm Tischbein Hofmaler des Erbprinzen Wilhelm in Hanau. Auch nach dessen Weggang 1782 nach Kassel, als er als Wilhelm IX. Landgraf von Hessen-Kassel wurde, blieb Anton Wilhelm Tischbein in Hanau. An der Gründung der Hanauer Zeichenakademie nahm er aktiv teil. Er engagierte sich dort auch als Lehrer, ohne jedoch ein offizielles Amt zu übernehmen. Darüber hinaus erhielt er respektable Porträtaufträge aus dem Hanauer und Frankfurter Bürgertum und dem Adel der Umgebung. Er gilt als der „Hanauer Tischbein".

9/19 Aeneas, von Diomedes verwundet, wird von Venus in eine Wolke verhüllt, um 1760
Öl auf Kupfer, 35,3 x44 cm
Signiert unten links: A. W. Tischbein
Museum Hanau - Schloß Philippsruhe
Inv. Nr.: B 1994/189 St

9/20 Venus, an der rechten Hand von Diomedes verletzt, kniet vor Mars, um 1760
Öl auf Kupfer, 35 x 44 cm
Signiert unten links: A. W. Tischbein
Museum Hanau - Schloß Philippsruhe
Inv. Nr.: B 1994/190 St

9/21

9/22

9/21 Jean Louis Gallien, um 1775
Öl auf Leinwand, 84 x 71 cm
Museum Hanau - Schloß Philippsruhe
Inv. Nr.: B 6007 HGV
Eigentum des Hanauer Geschichtsvereins 1844

9/22 Bildnis des Naturaliensammlers J. Fr. Ettling, 1771
Öl auf Holz, 42 x 33 cm
Auf Keilrahmen signiert und datiert
„A.W. Tischbein Cel. /1771/ cetati 60 Anni / J. Fr. Ettling
Museum Hanau - Schloß Philippsruhe
Inv. Nr.: B 1996/ 86 St

9/23

9/23 Schloß Philippsruhe von der Mainseite
Öl auf Leinwand, 75,5 x 105,4 cm
Hessische Hausstiftung
Museum Schloß Fasanerie,
Eichenzell bei Fulda
Inv. Nr.: B 433

9/24 Wilhelmsbad, Kurpromenade
Öl auf Leinwand, 67 x 105 cm
Hessische Hausstiftung
Museum Schloß Fasanerie
Eichenzell bei Fulda
Inv. Nr.: B 432

9/24

Georg Karl Urlaub
*1749 Ansbach - †1811 Darmstadt
Sohn des Georg Christian Urlaub, bis 1773 in
Würzburg, dann bis 1779 in Schweinfurt,
Wertheim, Frankfurt, Heirat mit Sibylle Krumm
Frankfurt. Danach für 25 Jahre in Hanau.
Ab 1803 in der Liste der Freileute in der Neu-
stadt Hanau „arm und Blind", 1811 hieß es
„seit einigen Jahren nicht mehr hier", 1806 eini-
ge Monate als Pfründner in Würzburg.

9/25 und 9/26 Paradeplatz
Öl auf Leinwand, 26,3 x 20 cm
Museum Hanau - Schloß Philippsruhe
Inv. Nr.: B 11 a und b HGV
Eigentum des Hanauer Geschichtsvereins 1844

9/25

9/26

9/27 Der heimtückische Floh, 1798
Öl auf Eichenholz, 24,7 x 18,5
Signiert: I C Vrlaub 1798
Historisches Museum Frankfurt
Inv.Nr.: B 1646

9/27

9/ 28-31 Vier Jahreszeiten, 1771
Öl auf Holz, 17,8 x 22,5 cm
Signiert: Vrlaub 1771
Museum Hanau - Schloß Philippsruhe
Inv. Nr.: B 1996/ 120-123 St.

9/28

9/29

9/30

9/31

Antoine Carteret
Lebensdaten unbekannt, Emailmaler in Pforzheim, Hanau und Offenbach, war an der Hanauer Zeichenakademie tätig

9/32 Famlilie
Feder in Grau, 8 x 9,8 cm
Museum Hanau - Schloß Philippsruhe
Inv. Nr.: B 1986/16 St

9/32

9/33

9/34

9/33 Putto mit Vase, 1768
Aquarell, 9,5 x 17 cm
Sig.: A. Carteret pinxit in Pforzheim 1768
Museum Hanau - Schloß Philippsruhe
Inv. Nr.: B 1986/17 St

9/34 Frau an Vase, 1788
Bleistift Aquarell, 9,6 x 8 cm
Sig.: Cartetet fecit 1788
Museum Hanau - Schloß Philippsruhe
Inv. Nr.: B 1985/208 St

Hanauer Silber

Die Entwicklung der Hanauer Gold- und Silberschmiedekunst hängt ursächlich mit der Gründung der Hanauer Neustadt durch die niederländischen und wallonischen Glaubensflüchtlinge zusammen. Der einzige vor der Neustadtgründung in Hanau ansässige Silberschmied war Jakob de Gorge, der wegen der Nähe zum Messeplatz Frankfurt von Herborn nach Hanau übergesiedelt war.

Dagegen waren bei den Gründervätern der Neustadt Hanau überproportional viele Juwelenhändler und Gold- und Silberschmiede. Unter denjenigen, welche mit dem Grafen Philipp Ludwig II. verhandelten und die Capitulation mit unterzeichneten, waren die Goldschmiede Hektor Schelkens d. J., Daniel de Hase und Salomon Mostart. Sie bauten in dem vom Grafen festgelegten Gelände die ersten Häuser, ebenso wie der Gold- und Edelsteinhändler Isaak Meusenhold, der auf seine Kosten den Marktplatz zur Pflasterung auffüllen ließ und Cornelius van Daele, der zusammen mit seinem Schwiegersohn das Haus „Zum Guldenen Ring", die heutige Hofapotheke – damals wie heute die beste Lage – bauen ließ. Sie waren auch innerhalb der sozialen Struktur der Neusiedler die reichsten und angesehensten Bürger.

Diese Gründerväter waren hauptsächlich Gold- und Edelsteinhändler. In ihrem Gefolge siedelten sich immer mehr Gold- und Silberschmiede in Hanau an, so daß bereits 1610 eine Goldschmiedezunft gegründet wurde, der die reichen Juweliere nicht angehörten. In dieser Aufbruchstimmung kam auch der Nürnberger Silberschmied Hans Rappolt d. J. nach Hanau und schuf entweder als Geschenk für die Zunft oder für die Stadt den Hanauer Ratspokal – sicher eine der bedeutendsten Silberschmiedearbeiten des frühen 17. Jahrhunderts in Europa. Leider wurde diese positive Entwicklung durch den Dreißigjährigen Krieg gänzlich unterbrochen. Nach 1636 war kein Silberschmied mehr in der Stadt ansässig. Erst 1658 finden sich wieder Gold- und Silberschmiede. Es war die für die damalige Zeit für eine Stadt wie Hanau übliche Zahl von fünf bis sechs Handwerkern, die auch im üblichen Rahmen produzierten. Wilhelm von den Velden, Johann Michael Peltzer, Georg und Daniel Marchand, Johann Benedikt Fuchs, Wilhelm und Heinrich Ferein und Ernestus Römer waren gediegene Handwerker, aber keine Künstler vom Schlage eines Hans Rappolt.

Nach dem Aussterben der Grafen von Hanau 1736 erließ der neue Herrscher Landgraf Wilhelm VIII. von Hessen-Kassel eine Verordnung mit weitgehenden wirtschaftlichen Erleichterungen für Neusiedler: Steuerfreiheit für 10 Jahre, Handelsfreiheit und freier Abzug ohne Nachsteuer. Daraufhin wanderten hauptsächlich französische Goldarbeiter und Graveure ein, die dem Hanauer Edelmetallgewerbe eine neue Richtung gaben. Sie fertigten Galanterie- und Bijouteriewaren, also neben Schmuck hauptsächlich Dosen, Tabatieren, Tabletts, Souveniers, Etuis de pièces, Degengriffe, Schnallen und Stockknöpfe. Da sie ihre Arbeiten nicht mit einer Hanauer Stadtmarke und auch nicht mit Meistermarken versahen, sind sie leider nicht mehr nachzuweisen.

Ein neuer Schritt nach vorn wurde getan, als Hanauer Bürger mit Unterstützung des Erbprinzen Wilhelm 1772 die Zeichenakademie gründeten – ausdrücklich zur Weiterbildung der hiesigen Edelmetallhandwerker. Allmählich setzte sich der Klassizismus gegenüber dem Rokoko durch.

Hanns Rappolt d.J.
*1583 Nürnberg - †1625 Hanau
Sohn des gleichnamigen Nürnberger Silber-
schmiedes, 1610 Meister in Nürnberg, 1611
Heirat mit der Augsburgerin Helene Reißer.
Nach seiner Übersiedlung nach Augsburg wird
er nicht als Meister zugelassen. Er macht Treib-
arbeiten für den Augsburger Goldschmied
David Altenstetter, u. a. für den Erzbischof von
Salzburg und den Erzherzog Leopold von
Österreich. 1621 siedelte er nach der Neu-
stadt Hanau über, wo er Zunftmeister in der
Hanauer Gold- und Silberschmiedezunft wird.

10/1 Hanauer Ratspokal, 1621 - 1625
Silber getrieben, gegossen, punziert, ziseliert
und vergoldet, H 64 cm
Beschauzeichen (BZ) der Neustadt Hanau:
Standring des Fußes an der Lippe der Kuppa
und am Rand des Deckels.
Meisterzeichen (MZ): am Fuß
Museum Hanau - Schloß Philippsruhe
Inv. Nr.: B 1990/ 3 St

*Alter Besitz der Stadt Hanau, 1880 verkauft an
Rothschild, 1911 mit der Sammlung Rothschild
versteigert, 1990 aus amerikanischem Privatbesitz zurückerworben.
Der Pokal bezieht sich auf die Stadt. Die Bekrö-
nungsfigur des Deckels, die Justitia, gibt bereits
das Thema des Pokals an: Die Gerechtigkeit.
Die Gerechtigkeit steht für die Gerichtsbarkeit
einer Stadt als ein wesentliches Merkmal kommunaler Eigenverwaltung. Die Allegorie der
Gerechtigkeit wird von weiteren Tugend-
allegorien begleitet: Prudentia (Klugheit), Humi-
litas (Demut und Bescheidenheit), Caritas (Fürsorge und Nächstenliebe), Temperantia (Mäßi-
gung), Fides und Spes (Glaube und Hoffnung).
Darüber hinaus wird dieses allegorische Programm durch viele Embleme ergänzt.*

10/1

Johann Michael Peltzer
1658 Bürger der Neustadt

10/2 Brotteller, 1671
Silber, Ø 18 cm
MZ: MP ligiert, BZ Hanau
Marienkirche Hanau
Inv. Nr.: S 114
Stiftungsgravur auf dem Tellerrand: DANIEL.
SCHIMPF. ELTESTER. 1671. Auf der Rückseite
in Schreibschrift: „Verehrt Disses Stück In Die
Kirche Godt zu Ehren Und Jhm zum Lob".

10/2

Wilhelm von den Velden d.J.
1664 Bürger der Neustadt Hanau

10/3 Becher, letztes Viertel 17. Jh.
Silber getrieben,
H 10 cm D oberer Rand 8,2 cm
MZ. Schäffer 401, BZ Schäffer 386 d oder c
Museum Hanau - Schloß Philippsruhe
Inv.Nr.: B 1995/121 St

10/3

10/4

10/5

Georg Marchand
1678 Bürger der Neustadt Hanau, 1719
Zunftvorsteher, 1727 Silberwardein

10/4 Becher, um 1680
Silber gegossen, getrieben
H 12,5 cm Ø oben 8,9 cm
MZ: GM am Boden, BZ: Neustadt Hanau am
Boden
Museum Hanau - Schloß Philippsruhe
Inv. Nr.: B 1995/ 71 St
Schlangenhaut, ovales Medaillon mit Vogel,
am Boden Monogramm MCL

10/5 Becher, um 1690
Silber getrieben, H 12 cm
MZ: GM im Oval, BZ: Hanauer Wappen-
schild gekrönt
Museum Hanau - Schloß Philippsruhe
Inv. Nr.: B 1981/ 39 St
Ziselierter Becher mit Tulpen und Phantasieblu-
men sowie reichem Blattwerk.

10/6

10/8

10/7

Wilhelm Ferein
Kommt 1689 aus Worms, 1692 Bürger der
Neustadt, 1692 Zunftvorsteher, gest. 1689
(siehe Katalognummer 1/23, S. 295)

Johann Altvatter
1675 -1716, seit 1702 Bürger der Neustadt

10/6 Oblatendose, 1714
Silber, 9,5 x 6,8 cm
MZ: IA im Oval, BZ: Hanau
Ev. Kirche Groß Umstadt
Gravierte Wi dungsschrift: JAKOB HAAS 1714
Der Deckel hat in der Mitte ein graviertes
Osterlamm

Daniel Marchand
geb. 1691, seit 1719 Meister, Sohn von
Georg Marchand

10/7 Becher, um 1730
Silber, 11 cm
MZ: DM (verschlagen), BZ: Hanau
Historisches Museum Frankfurt
Inv. Nr.: X 19 105
Ziselierte Oberfläche mit Blumen und Akan-
thusblättern, Gravur: AMF

10/8 Abendmahlskelch, 1726
Silber, H 25,5 cm
MZ: DM im Rechteck, BZ: Hanau
Evangelische Kirche Gundhelm
Auf der Kuppafläche zwei Gravuren:
KELCH DER GEMEIND ZU GONDHELM UND
HUTTEN und
DISSER KELCH IST DAS NEUE TESTAMENT IN
MEINEM BLUT.

Heinrich Ferein
geb. 1691 Hanau, 1716 Bürger der Neustadt, gest. 1736, Sohn von Wilhelm Ferein
(siehe Katalognurmmer 1/25, S. 295)

10/9* Becher, um 1730
Silber, H 10,5 cm
MZ: HF, BZ: Neuhanau
Museum Hanau - Schloß Philippsruhe
Inv. Nr.: B 1982/ 1 St
Schlangenhautbecher, Medaillons mit Blumen,
auf dem Boden graviert J. E. Ludewig und W.
Feuerberg.

Hanauer Druckereien

In der Frühzeit des 17. Jahrhunderts waren einige wichtige Verlage in Hanau ansässig. Die Erben der berühmten Frankfurter Druckerei des Andreas Wechel, Jean Aubry und Claude Marne übersiedelten in die Neustadt Hanau. Schon 1593 gründete ein Schüler von Andreas Wechel, Wilhelm Antonius in Hanau eine Druckerei. Beide Druckerei verlegten wissenschaftliche Bücher in hoher Anzahl und guter Qualität. In dieser Zeit war Hanau ein Verlagsort von überregionaler Bedeutung.

Wechel-Aubry
Die Firma Wechel-Aubry war die erste Druckerei in der Hanauer Neustadt. Christian Wechel hatte sie in Paris gegründet. Sein Sohn Andreas floh nach der Bartholomäusnacht 1572 nach Frankfurt. Nach seinem Tod 1581 führten seine Schwiegersöhne Jean Aubry und Claude Marne die Firma weiter. Die Konflikte mit dem Frankfurter Rat waren Anlaß, die Druckerei in die Hanauer Neustadt zu verlegen. Die Blütezeit hatte die Druckerei vor dem Dreißigjährigen Krieg; allein in den Jahren 1602 bis 1610 erschienen ca. 150 große wissenschaftliche Werke. Später verlor die Druckerei mehr und mehr an Bedeutung. Sie existierte bis 1738.

Orientalische Druckerei
Von 1609 bis 1630 bestand in Hanau eine Orientalische Druckerei, die zeitweise von Hans Jakob Henne aus Basel geleitet wurde. Henne druckte auch unter eigenem Namen. Die Orientalische Druckerei war ein wichtiges Zentrum des hebräischen Buchdrucks im frühen 17. Jahrhundert in Deutschland.

Thomas Willier
Thomas Willier, seit 1601 Druckergeselle in Neu-Hanau, arbeitete von 1607 - 1609 für die Wechel-Aubry'sche Druckerei und machte sich 1610 selbständig. 1612 tat er sich mit seinem Schwiegersohn Jean le Clercq zusammen, der das Unternehmen bis 1616 fortsetzte, als Willier 1614 nach Bremen zog.

Johannes Halbey
Johannes Halbey arbeitete von 1606 bis 1610 in Hanau. Er war vorher in Frankfurt tätig, wohin er sich 1610 zurückzog.
Diese Blütezeit des Hanauer Buchdrucks wurde durch den Dreißigjährigen Krieg stark gedämpft, lediglich der Verlag Aubry-Wechel bestand weiter, wenn auch mit verminderter Kapazität. Mitte des 17 Jahrhunderts kamen dann wieder neue Druckereien dazu.

Jakob Lasché
Jakob Lasché war Neu-Hanauer und erhielt 1650 ein Druckprivileg für die Neustadt, das er auf die Altstadt überschreiben ließ, damit er für die Hohe Landeschule drucken konnte. Seine Druckerei bestand bis etwa 1680.

Johann Stann und Nachfolger
Johann Matthias Stann erhielt 1661 ein Druckprivileg. Nach seinem Tod wurde die Druckerei zunächst von seiner Witwe und dann von seinem Sohn Johann Matthias Stann II. betrieben. 1731 übernahm sie sein Schwiegersohn Johann Georg Weinsheimer, Er starb 1736 und seine Witwe heiratete Johann Bernhard Lehr. Nach Lehrs Tod 1756 führte seine dritte Frau die Druckerei, bis sie 1766 den Drucker Johann Heinrich Riehl heiratete. Riehl starb 1783 und seine zweite Frau heiratete Pancrati-

us Schlingeloff, der die Druckerei nur kurzfristig betrieb und sie dann 1786 an die Waisenhausbuchdruckerei verkaufte.

Johann Jacob Beausang und Nachfolger
Johann Jacob Beausang kam aus Neuville (Schweiz) und gründete 1714 in der Neustadt eine Druckerei. Von 1725 bis 1746 druckte er die „Wöchentlichen Frage- und Anzeigungsnachrichten". Nachfolger: 1730 Johann Georg Lösch, 1742 Johann Christoph Gebauer, 1745 Philipp Casimir Müller. 1760 Johann Georg Bachmann, 1778 Heinrich Peter Wolf, 1789 Josef Czermak, 1802 Joseph Kittsteiner. Unter diesem Namen besteht die Druckerei heute noch.

Waisenhausbuchdruckerei
Graf Johann Reinhard III. hatte 1729 ein lutherisches Waisenhaus gegründet, Landgraf Wilhelm VIII. gründete 1738 das reformierte Waisenhaus. Beide lagen in der Altstadt und erhielten verschiedene Verlagsprivilegien. Das reformierte Waisenhaus verlegte 1746 die „Wöchentlichen Hanauer Frage- und Anzeige-Nachrichten". Die geringe Leistungsfähigkeit der einheimischen Drucker führte 1776 zur Gründung einer eigenen Druckerei im reformierten Waisenhaus. 1818 zog das reformierte Waisenhaus mit seiner Druckerei in die Hammerstraße 9 um. Hier befindet sie sich noch heute als „Hanauer Anzeiger".

Christian Leberecht Reinhenkel
Christian Leberecht Reinhenkel arbeitete 1749 bis 1754 in Hanau. Er war „Privatdrucker" des damals in Hanau lebenden Staatsrates Johann Jakob Moser, druckte aber auch sonstige Arbeiten.

11/4

11/1

11/1 Pegasus, 1600
Sandstein, 85 x 72 cm
Museum Hanau - Schloß Philippsruhe
Inv. Nr:. B 1981/170 St
*Ursprünglich war der Stein am Gebäude Ecke
Langstraße und Frankfurter Straße angebracht. In
dem „Haus zum fliegenden Pferd" war die
Druckerei Aubry und Wechel untergebracht. Der
Pegasus als Symbol für die Dichtkunst, die ver-
schlungenen Hände als Sinnbild für die Eintracht
und die Buchstaben A und W waren das Fir-
mensignet der Druckerei. Die mit Früchten gefüll-
ten Füllhörner symbolisieren Reichtum und Glück.*

11/2* Bibel
Hanau 1608
Bibliothek des Reformierten Collegiums Debrecen
Die Bibel ist in ungarischer Sprache gedruckt.

Aubry-Wechel

11/3* Hugo Donellus
Commentarium juris civilis Libri vigintiocto
Typis Wechelianis apud haeredes Joannis
Aubrii
Hanau 1612
Stadtbibliothek Hanau

11/4 Johann Jacob von Wallhausen
Kriegskunst zu Fuß
David Aubry
Hanau 1631
Stadtbibliothek Hanau
Eigentum des Hanauer Geschichtsvereins 1844

11/5* Pausaniae accurata Graeciae
descriptio...
Typis Wechelianis apud haeredes Claudii
Marnii
Hanaui 1613
Stadtbibliothek
Eigentum des Hanauer Geschichtsvereins 1844

11/6* Hochfürstliche Leich-Prozession, womit
der ... Annae Magdalenae verblichener Leich-
nam zu seiner Ruhe gebracht worden
Johann Adolph Aubry
Hanau 1694
Stadtbibliothek Hanau

11/7* Melchior Goldast von Haiminsfeld
Reichsatzung deß Heiligen Römischen Reichs
Johann Halbey
Hanau 1609
Stadtbibliothek Hanau

11/8* Valentin Schindler
Lexicon pentaglotton hebraicum,chaldaicum, syriacum, talmudo-rabbinicum & arabicum
Johannes Jacob Henne (Typographia orientalis)
Hanau 1612
Stadtbibliothek Hanau

11/9* Tarräus Hebius
Epigrammatum libri III.
Tomas Willier
Hanau 1612
Stadtbibliothek Hanau

11/10* Nathaniel Dhüez
Neuvermehrte und verbesserte Französische Grammatica, oder Spraach-Lähr
Jacob Lasché
Hanau 1676
Stadtbibliothek Hanau

11/11* Hanauische Kirchen- Disciplin- und Eltesten-Ordnung
Johann Mattias Stann
Hanau 1688
Stadtbibliothek Hanau

11/12* Johannes Hassenpflug
Königlich - Salomonische Fußstapffen von dem Johann Reinhard Graffen zu Hanau
Johann Georg Winsheimer
Hanau 1712
Stadtbibliothek Hanau

11/13* Stiftungs-Brief und Gesetze der Hanauischen Zeichen-Academie
Johann Heinrich Riehl
Hanau 1774
Stadtbibliothek Hanau

11/14* Des Hochgräfl. Hauses Hanau...Freude...uber die...Vermählung...des...Herrn Ludwigs Erb-Prinzen zu Hessen mit...Charlotta Christina Magdalena Johanna Gräfin zu Hanau
Johann Jacob Beausang
Hanau 1717
Stadtbibliothek Hanau

11/15

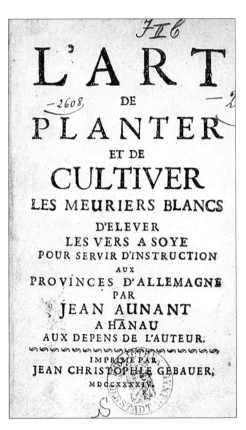

11/18

11/15 Johann Georg Ludwig Melchior Rüffer
Donner-Wort der Ewigkeit
Georg Lösch
Hanau 1742
Stadtbibliothek Hanau

11/16* Fürstlich Hessen-Hanauische Gesinde-Ordnung
Philipp Casimir Müller
Hanau 1748
Stadtbibliothek Hanau

11/17* Merkwürdige Nachricht von Wasserfluten
Heinrich Peter Wolf
Hanau o. J. (1784)
Stadtbibliothek Hanau
Eigentum des Hanauer Geschichtsvereins 1844

11/18 Jean Aunant
L'Art de planter et de cultiver les meuriers blanc
Johann Christoph Gebauer
Hanau 1744
Stadtbibliothek Hanau

11/19* Johann Andreas Benignus Bergsträßer
Nomenclatur und Beschreibung der Insekten in der Grafschaft Hanau-Münzenberg, 4 Jahrgänge
Waisenhausbuchdruckerei
Hanau 1778 - 1789
Stadtbibliothek Hanau

11/20* Teutsches Staatsarchiv.
Hrsg. von Johann Jacob Moser. Jg. 1754
Christian Lebrecht Reinheckel
Hanau 1754
Stadtbibliothek Hanau
Eigentum des Hanauer Geschichtsvereins 1844

Abteilung 12
Hanauer Fayencemanufaktur 1661 - 1806

Zwei Frankfurter Kaufleute niederländischer Herkunft – Daniel Behaghel und Jacobus van der Walle – errichteten 1661 die erste deutsche Fayencemanufaktur in der Neustadt Hanau. Die Manufaktur blieb bis 1806 ununterbrochen in Betrieb. Über die Anfangszeit 1661 - 1675 ist noch wenig bekannt, aber 1675 hatte die Fabrik bereits 30 Arbeiter. Johannes Bally, der niederländische Werkmeister der Fabrik mit dem Hanauer Bürgerrecht, bekam 1679 das Privileg zur Führung der Fabrik zugesprochen. Behaghel und van der Walle waren beide Frankfurter Bürger geblieben. Bally wurde damit Leiter der Fabrik. 1689 wurde das Privileg auf Anna Bally, seine Witwe, prolongiert. Nach dem Tod der Anna Bally 1694 übernahmen Daniel Behaghel und Johanna van der Walle, die Witwe des Jakobus, erneut Privileg und Leitung der Fabrik. 1703 erhielt dann Johann van der Walle allein das Privileg.

Nach dem Tod der Johanna van der Walle 1715 übernahm Abraham Behaghel, der Sohn des Daniel Behaghel, allein die Leitung der Fabrik. 1726 wurde Heinrich Simon van Alphen, ein Neffe der Johanna van der Walle, zum Besitzer der Fabrik. 1740 erbte Hieronymus van Alphen die Fabrik von seinem Vater. Gegen Ende seiner Lebenszeit verlor die Manufaktur zunehmend an wirtschaftlicher Bedeutung. Um 1770 konnten nur noch 18 Arbeiter beschäftigt werden.

1775 traten die Töchter des Hieronymus van Alphen dessen Erbe an. Ab 1785 führte ein Handelskonsortium die Fabrik. 1795 erwarb der Hanauer Kaufmann Daniel Toussaint die Fabrik, die 1797 der Hanauer Kaufmann Jacob Achilles Leisler von ihm übernahm. 1806 ließ Jacob Achilles Leisler das Privileg nicht verlängern und gab somit seine Fabrik auf.

In der Frühzeit der Hanauer Fayencemanufaktur (1661 bis etwa 1680) überwog nach unserem heutigen Kenntnisstand die Stilgebung europäisch-niederländischer Herkunft. Als besondere Form entwickelte die Hanauer Manufaktur den Enghalskrug: eingezogener Fuß, abgesetzter kugeliger Bauch, oft mit schräger Wellung, schlanker Hals mit waagerechten Rillen und Zopfhenkel mit zwei Tauenden. Auch Birnkrüge und Walzenkrüge wurden produziert. Charakteristische Formen, die in Hanau entwickelt wurden, waren auch die kastenförmigen Schreibzeuge. Die Dekore der Schreibzeuge und der Wappen- und Zunftkrüge haben europäische Motive, die auf italienische und niederländische Vorbilder zurückgehen. Auf chinesischem und japanischem Vorbild fußt der Dekor des „Hanauer Straußes". Der Blumenstrauß, bestehend aus Chrysanthemen und Päonien, angereichert mit Insekten und Vögeln, ist ein für Hanau überaus typischer Dekor, der von vielen deutschen Manufakturen des 18. Jahrhunderts übernommen wurde.

Die Zeit des Barocks von 1670 bis 1710 ist sicher eine Blütezeit der Hanauer Fayencemanufaktur in der der Einfluß der chinesischen und japanischen Exportporzellane besonders groß ist. Die Form der Deckel- und Doppelkürbisvasen ist chinesischen Ursprungs, sie diente vor allem als Schmuck von Kredenzen (Schautische und Schauschränke für besonders teures Geschirr), Vitrinen und Porzellankabinetten. Neben dem für Hanau typischen Blumenstrauß ist bei dieser teuren Ware ein Dekor vorherrschend, dessen Hauptmotiv Chinesen in weiten Mänteln, kugeligen Mützen und Bäume mit punkt- und knollenförmigem Blattwerk sind. Dieser hauptsächlich von der japanischen Arita-Ware übernommene Dekor wurde auch in der Frankfurter Manufaktur benutzt. Die Maler der Hanauer Manufaktur geben diesen asiatischen Motiven aber durchaus europäische Züge.

Eine in Hanau entwickelte Form ist die Fächerplatte: über einem kleinen Standring und einem gebuckelten Spiegel folgen der Anstieg und die Fahne in doppeltem Schwung. Die Form dieser Platte hat ihr Vorbild in der Silberschmiedekunst. Der Dekor war sowohl europäisch als auch chinesisch.

In der spätbarocken Phase von 1700 bis 1740 waren die wesentlichen Formen und die wichtigen Dekore bereits geprägt, so daß im wesentlichen eine Erweiterung der vorhandenen Formen und Dekore stattfand. Während in barocker Zeit der Farbkontrast Weiß-Blau vorherrschend war, wird die Palette in spätbarocker Zeit bunter: Türkise, hellblaue und rosafarbene Gründe mit blauer, grüner und violetter Bemalung kommen dazu, ebenso getupfte, jaspierte Waren in blau, grün und violett. Als Formen herrschen Platten, Teller und Krüge für ein gehobenes Bürgertum vor.

Aus dem „Hanauer Strauß" entwickelte sich der Vögelesdekor und der Streublumendekor, die ebenfalls Vorbildcharakter für die fränkischen und schwäbischen Manufakturen des 18. Jahrhunderts hatten. Der Dekor „Chinesen in Landschaft" wurde durch heimische Historien – hauptsächlich biblische Themen – erweitert. In der Übergangsphase zum Rokoko zwischen 1720 und 1740 kam als besonderer Dekor dazu: einzelne Chinesen an Tischen sitzend, rauchend, tanzend, links und rechts gerahmt von Palmengruppen. Dabei wurde mit dem Mittel der Scharffeuerfarben eine Farbigkeit erzielt, die der rokokohaften Leichtigkeit der Chinoiserien gerecht wird.

Die Phase des Rokoko und des Klassizismus 1740 bis 1806 war geprägt vom dem alle Fayencemanufakturen betreffenden Umstand, daß seit der Erfindung des europäischen Hartporzellans durch Johann Friedrich Böttger die Porzellanmanufakturen ab 1730 in zunehmendem Maße die Luxuswaren lieferten. Die Fayence verlor ihre Leitfunktion in Bezug auf die Keramik.

Darüber hinaus stieg im 18. Jahrhundert der allgemeine Wohn- und Lebensstandard in höfischen und bürgerlichen Kreisen an. Durch die weitgespannten Handelsbeziehungen der europäischen Länder wurden Gewürze und vor allem die heißen Getränke wie Kaffee, Tee und Kakao allgemeiner Bestandteil der Küche. Für die neuen Bedürfnisse wurden auch die entsprechenden Geschirre entwickelt. Form und Dekor prägten dabei die Porzellanmanufakturen.

Im Gegensatz zum Barock entstanden im Rokoko komplette Service und einheitlich gestaltetes Tafelgeschirr. Neben den Geschirren für die heißen Getränke wurden auch Waren wie kleine figürliche Tafelaufsätze, Terrinen, Saucieren und Schnapsfläschchen geschaffen. Viele Neuentwicklungen übernahm die Hanauer Manufaktur von den nun führenden Fabriken in Straßburg und Höchst, die beide bezeichnender-

weise neben Fayencen auch Porzellan produzierten. Dabei spielte die Muffelmalerei – Farben, die in einem zweiten Brand auf die Glasur aufgebracht werden – eine besondere Rolle. Eine wichtige Geschirrgruppe – und eine eigenständige Hanauer Entwicklung – bildeten die Platten mit türkiser Bemalung und dem Motiv mit dem Paradiesvogel.

12/1* Enghalskrug, 1679
H, 24 cm ohne Deckel
Museum Hanau - Schloß Philippsruhe
Inv. Nr.: B 7638 St
Auf der Laibung das Wappen der Grafen von Hanau

12/2 Schreibzeug, 1688
H 9 cm, B 24,5 cm, T 17,4 cm
Museum Hanau - Schloß Philippsruhe
Inv. Nr.: B 37 GV
Eigentum des Hanauer Geschichtsvereins 1844
Wappen der Grafen von Hanau

12/2

12/3

12/4

12/5

12/3 Vase, um 1680
H 45 cm
Museum Hanau - Schloß Philippsruhe
Inv. Nr.: B 23 HGV
Eigentum des Hanauer Geschichtsvereins 1844

12/4 Henkeltopf, um 1700
H 28,2 cm, Ø oberer Rand 23,8 cm
Museum Hanau - Schloß Philippsruhe
Inv. Nr.: B 1979/ 4 St

12/5 Enghalskrug, um 1680
H 24 cm
Museum Hanau - Schloß Philippsruhe
Inv. Nr.: B 1991/136 St
Dekor: kleine Chinesen in farbiger Ausprägung
Blau Grün Gelb

12/6* Deckelvase, 1706 bis 1710
Maler: Jakob Schilles
H 55 cm mit Deckel
Museum Hanau - Schloß Phuilippsruhe
Inv. Nr.: B 1277 HGV
Eigentum des Hanauer Geschichtsvereins 1844

12/7* Dopppelkürbisvase, 1706/1710
Maler: Jakob Schilles
H 42 cm
Museum Hanau - Schloß Philippsruhe
Inv. Nr.: B 1986771.St

12/8 Fächerplatte, um 1700
Ø 50 cm
Museum Hanau - Schloß Philippsruhe
Inv. Nr.: B 4065 St

12/8

12/9 Enghalskrug, um 1700
H 27 cm
Museum Hanau - Schloß Philippsruhe
Inv. Nr.: B 1987 HGV
Eigentum des Hanauer Geschichtsvereins 1844

12/10 Enghalskrug, um 1700
Maler: Johannes Polts
H 20 cm
Museum Hanau - Schloß Philippsruhe
Inv. Nr.: B 1988/ 27 St

12/9

12/10

12/12

12/11 Birnkrug, 1710/1725
H mit Deckel 20,4 cm
Marke: SJ
Museum Hanau - Schloß Philippsruhe
Inv. Nr.: B 4231 St

12/12 Walzenkrug, 1730/40
H mit Deckel 17,5 cm
Museum Hanau - Schloß Philippsruhe
Inv. Nr.: B 371 d HGV
Eigentum des Hanauer Geschichtsvereins 1844

12/11

12/13 Terrine, um 1740
Maler: Heinrich Bläuer
H mit Deckel 34 cm
Museum Hanau - Schloß Philippsruhe
Inv. Nr.: B 1983/25 HGV
Eigentum des Hanauer Geschichtsvereins 1844

12/13

12/14 Große Platte, um 1740/50
Ø 31 x 50 cm
Museum Hanau - Schloß Philippsruhe
Inv. Nr.: B 1985/ 15 St

12/14

12/16

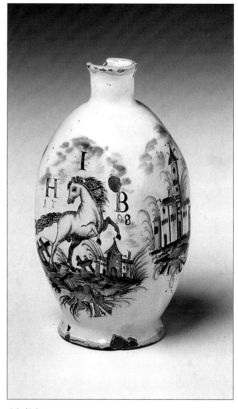

12/19

12/15* Zitronenschale, 1750/60
Muffelmalerei
Ø 21 cm
Museum Hanau - Schloß Philippsruhe
Inv. Nr.: B 1986/73 St

12/16 und 12/17* Zwei Teller, 1750/60
Muffelmalerei
Ø 24,2 cm
Museum Hanau - Schloß Philippsruhe
Inv. Nr.: B 4141 ab St

12/18* Schnapsfläschen, 1794
Marke: Hanau 1794
H 14 cm
Museum Hanau - Schloß Philippsruhe
Inv. Nr.: B 4195 St

12/19 Schnapsfläschen, 1798
H 13 cm
Museum Hanau - Schloß Philippsruhe
Inv. Nr.: N 1958 HGV
Eigentum des Hanauer Geschichtsvereins 1844

Waffen, Uhren, Musikinstrumente

Hanau war nicht nur ein Zentrum der Gold- und Silberschmiedekunst und die Heimstätte für die Hanauer Fayencemanufaktur, es beherbergte auch wichtige Büchsenmacher und Instrumentenbauer

13/1* Doppelläufige Steinschloß-Bockbüchse, 1745
von Wienecke, Hanau
Staatliche Museen Kassel
Museum Schloß Friedrichstein - Bad Wildungen
Inv. Nr.: 1975/92

13/2* Steinschloß-Büchse, um 1760
A. Schwalbach, Hanau
Staatliche Museen Kassel
Museum Schloß Friedrichstein, Bad Wildungen
Inv. Nr.: 1933/3

13/4* Schaukasten mit Sammlungen von Miniaturwaffen
Familie Albrecht
Staatliche Museen Kassel
Museum Schloß Friedrichstein, Bad Wildungen
Inv. Nr.: B XIV 180

13/5* Standuhr
Johann Gerhard von Gemünden 1692 Hanau
Metall, Nußbaum furniert
Museum Hanau - Schloß Philippsruhe
Inv. Nr.: B 515 St

13/6 Uhr
Johann Leonhard Härtel
Museum Hanau - Schloß Philippsruhe
Inv. Nr.: B 19 St

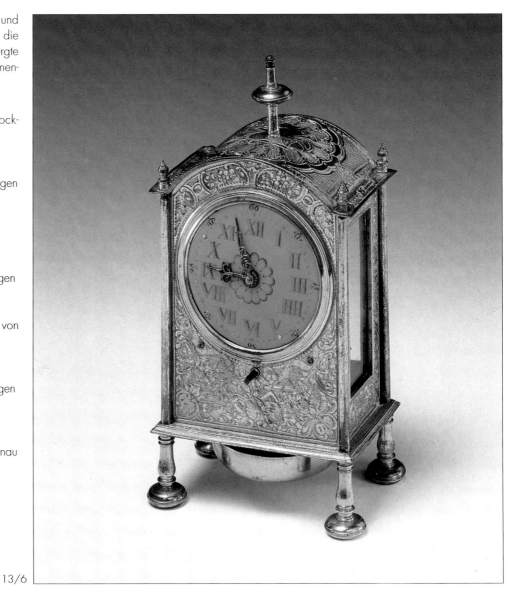

13/6

Abteilung 14
Hugenottenverfolgung
Geschichte der Wallonisch-Niederländischen Gemeinde Hanau

Hugenottenverfolgung

Edikt von Fontainebleau (22.10.1685)
Mit dem Edikt von Alès (1629) endete die politische und militärische Sonderstellung der Hugenotten Frankreichs. Seit dem Regierungsantritt Ludwigs IV. (1660) betrieb dieser abolutistische Monarch die politische und religiöse Einheit des Staates. Gleichzeitig dehnte sich Frankreich nach Osten aus (Pfälzischer Erbfolgekrieg). Die Politik der Dragonaden - die zwangsweise Einquartierung königlicher Dragoner in Häuser der Reformierten, die sie terrorisierten und mißhandelten - sollten die Reformierten zur Aufgabe des Glaubens führen. Mit dem Edikt von Fontainebleau wurden die Freiheiten des Ediktes von Nantes aufgehoben. Die reformierten Kirchen wurden zerstört, der Gottesdienst verboten, die reformierten Schulen wurden geschlossen. Die Auswanderung der Reformierten wurde unter Strafe gestellt. Männer wurden zu Galeerensträflingen und Frauen ins Gefängnis gebracht. Ihr Hab und Gut wurde eingezogen. Zwischen 200.000 bis 300.000 Hugenotten verlassen Frankreich. Ein wirtschaftlicher Aderlaß im großen Ausmaß. Der Landgraf Karl von Hessen - Kassel und der Große Kurfürst Friedrich Wilhelm von Brandenburg zeichnen sich durch ihre freundliche Aufnahme von Hugenotten aus.

14/1* Verkündung des Revocationsediktes durch Ludwig XIV.
Kupferstich
Jan Luyken (1649 - 1712)
Deutsches Hugenotten-Museum, Bad Karlshafen

14/2* Die Flucht der Reformierten aus Frankreich
Jan Luyken (1649 - 1712)
Kupferstich, H 24,4 x B 34,7cm
Deutsches Hugenotten-Museum, Bad Karlshafen

14/3* Das Hugenottenkreuz
Wallonisch-Niederländische Gemeinde Hanau

Das Hugenottenkreuz, „Saint Esprit" (Heiliger Geist) genannt, ist Sinnbild der Existenz der Hugenotten, sowie Zeichen der Hoffnung. 1688 erstamlige Erwähnung. Das Kreuz wurde nach dem Vorbild des Malteserkreuzes geschaffen. Die französischen Königslilien zwischen den Kreuzarmen verweisen auf die Verbundenheit der Hugenotten mit dem Königshaus und dem Vaterland. Die Taube steht für die Herabkunft des Heilgen Geistes.
Der Begriff Hugenotten für die französischen Reformierten leitet sich von einer Legende ab: König Hugo Capet soll sich nachts als Schreckgespenst durch die Gassen von Tours getrieben haben. Da es Protestanten verboten war Gottesdienste abzuhalten, versammelten sie sich heimlich oft zu nächtlicher Stunde. Sie wurden deshalb spöttisch als Kinder des königlichen Schreckgespenstes, als Hugenotten bezeichnet.

Hugenotten in Hanau

Die wallonische (französische) Gemeinde Hanaus hatte ihre Beziehungen nach Frankreich, insbesondere nach Metz. Bereits 1682 hatte die gräfliche Regierung französischen Exulanten sechs Jahre Steuerfreiheit in Aussicht gestellt. Kollekten zur Unterstützung von französischen Flüchtlingen wurden veranstaltet. 1687 muß die Zahl der Schutzsuchenden so groß gewesen sein, daß die Diakone der hiesigen französischen Gemeinde beim Rat der Neustadt um Unterstützung nachsuchten.
1688 kam es zum zeitweisen Zuzug einer Gruppe von Waldensern, Bergbauern aus dem Pragelas (westlich Turins). Die Ursprünge der Waldenser gehen weit ins Mittelalter zurück. Der Lyoner Kaufmann Petrus Waldus sammelte 1174 Gleichgesinnte um sich, die freiwillige Armut, Bibelstudium und Verbreitung des Evangeliums durch Laien predigten. Sie wurden von der katholoschen Kirche gebannt und in ganz Europa als Ketzer verfolgt. Die Waldenser hatten sich 1532 den französischen Reformierten angeschlossen. Bis 1601 lassen sich Waldenser in Hanau nachweisen.
Der Pfälzische Erbfolgekrieg (1688 - 97) führte zur Verwüstung der Pfalz durch französische Soldaten. 1689 flüchten „vertriebene Mannheimber" nach Hanau. Zwischen 1687 und 1701 erhielten ca. 105 Pfälzer das Hanauer Bürgerrecht.
Eine Last für die Neustadt Hanau stellten die französischen Flüchtlinge dieser Zeit dar. Sie waren arm und konnten nicht für sich sorgen. Aus Mitteln des Hospitals wurden 265 Gulden durch die Diakone der französischen Gemeinde Hanau an sie verteilt.
Offenbar war die gesellschaftliche und wirtschaftliche Struktur Hanaus zu Ende des 17. Jahrhunderts so schwach, daß ein Zustrom von mittellosen Fremden nicht verkraftet werden konnte. Die zahlreichen Bettelordnungen dieser Zeit werfen ein Licht auf die damaligen sozialen und wirtschaftlichen Verhältnisse der Stadt. Wohlhabenden Flüchtlingen gab man dagegen gerne das Hanauer Bürgerrecht.

14/4* Gedenkmedaille zur 200-Jahrfeier der Neustadtgründung 1797
Entwurf: Guillaume Hestermann, Graveur Charles Colin und (...) Holzemer
Silber, Zinn, Ø 5,4 cm, Gewicht 50 g, Prägung in der Hanauer Münze
Wallonisch-Niederländische Gemeinde Hanau
Vorderseite: Landschaft mit drei Palmen, in der Mitte ein Obelisk, an dem eine Figur steht mit einem Kelch in der rechten Hand. Unten: COLIN, Umschrift: AUX PROTECTEURS ET FONDATEURS DE L'ÉGLISE WALLONE DE HANAU (Den Beschützern und Gründern der Wallonischen Kirche Hanau).
Rückseite: A L'OCCASION DU SECOND JUBILÉ / CÉLÉBRÉ / SOUS L'HEUREUX RÉGNÉ / DE / Guillaume IX / LANDG[rave] DE HESSE / LE 2ME JUILLET / 1797

(Aus Anlaß des 200. Jahrestages gefeiert unter der glücklichen Herrschaft des Landgrafen Wilhelm IX. von Hessen, am 2. Juli 1797); Umschrift: LE JUSTE FLEURIRA COMME LE PALMIER (Der Gerechte wird grünen wie ein Palmbaum, Ps. 92, Vers. 13); ein fünfblättriges Röschen, gekreuzte Palmzweige. Das Jubiläum wurde erst am 2. Juli gefeiert.

14/5* Die Wallonisch-Niederländische Gemeinde und die Hanauer Union von 1818

Anläßlich des 300jährigen Jubiläums der Reformation Martin Luthers rief König Friedrich Wilhelm III. von Preußen zur Union zwischen Lutheranern und Reformierten auf, die einige Jahre später in ganz Hessen bestand, und der sich auch Nassau, Baden, Rheinbayern und Anhalt anschlossen. Die Ausnahme bildete die Wallonisch-Niederländische Gemeinde. Sie gab zwar in Glaubensfragen ihre Zustimmung, jedoch unter dem Vorbehalt aller Sonderprivilegien und Gebräuche, die sie seit über 200 Jahren besaß. Im Laufe der Jahre wurde dank der Hanauischen Landeskirche der lutherische Einfluß in der Union immer größer, während die beiden Flüchtlingsgemeinden in Verfassung und Ritus dem Calvinismus in seiner ursprünglichen Form treu geblieben sind.

14/6* Deutscher Turnertag in der Wallonischen Kirche 3.4.1848
August Schärttner, Anführer der Turnerschar zu Hanau, 12. März 1848
Nach einem Gemälde von Friedrich Karl Hausmann, auf Stein gezeichnet von Valentin Schertle - Verlag E.G. May, Frankfurt
Lithographie, Inv.Nr.: B 6118 HGV
Eigentum des Hanauer Geschichtsvereins 1844

Zum 2. April 1848 schrieb die Turngemeinde Hanau mit ihrem Turnwart August Schärttner einen allgemeinen deutschen Turntag aus. Wo in Deutschland für Einheit und Freiheit einzutreten war, stand er mit seinen Turnern an der Spitze. Am 13. März traf „Turnvater Jahn" in Hanau ein und leitete am 3. April die Versammlung in der Wallonischen Kirche, in der sich alle Turnvereine Deutschlands zum „Deut-

schen Turnerbunde" zusammengeschlossen hatten. Die Wahl des Versammlungsortes beruhte auf dem Bewußtsein, daß es sich um die Kirche einer republikanischen Gemeinde handelte. Anläßlich der Feier „150 Jahre Turngemeinde Hanau" am 20.9.1987 in der Wallonisch-Niederländischen Kirche enthüllte Hessens Ministerpräsident Walter Wallmann eine Gedenktafel an den „Ersten Deutschen Turnertag", die an der Westseite der Kirche angebracht ist.

14/7* Die Wallonisch-Niederländische Gemeinde im 20. Jahrhundert
Ruine der Wallonisch-Niederländischen Kirche, um 1949
Colordia Helma Pelissier, Hanau
Eigentum des Hanauer Geschichtsvereins 1844
(Abbildung siehe S. 140ff.

*Der Kirchenvertrag zwischen Kurhessen-Waldeck und den Gemeinden von 1912.
Dieser letzte Kirchenvertrag wurde in seinen Bestimmungen, die die Gemeindezugehörigkeit betrafen, praktisch hinfällig durch die Zerstörung Hanaus und die Evakuierung der Einwohner. Ferner trat durch die Kirchenordnung von 1946 eine streng bischöfliche Ordnung der Landeskirche ein, die zur scharfen Trennung zwischen der Wallonisch-Niederländischen Kirche und der Landeskirche führte.*

Am 19. März 1945 wurden die Wallonische und Niederländische Kirche und die Gemeindehäuser durch einen Bombenangriff zerstört und brannten aus. Die Gemeindemitglieder waren zerstreut worden. Die ersten Gottesdienste nach dem Kriege fanden im Hause des Architekten Füller, Danzigerstraße in Kesselstadt in einem kleinen Turnsaal statt.

14/8* Haus Nußallee 15
Reproduktion aus: Monographien deutscher Städte Bd. 21, Hanau, der Main- und der Kinziggau, Hanau 1929, S. 131

Schon 1945 konnte im Tauschkauf das schwer beschädigte Haus Nußallee 15 erworben werden. Die beiden Gemeinden hatten es 1897 der Stadt Hanau zum Stadtjubiläum als Kinder-

*krippe geschenkt. Es diente nun als Kirche, Pfarrerwohnung, Kirchenverwaltung, Kindergarten, Gemeindesaal und Unterrichtsraum. Neben der Pfarrerwohnung waren noch weitere Wohnungen vorhanden. Am 1. Juni 1947 fand in der Ruine der ehemaligen Wallonischen Kirche ein Gedenkgottesdienst anläßlich der 350. Wiederkehr der Gemeindegründung statt, gleichzeitig mit der Einweihung des fertiggestellten Gemeindehauses.
In der Sitzung des großen Konsitoriums (11.9.1947) haben die beiden Gemeinden beschlossen, sich eine gemeinsame Verwaltung zu geben mit dem Ziel, sich in Erinnerung an ihre 350jährige gemeinsamen Geschichte zu einer einheitlichen Gemeinde zusammenzuschließen, sobald die rechtlichen Voraussetzungen für eine solche völlige Vereinigung gegeben sind. Die gemeinsame Verwaltung wird geführt auf Grund der Gemeinschaftlichen Gemeindeordnung von 1947.*

14/9* Wappen der Wallonisch-Niederländischen Gemeinde

„Der Gerechte wird grünen wie ein Palmbaum" Psalm 92, Vers 13, ist der Gründungsspruch der beiden Gemeinden. Vermutlich während der Verfolgung der reformierten Gemeinden unter der spanischen Besetzung des Herkunftsortes Tournai im wallonischen Hennegau entstanden. Die Palme war das Symbol und der Tarnname unter dem sich die Verfolgten trafen. Während beim Wappen der Wallonischen Gemeinde beidseitig eine Traubenrebe als Symbol der Frucht hängt, wird bei der Niederländischen Gemeinde die Palme beidseitig mit Paketen als Symbol der Last und des Leidens, das der Mensch zu tragen hat, beschwert. Mit der Vereinigung erhielt das Wappen mit der Palme jeweils eine Traubenrebe und ein Paket. 1960 konnte der wiederaufgebaute niederländische Teil der ehemaligen Doppelkirche feierlich eingeweiht werden. Nicht nur aus finanzieller Not beschränkte man sich auf den Aufbau der kleineren Kirche, vielmehr genügte inzwischen ein Raum für die im gleichen Jahr zur Wallonisch-Niederländischen Gemeinde vereinten Gemeinden.

14/10* Gemeindehaus Dammstraße
Fotografie Wallonisch-Niederländische
Gemeinde

Das Haus wurde am 5. Oktober 1969 feierlich seiner Bestimmung übergeben. Es besteht aus einem Gemeindehaus und einer Kindertagesstätte.
Die Wallonisch-Niederländische Gemeinde hat zwei Stiftungen ins Leben gerufen. Die Kathinka-Platzhoff-Stiftung wurde 1981 initiiert. Sie ist nach Kathinka Platzhoff, Enkelin des Apothekers, Chemikers und Firmengründers Wilhelm Carl Heraeus benannt, die im gleichen Jahr starb. Nach dem Willen der Stifterin erfüllt die Stiftung, in Zusammenarbeit mit der Wallonisch-Niederländischen Gemeinde, diakonische Aufgaben im Bereich Alten- und Jugendpflege sowie den Betrieb einer evangelisch-kirchlichen Kindertagesstätte.

14/11* Das Diakoniezentrum
Fotografie Wallonisch-Niederländische
Gemeinde

Das Diakoniezentrum der Wallonisch-Niederländischen Gemeinde wurde am 21.8.1987 im Innern der Ruine der Wallonischen Kirche eröffnet.
Architekt und Gemeindemitglied Wilhelm Zuschlag erhielt für die Gestaltung einen Preis der Hessischen Denkmalspflege. Im Innenhof hat der Bildhauer Walter Kromp ein Mahnmal im Gedenken an die Zerstörung Hanaus im II. Weltkrieg entworfen. Das Diakoniezentrum steht allen Hanauer Bürgern offen.

Die Heinz-Meyer-Stiftung, 1986 als Bildungswerk gegründet, trägt die Bildungsarbeit zu religiösen und humanitären Fragen sowie die konzertante musikalische Arbeit.

Ein historischer Kreis schließt sich:
Am 25. /27. April 1996 wurde der Kirchenvertrag zwischen der Evangelisch-reformierten Kirche (Synode evangelisch-reformierter Kirchen in Bayern und Nordwestdeutschland) und der Wallonisch-Niederländischen Gemeinde auf der Gesamtsynode der ErK während ihrer Jahrestagung in Leer geschlossen und am 17.6.1996 unterzeichnet.

300 Jahrfeier der Neustadtgründung Hanau 1897

Ausstellung vom 16.5. bis 8.6.1997
Foyer, Neustädter Rathaus
Konzeption: Richard Schaffer-Hartmann, Museen der Stadt Hanau
Gestaltung: Bernd Jansen, Walluf

Ausführung: Hans-Martin Schlingloff, Josef Slotty, Museen der Stadt Hanau

15/1* Menükarte für das Festbankett aus Anlaß des 300jährigen Jubiläums der Wallonischen- und Niederländischen Gemeinde zu HANAU am 1, Juni 1897
Königin-Suppe, Rheinsalm mit holländischer Tunke und Kartoffeln, Bohnen, Schinken, Ochsenzunge, Rehbraten, Salat und Dunstobst, Eis und Gebäck; Handicap (Marque spèciale) Chateau de Vaux Lorraine
Lithographie, koloriert,
H 20,6 x B 12,7 cm
angeklebt: Nr.: 1 Festlied (Text),
H 23,2 x B 14,8 cm
angeklebt: Nr.: 2 Ein Hoch den Frauen und Jungfrauen Hanaus (Text),
H 23,2 x B 14,8 cm
Waisenhaus-Buchdruckerei Hanau
Museum Hanau - Schloß Philippsruhe
o. Inv.Nr.: HGV,
Eigentum des Hanauer Geschichtsvereins 1844

15/2* Fest-Programm
300jähr. Jubelfeier der Gründung der Neustadt Hanau / am 1. U. vom 6.-10. Juni 1897
Festprogramm
Lithographie, koloriert, H 26,9 x B 18 cm
Lith. Kunstanst. Heinr. & Aug. Brüning, Hanau.
Museum Hanau - Schloß Philippsruhe
o. Inv.Nr.: HGV,
Eigentum des Hanauer Geschichtsvereins 1844

Dienstag den 1. Juni / Vormittags 9¹/₂ Uhr: Kirchliche Feier./ Festgottesdienst und Enthüllung des Philipp Ludwig-Denkmals / Nachmittags 2¹/₂ Uhr: Fest-Bankett in der Festhalle/ Pfingstsonntag den 6. Juni / Nachmittags 4½ Uhr: Großes Fest-Concert / in der Festhalle 530 Sänger und Sängerinnen, 80 Mann Orchester. / Solisten: Kammersänger Standigl, Berlin (Bariton) und Convertsänger Kaufmann, Basel (Tenor), Dirigent: Dr. Frank Limbert. /

Pfingstmontag den 7. Juni. / Vormittags 11 Uhr: / Großer historischer Festzug, / die Hauptereignisse aus der Geschichte Hanaus darstellend (2000 Theilnehmer, 200 Musiker, 20 Gruppen, 15 Prunkwagen, / 200 Pferde); Feldlager auf dem Festplatze. / Nachmittags 4¹/₂ Uhr: / Doppel-Concert, Aufführungen der Gesang-, Turn- und Radfahrvereine. Historie Tableaux. Volksbelustigungen / Pfingstdienstag den 8. Juni. / Vormittags 11 Uhr: Frühconcert. / Nachmittags 3 Uhr: Festbanket. Doppel-Concerte. Turnspiele. Gesangsvorträge. Fischertanz. Volksbeslustigungen. /
Mittwoch den 9. Juni. / Vormittags 11 Uhr: Früh-Concert. / Nachmittags 4 Uhr: Doppel-Concerte. Turnspiele. Gesangsvorträge. Radfahren. Tableaux. Volksbeslustigungen. / Donnerstag den 10. Juni. / Vormittags 11 Uhr: Früh-Concert. / Nachmittags 4 Uhr: Doppel-Concerte, Großes Kinderfest mit Preisvertheilung. / Turnspiele. Waffen-Reigen. Gesangsvorträge. Volksbeslustigungen. / Abends 10 Uhr: Großes Brilliant-Feuerwerk / HANAU

15/3* Begleitheft zum Festzug
300jährige Jubelfeier / Die Entwicklung der Neustadt Hanau und der historische Festzug / Ein Erinnerungsbild von Carl Kohlhepp, Waisenhaus-Buchdruckerei Hanau
Zwölf Blätter, grüner Umschlag,
H 19,9 x B 12, 9 cm
Museum Hanau - Schloß Philippsruhe
Inv.Nr.: B 64/127 HGV
Eigentum des Hanauer Geschichtsvereins 1844
Das Heft enthält Gedichte von Carl Kohlhepp zu den einzelnen Gruppen des Festzuges.

15/4* Zwei Hefte mit Abbildungen der einzelnen Gruppen des Festzuges
Titelblatt (grau und beige): Historischer Festzug zur 300jähr. Jubelfeier der Neustadt Hanau. /

Nach Entwürfen von
Prof. M. Wiese & W. Schultz. /
G. M. Alberti, Hofbuchhandlung, Hanau.
Rückseite Kunst-Anstalt Lautz & Isenbeck
Darmstadt
H 12,7 x B 17 cm
Museum Hanau - Schloß Philippsruhe
Inv.Nr.: HGV,
Eigentum des Hanauer Geschichtsvereins 1844

15/5* Ordnung des Festgottesdienstes und der Enthüllungsfeier des Philipp - Ludwig - Denkmals bei der Jubelfeier der wallonischen und der niederländischen Gemeinden zu Hanau am 1. Juni 1897 / a) Feier in der Kirche / b) Enthüllungsfeier, J.C. Kittsteiner, Hanau-Kesselstadt,
H 22,3 x B 4,3 cm
angeklebt: Nr.: 2 Ein Hoch den Frauen und Jungfrauen Hanaus. Waisenhaus Buchdruckerei, Hanau
angeklebt: 300jähr. Jubelfest der Gründung der Neustadt Hanau - Festbankett [...] Concert-Programm, Druck von G. Heydt, Hanau
angeklebt: Nr.: 1 Festlied, Waisenhaus Buchdruckerei, Hanau
angeklebt: Programm für den 2. Festtag / Im Park, Druck von G. Heydt in Hanau
H 27,2 x B 20,4 cm
Museum Hanau - Schloß Philippsruhe
Inv.Nr.: HGV,
Eigentum des Hanauer Geschichtsvereins 1844

15/6* Programmheft Fest-Concert
300-jährige Jubelfeier der Gründung der Neustadt Hanau / Sonntag den 6. Juni 1897 [...] / Fest-Concert.[...], Druck Lechleder & Stroh, Hanau, drei Blätter mit Liedtexten,
H 27 x 22,3 cm
Museum Hanau - Schloß Philippsruhe
o. Inv.Nr.: HGV,
Eigentum des Hanauer Geschichtsvereins 1844

15/14 (links) und 15/15 (rechts)

15/7* Fest-Zeitung
zur 300 jähr. Jubelfeier der Gründung der Neustadt Hanau. /
Hanau, Pfingstsonntag, den 6. Juni 1897 /
Herausgegeben vom Preß-Ausschuß /
Druck von Lechleder & Stroh, Hanau
Heft mit Aufsätzen und Abbildungen zur Stadtgeschichte und Festveranstaltungen, 10 Blätter,
H 32,7 x B 23,9 cm
Museum Hanau - Schloß Philippsruhe
o. Inv.Nr.: HGV,
Eigentum des Hanauer Geschichtsvereins 1844

15/8* Karte
300 jährige Jubiläumsfeier der Gründung der Neustadt Hanau Juni 1897. Beikarte zur Familien-Festkarte für Frau Hoch. Nur persönlich gültig. Mißbrauch dieser Karte zieht den Verlust derselben nach sich.
Druck von G. Heydt, Hanau
H 7,7 x B 11,5 cm
Museum Hanau - Schloß Philippsruhe
o. Inv.Nr.: HGV,
Eigentum des Hanauer Geschichtsvereins 1844

15/9* Ordnung
historischer Festzug zu Hanau a. M. vom
7. Juni 1897
Auflistung und Reihenfolge der einzelne Gruppen des Umzuges.
Waisenhaus Buchdruckerei, Hanau
H 38 x 23,2 cm

Museum Hanau - Schloß Philippsruhe
Inv.Nr.: HGV,
Eigentum des Hanauer Geschichtsvereins 1844

15/10* Aufbau der Festhalle für die Feiern zum
300jährigen Jubiläum der Neustadt Hanau
Fotografie, Albuminpapier auf Karton,
Goldprägung, H 17,4 x B 22,9 cm
Museum Hanau - Schloß Philippsruhe
Inv.Nr.: HGV,
Eigentum des Hanauer Geschichtsvereins 1844
(Jubiläumsfesthalle am 12. April 1897)

Um Platz für die Festhalle zu schaffen, ließ die Stadtverwaltung den Remisenbau am Stadtschloß abreißen.

15/11* Festzuggruppe „Ausmarsch der Turner nach Baden 1849"
Fotografie, Albuminpapier auf Karton, Goldprägung, H 13 x B 18 cm
Museum Hanau - Schloß Philippsruhe
Inv.Nr.: HGV,
Eigentum des Hanauer Geschichtsvereins 1844
Die Aufnahme zeigt die Aufstellung der Gruppe für den Festzug im Turnhof, Fischergasse.

15/12* Festwagen der Gesellschaft „Wanderlust"
Fotografie, Albuminpapier auf Karton, Goldprägung, Atelierprägung F. Breuning Hanau,
H 17 x B 22,8 cm
Museum Hanau - Schloß Philippsruhe
o. Inv.Nr.: HGV,
Eigentum des Hanauer Geschichtsvereins 1844
Der Festwagen mit Thron und Baldachin wurde von vier Pferden gezogen. Aufnahmeort vmtl. Stadtschloß.

15/13* Festzuggruppe „Hanaovia",
Altstadt Hanau
Fotografie, Albuminpapier auf Karton, Goldrand,
H 12,2 x B 17 cm
Rückseite: Stempel „Hofphotograph Schröder's Nachfg. Friedr. Höhn, Hanau, Langgasse 23"
Bleistiftbeschriftung: Festzug von 1897 zum 300. Jubiläum der Gründung der Neustadt. / Langstraße - Ecke Rosenstraße nach Osten in Richtung Hirschstraße. / Der Brunnenstock Die Dreimohrenkopfpumpe.
Museum Hanau - Schloß Philippsruhe
o. Inv.Nr.: HGV,
Eigentum des Hanauer Geschichtsvereins 1844
Am Brunnenrand des Gerechtigkeitsbrunnens (Altstädter Markt) sitzt die allegorische Figur der Hanovia, dahinter erhebt sich der zinnenbekrönte Bau des alten Frankfurter Tores.

15/14 Zwei Bechergläser, 1897
Glas, geätzt,
H 13 x Ø 7,7 cm, 0,3 l,
Museum Hanau - Schloß Philippsruhe
Inv.Nr.: B 8588 HGV,
Eigentum des Hanauer Geschichtsvereins 1844
Mittig das lorbeerumkränzte Porträt Philipp Ludwigs, links das Neustädter Rathaus mit Brüder Grimm - Denkmal, rechts die Wallonisch-Niederländische Kirche mit Philipp Ludwig - Denk-

mal. Zwischen den beiden Hanauer Wappen die Jubiläumszahl 300, darunter im Schriftband Jubelfeier der Neustadt Hanau 1897.

15/15 Stangenglas, 1897
Glas, Goldrand, geätzt, Nuppenfuß,
H 21,3 x Ø 6,5 cm
Museum Hanau - Schloß Philippsruhe
Inv.Nr.: B 7313 HGV,
Eigentum des Hanauer Geschichtsvereins 1844
Mittig das lorbeerumkränzte Porträt Philipp Ludwigs, links die Wallonisch-Niederländische Kirche, rechts das Neustädter Rathaus. Darunter zwei Wappen, im Schriftband 300 jährige Jubelfeier der Neustadt Hanau 1597, darunter 1897.

15/16 Zinnbecher, 1897
Enwurf Max Wiese, Hanau

15/16

H 16 x Ø 9.5 cm
Museum Hanau - Schloß Philippsruhe
Inv.Nr.: B 4779 HGV,
Eigentum des Hanauer Geschichtsvereins 1844

Der aus silberhellem Reichszinn gefertigte, durch Herrn Hch. Sponsel, Fahrgasse, in den Handel gebrachte Becher, nahm nach Meinung der Zeitungen unter den Jubiläumsandenken durch effektvolle und stilgerechte Ausführung eine hervorragende Stellung ein. Auf der Vorderseite zeigt der Becher das Wappen und die Büste Philipp Ludwigs II. von dem am 1.6.1897 enthüllten, von der Wallonisch-Niederländischen Gemeinde errichteten Denkmal des Grafen. Die Rückseite zeigt die Wallonisch-Niederländische Kirche von Süden her, darunter das Wappen der Neustadt Hanau mit der Umschrift CIVITATIS NOVAE HANAV BELGICA.

15/18

15/17* Marktbrunnen, Ende 19. Jahrhundert
Silber, Stein, H 20,4 x Ø 9,4 cm
Museum Hanau - Schloß Philippsruhe
Inv.Nr.: B 7985 HGV,
Eigentum des Hanauer Geschichtsvereins 1844
Schenkung Dr. W. Canthal 1966
Das Modell des Neustädter Marktbrunnens wurde vermutlich im Zusammenhang mit dem 300jährigen Neustadtjubiläum gefertigt.

15/18 Marktbrunnen, Ende 19. Jh.
Silber, H 21 x Ø 9,3 cm
F.D. Schleissner, Hanau
Museum Hanau - Schloß Philippsruhe
Inv.Nr.: B 4574 HGV,
Eigentum des Hanauer Geschichtsvereins 1844
Der Brunnen war der Aufsatz einer großen Schale.

15/19* Wallonisch-Niederländische Kirche,
Ende 19. Jahrhundert
Silber, Holz, Textil,
H 40 x B 27 x L 37,8 cm
Museum Hanau - Schloß Philippsruhe
o. Inv.Nr.: St.
Das Kirchenmodell wurde als Schatulle, innen mit Stoff ausgeschlagen, vermutlich im Zusammenhang mit dem 300jährigen Neustadtjubiläum gefertigt.

15/20* Zwei Silberlöffel
Leihgabe: Wilhelm Zuschlag, Hanau
eingraviert Neustädter Rathaus und Wallonisch-Niederländische Kirche

15/21* Medaille, 1897
Bronze, o. Inv.Nr.
300-Jahrfeier der Wallonisch-Niederländischen
Gemeinde Hanau
Museum Hanau - Schloß Philippsruhe

15/22* Medaille, 1897
Bronze o. Inv.Nr.
300-Jahrfeier der Wallonisch-Niederländischen
Gemeinde Hanau
Museum Hanau - Schloß Philippsruhe

15/23* Reliefplatte
Philipp-Ludwig-Denkmal, 1897
Inschrift: GRAF PHILIPP LUDWIG II. EMPFAENGT
DIE SCHLUESSEL / DER VON DEN EMIGRAN-
TEN ERBAUTEN KIRCHE 1608

Bronze, H 52,5 x B 70,5 cm,
Museum Hanau - Schloß Philippsruhe
o. Inv.Nr.: St.

15/24* Jahrestaler zum wiedererrichteten
Philipp-Ludwig-II.-Denkmal, 1988
Feinsilber, Ø 3,5cm, 15 g,
Hg. Heraeus Edelmetall GmbH, Hanau
Vorderseite: Das neuerichtete Denkmal,
Umschrift: Graf Philipp Ludwig II. von Hanau-
Münzenberg, Rückseite: Wallonisch-Niederlän-
dische Kirche
Wallonisch-Niderländische Gemeinde Hanau

15/25* Tür aus dem Neustädter Rathaus
Eisenblech, geschmiedet,
H 182 x B 102 cm
Museum Hanau - Schloß Philippsruhe
o. Inv.Nr.: St.
*Aus den Trümmern des am 19. März 1945 zer-
störten Neustädter Rathauses geborgen.*

15/26* Marktplatzmodell
Entwurf zur Neugestaltung des Platzes
Claus Bury, Frankfurt/M.
Leihgabe Claus Bury, Frankfurt/M.

15/19

Abbildungsnachweis

Aufsätze und Katalog 400 Jahre Wallonisch-Niederländische Gemeinde und Neustadt Hanau 1597 – 1997

Anhaltinische Gemäldegalerie Dessau:
9/10, S. 364
Badisches Landesmuseum Karlsruhe:
S. 72
Bildarchiv Foto Marburg:
S. 65, 66, 67, 68, 72, 75
Bildstelle der Stadt Hanau:
S. 125, 201, 204, 255 r, 257 lu, 133,
134, 138, 139, 145, 146, 147, 148, 222
Bott, G.:
S. 155 l, 155r, 156 l, 156 r, 157, 157 r,
158, 159, 161 o, 163, 164 o, u, 165 l,
165 r, 166 l, 167 l, 167 r, 168, 169, 170,
171
Braekmann, É. (Société Royale d'Histoire du
Protestantisme Belge):
S. 235, 237, 238, 239, 240, 242
Deutsches Historisches Museum Berlin:
2/7, S. 300; 2/8, S. 301
Desel, J. (Deutscher Hugenottenverein):
S. 179
Dumont Buchverlag Köln:
S. 62, 73
Evangelische Kirche Groß Umstadt:
10/6, S. 381
Evangelische Kirche Gundhelm:
10/8, S. 381
Evangelische Marienkirchengemeinde Hanau:
10/2, S. 373
Galleria Sabauda, Turin:
S. 164 m
Hanauer Privatbesitz::
S. 9, 11
Heraeus-Werkfoto:
S. 226, 227, 228, 229, 230, 231, 232,
233
Hessische Hausstiftung, Museum
Schloß Fasanerie, Eichenzell bei Fulda:
3/7, S. 303; 9/23-24, S. 371
Hildebrandt, H. (Berliner Domkantorei):
S. 246, 247, 248, 249
Hirmer Verlag München:
S. 63, 64
Historisches Museum Frankfurt am Main:
S. 29, 30, 166 r, 172;
9/31, S. 373

Institut für Stadtgeschichte der
Stadt Frankfurt am Main:
S. 32, 33, 34, 35
Kadaskop Saarlos Willemstad:
S. 77
Katholische Kirche St. Johann-Baptist,
Hanau-Steinheim:
1/28, S. 298
Königliche Bibliothek Kopenhagen:
1/16, S. 294
Les Musées de la Ville de Straßbourg:
9/5, S. 363; 9/9, S. 364
Museum Hanau, Schloß Philippsruhe/
Hanauer Geschichtsverein 1844:
S. 18, 23, 24, 70, 79, 80, 82, 84, 98,
104, 116, 118, 122, 123, 124, 128,
129, 135, 140, 141, 142, 143, 161 u,
177, 210, 218, 2210, 277, 278, 279;
1/1, S. 289; 1/3-4, 1/6, 1/8, S. 291;
1/18, S. 295; 1/29, S. 297; 3/21-25,
S. 309; 4/1, S. 313; 4/7, S. 316; 4/10,
S. 318; 4/11-12, S. 319; 4/14, S. 320;
4/17-18, S. 322; 4/19-20, S. 323; 4/21,
S. 324; 6/1, S. 331; 6/2-4, S. 332;
6/10, 6/4, S. 333; 6/14, S. 334; 6/21,
6/22, S. 336; 6/23, 6/25, 6/26,
S. 337; 6/29,
S. 338; 6/40a, 6/40b S. 340; 6/41,
S. 341; 6/42a, 6/42b, S. 342; 6/43,
6/44, S. 343; 6/46, S. 344; 6/47,
S. 345; 7/1, S. 349; 7/5, S. 352; 8/1,
S. 354; 8/2, S. 355; 8/3-4. S. 356;
8/5-6, S. 357; 8/7-8, S. 358; 8/9, 8/11,
S. 359; 9/11, S. 365; 9/13-14, S. 367;
9/20-21, S. 369; 9/19, 9/22, S. 370;
9/25-26, S. 372; 9/27-30, S. 374-375;
9/32-34, S. 376-377; 10/1, S. 379;
10/3-5, S. 380; 11/1, S. 383; 12/2,
S. 386; 12/3-5, S. 387; 12/8-10, S. 388;
12/11-12, S. 389; 12/13-14, S. 390;
12/16-19, S. 391; 13/6, S. 392;
15/14-15, S. 397; 15/18, 15/17,
S. 398; 15/19, S. 399
Schloß Schwarzenberg - Staatliches Schloß,
Cesky Krumlov - Krumau:
S. 162

Staatsarchiv Marburg:
4/2, S. 313; 4/5, S. 315; 4/15-16,
S. 321; 7/2, S. 350; 7/3, S. 351
Stadtarchiv Hanau:
S. 53, 55, 59, 82 r; 4/8ab, S. 317
Stadtarchiv Mainz:
3/31, 3/32, S. 311
Stadtbibliothek Hanau:
S. 122, 128, 137, 183, 184, 186, 187,
252;
11/5, S. 383; 11/15-16, S. 384
Staatliche Kunsthalle Karlsruhe:
9/2, S. 366
Staatliche Museen zu Berlin, Preußischer
Kulturbesitz, Kupferstichkabinett:
9/2, S. 361
Staatliche Zeichenakademie Hanau:
S. 192,
5/3a, S. 327; 5/3b, S. 238; 5/3c
S. 329; 9/15-18, S. 368
Staatsarchiv Würzburg:
4/4, S. 314; 4/6, S. 315
Szépmüvésti Museum Budapest:
9/4, S. 362
Umschau Verlag Frankfurt:
S. 64, 83
Verlag C. H. Beck München:
S. 69, 71, 74, 76, 78
Wallonisch-Niederländische Gemeinde:
S. 256, 257 o, 257 ru; Foto K.-J. Leipold:
263, 265, 269, 271; Foto Zell: 272;
1/8, S. 292; 1/28, S. 296; 3/8a-b,
S. 304/305; 3/14, S. 306; 3/15, 3/16,
S. 307; 3/17-3/20, S. 308
Zuschlag, W.:
S. 253, 254, 255 l, 259

Zur besseren Identifizierung der Abbildungen
wurde folgende Systematik angewandt.
Im Aufsatzteil: l, r, u, o = links, rechts, unten,
oben oder die jeweiligen Kombinationen.
Im Katalogteil wird die Katalognummer
(z.B. 12/3) gefolgt von der Seitenzahl
angeben.